인문 · 외국학도서 42

러시아경제의 이해: 체제전환과 경제개혁

The Economy of Russia: System Transformation & Economic Reforms

한 종 만 저

배재대학교출판지원실
PaiChai University Press

서 문

'러시아경제의 이해: 체제전환과 경제개혁'을 세상에 내보내며...

1989년 11월 9일 베를린 장벽이 무너지면서 유럽의 사회주의국가들의 도미노 방식으로의 붕괴도 벌써 만 20년째를 맞이했다. 1990년 10월 동서독의 통일은 물론 사회주의 체제를 유지했던 중·남동유럽과 동유럽 국가들의 체제변혁 그리고 1991년 말 소연방의 해체로 인해 15개 소비에트사회주의공화국들도 개별적인 주권독립국가로 탈바꿈했다. 붕괴된 사회주의국가들은 '속도'와 '방법'의 차이는 있었지만 원론적으로 민주주의와 자본주의로의 체제전환을 단행했다.

소련의 해체 이후 러시아 자본주의 체제전환도 18년째에 접어들고 있다. 그동안 러시아연방 대통령도 옐친(1대, 2대)과 푸틴(3대와 4대)을 거쳐 2008년 5월부터 5대 대통령 메드베데프가 집권하고 있다. 지난 18년간 러시아 주요 엘리트들도 변화를 거치면서 러시아는 좌절과 나락에 빠지거나 도전과 기회를 맞이하고 있다.

1991년 말 소연방 해체 이후 시장경제와 자유민주주의로의 체제전환을 단행하고 있는 러시아는 1998년 말까지 엄청난 체제전환의 비용을 지불했다. 이 비용은 1917년 10월 혁명 후 사회주의로의 체제전환 비용에 버금가는 대혼란을 경험했다. '러시아'라는 공간에서 지난 130년 동안 세 번의 체제전환, 즉 1861년 농노해방을 통해 초기 자본주의체제, 1917년부터 사회주의체제, 다시금 1991년 말에 자본주의로의 체제전환과정에서 봉건주의와 사회주의적 요소들이 중첩 혹은 혼재되면서 러시아는 정체성위기와 함께 경제는 급속하게 몰락했다.

1992년 시장경제로의 체제전환 과정에서 러시아 자본주의는 역설적으로 '자본가가 없는 자본주의'로 출범했다. 체제전환 과정에서 엄청난 체제전환 비용(System Transformation Cost)을 지불했다. 체제전환 4년 만에 러시아의 GDP는 반 토막 났으며, 초 인플레이션, 높은 실업률 등 거시경제지표의 적신호와 더불어 정치, 사회, 문화 등 모든 부문에서 총체적 위기를 경험했다. 1996년부터 찾은 안정도 1998년 8월 모라토리엄 사태로 인해 러시아는 사실상의 국가 파산 상태에 직면했다. 회복이 불가능한 것처럼 보였던 러시아경제는 오뚝이처럼 일어나 1999년 3.2%의 성장을 계기로 2000년부터 2007년까지 연간 6-7%의 지속적인 경제성장과 안정을 구가하고 있다. 2008년 글로벌 금융위기 이후 러시아도 큰 타격을 받았지만 점차적으로 안정을 찾아가고 있다.

이러한 맥락에서 이 책은 소련의 생성, 발전, 소멸 그리고 새로운 러시아의 체제전환 그리고 경제개혁에 초점을 맞추고 있다. 총 20장으로 구성되어 있다.

제1장은 소련 및 체제전환기 경제의 이해를 위한 여러 방법론을 가치중립적 및 가치내재적 모델들을 정리하면서 그 응용 가능성과 한계점을 분석하고 있다.

제2장은 NEP(신경제정책)의 생성, 발전, 소멸 그리고 소련 페레스트로이카와 비교했다.

제3장은 소련 경제체제의 생성과 발전과정을 인과관계를 중심으로 설명했다.

제4장은 소련 시대의 특권계급층인 노멘클라투라의 생성배경과 발전과정 그리고 해체과정 등을 분석했다.

제5장은 소련의 제2경제에 대한 개념과 그 규모와 원인과 효과와 방지책을 분석했다.

제6장은 고르바쵸프의 페레스트로이카의 발생동인과 전개과정 그리고 실패 과정을 중심으로 분석했다.

제7장은 소련의 여러 경제개혁과 소련의 붕괴 과정을 분석했다.

제8장은 러시아의 체제전환에 대한 사회경제학적 과정을 분석했다.

제9장은 1998년 발생한 러시아 금융위기의 생성배경과 인과 관계를 분석했다.

제10장은 1990년대 옐친 10년의 평가에서는 체제이행과 경제개혁의 배경과 평가를 분석했다.

제11장은 2000년 취임한 푸틴의 경제개혁과 향후 변화 가능성을 시나리오별로 분석했다.

제12장은 러시아 경제현황과 투자환경의 변화 가능성을 분석했다.

제13장은 에너지를 통해 러시아가 과연 강대국으로 북귀 가능성과 한계성을 분석했다.

제14장은 러시아의 대외투자 현황과 전망을 분석했다.

제15장은 2000-2008년 푸틴 대통령 재임기간 러시아 경제현황과 한-러 경제협력을 정리했다.

제16장 러시아와 중국의 경제협력의 현황과 전망을 분석했다.

제17장 러시아연방 아시아지역(우랄, 시베리아, 극동연방구)의 경제현황과 개발전망을 분석했다.

제18장은 러시아 엘리트(올리가르히, 실로비키, 테크노크라트)의 권력이행 과정을 정리했다.

제19장은 그림과 도표로 본 러시아 주요 사회경제지표를 정리했다.

제20장은 그림과 도표로 본 러시아 정치엘리트의 평가와 러시아가 강대국 가능성 등을 정리했다.

이 책은 20년 동안 배재대학교 러시아학과와 기타 대학교(대학원)에서 소련과 러시아경제에 관련된 여러 강좌를 통해 축적된 결과물들이다. 제1장에서 제18장까지는 이미 학회나 연구단에서 발표된 내용들이며, 잡지나 책에 게재된 내용들이다. 지면을 통해 배재대 러시아학과 졸업생과 재학생들에게 감사의 말을 전한다. 또한 러시아경제 교과서의 필요성을 여러 번 강조한 김정훈 연구교수(배재대학교 한국-시베리아센터 러시아마피야연구단)에게도 감사의 글을 전한다. 러시아마피야연구단의 행정인턴 연구원 최진영 군에게도 감사의 글을 전하다. 최 군은 제19장과 제20장의 <그림 파일>을 정리했다. 워드 프로세스 작업과 교정을 한 배재대학교 러시아학과 김봉근, 백영준, 오인석 군에게도 감사의 글을 전한다.

끝으로 이 책이 2010년 한-러 국교수립 20주년 해를 기념하여 배재대 러시아학과 재학생과 졸업생은 물론 학계와 사회 관련 기관에 유익한 자료가 되었으면 하는 마음을 전하고자 한다. 물론 이 책과 관련된 모든 책임은 당연히 저자에게 있다.

2009년 12월
한 종 만

* 사진출처: 마트료시카 사진은 필자가 1996년과 2009년에 모스크바 이스마일로프스카야 주말 시장에서 구입한 것으로 2009년 11월 20일 배재대학교 러시아마피야연구단 보조 연구원 김봉근 군과, 러시아학과 재학생 오인석 군이 촬영한 것입니다.

목 차

표 목 차

〈부록〉 러시아연방 아시아지역의 연방주체별 주요 경제지표

그림목차

제 1 장

구 소련 및 이행기 사회주의 경제체제의 분석을 위한 제방법론*

1.1. 머리말

시간과 공간을 초월해서 자원은 한정되어 있는 반면에, 경제주체의 욕망은 무한대이므로, 이로 인한 자원의 효율적 배분을 위해 경제 문제가 발생되어진다.[1] 이러한 문제를 해결하기 위해 지구상에는 수많은 경제·사회체제가 존재해 왔다. 특히 20세기에는 시장메커니즘을 근본으로 하는 자본주의 체제와 계획메커니즘을 근본으로 하는 사회주의 체제 간의 경쟁시대였다. 양 체제의 근본목표와 용어개념 그리고 정책의 상이성에도 불구하고 이러한 경제문제를 해결하기 위해 체제 초월적 경제목표 개념이 존재해왔다는 것은 부정할 수 없는 사실이다.

부언하면 '자원배분(allocation)'의 효율성 그리고 공정성과 관련하여 경제학자는 물론 사회과학자와 도덕철학자 간에서도 이론과 정책의 축적이 있었음에도 불구하고 그들 간에는 서로 상이한 이견이 존재하고 있다. 그러므로 앞으로도 자원배분의 이론과 실제에 관한 논쟁이 모든 분야에서 계속적으로 전개될 양상이다.

19세기 중반 이후부터 급진적으로 발전된 산업혁명과 물유·평등·박애를 가치로 내건 1789년 '프랑스 혁명' 이후 자본주의 경제체제는 급속도로 발전되었다. 이 체제의 근본정신은 생산수단의 사적 소유권 보장과 경제주체간의 경쟁이 주를 이루고 있었다. 경제주체 간의 경쟁은 공급자와 수많은 수요자로 형성되는 완전경쟁시장에서 수요와 공급을 통한 가격체계로 이루어진다는 것이다. 즉, 이러한 사상은 아담 스미스가 그의 저서 <국부론>

---

* 이 글은 1991년 4월 26일 한국 슬라브학회 연례발표회에서 <소련경제 분석의 제방법론 및 상품부족 현상에 관한 원인과 영향력 분석> 발표내용을 수정한 것임. <한국슬라브학회 편, 『소련과 러시아, 사회주의체제의 붕괴와 러시아의 재조명』(서울: 나남, 1993), pp.115-138>에 게재됨.

1) Nobert Kloten and H. Kuhn, "Art. Wirtschaftswissenschaft : Methodenlehre, Abschnittl l," in : *Hanwwörterbuch der Sozialwissenschaft*, Vol.12, (Stuttgart, Tübingen, Göttingen : Gustav Fischer ; J.C.B Mohr ; Vandenhoeck & Ruprecht, 1965). p.306.

의 후반부에서 지적했던 '보이지 않는 손'에 의한 시장메커니즘으로 자동조절장치 기능을 갖추고 있다. '희소성의 원칙'에 입각하여 공급이 많은 것에 대해서는 가치 혹은 가격의 하락을 그리고 공급이 적은 것에는 가치와 가격의 상승으로 자원 배분의 자동조정기능을 갖추고 있다. 이러한 자동조절 기능은 수요의 경우에도 역으로 해당된다. 이 배경에는 '희소성의 원칙'이 근저를 이루고 있다. 그러므로 가능한 한 국가의 역할을 축소하는 '야경국가', 즉 사적 소유권의 보장을 위해 치안유지를 하는 내무부와 다른 국가로부터 침입을 방지하기 위한 국방부로서 국가의 역할이 충분하다는 것이 초기 자본주의 사상가들의 견해였다.[2)] 이러한 자본주의사상으로 인해 인류사의 어떤 시기보다도 가장 빠른 속도로 경제의 효율성이 발전됐다. 그러나 19세기 이후 자본주의 체제는 급속도로 발전하면서 경제의 효율성에는 상당한 진전이 있었지만 사회경제의 공정성은 상대적으로 더욱 악화일로에 직면하게 됐다. 생산수단의 사적 소유권의 보장으로 인해 불로소득과 자본축적의 집중화로 인해 계층 간에 부익부와 빈익빈 현상이 가속화 됐다. 경쟁체제는 자본의 집중과 자본집적으로 인해 더욱더 독점화 경향이 농후했다. 소자본가는 대자본가의 경쟁에서 낙오되는 현상이 나타났다. 자본가계층은 노동자계층보다는 모든 면에서 유리한 위치에 있었기 때문에 생존이 가능한 최소임금과 노동조건으로 더욱더 노동자계층을 억압할 수 있었다. 급속한 산업화로 인해 도시문제, 주택문제, 작업환경문제 등등 제반의 사회문제가 발생했다. 실업자의 출현과 주기적 불황으로 인해 노동자계층은 더욱 불리한 상황에 도달했다. 영국의 고전경제학자가 주장했던 '완전경쟁시장체제(perfect competition market system)'의 장점들은 더욱더 '독점'과 부정적 '경제외부효과(external effects)' 등으로 인해 '시장실패(market failure)'가 가속화되었다. 이로 인해 19세기 중반 이후 자본주의 체제의 패러다임에 대한 반성과 회의가 여러 각도에서 재조명되었다고 볼 수 있다.

자본주의 체제의 효율성을 주장했던 영국의 '맨체스터 학파'를 정면으로 공격한 쪽은 독일의 '역사주의학파'[3)]와 사회주의 사상가들에 의해 제기되었다. 자본주의 체제가 고도로 발전된 영국과 프랑스의 지식인들과 후발 자본주의국가인 독일의 사회주의 사상가들에 의해서 자본주의 체제의 모순을 극복하기 위해 새로운 사회주의 운동이 일어났다. 그들은 주로 인간의 개체를 중심으로 하는 사적 소유권 대신에 공동소유에 입각한 자체에

2) 이러한 사상을 대표하는 학파는 영국의 '맨체스터 학파(Manchester School)'이다. Peter L. Payne, "Industrial Entrepreneurship and Management in Great Britain," in : *The Industrial Economies : Capital, Labour, And Enterprise*, "Pat I, The Cambridge Economic History of Europe", Vol. VII, (Cambridge University Press 1978), pp.180~230.

3) '역사주의 학파'는 다음 장에서 상세히 다룰 것이다.

중심을 둔 이상적 유토피아 사회건설을 주장했었다. 이러한 사상은 분명히 맑스에 의해 고무되었지만 그는 이러한 사상을 일괄적으로 '공상적 사회주의'라고 일축하였다. 맑스의 주장에 의하면 그들의 사상은 유토피아 건설을 부르짖었지만 '어떻게' 건설할 수 있는가에 대한 방법론이 미약하다고 지적한다. 맑스는 한 단계를 넘어서 어떻게 사회주의를 건설할 수 있는가에 대한 방법론을 제공하기 때문에 그의 사상을 '과학적 사회주의'라고 주장하고 있다.[4] 이러한 사상은 자원분배의 문제를 생산수단의 사회적 소유관계 하에서 '보이지 않는 손'의 역할을 하는 시장 대신에 '보이지 않는 발'에 의한 계획 경제로 대치되는 것을 주장하는 것이다.

이론적 유형으로서 이러한 두 사상은 서로 극단적 면모를 갖고 있지만 실제 유형으로는 '완전경쟁 시장체제(perfect competition market system)'와 '완전계획체제(perfect planning system)'의 사이에 존재한다고 본다. 왜냐하면 두 체제는 시간이 경과하면서 체제 본연의 자태가 많이 변모했으며 모든 체제에서 두 가지 요소가 공존하고 있기 때문이다. 이러한 두 사상은 실제적으로 1917년 러시아 '10월 혁명'을 계기로 20세기에 첨예하게 대립하기 시작했다. 한 가지 고무적 사실은 자본주의 체제가 사회주의적 사상에 공격을 받아 자본주의 체제의 문제점을 자체적으로 해결하려는 노력이 보였으며 실제적으로 상당한 사회주의적 요소를 가미하기 시작했다. 특히, 1920년 말과 1930년 초에 '대공황'으로 인해 국가의 역할을 강조하는 '케인스와 케인스 학파'의 출현을 통해 수정자본주의의 길을 모색했다.[5] 거꾸로 사회주의 체제도 어느 정도 자본주의적 요소를 도입하지만 이 체제의 경직성과 폐쇄성으로 인해 변화의 폭은 자본주의 체제보다 미비했다. 두 체제의 수렴성에도 불구하고 근본적으로 변하지 않는 것은 생산수단의 소유권 문제이다(두 체제에서 소요권의 변화가 전혀 없었던 것은 아니었다).[6]

이 글에서는 경제사적, 체제론적, 경제질서론적, 비교경제학적 관점에서 양 경제체제의

---

4) Walter Steitz, *Einführung in die politische Ökonomie des Marxismus* (Paderborn : Schöningh UTB 671, 1977), pp.54~72. 마르크스 방법론에 관한 내용은 다음 장 '정치경제학'적 접근방법에서 다룰 것이다.

5) 마르크스와 케인스 사상에 대해서는 다음의 논문을 참조바람, Joachim Starbatty, "Marx, Keynes und Schumpeter zu aktuellen und grundsätzlichen Fragen. Ein fiktives Interview", in : Wist, Heft 1, 1984, pp.33~39. 한글번역, 한종만 <마르크스, 케인스 그리고 슘페터의 근본적 및 실제적 문제에 관한 허구적 대화>, in 《사회과학연구》, 배재대학교 사회과학연구, 제 7권, (1992), pp.315~326.

6) 자본주의체제에서도 국영기업의 민영화 혹은 민영기업의 재국유화가 각 나라마다 존재해왔으며, 사회주의체제에서도 여러 면에서 소유권의 다양화 정책이 있었으나 본질적 면에서는 큰 변화가 없었다.

분석은 물론 구소련 및 사회주의 경제체제 분석을 위한 여러 가지 방법론적 패러다임에 관한 연구가 주목적이다. 또한 1989년 사회주의 몰락 이후 이행기 사회주의에 직면한 체제의 원인과 효과 분석을 여러 각도로 연구한다.

1.2. 제방법론

1) 가치내재적 방법론

(1) 정치경제학적 접근방법

정치경제학적 접근방법은 맑스의 정치경제학에 기초하여 자본주의 경제체제를 비판하면서 사회주의 경제체제의 우월성을 바탕으로 생산력과 생산관계의 모순을 극복하고 계급이 없는 사회실현을 목적으로 하고 있다. 하부구조인 '생산력(Produktionskraft)'과 '생산관계(Produtionsverhältnis)'가 '상부구조(Üerbau)', 즉 '주의(Ismen)'를 결정한다는 것이다. 맑스의 역사발전 5단계설에 의하면 원시공산주의 → 고대노예사회 → 봉건사회 → 자본주의사회 → 사회주의, 공산주의 사회구성체에서 보듯이 '있는 자'와 '없는 자', 즉 고대노예사회에서는 피노예와 노예, 봉건사회에서는 지주와 농노 그리고 자본주의사회에서는 자본가와 노동자 간의 생산력과 생산관계의 모순, 특히 소유권의 관계에 의해 각 주의 혹은 사회구성체가 결정되는 것을 의미한다. 이것은 다른 말로 표현하면 현존하는 체제에 대한 체제 전복적 요소가 가미되어 있다고 볼 수 있다. 사회주의, 공산주의 사회구성체에서는 이러한 소유관계가 존재하지 않으므로 계급이 없는 사회 혹은 (집단)정체성(正體性: identity)의 사회로 발전한다는 것이다.[7] 세계 최초로 사회주의 국가로 출범했던 소련과 모든 경제체제는 공식적으로 이러한 사상을 바탕으로 사용되고 있으며, 되어야 한다고 소련의 정치경제학 교과서는 지적하고 있다.[8] 이 사회에서는 계급이 소멸되며 모든 사회경제주체 간의 갈등과 대립이 없는 정체성사회를 이룩한다는 것이다. 인간이 인간을 착취하지 않는 사회 혹은 인간이 중심이 되는 사회건설을 위해 생산수단의 사적소유를 폐지하며, 시장경제체제에서 나타나는 '생산의 무정부성' 대신에 계획으로 대치되면서 자본주의 체제에서 만성적으로 나타나는 인플레이션, 대량실업, 소득불균형, 경기변동, 국제수지 등

---

7) 소련의 정체성에 대해서는 다음의 논문을 참고바람, 한종만, "노멘클라투라와 인텔리겐치아 - 집단정체성의 성립, 존속 및 해제", 《소련의 정체성 위기》, 한국슬라브학회 제 6차 학술회의, 1991년 11월 발표 논문 참조.

8) Akademie der Wissenschaften der UdSSR, Institut Fur Ökonomie, *Politische Ökonomie Lehrbuch* (Berlin 'Ost': Dietz Verlag, 1955).

의 불균형을 제거할 수 있다고 한다. 정치경제학적 방법은 용어에서 보듯이 정치와 경제는 분리되어 있지 않고 서로 밀접하게 연결되어 있다는 것을 강조하고 있다.

그러나 이 접근은 정치와 경제메커니즘의 각각 상이한 면을 등한시하고 있으며 또한 정치와 경제의 상호작용의 분석에 어려움이 있다는 것을 간과하고 있다. 이 접근은 도덕적으로 상당히 높은 가치기준을 지니고 있다는 것을 부인할 수 없지만 너무 추상적이며, 현실에 적용될 때는 이론과 실제의 차이(gap)를 등한시하고 있다. 하부구조가 상부구조를 결정한다는 내용은 인간 본연의 도덕, 규범, 종교 등을 무시하고 있다. 베버(M. Weber)가 지적하고 있는 상부구조인 종교와 경제체제는 상호 밀접히 연결되어 있다는 것을 생각하면 이해에 도움이 될 것이다. 베버의 주장으로 상부구조가 하부구조를 결정하고 있다는 것이다.[9] 다른 말로 표현하면 각각 주어진 체제에 순응하면서 개혁을 한다는 것으로 이해될 것이다.

(2) 역사주의학파 접근방법

앞에서 언급한 것처럼 사회주의학파의 '야당'으로서 19세기 중엽부터 독일의 '역사주의학파(Historische Schule)'의 생성배경은 그 당시 선발 자본주의 국가인 영국과 프랑스보다 독일은 후발 자본주의 국가로서 정치, 경제, 사회 등의 후진성 극복에서 기인된다.[10] 이 학파는 세계의 경제 사회발전사를 역사적 '단계설'에 입각하여 한 나라의 국민경제의 생산력과 경제상태가 어느 위치에 존재하는가를 파악한다. 정확하게 한 나라의 경제 사회단계를 파악하여 후진성의 원인과 극복을 위해 국민적 계몽 혹은 국민의 의식화 작업을 선도했다. 특히 그들은 국민적 계몽을 위해 출판사업을 시작했다. 또한 선발자본주의 국가들이 주장하는 자유무역에 반대하였다. 독일의 유아산업을 보호하기 위해서 강력한 관세정책과 구조적 산업정책을 주장했다. 그 당시 모든 산업분야에서 세계최대 국제경쟁력을 갖춘 영국과 공정한 경쟁은 불가능하다고 판단하였다. 이 학파는 후진성 극복을 위한 제반조처를 제시하였다. 아직 발전되지 않은 산업부문, 즉 철강산업의 발전을 강조했다. 대규모적 철강산업은 철도건설과 때를 같이 하여 생성되었기 때문이다. 섬유산업의 경우에는 영국이 절대적 비교우위를 갖고 있었다. 그러나 철강산업 부문에서도 영국이 절대적 비교우위를 갖고 있지만 섬유산업 부문에 비해 독일의 철강산업 부문이 상대적 비교우위가 가능하다고 보았기

9) Paul Honigsheim, "Weber, Max", in : *Hanwörterbuch der Sozialwissenschaft*, Vol. 1, (Stuttgart, Tübingen, Göttingen : Gustav Fischer ; J.C.B Mohr ; Vandenhoeck & Ruprecht, 1965), pp.556~562

10) 독일의 역사주의학파에 대한 상세한 내용은 다음의 책을 참조 바람, Otto Stein, *Deutsche historische Schule der Nationalökonomie* (Berlin, 1937).

때문이다. 영국의 철도건설은 주로 고전학파의 견해에 따라 사적 자본가에 의해 추진되는 반면에 독일의 철도건설은 주로 국가주도하에 성장한 기업에 의해 추진되었다.[11] 철강산업은 경공업과 달리 대규모의 자본을 필요로 했다. 이러한 정책으로 인해 독일은 19세기말경에 세계 최대의 철강국가로 출현했으며, 후발 자본주의국가에서 영국과 견주는 선발 자본주의국가로 진입하게 되었다. 그 이후 역사주의학파는 독일 내에서 큰 힘을 발휘하지 못했지만 이 학파가 주는 교훈은 많으리라 생각된다. 이 학파의 문제점은 역사발전단계설에 입각했기 때문에 정치성(定置性)의 결여와 각 단계별 분류에서 변혁기에 대한 분석의 결여를 들 수 있다. 이 역사문제에 대해서는 다음 장에 다시 논의될 것이다.

(3) 신정치경제학적 접근방법

앞에서 언급한 정치경제학적 접근방법은 사회주의 체제의 우월성과 체제전복에 바탕을 두고 있는 반면에 신정치경제학적 접근방법은 일정한 체제에서 인간의 '합리적 요구(Rationalitätspostulat)' 아래서 끊임없는 개혁에 목적을 두고 있다. 이 접근방법은 '주어진' 체제를 인정하면서 경제학적 전문성을 극복하고 기타 인접과학과의 연계성 분석, 즉 학제간의 교류를 강조하고 있다.[12] 경제학이 사회과학 분야에 소속되어 있음에도 불구하고 전문화와 세분화로 인한 편협성을 극복하기 위해 기타 사회과학인 사회학, 심리학, 정치학, 법학 등등과 연계해서 상호작용 관계를 알자는 것이다. 특히 인간의 행태와 관련된 의사결정 메커니즘에서 경제제도로서 시장의 주체인 경제주체와 민주주의제도의 주체인 선거권자 그리고 기타 제도(예를 들면 압력단체, 정당, 관료제, 국가 등)에서 나타나는 의사결정권자들의 공통분모와 상이점은 서로 밀접히 연결되어 있다는 것이다.[13] 한 학문이 다른 학문에 영향을 미치고 있으며, 다른 학문으로부터 영향을 받는다는 것이다. 그러므로 각 학문간의 교류와 상호작용을 통해 사회현상을 더욱더 분명히 파악할 수 있다는 것

---

11) Kunt Borchardt, *Grundriß der deutschen Wirtschaftsgeschichte* (Göttingen: Vandenhoeck & Ruprecht, 1978), pp.49~50.

12) 이 접근방법에 대한 개요에 대해서는 다음의 논문을 참조바람, Bruno S, Frey, "Die ökonomische Theorie der Politik oder die neue politische Ökonomie: Eine Übersicht", *Zeitschrift für die gesamte Staatswissenschaf*, Bd. 126, Heft 1, 1970, pp.1~23. 엄밀한 의미에서는 상이하지만 보통 영미권에서는 신경제정치학을 '공공선택이론학파(Public Choice School)'라고 칭하고 있다. Bruno S. Frey, "Ökonomische Theorie der Politik", in: *Handworterbuch der Wirtschaftswissenschaft*, Bd.5, (Stuttgart, Tübingen und Göttingen : Gustav Fischer, J.C.B Mohr: Vandenhoeck & Ruprecht, 1980), pp.658-667.

13) 정치와 경제의 상호작용을 연구한 대표적인 업적은 다음의 책을 참조 바람, James M. Buchanan, *Public Finance in Democratic Process* (Chapel Hill: University of North-Carolina Press, 1867). Kenneth J. Arrow, *Social Choice and Individual Values* (New York: Wiley, 1951).

이다. 이러한 방법은 개별학문의 개별연구도 중요하지만 각 학문간의 교류를 통해 종합적 사고에 기여한다고 본다. 이 방법론은 앞에서 언급한 두 가지 방법론보다는 '가치중립(Wertfreiheit)'적에 더욱 가깝다고 볼 수 있다.

2) 가치중립적 방법론

(1) 통계분석학적 방법론

통계분석학적 방법론은 자연과학이 가치중립적 방법론에 의거하여 괄목할 만한 학문발전에 고무되어 있듯이, 이 방법론이 사회과학에 도입되면서부터 급속한 속도로 발전되었다. 자연과학은 자연현상 분석에서 실험과 그에 대한 검증은 가능하나, 사회과학은 사회현상 분석에 관한 실험에 상당한 제약요소를 갖고 있다. 이 방법론을 지지하는 자는 사회현상 분석도 자연과학에 비해 정확도와 신뢰도는 떨어지지만 이 방법론, 즉 사회현상의 계량화를 통해 상당한 학문축척에 기여한다고 주장한다. '비인학파(Wiener-Schule)', 예를 들면 비트겐슈타인(Wittgenstein), 쉴리크(Schlick), 카납(Carnap) 등을 들 수 있다. 칼 포퍼(K. Popper)를 중심으로 하는 '비판적 합리주의(Kritischer Rationalismus)'자들은 검증(Verification 혹은 Falsification)이 미약하거나 혹은 가능하지 않는 것은 '학문(Hard-Science)'이 아니라 '과학에 동떨어진 학문(Soft-Science)'이라고까지 주장하고 있다. Hard-Science의 대표적인 예는 물리학과 화학이며, 천문학과 기상학 그리고 역사학은 Soft-Science의 대표적인 경우라고 말하고 있다.[14] 물론 칼 포퍼는 사회과학을 Hard-Science와 Soft-Science의 중간에 위치하고 있으나 더욱더 Hard-Science의 방향으로 나아가는 것을 기대하고 있다. 칼 포퍼를 중심으로 하는 '비판적 합리주의'의 골자는 영국의 전통적 '합리주의'를 비판하는 것으로, 특히 흄(David Hume)과 밀(John Stuart Mill)의 귀납법적 해석을 비판하고 있다. 과거의 합리주의는 예를 들면 "백조의 색깔은 하얀 색이다"의 진리를 찾기 위해 곳곳에 있는 백조의 색깔을 경험적으로 조사하여 찾는 귀납법적인 방법인 반면에, 비판적 합리주의는 "백조의 색깔은 하얀색이다"의 진리는 단지 백조가 '하얀색이 아닌' 백조가 나올 때가지 진리로 간주하는 것으로 역검증(Falsification)이 근본을 이루고 있다.[15] 이러한 새로운 패러다임(paradigm)은 통계혁명과 컴퓨터 발달을 더욱 가속화했다.

---

14) Mark Balug, *The Methodology of Economics or how economists explain* (Cambridge and New York, etc.: Cambridge University Press, 1980), p.13.

15) Mark Balug, *The Methodology* ... op. cit., pp.10-12. 사회과학의 방법론에 대한 내용에 대해서는 다음의 논문을 참조바람, Karl R. Popper, "Zur Logik der Sozialwissenschaften," in: *Der Positivismusstreit in der deutschen Soziologie*, Hrsg. von Th. W. Adorno u. a. 9. Aufl. (Neuwied: Luchterhand, 1981), pp.103-124.

(2) DIM - Modell

DIM-Modell은 더피(Duffy)와 노이베르거(Neuberger)에 의해 모든 체제는 경제주체간의 의사결정(Decision), 정보(Information) 그리고 동기(Motivation)에 의해 분석할 수 있다고 한다.[16] 이 분석에서 각 경제주체의 행태에 대한 연구는 각 경제 주체간의 이해관계의 일치, 갈등과 대립 그리고 반목을 가치중립적으로 연구하고 있다. 이러한 방법을 통해 체제비교분석을 용이하게 하며, 각 체제와 제도의 효율성을 측정할 수 있을 것이다. 물론 의사결정과 정보 그리고 동기의 변수 이외에 기타 요인 등이 첨가될 수 있을 것이다. 예를 들면 소유권의 형태, 조정 및 통제 메커니즘, 기업의 형태, 가치형성과정, 실적 등등이 있지만 체제분석을 위한 가장 중요한 변수는 DIM이며 기타변수들도 DIM관점에서 파악할 수 있다고 본다.[17] 넓은 의미로 소유권으로서 의사결정권은 모든 체제에서 중앙집권과 분권사이에 이루어지고 있다. 현대사회에서 정보의 수집, 흐름 그리고 처리과정은 여느 때보다도 더욱 중요한 역할을 하고 있다. 미래 학자인 앨빈 토플러는 그의 저서 《권력이동》에서 권력의 근원을 폭력에서 돈 그리고 지식으로 이동한다고 주장하고 있다. 특히 지식의 대부분은 정보에 의해 이루어지고 있다고 강조하고 있다.[18] 경제주체의 인센티브는 각 체제와 제도의 효율성에 기여하고 있다. 이 3가지 요소는 서로 독립된 것이 아니라 상호간에 밀접하게 영향력을 행사하고 있다.

(3) 신 리버럴리즘 접근방법

신 리버럴리즘(Neo-Liberalismus 혹은 Ordo-Liberalismus)은 자본주의 혹은 시장 경제체제의 우월성을 바탕으로 하고 있다. 일명 독일 '프라이부르그학파(Freiburger-Schule)'적 접근방법이라고 칭하고 있다.[19] 리버럴리즘을 대표하는 영국의 고전주의 경제학자들의 주장은 시간이 경과함에 따라 많은 문제점이 내재해 왔다. 완전경쟁이 아니라 독점으로 발달됐으며, 더욱 부정적 경제 '외부효과(External effect)' 등으로 인해 시장실패(market failure)가 발생했다. 시장실패를 극소화하기 위해 이 학파는 시장과 자유경쟁의 틀은 국가

---

16) Egon Neuberger and W. Duffy, *Comparative Economic System* (Boston 1976).

17) 기타 변수에 대해서는 다음의 책을 참조바람, Helmut Leipold, *Wirtschafts- und Gesellschaftssysteme im Vergleich*, 4. Auflage, (Stuttgart: Gustav Fischer, UTB 481, 1985), pp.60-63

18) 앨빈 토플러, 《권력이동》(서울 : 한국경제신문사, 1992), pp.35-45

19) 이 학파는 독일의 프라이부르그대학의 오이켄(W. Eucken)경제연구소를 중심으로 이루어졌으며 후에는 P. Hensel, F. A. von Hayek, M. Friedman 등이 이 대학에 강의를 담당했다. 창시자인 오이켄(Eucken)의 사상에 대서는 다음의 책들을 참조바람, Walter Eucken, *Die Grundlagen der Nationalökonmie*, 6. Aufage, (Berlin, Göttingen, Heidelberg 1950); Walter Eucken, *Grundsätze der Wirtschaftspolitik* (Bern, Tübingen 1952).

가 조성해야 할 것을 주장하고 있다. 그러므로 이 학파는 시장의 활성화를 위해 독점금지와 공정거래를 강조하고 있다. 부정적 외부효과는 예를 들면 '사회비용'[20]을 국가가 시장경제체제에 입각해서 부담 및 조정함으로써 시장제도의 기능을 더욱 강화할 수 있다는 것이다. 이러한 사상적 배경은 전후 서독의 '사회적 시장경제체제(Soziale Marktwirtschaft)'의 골격을 형성한다.[21]

이 학파는 한 사회(Gesellschaft)는 정치, 경제, 법률, 사회, 문화체제 등의 총체제(Gesamt-system)로서 이루어지고 있다고 주장한다. 총체제는 개별 체제 간에 그리고 개별체제와 부체제(Sub-System)간에 서로 상호적으로 밀접하게 연결된 합으로 형성되고 있다. 그러므로 개별 체제와 모든 부체제가 수미 일관적으로 한 방향으로 나아갈 때 총제제의 효율성이 극대화된다고 주장하고 있다. 다른 말로 표현하면 자본주의체제에서는 모든 체제(System 및 Sub-System)가 리버럴한 방향으로 나아갈 때 체제의 효율성이 극대화되며, 거꾸로 사회주의 체제에서는 사회주의적 요소인 계획이 모든 체제에서 수미 일관적으로 나아갈 때 그 체제의 효율성이 극대화된다는 것이다. 자본주의 체제는 자본주의답게 모든 정책이 이루어져야 하며, 사회주의 체제는 사회주의답게 이루어져야 한다는 것이다. 자본주의와 사회주의를 혼합하는 모든 정책은 비효율성이라고 보면서 양체제의 수렴론을 강력하게 거부하고 있다.

위에서 언급한 6가지 방법론을 정리해 보면 각 방법론간의 차이점은 존재하지만 가치내재적(wertgeladene) '비판이론(Kritsche Theoire)' 혹은 프랑크프루트 학파[22](Fankfurter Schule)적 사고와 '가치중립(Wertfreiheit)'적 혹은 '비판적 합리주의(Kritischer Rationalismus)'[23]

---

20) 사회비용은 의료, 교육, 복지, 공해방지, 사회간접자본 등의 제비용을 의미한다.

21) 서독의 '사회적 시장경제체제'에 대해서는 다음의 논문을 참조 바람, Alfred Müller-Armack, “Soziale Marktwirstschaft”, in: *Handwörterbuch der Sozialwissenschaft*, Bd. 9, (Stuttgart, Tübingen, Gottingen: Gustav Fischer, J.C.B Mohr, Vandenhoeck & Ruprecht, 1956), pp.390-392.

22) 프랑크푸르트 학파들 간의 의견차이로 인해 보통 그들의 주장은 '비판이론'이라고 칭하고 있다. 학문방법에 대한 실증주의 대논쟁에 대해서는 다음의 논문을 참조바람. Theodor W. Adrno, "Zur Logik der Sozialwissenschaft," in: *Der Postitvismusstreit in der deutschen Soziologie*, hrsg. von TH. W. Adrno u.a. 9. Aufl. (Neuwied: Luchterhand, 1981), pp.125-144. Jürgen Habermas, "Analytische Wissenschaftstheorie Und Dialektik," in: *Der Positivismusstreit in der deutschen Soziologie*, Hrsg. von Th. W. Adrno u.a. 9. Aufl., (Neuwied: Luchterhand, 1981), pp.155~192.

23) 이러한 사고는 카납(Carnap), 비트겐슈타인(Wittgenstein), 쉴리케(Sclicke) 등이 중심으로 활동한 '비인 학파(Wiener Schule)'의 전통에서 더욱 발전된다. 대표적인 학자로서는 칼 포퍼(Popper)와 한스 알베르트(Albert)를 들 수 있다. Karl R. Popper, "Zur Logik der Sozialwissenscaften," in: *Der Postitivismusstreit in der deutschen Soziologie*, hrsg. von TH. W. Adorno u.a., 9. Aufl., (Neuwied: Luchterhand, 1981), pp.103-124. Hans Albert, "Im Rücken des Positivismus," in:

사고로 집약된다고 볼 수 있다. 물론 신정치경제학적 접근방법은 상당한 정도의 가치중립적 요소가 존재하지만 학문간의 종합이라는 관점에서 프랑크푸르트 학파적 사고에 접근한다고 볼 수 있다. 모든 학문에 대한 방법론의 큰 줄기는 이와 같은 두 가지 조류로 이루어지고 있다.24)

올바른 경제체제 분석의 시각을 위해서는 어느 한쪽의 접근방법(Mono-Paradigm)을 적용하는 것 보다는 위에 언급한 6가지 방법론을 각 사례(case by case)에 적용하면서 다양한 패러다임(Multi-Paradagmen)을 통한 접근방법론들이 유용하다고 생각된다. 물론 시간과 공간에 따라 6가지의 방법론의 가중치가 달라질 수 있을 것이다.

1.3. 구소련 및 이행기 사회주의 경제체제 파악을 위한 제방법론적 분석

구소련 경제체제와 이행기 사회주의 경제체제를 올바르게 분석하기 위해 앞에서 언급한 방법론을 다각적으로 적용하는 것이 유용하다고 생각된다. 그러나 1991년 12월 소련국호의 소멸 이후 이행기 체제 분석에서는 가치 내재적 접근방법보다는 가치 중립적 접근방법의 중요성이 더욱 부각될 것으로 생각된다. 소련경제의 운용과 작동의 애로사항과 그로 인한 체제 붕괴 측면에 대해서 앞에서 언급한 제방법론을 적용한다. 특히 실제상에 현격히 나타난 차이(gap)를 분석한다.

1) 가치내재적 방법론

(1) 정치경제학적 접근방법

전통적 소련 경제체제는 맑스·레닌주의에 입각한 정치경제학이 기조를 이루고 있었다. 정치경제학적 해설에 의하면 사회주의·공산주의의 계획경제체제에서는 시장경제 체제에서 나타나는 '경제병'이 존재하지 않는다고 주장한다. 자본주의체제는 시장의 '무정부성'에 의거하여 인플레이션, 경기변동, 대량실업, 국제수지 불균형이 만성적으로 존재한다는 것이다. 최소한 이론적 면에서 사회주의 경제체제에서는 자원분배과정에서 중앙당국의 계획에 의거하여 생산·분배·소비 경제과정을 통괄함으로써 위에 언급한 경제병을 치료할 수 있다고 주장하였다. 사회주의 경제체제에서는 역사적·이데올로기적 관점에서 화폐소멸론 및 상품·화폐관계(시장)소멸과 생산수단의 '사회화'를 실현함으로써 사회주의 체제

Der Positivismusstreit in der deutschen Soziologie, Hrsg. von TH. W. Adorno u.a. 9. Aufl., (Neuwied: Luchterhand, 1981), pp.267-306

24) 물론 미학과 문학 그리고 법학 등에서 해석학(Hermeneutik)적 방법론과 철학 등에서 현상학(Phänomenologie)적 방법론이 존재한다.

에서 '최종 공산주의'의 사회구성체에 도달할 수 있다고 소련 및 동구권 경제학자(부분적으로 서구 정치경제학자)들은 주장 하였다.[25] 전통적 사회주의 계획경제 체제에서의 계획이론은 중앙계획지표인 목표량(노르마찌브 또는 노르마, норматив или норма)에 의해서 실물경제 체제를 고수하였고 화폐는 '제2차적 요소'에 불과하였다. 논리적으로 사회주의 경제체제에서는 실물 경제계획에 초점을 맞추었다고 볼 수 있다. 그러나 중앙 계획경제는 이론적 및 실제적으로 '완전한' 계획은 불가능한 것으로 나타나고 있다. 계획수립, 실천 그리고 통계·결산 과정에서 많은 시간적 제문제(lags) 및 정보처리의 허점이 도출되고 있다. 중앙계획 당국은 자의적 또는 비자의적으로 계획의 불가능한 부분을 인정하고 있다.

현실적으로 현존했던 사회주의 국가에서 계획의 편의를 위해서는 화폐적 요소의 도입 없이는 계획이 불가능하다는 것을 인정하고 있으며 끊임없는 경제개혁 과정에서 화폐적 요인의 중요성이 점차 강조 되어 지고 있다. 이러한 실물경제체제에서 경제주체의 인센티브는 소위 말하는 '무게지상주의(Tonnenideologie)'를 발생시키고 있다. 또한 이 체제에서는 공급의 계획은 성공이 가능할지는 몰라도 수요의 측면까지 계획한다는 것은 불가능(언어학적 · 철학적)하므로 많은 조악한 품질, 불량품을 생산하며, 유행 등은 고려하지 않는다는 것은 당연한 귀결로 나타나고 있다(수요자의 요구보다는 공급자와 생산자의 역할이 강조됨). 또한 정치경제학적 해설에 의거하여 생산관계의 모순을 소유권 관계(생산수단의 국유화 혹은 사회화)에만 치중하여 유통관계를 등한시함으로써 논리적으로 상품유통 관계의 애로가 도출되어 왔다(서비스업 경시).

사회주의 경제체제에서 넓은 의미의 가격(상품가격, 임금, 이자, 환율, 지대, 주가, 임대료 등)은 중앙계획 당국의 통제 및 지시가격으로 정하고 있다. 그러나 중앙계획 당국은 모든 가격을 통제하지는 못하고 있다. 계획의 불완전에 기인한다고 볼 수 있다. 한 국민경제에서 불균형 상태가 존재하면 당연히 '가격'은 유동적으로 변화를 해야만 한다. 사회주의 경제체제에서는 가격이 대부분 부동적이기 때문에 '상품량'이 변화를 해야만 한다. 그러므로 '상품과잉' 또는 '상품부족' 현상이 만성적으로 존재했었다. 모든 체제는 경제의 역동성 과정에서 이론적으로 '가격'과 '상품량'의 변화는 반비례(trade-off) 관계를 형성하고 있다.

소련에서 공식적 이데올로기인 정치경제학은 이론과 실무에서 많은 차이점이 존재해 왔으며 그들의 이데올로기의 폐쇄성과 경직성으로 인해 소련 체제는 더욱 악화됐다.

---

25) 정치경제학적 입장에서 소련의 공식 이데올로기에 대해서는 다음의 책을 참조바람, Jong-Man Han, *Inflation in sozialistischen Planwirtschaften* (München: V. Florentz Verlag, 1990), pp.1-2

(2) 역사학적 접근방법

역사주의학파의 견해에 의하면 사회·경제발전사를 단계설에 입각하여, 예를 들면 다음과 같은 역사발전을 피력하고 있다: 제1차 산업 → 제2차 산업 → 제3차 산업; 실물경제체제 → 화폐경제체제 → 신용경제체제; 촌락경제체제 → 도시경제체제 → 국민경제체제 → 세계경제체제 → 우주경제체제.

소련의 공업화 논쟁 이후 소련의 산업구조는 제 2차 산업, 특히 중공업과 군수산업이 우선 과제로 채택되었기 때문에 균형적 산업구조를 이루지 못했다. 그로 인해 제 3차 산업, 특히 유통업, 통신 및 정보업, 보관업, 금융 및 보험업 등의 부족으로 만성적 상품 및 서비스부족을 경험했다. 1917년 러시아 10월 혁명 이전에 러시아는 화폐경제 체제임에도 불구하고 혁명 소비에트 정부는 화폐소멸 정책을 실시함으로써 실물경제체제로 환원됐다. 그 이후도 화폐는 실물경제 체제를 보조하는 기능만을 갖고 있었을 뿐이다. 이러한 정책은 분명히 세계발전사에 역행하는 조처라고 생각된다.

혁명전 러시아는 유럽의 최대 농산물 수출국가로서 세계경제에 편입되어 있었다. 혁명 후 소비에트 정부는 무역을 단지 계획의 보충수단으로 간주하면서 자급자족 경제체제를 위해 힘을 기울였다.

위에서 언급한 3가지 사실로 미루어 보아 소련체제는 사회·경제발전에 역행하는 조처를 감행했다고 볼 수 있다. 그로 인한 경제의 비효율성을 감당해야만 했었다.

(3) 신정치경제학적 접근방법

소련의 공식 이데올로기인 사회·경제주체 간의 정체성과 생산수단의 사회화로 인해 소련에서는 공식적으로 사회학과 경영학의 존재가치가 필요하지 않았다. 왜냐하면 사회학은 사회주체간의 이해관계의 조화 혹은 갈등과 대립을 연구하는 학문이지만 소련 사회는 단지 이해관계 조화만이 존재한다고 주장했고 또한 경영학의 생성배경은 기업의 이윤극대화가 가장 큰 목적이지만 소련사회는 모든 기업이 국유재 혹은 조합재임으로 단지 재정학만이 존재할 뿐이기 때문이다. 소련의 체제에서는 정치와 경제관계는 정치 우선이므로 경제적 사고가 결여되어 있었다. 그러므로 신정치경제학적 접근방법을 통한 사고방식이 결여되어 있다. 이론과 실무의 차이가 큰 소련 경제체제를 분석하기 위해 이러한 접근방법은 서방경제학자 혹은 소련 망명학자들에게 의해 제기되었다. 소련관료제의 골격을 이루고 있는 노멘클라투라제도[26], '대표 · 대리인문제(Principal-Agent-Problem)'[27] X-비

---

26) 노멘클라투라 저서는 소련 망명학자 보슬렌스키(Voselensky)에 의해 소련관료제의 여러 모순을 제기했다. Michael S. Voslensky, *Nomenklatura. Die herrschende Klasse der Sowjetunion*, 3.

능률[28] 등의 분석을 통해 소련경제를 분석해왔다.

2) 가치중립적 방법론

(1) 통계분석학적 접근방법

통계분석학적 방법론은 NEP 폐기 이후 스탈린은 모든 통계를 원칙적으로 비밀로 간주했다.[29] 특히 소련의 정보를 자본주의체제에 알리지 않음으로써 소련체제를 공고히 한다는 것이다. 무역의 수출입통계, 금 산출량과 보유량, 화폐보유량 통계, 심지어는 인구통계 등은 원칙적으로 발표되지 않고 있으며 간헐적으로 발표되는 모든 통계도 당에 의해 고의적으로 왜곡되고 있다. 발표된 통계도 그 세부사항에 대해서는 언급이 없는 것이 대부분이다. 스탈린 사후 원칙에는 약간의 수정이 있었지만 근본에 대해서는 변함이 없었다. 계획의 완전화와 세밀화를 위해 1960년대에 수리·계량경제학의 발전이 있었지만 이데올로기적 이유로 그 후 큰 진전은 없었다.[30] '국가통계위원회'의 직원들도 통계 전문가보다는 당의 지시에 따르는 직원이 우위를 차지함으로써 소련통계는 국외는 물론 국내에서조차 신뢰성이 떨어지고 있다. 그러므로 소련 계획 경제체제는 왜곡된 정보 하에서 경제정책이 전개되므로 비효율성이 가시화 됐다.

(2) DIM-Modell

소련 혹은 러시아 경제주체의 행태와 제도분석을 위해서는 DIM-Modell 분석이 유용할 것이다. 소련 체제에서 의사결정은 원칙적으로 중앙계획 당국을 중심으로 중앙집권하

Auflage, (Wien, München, Zürich, Innsbruck: Fritz Molden Verlag, 1985).

27) 대표 · 대리인 문제를 소련에 적용해 보면 소련의 공식이데올로기에서 생산수단은 인민(대표)의 소유이며 당(대리인)은 단지 그것을 관리하는 것으로 되어 있지만 당은 인민의 의사와 관계없이 생산수단의 사용권과 처분권에서 절대적 영향을 미치고 있다. 대표·대리인에 대한 상세한 내용은 다음의 책을 참조바람, J. W. Pratt and R. J. Zeckhauser(ed.), *Principals and Agents: The Structure of Business* (Boston Mass., 1985).

28) X-비능률은 기업 및 행정 제도적으로 인한 낭비를 의미한다. 조직경제학적 입장에서 소련의 기업과 행정은 체제모순으로 상당한 비효율을 지니고 있다. X-비능률을 첫 번째로 제기한 학자는 Leibenstein이다. Harvy Leibenstein, "Allocative Efficiency versus X-Efficiency," *The American Economic Review*, Vol 56, No.3, (1966), pp.392-415.

29) 역사적으로 러시아에서는 유명한 통계학자와 수학자가 많았다. 그러나 NEP 폐기 이후 그들의 입장은 극히 미약했다.

30) 소련의 대표적 수리경제학자로는 칸트로비치(Kantorvicz)를 들 수 있다. 그는 선형계획법(liner programming)을 발전시켜 후에 노벨경제학상을 수상하게 된다. 이 분석에 대한 상세한 내용은 다음의 책을 참조바람, Leonid V. Kantrovicz, "Mathematical Methods of Organizing And Planning Production", *Management Science, Providence*, Vol. 6,1960, pp.366-422.

에 이루어지고 있었다. 계획경제 체제를 효율적으로 작동하기 위해서는 정확한 정보를 중앙계획당국이 지녀야할 것이다. 그러나 앞에서 언급한 것처럼 정보는 왜곡되어 있으며, 심지어 정보는 중앙계획 당국보다 개별 기업이 장악하고 있는 아이러니가 발생하고 있다. 중앙계획 당국의 정보는 개별 기업으로부터 수집한 것의 총계로 형성되어 있다. 그러나 개별 기업에서 중앙 당국으로 흐르는 정보의 대부분은 왜곡되어 있다. 왜냐하면 개별 기업은 가능한 한 중앙 당국으로부터 많은 생산요소를 할당받으려고 하며 또한 가능한 한 목표량을 적게 할당받으려고 하기 때문이다. 그러므로 중앙 당국은 왜곡된 정보와 함께 계획을 실시하고 있는 셈이다. 더욱이 소련 경제체제에서 가장 중요한 문제는 각 경제주체의 동기 결여라고 생각된다. 공식적 평등 이데올로기로 인해 인민의 근로의욕과 생산성은 상당히 저하하고 있다. 생산 수단의 사적 소유 폐지로 인해 "공동소유는 누구의 소유에도 속하지 않는다"는 사고방식으로 인해 귀중한 자원을 낭비하고 있다. 또한 상속권과 지적 소유권의 결여로 인해 경제주체는 저축을 통한 자본축적과 학문발전 및 기술개발의 인센티브가 서방 체제보다 미약하다. 특히 한편으로 기업은 책임을 회피하기 위해, 다른 한편으로 이윤동기의 결여로 인해 새로운 사고와 기술을 기피하고 있다. 이로 인해 소련 체제는 1960년대 이후로 빠른 속도로 발전되는 기술·교통·학문·정보·통신 혁명 등에 동참하지 못해 더욱더 서방과의 격차가 심해 소련 체제 몰락의 주요한 동인이 되었다고 볼 수 있다.

(3) 신 리버럴리즘 접근방법

소련 체제의 비효율성을 극복하기 위해 많은 경제개혁이 이루어졌다. 전시 공산주의 시기 (1917년 10월 혁명부터 1921년 3월 NEP 생성까지)의 총체적 사회적 위기를 극복하기 위한 신경제정책(NEP), 스탈린 사후 1956년 흐루시초프 경제개혁, 1965년 코시킨-브레쥬네프 경제개혁, 1979년 브레쥬네프 경제개혁, 1982년 안드로포프 경제개혁을 실시했지만 이 개혁들은 계획경제 체제의 골격을 이루면서 부분적으로 자본주의적 요소들을 가미하는 것에 불과했다. 다른 말로 표현하면 계획과 시장을 조화시키는 '제3의 길'에 대한 실험을 실시했다. 결과는 각 경제개혁 초기의 단계에는 부분적으로 향상이 있었지만 전체적으로는 큰 진전이 나타나지 않았다. 1985년 3월 고르바쵸프 등장 이후 지금까지 여러 개혁의 한계점을 인식하면서 대대적 개혁을 실시했다. 그의 개혁은 경제개혁뿐만 아니라 정치·외교·사회 등 전 분야까지 확장했다. 그러나 고르바쵸프 개혁은 원래 목적은 소련의 악성질환인 경제병이 치료목적임에도 불구하고 개혁과정에서 더욱 정치, 민주화, 외교정책 등에 힘을 기울였다. 고르바쵸프는 개혁과정에서 수많은 개혁안과 법률 등을 제정하지만 수미 일관적으로 개혁이 이루어지지 않았었다. 급진개혁파와 보수파 간의 개혁 논쟁에서 고르바쵸프의 우유부단하고 의사결정의 지연으로 고르바쵸프는 그가 불러일으켰던 개혁에서 희생물이 되었다. 개혁과정에 나타난 사실은 선정치·외교·민주화 그리고 후경제로 인해 푸라이부르그 학파가 주장하는 정치와 경제의 균형을 잃었으며 국민의 목소리 강화와 민족문제로 인해 소련은 1992년 12월에 침몰하고 새로운 '독립국가연합'(CIS)[31]이 탄생했다. 새로 주권을 가진 개별 독립국가들도 프라이부르그 학파의 견해에 따라 모든 개혁이 수미 일관적으로 한 방향으로 나아가지 않을 때 대가를 치를 것이다.

1.4. 맺음말

사회주의 종주국이었던 소련의 침몰이 주는 교훈은 너무나 많다고 생각된다. 이 글에서는 소련 체제의 붕괴의 생성원인을 여러 패러다임에 의해 분석했다. 6가지 방법론은 체제 비교는 물론 체제 이행에 대한 분석에도 상당한 도움이 될 것으로 생각된다. 소련체제는 맑스·레닌주의에 바탕을 둔 정치경제학적 패러다임을 최우선으로 삼아왔다. 이 패러다임은 사고의 경직성과 폐쇄성을 기조로 하는 도그마에 너무 집착했다. 그러므로 전통적 소련 체제는 개인의 창의성과 학문 및 기술발전을 저해하는 요소를 만성적으로 잉태하면서 체제모순을 가속화하여 체제붕괴에서 체제 이행단계에 접어들고 있다. 체제의 효율성과 공정성을 위해서 유일한 패러다임보다는 인간의 합리적 사고에 기초하여 수많은 패러다임의 필요성이 소련체제의 붕괴로 더욱 확실시되고 있다. 그러나 시간과 공간에 따라 각 패러다임의 가중치가 달라지리라는 것은 명백하다. 이 가중치는 인간의 이성과 합리성에 근거한 국민적 공감대와 사회적 합의에 의해 결정되어야 할 것이다.

31) 독립국가연합은 영어로는 CIS(Commonwealth of Independent States)이며 Confederation 의미에 가까우며, 러시아로는 СНГ(Содружество Независимых Государств이며 독일어로는 GUS : Gemeinschaft unabhängiger Staaten이다. 1991년 말 현재 발트 3국과 그루지야 공화국을 제외하고 구소련의 11개 공화국이 이 연합에 속해있다. 슬라브 3국(러시아, 우크라이나, 벨라루스) 카프카스(아르메니아, 아제르바이잔), 중앙아시아 5국(우즈베키스탄, 카자흐스탄, 타지키스탄, 키르키스스탄, 투르크메니스탄), 몰다바 등이다. 1993년에 그루지야가 CIS에 가입하여 12개국이 되었으나, 2005년 투르크메니스탄이 탈퇴한 후 준회원국이 되었으며, 2008년 8월 러시아와 그루지야의 전쟁 이후 CIS에 탈퇴했다.

제 2 장 NEP의 시장과 계획*

2.1. 머리말

1920년대 소련에서 전개되었던 NEP(Nowaja Ekonomitscheskaja Politika, 노어로 Новая Экономическая Политика: 신경제정책) 시대는 그 시대의 역사적, 공간적인 한 사건을 초월하여 많은 교훈을 준다고 생각된다. NEP 시대의 최고 논쟁점은 산업화·공업화의 속도와 방법이었기 때문에 경제사회 발전론적 관점, 특히 경제사적 관심뿐만 아니라, 동구권·소련 및 사회주의 국가의 체제 변화에 대한 재분석을 위해서도 NEP에 대한 연구가 필요하며, 또한 사회주의 체제의 첫 번째 개혁이었기 때문에 NEP의 연구는 실천적 체제 변화, 즉 개혁의 분석을 위해서 필요하다고 생각된다. 또한 이론적인 측면에서 과연 자본주의 체제의 최고 메커니즘인 '시장', 즉 '보이지 않는 손'과 사회주의 체제의 '계획', 즉 '보이는 손'의 적정선(optimum)은 과연 존재할 수 있는가? 분명한 점은 양 체제에서도 시장과 계획은 공존해 왔었고, 변화해 가고 있다는 사실이다. 이른바 혼합 경제 체제를 갖추고 있지만, 양 체제의 근원적인 요소-특히 넓은 의미에서의 소유권의 제관계의 문제점-들에서는 상당한 상이점을 내재하고 있다. 체제론적·시스템 이론적 또한 교훈학적 의미에서 시장과 계획의 상호 관계의 분석을 통해서 한 체제의 방향감각을 감지한다고 본다. 시장과 계획의 조화는 마치 '물과 불'처럼 공존이 불가능한 지 또는 과연 '어떻게'하면 적정선에 도달하는지에 대해서 끊임없는 분석이 필요하다고 본다. 1985년 고르바쵸프 등장 이후 소련에서 진행했던 페레스트로이카의 발전·심화과정의 이해를 위해서 당시 소련 당국은 스탈린의 격하운동과 동시에 의식적으로 NEP 시대 또는 정신을 격상시켰다. 특히 부하린을 복권시키고, 일부에서는 그를 페레스트로이카의 상징적인 존재로 추앙했으며, 리버럴한 레닌을 부상시켰다. 그렇게 함으로써 볼쉐비

---

* 이 글은 1990년도 10월 용평 한국슬라브학회 정기학술대회에서 발표된 내용을 수정 보완한 것임. <한국슬라브학회 편, 『레닌과 고르바쵸프』(서울: 나남, 1992), pp.173-208>에 게재됨.

키 적 전통에 입각한 소련사의 맥락 속에서 페레스트로이카의 정당성을 찾으려고 노력했었다. 먼저 필자는 NEP의 생성·발전·소멸의 측면에서 이를 관찰하고 현 소련 사회의 개혁과정과 연결시키면서 공통분모와 상이점을 논의해 보면서 소련의 미래상을 조명하고자 한다.

2.2. NEP의 생성

제정러시아, 그리고 혁명 정부는 수년간에 걸친 전쟁(제1차 세계대전, 혁명, 국제적 간섭, 내란)으로 전 산업시설의 파괴, 특히 사회간접자본 시설의 파괴와 교통·철도의 마비, 또한 질병·흉년·기근으로 인하여 경제 상태는 더욱 피폐화되었다. '전시 공산주의 체제'에서 실시되었던 국유화·조합화와 농업 부문에서 '강제 곡물 공출제(prodrazverstka)'로 인하여 농민들의 사기를 저하시켜 농업 생산량은 더욱 더 감소되었는데, 농민의 행태는 농산품을 은닉 내지는 비축하고, 심지어 밀주까지 제조하였다고 한다. 농민의 근로 사기 저하로 얼마나 경작지가 줄어들었는지 다음의 통계에서 명백히 나타난다.

러시아 내 유럽 지역의 경작지가 1917년도에 6,120만 데스야티니(Desjatinenyi): (1데스야티나 = 1.09ha)이던 것이 1920년대는 4,580만 데스야티니로 감소했다.[1)]

설상가상으로 1920년과 1921년에 소련의 곡창 지대라고 볼 수 있는 우크라이나·볼가강 유역의 극심한 가뭄으로 농민들과 도시인들의 생존권적 위협은 가속화되었고, 이 흉년 기간 동안 '국제 구호위원회'(특히 미국)의 원조에도 불구하고 약 500만 여명이 사망했다.[2)] 1914년 러시아의 인구는 1억 4,040만 명으로 추산되는데, 1926년에는 1억 4,700만 명이란 것을 고려해 볼 때 거의 소련인의 20%가 기아문제로 허덕이고 굶주렸음을 알 수 있다.[3)] 농민들은 (그 당시 전체 인구의 80% 이상) 오랜 전쟁으로 지쳐 있었고 높은 양의 곡물 징발제로 혁명 정부의 정당성까지 의심하여 곳곳에서 소요사태가 일어났는데 시베리아 지방의 토볼스키(Tobolški), 이씸(Išim) 지역과 특히 심했던 지역은 탐보프(Tambov)라는

---

1) Getraud Menz, *Die Entwicklung der sowjetischen Besteurung unter besonderer Berücksichtigung der ordungspolitischen Funktionen* (Berlin, 1960), p.55.

2) 라이만(Reiman)은 이 시대에 약 2,300만 명이 기아문제에 고생을 했고, 대략 500만 명에서 1,000만 명 정도가 사망한 것으로 추정했다. Michal Reiman, *Lenin, Stalin, Gorbačëv, Kontinuität und Brüche in der sowjetischen Geschichte* (Hamburg, 1987), p.111.

3) Geoffrey Hosking, *The First Socialist Society. A History of the Soviet Union From Within*, Enlarged Edition (Cambridge, Mass.: Harvard University Press, 1990), p.506. 통계 부재로 1920년과 1921년의 정확한 인구는 모르겠으나, 1926년 1억 4,700만 명보다는 훨씬 적을 것으로 추정된다.

지방이었다. 혁명 정부는 회유책으로써 이 지방에서 강제 곡물 징발제를 폐지하고 강제 공출의 양보다 낮은 수준으로 책정된 '현물세'로 대치하였다. 이 조치는 당의 공식적 NEP 강령 이전의 첫 번째 실험이었다고 볼 수 있는데 농민들의 정치적 불만을 어느 정도 해소하고 상당한 경제적 성과를 거두었다고 한다.[4] 이로 인해 농민들의 이윤 동기가 생겼기 때문이다. 이 '현물세'는 상대적으로 낮은 세액과 잉여 곡물을 '시장'에서 판매할 수가 있어 농민들의 합리적 판단에 준하여 농민의 자신의 토지에 대한 생산성의 극대화를 취했기 때문이다. 이는 '상품 · 화폐 관계', 즉 시장 메커니즘을 통한 동기라고 볼 수 있고, 상품 화폐 관계의 소멸을 주장 · 실천해 왔던 '전시공산주의체제' 급속한 변화를 의미하게 된다. 8년간의 전쟁으로(1914년부터 1921년 초) 인하여 전 산업부문과 농업부문은 정체 상태에 놓여 있었다. 농업 생산량은 1913년도에 비교하여 1921년에는 50% 수준에도 도달하지 못하는 실정이었다. 그리고 주요 공업 생산품의 생산량은 1921년에는 대략 20%에도 미치지 못하였다. 특히 철강 부문에서는 대략 5% 수준밖에 안되었다.[5]

지리적 조건과 전쟁으로 말미암아 철도 교통이 마비되었으며 그로 인한 화물의 수송량은 (특히 에너지 · 원자재 · 농산품) 많은 차질을 가져왔고 그 파급 효과는 막대한 피해를 가져오게 되었다.[6]

1921년 1월 페트로그라드, 모스크바 도시에 생활필수품의 부족 현상이 일어났었고 그와 더불어 그 해 3월에는 크론슈타트의 수군 반란 등 중앙 정부는 소련 전 지역을 통제하는 힘이 한계점에 도달하였다. 이러한 경제적 위기가 정치적으로 발전되어질까 하는 절박감 속에서(예컨대 전시 공산주의 체제의 정점에서) 치밀한 준비 작업 없이 마침내 1921년 3월 제 10차 전당대회에서 NEP의 시행을 결정하였다. 즉, 다시 말하면 수년간의 내란으로 국민들은 지친 상태에 있었고 중앙 혁명 정부는 정치적, 기회주의적인 면에서 전시 공산 체제의 정치적 붕괴의 현실에 대한 극복으로써 NEP를 생성시키게 되었다고 볼 수 있다.[7]

먼저 1921년 2월 8일 레닌은 강제 곡물 징발제 대신 '현물세'제도 도입을 생각하였다.

---

4) Geoffrey Hosking, *The First Socialist Society. ...* op. cit., pp.77-79.

5) Claus Keming, *'Neue Ökonomische Politik', Sowjetsystem und Demoktratische Gesellschaft. Eine vergleichende Enzyklopädie, Bd. IV (Leinin bis Periodisierung),* (Freiburg, Basel und Wien, 1971), p.761.

6) 철도수송에 대한 자세한 상황은 다음의 글을 참조. R. W. Pethybridge, "Railways and Press Communication in Soviet Russia in the Early NEP-Period", *Soviet Studies*, Vol.38, No.2, 1986, pp.196-206.

7) I. B. Berchin, "O prodnaloge nekotorye voprosy istorii i istografii problemy", *Voprosy Istorii KPSS*, No.10, 1986, p.20.

레닌의 전술·전략적 측면에서 보면 농민과 노동자의 연대만이 혁명 정부가 살 수 있는 길이라고 생각하였다. 그러므로 레닌은 전략적으로 코만도 식 국민 경제(행정·대기업·은행과 보험·교통·국제 무역)는 중앙정부의 수중에서 통제·관리가 이루어져야 한다고 주장하였다. 그리고 자본주의적 요소를 어느 정도 인정·장려함으로써, 예컨대 '국가독점사회주의'의 사회구성체 안에서 과도기적으로 시장적 요소를 인정·장려함으로써 성숙된 사회주의의 실현이 가능하다고 보았다.[8)]

"어떠한 방법이든 또한 어떠한 대가를 치루는 한에서도 경제 회복은 특히 판매가 확장된다면 이루어져야 하고 자본주의적인 여러 면에서 공포를 가질 필요가 없다"고 레닌은 말하고 있다.[9)]

공식적으로 NEP는 1921년 3월 16일 제 10차 전당대회에서 '현물세' 등 '시장적 요소' 도입을 승인하고 1921년 3월 20일 실시하였다. 1923년 5월 10일 농업 부문에서 통일된 현물세를 적용하였고 부분적으로 화폐에 의한 세금화 과정을 거쳐 화폐세로 전환하였다. '상품 교환법'의 제정과 함께 농민은 국가에게 현물세 납부 이후 일정한 양의 생활필수품, 원자재(비료 등)를 구하기 위해서 잉여 곡물을 '시장'에서 다른 물품과 교환을 할 수 있게 되었다. 이와 같은 시장적 요소들은 초기단계에는 단지 한정된 지방 시장에서만 제한되었는데 점점 이러한 추세는 공식적·비공식적 채널을 통하여 더욱 확장되었다고 한다. 제 10차 전당대회에서는 계획·집단화(잠정적 유보)보다는 많은 경제적 자유, 시장적 요인을 허용하는 방향을 승인하였고, 간과해서는 안 될 것은 한 편의 리버럴한 측면과 동시에 중요 산업의 코만도 식 통제·관리와 또한 엄격한 당 내의 규율 확립과 크론슈타트 수군 반란의 무자비한 탄압, 강경책 등이 승인되었다.[10)] 소련의 대 소비에트 백과사전에 의한 공식적 NEP의 해석은 다음과 같다.[11)]

---

8) Wladimir Iljitsch Uljanow Lenin, "Referat über die Ersetzung der Ablieferungsfrist durch die Naturalsteuer auf dem X Parteitag der KPR, 8-16. März 1921", *Lenin-Werke*, Bd.32 (Ost-Berlin, 1972), p.218.

9) W. I. U. Lenin, "Über die Naturalsteuer. Die Bedeutung der neuen Politik und ihre Bedingugen", *Lenin-Werke*, Bd.32 (Ost-Berlin, 1972), p.366.

10) Peter Dobias, *Theorie und Praxis der Planwirtschaft* (Paderborn, 1977), p.42. 1921년 3월 8일부터 16일까지 제10차 소련 공산당 전당대회 때 레닌의 NEP 승인 문제가 있었는데 이른바 '10인 그룹(Plattform der Zehn)' 속에는 레닌은 지노브예프, 스탈린 카마네프, 톰스키와 연대하여, NEP의 반대파였던 트로츠키, 데제르스킨, 부하린, 프레오브란젠스키에도 불구하고 NEP는 공식적으로 결정됐다. Claus Leming, *'Neue Ökonomische Politik', Sowjetsystem* ... op. cit., p.763.

11) *Balsaja Sovetskaja Encyklopedia*, Bd.30 (Moskva, 1952), p.65.

> 과도기 속에서 인민 독재의 경제 정책은 시장적 요인과 화폐를 통하여 사회주의 건설의 공고화를 목적으로 하며 NEP 시대에서는 자본주의적 요소들을 인정하고 인민 국가의 주요 부문을 코만도 식으로 관리·통제함으로써 사회주의의 우월성과 함께 착취 계급을 제거하고 사회주의의 경제적 시초를 달성하려는 목적이다.

E. H. 카(E. H. Carr)는 NEP를 혁명 이후 전시 공산주의 체제의 급선회였었고, 사회주의 체제의 개혁 시초로서 하나의 '조그마한 개혁'으로 볼 수 있다고 말한다.[12)]

NEP 시대의 경제 체제는 하나의 혼합 체제로서 전체주의와 개인주의, 또는 중앙 집권과 분권, 즉 다시 말해서 계획과 시장으로 의식화된 일보 후퇴를 통하여 경제적인 악조건을 제거한 다음 중앙 계획경제로의 환원이었기 때문에 체제론적 갈등과 모순의 요소들이 많이 내재해 있었다. NEP 시대의 야누스적인 성격, 시장과 계획의 조화는 NEP의 출범과 함께 많은 문제점을 안고 있었지만, 사실상 NEP의 목적은 볼셰비키의 정치적인 권력의 고착화와 시장 요소의 확장, 중요 부문에서의 코만도 식 경제·경영 관리이다. NEP는 급박한 경제적 위기의 극복을 위해서 등장한 정책이었지만 그 자체가 처음에 의도한 것 이상으로 역동적으로 변동·변화되었다고 볼 수 있다. 필자가 생각하건데 NEP를 실시한 레닌은 이 계획을 추진하면서 전략·전술적인 요소를 가미했다고 추정된다.

이러한 측면에서 NEP의 시행 동기에 다음과 같이 두 가지의 의도가 내포되어 있다고 본다. 첫째, 구체화하기 위한 시간의 확보이다. 즉 맑스가 말하는 사회주의 경제 체제 이론의 추상성, 즉 시장·실업·경기변동·화폐·상품화폐관계가 소멸되고 인간이 인간을 착취하지 않는 계급이 없는 사회를 현 혁명 정부가 어떻게 하면 실현할 수 있는가 하는 구체적인 과정을 이론·실체화하기 위한 시간이 필요하였기 때문이다. 이것은 경제적·정치적 위기 때문에 더욱 필요하였다. 또한 중앙 계획경제의 제반 설정 작업을 위해서 충분한 소련 사회의 생산력·생산관계에 관한 데이터 작업의 필요성, 소련 사회가 할 수 있는 생산가능성의 함수를 알아야 할 시간적 여유가 필요했기 때문이다. 계획경제의 효율적 관점을 고려해 볼 때 그러한 자료 수집·분석이 더욱 필요했을 것이다. 실제로 레닌이 당 주석으로 있을 때인 1920년 말 '고렐로 계획(Gorelo-Plan)'을 수립했는데, 그 내용은 공산주의라는 것은 '소비에트 권력+전기화' 작업이라고 주장하였다. 전기화 작업은 다시 말하면 산업화·공업화를 의미한다. 또한 NEP 시행 1개월 전인 1921년 2월 국가계획위원회(Gosplan: Gossudrastwennaja Planowaja Kommissia)를 설립했다. 이러한 관점에서 직면한 경제적·정치적 위기를 극복하고 계획경제의 준비 작업을 위해서 NEP의 필요성

12) Edward H. Carr, *The Bolshevik Revolution 1917-23* (London, 1952), p.272.

이 강조되었을 것으로 생각된다.

둘째, 해외 투자 자본의 유입 가능성과 서구 사회당과의 협조 체제를 위해서 NEP가 필요한 것으로 추정된다. NEP는 사회주의 체제의 실현 속도를 일보 양보하는 측면을 간과해서는 안 될 것이다. 물론 국제 무역과 외교권은 중앙집권적 코만도 식 방법으로 관리·운영함으로써 외국 기업의 투자와 기술 이전에 대한 가능성의 기대가 있었다고 생각된다. 그러나 현실적으로 정치적·법적 조건들과 제정러시아 때의 부채 불이행으로 국제 무역에는 많은 문제점이 내재하고 있었다. 1921년 영국과 첫 번째로 무역 협정을 체결하고 1921년부터 1925년 사이에 많은 서방 국가와 협조 체제를 갖추었고 협상 당시 흉년·기근으로 식량 원조를 받았다. 1922년 제 1차 세계대전 이후 세계 경제 회담(게누아(Genua)와 덴하그(Den Haag))에 소련 사절단을 파견하였고, 볼쉐비키 정권은 간접적인 지원을 통하여 서방세계 – 특히 독일과 폴란드 – 자체 내의 공산혁명을 기대한 바가 컸다.

2.3. NEP의 발전

레닌은 근본적으로 현실주의자였기 때문에 빠른 시일 내에 '전시 공산주의'체제 속에서 공산주의 체제의 완전화·계속화는 경제적인 피폐와 생활필수품·농산품 부족 등의 문제가 발생하므로 전략상 일보 후퇴를 통하여 소련 혁명 정부의 계속성을 도모했기 때문에 NEP의 중요성이 인식된 것 같다. 결국 NEP는 혁명·국제적 간섭·내란으로 경제적 복구·재 부흥에 힘을 쓴 것 같다. 전쟁 전 1913년 러시아의 경제력은 19세기 말 비트(Witt) 재무상의 산업화와 20세기 초 스톨리핀(Stolypin)의 농업 개혁의 덕분으로 미국, 영국, 독일, 프랑스에 이어 세계 5위였다. NEP의 내용과 개념은 초기 단계부터 말기까지 불분명하였다고 한다. 그 이유는 NEP의 초기 목적이 전시공산주의 체제의 '잠정적인 변화'를 통하여 경제를 회복시킨 뒤 사회주의 체제를 거쳐 궁극적으로 공산주의의 실현이라는 목표를 확보키 위한 조치였기 때문에 더욱 그러하다고 볼 수 있다. 한편 NEP의 창시자격인 레닌은 곧 건강상의 이유로 1922년부터 현 실무정치에서 물러나고 이른바 말하는 삼두 체제(스탈린, 카메네프, 지노비예프)의 의견차이, 1922년 스탈린 당 주석의 출현, 그 후 NEP 폐기에 이르는 시기까지의 정치적 암투 사건은 체제론과 공업화, 산업화에 관한 논쟁뿐만 아니라 개인적인 야욕과 권력 암투까지 편입되어 당 시대의 고위·중간 간부, 또한 일반 국민도 애매모호한 점이 많았다고 한다.

〈표 2-1〉 전시공산주의 체제의 정부 · 자유 소비재 물가 상승 비교표(1913=100)

가격 \ 연도	1917	1918	1919	1920	1920상반기
정 부 가 격(1)	673	2,600	7,500	10,600	-
자 유 가 격(2)	673	7,850	77,700	8,222,000	39,751,000
(1) % (2)	1	0. 331	0. 097	0.013	-

출처: Joyce Pickersgill, S*oviet Moneytary Policy and Demand for Money* (Ph. Dissertation, University of Washington. 1966), p.65.

〈표 2-2〉 NEP 시대의 소비재 물가 상승률(%)

연 도	1922~23	1923~24	1924~25	1925~26	1926~27	1927~28
물가상승률	-	37	0	11	-3	4

출처: Joyce Pickergill, "A Long-Run Demand Function for Money in Soviet Union", *Journal of Money, Credit and Banking, Vol.* 4, No.1, 1970, p.125.

NEP의 경제적 조치로서는 체제론 · 시스템 이론 관점에서 상 · 유통 거래의 재허가, 농업 부문에서 사기 진작을 위한 조치, 자유의사에 따른 소비재 선택권, 노동 시장에서 어느 정도 직업 선택의 자유, 부분적 사적 소유권 인정, 누진세의 활용, 시민적 전통을 가진 실천력 있는 유능한 인재 등용, 국영기업의 이윤성에 의한 독립채산제 및 경영관리 체제의 확립, 손실 국영기업의 정부 보조금 인하, 수요와 공급에 따른 시장 판매와 자유 가격 허용, 노동자 · 사무원들의 성적에 의한 임금 체계 확립, 해외 투자 기업 진출권 허용, 신용 대출 업무, 이자의 합법성, 사적 소유권의 인정, 토지 · 건물의 임차, 사적 자본에 의한 기업 활동 등 폭넓은 자본주의 체제의 시장요소를 도입하였다. NEP는 어느 정도 부분적으로 시장경제의 전환으로 인하여 전시 공산주의 체제 때 화폐 소멸(초 인플레이션)을 거부하는 등 통화 안정의 필요성 때문에 화폐 기능의 중요성을 재인정 하였다. 그러나 NEP 초기에는 중앙은행의 지폐 발행을 통하여 화폐의 실질 가치 하락이 있었다. 이러한 초 인플레이션 현상을 방지하기 위하여 1922년 3월 제 11차 전당대회 때 '재정 정책'에 관한 조치에 의거하여 인플레이션 방지 조치를 취하였는데, 지폐 생산을 제한하거나 중단을 하고 건전한 조세 · 화폐 정책으로 국민경제의 안정을 도모하였다. 1922년 중앙은행이 발행하는 체르본첸(Červončen)-제정러시아 시대의 10루블 금화 가치-는 화폐 개혁 이후 1924년 통화 개혁 때 새로운 루블이 발행될 때까지 소득과 세금액은 체르본첸으로 계산을 하였다. 1924년 통화 개혁까지의 조세 정책은 인플레이션의 방지와 정부 국고의 관점에서 재정 정책을 시행했다고 한다. 통화 개혁 이후 <표 2-1>, <표 2-2>에서 보는 것처럼 전시공산주의 체제의 초 인플레이션과 비교하면 어느 정도의 화폐 안정을 가져왔다고

볼 수 있다.13)

이 시대의 물가 상승률은 약간의 굴절은 있지만 가격·화폐·조세 정책으로 안정성을 유지하였다. NEP의 가장 중요한 경제 정책은 '현물세'(농업 부문의 집산화 정책의 잠정적 폐기) 도입인데 잉여 곡물을 시장에 판매할 수가 있어서 농민·노동자의 연대(농촌·도시의 원활한 상품 교환)를 촉진할 수가 있었다. 그러나 도시·농촌의 상품 교환 관계는 결코 순조롭지 만은 않았다. NEP 초기에는 흉년으로 인한 농업품의 부족으로 농산품 가격이 공산품보다 높았으나 1922의 풍년, 그리고 정부 당국의 공산품 우선 가격 정책과 공업 부문의 합병·독점으로 인하여 비효율적인 노동과 그들의 가격 정책과 공산품의 가격은 농산품에 비하여 훨씬 높았다.

〈표 2-3〉 1920년대 소련의 가위형 위기

출처 : Maurice Dobb, *Soviet Economic Developments since 1917* (London, 1960), p.164.

이러한 농업·공업·생산품이 가격의 차이는 <표 2-3>의 '가위형 위기'(불균등한 도시·농촌의 교역조건(Terms of Trade))에 직면하였다. 이것은 도시와 농촌 간의 갈등을 더욱 크게 하였다. 이 가위형 위기는 사회주의 체제에서 첫 번째 경기 변동 현상의 출현이었다. 1923년 10월의 공산품 가격은 1913년보다 3배 이상이나 올랐고, 농산품 가격은 1913년 보다 낮았다고 한다.14)

---

13) 인플레이션에 대한 자세한 내용은 다음의 글을 참조. Joyce Pickersgill, "A Long-Run Demand Function for Money in the Soviet Union", *Journal of Money, Credit and Banking*, Vol.4, No.1, 1970, p.125.

14) Alan Ball, "NEP's Second Wind: The New Trade Practice", *Soviet Studies*, Vol.37, No.3, 1985, p.373. 가위형 위기에 대한 상세한 내용은 다음의 책을 참조. Edward H. Carr, *The*

1924년 초의 농산품 우대 가격 정책으로 이 위기는 해소되었다. 제조업 분야에서는 대기업과 상당수의 중소기업들이 여전히 국가의 통제·관리 밑에 있었지만 소기업과 일부 중소기업의 사적 소유권은 인정했기 때문에 그에 힘입어 1924년 소비재 산업 생산품은 빠른 속도로 증가하여 전쟁 전(1913년) 수준의 90%까지 도달 되었다고 한다. 반면 국유화된 중공업 분야는 여전히 낙후되어 일반적으로 1927년 내지는 1928년에 전쟁 전 수준에 이르렀다.15)

혁명정부는 국영 적자 기업 또는 생산성이 낮은 국영기업에 강력한 조치(정부 보조금의 감소 등)를 취했다. 국영기업도 이윤에 근거한 '독립 채산제(Chozračět)'-개인 기업적 기준에 따라 손실을 방지하고 자체 채무 능력에 따라 운영-도 NEP 시대에 실시되었다. 또한 경제·경영에 관한 행정 분야에서도 중앙집권에서 분권화를 실시했는데 주요 분과(Glavki)의 숫자는 51개에서 16개로 감축되었다고 한다. 최고 경제 당국이 관리하지 않을 때는 대부분 기업 합병(Trust, Syndikat, Kombinat)을 통하여 기업의 경제적 의사결정권이 부분적으로 상승하였지만 여전히 국가 간섭은 많은 부분을 차지하고 있었다.16)

〈표 2-4〉 NEP시대 때 사적·공적 부문의 총생산량·총판매량·설립 자본의 비교표

(단위 : 백만 체르본첸-루블)

내용 / 연도	총 생 산 량		총 판 매 량		설 립 자 본	
	공적부문	사적부문	공적부문	사적부문	공적부문	사적부문
1924/25	7,209.0 (29.9)	16,899.0 (70.1)	10,613.0 (72.6)	4,000.0 (27.4)	27,785.0 (56.4)	21,526.4 (43.6)
1925/26	10,421.9 (33.6)	20,568.1 (66.4)	17,836.0 (75.6)	5,777.0 (24.4)	28,756.0 (56.6)	22,093.3 (43.4)
1926/27	11,773.0 (37.1)	19,968.0 (62.9)	23,575.0 (81.9)	5,200.0 (18.1)	30,343.9 (57.2)	22,734.5 (42.8)
1927/28	12,937.0 (39.8)	19,592.0 (60.2)	28,240.0 (84.5)	5,200.0 (15.5)	32,629.1 (58.2)	23,477.7 (41.8)

주 : 공적부문: 국영기업 + 조합기업, ( ) = %

출처: M. Krischanowski, *Die Planwirtschaftsarbeit in der Sowjetunion, Ergebnisse des ersten Jahrzents, Vorsizender des staatlichen Planwirtschaftsamtes der UdSSR* (Wien und Berlin, 1924), p.94

1921년 5월 소규모 기업의 형식적 국유화·조합화를 취소하였으며, 대부분의 소기업은 구소유자에게 반환하였고, 일부는 수공업 단체에 반환 또는 사적 경제 단체에 임차 식으

Russian Revolution, From Lenin to Stalin (London and Basingstoke, 1979), pp.50-61.

15) Karl Thalheim, *Grundzüge der sowjetischen Wirtschaft* (Berlin, 1962), p.29.

16) Peter Dobias, *Theorie und Praxis* ... op. cit., p.44.

로 소유권이 전환되었다. 20명 미만의 노동자를 고용하는 수공업·소규모의 제조업의 사적 자본에 의한 영업의 자유를 허가하였다. 1921년 12월 <자유 상거래 제한 조치 폐지> 이후 유통업의 완화·은행 신용 대출 특혜로 유통업은 더욱 발전하였다. 사적 기업가적 주도권을 가진 소기업·중소기업·대기업들의 사적인 자유 상거래는 하나의 강력한 경제 부흥의 활력소 역할을 하였다. 1922년과 1923년 사이에서는 총 소매업 판매량에서 사적 상거래가 75%를 차지했으며 절대적 크기로도 1925-26년까지 상승되었다(<표 2-4> 참조). 처음에는 이러한 시장적 메커니즘은 주로 소비재·농산품 분야에 한정되어 있었으나, 기업 간 거래에도 명령식의 생산재 배분이 아니라 부분적으로 '시장적 요인'을 적용하였다. NEP 말기에는 국영 또는 조합 유통기업의 판매량이 증가하면서 사적 상거래는 하락하였다. 사적 유통업은 조세·은행 여신 정책 등으로 조합 유통업으로 전환을 유도하였다. NEP는 도시와 농촌의 균형을 위해 유통 관계를 확립하였으며 국영기업과 사기업간의 경제적 경쟁의 실험 역할 기능을 담당했다.

NEP 시대에 노동 임금 체계의 강령이 확립됐다. 그 후 노동 보수 체계는 화폐적 임금으로 전환되었다. 노동의 보수는 직접적으로 노동 생산성의 크기에 따라 비례하고 노동자에 의한 생산 향상의 참여 여하에 따라 결정되었다. 여기에 가장 적합한 경우는 테일러 시스템에 입각한 성적급을 시행하였다. 그러나 이러한 노동 보수 체계는 사회·공산주의적 경제적 평등·분배 원칙에 어긋나고 이데올로기적 후퇴를 의미하며, 보수는 능력에 따라 결정되었다. 국제 무역부문의 경우 국가의 독점은 계속 유지되면서 전시공산주의 체제의 완전 자급자족에 비하여 일보 진전이 있었다. 예컨대 해외 자본 유치와 기술 이전·노하우의 필요성으로 해외 기업의 소련 내 탄광·철강·산업·농업 부문에 특별 구역의 조차권을 허가했다. 그러나 NEP 시대 무역 규모는 결코 전쟁 전 수준까지는 못 미쳤으며, 점진적 향상만 있었다.[17)]

1928년에 소련의 총 산업생산에서 해외 부문이 차지했던 비율은 0.6%에 불과하였다. 여기서 간과해서는 안 될 것은 이 근소한 퍼센트는 첨단 산업 분야와 관련하고 있기 때문에 경제 발전에서 그 역할은 매우 큰 것으로 본다. 1922년 세계경제 회담에서 사절단을 파견하는 등 여러 서방 세계와 경제 협정을 체결하고 유럽 국가들 사이의 모순 관계를 이용하면서 서구 사회당과 협조 노선을 취하였다. 이러한 점은 현실적으로 일보 후퇴하면서 소련 내의 멘쉐비키를 숙청하는 데 이용하였다. 1921년과 1922년 사이에 그루지

17) NEP 시대에 해외자본 유입에 대해서는 다음의 글을 참조. Jungar Sune und Turku Abo, "Skandinavische Unternehmen in der sowjetischen Konzessionspolitik der 20er Jahre (aus dem Schwedischen)", *Jahrbücher für Geschichte Osteuropas*, Vol.28, No.4, 1980, p.542.

야 지역은 여전히 멘쉐비키 세력이 장악했다.18)

소련은 서구 사회당과의 협조 체제로 독일, 폴란드의 공산혁명을 기대 했으나 1923년에 독일혁명의 실패(Rosa Luxemburg, Karl Liebknecht의 피살)와 폴란드의 우경화 등으로 소련 당 간부 내의 실망이 컸다고 한다. 한편 영국은 1925년 보수당의 승리와 1927년 소련의 후원에 의한 중국 공산혁명의 실패로 영국과의 외교가 단절되었다. 이러한 제반 국제정치의 변화로 소련의 당 간부들은 의도적으로 전쟁공포를 조작하면서, 소련의 산업화·공업화를 빠른 시일 안에 자체적인 역량으로 이룩하여야 된다고 했다. 소련은 사회주의 '세계성'보다는 '일국 사회주의론'(1925년 제 14차 전당대회 때 승인함)의 고착화 단계로 접어든다.

NEP의 발전과정은 순조롭지는 않았다. 먼저 초기 단계의 '가위형 위기'가 있었으며, 1924년에 NEPMEN(부농, 사농, 사적유통인, 기업인)에 대한 중앙정부의 강력한 규제 조치가 있었다. 1924년 중앙은행은 NEPMEN에 대한 신용대출 업무를 제한하였다. 그로 인해 1923년 10월 NEPMEN에게 준 총 신용대출이 11.5%에서 1924년 5월 14일에는 2%로 하락하였다. '노동자·농민 감독단'(Worker's and Peasant's Inspectorate: RKI)의 지시에 따른 1924년 중 국영기업의 NEPMEN에 대한 직접 판매량은 14.7%에서 2.1%로 감축되었다.19)

이와 더불어 NEPMEN에 대한 강력한 조세 정책(농업세, 영업세, 소득세, 재산세, 잉여 이윤세)을 취해서 NEP는 폐기 위기에 직면했다. 이러한 위기 당시 부하린 그룹(리코프·톰스키)과 스탈린의 합작 이후, 특히 이론·실천면에서 부하린에 의한 신·신경제정책(NEO-NEP)시대가 도래 한다.20)

1924년 NEPMEN의 위기와 관련하여 부하린 그룹과의 관계에서 스탈린은 트로츠키·지노브예프·카마예프·프레오브란첸스키 등 좌파 세력을 제거할 수 있다는 정치적 권력에 대한 야욕과 부하린 그룹은 경제적 안정을 통해서 산업화 발전 논쟁에 대한 유리한 확보를 위한 시도가 근저에 깔고 있었다. 부하린의 유명한 문구, "스스로 부자가 되라"(Enrich yourself; Bereichert euch)는 것은 국가의 부는 개인적 부의 축적의 합으로 형성된다는 것이다. 이 내용은 아담스미스의 <국부론>에 의한 국가의 부 축적과 유사하다고 볼 수 있다. 다시금 NEPMEN의 장려로 조세·가격·신용대출 정책은 완화되었다.

18) Michal Reiman, *Lenin, Stalin, Gorbačëv,* ... op. cit., p.117.
19) Alan Ball, "NEP's Second Wind ... op. cit., p.117.
20) Michal Mirski, *The Mixed Economy, NEP and Its Lot* (aus dem Polnsichen), (Copenhagen, 1984), p.27.

1924-25년에 NEPMEN의 노동력 고용·토지 건물 임차에 대한 완화 조치로써 농업 생산량 및 시장 거래량이 증가되었다. 이로 인해 농민들의 농업 생산품은 도시 노동자·사무원에게 공급되어졌다. 이것으로 인하여 농민들의 구매력 증가는 소련이 해외 시장의 의존도가 거의 없었기 때문에 더욱 더 산업 생산품, 특히 소비재 산업에 대한 안정적인 도시·농촌의 상품 화폐 관계를 형성하였고, 증가된 국민의 세금과 저축은 다음 단계의 산업 투자에 촉매 역할이 되었다. 레닌의 NEP 초기 목적인 농민·노동자 연대는 1921년 소련의 농민이 전체 인구의 80% 이상을 차지하고 있어서 이들과 노동자들의 경제적 연계를 바탕으로 국가 경제를 발전시키려는 의도가 있었다. 그러므로 농민·노동자의 연대는 정치적·이념적 관계가 아니라 경제적 관계의 조화가 있어야 소련 사회의 발전을 이룩할 수 있음을 강조한 것이다. 이러한 부하린에 의한 NEO-NEP의 덕택으로 1926년경 모든 산업 부문의 생산량의 수준은 전쟁 전(1913년) 수준에 도달하게 된다. 1925-26년에 총 국민 소득의 사적 부문에 참여율은 54.1%에 도달했다고 한다.[21)]

〈표 2-5〉 농업 지표: 경작지면적 추이 (I)

연도 \ 내용	경작지면적 단위 : 백만 데스아티니	1913년과의 비교율	연간성장률
1913	109.9	100.0	-
1922	75.0	69.0	-
1924	91.2	83.7	10.8
1925	96.7	88.8	6
1926	102.8	94.3	6.4
1927	105.5	96.7	2.6

출처: M. Krischanowski, 'Die Planwirschaftsarbeit in der Sowjetunion', Ergebnisse des erten Jahrzehnts, *Vorsitzender des staatlichen Planwirtschaftsamet der UdSSR* (Wien und Berlin, 1927), p.25.

산업 생산품, 특히 경공업 분야에서는 많은 발전을 하였다. 예외로는 가축의 수, 경작면적지, 그리고 철도 화물 수송량, 국제 무역 규모는 전쟁 전 수준에 미달되었다고 한다. 소련의 국가계획청의 주요 농업 통계는 <표 2-5>, <표 2-6>, <표 2-7>, <표 2-8>과 같다. 여기서 간과해서는 안 될 사항으로 소련의 경제 통계의 자의적·비자의적 왜곡성(단위, 가격의 문제로 기인)을 고려해야만 한다.

21) Alec Nove, *An Economy History of the USSR* (London, 1969), p.137.

〈표 2-6〉 NEP 시대의 농업지표: 주요 곡물과 육류 추이(II)

내용 / 연도	1913	1927	%
곡식	96.2	88.8	92.2
감자	3.6	5.0	138.8
해바라기	1.3	2.8	215.3
아마	1.7	1.6	94.1
대마	0.66	0.86	130.8
사탕무우	0.57	0.61	107.0
면화	0.64	0.74	115.6
그 밖의 특수 작물	12.8	16.7	130.4
가축 : 말(총체)	35.5	30.9	87
작업말	27.3	22.6	82.7
유각류(총체)	60.3	66.8	110.7
황소	5.5	7.1	129.0
젖소	25.9	29.4	113.5
양·염소	120.8	129.7	106.8
돼지	20.3	20	98.5

주: (단위 : 백만 Pud-러시아의 중량단위의 명칭으로 약 4관 400)
출처: M. Krischanowski, Die Planwirschaftsarbeit ... op. cit., p.25.

〈표 2-7〉 NEP 시대의 주요 농업지표 추이(III)

연도 / 내용	1913	1917	1918	1919	1920	1921/22	1922/23	1923/24	1924/25	1925/26	1926/27	1927/28
총 생 산 량 (단위:혁명전루블백만)	11790	9500	8700	8300	7700	6900	7600	8200	10293	10273	12775	13186
경 작 지 면 적 (단위:백만데스야텐)	109.9	99.0	97.0	95.0	93.0	83.0	75.0	86.8	91.2	96.7	102.7	105.5
곡물(백만푸드)	5895	3987	3458	3458	2790	2160	3600	3364	3166	4578	4777	4682
아마	27.7	20.0	18.0	18.0	16.0	17.5	19.4	14.6	19.1	22.0	20.4	20.2
면화	45.4	19.0	4.0	4.0	1.7	1.3	1.7	9.4	21.9	33.1	33.0	39.5
올리브기름	155.9	9731	90.0	90.0	75.0	64.0	64.0	152.9	135.7	241.7	167.3	231.8
가축수(백만단위)	84.3	78.5	72.5	72.5	62.2	57.3	57.3	63.7	71.8	76.4	81.7	86.6
그중 노동가축	32.8	30.5	27.6	27.6	23.3	21.3	21.3	23.4	24.6	25.4	28.1	29.9

출처: M. Krischanowski, Die Planwirschaftsarbeit ... op. cit., p.26.

〈표 2-8〉 NEP 시대의 화물 수송량 지표

연도	1913	1923/24	1924/25	1925/26
화물수송량	100%	51% (67백만 톤)	68.1% (88.1백만 톤)	88.1% (116.7백만 톤)

출처: M. Krischanowski, Die Planwirschaftsarbeit ... op. cit., p.34.

소련 NEP 시대의 농업 장려책의 결과 곡물을 수출까지 하였는데, 앞에서 언급한 것처럼 해외 부문이 차지하는 비율은 근소하였지만, 기술 이전·산업 발전에 중요한 역할을 담당했다. 프랑크푸르트학파의 경제학자인 폴럭(Pollock)은 (NEP 시대의 곡물 수출 통계는 <표 2-9>를 참조하기 바람) 전시 공산주의 체제 때 배고픔과 굶주림에서 곡물 수출 국가로 발전했다고 말하고 있다.

〈표 2-9〉 NEP 시대의 곡물 수출량 추이(단위: 백만 Pud)

내용 \ 연도	1922/23	1923/24	1924/25	1925/26
호밀	26.1	82.7	4.0	11.0
하얀밀	1.0	35.5	0.5	45.0
보리	4.3	18.7	4.3	49.1
귀리	1.5	8.5	0.1	1.2
계(Σ)	**32.9**	**145.4**	**8.9**	**106.3**

출처: Friedrich Pollock *Die Planwirschaftsarbeit in der Sowjetunion 1917~1927* (Leipzig. 1929). p.149

노동자의 숫자는 1921년에는 1913년 고용 인원의 약 40%에 못 미쳤고, 동원해제(<표 2-10> 참조) 이후, 노동 시장의 불균형이 있었다. 1926년 12월 최초의 인구센서스에 의하면, 소련의 총인구는 1억 4천 7백만이고, 그 중의 1억 2천만이 농촌에 거주하고 있어, 도시화 과정의 빈약성이 나타났다. 인구 10만이 넘는 도시는 31개로, 그 중 넓은 지역인 아시아권에서는 단지 6개였다. 산업 노동자수는 250만이고, 약 백만의 실업자가 있었다.

전시 공산주의 체제 때 주장, 실천했던 경제적 절대 평등은 쇄약되고(거의 공짜에 가까운 대중교통 수단, 우체 업무, 신문) 성적급에 따라 임금이 결정되고, 생산성에 의한 노동급이 원칙이 되었다. NEP 시대의 노동자는 어느 정도의 경제적 자유(직업의 선택)와 노동조합 활동, 상대적 여론의 자유를 갖을 수가 있었다. 평균적으로, 1926년경 임금의 수준은 전쟁 전 수준에 도달했고, 사회보장제, 일 8시간 노동 등 법적 제조치는 향상되었다. 그러나 노동자들의 주택 사정·영양 섭취가 형편없었고, 노조 기관지 <트루드>(Trud)에서도 그러한 문제 등이 언급되었으며, 노동조합은 노동쟁의·주택·배급·임금 체불·기업 관리인과의 대립이 있을 때마다 노동자 측에 서는 일이 적었다고 한다.

<표 2-11>에서 보는 것처럼 노동 생산량과 평균 임금은 1926년에 전쟁 전 수준에 도달하지만, NEP 시대 때 등록된 산업예비군(실업자)이 1926년 백만을 넘었으며, 준(숨겨진)실업을 생각하면, 상당한 경제 문제였다. NEP 말기인 1928년에는 실업자 수가

1.5~2백만 정도라 추정된다. 결론적으로, NEP는 경기 변동, 실업의 부정적인 면은 있었지만, 총체적으로 1925/26년경에는 모든 산업 부문에서 전쟁 전(1913년) 수준에 도달되었다고 본다.

〈표 2-10〉 1920년 대 소련의 군인 수 추이(단위 : 천명)

1918년 2월	50
1918년 4월	156
1918년 5월	300
1918년 8월	430
1918년 말	1700
1919년 3월	1500
1920년	5300
1921년	1595
1923년	1595
1924년	565
1928년	617
1930년	885

출처: Hans-Jűrgen Schulz *Sowjetische Militärmacht* (München, 1985), p.217.

〈표 2-11〉 1920년대 소련의 노동지표 추이

연도 \ 내용	1인당 노동자의 생산량(%)	평균임금	등록된실업자수 (단위=천명)
1913	100	100	-
1920	14.9	26.4	-
1923/24	65.7	73.9	500
1924/25	87.8	90.9	882.7
1925/26	99.3	101.8	1,085.2

출처: Friedrich Pollock *Die Planwirschaftsarbeit* ... op. cit, p.150.

NEP 시대 때 논쟁의 꽃은 역시 산업화, 공업화의 논쟁이라고 볼 수 있는데, 경제회복 이후 대략 1924년부터 NEP 폐기 시까지 이 논쟁은 계속되었다. 이 논쟁이 주는 교훈은 너무나 방대하다. 역사와 소련이라는 시공간의 문제를 넘어서 사회주의 체제와 체제전환국의 경제적 위기의 극복 또한 개발도상국의 경제 발전론 문제에 유익하다고 본다. 이 경제 발전에 관한 논쟁은 경제학설사적 관점에서 최초의 경제성장 이론이었다고 볼 수 있다. 보통 경제 성장론에 관한 문헌에서는 최초를 1930년대 케인스 학파(헤로드·도마: Harrod-Domar)의 이론과 1950년대 신고전주의의 경제 성장론(샤무엘슨 · 솔로우: Samuelson-Solow)를 주로 다루고 있는데, 경제사적 관점에서 시정이 필요하다고 본다.

산업화·공업화의 문제는 러시아 혁명정부의 문제로서 '어떻게'하면 농업 국가에서 산업 국가로 도달할 수 있는가 하는 것이다. 이 문제는 과거 제정러시아 때부터 비생산적·비능률적 농업 부문과 약간의 우수한 섬 중심의 공업 입지를 갖고 있는 소련이 어떠한 방법으로 산업 국가로 도달할 수 있을까? 19세기 말 재무상 비테의 산업화 계획, 1920년 말 레닌의 전기화 계획에 관한 노력과 함께 1920년 중반 정치·경제적 안정을 확보한 볼쉐비키 정권 내부에서의 강렬한 산업화 논쟁이 바로 그것이다. 논쟁의 공통점은 자본주의로의 회귀, 복귀는 부정되어졌고, 사회주의 체제에 의한 경제 발전에 초점을 맞춘다는 생각이다. 공업화논쟁의 차이점으로서 산업화의 속도와 방법, 재원 조달, 그리고 체제 방향이었다. 산업화를 위한 자본 조달의 문제와 더불어 제한된 자본에서 언제, 어디서, 무엇에 투자를 하여야 하는가? 자본 축적을 위해서 어느 부문에서 피해를 감수해야 하는가?(산업화의 방법으로서 해외 자본 유치, 농업 부문의 집산 · 집단화, 규모의 경제(economics of scale), 중공업·경공업 관계, 농업 관계 등)에 관한 폭넓은 제안과 토론이 있었다. 산업화의 근본 이유는 첫째, 낙후한 소련 경제를 빠른 속도로 공업화 하는 것이었다. 둘째, 레닌은 공산주의를 전기화 작업이라고 보면서 "시장경제의 여러 모순을 제거하고, 의식적·계획적인 발전의 길을 걷기 위해서는 사회주의의 우월성 확보가 전제 조건이 되어야 한다"라고 강조했다. 셋째, 서구 제국주의의 침략에 대한 공포를 방지하기 위해서는 공업화가 우선적으로 필요했다. 먼저 생산재 생산 부문과 소비재 생산 부문 중 어느 부문의 투자에 입각한 성장 전략을 채택할 것인가 하는 논의가 있었다. 그러나 현실적으로 양 부문을 엄격히 구분하는 것은 불가능하기 때문에 논지의 초점은 공업 우선이냐 아니면 농업 우선이냐 하는 문제로 집약되었다. 볼쉐비키 좌파는 공업우선을 중심으로 하는 불균형 발전론을 주장한 반면, 극우파는 농업에 우선하는 불균등 발전론을 주장하였고, 중도우파(부하린 중심)는 농업·공업의 균등 발전론을 내세웠다. NEO-NEP부터 NEP를 폐기 시까지는 중도파에 의한 농·공 균등 발전론이 볼쉐비키 정권의 공식적 강령이라고 볼 수 있다. 먼저 농·공 균등 발전론에 대해서 논의해 보자. 볼쉐비키 우파의 부하린은 농민의 희생을 통한 자본 축적에 의한 공업화 논리(프레오브라젠스키의 '원시적 사회주의 자본 축적론')를 가리켜서 '황금알을 얻기 위하여 거위를 죽이는 격'이라고 비판하고, 농업과 공업의 균형 성장론을 주장하였다.[22)]

22) NEP 시대 이전의 부하린은 볼쉐비키 좌파와 별로 다른 견해를 가지고 있지는 않았다. 제10차 공산당 전당대회에서도 레닌의 NEP 승인 때도 부하린은 묵시적 반대를 했으나, 1924년 NEP 위기 이후 NEP를 강력히 지지하는 입장에서 볼쉐비키 좌파와 이론·실천적으로 대립하였다. 부하린의 업적에 대해서는 다음의 글을 참조. Stephen Cohen, *Bukharin and Bolshevik Revolution* (New York, 1973).

NEO-NEP를 실시했던 부하린파는 산업화·공업화는 절대 강제·물리적 방법(군사적, 명령적 체계에 의한 국민, 특히 농민의 착취)이 되어서는 안 되며, 농·공의 균형적 경제 발전론을 주장했다. 또한 경제 정책에서는 유동적 국가 간섭의 필요성을 강조했는데, 직접적인 방법보다는 간접적인 유인(경제의 지렛대 역할)으로 가격·화폐·재정·조세·이자 정책으로 경제 주체자의 인센티브 측면을 강조했다. 또한 은행·행정 업무의 합리화가 중요하다고 보았으며, 상품 화폐 관계·사적 소유권은 사회주의 체제에 반대되는 개념이 아니라 시스템 중립적(systemneutral) 요소라고 보았다. 그리고 트로츠키의 주장(볼쉐비키 당이 평화 시대에도 군대식 방식으로 경제·경영 관리)에 반대하였다. 부하린은 정치적 다양성에는 소극적 (볼쉐비키에 의한 일당독재를 인정)이었으나, 사회 문화, 경제면에 다양성을 강조하였다. 이러한 다양성은 볼셰비키당의 야당적 요소로써 작용하기를 기대한 것 같다. 밑으로부터 대중적 이니셔티브를 제공함으로써 국민으로 하여금 정부에 대한 영향력의 행사뿐만 아니라 일당독재를 통한 관료제 문제를 극소화하기 위한 조치라고 볼 수 있다. 또한 부하린은 코민테른(Komintern)과 밀접한 관계를 맺고 있어서 서방과 최소한이나마 부분적 협조 체제의 필요성을 강조하였다. 그는 국내, 국제적 계급 모순(계급투쟁에 입각한 제국주의론)의 상대화를 통해 평화 공존적 입장을 지니고 있었다. 볼쉐비키 좌파에 대한 그의 반박은 농·공 불평등 교환이 이루어지면, '가위형 위기'에서 보듯이 농민들의 반발에 직면하며, 그로 인하여, 농업이 파탄에 빠지고 경제는 다시 전시 공산주의 체제처럼 피폐화된다는 것이 그의 논지이다. 이 농·공 균형 성장론의 골자는 균형적 투자 배분의 논리에서 잘 나타난다. 부하린이 제시했던 투자 정책은 농·공업 중 어떤 한쪽에 치중해서는 안 되며, 또한 공업에서도 경공업 부문을 등한시하고, 중공업 부문에만 치중해서도 안 된다는 것이다. 그가 이러한 투자·배분이 필요하다고 주장한 근거는 농업과 공업, 또한 경공업과 중공업 등 각 부문이 서로, 상호 밀접한 관계가 있기 때문이다. 그는 농업에서 자본의 한계 생산물은 공업의 한계 생산물보다 크고, 자급자족(국내적·국제적 갈등) 측면을 생각하면, 농업 부문도 등한시 할 수 없었다. 그는 또한 한정된 범위 안에서 해외 무역의 필요성을 강조했는데, 낙후된 소련 산업을 부흥시키기 위해서는 필요한 자본, 기술을 선진 자본주의 국가들로부터 도입되어야 하는 점을 인정하였다. 이에 필요한 재원은 농산물(유일하게 소련 사회가 국제 경쟁력을 갖고 있는 물품은 일차 상품이므로)수출에 의해 얻어진다고 하였다(NEP시대 때의 농산물 수출에 대해서는 <표 2-9>를 참조 바람).

부하린의 농·공 균형 성장론보다 더욱 더 리버럴한 자유시장 아래서 농업 부문에 우선하는 정책을 주장했던 볼셰비키 극우파의 대표적 인물은 샤닌(Aanin)과 소코릴니코프(Sokolnikov) 등이 있었다. 샤닌은 재무이론가로서 그가 주장한 '농업 우선 불균형 발전론'의 요지는 1920년 중반부터 발생한 소련 경제의 '인플레이션적 요소'에 기인한다. 중공업 · 군수 산업에 대한 대규모 투자는 장기간이 소요되며, 이 기간 동안 공업 생산품이 등장하지 않은 채, 수요 창출 소득만을 형성하여 경제주체(국가, 기업, 소비자)에 의한 초과 수요와 함께 화폐 과잉으로 '억압형 인플레이션'(repressed inflation; zurűckgestaute Inflation)이 가중된다고 한다. 또한 공급적인 측면에서 생산 요소의 부족으로 원자재 가격의 상승을 통하여 '억압형 인플레이션'(기업간의 거래 가격, 정부 가격은 통제 가격이기 때문에 인플레이션이라고 볼 수 없음)이 가중된다고 볼 수 있다.[23] 이러한 '억압형 인플레이션'이 많이 존재하는 소련 경제는 단기 계획, 특히 연간 계획에 의하여 운영 되어져야하고, 또한 국제 시장 곡물 가격이 인상되면, '수입 인플레이션'(imported inflation)을 불러올 수 있어, 이에 대한 대비책으로 부합되는 것은 농업 우선 정책이라고 샤닌은 주장하였다.

샤닌이 소련에서 농업 우선 정책의 필요성을 주장했던 논거는 다음과 같다. 농업에서 자본의 한계 생산물은 공업에서보다 크다는 점이다. 즉 농업 부문의 투자 효과가 공업 생산품의 투자 효과보다 빠르기 때문이다. 화폐의 안정으로 농민의 실질 소득 증가를 가져오고, 단기간 내에 추가 소득의 창출을 통해서 저축이 증가하여 자본 축적을 할 수 있다는 것이다. 단기적인 측면에서 농업 부문의 저축 성향이 공업 부문보다 높다고 샤닌은 생각했다. 특히 국제 무역에서 소련은 농업 국가이므로 농업 부문에 비교 우위가 있기 때문이다. 샤닌은 국제무역의 정당성을 리카아도(Ricardo)의 비교 우위설에 입각하여 농산물 수출을 통해 산업 자본 설비와 기술을 수입함으로써 공업화를 이룰 수 있는 동시에, 직접 산업 투자에 의해서 발생할 수 있는 인플레이션을 막을 수 있다는 점을 강조하였다.

샤닌의 '농업 우선 불균형 성장론'에 대한 대치 개념으로서 공업우선의 '불균등 발전론'을 주장한 볼쉐비키 좌파의 대표적 인물은 프레오브란젠스키였다. 부하린의 NEO-NEP는 '가위형 위기'의 극복에서 나온 반면, 프레오브란젠스키의 '공업 우선 불균형 발전론'은 1925년에 '상품부족(Warenhunger)'현상에서 기인되었다고 볼 수 있다. 그의 이론적 특징은 투자 우선순위는 농업보다 공업에 중점적으로 두어야 하며, 공업 부문에서도 경공업보다 중공업 부문이 우선되어야 한다고 주장하였다. 그 이유는 국민경제적 측면과 장기적인 측면에서 생산 능력을 확장시키는 중공업에 대한 투자의 장기적 이익이 소비재 위주의 농업과 경공업에 대한 투자의 단기적 이익을 크게 능가하기 때문이라는 것이다. 생산력의 발전이라는 관점에서 국민의 경제는 더욱 진보적으로 되고, 잉여 생산은 전체사회에 걸쳐 성장하며, 사회 총생산물과 순생산물도 저축과 더불어 성장한다고 보았다. 그는 이

23) 억압형 인플레이션이나 혹은 인플레이션 압력에 대해서는 다음의 책을 참조. Jong-Man Han, Inflation in sozialistischen Planwirtschaften (München: V. Florentz Verlag, 1990).

를 맑스의 '원시적 사회자본 축적론'이라고 보면서 '자본주의적 자본 축적'보다 훨씬 우수하다고 했다. 그 이유는 자본주의의 자본 축적단계(소비재 중심의 경공업, 농업을 통해서 중공업으로 가는 길)에서는 자본 중심으로 인한 잉여 가치는 소수의 부르주아 측에 들어가면서 계급적 모순을 창출한다고 한다. 그러나 '원시적 사회 자본축적'에서는 창출된 잉여 가치(이윤)는 소수의 독점 자본가의 소비를 위해서가 아니라 모든 인민의 최종적 행복을 위해서 사용되기 때문에 우수하다고 보았다. 볼쉐비키 좌파 지도자들(카메노프, 지노비예프, 트로츠키)은 이러한 '원시적 사회자본축적'을 위한 재원 조달을 위해서 해외 자본을 중요시 했다. 그러나 국제 정치적 역학 속에 해외 자본의 중요성은 단지 희망 사항이었고, 방향은 모든 국민의 희생(특히 농업 부문 그 중에서도 부농)과 국민의 근검절약으로 이루어질 수 있다고 보았다. 이 '원시적 사회자본축적' 기간 중에 산업화를 위해서 희생되는 계층은 농민들이라는 것이다. 중앙정부는 이 기간 중에 농산물 가격을 낮추고, 농민들이 소비하는 소비품에 대해서 높은 가격을 적용하여 농민들의 강제 저축을 높이는 등, 생활수준은 하락된다. 농민계층 중, 특히 중농과 부농의 피해를 통한 자본 축적이 필요하다고 보았다. 다시 말하면, 도시·농촌의 불균형 교환을 통하여 사적 부문이 공적·국가 부문으로 이전됨을 뜻하는 것이다. 그것의 발전을 위해서는 개인에 의한 영농의 철폐였다.

NEP의 공식적 강령은 부하린파의 농·공 균형 성장론을 취하였고, 볼쉐비키 정부는 1925년에 5개년 중·장기 계획 경제에 관한 오리엔테이션 준비 작업 노동[24], 생산 계획 보고서 등 국민경제에 관한 통계 지표를 통하여 1차 5개년 계획 준비 작업을 했다.

2.4. NEP의 소멸

NEP 소멸의 근본적인 이유는 NEP 정책은 사회주의, 공산주의 이념과 상치된다는 것이다. 특히 NEPMEN(부농, 사농, 사적 유통인, 기업인)과 볼쉐비키 간에 경제적, 정치적 이해관계의 대립점이 있었다. 볼쉐비키 지도부는 NEPMEN의 경제력으로 인하여 정치적 영향력을 행사할지도 모른다는 두려움에 쌓였다. 그리하여, 볼쉐비키 당원의 존립 위험성까지 고려하지 않을 수 없었다. 산업화, 공업화의 논쟁 속에서 해외로부터의 침략에 대한 국가안보 면에서 빠른 공업화를 위해서는 NEP 정책은 소련 공업화 정책에 부적합하였고,

---

24) 이때 젊은 나이의 레온티예프(Leontifef) 학자는 통계적 지표를 위한 '국민경제 대차대조표'를 착안하여 망명 이후 '인풋-아웃푸트분석(Input-Output-analysis) 업적으로 남겼다. Erik Boettcher, "Ökonomische Gesetze und Wirtscahftsplanung - die Bedeutung der Industrialisierungsdebatte in der UdSSR", hrsg. von Hans K. Schneider und Christian Watrin, *Schriften des Vereins für Socialpolitik, Neue Folge*, Bd. 74/I (Berlin, 1972), p.508.

'가위형 위기'에서 보여주는 농·공산품 등의 가격 차이를 발생시키고 시장적 메커니즘(수요와 공급의 법칙)보다는 정부의 통제 가격 조치가 산업화를 위해서 적합하다는 판단을 했다. NEP 출범 이후, 이 경제 정책은 잠정적이고, 일시적이라는 생각이 만연 되었고, 또한 스탈린에 의한 정치권력의 일방통행과 여론 형성을 통한 야당적 요소의 부재가 NEP 폐기의 원인이라고 생각된다. NEP 폐기로 농업에서는 집단화의 장점이 있다고 보았다. 즉 NEP 말기 시범적으로 실시했던 실험집단농장에서 생산성이 향상되었다. 그 이유는, 규모의 경제와 트랙터의 사용으로 보다 높은 생산성과 부를 가져왔기 때문이었다. 그러므로 정부는 농민들에게 이러한 점을 인식시키는 집단화 유도 작전을 1927년 경 실시할 예정이었다. NEPMEN에게 강한 조세 부담의 전가를 통해서 국영·조합기업·콜호즈(Kolchos) 등으로 편입을 장려했다. 제 1차 5개년 계획(1928년 10월 1일)시, 처음에는 조세 분야에 큰 변화는 없었으나, 1930년의 대 조세개혁으로 사적 부문은 거의 자취를 감추고 말았다. 총국민소득의 사적 부문의 참여율이 1925/26년의 54.1%에서 1932년에는 0.9%로 감소했다.25)

1927년까지 90%의 농지는 전통적 농촌 공동체(Obschina, Mir, Artel)성격을 띤 사적 소유권의 형태였고, 1928년까지 집단화는 1.7%에 못 미쳤다.26)

1928년 농업 집단화 이후 많은 부농, 중농은 반항을 하였으나 성과가 없었고, 농민들은 빼길 수밖에 없는 가축을 잡아먹거나 은닉하면서 가축의 수는 <표 2-12>에서처럼 1920년대에 급속히 감소한다.

〈표 2-12〉 러시아와 소련의 1916-1930년까지 가축의 수 추이(단위: %, 1916년 100기준)

연도 \ 내용	말	소	양·염소	돼지
1916	100	100	100	100
1927	88.9	114.3	119.3	111.0
1928	94.6	118.5	126.0	126.1
1929	96.9	115.6	127.8	103.0
1930	88.36	89.1	87.6	60.1

출처: Michal Mirski, The Mixed Economy. *NEP and Its lot* (aus dem Polinischen) (Copenhagen, 1984), p.104.

NEPMEN의 경제적 힘(자본 축적)으로 인하여 신 부르주아의 출현을 가져왔다. 고급 레스토랑과 경마장은 합법적이었으며, 나이트클럽 도박장, 환락가는 준 합법적으로 인정

25) Alec Nove, *An Economy History of the USSR* ... op. cit., p.103.

26) 집단화에 대한 상세한 내용은 다음의 책을 참조. Heinz Altrichter, *Die Bauern von Tver. Vom Leben auf dem russischen Dorfe zwischen Revolution und Kollektivierung* (München, 1984).

되면서 조세 포탈 등 넓은 의미의 지하경제 요인이 활발하게 이루어졌다.[27] 이러한 '부르주아적 성향' 혹은 '소부르주아적 개인주의'의 오염이 NEP 폐기의 한 동인이 되었을 것이다. 농촌의 사회 격차가 심하여 1928년에 총 30%의 농업 기계는 약 6%의 부농이 소유하였다고 한다.[28]

러시아·소련 사회에 계획경제의 필요성을 뮌헨대의 라우파흐(Raupach) 교수는 지정학적, 지리학적 요인에서 찾고 있다. 소련은 세계 대륙의 6분의 1을 점유하고 있고, 많은 국경, 민족, 기후 문제 때문에 사회간접자본, 도로, 철도, 항만, 군대, 주택 등의 필요성이 있다고 보았다. 즉 '공간 극복'을 위해서 계획경제가 필요하다는 것이다. 이 이론은 많은 시사점을 주고 있지만, 캐나다와 호주도 유사한 문제점을 갖고 있다는 생각을 하면, 상대화될 것이다.[29]

예기치 못한 1927/28년 국내, 국제적 위기가 NEP 폐기의 근본적인 원인의 한 요소가 되었다. 앞에서 본 것처럼 국제 관계(중국 공산당 혁명 실패 등)의 악화로 인해 해외 자본 유치가 불가능하였고, 산업화를 위한 재원 조달은 자체 역량으로밖에 할 수 없었다. 국제 관계의 악화, 서구 세력으로부터 침략에 대한 공포감 속에서 빠른 시일 안에 중공업, 특히 군수 산업이 필요한 것 같았다. 그러나 스탈린의 산업화 속도와 방법이 옳을지는 모르나, 당내 구조의 모순 관계를 이용한, 교묘한 그의 정책은 정치적 재평가가 필요하다고 본다.[30] 스탈린이 부하린 그룹과 제휴, 그리고 트로츠키 파를 제거한 이후에도 스탈린식 경제 체제에서 트로츠키적인 요소가 잔재해 있었다. 사회주의 체제에서는 프롤레타리아의 의식화 작업이 아니라 군대식 노동 훈련, 즉 '노동 군단'(프롤레타리아 국가에서 군사화는 노동계급의 자발적 조직)을 통하여 농민과 노동자의 군사화 작업, 예컨대 병공, 병농을 실현하는 강한 통제, 관리 체제가 필요하다고 했다. 소련 사회의 기업에서는 코만도 식 잔재가 존재했었다. 이 체제가 전시경제 체제에서는 장점이었고, 역사적으로 낙후한 소련이 제 2차 세계대전을 승리로 이끌 수 있었던 견인력이 되었지만, 그것에 대

---

27) NEPMEN의 활동에 관한 자세한 내용은 다음의 박사학위논문 참조. Allan M. Ball, *The NEPMEN: Private Entrepreneurs in the Soviet Union* (The University of North Carolina at Chapel Hill, 1982). 독일어권에서는 Hans-Henning Schröder, *Arbeiterschaft, Wirtschaftsführung und Parteibürokratie während der Neuen Ökonomischen Politik. Eine Sozialgeschichte der bolschewitschen Partei 1920-1928* (Berlin, 1982).

28) Karl-Heinz Ruffmann, *Fragen an die sowjetische Geschichte. Von Lenin bis Gorbatschow* (München, 1987), p.48.

29) Hans Raupach, *System der Sowjetwirtschaft. Theorie und Praxis* (Reinbeck bei Hamburg, 1968).

30) W. Sirotkin, "Vom Bürgerkrieg zum Bürgerfrieden", hrsg. von Ju. Afanassjew, *Es gibt keine Alternative zu Perestroika* (Nördling, 1988), p.400.

한 대가는 엄청난 것으로 생각된다.

결국 NEP는 수단이지 결코 목적이 될 수 없었으며, 레닌, 스탈린이 첨예한 경제 문제의 해결 후에 NEP 소멸을 전제로 했음은 의심할 여지가 없을 것이다. 신 리버럴리즘(Ordo Liberalismus, 혹은 Freiburger Schule 푸라이부르그 학파) 이론에 일반 체제론적 관점에서 법, 경제, 정치, 사회, 문화, 종교 등의 시스템이 있으며 각 부시스템(sub-system) 상호간의 여러 가지 역학적 관계가 있는데, 모든 체제(Gesamtsystem)의 안정을 위해서 모든 부시스템도 같은 방향으로 전개되어야 그 체제의 안정과 효율을 가져온다. 이것을 이 학파의 창시자격인 오이켄(Eucken)은 '각 시스템 질서간의 상호 관계'(Interdependenz der Ordnungen)라고 칭하고 있다.31)

이 이론에 의하면, 결국 NEP시대에는 각 시스템(정치, 경제 등) 자체 내에 갈등 요소가 존재하여 발전 가능성의 한계, 비효율이 내포되어 있었다. 이 이론의 핵심은 자본주의의 우월성을 강조하면서 자본주의 체제가 안정과 효율성을 갖추려면 정치적으로 민주주의와 경제적 자유가 정비례하여야만 된다고 하는데, 장기적인 면에서 이론의 하자는 없으나 단기적으로 많은 예외가 있다고 생각한다. 예를 들면, 일본, 후발 자본주의 국가 또는 일부 동구권 사회주의 국가, '제3의 길'이라고 하는 스웨덴, 유고의 정치 경제 체제이다. 그러나 이 학파의 학문적 기여도는 크다고 생각된다. 중국의 선경제, 후정치가 1989년 천안문 사건으로 나타났고, 소련의 페레스트로이카 초기 단계에서 선정치, 후경제 그리고 한국의 80년대 경제, 사회 발전의 단계에서 많은 교훈을 주고 있다. 어느 체제나 체제의 고유적인 넓은 의미의 제2경제(second economy)가 존재하는데, 각 부체제 간의 갈등 요소가 많을 때, 효율성과 안정이 문제이다. 특히 신흥개발공업국, 소련, 동구권 체제전환국에서 제2경제의 요소가 많이 있다고 볼 수 있다. 결국 정치와 경제를 균등한 가중치로 평가하기에는 불가능하지만, 최소한 방향 면에서 정비례를 안 할 때, 후에 치르는 대가는 클 것이라고 생각한다.

2.5. NEP의 부활

스탈린에 의한 집단화, 공업화 정책의 대가는 정치, 경제 모든 면에서 엄청난 것이었다. 스탈린 사후, 1956년 흐루시초프의 탈 스탈린화(큰 성과는 거두지 못함)를 계기로 다

31) Walter Eucken, *Die Grundlagen der Nationalökonomie*, 7. Aufl. (Berlin, Göttingen und Heidelberg, 1959), Karlheinz Kleps, "Wirtschaftsreformen in Widersprich", *WiSt*, Heft 11, 1989, p.541.

시 NEP의 경제정책은 사회주의 체제 개혁의 모범으로 정착했다. 브레쥬네프 시대의 NEP적 요소는 신중한 실험으로써 개혁을 하였는데, 큰 성과는 거두지 못했다.[32] 예컨대 1960년대 리베르만식 경제 개혁, 1982-83년에는 '실험 기업'이 있었다. 동구권 여러 국가의 개혁(1956년 헝가리, 1968년 체코슬로바키아, 1980년 폴란드 등) 역시 실패로 끝났다. 다시 말해서, 고르바쵸프 이전의 소련, 동구권의 개혁은 '반쪽의 얼굴을 가진 개혁'이라고 볼 수 있었다.[33] 이러한 '반쪽 개혁' 또는 '개혁의 좌절' 속의 지적 집단에서 NEP의 중요성을 강조하였다. 민주화를 위한 여백(여론의 자유 등)이 필요했기 때문이다.

1985년 3월 고르바쵸프 등장 이후 페레스트로이카(재편) 정책을 실행했다. 소련의 낙후한 경제 문제를 우선적으로 해결하는 것이 페레스트로이카의 동기라고 볼 수 있다. 소련 사회의 경제적인 문제는 상품부족이었다. 이는 화폐와 상품의 불균형(화폐 과잉, 상품부족) 때문이며, 이로 인해 소련 경제는 대위기에 직면했었다.[34] 고르바쵸프는 낙후한 경제가 발생하게 된 원인을 스탈린식 경제 체제라고 말하면서 스탈린 격하 운동을 감행했다. 흐루시쵸프의 탈스탈린 작업의 실패를 거울삼아 고르바쵸프는 정치적, 역사적 진실을 찾기 위한 '공개(glasnost)'정책을 경제 개혁단계의 필수 조건으로 생각했다. 산업화, 집단화는 행정적, 관료적 방식이 아니라, 사회적 인센티브를 통해서 시행되었어야만 개인적, 전체적 이해관계의 조화가 달성될 수 있었다는 것이다.[35] 역사 진실 찾기 운동에서 NEP의 부활은 강조되어 졌고, 페레스트로이카의 근원을 찾으려고 노력했다.[36]

고르바쵸프는 1987년 11월, 10월 혁명 70주년 기념행사 때, 처음으로 NEP의 창시자인 레닌을 찬사하였고, 곧이어 부하린의 NEO-NEP에 더욱 더 많은 관심을 가진 것 같다. 그는 NEP를 '사회적 쇄신을 위한 진정한 혁명적 실험'이라고 찬사하였다.[37]

또한 서구의 사회당 인사와 부분적으로 유럽 공산당은 1987년부터 '러셀 후원 단체'와 함께 부하린 재복권 캠페인을 벌였다고 한다.[38]

---

32) Michal Reiman, *Lenin, Stalin, Gorbačëv*, ... op. cit., p.99.

33) Michal Mirski, *The Mixed Economy, NEP* ... op. cit., pp.247-248.

34) 상품부족에 대한 상세한 내용은 다음의 글을 참조. Jong-Man Han und Robert Ostermeier, "Monetäre Disproportionen in sozialistischen Volkswirtschaften und die westliche Geldtheorie", *Osteuropa-Wirtschaft*, Vol.35, No.2, 1989, pp.79-95.

35) A. Nujkin, "Idealy ili interesy?", *Novyj Mir* (Moskva, 1988), p.205.

36) R. Belousov, "NEP: Politika, Logika, Methody", *Voprosy Ekonomiki*, 7/1987, p.40.

37) *Pravda*, 3.11.1987.

38) Markus Wehner, "Die Diskussion um den <Liebling der Partei> Zur politischen Bedeutung der Rehabilitierung N. I. Bucharins", *Osteuropa, Zeitschrift für Gegenwartsfragen des Ostens*, Vol.40, No.4, 1990, p.303.

부하린과 이른바 부하린 그룹(당시 정치국원이었던 리코프, 노동조합장이었던 톰스키)의 복권이 주는 의미는 소련의 당시 개혁주의자들이 전통 보수파에 대한 승리로 귀결된 수 있다고 본다. 부하린이 재복권된 것과 그리고, 그를 페레스트로이카의 상징자로 추앙하는 이유로서는 첫째, 소련의 역사 속에서 탈 스탈린의 작업과 볼쉐비키적 전통의 정당화, 둘째, 국제적으로 계급 투쟁설의 약화와 더불어 평화 공존으로 군축에 중요한 고지를 삼아 막대한 국방비 지출을 삭감하려는 노력, 국제정치적으로 서구 사회당과 접촉, 수렴에 노력하고, 셋째, 노동자, 농민 문제(도시와 농촌의 관계)인 '가위형 위기'의 극복을 위한 개혁, 즉 NEP 시대 때 채택되었던 자본주의적 요소를 적절하게 이용하려는 시도, 다시 말하면, '독립 채산제'의 완전한 이용, 상품화폐관계, 이자의 합법성, 집단화 방법 거부, 물질, 화폐적 이윤 동기 등에 의해서(행정, 관료, 군대식의 경제, 경영 체제가 아니라) 경제 주체가 자발적으로 경제 활동에 참여할 수 있는 인센티브 체제를 갖추자는 것이다. 넷째, 특권계급층(nomenklatura)의 제거와 야당적 견제 세력의 존재를 인정(여론, 언론의 자유(glasnost)함으로써 경제 주체들이 역동적으로 산업 사회의 유동성에 적극 참여할 수 있도록 한다는 것이다. 이렇게 함으로써 소련의 지하경제 근절, 경우에 따라서는, 합법화를 통해 건전한 경제 활동의 기여를 기대했다. 다섯째, 소련 역사 의식에 대한 재수정의 필요성에서 NEP의 부활을 주장했다고 생각된다.[39)]

고르바쵸프 경제 고문 아간베기얀은 소련의 역사를 조명하면서 1920년대의 NEP 시대가 소련의 경제사적 측면에 주는 교훈은 너무나 많았다고 보고 있다. 즉, 그 시대의 토의, 제안, 논쟁은 당시 페레스트로이카의 전개와 소련 경제의 미래상을 이해하는데 도움이 된다고 생각했다. 또한 NEP 시대에는 천부적인 경제학자(균형 발전론자로서 부하린, 경제 발전론자로서 프레오브라젠스키, 경기 변동론자로서 콘트라티프, 조합 이론가로서 트샤이아노프)들과 경제 통계연구소(시장, 경기 변동, 노동 연구소)의 자유로운 학문적 분위기가 있었다고 한다. 예를 들면, 트렉터 통계 전문가인 쿠바닌스의 비교 연구, 철도 비교 연구, 공업 입지론 등이 있었다. 그러나 NEP 말기 이후 스탈린의 인사 정책에 의해서 많은 지식인, 전문가들이 숙청(감옥, 유배, 사형)되어, 이로 인한 손실이 많았다고 지적했다.[40)]

고르바쵸프가 1987년 11월 2일 부하린 찬양 연설을 한 이후(목적은 공산당 내 보수파

---

39) Heinz Timmermann, "Gorbatschow-ein Bucharinist? Zur Neubewertung der NEP-Periode in Moskau", *Berichte des Bundesinstituts für ostwissenschaftliche und internationale Studien*, No.15 (Köln, 1988), p.15.

40) Abel Aganbegian, *Ökonomie und Perestroika. Gorbatschows Wirtschaftsstrategien* (aus dem Russischen) (Hamburg, 1989), p.161.

세력 제거) 소련의 주간지 <오고뇨크>(Ogonjők)와 <네델야>(Nedelja)에서 부하린에 관한 전기 논문이 게재됐다.[41]

당시 소련 당국은 부하린의 개별적, 선별적 내용면에 중시한 것 같다. 초기 부하린이 NEP에 반대하여 내놓은 강경책에 대한 언급이 없다는 것을 고려하면, 더욱 그러하다고 볼 수 있다. 소련 사회의 페레스트로이카는 리버럴한 레닌과 부하린을 넘어서 생각할 필요가 있다. 당시 고르바쵸프 측근에서는 스탈린식 체제의 대안으로 페레스트로이카를 진행시키고 있으며, '스탈린의 NEP 폐기는 레닌에 의한 볼셰비키 혁명의 반대혁명'이라고까지 칭하였다.[42]

고르바쵸프는 페레스트로이카를 '제2의 혁명'이라고 말하고 있으며, NEP의 부활을 통하여 스탈린이 부하린의 도움을 얻어 좌파 세력을 제거한 것처럼 당시 정권의 보수파, 신계급 세력을 견제, 제어하는데 주력한 것 같다. 또한 당시 옐친 계열(급진적인 개혁파)과의 관계 역시 견제, 이용에 노력하는 것 같다. 분명히, 1920년대와 1980년, 1990년대는 다르지만, 역사가 주는 교훈은 많으리라 생각된다.

정치경제학자 만델(Mandel)은 소련 페레스트로이카의 창시자격인 고르바쵸프를 미국의 루즈벨트와 비교하면서, 양 정치가는 급진적인 개혁을 하였고, 루즈벨트는 자본주의적 위기에서 수정 자본주의적 조치(대 자본가 계층을 억제하고 국가의 간섭에 의한 뉴딜 정책)를 취한 반면에, 고르바쵸프는 사회주의 경제체제의 위기에 직면하여 소련의 신계급층의 타파를 위해서 수정 사회주의의 길을 걷고 있다는 것이다.[43] 이러한 수렴론적 비교는 1960년 말 이후 양 체제의 수렴론의 문제처럼 어느 한 면, 즉 개혁을 통해 나타난 하나의 현상적 분석이고, 인과론적 관점에서 많은 문제점을 지니고 있다. 특히 근본적인 면(넓은 의미에서의 소유권)에서 차이가 있어 원인 분석이 명확하지 못하며, 경제 정책적 측면에서 아무런 대안이 없는 것 같다. 그리하여, 양 체제가 방향 감각을 잃어 한 체제의 미래에 대한 조명을 어둡게 한다고 볼 수 있다.

서방세계의 NEP 전문가 코엔(Cohen)은 NEP를 계급간의 사회적 조화와 협조 체제를 이룩하였으며, 테러나 투쟁이 아닌 새로운 유연한 방법과 인내로써 정치적 중앙집권과 경제, 문화, 지적 다양성에 의한 정책이라고 보았다.[44]

---

41) F. Medvedev, "On chotel predlat'žisn", *Ogonëk*, No.48, 1987, p.26. A. Latyšev, "Bucharin - izvestny i neizvestnyj", *Nedelja*, No.51, 1987, p.6.

42) *Voprosy istorii*, No.9, 1988, p.37.

43) Ernest Mandel, *Das Gorbatschow Experiment, Ziele + Widersprüche* (Aus dem Französichen) (Frankfurt am Main, 1989), p.13.

44) Lew Timofejew, "Stephen Cohen und die sowjetische Erfahrung oder: Die russische

소련의 페레스트로이카는 처음에는 사회주의 체제를 원칙으로 한 혼합 체제(선정치, 후경제)의 형태를 갖고 있었다. 앞에서 언급한 푸라이부르그 학파의 이론에 의하면, 모든 각 시스템이 정비례하지 않을 때 체제 불안정, 갈등이 존재한다고 하는데, 총 시스템 내의 한 시스템에서 변화가 있을 때에는 변화를 시도, 계획한 것 이상으로 각 시스템간의 역학 관계 내에서 총 시스템(체제)은 변화, 변동한다고 한다.

2.6. 맺음말

NEP는 앞에서 살펴보았듯이 사회주의 체제의 첫 번째 개혁으로써 혼합 체제, 또는 '제3의 길'이 있다는 점을 보여주었다. 불행하게도 NEP는 스탈린의 정책으로 붕괴되었지만, 스탈린 사후 사회주의 체제의 국가경제 개혁과정에서 NEP적 요소를 가미, 실행했다고 본다. 그 후 고르바쵸프의 '신사고' 이후 소련에서 NEP는 완전히 부활하였고, 1920년대 NEP 이상의 길을 나갔다. 고르바쵸프는 '현대판 부하린'이라고 볼 수 있다. 고르바쵸프는 페레스트로이카의 정당성을 볼쉐비키적 전통, 즉 NEP에서 찾으려고 노력했다. 그러나 모든 개혁이 그러하듯이 그 자체 속의 역학 관계 속에서 역동적으로 변동, 변화하는 것을 잊어서는 안 될 것이다.

Geschichte aus der Sicht westlicher Sowjetlogen", *Kontinent, Ost-West-Forum*, Vol.2, Heft 2, Nr.49, 1989, p.62.

〈부록 2-1〉 1917-1930년 러시아 · 소련 연보

1917. 2.18	페트로그라드 푸티로프 공장 노동자 파업 운동
1917. 2.23	페트로그라드에서 총파업과 데모
1917. 2.25	세계 여성의 날 기념 행사 때 페트로그라드 여성 노동자들의 배고픔과 전쟁 반대 데모
1917. 2.26	군부와 노동자측이 합세
1917. 2.27	시민적·민주적 2월 혁명 : 페트로그라드 소비에트 발족
1917. 3. 1	군대위원회의 선거와 페트로그라드 수비대는 소비에트 수중에 있게 하는 <명령 제1호>
1917. 3. 2	귀족층 대표로 리포프에 의한 시민적 과도 정부 출범 : 니콜라이 2세 퇴위
1917. 3.10	노동위원회의 페트로그라드 소비에트와 공장 소유자 단체와 8시간 노동 협정
1917. 4. 3	레닌, 페트로그라드 귀환
1917. 4.18	밀류모프 외무성 장관과 동맹국 사이에 1차 세계대전 계속성에 관한 각주
1917. 4.20~21	페트로그라드 노동자 · 군인과 과도 정부에 대한 데모, 과도 정부의 첫 번째 위기
1917. 4.24~29	제 7차 러시아 사회민주 노동당 전러시아(4월~) 회담
1917. 5. 3~28	페트로그라드 농민위원회 전러시아 총회
1917. 6.18	케렌스키 공세 : 볼쉐비키 지도하에 페트로그라드, 모스크바에서 대규모의 데모
1917. 6.21~28	제 1차 노동조합 전 러시아 총회
1917. 7. 3~4	페트로그라드 노동자·혁명군의 데모
1917. 7.24	두 번째 과도 연립 정부 출범
1917. 7.26	제6차 러시아 민주 사회노동당 전당대회
1917. 8.25~30	코르닐 쿠테타 사건
1917. 8.28	두 번째 과도 연립 정부 해체
1917. 9.25	세 번째 과도 연립 정부 출범
1917.10. 7	레닌, 불법적으로 페트로그라드 귀환
1917.10.12	페트로그라드 소비에트 혁명 군사위원회 발족

1917.10.25	페트로그라드 혁명국 승리 : 연립 정부 해체
1917.10.25~26	10월 혁명 : 제2차 전러시아 소비에트 총회 : 평화 및 토지에 관한 포고
1917.10.29	8시간 노동에 관한 포고
1917.11. 2	러시아 제민족의 권리에 관한 포고
1917.11.10	시민적 계층에 관한 해제 포고
1917.11.10~25	농민 대의원 소비에트 특별 전러시아 총회
1917.11.14	노동자 우위에 관한 포고
1917.12. 2	최고인민경제위원회 설립
1917.12. 6	핀란드 독립 선언
1917.12. 7	체카 <Čeka> 발족
1917.12.14	제은행의 국유화와 중앙은행 발족
1917.12.16	군의 민주화에 관한 포고
1917.12.18	남녀평등에 관한 포고
1917.12.22	의료보험에 관한 포고
1918. 1. 3	노동자, 농민 권리에 관한 포고
1918. 1. 5~6	제헌의회 소집·해산
1918. 1. 7~14	제1차 전러시아 노동조합 총회
1918. 1.10~18	제3차 전러시아 소비에트 회담 : 러시아 사회연방 공화국 설립
1918. 1.15	적군 창설
1918. 1.20	교회와 국가의 분리, 또한 학교와 교회의 분리에 관한 포고
1918. 1.21	국내, 해외 부채 폐기에 관한 포고
1918. 1.22	우크라이나 독립 선언
1918. 1.27	토지 사회화에 관한 근본 입법
1918. 3. 3	독일과 브레스트-리토브스키 조약 체결
1918. 3. 6~8	제7차 러시아 민주사회노동당 전당 대회 : 러시아 공산당으로 명칭 변경
1918. 3. 9	무르만스크 국제 침략군 진주
1918. 3.11	모스크바 수도 이전
1918. 3.14~16	제4차 특별 전러시아 소비에트 총회
1918. 3.18	백러시아 독립선언

1918. 4. 5	극동에 일본군 진주
1918. 4. 8	트로츠키 국방상에 취임
1918. 5. 9	식량 독재에 관한 포고
1918. 5.26	그루지야 공화국은 멘쉐비키 수하
1918. 5.27	티프리스에서 아제르바이잔 공화국 창립
1918. 5.28	티프리스에서 아르메니아 공화국 창립
1918. 6.14	소비에트에서 멘쉐비키와 중도 사회당 배제
1918. 6.20	석유 산업 국유화
1918. 7. 4~10	제5차 전러시아 소비에트 총회
1918. 8.	첫 번째 내란 위기
1918. 8.30	레닌 암살 미수 사건
1918. 9. 2	혁명전쟁위원장으로서 트로츠키 취임
1918.10.16	통일화된 노동 학교 설립
1918.10.31	사회보장제도 확장
1918.11.	독일 패전
1918.11.13	전러시아 중앙행정위원회에 의한 브레스트-리토브스키 조약 폐기 결정
1918.11.19	라트비아 독립 선언
1918.11.30	노동자, 농민 국방위원장으로서 레닌 취임
1918.12.10	노동법 제정
1918.12.19~27	제2차 전러시아 인민경제위원회 총회
1919. 1. 1	곡물 강제 공출제 실시
1919. 1.16~25	제2차 전러시아 노동조합회의
1919. 3. 2~6	콜챠크 군대가 혁명 정부에 반격
1919. 3. 4~6	제8차 공산당 전당대회 : 당 강령, 정치국, 조직국, 비서실 창설
1919. 4.28	적군의 콜차크 군대 공격
1919. 6.21	적군의 유데니치 군대 공격
1919.10.11	적군의 데니킨 군대 공격
1919.12. 3~5	제1차 농업코뮨·농업 아르첼 전러시아 총회
1919.12.26	문맹자 퇴치에 관한 포고
1920. 1.	콜차크 군대 격파

1920. 2. 2	에스토니아 평화조약 체결
1920. 3.29~4.5	제9차 전당대회(전기화-Goelro-Plan)
1920. 4. 6~13	제3차 전러시아 노동조합 총회
1920. 4.25	폴란드 우크라이나 침공
1920. 7.	리투아니아와 평화조약 체결
1920. 8.11	라트비아와 평화조약 체결
1920. 8.	탐보프 농민 반란
1920.10.12	폴란드와 휴전 협정
1920.11.16~17	란겔스 군대 격파
1920.12.22~29	제7차 러시아 사회주의 연방공화국 소비에트 협의
1921. 2. 22	Golsplan(국가계획위원회)창설
1921. 3. 2~18	크론슈타트 수군 반란 사건
1921. 3. 8~16	제10차 전당대회 : NEP, 노동조합 힘의 약세, 분과 형성 금지
1921. 3.16	영국과 무역 협정 체결
1921. 3.21	현물세 제도 도입 실시
1921. 3.	폴란드와 리가 조약 실시
1921. 9.16	산업부문에서 성적급 도입
1921~1922	흉년과 기근
1922. 3.27~4.2	제11차 전당대회
1922. 4. 3	스탈린 서기장으로 취임
1922. 4.10~5.19	게누아 국제 경제 회담에 소련 사절단 파견
1922. 4.16	독일과 라폴로 조약 체결
1922. 5.25~27	레닌의 첫 번째 졸도
1922.10.25	일본 침략군이 극동에서 철수
1922.10.30	소비에트 사회주의 연방 공화국(USSR) 출범
1923. 4.17~25	제12차 전당대회
1923. 5.10	1923/24년에 통일된 농업세 실시 결정
1923. 여름과 가을	가위형 위기
1923. 가을	NEP의 새로운 방향에 관한 논쟁
1923.12. 5	스탈린의 트로츠키즘 반대 캠페인
1924. 1.21	레닌 사망

1924. 1.31	최초의 USSR 헌법
1924. 2. 2	이탈리아와 외교 조약 체결
1924. 5.23~31	제13차 전당대회
1924. 5.31	중국과 외교 조약 체결
1924.10.28	프랑스와 외교 조약 체결
1924.12.	스탈린의 일국 사회주의론 선언
1925. 1.20	일본과 외교 조약 체결 : 북 사할린섬 소련에 반환
1925. 1.26	트로츠키·전쟁상과 혁명전쟁위원장 해임
1925. 4.27~29	제14차 전당대회(일국 사회주의 승인)
1925.12.18~31	제14차 공산당 회담 : 산업화 논쟁, 첫 번째 연차 경제 계획
1926. 4.21	독일과 불가침 조약 체결
1926.10.23	트로츠키·카마네프 정치국원에서 제외
1926.12.17	첫 번째 인구조사
1927. 5.	영국과 외교 관계 단절 : 전쟁 공포 조장
1927.10.21~23	트로츠키·지노비예프 당 중앙위원회에서 제적
1927.12~19	제15차 전당대회 : 좌파 세력 제거, 농업의 점진적 집산화 결의
1928. 1.16	트로츠키 알마-아타 유배
1928. 3.	곡물 수매 위기
1928. 5.18~7.5	샤흐트 재판 사건
1928. 8. 1	곡물 국영기업 창설 결정
1928.11.	우크라이나 셰프첸코-국영기업에서 첫 번째 기계·트랙터소(MTS) 설립
1929. 1. 8	트로츠키 소련으로부터 추방
1929. 4.23~29	제16차 소련 공산당 회담에서 부하린 그룹 배척과 제1차 5개년 계획-1928/29에서 1932/33년
1929. 6. 5	기계·트랙터소 설립
1929. 2분기	산업화 정책을 위한 강한 집단화 정책
1929.11.	부하린 정치국에서 축출 : 볼셰비키 우파 반대 세력 몰락
1930. 1. 5	공산당 중앙위원회의 집단화 속도에 관한 결정
1930. 3. 1	농업 아르첼의 모범적 정관에 관한 규정
1930. 5. 1	투르게니스탄-시베리아 철도 준공

1930. 6.17	스탈린그라드 트렉터 공장 가동
1930. 6.26~7.13	제16차 전당대회
1930. 8.14	초등학교 교육 의무제
1930.11.25~12.7	산업당 재판사건

출처 : Lorenz, Richard, *Sozialgeschichte der Sowjetunion*, 1917-1945 (Frankfurt/M, 1978); Ruffmann, Karl-Heinz, *Fragen an die sowjetsche Geschichte. Von Lenin bis Gorbatschow* (München 1987); Hans-Henning Schröder, *Arbeiterschaft, Wirtscahftsführung und Parteibürokratie während der Neuen Ökonomischen Politik. Eine Sozialgeschichte der bolschewistischen Partei 1920~1928* (Berlin 1982).

제 3 장

소련 경제체제의 생성과 발전과정*

3.1. 머리말

산업혁명 이후 자본주의 경제체제는 빠른 속도로 진전·확산되면서 지금까지의 그 어떤 체제보다도 생산력의 발전을 가져왔다. 영국의 '고전경제학자'가 생각했던 '완전시장경쟁체제'는 자본주의 발달과정에서 자본의 집중·집적을 통해 독점화 현상으로 나타났다. 그로 인해 계층·부문·산업·지역·국가간 부익부·빈익빈 현상은 더욱 가시화 되었으며, 또한 사회문제(도시, 실업, 주택, 상수도, 교육, 환경문제 등)가 발생되면서 '시장실패'로 이어졌다. 또한 과잉생산과 과소소비는 주기적인 불황을 야기시키면서 실업자(산업예비군)를 배출시켰다. 그로 인해 자본가와 노동자간의 임금 협상과정에서 노동자는 불이익을 감수해야만 했다. 자본주의체제는 더욱 발전되어 독점자본주의 혹은 제국주의로의 발전을 가속화했다.

자본주의 체제의 대안과 야당으로서 서유럽과 러시아를 포함한 동유럽의 수많은 지식인들과 인텔리겐치아들은 새로운 체제, 즉 사회주의 사회구성체를 선호했다. 1848년 칼 맑스와 프리드리흐 엥겔스 등을 중심으로 제기한 『공산당 선언』에서 사회주의자들은 '만국의 노동자여 단결하라'라는 구호를 채택하면서 생산수단의 사적소유권과 시장의 철폐와 새로운 사회주의 사회건설을 꿈꾸어왔다. 그 후 맑스주의는 전 유럽 사회에 확산되어 갔다. 물론 사회주의 체제의 건설 방법과 혁명 속도에 따라 맑스주의는 여러 갈래로 나누어지지만 그 근본 골격에는 큰 차이점이 없었다.

유럽에서 제일 늦게 봉건주의가 타파된 러시아에서 맑스주의가 발전되었다. 특히 플레하노프를 중심으로 하는 멘쉐비키와 레닌을 중심으로 하는 볼쉐비키는 짜르 러시아 정권 대신에 새로운 사회주의 건설을 위해 투쟁했다.

1917년 '2월 혁명'을 통해 짜르 러시아 정권은 무너졌다. 그 후 과도기적인 임시정권도 '10월 혁명'을 통해 무너지면서 볼쉐비키에 의한 소비에트체제가 지구상에서 처음으로 생

---

* 이 글은 < 『러시아·러시아인』 (서울: 현상과 인식, 1998년), pp.251-266>에 게재됨.

성됐다. 소비에트 혁명정부는 '전시공산주의정책'과 '신경제정책'(NEP)[1]을 거친 다음 스탈린식 명령·지령 경제체제가 정착하게 되었다. 그 후 소련 경제체제는 빠른 속도로 발전되면서 제2차 세계대전의 승전국은 물론이거니와 미국과 버금가는 초강대국으로 발전된다.

이 글에서는 소련 경제체제의 생성배경과 발전과정을 간략히 정리한다. 특히 소련 경제가 어떻게 작동되었는가에 대해 정치경제학적 관점과 체제론적 관점에서 설명한다.

3.2. 소련 경제체제의 생성과정

소련 중앙계획경제체제의 생성배경을 파악하기 위해서는 먼저 자본주의 시장경제체제의 생성 및 발전배경과 그 체제의 여러 문제점을 인지해야만 한다. 특히 사회주의 계획경제체제는 시장경제체제의 대안으로써 경제이론과 경제정책에서 큰 영향력을 행사해왔다.

18세기 말 산업혁명의 발달과 더불어 생산수단의 사적소유권의 인정과 계약의 자유 그리고 완전경쟁시장체제(Perfect Competition Market System)를 골격으로 한 자본주의체제는 역사상 그 어느 체제보다 생산성과 효율성을 바탕으로 괄목할 만한 생산력을 증가시켰다.

시장을 통한 효율적 자원배분은 희소성의 원칙에 입각하여 이루어졌다. 공급이 많은 곳에서는 가격과 가치가 상승하며 공급이 적은 곳에서는 가격과 가치가 하락한다. 수요의 경우에서는 공급의 경우에 반대로 작용한다. 이러한 자동조절장치('보이지 않는 손')는 완전경쟁시장체제에서만 가능하다. 그러나 완전경쟁시장체제는 단지 이론적이거나 모델에서만 가능한 것처럼 보여 주었다. 경제주체의 자본축적 과정에서 더욱더 부익부·빈익빈 현상이 나타나면서 실제적으로 불완전경쟁시장체제, 예를 들면 독점 혹은 과점이 주를 이루고 있었다. 또한 이 체제는 효율성과 생산성의 장점은 있었지만 형평성과 도덕성에는 문제의 소지가 많았다. 이러한 자본주의체제의 문제점을 극복하기 위해 유럽의 많은 지식인들은 새로운 체제 모색의 길을 밟았다. 지면상의 제약으로 맑스주의의 변형인 레닌주의에 입각한 혁명전략과 최초의 현존 사회주의국가가 실시했던 여러 정책들을 설명한다.

레닌의 혁명전략은 다음과 같은 네 가지 관점으로 특징지을 수 있다. 첫째, '10월 혁명' 이전 러시아의 사회구성원은 전적으로 농민이었으며, 자본주의 초기단계로서 노동자 세력은 매우 미미한 실정이었다. 왜냐하면 1861년에 러시아는 '농노해방'을 단행하면서 유럽에서 제일 늦게 봉건제가 타파되면서 초기 자본주의체제로 이행했었기 때문이다. 물론 러시아는 19세기 말과 20세기 초 철도공업을 중심으로 중공업의 발달을 통해 '섬 중심'(러시아의 대도시)으로 자본주의체제가 성숙되면서 미국과 영국 그리고 독일과 프랑스에 이어

---

1) NEP에 대해서는 제2장을 참조하기 바람.

세계 5대 공업국으로 발돋움 했지만 4위와 5위의 격차는 매우 컸다. 러시아의 공업화에도 불구하고 선발 자본주의국가들에 비해 러시아의 노동자 수는 적은 편이었다. 레닌은 이러한 약점을 보완하고 러시아 혁명을 가속화하기 위해 착취계급으로서 농민과 노동자를 잠정적으로 동일시했다. 레닌은 두 계급간의 '연대'를 중요시했다. 물론 레닌은 혁명에 적합한 계층 순위를 노동자 〉 농촌 노동자 〉 농민이라는 데에는 이의를 달지 않았다.

둘째, 맑스의 예견, 즉 자본주의가 발전·성숙된 다음에 사회주의로의 도약은 실현 가능성이 없는 것으로 나타났다. 그 당시 현존했던 선발 자본주의체제에서 프롤레타리아 혁명이 나타나기는커녕 자본주의체제가 더욱 발전되어 가는 것을 레닌은 직시했다. 선발 자본주의체제의 노동자들은 더 많은 임금과 휴가와 근로조건 등에 관심을 기울이면서 프롤레타리아 혁명보다는 오히려 그들의 권익 보호를 위해 노동조합의 결성에 힘을 기울였다. 레닌은 이러한 현실을 직시하면서 그의 저서 『우리는 무엇을 해야 할 것인가?』에서 프롤레타리아 혁명을 위해서는 '직업혁명가'의 필요성을 역설했다. 직업혁명가들이 앞장서서 노동조합적 소아적 의식화를 타파하고 혁명적 전위대 건설이 무엇보다도 필요하다는 것이다.

셋째, 레닌은 그의 저서 『제국주의는 자본주의의 최고단계』에서 세계를 3개의 그룹으로 구분했다. 선발 자본주의국가군(서유럽과 북아메리카)과 후발 자본주의국가군(아시아와 아프리카와 남아메리카) 그리고 러시아로 구분했다. 선발 자본주의국가군은 계급간의 모순은 있지만 대부분 제국주의국가들로서 식민지의 착취를 통해 더욱 번영되고 있어, 정치·경제·사회적으로 안정되어 있기 때문에 혁명이 일어날 가능성이 없다고 레닌은 판단했다. 후발 자본주의국가군은 정치·경제·사회적으로 불안정하지만 대부분 국민들의 정치의식과 혁명의식이 없기 때문에 혁명이 일어날 가능성이 없다고 판단했다. 레닌은 이 두 개의 그룹을 '강한 고리'라고 단정하면서 프롤레타리아 혁명과는 무관하다고 생각했다. 마지막으로 러시아는 '약한 고리'로서 혁명에 제일 적합한 국가라고 확신했다. 제정러시아는 봉건적 요소와 자본주의 요소가 중첩되어 있으며, 전통적으로 저항 인텔리겐치아의 활동, 예를 들면 알렉산더 2세의 암살 등이 보여준 것처럼 정치·경제·사회적 불안이 그 어느 나라보다 많이 있어 사회주의 혁명에 제일 적합하다고 레닌은 판단했다.

마지막으로 레닌을 중심으로 소비에트 혁명정부는 맑스의 세계혁명론에 한계점을 인식하면서 러시아 소비에트 사회주의체제의 고착화를 달성하기 위해 1922년 제12차 당대회에서 '일국사회주의론'을 주장했다. 소비에트 혁명정부는 러시아라는 한 나라에서만 사회주의체제를 공고화 한다는 것으로 더 이상 사회주의 혁명을 수출하지 않는다는 것을 의미한다. 이 전략을 통해 혁명정부는 기타 열강들과의 외교관계를 수립하게 되었으며, 소비에트 체제는 공고화될 수 있는 계기를 마련하였다.

1917년 2월 혁명 후 러시아의 마지막 짜르 니콜라이 2세는 하야했다. 그 후 레닌은 망명생활을 했던 스위스 쮸리히에서 제정러시아의 수도인 상트 페테르부르크(당시 이름은 페트로그라드)로 입성했다. 케렌스키 임시내각이 레닌의 체포령을 포고했기 때문에 레닌은 다시금 핀란드로 망명하게 되었다. 이 때 레닌은 혁명을 위한 유명한 '4월 테제'를 선언한다. 4월 테제의 주요골자는 다음과 같은 3개의 강령으로 집약된다. 첫째, '모든 권력은 소비에트로의 이양', 둘째, '모든 땅은 농민으로의 이양', 셋째, '독일과의 무조건적인 평화협정'을 담고 있다. 이는 국내 정치개혁과 토지개혁 그리고 대외정책에서 제1차 세계대전의 종결을 의미했다. 이 선언은 농민과 노동자에게 희망감을 주었을 뿐만 아니라 전쟁에 지친 병사와 그 가족들을 고무시켰다.

이러한 레닌의 혁명이론과 소비에트 체제의 공고화 전략과 국내·외(제1차 세계대전)의 유리한 정세를 통해 10월 혁명은 성공할 수 있었으며, 세계 최초의 사회주의 국가로 출현하게 되었다. 소련의 국기가 보여주는 것처럼 붉은 색은 공산당을 의미하며, '낫과 망치'는 농민과 노동자의 '연대'를 표시하는 데 이것은 새로운 사회주의 사회구성체에서 그들이 주인이며, 노동자·농민 소비에트국가의 건설을 뜻한다. 마지막으로 국기에 그려져 있는 '별'은 지구촌의 적화통일을 거쳐 공산주의 체제로의 이행·승리를 의미한다. 그러므로 레닌의 일국사회주의론은 '2보 전진'을 위한 전략·전술상의 '1보 후퇴'라고 볼 수 있을 것이다.

소비에트 10월 혁명[2)]은 소련이 해체되기 전까지는 '내부로부터'와 '아래로부터' 야기된 프롤레타리아 혁명이라고 주장했었다. 그러나 '2월 혁명'은 아래로부터의 혁명이라는 말은 일리는 있을지 모르겠지만 10월 혁명은 소수 볼쉐비키 세력에 의한 '위로부터'의 혁명이었으며, 내부로부터 야기된 혁명이라는 설도 그 당시 제1차 세계대전의 와중이란 것을 감안하면 '외부로부터' 큰 영향력을 받았다는 데에 이론의 여지가 없다. 최근 러시아학자들도 이와 같은 의견에 동조하고 있다.

과도기적 임시정부를 전복시킨 소비에트 혁명정부는 지구상에 유래를 찾아 볼 수 없는 과감한 '전시공산주의(War-Communism)정책'을 실시했다. 1917년 혁명부터 1921년 3월 '신경제정책'(NEP)의 출범 기간까지를 전시공산주의 시대라고 부르고 있다. 전시라는 부가어는 이 기간 동안 제1차 세계대전, 혁명, 국제 간섭군의 침략, 적군과 백군간의 전쟁이 1921년 2월 말까지 존재했었기 때문이다. 혁명정부는 4월 테제의 강령처럼 독일과의 '브레스트-리토브스크' 평화조약을 체결하면서 제1차 세계대전으로부터 빠져나올 수

2) 10월 혁명의 정확한 날자는 러시아 달력으로는 1917년 10월 25일, 서구 그레고리안 달력으로는 11월 7일이다. 소비에트 혁명정부는 1918년 2월 1일자로 그레고리안 달력을 공식적으로 채택했다.

있었지만 광대한 영토를 독일에게 할애하는 대가를 지불해야만 했다.

레닌을 포함한 볼쉐비키 지도세력은 구체제의 전복에만 힘을 기울였지 혁명을 성공한 후 새로운 사회주의 체제에서 필요로 하는 구체적 정책에는 등한시 했다고 볼 수 있다. 그러므로 대안 없이 실시된 전시공산주의 정책은 구체제를 완전 180도 선회한 정책이었으며, 자본주의 체제를 완전 부정하는 정책이었다. 물론 레닌은 독일의 전시경제학[3]과 경영제도[4]와 제정러시아 때 사용된 관료제(예를 들면, 비밀경찰의 도입)를 도입하면서 그 범위와 방법을 더욱 강화·통제했다.

이 기간 동안 소비에트 혁명정부는 '보이지 않는 손' 대신에 중앙당국의 '보이는 손과 발'로 작동되는 계획경제체제를 준비하면서 생산수단의 사적소유권의 철폐와 시장과 화폐 소멸 정책을 무모하게 실시했다. 생산수단의 국유화와 함께 생산·유통·분배·소비의 경제과정을 중앙계획 당국의 집권적인 자원배분을 통해 자본주의체제에서 나타나는 여러 경제병(실업, 경기불황, 무역적자, 인플레이션 등)을 제거할 수 있다는 것이다. 그러나 이러한 전시공산주의 정책으로 인해 경제주체의 동기를 결여시켰을 뿐만 아니라 전쟁 피해로 인해 경제는 심각할 정도로 악화되었다. 생산의 감소는 물론 사회간접자본과 유통업과 상거래의 마비로 인해 혁명정부는 총체적 위기에 직면한다. 이 기간 동안 식량부족으로 인해 소련 인구의 5분의 1은 아사 상태에 허덕이었으며, 약 1천 만 여명이 사망한 것으로 추정되고 있다.

혁명정부는 총체적 위기를 극복하기 위해 1921년 제10차 당대회에서 '전시공산주의정책'과 상반된 '신경제정책'(NEP)을 공식강령으로 채택한다. NEP의 골자는 대기업, 행정, 무역, 은행·보험, 철도는 중앙계획 당국이 관장하며, 기타 부문에 대해서는 '시장적 요소'를 통해 민간부문에 위임한다는 것이다. 그로 인해 농업과 유통업과 상거래 그리고 중소기업과 제3차 산업은 빠른 속도로 복구된다. NEP는 사회주의체제를 골격으로 하면서 부분적으로 시장적 요소를 도입했으며, 사회주의체제에서 '계획'과 '시장'의 조화를 통한 '제3의 길'의 가능성을 보여준 것으로 후에 계획경제체제에서 개혁의 한 표본으로써 실리적인 역할은 물론 이데올로기적으로도 중요한 역할을 담당했다. 1920년대의 소비에트 사회주의체제에서 두 가지 극단적인 정책, 전시공산주의정책과 신경제정책은 소련 사회주의체

3) 독일은 1871년 통일된 이후 초전박살과 '번개불 전쟁(Blitzschnellkrieg)'전략을 목적으로 전시경제에 필요한 경제체제를 도입하면서 덴마크, 오스트리아, 프랑스와의 전쟁에서 단기간에 승리했다. 이 체제는 시장의 제한, 원자재 확보 및 강제적 배분, 군수물자 조달, 물자비축, 기업의 의사결정권 제한, 무보상으로 재산권의 압류, 언론매체의 통제, 가격의 통제, 사치품의 통제, 배급제 등을 실시했다.

4) 레닌은 여러 번 사회주의 기업은 독일의 '연방우체국(Bundespost)'과 같은 목적과 경영조직의 도입이 필요하다고 역설했다. NEP시대 때 실시된 독립채산제도 독일의 경영부기에서 착안했다.

제의 본질을 이해하는데 도움을 줄 뿐만 아니라 사회주의국가에서의 개혁 논쟁과 방향과 방법을 이해하는데 도움을 준다.

소련5)체제가 어느 정도 안정을 찾은 1925년부터 '공업화 논쟁'과 경제체제의 향방과 방법과 속도에 관한 사회주의체제의 모색 기간을 거친 후, NEP가 공식적으로 폐기된 1928년부터 공권력에 의한 강력한 집단화가 이루어짐과 동시에 공산당 독재에 의한 스탈린식 중앙계획경제체제가 정착되었다. NEP 폐기의 근본원인은 사회주의 이념과 상치된다는 것이다. 볼쉐비키 지도부는 NEPMEN(부농, 중소기업자, 유통상인 등)의 경제력으로 인해 정치적 영향력을 행사할 지도 모른다는 두려움도 한 원인이다. 또한 국가안보를 위해 빠른 속도로 공업화의 필요성도 작용했다.

3.3. 소련 경제체제의 발전과정

이 장에서는 소련 경제체제의 운영방식과 빠른 속도로 발전한 동인을 설명한다.

스탈린식 명령계획경제체제는 <표 3-1>에서 보는 것처럼 생산수단의 사적소유권을 원천적으로 봉쇄하면서 국가소유와 과도기적으로 조합소유(콜호즈와 조합기업)만을 인정했을 뿐이다. 이 체제에서는 중앙계획당국(코만도)을 중심으로 모든 경제활동과 자원배분을 인위적으로 결정한다.

〈표 3-1〉 자본주의와 사회주의체제의 상이점

체 제	경제체제 (이론)	경제체제 (실제)	자원배분	자원배분의 기능매체	생산수단의 소유관계	국제분업
자본주의	완전경쟁 시장경제체제	시장경쟁 체제(독과점, 계획적 요소)	시장 (보이지 않는 손)	시장가격 (상하 조정)	사적소유권 보장	개방경제 체제
사회주의	완전계획 경제체제	계획체제 (불완전 계획, 시장적 요소)	계획 (보이는손)	통제지표, 목표량, 배급량, 계획가격	국가·조합 소유	폐쇄경제 체제

'완전경쟁시장경제체제'의 경우처럼 '완전계획경제체제'도 이론적이나 모델에서만 가능하다. 실제 소련 체제에서도 시장적 요소(예를 들면 개인소택지, 개인재, 콜호즈시장, 고

5) 소련은 소비에트사회주의공화국연방(USSR)의 약자로서 1922년 12월 30일에 러시아소비에트사회주의공화국연방과 우크라이나소비에트사회주의공화국과 벨라루스소비에트공화국과 카프카스소비에트사회주의공화국연방의 형식적인 합병으로 탄생됐다.

물시장, 지하경제 등)가 존재했으며, 여러 가지 이유로 인해 계획의 불완전성(예를 들면 자연재해, 대외무역, 농업, 투자 등)이 존재했다. 그러나 스탈린 시대의 경제체제는 그 어떠한 사회주의 경제체제보다 계획 경제적 요소가 제일 많았다고 보인다.

소련은 NEP 폐기 이후 1928년부터 집단화정책과 제1차 5개년계획을 실시하면서 빠른 속도로 경제발전을 성공시켰다. 계속해서 5개년계획을 실시하면서 중공업 우선정책을 통해 소련은 제2차 세계대전의 승전국이 되었으며 미국과 더불어 단기간에 초강대국의 위치를 차지하게 되었다. 제2차 세계대전 종전 후 소련은 동유럽 국가들을 소련식 사회주의 위성국가로 만드는 데 성공시켰으며, 아시아와 아프리카와 중남미국가들의 사회주의화를 지원하면서 세계 초강대국의 위치를 차지하게 되었다. 또한 소련은 1950년대에 세계 최초로 원자력발전소의 조업, 수소폭탄의 발명, 무인인공위성 '스푸트닉(Sputnik)'발사 성공, 유인우주선, 세계 최대의 짐을 싣는 수송기 개발 등 괄목할 만한 정도로 공업력을 발전시켰다. 그 이외에도 기초과학기술과 문화·체육 분야 등에서 높은 가능성을 발휘했다.

소련 경제체제가 빠른 속도로 발전한 동인은 중앙집권의 코만도식 명령경제체제에 의한 '외연적'(extensive, 양적) 성장전략의 덕택이었다. 외연적 성장전략은 생산량(output)의 극대화를 위해 인적·물적 자원(input)을 무한정 투입하는 전략을 의미한다. 이 성장전략을 수행하기 위해서는 엄격한 통제와 관리를 필요로 하고 있다. 통제지표, 즉 목표생산량과 계획량은 엄격히 수행되어야 하며, 이 통제지표를 달성하지 못할 경우에는 물질적 및 비물질적 제재 조치가 따른다.

소련은 경제발전 과정에서 의도적으로 농업·경공업·제3차 산업보다는 중공업, 그 중에서도 특히 군수산업에 집중적으로 양호한 인적·물적 자원을 최대한 투입시켰다. 그러므로 소련 지도부가 원했던 특정부문에서는 괄목할 만한 성공을 기록할 수 있게 되었다.

소련은 전형적인 영국식 자본주의적 자본축적(농업 → 경공업 → 중공업) 방법을 거부하면서 빠른 속도로 공업화를 이룩하기 위해 프레오브란젠스키가 주장했던 '원시적 사회주의적 자본축적'(중공업 → 경공업 → 농업) 방법을 채택했다. 소련 지도부는 소련과 선발 자본주의국가들간의 엄청난 생산력 격차를 단기간에 극복 및 추월한다는 슬로건을 내걸면서 자본주의 자본축적의 역방법을 이용했다. 해외자본이 원천적으로 봉쇄되었던 소련은 순수 국내 자본축적밖에 대안은 없었다. 공업화 당시 소련의 자본축적의 규모는 상대적으로 미약했다. 그러므로 소련은 공권력에 의한 집단화와 인민들의 '피와 땀'(값싼 노동력 제공과 소비 억제와 적은 주택 공간[6] 등)으로 자본축적(집중과 집적) 과정을 밟아나갔다.

6) 소련은 세계에서 제일 넓은 국토를 가지고 있음에도 불구하고 인민의 주택상황은 형편이 없었다. 소련의 공공건물은 사회주의 리얼리즘에 따라 화려하고 웅대하게 건설했지만 주택은 이데올로기적으

소련의 영토는 세계대륙의 6분의 1을 차지하고 있었으며, 세계에서 영토가 제일 넓은 국가란 것을 감안해 볼 때, 수많은 지하자원과 삼림자원과 수력발전 잠재력 등을 보유하고 있어 원료와 연료의 자체 공급은 물론 수출을 할 수 있었을 뿐만 아니라 동유럽 및 기타 사회주의국가들에게 세계 시장가격보다 저렴한 우호가격으로 판매할 정도로 풍부한 실정이었다. 특히 돈바스탄광과 쿠스바스탄광과 도네츠탄광에서의 석탄과 철강생산 그리고 카스피해 바쿠지역에서의 석유생산은 소련의 공업화에 결정적 역할을 담당했다. 제2차 세계대전 때 독일군의 침공으로 공업을 전략적으로 동부지역으로 이전하면서 서시베리아지역에서 탄전과 유전개발도 큰 역할을 담당했다. 그러므로 소련은 그 어떠한 국가보다 물적 자원이 풍부했었다는 데에는 이론의 여지가 없을 것이다. 또한 소련의 공업입지 전략은 자본주의체제에서의 시장성을 중요시하는 전략과는 달리 '생산지 입지' 전략을 채택하면서 물적 생산량이 빠른 속도로 증가할 수 있게 하였다. 공업화 초기 단계부터 소련 지도부는 '거대한 것의 생각'(think big)으로 인해 세계에서 제일 큰 공장, 예를 들면 수력발전소 등에 힘을 기울였다. 소련은 '규모의 경제'(Economics of Scale)를 이용해 대량생산을 했다. 특히 '동질(homogen)' 상품분야에서는 큰 공장과 탄전을 건설하는 데 애로사항이 상대적으로 적었다. 그러므로 철강과 석탄과 석유 등 산업분야에서 거대한 복합체와 탄전과 유전을 개발할 수 있었다. 그로 인해 소련은 상상을 초월할 정도로 사회주의 독점화가 높았다. 군산복합체는 거의 모든 물건들을 생산할 정도로 그 규모가 크다. 이는 중앙당국이 통제를 용이하게 할 수 있다는 것 이외에도 자급자족과 분업의 거부라는 이데올로기에도 그 원인이 있다.

그뿐 아니라 혁명 전 러시아는 아직 자본주의가 궤도에 오르지 않는 상태였으므로 대부분의 국민은 농업에 종사했다. 그러므로 소련은 농촌지역에서 많은 유휴노동력을 가질 수 있었다. 농민들의 도시로의 이주정책은 농촌과 도시 간의 가격차(농산물 가격 하락 또는 공산물의 가격 상승 등) 정책과 공권력(거주이주 자유의 금지·제한 강제노동과 강제이주 등)을 통해 소비에트 당국은 어렵지 않게 공업화를 위한 노동력을 확보할 수 있었다. 물론 소비에트 정부는 의무교육의 실시를 통해 높은 문맹률을 퇴치하면서 공업 일꾼으로서의 자질을 갖추게 했다. 사회주의체제의 정체성(identity) 확립이라는 명목 하에서 남·여 평등을 주장하면서 여성노동력을 full-time으로 직업전선에 거의 100% 투입시킬 수 있었다.

로 소비재로 간주했기 때문에 보잘 것 없었다. 스탈린 시대 때 공식적으로 정부가 정한 1인당 주택면적 규모는 약 9평방 미터였지만, 실질적으로는 겨우 7평방미터 불과했다. 흐루시쵸프 시대에 와서 1인당 주택면적 규모는 14평방미터로 올라갔지만 주택 부족현상은 해소되지 못했다. 특히 대도시에서 주택부족은 심각했었다. 소련 근로자의 직장 이동의 동인은 더 많은 임금보다는 오히려 좋은 주택을 공급받느냐에 달려있을 정도였다.

러시아는 1914년부터 1921년 초까지 제1차 세계대전과 혁명 그리고 소비에트화 과정에서 발생한 국제간섭군의 침입과 적군과 백군의 전쟁 그리고 흉년과 기아와 전염병 등으로 인해 많은 희생자, 특히 남성노동력의 부족을 경험했었다. 1920년 말부터 시작된 강제 집단화와 스탈린의 대숙청과 제2차 세계대전으로 인해 각각 1천만여명, 6백만여명, 2천5백만여명의 인명 피해를 당했다. 소비에트 정부는 노동력의 보충과 사회주의 이데올로기의 정당성을 위해 '남녀평등'이라는 구호 아래 여성 노동력을 모든 산업부문에서 전적으로 활용했다.[7] 여성의 사회참여를 장려하기 위해 '영웅 여성상'과 '영웅 어머니상'을 제정했으며, 사회주의 리얼리즘을 이용해 여성의 미는 예쁘며 각선미를 가진 여성보다는 튼튼하고 열심히 일하며 아이를 잘 낳는 여성상이란 것을 부각시켰다.

소련은 약 120개 이상의 수수민족으로 이루어진 다민족국가였다. 소비에트 정부는 제정러시아의 소수민족의 박해, 즉 '여러 소수민족의 감옥소'같은 생활을 해방시켰다고 장담하면서, 소련에 거주하는 모든 소수민족의 구성원들은 '소비에트인'이라는 정체성 하에서 새로운 소비에트 국가건설에 동참하게 했다.[8] 물론 소비에트 정부는 필요한 경우에는 물리적 압력(강제이주와 강제노동 등)을 행사했다.

물론 소련 사회 지도층과 일반 시민들의 새로운 사회구성체 건설에 대한 동경과 기대감도 소련 발전에 견인차적 역할을 했다고 볼 수 있다. 많은 지식인들은 자본주의 체제에서 발생하는 여러 문제점을 제거하면서 '더불어 사는 사회' 건설에 힘을 기울였다. 또한 소비에트 정부는 국민들로부터 공감대를 확보하기 위해 물질적 인센티브는 물론이거니와 비물질적 인세티브 정책, 보기를 들면 영웅 노동, 영웅 어머니 등의 상장과 훈장을 수여하면서 소련의 정체성 확보에 노력했다.

소련 과학기술의 발전을 가속화한 동인 중의 하나는 나치즘에 반대하거나 사회주의체제를 지지했던 많은 과학자, 특히 유대인 과학자들이 소련으로의 자발적 이주나 제2차 세계대전 기간과 전쟁 후 중부유럽과 동유럽의 과학자들을 강제적으로 이주시킨 것도 소련 과학발전의 한 원인이 된다.

소련은 외연적 성장을 위한 인적·물적 자원의 제반요건과 강력한 공권력을 행사할 수 있는 당지도부의 덕택으로 빠른 속도로 발전할 수 있었다. 또한 코만도 식 중앙계획경제

7) 소련 여성은 여러 관점에서 고충을 당했다. 1) 남녀평등으로 인해 여성의 노동활동의 참여, 2) 가사노동, 3) 탁아소, 유치원, 국민학교 등의 시설부족과 양육의무, 4) 주택 공간의 부족, 5) 가전제품의 부족과 고장, 6) 생필품의 부족, 7) 상점에서의 줄서기, 8) 높은 알코올 소비로 인한 가정문제 등을 고려할 때 소련에서 이혼율은 상당히 높은 편이었다.

8) 소련의 공식 이데올로기로는 소비에트화였지만 실제적으로 '러시아화'가 주종을 이루었다.

체제의 특징은 일방통행(one-way)적 의사결정으로 인해 '거래비용'(협상, 의견 수렴, 토지 수용 등의 조정비용)이 거의 제로였기 때문에 일사불란하게 의도적으로 경제발전을 가속화할 수 있었다. 특히 스탈린 시대 때는 거의 전시체제적 요소가 많았기 때문에 일사분란한 일방통행적 정책 수행이 가능했었다. 그러므로 스탈린이 원하는 방식과 특정부문에 모든 생산요소를 투입할 수 있었다.

이러한 정책에 힘입어 세계 최초의 사회주의국가였던 소련은 농업국에서 단시간 내에 공업국가로 발전하게 되었다. 발전감에 자신감을 가진 소비에트 지도부(소련의 3대 서기장이었던 흐루시쵸프)는 1960년 초에 1980년대 말쯤에 가서 소련 사회는 '마지막 사회구성체'인 공산주의사회로의 진입과 미국의 생산력을 추월할 수 있다고 호언장담까지 했다. 그러나 소련의 발전전략은 단기적 측면과 전시체제에서는 효율성을 가질지는 몰라도 장기적 관점과 평화 시기에는 많은 문제점을 지니고 있었다. 이 문제점에 대해서는 이 책의 『소련의 경제개혁과 소멸과정』이라는 편에서 상세히 다루어질 것이다.

3.4. 맺음말

19세기는 자본주의체제의 발달로 인해 생산력은 빠른 속도로 증가할 수 있었지만 많은 사회문제가 발생되었다. 이로 인해 유럽의 많은 지식인들은 자본주의체제의 대안으로써 새로운 사회주의 사회구성체를 선호했다. 맑스의 예견과는 달리 유럽국가 중에서 제일 낙후된 러시아에서 세계 최초의 사회주의 국가가 건설되었다. 러시아에서 사회주의 혁명이 성공할 수 있었던 동인은 레닌의 혁명전략과 러시아의 국내문제와 제1차 세계대전이라는 외부적 요인이라는 복합적 요인에 기인된다.

소비에트 혁명지도부는 자본주의체제의 붕괴에만 힘을 기울였지 혁명 후 새로운 사회주의체제에서의 경제전략에 대한 구체적 방안책을 가지고 있지는 않았다. 그러므로 혁명정부는 세계 역사에서 유래를 찾아볼 수 없는 무모한 전시공산주의정책과 신경제정책이라는 시행착오를 경험한다. 소련 지도부는 1920년대 말부터 강력한 집단화와 제1차 5개년경제계획을 통해 명령·지령식 중앙계획경제체제를 공고화한다. 소련은 단기간 내에 양적 성장전략을 통해 농업국가에서 공업국가와 군사강대국으로 탈바꿈하면서 명실 공히 미국과 버금가는 초강대국의 위치를 차지하게 된다.

그러나 소련의 성장전략은 내부적으로 많은 문제점을 잉태하고 있었을 뿐만 아니라 다음 편에서 보는 것처럼 소련과 사회주의 경제체제의 해체를 가속화한 원인을 제공해 주고 있다.

제 4 장

노멘클라투라와 인텔리겐치아 - 집단 정체성의 성립, 존속, 갈등 및 해체 -*

4.1. 머리말

19세기 중엽부터 서유럽에서 자본주의의 발달로 인해 많은 사회적 문제가 야기되자, 많은 지식인 혹은 인텔리겐치아들은 자본주의를 대신하는 새로운 사회구성체에 관심을 가졌다. 시민혁명을 달성하지 못한 후발 자본주의 국가들, 특히 동구라파 국가들과 러시아에서는 더욱더 많은 인텔리겐치아들이 현 체제를 거부하면서 혁명적 싹을 틔우고 있었다. 실제로 19세기 말부터 많은 유럽의 지식인들과 인텔리겐치아 층은 20세기에는 새로운 사회, 즉 사회주의의 이상을 실현하는 사회의 희망감에 가득 찼다. 그러나 20세기말 많은 지식인들은 사회주의의 대실험이 상대적 혹은 잠재적으로 실패로 끝났다는 것을 자인하면서 20세기말과 21세기는 더 이상 이데올로기의 대결장이 아니라 인간의 창의성과 개성이 바탕이 되는 사회임을 강조하고 있는 듯하다. 본고는 이러한 관점에서 왜 그러면 소련 사회주의가 실패했는가의 문제를 관료제의 특징을 이루고 있는 소련의 노멘클라투라의 체제를 분석하면서 이 체제의 성립과 존속 그리고 경제주체 및 그룹 혹은 지역 간의 갈등과 대립을 논하고 소련 사회가 얼마만큼 이론과 실제 면에서 차이가 있었는지를 분석한다. 마지막으로 이 체제의 극복을 위해서 모든 분야에서 국민적 공감대의 형성을 위한 여러 조치와 제도 그리고 의식면에서 지금 진행 되고 있는 경제, 정치, 사회개혁과 관련시켜 보고자 한다.

4.2. 이론적 의미에서 정체성의 성립과 존속

사회주의 옹호자는 자본주의 체제가 생산수단의 사적 소유권의 인정과 경제주체의 경쟁 때문에 많은 사회문제(빈부격차, 실업, 주택문제 등)는 물론 인간의 소외현상을 야기

---

* 이 글은 소련의 정체성 위기, 한국슬라브학회 6차 학술회의, 1991.11.에 발표된 내용임. <한국슬라브학회 편, 『소련과 러시아 -정체성의 위기』 (서울: 민음사, 1992), pp.49-74>에 게재됨.

시키며 또한 상품·화폐관계, 즉 시장 메커니즘을 통해서 경제 문제(경기변동, 인플레이션, 대량실업, 무역적자 등)를 유발시킨다고 주장한다. 이 체제의 근본적 이데올로기는 개인주의에 바탕을 두고 있어, 국민적 정체감을 형성하지 못하고 있으며 개인주의적 에고이즘이 근본을 이루고 있다고 주장한다. 또한 생산력과 생산관계의 모순 혹은 생산과 소비의 모순으로 만성적 경제공황으로 인해 결국 자본주의는 붕괴되고 사회주의 체제로의 이행이 불가피하며, 그 이행의 가속화를 위해 혁명적 당위성을 주장하고 있다.

사회주의 사상은 생산수단의 사적 소유권을 폐지함으로써 공동소유에 기초를 두고 계급이 없는 사회를 이룩하는 것이 그 목적이었다. 즉 인간이 인간을 착취하지 않는 사회, 혹은 인간이 중심이 되는 사회를 건설한다는 것이다. 다시 말해 생산관계에서 생산수단의 사적 소유권을 폐지함으로써 모든 경제주체간의 모순과 이해관계의 갈등, 대립이 없는 정체감을 갖는 사회를 실현시킨다는 목적이다. 자본주의적 모순관계가 경제주체 간에 시장경쟁을 통해 '생산의 무정부성'을 야기시키는 반면, 사회주의체제에서는 시장 대신 계획을 통하여 그러한 모순관계를 제거시키는 것은 물론 정의롭고 올바른 사회를 건설할 수 있다는 것이다.

1848년『공산당 선언』에서 '만국의 노동자여, 단결하라'는 표어에서 보듯이 자본가계급으로부터 노동자의 해방은 세계성과 보편성을 띠고 있었다. 이러한 보편성과 세계성으로 인해 민족문제의 갈등과 대립은 잠정적으로 상대화되었다.[1] 즉 사회주의 체제에서는 계급소멸로 인해 민족문제를 제2차적 문제라고 보아온 것이다.

마르크스는 생산수단의 사적 소유권의 폐지로 인해 국민적 정체성에서 노동자와 농민(도시·농촌관계), 남·여 노동자, 그리고 육체·정신노동자의 갈등과 대립은 소멸되고 모든 계층 간의 조화를 이룩할 수 있다고 보았다. 만약 이렇게 사회주의 사상이 이룩된다면 개인주의적 사상과 에고를 중심으로 형성된 자본주의 사회보다 더욱더 도덕적·철학적으로 사회주의 사상이 우월하다고 볼 수 있다. 그러나 이러한 사회주의의 구호(모든 계급 간에 이해관계의 일치)는 이론적으로는 가능할지 몰라도 너무 추상적이며, 현실사회는 유토피아도 아닐 뿐만 아니라 자원도 한정되어 있으며, 또한 이 구호의 실현화 과정에서의 많은 문제점을 직시하지 못하고 있는 것 같다.[2] 또한 모든 나라와 지역 그리고 개개인들은 생산력의 정도가 상이함에도 불구하고 위에 언급한 추상적 구호는 단지 하나의 희망

1) 오스트리아 마르크스주의자들, 특히 바우어(O. Bauer)는 계급투쟁과 더불어 민족문제를 병행하는 관점에서 사회주의 분석을 시도했다. Leszek Kolakowski, *Die Hauptslsrömung des Marxismus. Entstehung, Zerfall,* 2.Aufl., (München, 1981), pp.275-340. 이러한 역사적 분석에 의해 현재 소련의 민족문제와 해체과정을 이해할 수 있다고 본다.

2) Rudolf Bahro, *Die Alternative. Zur Kritik des real existierenden Sozialismus* (Reinbeck bei Hamburg, 1980), p.261.

사항에 속한다고 본다. 다른 한편으로는 공동체적 정체감이 단지 사적 소유권의 폐지만으로 과연 달성될 수 있다는 확신은 다른 여러 요소들에 의해, 예를 들면 문화적, 역사적 유산(종교, 습관, 전통 등)으로 인해 상대화될 수 있다고 본다. 다시 부언하면 마르크스는 하부구조(생산력과 생산관계)가 상부구조를 규정한다고 주장하지만 막스 베버는 상부구조가 하부구조를 규정한다고 볼 때 공동체적 정체감은 경제주체간의 갈등으로 인해 쇠약 가능성을 잉태하고 있다고 본다.3)

마르크스주의는 자본주의에서 사회주의로의 이행이 자본주의 사회가 성숙될 때, 즉 피지배자인 노동자의 수가 많을 때 더욱 효과적이라고 보았다. 러시아 사회는 유럽에서 후진국으로 오랫동안 전제주의 체제와 시민혁명의 부재로 민주주의적 전통은 상당히 미약한 수준이었다. 그러나 철도교통의 발달 등 부분적 공업화의 덕택으로 인해 섬 중심의 공업지대를 보유하고 있었지만은 러시아 사회는 전반적으로 혁명 전후 아직 성숙된 자본주의 사회가 아님으로 사회주의로의 이행 혹은 혁명에 관한 속도 면에서 러시아 인텔리겐치아층간의 대립(멘쉐비키와 볼쉐비키의 대립)이 첨예하게 나타났다. 물론 19세기말과 20세기초 많은 서구 지식인과 동구라파와 러시아 인텔리겐치아들이 이론적으로 자본주의에서 사회주의로의 이행에 관해 상당한 학문적 축적이 있었다는 것을 부인하지 않는다.

그러나 러시아 10월 혁명의 주도세력은 곧 볼쉐비키 주도하로 넘어가게 되었다. 레닌은 그의 저서 『무엇을 해야 할 것인가?』에서 자본주의가 성숙한 나라에서 혁명세력인 노동자는 혁명 대신에 단지 '노동조합 적 의식'으로 변한다는 것을 간파했다. 또한 그의 저서 『제국주의는 자본주의의 최고단계』에서 선발자본주의 국가와 식민지 국가에서 혁명은 기대할 수 없고 단지 혁명이 가능한 나라는 러시아라고 강조하고 있다. 왜냐하면 선발자본주의 국가와 식민지 국가는 사회적으로 그들 나름대로 안정되고 있으나 러시아 사회는 '2중 구조'의 속성으로 인해 사회적 불안요소가 가장 많이 존재하므로 혁명에 가장 적합한 나라라고 보고 있기 때문이다. 레닌의 혁명이론은 러시아 혁명을 달성하기 위해 단지 혁명에만 종사하는 '직업혁명가'의 필요성을 강조하고 있다. 이러한 관점에서 직업혁명가는 혁명 후 그들의 권익을 보호하기 위한 노멘클라투라 체제의 효시라고 볼 수 있다.

10월 혁명의 성공 이후 레닌이 정권을 장악하면서 그의 '4월 테제'인 '모든 권력은 소비에트에게로', '땅은 농민에게로'의 정책을 수행하면서 마르크스주의에 입각한 집단적 정체성을 위한 정책을 전개했다. 그러나 이러한 프롤레타리아 독재론은 내란과 국제적 간섭의 증대와 러시아 사회의 문맹률과 압도적 농민의 수로 인한 어려움에 봉착하게 되었다. 이러한 문제를 극복하기 위해 '민주집중제'에 입각한 공산당 중심의 체제를 구축하면서

3) Max Weber, *Wirtschaft und Gesellschaft,* 5. Aufl. (Köln und Berlin, 1972), p.89.

소련 관료제는 출발했다

'전시공산주의 체제(1917-1921)' 때 생산수단의 사적 소유권을 폐지는 하였지만 사회화라기보다는 국유화 조치로 인해 국가와 인민들 간의 잠정적 갈등 및 대립을 잉태하고 있었다. 레닌은 사회주의 체제를 공고히 하기 위해 이 사회 두 계층의 '연대'(도시 · 농촌 관계)를 NEP 출발 이후 더욱 강조하면서 그들 간의 정체감 혹은 조화관계를 노력했다. 그러나 레닌은 계층의 우선순위를 노동자, 농촌노동자, 농민이라고 주장했다.

소련 체제는 생산수단의 사적 소유권의 폐지로 계급소멸이라는 보편적 원칙 아래 다수 민족으로 화합할 명분이 있었고 실제적으로 소연방을 성공적으로 이룩했으며, NEP로 안정된 후 1924년 당대회에서 일국 사회주의 이론을 채택함으로써 잠재적 이데올로기 수출을 제한했다. 소련개혁과정에서 계급 및 계층의 인정으로 민족문제가 발생하는 것은 당연한 귀결이라고 본다. 왜냐하면 이론적인 구심력의 상실로 인해 이데올로기보다는 당연히 민족 혹은 지역적 에고가 존재하기 때문이다.

노멘클라투라 체제는 레닌에 의해 '자연발생적' 조직체(혈연, 지연, 상품 · 화폐관계, 도덕 등)을 폐지하고 '목적 지향적' 조직체(군대, 행정, 당, 대기업 등)로 대신하면서 모든 사회의 관료화를 구축했다. 레닌은 '총체사회는 단일적으로 사무소화해야 하며 또한 공장화'해야 된다고 말하고 있다.[4)]

전통적 노멘클라투라 체제는 스탈린의 NEP 폐기 이후 강력한 공업화정책과 농업의 집단화정책으로 고착화되었다.

노멘클라투라의 어원은 원래는 학술용어 혹은 전문단어 수록집 또는 상품목록 혹은 경제계획의 과정에서 통일된 방식에 관한 목록표, 예를 들면 생산 또는 업적 노멘클라투라로 표시된다. 다른 한편으로는 인사장부에서 기원한 것인데 소련 관료제의 인사정책에서 당, 국가, 사회의 주요 자리에 관한 목록표를 뜻한다. 이 노멘클라투라는 소련의 모든 주요한 기능과 인사를 파악하며 행정적 측면에서 정리하고 있다. 인사정책의 기본원칙은 레닌의 민주집중제에 의해서 계층적으로 이루어지고 있으며 임명, 해직, 전보발령은 상부 인사기관에 의해서 행해진다. 이것은 형식적으로 선거의 형태를 띠면서 각각의 인사부에 의해서 행해진다.

1975년 소련에서 발간된 『행정적 경영지도』의 교과서에 의하면 "권한이 있는 소속관청에 따라 문서파악을 위한 여러 계획들은 특별 분류표에 의거하여, 즉 문서의 노멘클라투라에 의해 확정된다… 노멘클라투라 안에서 문서의 표시는 총괄적 문서와 문제의 중요성에 따라 일정의 우선순위로 결정된다."[5)] 이러한 주장은 사회주의 체제에서는 상품과 서비스의

4) I. W. Lenin, *Staat und Revolution* (Berlin, 1932), p.85.

생산·분배계획에 의해 이루어지는 것처럼 노동계획의 일환으로서 사회엘리트 전반의 인사정책은 이론적으로 합리적 계획에 의거하여 이루어지는 것이라고 볼 수 있다.

그러나 이러한 결정은 공정한 규칙에 의거하여 인사정책이 이루어지는 것이 아니라 자의적 혹은 비자의적으로 인사정책에 많은 왜곡현상을 유발시켰다. 사회주의의 근본적 이데올로기는 계급소멸임에도 불구하고 이러한 왜곡현상으로 노멘클라투라는 사회주의에서 '새로운 계급'[6], 즉 특권층으로서 모든 권력과 이권을 가지게 되었다.

이론적 의미에서 계급소멸에 의한 집단 정체감의 성립으로 경제주체간의 갈등·대립의 제거는 다른 말로 표현하면 사회주의에서는 사회학[7]의 소멸을 의미한다. 고르바쵸프 등장 이후 사회학의 재복권은 사회계층간의 갈등과 대립이 소련 사회에서도 존재한다는 것을 의미한다.

이 글에서 인텔리겐치아의 문제는 혁명 전후에 러시아의 인텔리겐치아에 대한 문제가 아니라 혁명 후 소련체제에 동화 및 순응한 계층분석에 초점을 맞추려고 한다. 물론 반체제인사(refusenik)도 인텔리겐치아의 범주에 속하지만 이는 다른 기회를 통하여 소개하고자 한다.

4.3. 실제적 의미에서 정체성의 갈등과 해체

사회주의의 집단 정체성은 이론적 의미에서 달성될 수 있는지는 몰라도 소련 사회의 변천과정에서 상당한 정체성 문제에 직면하고 있었다. 먼저 제정러시아 및 소련 역사의 관점에서 역사적 정통성에 입각한 소련 사회의 정체성의 실제적 변천과정과 그의 갈등과 대립 그리고 해체과정을 논한다. 또한 소련의 사회·경제주체간의 이해관계의 갈등과 대립을 경제적 측면과 사회학적 관점에서 계층분석을 시도한다. 이러한 사회·경제주체 간의 갈등과 대립이 페레스트로이카 과정에서 어떻게 첨예하게 나타났는지에 대한 문제를 분석한다.

한편으로는 제정러시아 시대의 러시아 사회의 후진성과 전제주의 적 통치방법을 가진 테크노크라트들은 혁명 후 특히 NEP 시기에 다시금 등용되어 짜르 시대의 전통을 계속 답습하였으며, 다른 한편으로는 레닌의 말처럼 "신뢰도 좋지만 신뢰보다 더욱 좋은 것은

5) *Administrativnoe deloproizvodstvo.* Učbnoe posobie dlja vuzov, Moskva, 1975, pp.121-123 재인용. Michael Ď, Voslensky, *Nomenklatura. Die herrschende Klasse der Sowjetunion,* 3. Aufl. (Wien, München, Zürich und Innsbruck, 1985), pp.14-15

6) Djilas Milovan, *Die neue Klasse. eine Analyse des kommunistischen Systems* (München, 1963). 사회주의 체제에 '새로운 계급'에 대한 문제점 제기로 유고슬라비아 공산주의체제에서 옥살이를 했던 질라스에 의해 최초로 제기되었다.

7) 사회학을 사회계층간의 대립·갈등·조정에 관한 학문이라고 정의하면 사회주의에서는 계층론에 관한 사회학은 존재하지 않는다고 볼 수 있었다.

통제"라는 것은 단지 공산당을 중심으로 하는 중앙집권적·계층적 관료체계를 형성함으로써 '밑으로부터의 통제'의 기능은 무시되었다.[8] 물론 NEP 시기에도 어느 정도 생산자와 소비자의 이해관계에 대한 정체감은 존속했지만 NEP 폐기 이후 급속히 초 중앙집권적으로 관료제가 팽창했으며 또한 일상적 경제생활의 관료화를 추진했다.

스탈린에 의해 공고히 된 노멘클라투라 체제는 이 체제의 순응을 거부하는 자를 물리적 압력에 의해 포로수용소에서 강제노동을 강요했으며, 이러한 강제노동[9]은 상징 조작적 기능을 가지며 모든 경제주체는 당 중심의 사고영역에서 형식적으로 집단 정체감에 귀속시킬지는 몰라도 경제주체의 잠재적 저항능력은 항상 잉태해 있었다. 다른 한편으로는 이 체제에 순응하기 위해 스탈린시대에, <표 4-1>에 보는 것처럼 상당한 속도로 공산당 당원의 수는 증가했다.

〈표 4-1〉 1928-1941년 소련 공산당 당원 수

연 도	정 회 원	후보의원	총
1928	914	392	1,304
1929	1,091	445	1,535
1930	1,185	493	1,678
1931	1,369	843	2,212
1932	1,770	1,347	3,117
1933	2,204	1,351	3,555
1934	1,827	874	2,701
1935	1,659	700	2,359
1936	1,490	587	2,077
1937	1,454	528	1,982
1938	1,406	514	1,920
1939	1,514	793	2,307
1940	1,983	1,417	3,400
1941	2,490	1,382	3,872

주: 단위 1,000명.
출처: S. G. Wheatcroft "Towards Thorough Analysis of soviet Forced Labour Statistics," *Soviet Studies*, Vol.35, No.2, p.227

8) 레닌은 혁명 초기에 400년간의 러시아의 관료제를 타파하려고 했지만 NEP시기를 중심으로 짜르시대의 관료를 재등용했는데, 보건성 60.9%, 농업성 58.8%, 법무성 54.4%, 내무성 46.2%를 차지하게 되었다. Witali Tretjakow, "Bürokratismus", *Sowjetunion Heute*, 3. Jg., Nr.11, 1988, p.38

9) 스탈린시대에 강제노동에 참여한 수는 다음과 같다.

1927년 - 140,000명　　1936년 - 6,500,000명
1930년 - 1,500,000명　　1938년 - 11,500,000명
1932년 - 2,500,000명　　1941년 - 13,500,000명

출처: Steven Rosefilede, "An Assessment of the Sources and Uses of Gulag Force Labour 1929-1956", *Soviet Studies*, Vol. 33, No.1, 1981, p.58.

당의 팽창뿐만 아니라 중앙집권적으로 국가기관 조직의 수가 증가하면서 관료제가 확산됐다. 1936년 18개의 '인민위원회 장관직'이 1935년에는 35개, 1940년에는 40개로 팽창했다. 이러한 관점에서 볼 때 소련의 행정체제는 레닌의 의한 '민주집중제'가 아니라 '관료적 집중제'로 변모되면서 일당중심제의 노멘클라투라 체제가 확립했다.

스탈린 사후 흐루시쵸프에 의한 일시적 분권화정책을 실시한 후에도 끊임없이 소련체제 국가기관의 팽창은 계속됐다. 즉 1957년에는 장관직이 57개, 1974년에는 60개, 1977년에는 80개, 심지어 페레스트로이카 정책을 실시한 시기인 1987년에도 100개 이상으로 늘어났다. 국가행정기구에 종사하는 공무원의 수는 1988년을 기준으로 볼 때 1,800만 명이며 그들의 가족을 포함하면 거의 6,000만 명으로 추산된다.[10)]

그러나 모든 공무원들이 노멘클라투라의 특권층을 이루는 것은 아니다. 최고위 노멘클라투라의 수는 서방측 자료에 의하면 대략 25만 여명과 그들의 가족을 포함하여 100만 여명으로 추산된다. 노멘클라투라의 구조는 약 9만 5,000명의 당간부, 6만 명의 국가, 콤소몰, 노동조합의 행정요원, 3만 명의 경찰, KGB, 군부, 외교관, 2만 2,000명의 기업경영인, 그리고 특권을 갖고 있는 학술원회원, 연구자와 예술인을 이루고 있는 4만 3,000명의 인텔리겐치아로 구성된다고 한다(상세한 구조는 <표 4-2> 참조 바람).

〈표 4-2〉 소련 노멘클라투라의 수와 구조

당간부	95,000명	38%
국가, 콤소몰, 노동조합간부	60,000명	24%
인텔리겐치아	43,000명	17%
- 학술원회원, 연구소, 대학 등의 소장	10,000명	
- 병원장	10,000명	
- 법조계 인사	2,000명	
- 편집위원 및 고위기자당	17,000명	
- 작가동맹회원 및 예술인	4,000명	
기업경연인	22,000명	9%
- 산업부문	8,000명	
- 건설부문	2,000명	
- 운송·통신부문	2,000명	
- 유통·상업부문	5,000명	
- 농업부문(집단·국영농장장)	5,000명	
국방, 경찰, KGB, 외교관	30,000명	12%
총	250,000명	100%

출처: Mervyn, Matthews "Top Incomes in the USSR: Towards Definition of the Soviet Elite", *Survey, A Journal of East & West Studies,* Vol.21. No.3, 1975, p.13.

10) Witali Tretjakow, "Bürokratismus", *Sowjetunion Heute*, 33. Jg., Nr.11, 1988, p.39

벨기에 정치경제학자 만델은 정치권력과 경제행정을 독점하고 있는 소련의 노멘클라투라의 수를 대략 40만 여명으로 추산하고 있으며 그들의 가족을 포함하면 약 160만 여명으로 집계된다.[11)]

독일 정치학자 마이스너는 최고위 관료층을 대략 40만 명으로 추산하고 있으며 그들의 절반은 당 관료에 해당된다고 한다. 이들 외에 고위 행정요원으로서 약 30만 명이 더 존재한다고 추정하고 있다.[12)] 그들의 가족을 포함하면 노멘클라투라의 수는 약 280만 명으로 추산된다.

소련의 물적 순생산의 80% 이상을 차지하는 국가경제 부문은 행정독점을 장악한 관료층 수준에 속해 있다. 이는 근본적으로 특권층, 즉 노멘클라투라에 정치권력은 물론 경제권력에 귀속되고 있다는 것을 의미한다. 이러한 노멘클라투라의 체계는 소련 공산당에 의해서 결정되고 있으므로 노동자와 농민은 정치 행정에 관한 의사결정 과정에서 제외되고 있다. 그러므로 노동자와 농민이 주류를 이루고 있는 소련 대중의 이해관계와 상당히 배치되고 있다. 노멘클라투라 층은, 형식적으로 생산수단의 사적 소유권은 폐지됐지만 정치·행정 독점을 근거로 소련 사회의 사회적 잉여가치를 그들의 의사결정에 의해서 그들 자신의 물질적 특혜를 위해 사용되고 있다. 그러므로 대부분의 노멘클라투라 층은 그들의 이익과 특권을 위해서 기존 체제를 당연히 고수하고 있으며, 개혁에 저항적인 이해과계와 일치하고 있다.[13)]

노멘클라투라 층은 분명히 자본주의 체제에서처럼 생산수단과 땅의 사적소유권은 갖고 있지 않지만 그들은 국가소유의 생산수단과 땅을 사용하는 물질적 특권을 향유하고 있다.[14)] 노멘클라투라 층의 봉급은 평균봉급의 4배 혹은 5배나 되며 그와 더불어 수많은 혜택을 받고 있다. 특별상점, 휴가 및 휴양지의 콘도, 특별병원에서 1인 침대실, 그들 자녀의 엘리트학교 진학, 양호한 주택, 해외여행을 위한 특별허가증 등의 혜택을 누리고 있다. 명성 있는 학자, 작가 그리고 예술가도 정상월급의 5배 이상을 받고 있으며 보이지 않는 보수, 즉 위에 언급한 특권을 향유하고 있다. 브레쥬네프 시대에 평균 노동자와 사무인은 매월 140루블인 반면에 기업경영인은 매월 400루블; 장관은 700루블; 공화국 혹

11) Ernest Mandel, *Das Gorbatschow Experiment, Ziel + Widersprüche* (aus dem Französischen), (Frankfurt am Main, 1989), p.64

12) Boris Meissner, "Die besonderen Wesenszüge der sowjetischen Bürokratie und die Wandlungsmöglichkeiten des Einparteiensystems", hrsg. von Boris Meissner, Georg Brunner und Richard Löwenthal, *Einparteiensystem und bürokratische Herrschaft* (Köln, 1978), p.91.

13) 노멘클라투라에 대한 최근의 상세한 연구는 다음의 책을 참조 바람. Michael D. Voslensky, *Sterbliche Götter. Die Lehrmeister der Nomenklatura* (Erlangen, Bonn und Wien, 1989).

14) Issac Deuscher, *Die unvollendete Revolution 1917-1967* (aus dem Englischen), (Frankfurt am Main, 1967), p.67

은 주(Oblast') 비서국 600루블, 유명한 예술인, 과학자는 1,000루블 이상을 받고 있었다.[15] 임금과 봉급의 격차가 서구국가들보다는 적지만 스칸디나비아국가들보다는 큰데 소련에서는 서구처럼 강한 누진세가 적용되고 있지 않기 때문이다.

소련의 경제·사회체제는 화폐 경제체제의 중요성을 부인하면서 원칙적으로 실물 경제체제를 고수해 왔다. 그리고 여러 번의 경제개혁 과정에서 화폐의 중요성을 인정하였지만 소련에서 화폐는 항상 실물 계획경제의 보조적 역할밖에 못하고 있다. 이러한 점을 감안하면 노멘클라투라의 봉급은 (화폐) 보수체계에서 그들의 특혜는 당연히 빙산의 일각이라고 볼 수 있다. 즉 그들은 봉급과는 별도로 수많은 특혜를 향유하고 있다. 예를 들면 최고 특권층의 예산과 당중앙위원회가 경영하는 특별상점이 있다. 이곳에서 그들이 원하는 상품과 심지어는 서구상품까지도 구입할 수 있다. 보건성 특별 4과는 노멘클라투라와 그들의 가족을 위한 특별병원과 약품 그리고 유능한 의사가 있는 '크렘린 병원'을 운용하고 있었다. 또한 모스크바로부터 20킬로미터 떨어져 있는 노멘클라투라의 휴양소, 슈코프카 지역과 흑해와 크림반도의 별장지역은 외부로부터 차단되어 있으며 이곳에서는 노멘클라투라를 위한 모든 시설이 완비되어 있었다고 한다.[16]

이러한 체제는 스탈린이 고위 당간부와 그의 가족들을 위해 은밀하게 제도화한 추가 보상체계는 봉급뿐만 아니라 기타 혜택 등을 포함하고 있다. 사용자는 그것에 대해서 말할 수가 없었다. 확실히 이러한 지급은 공평하지 못하지만 정부는 전쟁 동안 '특별조처'로 도입하였고 그 후 계속 사용됐다. 1956년 흐루시쵸프는 이 제도를 폐지하였다. 그는 곧 고위층을 위해 가격이 저렴하거나 혹은 무료로 주문할 수 있는 '특별상점'을 도입하였다. 이 특혜는 점진적으로 상승해 왔다.[17]

노멘클라투라 층은 위에 언급한 특권뿐만 아니라 상당한 부분에서 <제2경제>에 관여한 것으로 나타나고 있다. 아제르바이잔 소비에트 공화국에서 노멘클라투라에 대한 관직매매에 대해 보슬렌스키는 다음과 같이 기술하고 있다.[18] 라이온 지역 검사는 1969년을 기준으로 대략 3만 루블; 집단농장장은 대략 5만 루블; 국영농장장 약 8만 루블; 공산당

15) Nils M. Udgaard, *Der ratlose Riese. Alltag in der Sowjetunion* (aus dem norwegischen), (Hamburg, 1979), p.121

16) Mervyn Mattews, "Top Incomes of the USSR: Towards a Definition of the Soviet Elite", *A Journal of East & West Studies,* Vol.21, No.3, 1975, pp.14-19

17) Ernest Mandel, "*Das gorbatschow Experiment,* ... op. cit., p.64.

18) Michael D. Voslensky, "Sowjetunion: Die korrupte Nomenklatura", hrsg von Christian Fleck etc., *Zur Soziologie nicht immer abweichendes Verhaltens Korruption* (Königstein/Ts., 1985), pp.160-163.

라이온 지역위원회 제1서기장은 20만 루블; 그리고 제2서기장은 10만 루블; 연극장은 약 1만-3만 루블; 연구소의 장은 4만 루블; 학술원회원은 5만 루블; 상공부장관은 25만 루블로 판매되고 있다고 한다. 이러한 가격은 비밀로 시장가격에 의해 이루어지고 있으며 이러한 금액을 지불해서 노멘클라투라 층에 올라간 자는 분명히 그가 지불한 뇌물을 그의 임기 동안 충분히 자본회수(return of investment)가 가능하다는 것을 의미한다. 노멘클라투라는 거의 '마피아'조직과 같은 체제를 갖추고 있다. 재미있는 사실은 과연 그러한 뇌물을 줄 수 있는 자는 과연 어떠한 사람들일까 하는 문제이다. 그들 역시 하위층에서 뇌물을 받거나 혹은 국가사회재산을 횡령한 것임에는 틀림없을 것이다.

소련 시민은 언론에 보도되지 않는 노멘클라투라 제도를 인지하고 있었다. 일부 지식인은 풍자적으로 비판하고 있지만 대부분 시민들은 이러한 제도를 자연적 현상으로 승복하고 있다. 이러한 사고는 제정러시아 이래 과거로부터 이어 온 전통에 유래하고 있다.

다른 한편으로는 바로(Bahro)가 철학적 관점에서 현존하는 사회주의 체제를 비판하면서 사회주의 체제 내부에서도 교육·학문과 노동기능의 속성에 따라 사회계층을 이루고 있는 것을 거부할 수 없다고 주장한바 있다. 그는 그러한 속성을 구체적으로 제시하고 있다. (<표 4-3> 참조).

〈표 4-3〉 현존하는 사회주의의 사회계층(노동기능의 계층제)

<table>
<tr><th>사회의 전체노동자의 기능수준</th><th>자연의 신진대사
(재생산과정의 기술적 측면)</th><th>인간적 협동에 관한 조직
(재생산과정의 사회적 측면)</th></tr>
<tr><td>5. 자연적 및 사회적 총체의 분석과 종합</td><td colspan="2">발전목표와 방법의 선택, 주어진 사회적 여건 속에서 인간적 욕망에 관한 가치판단에 근거한 활동의 환기</td></tr>
<tr><td>4. 창조적인 학문적 전문 노동</td><td>자연에 대한 기술력의 확대를 위한 자연과정의 연구</td><td>사회적 협동의 규정과 조정의 구조적 변화의 대응책을 위한 사회과정에 관한 연구</td></tr>
<tr><td>3. 재생산적인 학문적 전문노동</td><td>기술적으로 습득가능한 자연력과 자연과정의 조정과 규정</td><td>인간적 기초교육과 사회적 협동의 조정과 규정</td></tr>
<tr><td>2. 복잡한 경험적 전문노동</td><td>(각각의 노동과정에서 법칙 혹은 책임적 조정의 성찰 안에서) 자연물질의 변형, 자연과정의 감독</td><td>정보의 전달과 변형</td></tr>
<tr><td rowspan="2">1. 단순 도시적 부분 및 보조 노동</td><td colspan="2">잘 훈련된 자연력으로서 물리학적 (정신물리학적) 인간의 에너지로의 연결</td></tr>
<tr><td>생산, 수송, 물질적 서비스과정</td><td>행정, 회계, 정보처리, 연락조직</td></tr>
</table>

해당되는 의식구조:

1. 단순 공동체의 종합적(무차별적으로 기능을 포함하는 생활활동을 형성하면서 일반적인 재생산과정에서 축소된 근본적 업무를 수행하는 각기 상이한 영역 안에서 고립된 보조기능을 위한 개별적 경험지식
2. 생산과 행정영역에서 체계적, 작업 특징적, 일반적인 경험지식

3. 기술, 경제, 의학, 교육, 경영에서 개별적 응용 학문
4. 추상적, 체계적 법칙의 능동적 구조로써 자연과 사회의 개별 학문
5. 폐쇄된 이데올로기와 인간 심성의 동기부여를 형성하는 철학, 예술, 정치 전략

출처: Rudolf Bahro, *Die Alternative. Zur Kritik des real existierenden Sozialismus* (Hamburg, 1980, p.136.)

일반시민의 노멘클라투라 제도의 잠정적 저항은 고르바쵸프 이후 글라스노스트 덕택으로 이 제도의 비밀이 폭로되면서 체제위기를 야기시켰다. 옐친은 이러한 노멘클라투라 체제의 비판을 통해 국민들로부터 더욱더 신임이 올라가는 계기를 마련했다.[19]

노멘클라투라 층은 소련 지도층이 서구의 지도층보다 경제적으로 나쁠 수가 있느냐고 주장한다. 그러나 이러한 주장은 사회주의의 이데올로기 분배정의와 배치되면서 사회적 위화감을 조장시킴은 물론 국민적 정체감 형성과는 거리가 너무 먼 것 같다.

노멘클라투라와 관 주도의 인텔리겐치아의 대부분은 확실히 소련 사회주의 체제 옹호자였다. 노동자와 농민이 이 체제를 거부하면서 국민적 정체감은 상실되고, 소련 사회의 위기가 가시화되면서 총체적 위기에 직면했다. 이러한 관점에서 행태학적 분석방법으로써 <DIM-Model>[20]에서 나타난 것처럼 노멘클라투라와 일반시민 간의 경제활동에서, 특히 의사결정과 정보, 그리고 동기여부가 상이하게 나타났다. 소련의 계획경제 체제는 이론적으로 중앙계획 당국이 의사결정과 정보를 독점하고 있지만 실제적으로는 정보망의 독점은 일반노동자와 농민이 주축을 이루고 있는 기업과 집단농장이 장악한 것으로 나타났다. 기업과 집단농장은 이러한 체제에서 가능한 한 모든 생산수단을 보유하려고 하며 또한 중앙계획 당국이 지정하는 목표량을 가능한 한 적게 받으려고 상부로의 정확한 정보 보고에 관심을 두고 있지 않았다. 이러한 왜곡된 정보 조건 아래 중앙계획 당국은 경제활동에 관한 의사결정을 하고 있었으므로 만성적 경제병에 허덕이는 것은 당연한 귀결이었다. 소련체제의 근본적 이데올로기는 소득의 '균등화'를 위해 모든 노동자와 농민은 가능한 한 임금을 균등화함으로써 노동사기를 저하하고 있으며, 인간의 합리적 사고와 함께 사회주의 국민들도 '힘든 일 기피현상' 혹은 '노동의 아픔 제거현상' 혹은 부업, 제2경제에 관심을 가지면서 경제는 더욱 악화되어 나갔다. 물론 일반 대중 중에서 계획달성을 통해 보너스 혹은 노멘클라투라 계층으로 올라갈 기회가 완전히 배제된 것은 아니지만 기회균등

---

19) Boris Jelzin, *Aufzeichnungen eines Unbequemen* (München, 1990), p.162.

20) DIM-Model은 Decision, Information, Motivation의 약자로서 의사결정, 정보, 동기여부에 따라 각 경제주체간의 이해관계의 대립 혹은 정체감의 형성을 분석할 수 있다. 이 분석은 체제 초월적 공통분모와 체제 내재적 상이점이 있다고 주장한다. 이 분석의 첫 번째 시도는 다음의 논문을 참고 바람. Egon Neberger and W. Duffy, *Comparative Economic System* (Boston, 1976).

면에서 상대적으로 제약되어 있었다.

노멘클라투라 계층은 더욱더 현상유지 정책의 관심과 보수적 성향을 가짐으로써 경제·사회의 역동성에 적절히 대응하지 못하고 새로운 기술 혹은 과학혁명, 통신·정보혁명에 동참하지 못하게 되어 소련 경제를 피폐화되는데 일익을 담당했다. 물론 노멘클라투라 계층에서도 소련 경제위기에 대처하기위해 새로운 개혁에 관심을 가졌었고 여러 번의 경제개혁(흐루시쵸프 개혁, 코시긴 개혁, 브레쥬네프 개혁 그리고 안드로포프 개혁 등)을 시행했지만 그들의 개혁은 단지 반쪽의 기능밖에 못하였으며, 소련 사회의 구조적 혹은 체제적 모순을 제거하기에는 역부족인 것으로 나타났다. 이러한 역부족으로 노멘클라투라의 개혁세력의 의지는 거의 소수에 불과한 사실로 판명되었다. 다른 한편으로는 노멘클라투라 계층에서도 소련 사회의 '시장적 요소 (market elements, relations, factors)'를 제거하면서 더욱 성숙된 사회주의 혹은 더욱 완전한 계획체제를 위한 여러 조처들이 실시되었지만 그들 계층들도 소수로 판명되면서 큰 성공을 못했다.

조직행태학적 관점에서 허쉬만(A. Hirschman)의 분석에 의하면 모든 조직 혹은 체제에서 사회구성원은 3가지 형태로 나타난다고 한다.[21)]

첫 번째, '충성 혹은 지지 (loyalty)'의 성향을 지니고 있는 사회구성원은 그 체제에 만족을 하고 있으며, 그 체제의 존속과 발전이 그들 자신의 이익과 결부된다는 것이다. 물론 이러한 성향을 갖고 있는 소련 사회구성원은 당연히 노멘클라투라 계층이라고 볼 수 있다.

두 번째, '도피(exit)' 성향을 지니고 있는 사회 구성원은 체제를 비판하는 소련의 반체제인사 혹은 망명인사를 의미하지만 소련 사회에서는 상대적으로 이러한 인사는 적은 숫자라고 생각된다. 왜냐하면 소련 사회는 강력한 물리적 기관들이 이러한 인사들을 제한하는 여러 조처들을 갖고 있었기 때문이다. 그러나 소련 사회의 여러 조직기관 혹은 기업에서 사회구성원은 '도피 성향보다 약한 혹은 중앙당국이 묵인하는 '온건 도피(soft exit)' 성향이 상당히 많이 존재했었다. 예를 들면 사회주의 경제주체들의 잦은 결근, 혹은 지각, 그리고 공식체제에서는 대충 일하면서 비공식 경제, 즉 넓은 의미의 제2경제에서 열심히 종사하는 사회구성원이 상당히 많이 존재했다. 이러한 성향은 사회주의의 체제 고유적 병리현상이라고 볼 수 있는 상품부족현상에 대한 자구행위일 뿐만 아니라, 계획과 시

---

21) Albert Hirschman, *Exit, Voice and Loyalty: Responses to Declines in Firms, Organization and States* (Cambridge Mass. and London, 1970). 이러한 조직행태학적 관점에서 소련 사회의 구성원간의 갈등과 대립을 분석한 방법은 다음의 논문을 참고 바람. Jong-Man Han, "Inflation in sozialistischen Planwirtschaften, insb. Typ der sowjetischen Zentralverwaltungswirtschaft," hrsg. von Edwin Böventer und Peter Kuhbier, *Volkswirtschaftliche Forschung und Entwicklung,* Bd.61, (München, 1990), pp.133-136.

장적 요소들이 병존하면서 노멘클라투라 체제를 유지하기 위해 사회구성원들에게 어느 정도의 '숨 쉴 구멍'들을 만들어주면서 일반국민의 노멘클라투라 체제의 저항을 무마하기 위한 정책이라고 볼 수 있다. 소련 경제·사회는 국민경제적 차원에서, 즉 이론적으로는 거시경제적 분석이 큰 역할을 담당하고 있지만, 경제주체의 이러한 '온건도피' 성향으로 인해 실제적으로는 경제주체간의 대립과 갈등으로 미시경제적 분석도 중요했다.

셋째로, '비판 (voice)'성향도 소련사회에서 상대적으로 제약되어 있다. 왜냐하면 언론 및 여론의 자유가 통제되어 있어 체계적으로 소련체제를 비판하는 것은 금지되어 있지만 부분적으로 부드러운 방법으로 체제·제도를 비판 혹은 불평·불만하는 '온건 비판(soft voice)'성향을 가진 사람들은 상당히 많이 존재했었다. 예를 들면 소련의 매스미디어에서 '독자란'의 기고의 상당한 분량이 이를 증명한다. 또한 소련의 사회구성원들은 맡은 바 임무를 수행하지 못할 때에는 항상 책임회피 혹은 책임전가의 경향이 많았다. 예를 들면 소련에는 미완성의 공장건물들이 많이 존재했는데 건설책임자는 항상 자기의 잘못이 아니라 적시에 건설자재를 공급 못 받아서 완성을 못하고 있다고 주장했다. 기업 간 거래에서도 불량품이나 폐품을 인수할 경우에, 자본주의 체제에서는 당연히 그에 대한 배상과 책임을 전가시킬 수 있으며 새로운 공급선을 모색할 수 있으나, 소련의 기업 간 거래에서는 울며 겨자 먹기 식으로 인수해야 하므로 경제적 비능률은 최고치에 달했다. 단지 그러한 기업들과 소비자는 '불평' 혹은 '불만'의 목소리를 통해서 항의하고 있었을 뿐이다. 이러한 기능은 사회심리학적 차원에서 순기능을 하고 있으며, 만일 이러한 기능까지 통제할 경우에는 사회심리학적 불안들이 누적되어 노멘클라투라가 원하는 현상유지 정책에 위배되므로 중앙당국은 어느 정도 여론의 자유를 묵인하고 있었다.

소련체제 내부에서도 브레쥬네프 사후 노멘클라투라 계층에서 점증적으로 소련 사회에 대한 비판이 일어나고 있었다. 그 중 강력한 노멘클라투라체제를 지지했던 KGB 중심 일부 세력들도 약간의 방향전환을 시도하려고 했다. 왜냐하면 KGB는 이 체제에서 가장 강력한 국내외 정보망을 지니고 있어 계속적으로 이러한 체제유지는 소련의 존립조차 위험하다는 사실을 제일 먼저 간파한 것 같다. 브레쥬네프 사후 KGB 의장이었던 안드로포프의 등장으로 상당한 경제·사회개혁을 준비하고 어느 정도 실천했다. 그러나 그의 단명으로 큰 실효를 못 거두었지만 안드로포프의 후원으로 정치국원으로 상승한 고르바쵸프는 초기에는 안드로포프의 개혁을 계속 실행했다.

이러한 개혁의 물결은 소련 여러 학술원 회원들에 의해 지지를 받았으며, 그들의 지원을 통해 더욱 구체화되었다. 1983년 시베리아 노보시비르시크 학술원의 사회경제학자인 자슬라브스카야와 그녀의 스승인 아간베기얀의 '비밀보고서'에 의해 소련 사회의 계층 갈등과 대립이 존재한다는 것을 체제 내부에서 수용하면서 소련에서 사회학의 재복권이 이루어졌다.[22] 소련 사회계층간의 이해관계의 갈등과 대립을 인정한다는 것은 지금까지의 형식적 혹은 공식적 이데올로기인 계급 소멸론을 부정하는 것으로 고르바쵸프 등장 이후 사회학적 접근방법을 통한 아래로부터의 개혁에 원동력 역할을 했다고 본다. 물론 고르바쵸프는 그의 저서「페레스트로이카」에서 여러 번 강조하듯이, 자신을 사회주의자라고 강조하면서 '인간의 얼굴을 가진 (Antlitz)' 사회주의 실현을 위해 국민적 공감대를 위해 볼쉐비키 전통에 입각한, 즉 진정한 레닌주의로의 복귀를 주장하면서 페레스트로이카 정책을 실시하려고 했다. 그의 초기정책은 스탈린 격하운동과 소련 역사의 진실 찾기 운동을 벌이면서 글라스노스트 정책을 병행하면서, 한편으로는 소련의 역사적 정체성을 추구했으며 다른 한편으로는 흐루시쵸프의 실각을 교훈삼아 국민적 공감을 일으켜 페레스트로이카 정책을 더욱 고무시키는 것이 그의 목적이었다고 생각된다.[23]

좁은 의미의 페레스트로이카 정책은 소련의 경제개혁을 의미하지만 이 정책의 발전을 위해 고르바쵸프는 국민들의 지지를 확보하기 위해 글라스노스트(공개) 정책과 민주화정책을 병행하면서 추진했다. 경제개혁의 성공을 위해 정치개혁을 우선적으로 실시했다. 사회전반에 관한 정치개혁은 당연히 지금까지 사회계층간 이해관계의 갈등과 대립이 첨예화되면서 소련의 경제는 더욱 피폐화되었다. 다른 한편으로는 민족자결권을 선언한 1988년 신베오그라드 선언[24]이후 소련의 민족문제는 더욱 가속화되었다. 소련은 1988년 이후 심각한 경제문제와 민족문제에 직면하게 된 것이다.

이 두 문제를 해결하기 위한 여러 경제개혁 혹은 시장경제로의 이행과 새로운 연방안에 대한 논쟁이 노멘클라투라 내부에서 그들의 이해관계에 결부시켜 급진개혁파, 중도파, 보수파의 전면적 내부투쟁은 가속화 되었다. 다른 한편으로는 민주화와 글라스노스트의 덕택으로 일반대중의 목소리는 여느 때보다 커졌으며, 그들도 시장 경제로의 이행과 새로

---

22) Manfred Späth, "Umbau in der Technosphäre. Neue Konturen sowjetischer Wissenschafts- und Technologiepolitik," hrsg. von Margareta Mommsen und Hans-Henning Schröder, *Gorbatschows Revolution von oben. Dymamik und Widerstände im Reformprozeß der USSR* (Frankfurt am Main, 1987), pp.175-176.

23) 고르바쵸프의 역사적 정통성에 대한 노력은 다음의 글을 참조 바람. 한종만, "NEP의 시장과 계획", 「레닌과 고르바쵸프, 1920년대와 1980년대의 연계성 고찰」, 한국슬라브학회 제4차 학술회의. 용평, 1990.

24) 그 당시 외무성 대변인 게라시모프는 고르바쵸프의 신베오그라드 선언을 브레쥬네프의 사회주의 형제국가들의 제한주권론의 폐기라고 간주하고 모든 민족은 스스로 주권적으로 의사결정을 할 수 있다고 하면서 '프랑크 시나트라 독트린'이라고 칭했다. 그는 독트린을 이 가수의 「My way」중 'I did it my way'에서 착안했다고 한다. *Pravda*, 1989년 3월 19일자.

운 연방안에 대한 각기 상이한 입장을 표명하고 있었다. 그러나 그들은 아직 의사결정권에 대한 권한에는 도달하지 못했다.

노멘클라투라 내부에서, 즉 급진개혁파들이 그들의 주장이 관철되지 않자 공산당을 탈당하면서부터 노멘클라투라 체제는 위기에 직면했다. 이러한 붕괴를 방지하기 위해 보수파에 의한 '3일 천하' 쿠데타 실패 이후 공산당 중심의 노멘클라투라 체제는 붕괴되기 시작했다. 러시아 혁명 이후 공식적으로 계급소멸을 주장했던 소련 사회는 사회계층간의 억압된 혹은 잠재적 갈등과 대립은 물론 소연방의 지역격차에서 야기된 지역문제 혹은 민족문제 등이 홍수처럼 폭발했다. 이러한 사회계층·지역·민족간 갈등과 대립을 극소화하는 것이 소련의 제1문제가 되었다. 이러한 문제를 극소화하기 위해서는 '목소리'를 자제하면서 '빵'문제 해결에 모든 경제주체들이 노력해야 된다고 본다.

4.4. 정체성 위기의 극복 방안

소련 사회의 정체성 위기는 위에서 살펴본 것처럼 복합적 요인으로 헝클어지고 있다. 시장경제로의 이해단계에서 각 경제개혁 과정에서 각 경제·사회주체 혹은 그룹간 혹은 지역간 이행관계의 갈등과 대립은 첨예하게 나타나면서 각 주체 혹은 그룹들은 개혁 지지, 저항 또는 묵시적 방관 자세를 취하고 있다(그들의 경제개혁에 관한 태도는 <표 4-4>, <표 4-5>참조).

〈표 4-4〉 경제개혁에서 재분배적 관계에 관한 다양한 사회계층의 태도방향

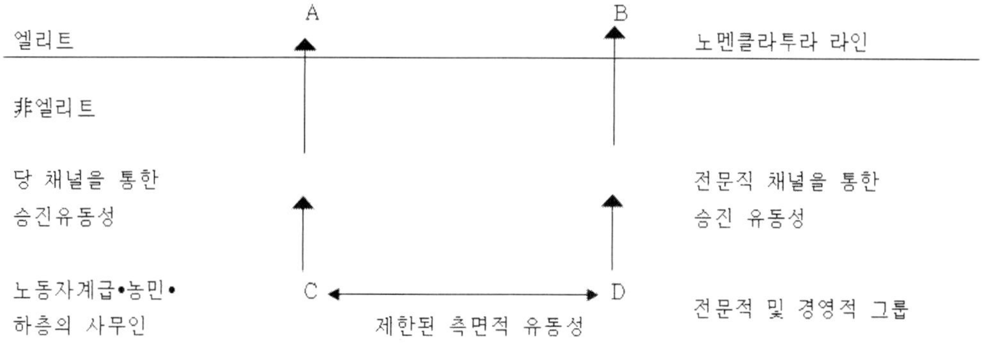

D: 이 그룹의 非노멘클라투라들은 경제개혁을 통한 가장 주요한 이득을 보는 자이다. 특권을 이 체제에서 향유하지 못함으로써 이들은 더 많은 전문직에 대한 보상과 책임을 얻기 위해 체제변화를 주장한다. 이러한 열망은 물론 전문직과 비전문직 간의 좁은 소득격차에서 거부반응으로 나타난다. 특히 기술적 인텔리겐치아와 숙련 노동자간의 소득수준이 비슷하므로 더욱 심화되어 나타난다.

C: 스탈린시대와 비교하면 이 그룹은 사회적 유동성에 관한 제한적 기회로 인해 실망하는 계층이다. 이 그룹은 그룹 D와의 소득격차가 확대되는 것에 분개하는 계층이다. 특히 이 계층은 특권층들의 낭비에 대해 더욱 분개하고 있다. 이 계층은 경영적 권위주의와 더 많은 노동강도의 체계를 요구하는 데 반대하고 있다.

B: 이 그룹은 엘리트로 갈 수 있는 기술적 인텔리겐치아의 구성원이다. 이들은 물질적 이해관계에 무관한 개혁에 대한 지적 상황은 인정한다. 그러나 이 그룹은 개혁을 수행하지만 그들 자신의 책임 하에서 이데올로기적 권능과 권력을 소유하지 못한다.

A: 이 그룹은 본원적으로 사회의 낮은 신분으로부터 상승한 당의 엘리트 전문 구성원이다. 개혁에 관한 그들의 이해관계는 지적 혹은 이기주의적이라기보다는 실용주의 요소를 지니고 있다. 그들은 경제실적에 관한 향상을 환영하며, 그들의 폭넓은 사회경험과 최종 책임을 지는 위치로서 사회 불안정의 위험성을 회피하고 있다. 그들은 조정적 힘을 지니고 있다.

출처: Ronald Amann, "The Political and Social Implications of Economic Reform in the USSR," editd by Hans-Hermann Höhmann, Alec Nove and Heinrich Vogel, *Economics and Politics in the USSR. Problems of Interdependence* (Boulder and London: Westview Press, 1986), p.130.

소련은 사회의 대변혁기를 경험했다. 항상 변혁기에는 혼란과 무질서가 동반하는 것이 일반적 현상이다. 개혁 혹은 혁명과정에 가장 큰 애로사항, 즉 사회주의에서 자본주의로의 이행에 관한 이론과 경험들이 전무하다는 것이다.

〈표 4-5〉 개혁에 대한 소련 사회계층의 반응

사회그룹 · 계층	개혁의 지지에 관한 입장							
	주도자	지지자	동맹자	준지지자	관측자	중립자	보수자	반동자
고도의 자격을 지닌 향상된 노동자와 농민층	○	○	○					
정치·경제 엘리트	○	○		○			○	
인간적 인텔리겐치아	○	○		○			○	○
사적 근로자		○	○	○				
노동자·농민의 대부분		○	○		○	○	○	
학문·기술적 인텔리겐치아		○		○	○		○	
경영의 책임자		○		○			○	○
상업·서비스 영역에서의 책임자					○			○
근거 없는 특권층					○		○	○
마피아 대표자							○	○

출처: Tatjana Saslawskaja, "Aktuelle Fragen der Umgestaltung," in: *Sowjetunion Heute*, Nr,10, 1988, p.15

소련의 개혁과정에서 사회여론조사 결과에서 나타난 해직당해야 할 계층은 <표 4-6>과 같다.

〈표 4-6〉 소련 체제에서 해직당해야 할 계층

해직당해야 할 계층	예(%)	아니오(%)	무응답(%)
노 동 자	11	78	11
학 자	54	26	20
경 제 관 료	87	3	10
행 정 공 무 원	62	7	31

출처: *Moskowskje Nowosti,* 재인용. *Sowjetunion Heute,* Nr.12, Dezember, 1988, p.9.

전통적 소련체제의 경직성으로 인해 소련내부에서 그러한 가능성에 대한 연구도 전혀 없었으며 서구의 사회학자들도 이러한 이행론의 연구가 상대적으로 적었다. 또 다른 애로사항은 모든 사회주체들의 욕구와 욕망이 빠른 시일 내의 소련 사회의 안정을 요구하므로 시간상의 제약이 있었다는 것이다. 이러한 여건 속에서 어떻게 하면 소련의 정체성 위기극복을 타개할 수 있는가의 문제는 너무나 어렵고 장시간이 필요하다고 본다. 그럼에도 불구하고 정체성 위기극복을 위한 몇 가지 제안을 '제도와 의식'의 관점에서 논하고자 한다.

당시 소련은 대변혁기이므로 가능한 한 국민적 공감대를 조성하기 위해 소련 사회의 총체적 위기가 설명되어지면서 이러한 위기를 슬기롭게 대처하기 위한 여러 '도덕적 설복(moral susasion)', 즉 소련 사회의 유명인사들의 매스미디어를 통한 홍보는 어느 정도 국민적 공감대를 형성하면서 국민들의 의식면에서 작용할 것으로 기대됐다. 그러나 이러한 설복은 한계가 있으므로 국민 각 구성원들이 사회체제의 위기를 극복하기 위해 맡은 임무를 충실히 하면서 새로운 제도에 적극적으로 협조하는 의식과 실천력이 제일 중요했다고 본다.

여러 계층간 이해관계의 갈등을 극소화하기 위해 각 계층간의 갈등을 연구할 수 있는 사회학적 여론조사와 인민들의 수요를 정확히 파악할 수 있는 시장조사가 선행되어야 할 것이다.

소련의 집단 정체성으로 대안으로서 각 사회구성원간의 이해관계와 갈등을 인정하면서 그들의 갈등을 가능한 한 극소화, 조화와 협상, 즉 사회적 합의(collective bargaining)는 '위로부터'의 지시 혹은 통제가 아니라 '아래로부터'의 통제와 감시가 필요했다고 본다. 이러한 제도를 확립하기 위해 지금까지 주로 사용했던 중앙당국에 의한 '계획' 메커니즘을 최소화함과 더불어 언론 및 여론의 자유화를 통해 민주주의적 '선거'제도를 확립해야

할 것이다. 또, 여러 사회구성원들의 이해관계의 갈등을 극소화하기 위해 정보 및 의사결정의 분권화가 이루어져야 한다. 즉 정치적으로 폭넓은 민주화 개혁으로 '다원화'체제를 이루어야 하며, 한편으로는 경제적으로 가격의 자유화, 국영기업의 민영화, 독점의 분해, 소유권의 다양화 등의 정책과 다른 한편으로는 이러한 조처로 손해보는 계층을 고려할 수 있는 '무형적 혹은 제도적 사회간접자본'을 조성함으로써 국민적 공감대에 바탕을 둔 '경제의 민주화'를 이룩해야 할 것이다.

4.5. 맺음말

앞에서 살펴봤듯이 정치경제학적 관점에서 본 자본주의에서 사회주의로의 이행은 생산수단의 사적 소유권의 철폐로 계급소멸의 사회를 이룩하여 사회주체간의 집단 정체성을 형성한다는 것인데, 이에는 많은 문제점이 있다는 것을 알 수 있다. 실제 소련 사회의 성립과정은 생산수단의 사회화라기보다는 국유화 조치였으며, 인민의 프롤레타리아독재가 아니라 관료적 초 중앙집권제로 인해 소련 사회의 특징을 이룬 당 중심의 노멘클라투라 체제를 형성했다. 이 노멘클라투라는 사회주의의 새로운 계급으로서 많은 특권을 향유했으며 그들 자신의 이익을 위해 총체적 사회 문제해결에는 등한시 했다. 고르바쵸프 이후 이를 타파하기 위한 새로운 소련의 개혁과정에서 이 체제의 지도층이라고 할 수 있는 노멘클라투라 층과의 대립으로 소련사회는 총체적 위기에 직면했다. 소련의 개혁은 노멘클라투라의 해체는 물론이거니와 집단 정체감이 아닌 각 사회구성원·집단·지역의 사회적 합의를 통해 새로운 정체감 형성을 모색하고 있지만, 모든 개혁과정에서 그러하듯이 많은 혼란과 무질서가 병존하고 있다. 이러한 새로운 체제형성에는 사회의 여러 제도와 국민의 의식이 결합되어 진정한 의미에서 각 사회구성원간의 사회적 합의를 도출하는 데에는 상당한 시간이 요구될 것 같다.

제 5 장

소련의 제 2경제*

5.1. 머리말

자본주의의 '제 2경제(second economy)'는 좁은 의미에서 지하경제라고 불리는데 일반적으로 탈세를 수반하는 경제활동으로 불법이나 비공식이라는 의미를 내포하며, 국민총생산에 계산되지 않는 경우가 대부분이다. 그러나 넓은 의미의 제 2경제는 부정적인 경제활동뿐만 아니라 중립적 혹은 긍정적 경제·사회활동을 포함하고 있다. 이러한 개념 차이에 따라 제 2경제는 '그림자'(shadow), '지하(underground) 경제', '마피아 경제', '화이트칼라(white collar) 범죄', '계측되지 않는(unmeasured)경제', '병행(parallel) 경제', '비공식(unofficial)경제', '역경제(counter economy)', '숨겨진(hidden)경제', '가상(fictitious) 경제', '불법경제(illegal economy)' 등 여러 개념으로 혼용되어 사용된다. 다양한 명칭에서 알 수 있는 한 가지 사실은 제 2경제라고 규정하는 범위와 개념 그리고 정의가 매우 광범위하며 그 기준 또한 다양하다는 것이다.

제 2경제는 자본주의체제에서는 주로 조세법에 의한 탈세가 주종을 이루고 있는 반면에 사회주의체제에서는 주로 상품과 서비스의 부족으로 인해 제 2경제가 존재한다. 양체제는 체제고유적인 제 2경제의 특수성이 존재한다. 1989년 이후 사회주의체제에서 자본주의체제로의 이행과정에 있는 이행기체제에서도 체재 내재적인 제 2경제가 존재한다. 그리고, 제 2경제는 경제주체의 행태에 따라 양체제간의 일반적 공통분모가 존재하고 있으므로 체제초월적인 연구도 필요하다고 본다.

소련의 제 2경제 영역은 경제전체를 국가가 실질적으로 장악하고 관리·통제하기 때문에 그만큼 모든 경제주체에게 크며, 국가의 경제운영에 미치는 효과 또한 잠재적으로 크다. 계획경제체제는 자원의 효율적 배분(allocation)을 위해 근본적으로 생산·분배·소비

---

* 이 논문은 서울대학교 소련동구연구소 대우연구비의 지원을 받은 연구임. 이 글은 <『러시아연구』 (서울대학교 러시아연구소) 제2권, 1992년, pp.141-164> 게재됨.

의 경제활동을 관리하는 것이지만, 소련 경제체제는 복합적 원인으로 전 경제활동을 특히, 소비활동을 관리하지 못했다. 즉, 한편으로는 중앙계획당국의 통제가 완전하지 못함으로써, 다른 한편으로는 끊임없는 경제개혁 과정에서 시장적 요소 혹은 관계(market elements, market relations)의 강조, 경제주체의 자율성 확대로 제 2경제는 소련에서 부상해왔다. 또한, 사회주의의 이데올로기인 상품·화폐관계 소멸과 계급소멸, 즉, 경제주체 간에 이해관계의 갈등과 대립이 존재하지 않는다는 것이 이론적으로는 가능할지 몰라도 실제적으로 경제주체간에 첨예한 이해관계의 갈등과 대립이 존재(도시·농촌관계, 성별관계, 육체·정신노동자관계, 기업간 관계, 국가와 기업관계, 지역관계 즉, 중앙정부와 지방정부와의 관계, 각 공화국간의 관계 등)하기 때문에 비공식적인 채널을 통해 자원배분과 생산활동 그리고 소비활동이 존재해왔다.

소련경제는 제 1경제와 제 2경제가 병존하면서 두 경제는 상호보완적 측면과 상호갈등적 측면을 지니고 있다. 따라서, 제 2경제의 긍정적 측면과 부정적 측면에 대한 미시 및 거시경제학적 접근이 필요하다고 본다. 제 2경제의 분석은 소련 경제의 구조적 모순과 체제의 비능률성 그리고 체제개혁의 필요성과 체제전복 및 체제이행을 분석하는 데 도움이 될 것이다.

다음에서는 제 2경제와 경제개혁간의 상관함수를 분석하고, 제 2경제의 긍정적 측면을 권장하고 부정적 측면을 방지하기 위한 법적·제도적 장치는 물론 여러 경제 정책을 연구할 것이다.

이 논문의 연구 목적은 상이한 제 2경제의 개념과 정의의 파악을 체제내재적 및 체제초월적으로 광범위하게 체계적으로 다루는 데 있다. 특히 구소련에서 나타나는 제 2경제의 현상에 초점을 맞추면서 체제론적 관점에서 제 2경제를 정의하려고 한다. 그 다음으로 구소련에서 제 2경제의 내용과 범위 그리고 추정치를 다루었다. 제 2경제의 원인 분석에서는 사회주의체제의 고유한 문제점을 중심으로 다루어 페레스트로이카 이후 시장경제로의 이행기에 나타나는 문제점과 소련의 실체 소멸 이후 새로 탄생한 '독립국가연합'과 각 독립국가의 경제분석에 도움을 제공하자 한다. 제 2경제의 효과 분석은 주로 제 1경제와 제 2경제의 상관함수를 다루며, 특히 경제개혁 혹은 시장경제로의 이행과 관련하여 고찰한다. 그리고, 제 2경제로 인한 자원배분(resources allocation)문제는 물론 경제성장과 소득재분배의 문제를 논하면서, 제 2경제에 대한 국민경제적 관점과 개별경제의 시각에서 미시 및 거시 분석을 시도한다. 끝으로, 제 2경제의 방지책에 대해서는 체제정책, 구조정책과 과정정책 관점에서 긍정적인 제 2경제는 더욱 활성화시키고 부정적 제 2경제는 행정적 조치로써 금지 및 허가시키는 방안에 대해 논하고자 한다.

5.2. 제 2경제의 개념과 정의

소련에서는 제 2경제를 'na levo(러시아어로 왼쪽으로의 의미)'라고 칭하는데 합법성 저편에서 활동하는 경제행위를 의미한다. 소련뿐만 아니라 지구상의 모든 나라에서는 합법성에 관해 분명히 정의된 법규와 기타의 규칙이 존재한다. 그럼에도 불구하고 사각지역이 존재한다.1) 제 2경제는 모든 경제체제에 존재함에도 불구하고, 또한 지금까지 수많은 이론적 및 경험적 연구에도 불구하고 통일된 제 2경제의 정의는 존재하지 않고 있다. 제 2경제의 정의는 보통 제 1경제 혹은 공식경제의 대칭개념으로 사용되고 있다.

소련에서 제 2경제의 연구가 활발히 진행된 시기는 고르바쵸프 집권 이후 글라스노스트(공개·개방)정책과 민주화정책의 일환으로써 이루어졌다. 그전까지 제 2경제의 연구는 체제비판적 이유로 금기중의 하나였다. 단지 진보적 지식인층에 의해 간헐적으로 소련이 안고 있는 제 2경제의 위험성을 경고하는 수준에서만 비판이 이루어졌다.2) 그러나 서방학자들 사이에서는 1970년대 후반기부터 본격적으로 체제론적 관점에서 제 2경제에 관한 연구가 활발히 진행되어 왔다. 이들은 주로 소련체제를 비판하는 시각에서 이루어졌다. 1977년 첫번째로 소련의 제 2경제를 광범위하게 분석한 그로스만(G. Grossman)은 제 2경제의 정의를 사회주의경제체제에서 '국가통제의 밖에서 일어나는 경제활동의 비적법성'으로 규정하고 있다. 즉, 제 2경제를 개인의 소득을 위해 의식적으로 실정법을 위반하는 행위로써, 직접적으로 사적 효용에 유익하거나 혹은 실정법에 명백히 위배되는 모든 생산활동과 분배활동 그리고 소비활동으로 정의하고 있다.3) 한편, 법 경제학자 펠트부르게(F. J. M. Feldbrugge)는 제 2경제를 국가의 통제를 피하는 모든 경제활동을 의미하는 것으로 정의하며, 따라서 그는 제 2경제를 '그림자경제(shadow economy)'라고 칭하고 있다.4)

결국, 그로스만과 펠트부르게의 제 2경제의 정의는 '불법경제'의 개념에 가까우며 주로 법률적·제도적 관점을 강조하고 있다. 그러나, 이러한 제 2경제의 정의는 체제 비교론적 분석과 소련경제의 역동성에서 경제체제변화, 경제과정변화, 경제구조변화 분석에는 한계

1) H. E. Gramatzki, "Schattenwirtschaft", in: *Länderbericht Sowjetuion*, ed. by H. G. Bütow, 2nd Edition (Bonn: Bundeszentrale für politische Bildung, 1988), p.428.

2) 소련에서 제 2경제는 중앙계획경제체제의 근본적 결손이라고 지적하고 있다. Т. И. Цаславская, "Экономи- ческое проведение и Экономическое развитие", ЕКО, 1980, no. 3, s.30.

3) G. Grossman, "The 'Second Economy' of the USSR", *Problems of Comunism*, Vol.26, No.5, 1977, p.25.

4) F. M. Feldbrugge, "Government and Shadow Economy in the Soviet Union", *Soviet Studies*, Vol. 36, No.4, 1984, pp.528-529.

점이 존재한다고 볼 수 있다. 하프너(F. Haffner)는 소련경제체제에서도 '시장적 요소 혹은 관계'들이 소련 경제의 합법적이고 주요한 구성요소임에도 불구하고 그로스만의 정의는 이것들을 제 2경제에 포함시키지 못하는 한계점이 있다고 지적한다. 그러므로 그는 제 2경제를 '체제론적 통제의 시금석을 통한 적법성 기준'으로 정의하고 있다. 하프너는 소련경제의 주요 구성부문을 <표 5-1>과 같이 제 1경제부문에는 중점계획부문 (주로 중공업, 군수산업, 항공·우주산업)과 정상계획부문 (경공업, 농업, 유통업)으로 이루어져 있으며 제 2경제는 비계획부문의 적법비계획부문(do-it-yourself, 콜호즈시장, 사적소택지 이용 등)과 비적법비계획부문으로 이어져 있다고 구분하고 있다.

〈표 5-1〉 제 1경제 - 제 2경제 영역

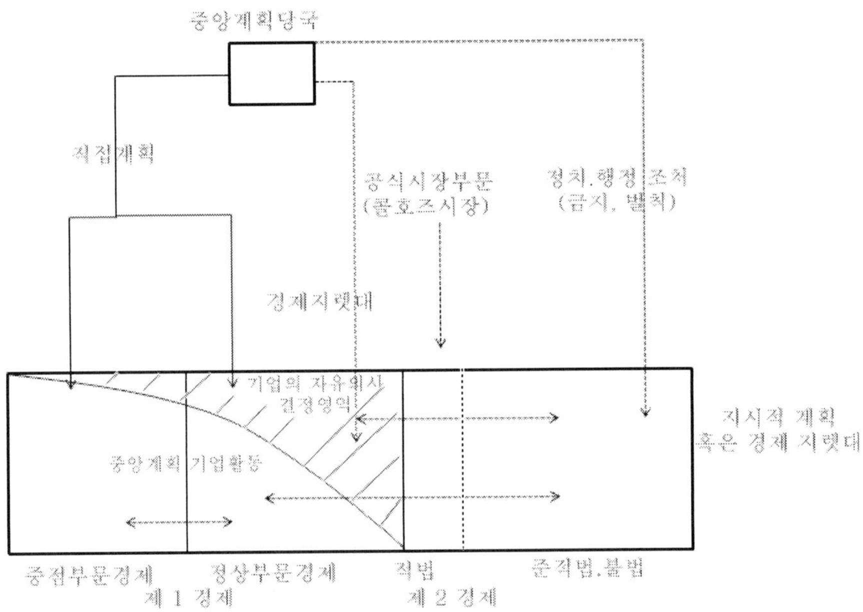

출처 : F. Haffner, "Ist die Schattenwirtschaft ein Reformansatz? Das Verhältnis der Wirtschaftsreformen in Osteuropa zur Schattenwirtschaft", *Vierteljahreshefte zur Wirtschaftsforschung (DIW)*, No.4, 1985, p.180.

<표 5-1>에서 보는 것처럼 좌측에서 우측으로 갈수록 기업 혹은 경제주체 의사결정의 영역이 많아지고 있다. 즉, 중앙계획당국의 권한이 약화되는 것을 의미한다. 한편 렙틴(G. Leptin)은 제 2경제의 개념과 정의 분석을 위한 주요 변수로 적법성, 도덕성, 통계파악, 실적관계 그리고 체제정당성을 지적하고 있다.[5] 이런 정의는 양체제의 비교분석에 큰 도

움을 줄뿐만 아니라 제 2경제의 파급 효과와 체제개혁과 경제정책에 좋은 시사점을 던져준다. 그러나 통계파악에서 국민 소득, 즉 물적생산(Material Product System)[6] 혹은 국민총생산 (GNP)에 파악되지 않는 부문에 대한 지적이 미비하다. 국민소득과 관련한 제 2경제의 정의는 자본주의체제와 사회주의체제 비교와 제 2경제의 규모와 범위를 분석하는 틀을 분명히 제공하지만 사회주의체제 내에서는 화폐제도가 제 2차적 기능밖에 없어 한계가 있다.[7] 왜냐하면, 소련화폐가 국민소득의 계산에서 '총계(aggregation)' 기능으로써의 역할을 소화해내지 못하기 때문이다. 소련경제체제는 원칙적으로 실물경제체제[8]이므로 화폐는 실물경제체제를 단지 보조하는 역할을 담당할 뿐이다. 소련에서 국내화폐는 현금화폐와 비현금화폐로 엄격히 분류되어 있는데, 상호간의 교환이 불가능하며 또한 국제화폐와 국내화폐간의 교환도 거의 불가능하기 때문에 국민소득의 계산에 필요한 총합의 기능을 거의 상실하고 있다. 단지, 실물로 계산하는 경우에도 상품과 서비스의 이질성으로 인해 상당한 애로가 존재한다.[9]

제 1경제와 제 2경제의 활동은 분명한 차이를 지니지만 정확히 구분하는 것은 상당히 어렵다. 왜냐하면 제 1경제는 제 2경제의 은신처로 기능하며 상호간에 서로서로 결합되어 있기 때문이며, 또한 제 2경제활동의 대부분이 독립적으로 발생하는 것이 아니라 제 1경제의 공생적 혹은 기생적 관계 역할을 하기 때문이다.

이 글에서는 하프너와 렙틴의 정의에 입각해서 소련의 제 2경제를 분석하고자 한다.

---

5) G. Leptin, "Terminologische Anmerkungen zum Begriff der Schattenwirtschaft", in: *Beiträge zum Problem der Schattenwirschaft*, ed. by G. Hedtkamp (Berlin: Duncker & Humblot, 1983), pp.11-12.

6) 물적 생산은 사회주의체제에서의 국민총생산개념으로 서방의 개념과 차이점이 있다. 물적생산 개념은 마르크스의 노동가치설에 근거하여 생산적 영역에 참가한 부분만 국민소득에 포함시킨다. 그러므로 제3차 산업의 대부분의 공적·서비스는 국민소득계산에 포함되지 않는다.

7) 국민소득과 관련한 제 2경제의 이론적 분석의 틀에 대해서는 다음의 논문 참조바람. D. Cassel, "Funktionen der Schattenwirtschaft im Koordinationsmechanismus von Markt und Planwirtschaften", *ORDO*, Vol. 37, No.1, 1986, p.78.

8) 소련계획경제체체는 세계 사회 경제발전사에 역행한 정책을 실시하고 있다고 볼 수 있다. 독일 '역사주의학파'의 견해에 따르면 세계 사회, 경제발전사는 실물경제에서 화폐경제체제로 발전한 다음 신용경제체제로의 이행을 예견하고 있는데 소련사회는 제정러시아 때 화폐경제체제에서 다시금 실물경제체제로의 이행을 통해 역사의 역행을 보여주고 있다. C. Brinkmann, "Historische Schule", in: *Handwörterbuch der Sozialwissenchaft*, Vol. 5, (Stuttgart, Tübingen and Göttingen: Gustav Fischer, J. C. B. Mohr, Vandenhoeck & Ruprecht, 1956), pp.121-127.

9) 그러므로 서구의 화폐이론을 소련체제의 적용에 대한 문제점에 대해서는 다음 논문 참조바람 J. M. Han and R. Ostermeier, "Monetäre Disproportionen in sozialistischen Volkswirtchaften und die westliche Geldtheorie", *Osteuropa-Wirtschaft.*, Vol.34, No.2, 1989, pp.79-92

즉, 제 2경제는 합법적이 아니며, 국민경제 산출표에 파악되지 않는 '체제거부적' 경제를 의미한다.

5.3. 제 2경제의 형태와 추정치

소련의 제 2경제 연구는 주로 서방세계에서 소련체제의 비판과 자본주의체제 우위를 근간으로 이루어져 왔다. 소련의 폐쇄성으로 인해 제 2경제의 규모와 범위는 단지 망명학자의 진술과 망명 소련인의 인터뷰와 목격자를 통해 인식되어 왔다.

1970년 초기에 소련특파원으로 활동했던 서방기자 스미스(H. Smith)는 자신의 책에서 제 2경제가 소련체제의 아주 중요한 구성요소를 이루고 있다고 기술하고 있다. 그는 제 2경제의 범위는 "작은 뇌물에서부터 암시장거래, 대단위적으로 국영재산의 절도, 사적 제조기업 그리고 마피아 조직단체, 일부 마피아는 고위당관료와 연계된 마피아에 이르기까지 광범위하다"[10]고 적고 있다.

소련경제에서 제 1경제와 제 2경제의 구분은 자본주의경제체제 보다 더욱 어렵다. 그러므로, 망명경제학자 카체넬린보이겐(A. Katsenelinboigen)은 소련경제에서 적법성의 정도에 따라 상이한 색깔을 부여하여 <표 5-2>에서 보는 것처럼 적법적 시장의 적색, 핑크색 그리고 백색시장에서부터 준적법적 시장인 회색시장과 불법적 시장(암시장)의 갈색 그리고 검은색 시장까지 구분하고 있다.[11] 이러한 분류에도 불구하고 소련의 제 2경제의 모든 형태는 상호간 밀접한 관련을 맺고 있어 정확한 구분이 어렵다는 것을 먼저 밝혀둔다. 소련의 백색시장(white market)의 대표적인 예는 농업토지의 사적 이용을 통해 과일과 야채 그리고 일부 농산물을 판매할 수 있는 자유 집단농장시장(Kolkhos-market)이다. 집단농장시장은 중앙계획당국이 농산물 부족의 제거와 농민들의 인센티브 향상을 위해 계획을 포기하면서 합법적으로 인정한 유일한 시장이다.[12] 그러므로, 콜호즈시장의 가격은 일반 국영상점의 상품가격보다 훨씬 비싸다. 물론 국영상점의 상품보다 품질이 양호하며 구매시 장사진(오래 줄서기)의 애로를 피할 수 있다. 사적소택지의 사용자는 주로 수익성이 높은 농산물에 주력을 기울이고 있다. 사적소택지는 전체 경작지면적의 3% 미만임에도 불구하고 여기서 생산되는 농작물은 소련 총생산의 18%를 차지하고 있다.[13]

---

10) H. Smith, *Die Russen* (Bern and München: Knaur, 1976), p.123

11) A. Katsenelinboigen, "Coloured Markets in the Soviet Union", *Soviet Studies*, Vol.29, No.1, 1977, pp.62-85.

12) 소련의 가격체계는 중앙계획당국, 즉 국가가격위원회에 의해 고시된 고정 가격인 반면에 자유시장의 가격형성은 수요와 공급의 법칙에 따라 결정된다.

1980년에 소련의 총 농산물 중에서 사적으로 생산된 비율은 개별농산물에서 다음과 같다: 곡물은 총생산량의 1.4%, 감자는 64.1%, 야채는 32.7%, 과일은 42.1%, 소고기는 18.9% 돼지고기는 40.3%, 양·염소고기는 40.0%, 가금고기는 37.6%, 우유는 29.6%, 계란은 32.1% 그리고 양모는 20.6%를 차지하고 있다.[14]

백색시장인 사적소택지와 콜호즈시장온 원칙적으로 합법적이지만 국가가 허가한 토지면적과 가축소유의 제한선을 준적법 혹은 불법적으로 초과하며 또한 사회부문에 속한 농기계와 수송수단 그리고 농업원자재를 투입하여 그들의 사적 생산과 사적 유통에 사용한다. 원칙적으로 이러한 사적 경제활동은 부업적 성격을 지니고 있지만 그들은 주업에 해당하는 사회부문에 투입해야 하는 노동을 그들이 더욱 애착을 느끼고 있는 사적경제활동에 투입시킴으로써 주업과 부업의 전도 현상이 일어나 위에서 보듯이 높은 생산성을 달성하고 있다.

회색시장(grey market)의 경제활동은 불법적이지만 국가가 어느 정도 관용을 베풀고 있어 형법에 따라 소추되지 않는다. 회색시장을 형성하는 영역은 주로 국민들의 심각한 상품·서비스부족과 관련되어 있다. 특히 국영기업과 조합기업에서는 톨카치(tolkach), 즉 '중개자'의 활동으로 계획경제의 결손을 기업 내 자체적으로 극복하는 체제순응적 기능을 갖고 있다. 톨카치는 계획의 불완전성에서 나타나는 목표량을 기업 자체적으로 기타 기업 혹은 조합간의 비공식 조정(coordination)을 통해 실현한다. 소련 국가물자조달위원회(Gossnab)의 조사에 의하면, 1980년대 초에 소련의 공업부 산하에 있는 기업들은 철강품의 20% 그리고 시멘트의 12%를 이러한 톨카치의 활동으로 조달하였다. 또 이 조사에 의하면 85개의 기업에서 16개월 동안 68,000번의 물자공급이 톨카치에 의해 이루어졌으며 1기업 당 800번이나 비공식적으로 물자를 공급받았다.

13) Агропромышленный комплекс СССР (Moskva, 1990), p.123.
14) U. E. Cichy and H.-J. Paffenholz, "Schattenwirtschaft in sozialistishen Planwirtschanften", *Verbraucherpolitische Heft*, No. 3, 1986, p.100.

〈표 5-2〉 소련에서 색깔시장의 주요 특징

시장종류	상품 판매의 적법성	상품출처의 적법성	판매방법의 적법성	상품 소지자	상품 수취자	전형적 판매인센티브억제
Ⅰ. 적법적 시장						
1. 붉은 red	적법	적법	적법	국영상점 매니저	국민	보너스
2. 핑크 pink	적법	적법	적법	국민	국민	보너스
3. 하얀white						
a) 내구재	적법	적법	적법	국민	국민	시장조세
b) 식료품	적법	적법	적법	집단농장 구성원	국민	시장조세
Ⅱ. 준법적 시장						
4. 회색 grey						
a) 소비재	적법	적법	준적법	국민	국민	벌금
b) 생산재	적법	준적법	적법	국영상점 매니저	국영상점 매니저	징계
Ⅲ. 불법시장						
5. 갈색 brown						
a) 소비재						
① 붉은시장에서 부족되는	적법	준적법	준적법	국영상점 직원	국민	해고·강한징계
② 사적으로 수입 안되는	적법	불법	불법	해외 방문자	국민	해외 여행 금지
b) 생산재	적법	불법	불법	국영 노동자	집단농장 책임자	강한 징계
6.검은black						
a)적법한 상품						
① 적은 공급내에서 적법적 획득	적법	준적법	불법	투기자	국민	형사기소
② 제한된 판매내에서 적법적 획득	적법	불법	불법	투기자	국민	형사기소
③불법적 획득	적법	불법	불법	횡령자	국민	형사기소
b) 준법적 및 불법상품	준적법 불법	불법	불법	경화 및 해외의복 투기자 매춘	국민	형사기소

출처: A. Katseneliboigen, "Coloured Markets in the Soviet Union", *Soviet Studies*, Vol.29, No.1, 1977, p.63.

톨카치는 보통 국영기업에 고용되어 있으며 종종 자유직업가로서 기업 간의 수평적 관계에 의해서 물자공급을 중개하는 역할을 하고 있다. 이러한 중개자 기능에 대해 에릭슨

(R. E. Ericson)은 자원배분의 효율성을 증가시켜 결과적으로 제 1경제에서 파악되는 국민소득을 증가시키는 결과를 가져온다고 주장하고 있다.[15)]

이러한 순기능에도 불구하고 경제체제론적 그리고 경제질서론적 관점에서 보면, 자원배분의 '이중배분'체계로 인해 갈등이 존재하며 중·장기적으로 상당한 비효율이 따르게 된다. 특히 '신자유주의(Neo-Liberalism)'를 주장하는 독일의 '프라이부르그 학파(Freiburger-Schule)'는 모든 경제체제에서 수미일관된 제도와 정책이 체제의 효율성을 높여준다고 주장하고 있다.[16)] 예를 들면, 자본주의체제에서는 시장메커니즘에 입각한 수미일관된 정책만이 이 체제의 효율성을 높여 주며, 사회주의체제에서는 계획메커니즘에 입각한 수미일관된 정책만이 계획체제의 효율성을 제고시킨다는 것이다. '제 3의 길'이라고 볼 수 있는 자원배분의 조정메커니즘인 계획과 시장의 조화는 결국 체제의 비능률만 향상시킨다는 것이다. 이 학파는 주어진 체제하에서 체제지향적 정책을 중요시하고 있다. 이 학파의 주장에 의하면 소련에서 자본주의적 요소와 유사한 제 2경제는 결국 체제역행적 혹은 체제파괴적 요소를 지니고 있다고 볼 수 있다.

사회주의 부문의 생산수단을 이용해 불법적인 사적 제조활동(krypto)을 하는 국영기업과 조합기업이 존재한다. 이러한 활동은 주로 국영기업장 혹은 조합기업장이나 혹은 직접적으로 생산, 판매, 관리를 담당하는 자가 그들의 영리를 목적으로 할 때 이루어지고 있다.[17)] 이러한 제 2경제는 한편으로는 공식부문의 제품과 병행해서 생산되고 있다. 다른 점은 소비자가 선호하는 쪽으로 약간 변형해서 제품을 비공식적으로 판매 혹은 다른 물품과 교환한다는 것이다. 다른 한편으로는, 공식부문과는 별도로 자체적으로 영리를 목적으로 기업내의 재산을 이용하여 은밀히 물품을 제조하고 있다. 이러한 경우에는 생산용적과 판매망과 관련하여 상당한 부패의 요소가 존재한다. 이런 불법생산은 공식통계에 포함되지 않는다. 농업부문에서 우즈베키스탄의 불법 면화재배가 대표적 예이다.

사회주의 기업 밖에서 일어나는 제 2경제의 활동으로, 이 영역에서 일하는 '방과 후 노동자(sabasniki)'들은 상품과 서비스의 부족과 관련하여 비공식적으로 상대적으로 높은 상품과 서비스를 제공하는 대가를 받고 있다. 암노동자에 의해 제공되는 서비스의 주요부문은 수공업, 유행, 의료봉사, 과외수업, 주택수선, 자동차수리 등으로 이루어져 있다. 암

15) R. E. Ericson, "The 'Second Economy' and Resource Allocation under Central Planning", *Journal of Comparative Economics*, Vol.8, No.1, 1984, p.4.

16) W. Eucken, *Die Grundlagen der Nationalökonomie*, 8th Edition (Berlin, 1965).

17) G. Grossman, "Die 'zweite Wirtschaft' und die sowjetische Wirtschaftsplanung", *Berichte des Bundesinstituts für ostwissenschaftliche und internationle Studien*, No.5, Köln 1984, pp.1-38

노동의 원인은 후에 언급하겠지만 주로 상품과 서비스의 부족, 품질저하, 장사진, 조악한 서비스 등으로부터 기인한다. 이 영역에서는 그 자체적으로 '제 2유통'이 존재한다. 예를 들면, 수입이 좋은 자동차수리 암노동자로부터 대학입학허가를 준비하는 아들의 물리선생에게로 다시 화폐가 유통된다.[18] 많은 노동자들은 이러한 부수입에 익숙하며 결코 이러한 부수입을 포기하지 않고 있다. 회색시장의 규모는 대략 140-160억 루블로 추정하고 있다. 그 중 자동차수선, 주택건설 혹은 주택개조, 기술장비수선, 이발소, 혼인식 및 장례식 등이 약 50-60억 루블에 달한다.[19] 여가시설과 사적 휴가지 숙박시설이 35억 루블에 달한다. 또한 소련의 의료서비스는 무료임에도 불구하고 의료서비스에 25억 루블이 지불된다. 왜냐하면, 특별 사례금을 통해 의료 환자는 신속하고 효과적인 서비스를 받을 수 있기 때문이다. 특히, 소련의 의사와 간호사는 높은 교육을 받았음에도 불구하고 다른 직종에 비해 급료가 적기 때문에 많은 의사들이 심지어 공적 병원시설의 기품을 집으로 가져와 사적 의료활동을 하는 것을 고려한다면 이 액수는 더욱 증가할 것이다. 여론조사에 의하면 여론대상자의 2분의 1이상이 진료비용을 지불하고 있는 것으로 나타나고 있다.[20]

불법적으로 이루어지는 암시장(black market)의 영역에는 생산시장에서 암생산과 노동시장에서 암노동 그리고 유통시장에서 암거래가 존재한다. 포르노 필름 및 잡지, 매춘, 마약, 알코올 등의 생산과 유통 그리고 소비는 법적으로 금지되어 있지만 상당한 양이 불법적으로 제조, 유통되고 있다. 특히 소련에서 소비되는 알코올의 3분의 1은 사적으로 제조되는 밀주(samogon)라고 트레믈(V G. Treml)은 지적하고 있다.[21] 고르바쵸프 집권 이후 강력한 반알코올정책에 의해 소련의 공식 알코올소비량은 급격히 하락했지만 제 2경제를 통해 알코올 소비가 충당되고 있다. 1987년 소련내무부 추정치에 의하면 제 2경제에서 약 18억 리터가 생산되며 그 액수는 대략 180억 루블로 추정되고 있다.[22]

1980년대 후반부터 글라스노스트 정책으로 인해 소련의 마약 현황에 대한 보도가 나오고 있는데, 공식적 발표에 의하면 14만 명의 약물중독자가 보건성에 의해 격리 수용되어 있으며, 소련 전체에 약 130-150만 명의 약물중독자가 있는 것으로 추정되고 있다. 그들 대부분은 청소년, 대학생, 자유직업가, 윤락녀 그리고 범죄조직단체구성원이 주종을 이루고 있으며 이 추세는 더욱 상승할 전망이다. 마약구입은 대부분 암시장을 통해 이루

---

18) H. E. Gramatzki, "Schattenwirtschaft....", p.428.

19) *Trud*, August 22, 1988.

20) N. Schefow, "Schattenwirtschaft", *Sowjetunion Heute*, No.7, 1990, p.11.

21) V. G. Treml, "Production and Consumption of Alcholic Beverages in the USSR: A Statistical Study", *Journal of Studies of Alchol*, Vol. 36, No.3, 1975, p.285.

22) N. Schefow, "Schattenwirtschaft....", p.11.

어지고 있는 것으로 나타나고 있다. 거대한 이윤을 남길 수 있는 이 사업에 많은 범죄단체와 '조직범죄단체(Mafia)'가 관여하고 있다.[23] 1988년 현재 약 200개의 마피아가 존재하고 있는 것으로 추정되고 있으며 KGB, 내무부, 군의 축소 등으로 인해 해직된 공무원들이 가담하여 중무장을 갖춘 마피아는 계속적으로 증가하고 있다.[24]

국가재산의 횡령과 절도도 최근의 법질서 해이로 계속 증가되고 있다. 특히 농업부문에서 이러한 현상이 더욱 심화되고 있다. 예를 들면, 농산물 보관과정에서 야채보관소에서 약 1-13%가 유실되고 있다고 한다. 또한 최근에는 원자재 제품의 수송과정에서 빈번한 도난사건이 일어나고 있다. 소련에서는 약 1,500억 루블에 상당하는 미완성 건물이 존재하는데 그 주원인은 건축자재, 즉, 시멘트, 벽돌, 철 그리고 기타 건축자재가 일반국민의 주택보수작업과 주택건설에 사용되고 있기 때문이다.[25] 심각한 주택사정은 이런 경향을 강화하고 있다. 1972년에 5억 리터에 달하는 가솔린이 제 2경제에서 판매되었으며 모피시장의 80% 그리고 수산물판매의 25%가 제 2경제의 활동으로 추정되고 있다.[26]

조합운동의 움직임 이후 소련에서 제 2경제는 성숙단계를 지나 '도약'(take-off)단계로 진입한 듯하다. 매점·매석을 통해 상거래의 유통질서를 교란시켜 상당한 이득을 보는 자는 물론 1980년대 말부터 더욱 더 조직된 범죄단체인 마피아로 발전되고 있다. 고르바쵸프 경제개혁 이후 소유권의 다양화 정책과 협업기업(cooperative)의 출현으로 유통마피아는 더욱 활성화되어 소련 특유의 2중 가격체계를 이용하고 있다. 국영상점의 저렴한 상품을 매점·매석하여 자유시장과 협업기업에 비싼 가격으로 판매하는 것이다. 일반시민들도 가격자유화의 예상 혹은 상품부족의 불안 등으로 인해 더욱 더 필요 이상의 물건을 구입하고 있다. 일반시민과 마피아의 사재기현상으로 인해 상품부족은 더욱 심화되고 있다. 예를 들면 소고기를 국영상점에서 구입해서 조합은 약 10배에 가까운 가격으로 재판매하고 있다. 근본적으로 조합은 자체적으로 원자재를 처분할 수 없으므로 그들은 가능한 한 불법적으로 자재를 조달하고 있다. 조합기업의 2분의 1 이상은 원자재를 불법적으로 조달하는 것으로 나타나고 있다. 그러므로 국영기업과 조합기업이 서로 협력체계를 갖추어 공생관계를 형성하고 있다. 국영기업의 모든 거래는 '장부상 화폐'로 거래되기 때문에

23) R. Ahlberg, "Drogensucht und Kriminalität in der Sowjetunion" *Osteuropa, Zeitschrift für Gegenwartsfragen*, Vol. 40. No.4, 1990, p.323.

24) A. Curlow, "Mafia", *Sowjetunion Heute*, No.12, 1988, pp.40-41.

25) N. Schefow, "Schattenwirtschaft...", p.11.

26) P R. Gregory and R. C. Stuart, *Soviet Economic Structure and Peformance*, 4th Edition (New York: Harper & Row: 1990), p.275. 「러시아·소련·독립국가연합 경제의 구조와 전망」 한종만·우강업·김성형 옮김 (서울: 열린책들, 1992), p.363.

그들은 원칙적으로 '현금화폐'를 보유하지 못한다. 따라서, 국영기업 직원들은 기업 내 원자재를 조합에 불법적으로 판매하여 현금을 얻고 있다. 모스크바의 새로운 암시장에서는 현금화폐와 비현금화폐간의 교환율이 1:3으로 교환되고 있다고 한다.[27] 또한 경화암시장[28]은 주로 해외여행자와 이루어지며 소련의 모든 도시에서 활발히 전개되고 있다. 따라서, 제 2경제로 인해 소련의 화폐제도는 본래의 기능을 못하고 있다.

소련내무부의 발표에 의하면 소련의 지도층인 10만 8,500명의 노멘클라투라들이 직접·간접으로 제 2경제에 참여 혹은 횡령의 중개자로 활동하고 있다고 발표하고 있다.[29] 경직된 관료제와 관련하여 제 2경제의 상당한 뇌물이 부패한 고급공무원들에게 가고 있다. 특히 우즈베키스탄의 불법 면화재배는 고위공무원이 서로 연결되어 있다는 것을 보여준다. 그리고, 소련 언론에 의하면 경제마피아 보스는 카드놀이에 최고 50만 루블까지 걸 수 있는 경제력을 갖추고 있으며 사법기관과 검찰기관의 고위당국자는 마피아로부터 30만 루블에서 100만 루블까지 뇌물을 받은 것으로 나타나고 있다.[30]

한편, 제 1경제의 활동을 책임지는 국가공무원이 상품부족을 더욱 조장시키고 있다. 왜냐하면 상품부족이 크면 클수록 더욱 더 제 2경제를 통한 수입이 올라갈 수 있기 때문이다. 고르바쵸프는 1986년 5월 15일 '불로소득의 퇴치강화령'을 선포하면서 벌금과 기타 벌칙을 강화시켜 이러한 제 2경제활동에 제재를 가하였지만 기본적으로 상품과 서비스의 부족을 제거하지 못했기 때문에 이러한 법적조치는 큰 성공이 없었다.

제 2경제의 추정치는 제 2경제 활동이 주로 현금으로 비밀리에 이루어지기 때문에 보통 화폐량수요 분석 혹은 한계저축소비성향을 통해 분석될 수 있다. 그러나 전통적으로 소련은 1937년 이후 화폐량 통계를 발표하지 않는다.[31] 그러므로 제 2경제가 국민총생

---

27) N. Schefow, "Schattenwirtschaft...", pp.11-12.

28) 소련의 경화암시장과 상품부족현상의 상관함수에 대해서는 다음의 논문 참조바람, J. M. Han, *Inflation in sozialistischen Planwirtschapen*, (ed.) by E. Böventer and p. Kuhbier, Volkswirtschaftliche Forschung und Entwicklung, Vol. 61 (München: V. Florentz, 1990), pp.59-63.

29) 소련에서는 심지어 노멘클라투라의 관직매매까지 이루어지고 있다. 노멘클라투라에 대한 상세한 내용은 다음 논문 참조바람. 한종만 「노멘클라투라와 인텔리겐치야 - 집단 정체성 의 성립, 존속, 갈등 및 해체」, 소련의 정체성 위기, 한국슬라브학보 6차 학술회의, 1991.11.

30) *Literatutnaia gazeta*, July 21, 1988.

31) G. Grossman, "Notes on the Illegal Private Economy and Corruption", in: *Soviet Economy in a Time of Change*, (ed.) by Joint Economic Committee Vol. 1, Congress of the United States (Washington 1979), p.852 and M. Carter, "Issues in the Hidden Economy", *Economic Record*, Vol.60, No.170, 1984, p.214. 소련의 화폐량의 공표는 고르바쵸프 말기에 이루어졌다.

산에서 차지하는 비율을 계산하는 것은 거의 불가능하다고 본다. 그 이유는 앞에서 언급했듯이 사회주의체제에서 GNP 계산은 자본주의체제와 상이하며 또한 비합법적 활동을 추정한다는 것은 거의 불가능하기 때문이다. 또한 상이한 개념정의와 계산이론 그리고 연구자의 이해관계로 인해 소련의 제 2경제의 추정치들은 서로 상이하다. 예를 들면 1986년에 국가계획위원회는 공식적으로 불로소득의 추정치를 약 51억 루블로 발표했다. 그러나 1988년 아제르바이잔 소비에트공화국은 불로소득의 규모를 100억 루블로 추정했다. 1987년 국가계획 위원회는 제 2경제의 연간판매량을 900억 루블로 발표하였으며, 1988년에 제 2경제로 인한 비생산비용과 손실은 약 400억 루블로 추정하였다.[32] 서방의 추정치에 의하면 훨씬 많은 1,000-1,500억 루블에 달한다. 이 액수는 소련 총국민소득의 25%에 해당되며 소련의 국내부채를 제거시킬 수 있는 양이다. 소련의 정보가 더욱 공개되면서 그리고 시장경제로의 이행에 대한 구상안이 본격적으로 제시되면서 제 2경제의 액수는 더욱 크게 발표되고 있다. 1990년 '야블린스키·샤탈린 500일 경제개혁안'을 위해 발표된 소련 국가계획위원회(Gosplan)의 추정치에 따르면 제 2경제는 사회생산가치의 약 36-40%, 즉 1989년에 약 6,000억 루블이라고 발표하고 있다. 소련내무부의 발표에 의하면 품질이 조악한 생산물가치는 1,100억 루블에 상당하며 심지어 왜곡된 산출보고량은 130-150억 루블에 달했다. 국유재산의 절도로 인한 손실액은 약 52억 루블이라고 추정하고 있었다.[33]

여론조사 대상자의 84% 이상이 실제 국가에서 정한 가격 이상으로 부족한 물품을 구입한 것으로 나타나고 있으며, 한번 이상 제 2경제에서 물품을 구입했다고 한다. 특히 신발과 의복에서 50% 이상의 대상자는 불법적으로 인상된 가격을 지불했다고 한다.[34]

소련의 법률기관은 매년 24-28만 여건의 영리를 목적으로 하는 경제범죄를 적발하고 있는데 이로 인한 손실은 2-2.5억 루블로 평가되고 있다. 그중 8만 1,228건의 국가 및 공공재산의 횡령 및 절도 그리고 국가재산의 잘못 이용, 4만 5,140건의 투기, 4,292건의 뇌물수뢰, 1,214건의 해외경화의 불법적 거래 등이 지적됐다.[35] 그러나 실제 발생한 범죄 건수는 위에서 발표한 보고와는 달리 빙산의 일각이라는 것이다.

---

32) *Moskovskie novosti,* March 26, 1989.

33) G. Yablinsky; B. Fedorov; B. Shatalin and etc., *'500 Days Program' Transition to the Market* (Moscow 1990), 『소련의 시장 경제로의 이행, 500일 경제 개혁안』 한종만 옮김 (서울: 열린책들, 1991), pp.128-130.

34) Г. Беликова и А. Сохин, "Чёрный рынок", *Огнёк,* 1987, no.36, p.7.

35) D. Holtbrügge, "Ursachen, Ausmaße und Ausprägungen der Schattenwirtschaft in der UdSSR", *Osteuropa, Zeitschift für Gesenwartsfragen des Ostens,* Vol.41, No.1, 1991, p.54

경제범죄에 가담하는 자는 대략 25-30만 명으로 추정되고 있으며, 전체 범죄 중에서 7-12%는 소위 '마피아'라고 불리는 집단적 조직을 갖추고 있다. 또한, 경제범죄와 다른 범죄들이 연결되는 경향이 농후하며 소련의 전 지역에서 점진적으로 더욱 심화되고 있다. 특히 산업간 및 지역 간에 그러한 특징이 존재하고 있다. 소련의 남부지역(카프카스 3개 공화국과 중앙아시아 5개 공화국)에서는 국민경제에서 부족한 상품, 예를 들면 야채, 과일, 꽃, 불법상품인 마약의 원료로서 양귀비와 대마 등이 상대적으로 풍부하며 또한 이 지역의 인구과잉으로 인한 실업문제와 관련하여 제 2경제가 북부지역(발트 3개 공화국과 슬라브 3개 공화국)보다 더욱 왕성하게 발달되어 있었다.[36]

망명자들의 인터뷰에 의하면 특히 그루지야에서 불법적으로 제조되는 사적생산은 이 공화국의 총생산에 거의 40%에 달한다. 제 2경제에서 이러한 '남·북 격차'는 남부지역에 역사·문화적으로 오랫동안 쌓여 온 상거래의 전통과 국민성 그리고 '유동적' 지역서기장들이 존재했기 때문이다. 카프카스인들 중에 특히 아르메니아인들이 상술에 능수능란하다는 것은 미국에 이민한 그들로부터 아르메니아 기질을 이해할 수 있을 것이다.

5.4. 제 2경제의 생성원인

제 2경제는 정도의 차이는 있지만 시간과 공간을 초월한 현상으로 이해된다. 제 2경제의 주요 생성원인은 경제주체의 활동영역을 제한하는데서 기인한다. 자본주의체제의 '복지국가', '국가간섭', '조세국가'와 사회주의체제의 '계획국가'는 각 경우에 따라 정도의 차이는 있지만 개별경제주체는 자유영역을 제한하고 있다. 이러한 개별경제주체는 제한된 공식경제의 행동반경 속에서 더욱 더 제 2경제로 편입되고 있다.

소련에서 제 2경제가 존재하는 주요 원인은 생산수단의 사적소유권을 인정하지 않으며, 주로 중앙계획당국이 경제주체들의 활동을 명령 혹은 행정적인 방법으로 관리 및 통제하는 것에서 기인한다. 원칙적으로 사적경제활동은 금지되어 있었다. 그러나, 경제활동에서 국가의 역할이 강조되면 될수록 제 2경제의 생성잠재력은 증가된다. 이 사실은 자본주의체제에서도 일반적으로 존재하는 체제초월적 제 2경제의 원인을 제공한다. 국가는 법률제도를 통해 경제주체의 활동범위를 금지 혹은 제한한다. 국가의 역할을 어느 정도 범위 내에서 국민들이 수용하며 또한 국가간섭의 증가로 인한 경제주체의 방어 전략이 어느 정도 범위 내에서 이루어지는가는 시간과 공간에 따라 또는 각 경우마다 상이하다. 역사적 혹은 경험적 시각에서 보면 경제주체가 끊임없이 그리고 상당히 국가의 간섭에

36) H. E. Gramatzki, "Schattenwirtschaft...", p.431.

대해 저항하며 회피하고 있다는 것을 알 수 있다.[37)]

소련에서는 원칙적으로 생산수단의 사적소유권은 인정되지 않는 사회주의적 소유권체계로 이루어졌다. 사회주의적 소유권의 관리는 노멘클라투라에 의해 이루어진다. 그들의 경제력과 정치력은 국민을 위해 사용·관리되는 것보다 그들 자신의 이권과 특권에 사용되었다. 특히 거대한 행정 · 관료체제에서 그들의 정치·경제력은 무한정에 가깝다. 노멘클라투라 체제내에서 관직매매도 이루어지고 있다. 소련 학술원회원이었던 보슬렌스키(M. S. Voslensky)라는 망명학자는 뇌물을 수수하는 노멘클라투라는 결코 처벌받지 않는 불문율이 있으며, 단지 처벌되는 노멘클라투라는 그들 사이의 권력투쟁에서 소외된 자를 의미한다고 말하고 있다.[38)]

코나이(J. Kornai)는 사회주의 계획경제체제를 여러 가지 이유로 소비재와 내구재의 만성적 '부족경제'체제라고 칭하고 있다.[39)] 이러한 상품부족을 제거하기 위해 소련의 경제주체들은 첫째, 상품을 구입하기 위해 정보입수, 줄서기, 물자도착 시간 그리고 수송 등에 많은 '시간'을 필요로 하고 있다. 둘째, 상품불입, 경화교환, 뇌물 그리고 암시장 등으로 인해 많은 '화폐'를 요구하고 있다. 셋째, 친절, 호의, 허가 혹은 관계 등을 위해 많은 '말'을 필요로 하고 있다.[40)] 따라서, 소련 국민들이 많은 시간과 화폐 그리고 말을 필요로 하는 것은 소련의 제 1경제, 즉 계획경제부문에서 발생한 적정한 자원배분(allocation)의 불완전성과 조정(coordination)의 실패로 인해 개별 경제주체 스스로 상품부족을 제거하기 위해 '자체공급경제'(예를 들면 do-it-yourself)[41)]와 준적법불법적 메커니즘을 통해 이를 극복하려는 자구행위 혹은 정당 방위적 성격을 지니고 있었다는 것이다.

---

37) E. Cichy and H. J. Paffenholz, "Schattenwirtschaft...", p. 91.

38) M. S. Voslensky, "Sowjetunion: Die korrupte Nomenklatura", in: *Korruption, Zur Soziologie nicht immer abweichenden Verhaltens*, (ed.) by C. Fleck and H. Kuzmics (Königstein/Ts.: Athenäum, 1985), pp.167-168..

39) J. Kornai, *Economics of Shortage, Vol. A and Vol. B.* (Amsterdam: Northlland Publishing Company, 1980). 소련체제의 상품부족의 상세한 원인은 다음의 책 참조 바람, J. M. Han: *Infation...*, pp.81-247.

40) D. Cassel, "Funktionen der Schattenwirtschaft im Koordinatiosmechanismus von Markt und Planwirtschaften", *ORDO*, Vol. 37, No.1, 1986, p.79.

41) do-it-yourself의 현상은 체제 초월적으로 존재하고 있다. 자본주의체제에서는 주로 인건비의 상승과 노동시간의 단축으로 인해 가계주체가 스스로 생산자의 역할을 하고 있는 반면에 사회주의체제에서는 상품부족과 서비스의 부족으로 인해 일반소비자가 원하는 것을 구입 못해 스스로 생산자의 역할을 한다. 예를 들면 소련에서는 서방에서 무료로 주는 의복 광고물이 높은 가격에 판매되고 있다. 왜냐하면 소련 소비자가 유행과 모드에 맞는 물품을 자체적으로 만들려고 하기 때문이다. 미래학자인 앨빈 토플러는 생산자와 소비자의 동일시(예를 들면 환자와 의사)는 새로운 권력이동의 유형이라고 보고 있다. 앨빈 토플러, 『권력이동』(서울: 한국경제신문사, 1990), pp.29-31.

소련에서 자원배분은 시장의 기능을 이용하지 않고 계획에 의해 이루어지고 있었다. 경제 관료가 자원배분에 막강한 힘을 갖고 있음으로 해서 물자공급, 상당한 노동력배분, 주택배분, 건축허가, 해외여행허가, 자동차면허증 등 모든 경제활동은 원칙적으로 국가의 통제·관리 하에서 이루어졌다. 그러므로 자본주의체제와 마찬가지로 경제행정 관료들에 의한 뇌물과 부정 및 부패의 가능성이 농후했다.

소련 경제체제에서는 가격이 수요와 공급에 의해 결정되는 시장가격이 아니라 국가의 행정가격이라는 성격을 띰으로 제 2경제의 근본적 원인을 제공하고 있다. 특히 1960년대 코시킨 경제개혁 이후 '신상품'에 대해서는 가격을 올릴 수 있게 되어 기업에서는 값싼 제품을 생산하지 않고 비싼 제품생산에 총력을 기울이고 있었다. 심지어는 옛날 상품을 상표만 바꾸어 신상품이라고 하여 비싼 가격을 책정했다. 제 1경제의 행정가격이 실제 수요와 공급의 균형을 유지하지 못할 때, 모든 소련의 경제주체는 제 2경제활동을 모색하게 된다. 앞에서 언급했듯이 한편으로는, 자체적으로 상품과 서비스를 조달하는 '적법적 시장'(국가가 묵인 혹은 승인)을 통해(예를 들면 소규모 수공업자, 유통인, 사적 소택지 사용자 등이 대표적 경우) 다른 한편으로는, 불법적 혹은 지하경제 활동을 하게 된다. 소련사회는 공식적으로 화폐가 상품보다 많은 경우가 대부분이었다. 제 2경제에서는 적법이든 불법이든 상관없이 수요와 공급법칙에 의한 자유가격이 형성된다. 그러므로 항상 과잉수요와 과소공급 상태에 있는 소련사회에서 제 2경제에서의 가격은 상당히 높은 편이었다. 또한 제 2경제의 유형에 따라 위험수당 X가 이 가격에 포함된다. 제 2경제가 계속 기승을 부리는 가장 중요한 원인은 소련경제의 화폐과잉에서 기인했다.[42] 1971년부터 1985년까지 소련의 화폐량은 약 3.1배나 상승한 반면에 상품 및 서비스 공급은 겨우 2배밖에 오르지 않았다. 또한 1980년 후반기에도 화폐량의 성장은 빠른 속도로 계속됐다. 1987년에 약 60억 루블, 1988년에 120억 루블, 1989년에 180억 루블로 상승했지만 1986년 소매업에 대한 상품공급은 오히려 15% 감소됐다.[43] 이러한 화폐과잉으로 인해 경제주체들은 무한정에 가까운 구매력을 갖고 있었다. 1989년 기준으로 소비자의 잠재구매력을 루블로 환산하면 약 1,500억 루블로 추정됐다. 소련의 공식보도에 의하면 1989년 기준으로 1루블의 실질구매력은 단지 27코페이카의 가치에 해당된다고 한다.[44] 그럼

42) 사회주의체제에서 상품과 화폐의 불균형으로 인한 인플레이션 잠재력에 대한 지표로서 제 2경제에 대한 분석에 대해 다음의 논문 참조바람, J. M. Han and R. Ostermeir, "Monetäre Disproportionen...", pp.79-92.

43) *Izvestiia*, September 26, 1989.

44) U. Weißenburger, "Sowjetische Wirtschaftsplanung für 1990: Inflationsbekämpfung ohne klare Konzeption", *DIW-Wochenberichre*, No.35, 1989, pp.563-64.

에도 불구하고 공식경제부문에서 공급하는 상품과 서비스의 가격은 고정되어 있으므로 '공식적' 인플레이션은 존재하지 않지만 비공식적으로는 상당한 가격앙등 요인이 존재하기 때문에 소비자는 국영소매상점에서 '장사진' 등의 어려움을 감수해야 했다.

이러한 현상은 제 2차 세계대전 종료 이후 모든 서방국가들에서, 특히 독일에서 나타났으며 또한 한국도 대한민국 수립시기인 1948년을 전후해서 그리고 6.25동란 시기를 전후해서 나타났다. 이 현상은 소련에서는 주로 화폐과잉으로 기인한 반면 독일과 한국에서 나타난 제 2경제는 절대적으로 상품과 서비스부족에서 기인했다고 볼 수 있다. 공통분모는 상품과 화폐의 균형을 유지시키는 화폐정책의 부재에 기인한다고 본다.

그로스만도 제 2경제의 생성원인으로 앞에서 본 것처럼 첫째, 가격통제, 둘째, 사적 활동의 금지, 셋째, 일정 수요 증가, 넷째, 비적절한 관리하의 사회적 소유를 지적하고 있다. 그는 또한 제 2경제의 원인에는 조세, 특히 높은 간접세를 회피하기 위해 기업 간 거래를 불법적으로, 예를 들면 톨카치 등에 이루어지는 것은 물론 불법제조의 성행 등을 지적했다.[45]

소련에서 불법거래가 왕성한 이유는 소련체제가 고의적으로 유통업을 경시하는 정책에서 기인한다고 볼 수 있다. 이러한 정책은 마르크스가 주장한 생산력과 생산관계의 모순의 극복에 중심을 두고 있기 때문이었다. 부언하면 생산관계도 중요하지만 유통관계도 중요하다는 것을 간과했던 것이다. 독일의 역사주의학파가 세계 사회경제 발전을 제1차 산업에서 제2차 산업을 경유하여 제3차 산업으로 이행된다고 예견했는데, 소련사회는 제3차 산업의 중요성을 경시하고 주로 제2차 산업에 총력을 기울인 조처는 당연히 역사발전에 역행한 조치라고 생각된다. 소련처럼 세계 땅의 6분의 1을 지닌 거대한 국가는 상품과 서비스가 풍부히 공급된다고 할지라도 유통업체계가 정비되지 않을 때는 당연히 지역적·시간적 상품애로가 발생한다.

고르바쵸프 집권 이후 소련역사에서 유래를 찾을 수 없는 경제개혁을 전개했음에도 불구하고 일관된 경제정책의 부재가 제 2경제를 가시화시켰다고 볼 수 있다. 고르바쵸프는 경제개혁을 위해 제도적, 법률적 장치를 상당히 고안하면서도 실제 경제에서 그것을 실행하는 데까지 힘을 기울이지 못했다. 그러므로 경제주체, 즉 기업과 가계가 이행기 동안에 더욱 더 불법거래와 매점·매석행위가 활성화됐다. 왜냐하면 공식 및 비공식 보도를 통해 조만간에 이루어질 화폐개혁, 사유화, 시장경제로의 이행 등과 비경제적 개혁[46] 등을 경

45) G. Grossman, "Notes on the Illegal Private Economy...", pp.844-55.

46) 예를 들면 행정개혁과 예상으로 인해 연방공무원과 지방공무원들은 그들의 위치에 대한 불안정으로 직접·간접으로 행정활동을 등한시하면서 노후대책에만 부심하여 소련의 행정은 마비되었고 제 2경제는 심화됐다.

제주체는 예상하여 더욱 불법경제활동을 가속화했기 때문이다.

마지막으로, 소련에서 제 2경제가 기승을 부리는 원인 중의 하나는 경제주체의 사회도덕과 가치관의 저하 혹은 부재라고 볼 수 있다. 이러한 사회도덕의 상실은 계속적인 이데올로기의 선전으로 인한 국민의 무감각, 정보 통신·혁명으로 인한 다른 세계와의 비교를 통한 좌절감과 글라스노스트 정책의 일환으로 많은 부정과 부패 그리고 소련경제의 실상을 인식하면서 느끼게 된 허탈감 등에서 기인한다. 특히 노멘클라투라의 부정과 부패, 그리고 정치지도부에 대한 불신 등은 "윗물이 맑아야 아랫물이 맑다"는 한국 속담처럼 모든 경제주체가 부정적 제 2경제활동에 총력을 기울이고 있는 것을 반영했다.

5.5. 제 2경제의 파급효과

1) 자원배분 및 경제성장 효과

제 2경제에 활동하는 경제주체는 원칙적으로 이윤극대화의 계산아래 경제활동을 영위하고 있다. 보통 제 2경제의 생산성은 제 1경제의 생산성보다 높은 것으로 나타나고 있다. 이러한 제 2경제의 긍정적 효과는 주로 제 1경제에 노동투입의 극소화, 예를 들면 결근, 지각, 조기퇴근, 근무태만 등을 통해 제 2경제부문으로 노동투입의 전환이 이루어지면서 발생한다. 이러한 경우에는 제로섬 게임(zero-sum-game)에 따라 제 2경제의 생산성상승은 제 1경제의 생산성하락으로 나타나므로 양부문의 효과간의 차액에 따라 총체적으로 국민경제를 평가해야 한다. 물론 제로섬 게임이 아닌 제 2경제부문의 효과는 긍정적일 것이다. 예를 들면, do-it-yourself 혹은 이웃도와주기 등의 경우에는 충분한 휴식을 취하지 못해 제 1경제에 지장을 주는 것을 제외하고는 분명히 긍정적 효과를 수반한다. 제 2경제에서 상품과 서비스의 가격은 제 1경제부문 보다 높으므로 국민들이 소유한 화폐를 환원하는 데 긍정적 역할을 하고 있다. 또한 제 2경제부문에서는 높은 임금과 보너스가 지급되기 때문에 인센티브에 도움을 준다.[47] 그러나 대부분의 제 2경제는 제 1경제를 좀먹는 역할을 하고 있다. 소련의 제 2경제가 국민경제에 미치는 '순효과'는 단기적으로 어느 정도 소비재 상품부족 제거에 기여는 하지만 중·장기적으로 국민경제의 성장을 둔화시킨다.

증가되는 상품부족은 제 2경제에서 노동수요를 증가시킨다. 제 1경제에서 노동공급이 제한되어 있기 때문에 제 2경제에서의 임금은 빠른 속도로 증가한다. 이러한 현상은 다

47) P. R. Gregory and R. C. Stuart, "Economic Structure..." p.363.

시금 제 1경제에 영향력을 미쳐 소련의 기업장들은 종전보다 더 높은 임금을 지불해야만 한다. 그러나 노동시장에서 기업들의 합법적 혹은 불법적인 추가적 임금상승으로 인한 인센티브는 상당히 적은 효과이다.[48] 왜냐하면 단지 명목임금의 상승만 가져오기 때문이다. 소련의 상품가격형성은 주로 국가주도하의 고정된 행정가격이므로 상승된 임금은 주로 국립은행(Gosbank), 대부분은 국립은행의 지점을 통해 별로 문제없이 대부 받는다. 헝가리 경제학자 코나이는 사회주의체제에서 일어나는 현상으로 '연성예산제약(Soft Budgets Constraints)'으로 기업이 파산하지 않는다고 한다.[49] 소련의 화폐제도는 실물경제체제의 보조적 기능을 담당하고 있었기 때문에 화폐량의 팽창은 다시금 상품과 화폐의 불균형을 유발시킨다. 일반 경제주체들은 상당한 화폐를 보유하고 있어, 구매력이 증가하지만 상품의 부족으로 상품화폐의 균형은 이루어지지 않는다. 자본주의체제에서는 이러한 경우 인플레이션으로 경제주체의 구매력을 잠식시키지만 전통적으로 소련의 제 1경제에서는 고정된 행정가격으로 인해 인플레이션이 존재하지 않는다. 행정가격에는 상품서비스시장에서 상품서비스가격, 노동시장에서 임금, 자본시장에서 이자 그리고 외환시장에서 환율이 고정됨으로써 경제의 역동성 과정에서 변화에 적응하지 못하며 또한 최소한 자원을 적절하게 배분하지 못해 자원낭비를 초래시킨다. 그러므로 소련 가계와 기업들은 한편으로는 제 1경제의 배분체계에서 줄서기, 배급제 등에 시달려야 하며, 다른 한편으로는 제 2경제의 배분체계에서는 높은 가격 등을 지불해야만 한다. 이러한 '이중가격'으로 인해 모든 경제주체들은 국민복지가 더욱 악화되고 있으며 귀중한 자원을 낭비하는 경향이 농후했다. 국민경제적으로는 가격왜곡으로 인해 경제정책의 효율성이 저하됐다.

소련에서 제 2경제의 활동범위는 주로 소비재부문에 집중되고 있다. 그러므로 생산재부문의 노동력과 자본력이 소비재부문으로 전환됨으로 인해 국민경제의 성장잠재력을 잠식할 가능성이 존재했다. 이러한 결과는 후에 다시금 상품생산의 부족을 야기시키는 악순환으로 이어지고 있다. 투자의 상당부문이 제 2경제로 이행됨으로써 국민경제의 자본 스토크(stock)의 구조에 부정적 영향력을 미치고 있다. 왜냐하면 전통적 소련의 소유권체계와 관련해서 보면 제 2경제의 활동의 대부분은 불법 혹은 준적법적이며, 그 자체 내의 지하적인 화폐유통을 유발시키고, 또한 사적 기업 혹은 사적 기업활동의 규모는 상당히 왜소하기 때문에 규모의 경제(economics of scale)의 장점을 통한 자본축적이 용이하지 않기 때문이다.

48) G. Grossman, "Notes on the Illegal Private Economy..." p.854.

49) J. Kornai, "The Soft Budget Constraint", *Kyklos,* Vol. 39, No. 1, 1986, pp.3-30.

2) 소득재분배효과

마르크스, 레닌주의의 평등분배 원칙은 제 2경제의 원인을 제공할 뿐만 아니라 경제적 비능률을 제고시켜 실제적으로 상당한 성별, 산업별 그리고 지역별 소득격차를 유발시키고 있다.

제 2경제는 확실히 소득재분배효과를 지니고 있다. 각 경제주체의 분배효과의 위상은 얼마나 많은 시간, 노동, 경제력 그리고 정치력을 제 2경제에 투입시킬 수 있는 능력 여하에 따라 좌우된다.[50)]

소득재분배에 대한 경험적 및 계량적 분석은 소련체제에서 오랫동안 유지해왔던 분배평등의 이데올로기와 불충분한 1차 통계로 인해 연구가 미미한 영역이다. 또한 소련체제에서 높게 나타나는 제 2경제로 인해 공식데이터의 신빙성이 결여되어 있다. 이러한 사실로 경제정책에 가장 중요한 정보가 왜곡되어 경제정책의 질이 저하되고 있다.

예를 들면, 연금자는 상대적으로 많은 시간과 직업 자격을 갖고 있으나 기업 내 재산을 절도할 기회가 상대적으로 적다. 기업장은 상대적으로 적은 시간을 갖고 있으나 비밀사적 생산과 처분할 수 있는 경제력을 지니고 있다. 당과 국가기구에 일하는 자는 정치력을 바탕으로 특권과 '뇌물'을 받을 수 있다. 제 2경제는 노멘클라투라에게 더욱 더 부의 축적 가능성을 높여준다. 상품부족으로 인해 소련에서는 고객이 왕이 아니라 판매자가 큰 힘을 발휘하므로 그들은 웃돈을 받을 가능성과 그들이 판매하는 물건과 부족한 기타 물건을 교환할 가능성이 많다.

위에서 살펴보았듯이, 제 2경제는 상당한 소득재분배에 영향을 미치고 있다. 이득을 보는 층은 제 2경제의 활동에 진입할 수 있는 경제력과 정치력을 보유한 자이며, 손해를 보는 층은 국가와 이 부문에 진입할 수 없는 계층일 것이다. 제 2경제를 통한 경제주체의 소득불평등 문제는 형평성 문제와 관련하여 사회정의 실현에 상당한 문제점을 유발시키며, 경제주체간의 사회적 합의 혹은 정체성(正體性)을 약화시켜 경제주체에 대한 인센티브를 약화시킨다. 그럼에도 불구하고 제 2경제는 체제 초월적으로 정상적인 일상생활의 필수불가결한 존재일 뿐만 아니라 모든 사회경제체제의 존속과 기능을 도와주는 '경제적 윤활유(economic lubricant)'와 '경제적 완충기(economic buffer)' 그리고 '사회적 진정(Social molifier)'의 역할을 수행했다.[51)]

그러나 제 2경제는 불법생산과 거래 등으로 개인의 이득과 부를 축적하기 위해 사회전

---

50) D. Cassel, "Funktionen der Schattenwirtschaft...", p.98.
51) D. Cassel, "Funktionen der Schattenwirtschaft...", p.99.

반에 걸쳐 행해짐으로써 소련을 지탱해주는 사회주의체제의 이데올로기에 대한 회의를 불러일으켰다. 또한, 제 2경제는 공산당의 지도력과 공산당독재의 합법성 그리고 도덕성에 대한 의문들을 제기시켜 체제거부적인 성격에서 점점 체제저항적인 성격으로 발전되어 체제파괴적인 것에서 체제전환적인 것으로 이전하게 하는 '기관차'의 역할을 담당했다

5.6. 제 2경제의 방지책과 경제개혁

모든 경제체제에서 제 2경제는 안정촉진제 기능을 갖고 있다. 시장경제체제에서 제 2경제는 대안이 없는 곳에서 일자리를 공급하고 있는 반면에, 계획경제체제에서 제 2경제는 '경제메커니즘'을 유연하게 만들어 주며 또한 물자공급을 향상시킨다. 그러나 다른 관점에서 소련의 제 2경제는 개혁에 저항하는 측면을 지니고 있다. 왜냐하면, 제 2경제는 이 체제에서 그럭저럭 작동되고 있기 때문에 경제·정치개혁을 급속히 필요로 하지 않기 때문이다. 이러한 지연은 정치적으로 위험한 상태와 경제악화를 초래했다. 그러므로 소련의 지도층은 제 2경제의 많은 부분을 합법화 혹은 금지시키고 있다.[52]

백색시장의 제 2경제의 활동을 고르바쵸프의 초기단계에는 법적 조치로 강화했다. 예를 들면, 1986년 '불로소득 퇴치에 관한 법률'이 그 대표적 경우이다. 그러나 상품과 서비스부족을 제거하지 못했으며 또한 법적 조치의 불안정으로 큰 성공을 거두지 못하자 고르바쵸프는 이러한 제 2경제를 더욱 활성화하는 조치를 취했다. 1986년 11월 19일에 '사적 영업활동에 관한 법률'을 제정하면서 이러한 제 2경제의 활동을 양성화하는 조치를 실시했다. 예를 들면, 완전 노동자가 아닌 경제주체(연금생활자, 학생) 그리고 노동자들에게는 그들의 노동시간에 사적 경제활동을 허락했다.[53]

1988년 5월 26일 '조합에 관한 법률'이 공표되면서부터 주업으로 직접 사적활동에 참가하게 되었고 사적 노동계약을 체결할 수 있게 됐다. 소련 국가통계위원회의 발표에 의하면 1988년에 벌써 협업기업에 종사하는 사람은 135만 명이며 사적 부업에 종사하는 자는 72만 명으로 집계됐다. 그러나 실제 이 분야에 종사하는 사람의 암노동을 고려하면 훨씬 높은 숫자가 될 것이다. 이 분야에서 생산되고 판매된 상품과 서비스는 1988년에 대략 60억 루블을 상회했다고 한다.[54]

이 영역의 재정적 자본의 효율적 이용을 위해 소련에서는 1988년 말에 처음으로 77개

52) H. G. Gramatzki, "Schattenwirtschaft..." p.429.
53) C. Schmidt, "Neue Rechtsform privatwirtschaftlicher Erwerbstätigkeit in der USSR", *WGO-Monatshefte für Osteuropäisches Recht,* No.4, 1988, pp.217-39
54) "Кооперативы: зловодвные вопросы", Аргументы и факты , 1989, No.12 p.4.

의 조합은행과 상업은행을 자본금 20억 루블로 설립했다. 1년 후 그 수는 3배 이상 증가했으며, 1990년 9월 기준으로 그 수는 400여개를 넘었고, 그들의 총자산은 320억 루블에 달했다.[55] 앞으로 그 수와 자본액은 더욱 더 커질 전망이다. 그 전까지 소련의 은행제도는 국가은행(Gosbank)을 중심으로 이루어진 단일중앙은행(Monobank) 체제를 유지했었다.

소련의 공장과 기업에서는 생산수단, 특히 중간재와 제품을 가능한 한 많이 보유하고자 한다. 왜냐하면 모든 기업들은 계획당국의 목표량을 쉽게 달성하기 위해 가능한 모든 물자와 노동력을 합법적으로 혹은 불법적으로 보유해야 하기 때문이다. 1990년에 소련의 공장과 기업이 보유하고 있는 원자재와 제품 가치는 약 4,700억 루블로 추정됐다. 공식경제의 거래를 활성화하기 위해 도매업을 도입했지만 기업들은 제1경제에서 원자재와 제품을 판매 혹은 교환하는 데 반대하고 있었다. 오히려 기업들은 과도기적으로 법률위반을 통해 상당한 제 2경제의 판매망의 기본조건을 조성하는데 노력했다.[56]

소련사회에서 제 2경제에 참가하지 않는 사람은 거의 없었다. 앞에서 기술했듯이 제 2경제의 생성원인은 주로 상품과 서비스의 만성적 부족에서 기인한다. 일부 경제주체는 부족을 제 2경제 활동을 통해 해소한다. 이에 대한 반응으로 기타 경제주체들도 제 2경제에 가담하게 되어 소련사회는 제 2경제의 늪에 빠지게 되었다. 이러한 현상은 '수인의 딜레마(Prisoner's Dilemma)'에서 보듯이, 소련사회에서 상품부족과 서비스부족 제거는 모든 경제주체에 유익한 것으로 '공공재'의 성격을 갖고 있지만 경제주체의 에고이즘으로 인해 제 2경제활동을 통한 부의 증가는 결국 국민경제적으로 만성적 상품부족과 서비스부족을 일으켜 결국 그들 자신도 이러한 악순환에 빠지고 있다는 것이다.

제 2경제는 미시경제적으로는 국민들의 복지를 향상시키지만, 그러나 제 2경제의 빠른 성장은 경제 불안정의 위험성이 내포되어 있을 뿐만 아니라 정치·사회 질서의 파괴는 물론 도덕성의 실추를 가져온다. 모든 경제체제에서 유동적이고 능률적인 국가 활동 여부에 따라 제 2경제는 방지될 수 있으며 기존의 제 2경제도 제 1경제로 편입될 수 있다. 그러나 전통적 소련의 사회주의경제체제는 '계획 도그마'에 의한 정책의 경직성으로 인해 유동적이고 능률적 국가 활동을 할 수 없었다. 물론 네프(NEP), 흐루시초프개혁, 코시킨-브레쥬네프개혁, 안드로포프 개혁이 있었지만 이 경제개혁들은 계획체제를 골격으로 시장

55) International Monetary Fund/The World Bank/Organisation for Economic Cooperation and Development/European Bank for Reconstruction and Development, *A Study of the Soviet Economy,* Vol.2 (Paris 1991), pp.114-115.

56) N. Schefow, Nikolai, "Schattenwirtschaft..." p.10.

적 요소를 부분적으로 도입하는 것으로 제 2경제의 주요 생성원인인 상품서비스부족을 제거시키는 데 성공하지 못했다. 단지 임시방편적으로 불을 끄는 '소방소'기능 역할을 했을 뿐이다. 그러나 고르바쵸프의 경제개혁은 진지하게 계획과 시장의 조화를 목적으로 하는 정책을 실시하고자 했다. 즉, 제 1경제와 제 2경제의 존재를 국가적 차원에서 인정했다. 하지만, 양경제 상호간의 조화보다는 갈등과 반목이 심화됨으로 인해 경제는 피폐화되어 결국 소련 멸망의 주원인을 제공했다. 앞에서 살펴보았듯이 고르바쵸프의 페레스트로이카는 여러 정책이 수미 일관적으로 이행되지 못해 '푸라이부르그 학파'의 주장처럼 체제의 비효율을 증가시켰다. 왜냐하면 고르바쵸프는 한편으로는 그의 저서 『페레스트로이카』에서 수차에 걸쳐 '인간의 얼굴을 가진 사회주의' 혹은 '진정한 레닌주의로의 복귀'를 주장하면서 다른 한편으로는 시장메커니즘을 도입하려고 했었기 때문이다.

1980년대에 소련경제는 정확히 표현하면 공식경제인 제 1경제는 상당한 둔화와 정체를 보이고 있는 반면에 제 2경제는 상당한 호황을 이루고 있었다. 고르바쵸프 집권 이후 페레스트로이카 경제개혁 과정에서 소련사회는 지금까지 오랫동안 이데올로기적으로 공격해왔던 생산수단의 사적소유권을 인정한 사적 시장의 출현 혹은 투기활동 등을 중앙계획경제체제에서도 존재하는 체제고유적인 요소로 점진적으로 인정했다. 소련의 실체가 소멸된 이후 이러한 자본주의적 요소를 함유한 제 2경제는 '자본주의 학교'로서 더욱 활성화되고 있다. 동구권의 사회주의국가와 소련의 시장경제로의 이행 과정에서 제 2경제의 활동을 제 1경제로 편입하는 점이 가장 중요한 문제가 될 것으로 생각된다.

구소련에서 시장제도가 정착되는 과정에서는 제 2경제의 하위개념인 지하경제 혹은 불법경제가 상당히 활발히 전개되리라 예상된다. 구소련의 15개 연방공화국의 모든 국가들은 사회주의적 잔재가 남아 있어 시장메커니즘의 도입으로 단시간에 경제안정을 기대하는 것은 무리라고 생각된다. 아직도 상당한 영향력을 발휘하는 중앙계획경제체제라는 어머니 품안에서 시장경제의 태아가 잉태되어가는 과정이라고 볼 수 있다. 그러나 어머니의 몸이 너무나 병들었기 때문에 건강한 태아의 발육장애는 물론 기형아가 태어날 가능성도 배제할 수는 없다.[57]

5.7. 맺음말

제 2경제 현상은 체제 초월적으로 존재한다고 볼 수 있다. 제 2경제 형태와 규모는 광범위하며 매우 포괄적이다. 제 2경제의 정의와 개념은 매우 다양함에도 불구하고 이 논

57) G. Soros, "Can the Soviet Economy Survive?", *Wall Street Jounal*, December 7, 1989.

문에서는 소련경제를 분석하기 위해 체제론적 정의로 전개했다. 그러므로 실정법에 위배되는 불법경제 혹은 지하경제의 개념은 제 2경제의 하위개념으로 파악했다.

제 2경제의 형태는 매우 다양하며 소련경제의 전 분야에 걸쳐 이루어지고 있었다. 적법성의 정도에 따라 수많은 '색깔 시장'을 살펴보았다. 모든 제 2경제는 서로서로 밀접한 관련이 있으며, 대부분의 제 2경제는 제 1경제와 보완과 공생 그리고 기생관계로 얽혀있다. 제 2경제의 추정치는 각 정의와 연구자의 목적 여하에 따라 매우 상이하다.

제 2경제의 생성원인은 주로 체제 정책적 원인으로 계획체제의 불완전성과 불합리성에서 기인하고 있다. 무엇보다도 계획당국과 개별 경제주체 간의 자원배분이 순조롭게 이루어지지 않는 것이 주원인이다. 그리고 경제과정 정책의 원인으로는 소련에서 국민의 총수요와 총공급의 불일치로 인해 만성적으로 일어나는 상품 · 서비스의 부족이 주원인이다. 경제구조 정책의 원인으로는 중공업의 육성정책과 제3차 산업의 부족으로 인해 지역간, 산업간 상품·서비스부족이 주원인이다. 기타 비경제적 요인으로 경제개혁의 수미일관성의 결여와 국민의 도덕성 상실을 들 수 있다.

제 2경제의 파급효과는 자원배분에서 상당한 자원낭비와 제 2경제의 높은 인플레이션을 통해 국민생활의 질을 저하시켰다. 또한, 제 1경제와 제 2경제의 갈등적 요소의 확대로 인해 국민경제의 안정적 성장에 부작용을 초래했다. 물론 제 2경제를 통해 상품·서비스부족의 제거와 화폐과잉을 제거하는 순기능은 있지만 국민경제상으로 순기능보다는 역기능이 크다. 제 2경제는 소득재분배에 상당한 영향을 미치고 있다. 한편, 제 2경제의 방지책으로는 제 2경제를 제 1경제로 편입하는 경제정책이 필요할 것이다.

제 2경제는 소련체제의 붕괴와 체제전환을 이끌어낸 '기관차'의 역할을 담당하고 있다. 앞으로 구소련의 독립국가연합(CIS), 그루지야 그리고 발트 3국에는 시장경제체제로의 이행기에서 새로운 체제가 안정될 때까지 상당한 제 2경제가 존재하리라 예상된다. 왜냐하면 시장체제의 지식(know-how)과 공정한 시장규칙(game-rule)이 단기간에 이루어지지 않기 때문이다. 또한 체제이행기에서는 항상 무질서와 혼란이 수반되기 때문이기도 하다.

제 6 장 고르바쵸프의 경제개혁*

6.1. 머리말

19세기 말 유럽에 많은 지식인들에 의해 자본주의체제의 대안으로써 각광을 받아온 사회주의 사상은 맑스의 예견과는 달리 유럽에서 제일 낙후한 러시아에서 1917년 '10월 혁명'을 통해 지구촌에서 처음으로 사회주의체제가 생성됐다. 이로 인해 20세기, 특히 제2차 세계대전 종료 후 1989년까지는 시장경제와 민주주의를 골격으로 한 자본주의체제와 중앙계획경제와 전체주의를 기초로 한 사회주의체제 간의 첨예한 이념 대립의 시기였다. '프랑스혁명'이 발발한지 200년이 되는 1989년에 냉전의 산물이었던 '베를린장벽'이 무너진 후 동유럽 사회주의체제도 도미노 방식으로 몰락했다. 1990년 10월에 독일은 통일되었으며, 1991년에 '상호경제원조위원회'(COMECON)와 '바르샤바조약기구'(WTO)의 해체와 더불어 1991년 말에 사회주의체제의 종주국인 소련도 해체되었다. 사회주의체제의 붕괴와 쇠약, 그리고 소련 해체의 원인은 고르바쵸프의 개혁에서 절대적으로 기인된다. 소련의 경제는 1950년 말경부터 양적(외연적, extensive) 성장의 한계에 직면했다. 이 문제를 해결하기 위해 1956년 흐루시쵸프의 경제개혁과 1965-1967년의 코시긴 경제개혁은 있었지만 부분적인 성공에 미쳤을 뿐이다. 1968년 '프라하 사건' 이후 브레쥬네프 서기장은 스탈린체제의 비판을 거부하면서 개혁은 후퇴되었다. 그 대신에 브레쥬네프는 더욱더 '성숙된 사회주의' 혹은 '발전된 사회주의'를 추구했다. 그 결과 1982년 브레쥬네프 사망 때까지 소련 경제는 대정체기(stagnation)를 맞이했다. 그 후 안드로포프와 체르넨코도 개혁의지를 가졌지만 단명으로 흐지부지됐다. 그로 인해 소련 경제는 만성적인 상품 부족 현상과 국민의 생활수준의 하락 그리고 서방과의 기술격차가 더욱 벌어지면서 체제위기를 가시화했다.

---

* 이 글은 1994년 한국슬라브학회 추계학술대회에서 발표한 내용임. <정한구/문수언 편, 『러시아정치의 이해』(서울: 나남, 1995), pp.219-242>에 게재됨.

1985년 3월에 취임한 고르바쵸프는 이 문제의 해결을 위해 초기에는 '경제의 가속화' 정책과 '반(反)알코올캠페인' 정책을 실시했다. 그러나 이러한 부분적 개혁조치로는 소련 경제의 치유가 불가능하다고 생각한 고르바쵸프는 1987년부터 전반적인 총체적 페레스트로이카 정책을 실시한다. 페레스트로이카는 경제개혁 뿐만 아니라 정치, 사회, 언론, 문화 등의 전반적인 개혁이었다. 그러나 페레스트로이카는 복합적 요인, 특히 소련 체제의 특권계급층이라고 볼 수 있는 노멘클라투라의 저항 등으로 실패했다.[1)]

이 글에서는 페레스트로이카의 발생동인과 전개과정 그리고 소멸과정을 전반적으로 다룬다. 소련의 해체로 인해 고르바쵸프의 페레스트로이카는 소멸됐지만 페레스트로이카의 상당 부분은 새로운 러시아뿐만 아니라 소련의 계승국가에 남아있다. 이런 점에서 역사의 뒤안길에 서 있는 고르바쵸프의 경제개혁의 연구도 '독립국가연합'(CIS)과 새로운 러시아와 소련의 계승국가의 경제 연구를 위해 필요하다고 하겠다.

6.2. 고르바쵸프 경제개혁의 발생동인

이 절에서는 고르바쵸프의 경제개혁의 필요성을 위해, 간략하게 소련 경제사를 조명하면서, 이 체제의 내재적 모순과 극복과정 그리고 고르바쵸프 이전의 경제개혁들을 분석 · 정리한다.

세계 최초로 사회주의혁명을 성공시킨 소비에트정부는 무모한 공산주의정책을 실시했다. 1917년 10월 혁명부터 1921년 3월에 '신경제정책'(NEP)의 출범 기간까지를 '전시공산주의시대'라고 부르고 있다. 전시라는 부가어의 사용은 이 기간 동안 제1차 세계대전, 국제간섭군의 침략, 적군과 백군의 전쟁이 1921년 2월 말까지 존재했기 때문이다. 소비에트 정부는 생산수단의 사적소유권의 폐지와 상품 · 화폐관계, 즉 시장과 화폐 소멸 정책 그리고 폐쇄경제체제를 강력하게 실시했다. 혁명정부는 공권력에 통해 토지와 기업, 그리고 생산수단을 국유화 했으며, 또한 화폐제조기를 완전 가동. 즉, 초인플레이션(hyper-inflation) 정책을 통해 자본가계층을 제거시키면서 화폐 소멸 정책을 실시했다.[2)] 레닌은 화폐제조기를 "부르주아 유산계급을 싸 죽이는 기관총"이라고까지 말했다. 그 대신에 배급제가 실시되면서 생산과 유통은 물론 심지어 소비까지도 소비에트 당국이 관리하게 되었다. 그리하여 경제의 전 분야에서의 자원배분은 전적으로 소비에트 당국에 의해서 이루어졌다.

1) 노멘클라투라에 대해서는 제4장을 참조.
2) 전시공산주의 기간 동안 소비에트정부의 화폐소명정책에 대해서는 다음의 책을 참조바람, Joyce Pickersgill, *Soviet Monetary policy and the Demand for Money,* Ph. D. Dissertation, University of Washington, 1996, pp.64-66.

많은 사회주의자는 물론 맑스와 레닌도 사회주의 경제체제의 향방의 추상적 사고 수준을 지녔을 뿐이라고 생각된다. 그들은 자본주의체제의 붕괴에만 정력을 기울였기 때문에 자본주의체제에서 사회주의체제로의 이행론에 관한 구체적 정책을 가지고 있지 못했다. 그들은 단지 자본주의체제에서 움직이는 시장 기구 대신에 계획을 도입하기 위해 국유화 정책과 시장 기능의 파괴 정책을 무모하게 감행했다고 볼 수 있다. 레닌은 전국가의 경영부기를 위해 단지 4칙(더하기, 빼기, 나누기, 곱하기)을 할 수 있는 사람만 있으면 계획경제가 작동될 수 있다고 생각했다. 또한 레닌은 "신뢰하는 것도 좋지만, 그보다 더 좋은 것은 통제" 원칙에 따라 국가재산 관리를 강조했다.[3] 그러나 경영부기는 아주 복합적이고 역동적인 면이 존재한다는 것을 등한시했으며, 모든 경제주체의 통제는 불가능하다는 것을 간과했다.

어쨌든 무모한 전시공산주의 정책으로 인해 소비에트 경제는 총체적 위기에 직면한다. 전 분야에서 생산량은 전쟁 전(1913년을 의미함) 수준보다 급격히 하락했다. 특히 '강제곡물징발제'로 인해 농민의 인센티브가 저하되면서 농업생산량은 50% 수준에도 미치지 못했다. 또한 전쟁과 내란으로 인해 사회간접자본시설인 철도와 도로의 파괴, 그리고 설상가상으로 흉년과 질병으로 인해 경제는 파국적 상황에 도달했다. 1921년 2월 크론슈타트 수군의 반란을 진압하면서 정치적으로 안정을 찾은 소비에트 정부는 총체적 위기를 해소하기 위해 무모한 전시공산주의정책을 지양하면서 180도 선회한 신경제(NEP) 정책을 실시한다.[4]

NEP는 행정, 대외무역, 은행과 보험, 대기업, 철도의 5개 분야는 중앙당국이 관장하고, 기타 부문 예를 들면, 중소기업, 농업과 유통업 등은 민간부문에 자율적으로 위임하면서 그들에게 인센티브를 자극시켜 피폐한 경제를 회생시키는 것을 목적으로 하고 있다. NEP는 사회주의체제를 포기하는 것이 아니라 사회주의체제의 발전을 위해, 즉 '2보 진전'을 위해 전략상 '1보 후퇴'를 감행했다고 볼 수 있다. 하여튼 NEP 정책을 통해 NEP의 출범 이후 3년이 지난 1924년 말경부터 소련의 경제는 전쟁 전 수준까지 향상됐다. NEP의 성공은 전시공산주의 기간이 3~4년 정도에 불과해서, 소비에트 국민의 대부분은 이 자본주의 정신을 상실하지 않은 데서 찾을 수 있다. 그 반면에 고르바쵸프의 개혁은 NEP보다 더 과감한 시장경제를 도입했지만 성공하지 못한 이유 중의 가장 큰 원인은 국민

3) 클라우스-디터 쉬미트, "탈출구 없는 경제재난: 재고파악의 시도," 한스-게오르그 벨링 외 지음, 한종만 옮김, <새로운 러시아 · 독립국가연합> (서울: 대륙연구소출판부, 1994), pp.192-193.

4) NEP의 내용에 대해서는 필자의 글을 참조 바람, "NEP의 시장과 계획," 한국슬라브학회 편, <레닌과 고르바쵸프: 1920년대와 1980년대의 연계성 고찰> (서울: 나남, 1992), pp.173~208.

대부분이 시장경제 마인드를 상실하는 데서 찾을 수 있을 것이다.

하여튼 NEP를 통해 경제가 어느 정도 안정된 1925년부터 '공업화논쟁'[5]을 거쳐 소비에트 당국은 NEP를 폐기하면서 다시 한 번 180도 선회하는 강력한 중앙집권 하에서 집단화 정책과 중공업 우선정책을 실시하면서 스탈린식 코만도 사회주의 계획경제체제가 생성됐다.

1920년대 소련에서 실시된 전시공산주의정책과 NEP정책은 그 후 소련의 개혁과정에서 뿐만 아니라 모든 사회주의국가들의 개혁에서 공산당 내부에서 좌파와 우파, 혹은 보수파와 개혁파 간의 논쟁에서 각기 개혁의 정당성을 제공하고 있다.

소련은 NEP 폐기 후 1928년부터 제 1차 5개년계획을 실시하면서 빠른 속도로 경제발전을 성공시켰다. 계속해서 5개년계획을 실시하면서 중공업 우선정책을 통해 소련은 제2차 세계대전의 승전국(물론 연합국의 원조를 받음)이 되면서 미국과 더불어 단기간에 초강대국의 위치를 차지하게 됐다. 또한 소련은 1950년대에 세계최초로 원자력발전소의 조업, 수소폭탄의 발명, 인공위성의 발사, 세계최대의 짐을 싣는 수송기 개발 등 괄목할만한 정도로 공업력을 발전시켰다.

이러한 성공의 원인은 중앙집권의 코만도식 명령경제체제에 의한 외연적(양적) 성장의 덕택이었다고 볼 수 있다. 외연적 성장은 생산량(output)의 극대화를 위해 인적·물적 자원(input)을 무한정 투입하는 정책을 의미한다. 이 정책을 수행하기 위해서는 엄격한 통제와 관리를 필요로 하고 있다. 생산량, 즉 목표량과 계획량은 엄격히 수행되어야 하며, 계획량을 이행하지 못한 경우에는 물질적 및 비물질적 제재 조치가 따른다. 또한 소련은 세계대륙의 6분의 1을 점유하는 거대한 국가란 것을 감안해 볼 때, 수많은 지하자원을 보유하고 있어 원료와 연료를 자체 공급과 수출을 할 수 있을 뿐만 아니라 동유럽 및 기타 사회주의국가들에게 우호가격으로 판매할 정도로 풍부한 실정이었다. 특히 돈바스탄광과 도네츠탄광에서의 석탄생산은 소련의 공업화에 결정적 역할을 담당했다. 그뿐 아니라 혁명 전 러시아는 아직 자본주의가 궤도에 오르지 않은 상태이므로 대부분의 국민은 농업에 종사했다. 그러므로 유휴노동력은 상당히 많이 존재했다. 농민들의 도시로의 이주정책은 농촌과 도시 간의 가격차와 공권력(거주이주의 자유의 금지·제한, 혹은 강제이주)을 이용하면서, 소비에트 당국은 쉽게 공업화를 위한 노동력을 확보할 수 있었다. 또한 사회

5) 공업화논쟁의 상세한 내용에 대해서는 다음의 책을 참조 바람, Alexander Erlich, *The Soviet Industrialization Debate, 1942-1928* (Cambridge, Mass.: Harvard University Press, 1960). 폴 그레고리 · 로버트 스튜어트 공저, 한종만 · 우강업 · 김성형 공역, <러시아 · 소련 · 독립국가연합경제의 구조와 전망> (서울: 열린책들, 1992), pp.123~152.

주의체제의 정체성(identity) 확립이라는 명목 하에서 남·여 평등을 주장하면서 여성의 권리를 확보하기 위해 여성의 노동력을 활용했다. 여성 노동력을 이용하기 위해 미적 감각의 판단은 여성 고유의 아름다움보다는 튼튼하고, 일 잘하며, 애기를 잘 놓는 여성상이라고 표현했다. 심지어 이러한 목적을 위해 '영웅어머니상'의 제정까지 할 정도였다.[6]

소련은 외연적 성장을 위한 제반요건과 공권력을 지니고 있었기 때문에 빠른 속도로 발전할 수 있었다. 또한 중앙계획경제체제의 특징이라고 볼 수 있는 '거래비용'(협정, 의견수렴, 조정비용 등)이 거의 제로이기 때문에 일사분란하게 의도적으로 경제발전을 가속화할 수 있었다.

1953년 스탈린이 사망하면서 서기장을 계승한 흐루시쵸프는 1950년 중반부터 스탈린식 경제체제에 비판이 가해지기 시작했다. 흐루시쵸프는 1956년 20차 당 대회의 비밀연설에서 스탈린을 비판했다. 그는 스탈린식 경제체제는 '철을 먹는 체제'라고 비판하면서 개혁에 박차를 가했다. 개혁의 골자는 중앙권력을 지방으로의 이전과 외연적 성장보다는 내연적(질적) 성장을 목표로 하고 있다. 과거보다 경제주체의 자율성과 '시장적 요소'가 강조되면서 거주이전의 자유가 어느 정도 허용되면서 부분적으로 노동시장의 형성을 가능케 했다. 또한 지금까지 등한시 해 온 소비재인 경공업과 농업(특히, 처녀지의 개척) 그리고 주택부문의 건설을 강조하면서 소련 국민은 1980년 말에 미국을 추월하여 1990년대에 '마지막 사회구성체'인 공산주의사회에 도달할 수 있다고 호언장담했다.

그러나 흐루시쵸프는 개인적 및 국내·외적 이유로 1964년 당중앙위원회 결정에 의해 해임됐다. 해임의 가장 큰 이유는 스탈린 격하운동에 직접적으로 기인된다고 볼 수 있다. 노멘클라투라의 정당성은 스탈린 체제에 기원을 두고 있으므로, 스탈린 격하운동은 바로 그들의 생존과 밀접히 연계되어 있기 때문이다.[7] 그 후 초기 브레쥬네프 시대인 1965-1967년에 일명 코시킨 경제개혁을 실시하지만 1968년부터 다시금 개혁은 뒷전에 밀려났다. 계획실패는 사회주의체제의 문제가 아니라 인간의 실수에 의해 이루어진다고 브레쥬네프는 주장하면서 1978년에 계획의 완전화를 위한 개혁(성숙된 사회주의)을 실시하지만 큰 성공은 없었다. 대체적으로 1982년 브레쥬네프 사망 때까지 소련은 대정체기라고 볼

6) 소련의 여성은 여러 관점에서 고충을 당했다고 볼 수 있다. (1) 남녀평등으로 인해 여성의 노동활동의 참여, (2) 가사노동, (3) 탁아소와 유치원 등의 시설부족, (4) 주택부족, (5) 가전제품의 고장, (6) 생필품의 부족, (7) 상점에서의 줄서기 등 소련에서의 이혼율이 상당히 높았던 것은 이 문제와 밀접히 연계되어 있다고 생각된다.

7) 노멘클라투라는 사회주의체제의 특권계급층을 의미한다. 노멘클라투라에 대해서는 필자의 글을 참조 바람, "노멘클라투라와 인텔리겐치야 : 집단 정체성의 성립, 존속, 갈등 및 해체," 한국슬라브학회 편, <소련과 러시아 : 정체성의 위기> (서울: 민음사, 1992), pp.49~74.

수 있다. 그 후 안드로포프와 체르넨코 서기장도 이렇다 할 정책을 실시하지 못하면서 단명으로 끝난다. 두 서기장이 취임한 3년 동안에도 브레쥬네프 시대와 별로 차이가 없었다. 그로 인해 소련 경제는 서방국가들과의 경제 · 기술격차가 더욱 벌어졌으며, 경제는 더욱 피폐화됐다고 볼 수 있다. 그로 인해 만성적인 상품부족 현상과 국민의 생활수준의 하락을 가져왔다.

소련 경제의 정체는 여러 가지 복합적 원인에 비롯된다. 여기서는 경제체제론적, 경제구조론적, 경제과정론적 그리고 비경제적 요인을 간략하게 설명한다.[8)]

중앙계획경제체제의 골격으로 이루어진 소련의 경제체제는 중앙경제당국, 예를 들면 국가계획위원회(Gosplan)와 국가물자조달위원회(Gossnab) 그리고 국가은행(Gosbank)이 경제 전 분야를 계획, 관리, 통제한다. Gosplan과 Gossnab은 실물계획을 세우며, Gosbank는 주로 '루블화의 통제(control by ruble)'를 통해 화폐 · 재정계획을 수립한다. 계획경제체제의 속성상 화폐는 단지 실물계획을 보조하는 제 2차적 기능만을 가졌을 뿐이다. 그로 인해 역동적 경제 환경에서 정확한 경영부기를 불가능하게 했다. 그뿐 아니라 대부분의 상품과 서비스 가격도 수요와 공급에 의한 시장가격이 아니라 '국가가격위원회(Goskomtsen)'가 결정하는 계획가격이므로 역동적 경제 환경에 적응할 수 없었다. 중앙당국이 경제 전 분야를 완전히 계획하고 통제한다는 것은 이론 · 실무적으로 불가능하다. 그러므로 소련 경제는 계획의 골격 하에서 이루어진 공식경제(제 1경제)와 정부가 승인 혹은 묵인하거나 제한 · 금지하는 비공식경제(제 2경제)[9)]가 병존해왔다. 게다가 사회주의 평등사상이 만연되고, 생산수단의 사적소유권과 넓은 의미에서의 기타 소유권, 예를 들면 상속권과 지적소유권 그리고 사용권과 처분권 등이 폭넓게 존재하지 않으므로 경제주체의 인센티브의 결여가 결정적으로 경제에 악영향을 미쳤다.

앞에서 언급한 것처럼 경제구조론적 관점에서 소련은 선별적으로 특화산업인 중공업과 군수산업에 물적 · 인적자원을 최대 투입했다. 그로 인해 경공업과 농업 그리고 제3차 산업, 특히 금융 · 보험업과 유통업과 보관업 등의 발전은 상당히 미약했다. 중공업을 중심으로 제2차 산업을 기반으로 하고 있는 이러한 기형적인 소련의 경제구조는 더욱더 국민

---

8) 소련 경제의 정체 원인과 상품부족의 원인에 대해서는 필자의 글을 차조 바람, "러시아 및 독립국가연합의 상품부족에 관한 연구," <사회과학연구> (배재대 사회과학연구소), 제7집(1992년), pp.135~152.

9) 서방세계에서 첫 번째로 소련의 '제2경제'를 상세히 연구한 논문은 다음의 글을 들 수 있다. Gregory Grossman, "The Second Economy of the USSR," Problems of Communism, No.5, (1977), pp. 25~40. 소련 제2경제의 개념과 정의, 형태와 추정치, 발생원인, 파급효과, 그리고 방지책에 대해서는 필자의 글을 참조 바람, "소련의 제2경제," <러시아연구>, 제2권, 1992년, pp.141~164.

이 필요로 하는 일상생필품 및 소비재와 서비스의 욕구를 충족시킬 수 없게 되었다. 또한 소련은 국내경제와 대외경제를 엄격히 차단시키면서 폐쇄경제를 유지했었다. 대외무역은 단지 계획의 차질, 예를 들면 계획 초과달성과 미달성을 보충해주는 '땜질' 기능만을 가졌을 뿐이다. 소련은 여러 관점에서 자급자족체제에 적합한 나라일지는 몰라도, 대외무역의 극소화 정책은 1970년대부터 급속도로 발전된 세계적 과학기술혁명에 동참할 수 없는 계기가 되었다. 그로 인해 소련의 과학기술은 경쟁력을 상실했으며, 새로운 정보에도 뒤지게 되었다. 소련을 중심으로 사회주의 경제협력체인 '상호경제원조위원회'(COMECON)도 경제적 원칙에 의해 이루어진 것이 아니라 정치적 목적(예를 들면 우호가격)에 근거를 두고 있어 큰 실효를 거두지 못했다.

경제과정론적 관점에서 소련의 외연적(양적) 성장전략은 단기적으로 소련 공업력의 향상을 가져다주었지만, 결국 이 성장전략으로 한정된 자원을 낭비했다. 1950년 말부터 소련의 노동력은 한계에 도달했다. 그 이유로서 소련은 제2차 세계대전 동안 약 2천500만여명의 인명피해가 있었다. 또한 공업이 어느 정도 발전된 소련의 북부지역에 거주하는 발트 3국과 슬라브 3국의 인구증가율은 거의 정체되거나 혹은 완만한 인구증가율에도 그 원인이 있다. 물론 소련의 남부지역에 있는 카프카스 3국과 중앙아시아 5국의 인구증가율은 상당히 높아 과잉노동력이 있었으며, 인구 면에서 '남북격차'가 존재했다.[10] 그러나 남부지역에서 북부지역으로의 노동인구의 유동성은 여러 가지 복합적 요인으로 상당히 제한됐다. 또한 소련에서 풍부했던 연료와 원료의 채굴도 더욱 북쪽으로(북극지역) 그리고 동쪽으로(시베리아와 극동) 이동해야 됐으며, 깊이도 더욱 밑으로 들어가야만 했다. 1950년 말부터 외연적 성장을 지양하면서 내연적(질적) 성장전략으로의 변화를 모색하지만 체제와 구조변화가 없어 그 타성은 여전히 남아있게 되었다.

비경제적 요인으로서 소련의 경제개혁과 정치개혁 간의 괴리현상을 들 수 있다. 지금까지 소련의 모든 개혁들은 경제의 활성화를 위한 부분적이거나 혹은 '반쪽'의 개혁이었다. 소련 체제의 속성상 정치와 경제는 상호 밀접히 연계되어 있었다. 심지어 경제는 정치에 종속된 상황이었다. 다른 말로 표현하면 소련의 정치지도부는 국민의 생활수준과 소비수준의 향상을 위해 전력투구하지 않았다고 볼 수 있다. 정치지도부는 군사력의 증강과 전시효과를 위한 공공재의 확장과 사회주의 이데올로기의 수출을 위해 한정된 인적자원과 물적 자원을 무모하게 낭비했다. 또한 1979년에 아프간의 소련군개입과 수많은 인재와 천재를 통해 소련 경제는 더욱더 피폐화됐다. 수많은 사고와 계획실패는 주로 알코올

10) 소련의 인문·자연 지리적 격차에 대해서는 필자의 글을 참조 바람. "구소련의 지역 격차," <지리학총>, 제19호(1991년), pp.15~30.

과 연류해서 나타났다. 그뿐 아니라 노멘클라투라의 부정과 부패 그리고 일반 경제주체의 매점·매석으로 더욱더 상품과 서비스는 더욱 부족하게 됐다.

앞에서 언급한 것처럼 1964년부터 1985년 3월 고르바쵸프가 당서기장으로 취임할 때까지 소련은 브레쥬네프 시대의 대정체기라고 말할 수 있다. 1982년 말부터 1985년까지 안드로포프와 체르넨코 당서기장도 개혁 의지를 발표하지만 단명했다. 1980년대부터 소련경제의 총체적 위기를 극복하기 위한 체제개혁의 공감대가 소련 권력층 내부에서 일기 시작했다.

6.3. 고르바쵸프 경제개혁의 전개과정

1989년 3월에 젊고 박력 있는 고르바쵸프가 소련의 제 7대 당서기장으로 취임했다. 그는 1980년에 정치국원이 되면서부터 농업분과를 책임졌으므로 소련의 농업현황과 경제문제에 대해 상세히 알고 있었다. 고르바쵸프는 경제문제를 치유하기 위해 우선적으로 '경제의 가속화' 정책과 반(反)알코올 캠페인 정책을 실시했다.

〈그림 6-1〉 고르바쵸프의 페레스트로이카

넓은 의미의 페레스트로이카

좁은 의미의 페레스트로이카(경제개혁)(P)　　비경제 부문의 개혁(국내외정치, 언론)

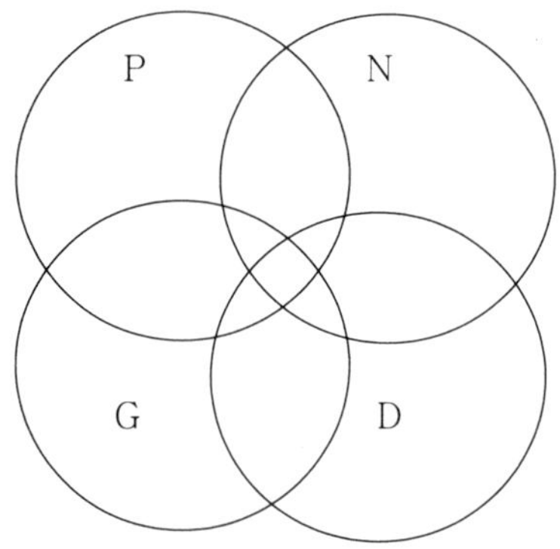

P: 경제개혁, G: 공개·개방, N: 신사고, D: 민주화

경제의 가속화 정책은 지금까지 정치 중심적 사고에서 경제 중심적 사고로의 전환을 의미한다. 지금까지 느슨했던 경제정책을 더욱 활성화하면서 경제문제를 해결하는데 목적

이 있었다. 그러나 이 정책도 그동안 타성이 붙어왔던 스탈린식 체제에 익숙한 노멘클라투라(국영기업장, 국영농장·집단농장 등)에 의해 큰 진전은 없었다.

반(反)알코올 캠페인 정책은 모든 계획실패와 대형사고의 원인이 전적으로 알코올과 관련되어 있었기 때문에, 이를 근본적으로 해결하기 위해 알코올 제조량과 판매량 그리고 판매시간을 엄격히 통제했다. 그러나 반 알코올 캠페인 정책은 부분적으로만 성공을 거두었다. 반 알코올정책은 과거부터 추위와 관습을 통해 알코올 소비량이 세계 제 1위인 소비에트 국민으로부터 결정적으로 고르바쵸프는 미움을 받게 되는 주원인이 되었다. 또한 소비에트 국민들은 밀주를 만들었는데, 이 기간 동안 설탕소비량이 급격히 증가했다는 것을 고려할 때 상당히 많은 양의 밀주가 제조되었다는 것으로 추산된다.[11] 또한 소련 재무부는 주세의 부족으로 인해 처음으로 1987년에 국가재정의 적자를 공식적으로 발표했다.

취임 초기부터 실시한 이 두 정책으로 소련의 경제문제를 해결하는 데 역부족이라는 것을 인식한 고르바쵸프는 어느 정도 정권을 확립한 1987년부터 전반적이며 총체적 개혁정책을 실시했다. 고르바쵸프의 개혁정책을 필자는 넓은 의미의 페레스트로이카(재편)로 칭한다. <그림 6-1>에서 보는 것처럼 이 페레스트로이카는 4가지 개혁을 포함하고 있다.

첫째, 좁은 의미의 '페레스트로이카'는 경제개혁을 의미했다. 경제개혁은 고르바쵸프의 개혁 목적 중 가장 중요한 위치를 차지하고 있었으며, 제일 먼저 실시됐다. 경제개혁의 골자는 독립채산제와 자기금융조달을 통해 경제주체에게 더 많은 자유와 자율을 확보하는 것이었다. 그에 따른 법적 및 제도개혁에 초점이 맞추어졌다. 그러나 경제개혁은 노멘클라투라와 일반 경제주체, 특히 기업의 묵시적인 저항과 반대에 직면하면서 또한 국민들에게 경제개혁의 정당성의 확보를 위해 다음과 같은 3가지의 비경제적 개혁을 동시에 과감하게 실시했다. 경제개혁과 비경제개혁은 서로서로 독립된 것이 아니라 밀접하게 연계되어 있었다.

둘째, 고르바쵸프는 스탈린의 격하운동과 소련 역사의 진실성 규명 그리고 국민들로부터 개혁의 공감대를 위해 '글라스노스트(공개·개방)' 정책을 실시했다. 스탈린 격하운동은 스탈린 사망 후 흐루시쵸프 서기장이 처음으로 실시하지만 1964년에 스탈린 체제를 옹호하는 노멘클라투라에 의해 흐루시쵸프도 실각 당했다. 고르바쵸프는 이러한 우를 범하지 않기 위해 광범위하게 스탈린의 학정을 국민들에게 알리는 일에 역점을 두었다. 또한 스탈린식 체제(브레쥬네프 체제를 포함)의 검열과 비밀정보 그리고 왜곡된 통계로 인

11) Vladimir G. Treml, "Alcohol Abuse an the Quality of life in the Soviet Union," Horst Herlemann (ed.), *Quality of life in th Soviet Union* (Boulder and London: Westview Press, 1987), pp.151~162.

해 소련의 사회·경제통계는 '국가통계위원회(Goskomstat)' 직원뿐만 아니라 고르바쵸프 자신도 믿을 수 없다고 토로하고 있었다. 다른 말로 표현하면 소련의 체제는 중앙계획경제체제임에도 불구하고 중앙당국은 엉터리 통계 밑에서 계획을 수립하고 집행했다는 것을 의미했다. 더욱이 고르바쵸프는 개혁의 정당성 확보를 위해 NEP의 창안자인 레닌을 부각시키면서, NEP와 진정한 레닌주의로의 복귀를 강조했다. 그는 개혁 초기에 페레스트로이카를 볼쉐비키의 전통 아래서 이루어진다는 것을 강조하고 있다. 그러나 볼쉐비키의 정당성 하에서 이루어진 NEP를 스탈린이 폐기한 것은 쿠테타라고 주장하면서 NEP의 지지자인 부하린과 그의 추종자를 복권했다. 글라스노트에 의해 밝혀진 바에 의하면 집단화와 대숙청에서 나타난 스탈린의 학정은 상상을 초월할 정도였다. 결국 글라스노스트는 스탈린 체제의 실책을 알리는 것과 동시에 아래로부터의 개혁 물결을 가시화하는 데 목적이 있었다.

세 번째의 고르바쵸프의 개혁은 대외정책에서의 '신사고 정책(Novoe Myshlenie)'이다. 고르바쵸프는 그의 책 <페레스트로이카>[12]에서 세계인은 같은 배를 타고 있으며 '지구촌'의 운명공동체로서 세계적 협력의 필요성을 강조했다. 고르바쵸프는 심각한 환경파괴와 군비경쟁, 특히 핵무기 경쟁으로 인해 지구촌은 곳곳에 위험이 도사리고 있으므로 지구적 차원에서의 협력을 어느 때보다 필요하다고 역설했다. 대외정책의 신사고 정책은 아프간에서의 소련군의 철수와 재래식 무기와 군 감축은 물론 핵무기 감축과 폐기를 통해 냉전시대의 종말을 더욱 가속화했다. 신사고 정책의 목적은 다음과 같은 3가지 목적이 숨겨있었다고 간주된다. 첫째, 소련은 군축을 통해 재원을 파국적인 경제상황의 극복을 위해 투입하기 위한 목적이었다. 둘째, 소련은 서방국가들보다 상당한 경제력격차와 기술격차의 극복을 위해 해외자본과 기술의 유치를 조성하는 환경을 만드는 데 목적이 있었다. 셋째, 소련의 개혁의 정당성과 지지를 해외로부터 확보하는 데 목적이 있었다.

네 번째의 고르바쵸프의 개혁은 국내정치에서의 '민주화 정책(democratization)'이다. 소련은 전통적으로 당과 국가 그리고 사회조직에서 레닌의 '민주집중제' 원칙이 적용됐다. 이 원칙은 사회주의체제의 이데올로기의 정당성을 계획적이고 통일적인 지도와 통제가 필요하다는 데서 찾고 있다. 또한 이 원칙은 소련 사회에서 정치적 반대나 혹은 정치적 다원주의와 복수주의적 요소를 용납하지 않았다. 이 원칙은 노멘클라투라의 인선에 결정적인 역할을 하고 있었다. 민주집중제는 용어상으로 민주와 집중주의의 결합을 강조하고는 있지만 중앙집권주의가 발달되면서 민주주의는 약화됐다. 고르바쵸프는 초기단계에

12) 미하일 고르바쵸프 저, 고명식 역, <페레스트로이카> (서울: 시사영어사, 1990).

서 민주집중제의 성격 중에서 민주주의 요소의 회복과 강조를 내세우면서, 후기에는 일당독재주의를 지양하는 정치의 다원주의로까지 발전했다.

<그림 6-1>에서 보는 것처럼 고르바쵸프에 의한 소련의 총체적 개혁(넓은 의미의 페레스트로이카)은 경제부문과 비경제부문의 개혁으로 구분된다. 두 부문의 개혁은 서로 독립된 것이 아니라 밀접히 연계되어 있다. 이 절과 다음 절에서 비경제부문의 개혁보다는 경제개혁에 초점을 맞추면서 경제개혁과 비경제개혁간의 상호관계를 분석한다.

고르바쵸프의 경재개혁의 골자는 소유권 형태의 다양화 및 경제주체의 자율권과 분권화를 중심으로, <그림 6-2>에서 보는 것처럼 여러 분야에서 광범위한 '시장적 요소'의 도입이었다. 이 개혁은 이론적으로 당연히 중앙계획당국의 권한 축소를 의미하며, 하위 경제주체의 권한과 자율권의 상승을 의미했다. 이를 위해 법적·제도적 정비를 뒷받침하고 있는데 그 법적 및 제도개혁은 소유권의 다양화 정책과 가격자유화 정책이었다.[13]

〈그림 6-2〉 고르바쵸프의 경제개혁에 관한 개요 (향방)

중앙계획경제체제	→	시장 경제적 요소, 시장경제체제
생산수단의 소유권(국유재+조합재)	→	시장 경제적 요소, 시장경제체제
중앙집권 (의사결정권, 처분권, 사용권 포함)	→	분권화 (기업, 공화국, 지방정부)
수직적 행정체계	→	수평적 경제체계
독점체계	→	경쟁적 관계
폐쇄경제체제 (자급자족경제체제)	→	개방경제체제(세계경제로의 편입)
실물경제체제	→	화폐 및 신용경제체제
통제 및 계획가격	→	시장가격 (상품가격, 임금 이자, 환율, 지대 등)
평등원칙	→	업적유인 원칙

13) 고르바쵸프 경제개혁의 상세한 내용, 특히 법적·제도에 관해서는 다음이 책을 참조바람, V. I. Kuptsova, *Radikal'naia Ekonomicheskaia Reforma* (Moskva: Vycshaia Shkola, 1990).

완전고용	→	실업문제감수
(연성예산제약) Soft Budget constraints	→	(경성예산제약) Hard budget Constraints
단일중앙은행제도 (Monobank)	→	이원화은행제도 (중앙은행 + 상업은행 등)
'억압된' 및 '숨겨진' 인플레이션 (repressed and hidden inflation)	→	공식 인플레이션
'제2경제' (Second Economy)	→	준 합법화, '제1경제' 로의 편입
외연적(양적) 성장	→	내연적(질적) 성장
생산재 및 군수산업	→	농업, 소비재산업, 서비스산업
생산자시장 (supplier's market)	→	소비자시장 (demander's market)

고르바쵸프는 초기 단계에서 사회주의의 소유권의 원칙에 위배되지 않는 범위 내에서 경제주체의 인센티브의 향상을 위해 소유권의 다양화 정책을 실시했다. 예를 들면 개인기업과 협업기업, 임차농과 임차기업이 허용됐다. 또한 새로운 기업법의 제정을 통해 기업의 의사결정권과 처분권을 강화했다. 그 골격은 기업은 독립채산제와 자기금융조달제 하에서 기업활동을 영위하는 것이었는데, 이는 수직적 행체체계로부터 수평적 경제체계 그리고 독점체계로부터 경쟁체계로의 이행을 의미했다.

고르바쵸프는 수많은 경제법률과 소유권의 다양화 정책을 실시하면서도 시장경제로의 이행에서 제일 중요한 가격개혁을 지체했다. 가격은 경제주체에게 합리적인 경제활동을 영위하는 데 필요한 정보 기능뿐만 아니라 희소한 자원을 효율적으로 배분하는 기능을 갖고 있다. 소련의 가격구조와 형성은 중앙계획당국과 국가가격위원회의 결정에서 이루어지는 '계획가격'이었다. 그러나 중앙당국은 모든 상품과 서비스의 가격을 통제하지 못했으며, 부분적으로 합법적(콜호즈시장)이거나 혹은 불법적(암시장)인 '시장가격'도 존재했다. 시장기능의 활성화를 위해 소유권의 사유화 정책과 가격자유화정책은 평행적으로 이루어지는 것이 이상적이지만 고르바쵸프의 가격자유화정책의 의지는 미미했다고 생각된다. 물론 소련 산업구조상 독점적 기업(군·산복합체 등)이 주를 이루고 있기 때문에, 가격자유화 정책 그 자체가 경쟁을 유발시킬 가능성은 존재하지 않으면서 물가앙등을 초래할 가능성도 높았던 것은 사실이다. 그러나 소유권 다양화 정책과 더불어 가격구조의 왜곡을 극복할 수 있는 단계적 조체가 거의 없어 소유권의 다양화정책은 단지 종이 상으로만 작동되거나 혹은 노멘클라투라와 일반 경제주체에게 더욱더 '제2경제'로 빠져 들어갈 기회를 제공했다. 고르바쵸프 말기(1990년과 1991년)에 가격개혁을 실시했지만, 그때는 이미 호기를 놓쳤다고 볼 수 있다. 다시 한 번 경제주체는 제2경제로 빠져 들어갔다. 예를 들면 매점·매석을 통해 상품부족이 가속화됐다. '계획가격'의 인위적인 '시장가격'으로의 전환은 많은 문제점을 잉태했다. 왜냐하면 '시장'은 인위적으로 이루어지는 것이 아니라 '자연발생적'으로 이루어지기 때문이다.

소유권 정책은 여러 번의 경제개혁안과 연방안에 의해 단계적으로 더욱 확장되어 시장경제로의 이행에서 가장 골격을 이루는 생산수단의 사적 소유권과 국유기업과 조합기업의 탈 국유화나 혹은 사유화하는 쪽으로 기울어졌다.

6.4. 고르바쵸프 경제개혁의 소멸과정

이 절에서는 1989년 말 베를린 장벽의 붕괴로 시작된 동유럽 사회주의의 몰락과 역(逆)도미노 현상으로 인한 소련연방공화국의 주권 및 독립선언, 그리고 1991년 말 소련의 해체기간 동안의 고르바쵸프의 경제개혁을 취급한다.

소련의 경제개혁사에서 페레스트로이카는 다른 경제개혁들보다 총체적이고 전반적인 개혁임에도 불구하고 경제문제를 해결하기는커녕 더욱 악화시켰다. 다른 경제개혁들은 개혁 초기에 부분적으로 성공을 보였지만, 고르바쵸프의 개혁은 그 반대현상으로 나타났다. 이러한 현상의 원인은 경제적 요인 이외에도 비경제적 요인, 예를 들면 공화국의 주권 및 독립선언, 노멘클라투라세력의 개혁 저항, 보수파와 개혁파 간의 갈등, 동유럽 몰락으로 인한 COMECON 협력체제의 쇠약과 붕괴, 국민들의 '목소리'강화 등을 들 수 있다.[14]

1985년부터 1989년까지 고르바쵸프의 개혁은 국내적으로 '민주화'와 '공개·개방'정책을 통해 국민들의 '목소리'는 어느 때보다 강했으며, 대외적으로 '신사고'를 통해 군축을 성공적으로 이룩했으며 또한 냉전체제를 무너뜨리는 데 성공했다. 그러나 '빵' 없는 민주화는 소련 지도층뿐만 아니라 국민들로부터 많은 비판을 가져 왔다. 또한 1980년대 말부터 발트 3국의 분리 독립운동과 아제르바이잔과 아르메니아 간의 민족분규 그리고 소련의 기타 연방공화국과 지방정부의 강력한 지역독립채산제의 요구 등으로 인해 소련의 당

14) Grigori Khanin, "The Soviet Economy from Crisis to Catastroph," Anders Åslund (ed), *The Post-Soviet Economy* (London: Pinter Publishers, 1992), pp.23-24.

면과제는 경제문제뿐만 아니라 민족문제의 해결을 위한 새로운 연방안의 확립이 가장 중요한 문제였다.

모든 개혁과정에서 나타나는 것처럼 소련에서도 개혁을 저지하는 보수파와 개혁의 강도가 적다고 주장하는 급진개혁파, 그리고 그 중간을 유지하는 중도파가 존재했다.

고르바쵸프의 경제개혁에 비판을 제기했던 첫 번째 그룹은 개혁에 반대 입장을 표시하고 있는 보수파 세력이었다. 노멘클라투라로 대표되는 보수파 세력은 고르바쵸프의 개혁으로 인해 지금까지 향유했던 기득권의 축소와 상실을 두려워하면서 고르바쵸프의 개혁을 직·간접적으로 저지했다. 고르바쵸프의 개혁에도 불구하고 경제상황이 악화되자, 보수파 세력은 개혁의 중단과 저지나 혹은 과거 체제로의 복귀 가능성의 좋은 기회를 가졌다. 그들은 고르바쵸프 이전의 소련의 경제상황은 지금보다는 양호했다고 주장했다. 보수파 세력은 고르바쵸프가 어느 정도 '건전한 신체'(고르바쵸프 이전의 경제체제)에 '대수술'을 감행하는 오류를 범했다고 비판했다. 또한 그들은 고르바쵸프가 해외로부터 수많은 차관을 요구하는 '구걸외교'를 한다고 비판하면서, 강대국이었던 소련 국민의 정서를 침해했다고 주장했다. 동유럽 사회주의가 몰락한 1989년 말부터 보수파 세력들은 세계적 추세인 개혁의 수레바퀴를 되돌릴 수 없다는 사실을 인지하면서, 점차적으로 점진적 개혁을 지지하게 됐다. 물론 보수파 세력은 초기단계에서는 시장경제로의 이행이라는 체제전환을 반대했지만, 점차적으로 단계적이며 점진적인 시장경제로의 이행과 새로운 연방안을 모색하기 시작했다. 그러나 과거 체제로의 복귀를 희망하는 보수 세력이 완전히 제거되었다기보다는 세계적 추세에 비추어 잠복했다고 볼 수 있다. 1989년 말 '아발킨 경제개혁안'은 보수 세력의 반발로 철회되면서 보수 세력과 절충된 '리슈코프 경제개혁안'이 제시됐다. 그 당시 소련 총리였던 리슈코프의 여러 번의 경제개혁안(1989년 말부터 1990년 7월까지)은 단명으로 끝났지만, 이 개혁안의 골자도 점진적으로 시장부문의 확대와 사유화의 확대가 기조를 이루고 있었다. 보수파는 1990년 9월 급진적 개혁안인 '샤탈린 500일 경제개혁안'[15]이 제시되자, 샤탈린안의 반대를 위해 아발킨 경제개혁안을 울며 겨자먹기 식으로 지지하게 됐다. 아발킨 경제개혁안의 골자는 5~10년 동안에 단계적이며 점진적인 시장부문의 확대와 폭넓은 사유화를 목표로 하고 있었다. 1990년 11월에 고르바쵸프는 샤탈리안과 리슈코프 경제개혁안(대부분 아발킨안의 수용)의 '절충안'인 '고르바쵸프 경제개혁안'(일명 '아간베기얀 경제개혁안')을 최종적으로 확정했다.[16]

15) 아블린스키·페도로프·샤탈린 외 저, 한종만 역, <소련의 시장경제로의 이행> (서울: 열린책들, 1991).
16) L. Abalkin, "Coveremennyi krizis I perspekivy razvitiya sovetskoi ekonomiki," *Voprosy Ekonomiki,* October 10, 1991, pp.3-4

발트 3국과 기타 연방공화국이 주권과 독립을 선언한 후에도 고르바쵸프는 민족문제와 새로운 연방의 창설을 진지하게 고려하지 않았다. 1991년 초에 와서야 비로소 뒤늦게 고르바쵸프는 이 문제에 총력을 기울였다. 연방과 지방정부 간의 권력배분과 관련한 새로운 연방안의 확정이 제일 큰 과제였다. 추세는 연방의 권한을 대폭적으로 지방정부에게 이양하는 쪽으로 기울어졌다. 새로운 연방안의 골자는 지역독립채산제가 더욱 강화되며, 또한 연방과 지방정부(연방공화국, 기타 자치공화국 등)의 교역은 물론 각 지방정부간의 교역관계도 '공정한' 가격조건으로 이루어지는 것을 골자로 하고 있다. 모스크바의 보수 세력은 연방의 권력 약화와 연방의 해체를 두려워한 나머지 새로운 연방안의 확정에 대한 국민투표에 즈음하여 1991년 8월에 쿠데타를 감행했다. 보수 세력의 쿠데타는 강력한 소연방의 재창출을 시도했지만 조직력의 부재와 국민들의 호응 부족, 그리고 옐친에 의한 강력한 저항 등으로 '3일 천하'로 종결됐다. 그로 인해 소련에서의 보수 세력은 역사의 무대 뒤로 물러나게 됐다.

고르바쵸프의 경제개혁에 반대를 제기했던 두 번째 그룹은 급진개혁파였다. 급진개혁세력들은 고르바쵸프의 경제개혁이 너무 완만하다고 주장하면서, 그들은 고르바쵸프의 '대수술'은 실패했다고 비판했다. 즉 계속적인 '재수술'의 불가피성으로 인해 '신체의 배'를 여러 번 자르는 오류를 범하고 있다는 것이었다. 급진개혁파는 소련경제의 회복을 위해 노멘클라투라 세력의 제거는 물론 빠른 시간 내에 소련의 중앙계획경제체제를 시장경제로의 체제전환과 공산당 일당독재 대신에 복수적인 다당제를 강조했다. 고르바쵸프의 개혁 초기단계에서 급진개혁파는 고르바쵸프와 공동보조를 맞추었다고 볼 수 있다. 예를 들면 탈(脫)스탈린 화 작업과 개혁을 반대하는 노멘클라투라 세력의 제거를 위해 협조했다. 그러나 고르바쵸프는 자신이 생각한 것보다 개혁의 수레바퀴가 빠른 속도로 굴러가자 제동을 가했다. 그 후 급진 세력은 주권공화국 연방의 창설을 통한 시장경제로의 이행을 목표로 하고 있는 경제개혁안, 일명 '샤탈린 500일 경제개혁안'을 1990년 9월에 제시했다. 본래 이 안은 급진세력의 선두주자인 보리스 옐친과 고르바쵸프와의 협력으로 만들어졌다. 그러나 고르바쵸프는 1990년 11월에 이 안보다 점진적인 경제개혁안인 '절충안'을 확정했다. 그 후 고르바쵸프와 공동으로 작업했던 많은 급진세력들은 고르바쵸프를 떠나가게 됐다. 하여튼 새로운 연방안에 대한 국민투표에 즈음해서 발생한 보수 세력의 쿠데타의 실패 이후 급진세력이 역사의 주인공으로 등장했다.

고르바쵸프 개혁의 초기에는 보수 세력에 의해 개혁의 제동이 걸렸으나, 말기에는 급진세력에 의해 비판을 받았다고 볼 수 있다. 고르바쵸프의 경제개혁에도 불구하고 경제상황이 진전되지 않자 앞에서 언급한 것처럼 보수 세력들은 고르바쵸프를 비판했다. 고르바쵸프는 그의 '대수술'에 대해 수술을 마친 '환자'는 금방 일어나서 활동하는 것이 아니라 일정한 휴식 기간이 지난 다음에 건강한 몸으로 회복된다면서 보수 세력을 비판했다. 고르바쵸프는 원래 시장경제로의 체제전환까지 개혁의 목표를 두고 있지는 않았다고 생각된다. 그는 사회주의체제의 근본 골격 하에서 시장경제의 도입이나 혹은 '스웨덴식의 제3의 길'을 추구했었다.

〈그림 6-3〉 홍당무와 배추 중간점에서 아사한 고르바쵸프

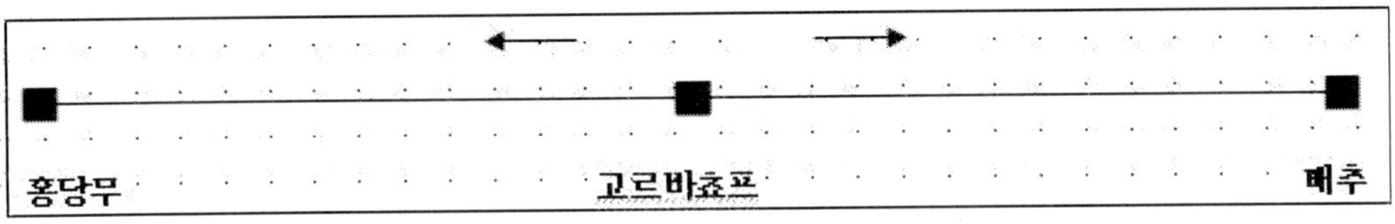

그러나 한번 굴러간 개혁의 수레바퀴는 고르바쵸프가 생각한 것보다 빠른 속도로 굴러갔다. 국민들의 '목소리'를 자제시켰던 소련의 기타 개혁과는 달리 고르바쵸프의 개혁은 국민들의 '목소리'를 높일 수 있는 계기를 제공했다. 급진 개혁파들이 제안했던 '샤탈린 경제개혁안'대신에 1990년 11월에 고르바쵸프의 '절충안'이 채택되면서 고르바쵸프는 급진 개혁파로부터 많은 비판을 받게 되었고, 1991년 8월 쿠테타 실패 이후 고르바쵸프의 입지는 급속도로 약화됐다. 쿠테타 이후 발트 3국은 재빠르게 독립을 선언하면서 UN에 가입했으며, 기타 연방공화국들도 독립을 선언했다. 급진 개혁세력들은 '사회주의'와 '소비에트'의 형용사를 제거시키면서 소연방의 해체를 가속화시켰다. 고르바쵸프는 끝까지 느슨한 소연방, 예를 들면 유럽연합(EU)과 같은 '자유주권공화국연방'을 원했지만 옐친의 주도 아래 슬라브 3국의 정상이 1991년 12월 초에 '민스크 협정'에 의거하여 '슬라브공동체'를 창설했다. 이로써 소연방은 더 이상 존재할 수 없었으며, 발트 3국과 그 당시 내란에 직면했던 그루지야를 제외한 11개 소련의 연방공화국의 정상들이 1991년 12월 21일에 '알마아타 협정'에 의거하여 '독립국가연합'(CIS)이 창설됐다. 소연방의 해체로 인해 첫 번째 소연방 대통령의 직은 자연적으로 소멸되면서 고르바쵸프의 시대는 막을 거두었다. 결국 고르바쵸프는 자신이 불러일으켰던 개혁에 의해 권좌에서 물러나는 결과를 초래했다.

보수파와 급진개혁파의 눈치를 보면서 중도적 입장을 취한 고르바쵸프의 개혁은 양 파로부터 심한 비판을 받게 됐다. 고르바쵸프는 심리학에서 말하는 배고픈 나귀처럼 '홍당무'(붉은 색으로 보수세력)와 '배추'(하얀 색으로 급진 개혁세력) 중에서 어느 것을 먹을까 고민(의사결정의 지연) 속에서 결국 배추와 홍당무의 중간에서 아사하게 된 것이다.

6.5. 고르바쵸프 경제개혁의 평가

소련 해체의 동인(動因)은 경제문제와 민족문제에 기인된다. 그러나 이 두 문제가 소련 해체의 직접적인 원인은 아니다. 소련의 해체는 외부로부터 발생된 것도 아니었으며, 민족문제로 인해 기타 연방공화국으로부터 발생된 것도 아니었다. 또한 국민의 '목소리' 강화로 인한 '아래로부터' 이루어진 해체도 아니었다. 소련 해체의 직접적 동인은 크렘린 자체, 즉 '위로부터'의 결정에 의해 자발적으로 이루어졌다.17) 그럼에도 불구하고 소련 해체는 고르바쵸프의 개혁을 통해 가시화·가속화 됐다고 볼 수 있을 것이다.

고르바쵸프 개혁의 목적은 원래 소련의 만성적인 상품부족과 파국적인 경제상황의 극복임에도 불구하고 비경제부문, 앞에서 언급한 국내·외 정치개혁과 사회개혁에 우선순위를 두는 결과를 초래했다. 결과적으로 고르바쵸프의 개혁은 선정치·후경제의 방향으로 나아갔다고 볼 수 있다. 그러므로 고르바쵸프는 '빵'없는 '목소리'의 강화로 물러나게 됐다. 독일 '푸라이부르크학파'(Ordo-Liberalism)의 견해처럼 모든 개혁과 정책은 모든 부문(예를 들면 정치와 경제)에서 정비례하지 않을 때 대가를 치른다는 교훈을 남겼다.18)

〈표 6-1〉 페레스트로이카와 뉴딜 정책의 비교

	개혁주자	발생동인	체제개혁	기득권층	성과
페레스트로이카	고르바쵸프	상품부족	수정사회주의	노멘클라투라	실패
뉴 딜 정 책	루즈벨트	상품과잉	수정자본주의	기업가, 금융가, 자본가	성공

고르바쵸프는 그의 저서 <페레스트로이카>에서 여러 번 지적한 것처럼 페레스트로이카는 자본주의체제로의 체전전환을 의미하는 것이 아니라 '인간의 얼굴을 가진 사회주의'(수정사회주의)를 목표로 하고 있었다.

<표 6-1>에서 보는 것처럼 고르바쵸프의 페레스트로이카는 여러 관점에서 뉴딜(New Deal) 정책과 유사하다고 볼 수 있다. 페레스트로이카는 상품부족으로 인해 사회주의체제의 총체적 위기를 극복하기 위해 '수정사회주의'를 추구한 반면에, 루즈벨트의 뉴딜 정

---

17) 디트리히 가이어, "역사적 관점에서 본 소련의 붕괴: 1917년과 1991년의 공통분모와 상이점," 한스-게오르그 벨링 외 저, 한종만 역 <새로운 러시아 · 독립국가연합> (서울: 대륙연구소출판부, 1944), p.45.

18) 독일 프라이부르크학파의 견해에 대해서는 필자의 글을 참조바람, "구소련 및 이행기 사회주의 경제체제의 분석을 위한 제방법론," 한국슬라브학회 편, <소련과 러시아: 사회주의 체제의 붕괴와 러시아의 재조명> (서울: 나남, 1993), pp.115~138.

책은 상품과잉과 과소소비로 인해 자본주의체제의 총체적 위기, 즉 대공황을 극복하기 위해 '수정자본주의'를 모색했다고 볼 수 있다. 여기서 '수정'이란 말은 체제개혁을 의미하는 데, 모든 체제개혁에서 나타나는 것처럼 이 체제개혁 과정에서도 기득권층의 반발과 저항은 만만치 않았다. 소련의 기득권층은 노멘클라투라인 반면에, 자본주의체제에서의 기득권층은 자본가와 금융가 그리고 기업가계층이었다. 재원분담과 역할분담에서 자본주의체제의 기득권층은 합리적이었던 반면에, 사회주의체제의 기득권층은 직·간접으로 체제개혁을 거부했다. 그로 인해 뉴딜 정책은 성공한 반면에, 페레스트로이카는 실패했다고 볼 수 있다. 물론 자본주의체제의 총체적 위기를 극복하기 위해 경제이론·정책적으로 집대성한 케인스의 덕택이 있었던 반면에, 사회주의체제의 개혁을 위한 경제이론·정책의 부재는 페레스트로이카의 실패의 한 원인이 되었다고 볼 수 있을 것이다.

고르바쵸프의 실각과 더불어 페레스트로이카도 실증적으로 종결을 고했다고 볼 수 있다. 결과적으로 볼 때 페레스트로이카는 소련 체제의 재편이 아니라 스탈린식 명령·지령체제를 철저하게 파괴했다고 볼 수 있다.[19] 제정러시아의 짜르들이 70년 동안 사회주의 사상가를 탄압했음에도 불구하고 실패한 것을 고르바쵸프는 단지 6-7년 만에 러시아에서 사회주의자들을 제거시킨 결과를 가져왔다고 볼 수 있을 것이다. 또한 고르바쵸프의 페레스트로이카를 통해 냉전체제는 무너졌으며, 러시아와 구소련의 계승국가들의 시장경제로의 이행과 민주주의로의 이행을 가능하게 했다는 데 이의(異義)는 없을 것이다.

19) Anders Åslund, *Gorbachev's Struggle for Economic Reform* (London: Pinter Publishers, 1991), p.255.

제 7 장

소련의 경제개혁과 소멸 과정*

7.1. 머리말

『소련의 생성과 발전과정』 편에서 본 것처럼 소련은 최초의 사회주의 국가로서 단시간 내에 농업국가에서 공업국가로 발전했다. 소연방 성립 이후 소련은 몇 번의 체제위기에도 불구하고 스탈린의 '외연적' 성장전략으로 빠른 공업화를 이룩했으며 그 결과 제2차 세계대전의 승전국으로서 초강대국의 위치를 누릴 수 있었다. 1950년대에 소련은 최초의 인공위성 '스푸트닉'의 발사 성공과 수소폭탄의 최초개발 등 많은 업적을 이룩했다. 이러한 성공의 원동력은 사회주의체제에 대한 국민의지와 스탈린식 불균등한 중공업우선정책과 강력한 계획에 의한 코만도 식 명령경제체제의 덕택이었다. 이러한 체제는 전시경제체제에서는 어느 정도 효율성을 가질지는 몰라도 2차 세계대전 이후 평화시기에서는 많은 문제점을 잉태하고 있었다. 또한 2차 세계대전 이후 양적 성장 전략의 전제조건이었던 풍부한 생산요소(노동력과 자원)도 점차적으로 고갈되면서 소련 경제의 성장은 상당히 둔화되어 갔다.

1953년 스탈린 사망 후 소련의 당지도부는 이러한 문제점을 인지하면서 여러 개혁들을 실시했다. 1956년부터 시작된 흐루시쵸프의 탈 스탈린 작업과 경제·행정개혁은 초기단계에는 어느 정도 성공을 거두었지만 국민과 당의 지지를 못 받아 1964년에 흐루시쵸프는 실각 당한다. 1965-67년에 시장적 요소를 가미한 '코시킨 경제개혁'도 큰 성공을 거두지 못하자 브레쥬네프 당서기장은 다시금 스탈린식 체제로 방향을 바꾼다. 브레쥬네프는 '성숙된 사회주의'와 '계획의 완전화'를 시도하지만 큰 진전은 없었다. 1982년 브레쥬네프 사망 후 안드로포프(1982-84년)와 체르넨코(1984-85) 당서기장도 단명으로 끝나면서 이렇다 할 정책을 실시하지 못했다. 이 시기에 소련은 정치·사회적으로는 상당한 체제안정을 유지할 수 있었으나, 경제는 대 정체(stagnation)를 감수해야만 했다. 그로 인

---

* 이 글은 <『러시아·러시아인』(서울: 현상과 인식, 1998년), pp.266-281>에 게재됨.

해 소련 경제는 서방과의 기술격차가 더욱 벌어졌으며, 만성적인 농산물과 생활필수품의 부족현상을 겪게 되었다.1)

1985년 3월 당서기장으로 취임한 고르바쵸프는 경제문제를 해결하기 위해 '경제 가속화' 정책과 사회기강 확립 차원에 반알코올캠페인 정책을 시도했다. 1987년부터 고르바쵸프는 과거의 부분적 개혁과는 달리 총체적이며 전반적인 '페레스트로이카'를 실시하면서 소련은 변혁기를 맞이하게 된다. 1991년 12월말에 소련은 공식적으로 해체되면서 15개 소련의 공화국은 독립국가로 탈바꿈한다. 정도의 차이는 있지만 모든 독립국가들은 자유민주의체제와 시장경제체제로 전환하고 있다. 발트 3국을 제외한 12개 소련 공화국들은 '독립국가연합'을 구성하면서 소연방이 남겨 놓은 여러 유산의 문제점 조정과 협력을 모색하고 있다.

이 글에서는 소련의 여러 경제개혁의 과정과 소련 해체 과정과 동인을 가능한 한 경제적 관점에서 간략히 정리한다.

7.2. 소련의 여러 경제개혁

스탈린식 중앙계획경제체제는 앞에서 언급한 것처럼 소련을 단시간 내에 공업국가로 발전하게 만들었지만 내재적으로 많은 문제점을 지니고 있었다. 빠른 속도로 소련을 발전시킨 양적 성장전략은 희소한 자원의 낭비를 가져왔을 뿐만 아니라 모든 상품과 서비스의 품질을 고려하지 않았다. 왜냐하면 생산량의 극대화에만 초점을 맞추었기 때문에 일반 소비자가 원하는 상품과 서비스를 만들어내지 못했기 때문이다. 이 전략은 모든 분야에서 전 세계적으로 발전되고 있는 자원·에너지·공간·노동 절약적 산업발전의 장애요인이 되었다. 또한 소련은 1950년대부터 제2차 세계대전으로 인해 약 2천500만 명의 인명피해와 유휴 노동력의 부족과 자원고갈로 인해 기존의 탄전과 유전 등도 더욱 깊숙이 밑으로 내려가야 했으며, 소련의 북부지역과 동부지역의 자원 이용으로 인해 과거보다 자원채굴 비용이 더욱 높아만 갔다.

소련 국민은 중공업 우선정책으로 인해 농업과 경공업의 만성적인 상품부족을 감수해야만 했다. 스탈린 사망 이후 양적 성장보다는 '내연적'(질적) 성장을 강조했지만 과거의 타성은 여전히 남아 있어 큰 성공을 못 거두었다.

생산수단의 사적소유권의 철폐와 제한으로 인해 국민들은 동기가 결여되어 갔으며, '새로운 사회주의 인간상'도 시간이 경과할수록 그 타당성에 대한 회의가 깊어져 사회주의 국민적 정체성(identity)도 상실되어 갔다.

---

1) 소련시대의 경제개혁에 대해서는 3장 참조 바람.

'계획의 불완전성' 혹은 '불가능성'을 들 수 있다. 중앙당국은 어느 정도 공급측면에 대해 계획을 수립할 수 있을지는 몰라도 수요측면의 계획은 불가능하다는 것이다. 상품·화폐관계(시장)의 불인정으로 계획당국에 의한 수요계획은 시간·언어·철학·기술적으로 불가능하다. 단지 중앙당국은 자의적으로 수요계획을 수립할 수 있었을 뿐이다. 그로 인해 상품·지역·부문별 과잉 혹은 과소생산으로 만성적인 상품과잉(중공업 및 군수제품)이거나 혹은 상품부족(농업과 생필품과 서비스업) 현상이 존재해왔다. 또 한편으로는 투자·농업·국제무역·자연재해 등에 대해서 완전계획을 세운다는 것은 불가능하다. 이 부문은 여러 외부요인에 의해 달라질 수 있기 때문이다.

중앙계획경제체제는 '실물경제체제'이므로 자본주의 국가처럼 공식적인 물가상승률은 거의 존재하지 않는다. 소련의 화폐단위였던 '루블'은 단지 실물경제체제의 보조적 기능밖에 할 수 없었으며, 그로 인해 계획에 필수불가결의 선행조건인 정확한 생산력과 생산요소를 합셈(aggregation)할 수 없어 경제적 비능률을 야기시켰다.

자본주의 체제에서 '가격'에 대응하는 개념으로 사회주의 체제에서는 '목표량' 혹은 '계획량'을 통해 계획경제가 작동된다. 그러나 소련 인민들도 '체제 초월적'으로 합리적 사고를 지니고 있었다. 계획당국이 기업과 노동자들에게 일정량의 '무게'를 기준으로 한 목표량을 지령하면 그 기업과 노동자들은 가능한 한 무거운 상품(예를 들면 무거운 바늘)을 만든다. 계획당국이 목표량을 '개수'로 지령하면 기업과 노동자들은 가능한 한 작은 상품(작고 가는 바늘)만을 생산한다. 계획당국이 '화폐'로 지령하면 기업과 노동자들은 비싼 상품(금·은바늘)만을 생산한다. 이러한 '무게지상주의'는 모든 사회주의 국가들의 공통분모이다. 기업과 노동자들은 그들의 목표량과 계획량을 쉽게 달성하려고 하기 때문이다. 사회주의 국가들의 상품이 조악하고 무거운 것을 보면 쉽게 이해될 수 있을 것이다. 심지어는 불량품 및 폐품과 소비자가 필요로 하지 않는 상품들도 계속 생산하는 경우가 많았었다.

스탈린 사후 소련의 지도층들은 소련 체제의 개혁을 추구했지만 고르바쵸프 이전까지 개혁은 '반쪽의 개혁'이란 역할밖에 못했다. 1960년대 이후 세계는 새로운 시간과 공간을 극복하는 과학혁명시대를 맞이하면서 기하급수적으로 과학기술은 발전되었으며 또한 변화무쌍하게 변화하는 사회의 역동성 과정에서 소련 사회는 맑스·레닌주의에 입각한 이데올로기와 그 체제의 폐쇄성 때문에 이와 같은 기술혁명에 동참하지 못하게 되었다. 또한 미국과의 과대한 군비경쟁으로 막대한 군사비 지출, 관료의 부패와 엄청난 지하경제의 범람과 정보·통신·기술혁명에 동참하지 못하는 소련 사회를 지금과 같은 체제로는 서방과의 격차가 더욱 심화되어 국가의 존립 자체가 위험하다는 것을 제일 먼저 간파한 지도부는 다름이 아닌 막대한 국내·외 정보망을 지니고 있는 KGB였다. 그 후 소련 지도층 내부에서 체제개혁의 공감대가 형성되었다. 1982년 브레쥬네프 사망 후 KGB의장이었던 안드로포프는 체제개혁을 시도했지만 단명으로 흐지부지되었으며, 그의 후계자인 체르넨코도 역시 단명으로 소련의 경제 상황은 호전되지 않았다.

고르바쵸프의 등장 이전까지 소련의 모든 개혁정책은 전략·전술적으로 약간의 변화는 있었지만 그 근본의 틀에는 거의 변화가 없었다. 1985년 3월 소련 7대 당서기장[2)]으로 취임한 고르바쵸프는 소련의 경제문제를 치유하기 위해 초기단계에서는 '경제의 가속화' 정책과 기강확립을 위해 '반알코올캠페인'을 시도했다. 그러나 오랫동안 곪아왔던 소련의 경제병을 치유하기에는 역부족이었다. 지도층 내부의 보수 세력을 제거한 후 어느 정도 실권을 장악한 고르바쵸프는 1987년부터 과거의 개혁과는 달리 전 분야에 대한 대대적인 개혁 작업, 페레스트로이카(재편)정책을 실시했다.

이 글에서는 스탈린 사후 소련 지도부 내에서 실시했던 개혁정책들을 간략히 정리한다.

1) 흐루시쵸프 개혁

흐루시쵸프는 1956년 제20차 당대회에서 탈 스탈린 화 작업을 개시하면서 대외적으로는 평화공존 정책을 전개했다. 흐루시쵸프는 스탈린식 명령경제체제는 '철을 먹는 체제'라고 비판했다. 또한 그는 스탈린식 강력한 중앙집권이 갖는 문제점의 개선을 위해 행정개혁을 단행했다. 행정개혁의 골자는 중앙정부로부터 지방정부로의 권력이양을 통해 분권화를 시도했다. 또한 기업의 경영체계를 중앙정부의 산업부에서 지역 중심의 관할체계로 바꾸었으며, 산업 및 건설부문의 장관 부서를 폐지시키면서 '지역원칙'에 따라 수직적 관계의 의사결정권을 수평적 관계로 이전시켰다. 흐루시쵸프는 계획경제의 모순점이었던 공급자 주도의 원칙에서 수요자를 중시하는 정책으로 전환했다. 그는 인민의 주택건설과 농업정책의 향상을 위해 기계·트랙터소(MTS)의 해체, 농민의 거주제한의 완화와 철폐, 대단위 관개사업과 처녀지 개척사업 등을 추진했다.

흐루시쵸프 개혁으로 인해 초기단계에서는 괄목할 만한 성공을 거두지만 1960년대 초부터 업적은 부정적으로 나타났다. 특히 대외적으로는 중소간의 이념·국경분쟁 그리고 쿠바 미사일 철수사건 이후 소련의 국제적 위신도 하락했다. 농업개혁에서 처녀지개척과 건설사업과 대규모 프로젝트들이 경제적 효율성을 유지하지 못했다. 또한 행정 개편도 거

---

2) 제1대 당서기장 레닌은 10월 혁명부터 1922년까지 재임했으며, 레닌은 1924년 초에 사망. 제2대 당서기장 스탈린은 1922년부터 1953년까지, 제3대 당서기장 흐루시쵸프는 1953년부터 1964년까지, 제4대 당서기장 브레쥬네프는 1964년부터 1982년까지, 제5대 당서기장 안드로포프는 1982년부터 1984년까지, 제6대 당서기장 체르넨코는 84년부터 85년까지 재임했다.

시 경제적 통제의 미비와 지역할거주의와 사회 심리적 불안과 기득권층이었던 노멘클라투라의 개혁 반대로 인해 당중앙위원회의 결정에 따라 흐루시쵸프는 1964년에 해임된다. 특히 탈 스탈린 작업에 대한 당지도부와 국민적 공감대를 형성하지 못한 것이 흐루시쵸프의 실각에 가장 큰 이유로 생각된다.

2) 코시킨 개혁과 브레쥬네프 개혁

소련의 1965년 경제개혁은 그 당시 수상이었던 코시킨의 이름을 따 일명 '코시킨 개혁'이라고 불려지고 있다. 이 개혁은 1964년 흐루시쵸프의 실각 이후 경제침체를 벗어나기 위한 조처로써 다음과 같은 3가지 부문에 초점을 맞추고 있다. 첫째, 흐루시쵸프 시대 때 도입되었던 지역으로의 권력이양을 골격으로 한 경제행정은 다시금 스탈린식 중앙집권적 경제분과 방식으로 환원되었다. 둘째, 리베르만[3] 방식에 입각하여 기업의 의사결정권의 여백을 강화시켜 주는 것은 물론 수많은 행정적 '계획지표' 대신에 상여금과 임금과 이윤 및 판매량 같은 계획지표를 통해 기업과 근로자의 물질적 인센티브를 향상시킨다는 것이다. 이는 계획경제체제서 '경제지렛대'를 이용해 앞에서 언급한 '무게지상주의'에서 도출되는 문제점을 제거한다는 데 목적이 있다. 셋째, 물질적 인센티브의 향상을 위해 가격개혁 없이는 불가능하기 때문에 1967년 대규모 가격개혁, 즉 소비재 및 생산재 가격개혁을 실시했으며, 1969년에 건설부문에 가격개혁을 실시했다.

코시킨 개혁도 1968년까지 어느 정도 성공을 거두지만 그 후 큰 진전이 없는 방향으로 나아갔다. 흐루시쵸프의 탈 스탈린 화 작업과 시장적 요소의 도입은 동유럽 국가들에 확산되면서 1968년 체코슬로바키아 두브체크 정권은 소련 체제와 다른 새로운 사회주의 체제를 모색하기 시작했다. '프라하의 봄'은 소련군을 주축으로 한 바르샤바조약(WTO)군의 직접적 개입을 통해 무산된다. 그로 인해 소련 지도층 내부에서도 개혁보다는 과거 스탈린식 체제로의 복귀를 선호하는 쪽으로 방향을 바꾸기 시작했다.

브레쥬네프는 경제가 둔화·정체되는 것은 계획이나 체제 그 자체의 문제가 아니라 계획을 수행하는 인간의 실수에 의해 기인된다고 주장했다. 그는 '계획의 완전화'와 '성숙된 사회주의' 혹은 '발전된 사회주의'를 강조했다. 폐쇄경제체제에서 대외무역을 경제성장의 원동력이라는 슬로건을 내건 1979년 브레쥬네프 개혁도 1979년 말 소련의 아프가니스탄 개입과 1980-81년의 폴란드 자유노조 운동의 직·간접적 반대로 인해 다시 냉전이 고조

3) 리베르만은 무명의 경제학자로서 흐루시쵸프 시대 때 표현의 신장 결과로써 1962년 『프라브다』지에서 "계획, 이윤, 프리미엄"의 짧은 글을 발표했다. 이 논문의 골자는 사회주의체제에서도 "모든 기업과 개별 경제주체에게 이로운 것은 국민경제에게도 이롭다"는 것이다.

되면서 서방과의 무역은 큰 결실을 거두지 못했다. 소련은 서방의 대 공산권수출통제위원회(COCOM) 규정으로 인해 서방과의 기술교류는 더욱 어려워졌다. 브레쥬네프는 대 공산권 진영인 '상호경제원조위원회'(COMECON)[4]회원국간의 교역증진과 결속을 다졌을 뿐이다.

3) 안드로포프 개혁

1982년 11월 12일에 KGB(국가보안위원회)의장이었던 안드로포프가 제5대 당서기장으로 취임한다. 그는 경제침체를 극복하기 위해 1983년 6월 당 중앙위원회 전원회의에서 기강확립을 위해 반 알코올캠페인 정책과 자원의 효율적 배분과 경제성장을 위한 경제개혁의 준비단계로서 독립채산제를 골격으로 하는 '대규모 실험기업'을 주장한다. 이 개혁안은 그 해 7월 당중앙위원회로부터 비준을 받았으며 1984년 1월 1일에 700개 국영기업이 참여했다. 이 실험기업 개혁안의 골자는 인센티브 제도의 도입, 개별 기업의 독립채산제의 도입과 의사결정권의 강화, 예를 들면 기업의 합법적 계획참여와 계획지표의 감소 등을 들 수 있다. 또한 농산물과 생필품의 부족현상을 제거하기 위해 생산재 부문보다는 소비재부문, 즉 농업과 경공업부문에서 우선적으로 실험기업이 실시되는 것으로 되어 있었다. 실시범위는 1984년 여름에 서비스부문에 700개 기업, 1985년 1월 1일에 1,850개의 산업기업과 3,000개의 서비스 부문, 1986년 1월 1일에 전체 기업의 2분의 1 그리고 우체·체신·교통부문까지 확대하여 1987년부터 모든 기업에 적용되게 되어 있었다. 그러나 1984년 안드로포프의 사망으로 인해 이 개혁안은 완전히 실시되지는 못했지만 고르바쵸프의 개혁에 많은 공감을 제공했다.

4) 고르바쵸프 개혁

1985년 3월 소련 7대 당서기장으로 취임한 고르바쵸프는 소련의 만성적인 경제병을 치료하기 위해 과감한 경제개혁을 실시한다. 고르바쵸프는 취임 후부터 1986년 말까지 경제가속화 정책과 사회기강의 확립을 위해 반알코올 캠페인 정책을 실시했다. 그러나 이러한 부분적 수술로 소련의 만성적 상품·서비스 부족을 제거시킬 수는 없었다. 사회주의 계획경제체제와 구조적 모순으로 뒤얽힌 소련의 경제병은 심각한 악성질환이란 것을 고르바쵸프와 그의 개혁 팀들은 인식했다. 1987년부터 고르바쵸프는 소련사회의 전 분야에

---

4) COMECON 혹은 CMEA는 Council for Mutual Economic Assistance의 약자로서 회원국은 소련을 포함 한 7개의 동유럽 사회주의국가(동독, 체코슬라바키아, 폴란드, 헝가리, 루마니아, 불가리아)와 몽골과 쿠바와 베트남 총 10개국으로 구성되어 있었으며, 91년에 해체되었다.

대한 재편(페레스트로이카)이라는 대수술을 감행했다. 소련 사회 전 분야에 대한 총체적 개혁으로서 페레스트로이카는 다음과 같은 4가지 부문을 형성하고 있다. 경제개혁과 언론과 사회부문에서 '글라스노스트'(공개·개방) 그리고 정치부문에서 '민주화 정책'과 대외 정책에서 '신사고 정책'을 구성하고 있다. 페레스트로이카의 근본목적은 소련경제를 개선하는 것이 주안점이었다.

경제개혁은 독립채산제와 자기금융조달제를 골격으로 한 신기업법과 소유권과 기업의 의사결정권 형태를 다양화하는 임차법과 협동조합법, 그리고 무역법과 은행법 등의 새로운 조처들이 만들어졌다. 과거 중앙계획경제체제의 조정메커니즘이 수정되면서 '시장적 요소'가 전폭적으로 도입되었다. 그러나 모든 개혁은 그 과정에서 직·간접적으로 '득과 실'을 당하는 계층과 그룹이 나타나기 마련이다. 특히 소련의 기득권층이었던 '노멘클라투라'(공산당간부, 군간부, 군산복합체와 국영기업과 국영농장과 집단농장의 장 등)들은 직·간접적으로 경제개혁의 반대와 과거 70년 이상 사회주의체제에 안주해 온 일반 경제주체의 타성과 시장적 요소에 관한 지식의 부재와 책임회피 등으로 인해 경제는 나아지기는커녕 더욱 악화되어갔다. 고르바쵸프는 거의 70년 동안 얼어붙은 사회주의체제의 경직성과 정체성의 타파, 그리고 노멘클라투라의 사고전환의 유도와 국내와 국외로부터 경제개혁의 정당성 확보와 개혁의 공감대 형성을 위해 비경제개혁을 동시에 과감하게 실시했다.

고르바쵸프는 소련 역사의 진실 찾기 작업과 사회·언론부문의 개혁 활성화와 국민의 개혁 공감대 확보를 위해 글라스노스트 정책을 실시했다. 고르바쵸프는 1920년대 행해졌던 NEP의 정당성과 선별적으로 리버럴한 레닌 상을 부각시켰다. 특히 NEP를 지지했던 부하린파를 완전 복권시켰으며, NEP를 폐기시킨 스탈린을 비판하기 시작했다. 이는 페레스트로이카도 NEP의 연속선이며, 볼쉐비키 전통에 의해 이루어지고 있다는 것을 강조하는 것이다. 또한 고르바쵸프는 스탈린의 여러 학정(강제집단화와 대숙청 등)을 비판하기 시작했다. 스탈린 격하운동으로 실각 당한 흐루시쵸프의 경험을 교훈 삼아 고르바쵸프는 국민들에게 스탈린의 학정을 공개했다. 글라스노스트에 의해 밝혀진 바에 의하면 집단화와 대숙청에서 나타난 스탈린의 학정은 상상을 초월할 정도였다. 또한 그 동안 발표되지 않았던 통계, 특히 소련의 사회지표, 예를 들면 유아사망률의 등급이 후진국 수준에 불과하다는 것이 밝혀졌다. 소련의 통계는 좋은 방향으로 부풀리는 통계였다는 사실도 밝혀졌다. 결국 글라스노스트는 스탈린 체제와 과거 체제의 실책을 국민에게 알리는 것과 동시에 아래로부터의 개혁의 물결을 가시화 하는 데 목적이 있었다.

세 번째 고르바쵸프의 개혁은 국내정치에서의 '민주화 정책'이다. 소련은 전통적으로 당과 국가 그리고 사회조직에서 레닌의 '민주집중제'의 원칙이 적용되었다. 이 원칙은 사회주의체제 이데올로기의 정당성을 계획적이고 통일적인 지도와 통제가 필요하다는 데서 찾고 있다. 민주집중제는 용어상으로 민주와 집중주의의 결합을 강조하고 있지만 중앙집권주의가 발달되면서 민주주의는 약화되었다. 고르바쵸프는 초기단계에서 민주집중제의 성격 중에서 민주주의 요소의 회복과 강조를 내세우면서, 후기에는 본인의 의사와는 상관없이 일당독재주의를 지양하는 정치의 다원주의로까지 발전했다.

고르바쵸프의 개혁 중에서 마지막으로 대외부문에서의 '신사고 정책'을 들 수 있다. 고르바쵸프는 그의 책 『페레스트로이카』에서 세계인은 같은 배를 타고 있으며, '지구촌'의 운명공동체로서 세계적 협력의 필요성을 강조했다. 고르바쵸프는 심각한 환경파괴와 군비경쟁과 남북문제, 특히 핵무기 경쟁으로 인해 지구촌 곳곳에 위험이 도사리고 있으므로 지구적 차원에서의 협력이 어느 때보다 필요하다고 역설하고 있다. 대외정책의 신사고 정책은 아프가니스탄에서의 소련군 철수와 재래식 무기와 군 감축은 물론 핵무기 감축과 폐기 또한 '신베오그라드 선언'－동유럽 사회주의국가들의 민족자결권 인정－을 통해 냉전시대의 종말을 가속화했다. 신사고 정책의 목적은 다음과 같은 세 가지 목적이 숨겨 있었다고 생각된다. 첫째, 소련은 군축을 통해 남는 인적·물적 자원을 파국적인 경제상황의 극복을 위해 투입하기 위한 목적이었다. 둘째, 소련은 서방국가들보다 상당한 경제력격차와 기술격차의 극복을 위해 해외자본과 기술의 유치를 조성하는 환경을 만드는 데 목적이 있었다. 셋째, 소련 개혁의 정당성과 지지를 해외로부터 확보하는 데 목적이 있었다.

고르바쵸프는 스탈린식 사회주의가 아니라 '인간의 얼굴을 가진' 사회주의를 주장했다. 자본주의 체제도 여러 어려움(예를 들면 대공황)을 겪으면서 발전한 것처럼 사회주의 체제도 어려움(예를 들면 상품부족과 정체성 위기 등)을 타개하면서 진정한 레닌주의 혹은 바람직한 사회주의로 발전할 수 있다는 것이다. 그러나 모든 개혁이 그러하듯이 고르바프쵸의 개혁도 본인이 원했던 방향으로 나아가기는커녕 체제위기와 체제파괴 과정을 거쳐 체제소멸로 나아갔다.

7.3. 소련의 소멸 과정

소련의 해체 요인 중에서 가장 큰 요인은 고르바쵸프의 페레스트로이카에 절대적으로 기인한다. 결론적으로 페레스트로이카(Perestroika)는 집을 재편한 것이 아니라 집을 부수는 카타스토리이카(Katastroika)로 진전되었다.

소련의 기타 개혁들이 초기단계에서 어느 정도의 부분적 성공과는 달리 고르바쵸프의 개혁은 전반적이며 총체적 개혁임에도 불구하고 경제는 나아지기는커녕 더욱 악화되면서 지도층 내부에서 개혁에 대한 찬·반 논쟁과 분위기가 가시화 되었다. 또한 비경제개혁, 특히 글라스노스트와 민주화 정책으로 언론·여론의 자유를 획득한 소련 국민들의 '목소리'는 어느 때보다 강하게 나타났다. 고르바쵸프는 '빵'문제를 해결하지 못했지만 국민들의 '목소리'를 신장시켰으며, 국내의 여러 문제의 미해결로 인해 국내의 인기도는 하락했던 데 반해[5], 신사고 정책을 통해 군축의 성공과 냉전 분위기를 제거하면서 노벨 평화상까지 받을 정도로 대외적으로 신망을 받았다.

소련이 해체되기 이전까지 가장 큰 문제는 경제문제와 민족문제로 집약된다. 페레스트로이카 초기단계에서 민족문제는 소비에트 이데올로기[6]로 인해 큰 문제로 부각되지는 않았다. 그러나 1987년 말부터 글라스노스트 정책의 덕택으로 소수민족의 박해와 소비에트화 정책이 허구였다는 사실이 밝혀지면서 소수민족의 자각이 고조되면서 주권 및 독립선언으로 발전된다. 경제문제와 민족문제는 서로 독립된 것이 아니라 상호 밀접히 연계되어 있었다. 지역별(연방공화국, 자치공화국, 자치지역 등) 독립채산제의 도입과 개혁과정에서 분권화의 추세로 지역 엘리트들은 더 많은 자치권을 요구하게 된다. 특히 카프카스의 아제르바이잔 공화국에서 섬처럼 아르메니아인이 거주하고 있는 나고리니-카라바흐 자치공화국의 아르메니아공화국의 합병요구로 발생된 민족분규와 발트 3국의 주권·독립선언 등으로 소련의 민족문제는 새로운 양상을 맞게 되었다. 경제문제와 민족문제의 해결을 위한 경제개혁안(후에는 시장경제로의 이행안)과 새로운 연방안의 모색 그리고 개혁의 향방과 속도와 방법과 관련해서 소련 지도층은 다음과 같은 세 개의 진영으로 갈라졌다. 각 진영은 그들의 입장과 권익을 주장하면서 권력투쟁의 방향으로 나아갔다.

첫 번째 진영은 과거 브레쥬네프 체제로의 복귀를 주장했던 보수파이다. 페레스트로이카 정책에도 불구하고 소련의 경제가 악화되자 이 진영은 과거 체제가 고르바쵸프 체제보다 사회·경제적으로 안정되었으며, 경제형편도 훨씬 좋았다고 강조했다. 또한 과거에 소련은 미국과 버금가는 강대국이었지만 개혁으로 인해 2등 국가로 전락했다고 주장하면서 개혁을 반대했다. 이 진영은 아프지도 않은 환자(과거 브레쥬네프 체제)를 심각한 병이 있다고 진단하면서 대수술(페레스트로이카)한 고르바쵸프 의사를 비판했다. 1989년

---

5) 역대 서기장들과는 달리 금주주의자였던 고르바쵸프는 취임 후 과감하게 실시한 반 알코올 캠페인 정책으로 인해 과거부터 추위와 습관적으로 마셔오던 소련 국민들로부터 지지와 호응을 못 받았다고 한다.

6) 소련의 공식적 이데올로기는 계급모순의 타파였기 때문에 민족모순은 하위개념이었다. 소련은 120여 개 이상의 소수민족으로 이루어진 다민족국가였다. 이러한 이데올로기와 함께 소비에트 정부는 소련에 거주하는 모든 민족을 인위적인 '소비에트인'으로 만드는 소비에트 동화정책을 전개했지만 실질적으로 소비에트 화는 러시아 동화정책이었다고 볼 수 있다.

말부터 대세가 개혁 쪽으로 기울어지면서 이 진영의 일부 세력은 빠른 개혁보다는 점진적 개혁을 선호했다.

두 번째 진영은 급진개혁파로서 원론적으로 고르바쵸프의 대수술을 찬성했지만 대수술은 실패했다고 주장했다. 그들은 수술과 처방의 실패로 인해 환자를 여러 번 재수술을 해야만 하는 우를 범했다면서 고르바쵸프와 그의 팀들을 반박했다.

세 번째 진영은 고르바쵸프와 그의 지지자들로서 초기 개혁 단계에서는 급진적이었으나 후에는 중도적 성향을 지닌 그룹이다. 보수파가 주장했던 오진에 대해서 고르바쵸프는 수술 받은 환자가 조만 간에 달릴 수 있는 것이 아니라 일정 시간이 경과된 후 건강한 몸으로 돌아올 수 있다고 반박했다. 이 진영은 1990년부터 급진개혁파의 공격을 받으면서 중도적 개혁 입장을 선호했다. 예를 들면 고르바쵸프와 급진개혁론자였던 옐친과의 공동으로 시장경제로의 이행안인 '샤탈린 500일 경제안'을 작성하면서도 고르바쵸프는 이 안을 거부하면서 고르바쵸프의 절충안인 '아간베기얀 개혁안'을 채택했다. 1990년부터 이 진영은 보수 세력뿐만 아니라 급진세력으로부터 공격의 화살을 받기 시작했다. 고르바쵸프는 초기에는 보수 세력에 의해 개혁의 제동이 걸렸으나, 말기에는 급진세력에 의해 비판을 받았다고 볼 수 있다.

경제의 효율과 경제주체의 근로의욕을 높이기 위해서 계획경제보다는 시장경제의 도입이 불가피하지만, 방법론적으로 고르바쵸프는 사회주의에 대한 미련과 정권유지를 위해 보수파의 눈치도 동시에 살피는 중도적 입장을 취함으로써 이행기 과정에서 경제문제와 민족문제가 더욱 악화되었다. 예컨대 약 300여개가 넘는 새로운 시장경제로의 이행에 관한 법률과 수많은 시장개혁안과 약 200개가 넘는 새로운 연방안이 제안되었지만 실천된 것은 거의 없었다. 구법과 신법이 공존하면서 공무원은 자의적으로 유권 해석할 수밖에 없었다. 또한 신사고 정책, 즉 '신베오그라드선언'7)의 덕택으로 1989년에 냉전의 산물이었던 베를린 장벽이 무너지면서 동유럽 사회주의가 무너졌다. 그 여파는 소련에 역 도미노 현상처럼 번져갔다. 1990년에 소련의 15개 연방공화국들의 대부분은 주권 · 독립선언을 했으며, 소비에트사회주의공화국들은 소련의 근본 틀을 구성했던 '소비에트'와 '사회주

7) 신베오그라드선언은 1988년 3월 고르바쵸프가 유고슬라비아의 수도 베오그라드 방문 중 과거 소련의 동유럽 대외정책의 기조가 되었던 '브레쥬네프 독트린'의 폐기를 의미한다. 이 독트린은 '주권제한론'으로서 동유럽 사회국가들은 소련의 인가 없이 체제를 전환할 수 없다는 것이다. 그 예로써 1953년 동독의 민주화, 1956년 헝가리와 폴란드의 민주화, 1968년 프라하의 봄, 1980년 폴란드의 자유노조 운동은 소련군의 직·간접 개입으로 실패했다. 신베오그라드선언은 시나트라의 노래 'My Way'의 가사 중 "I did it my way"에서 착안하여 일명 '후랑크 시나트라 독트린'이라고 불려지고 있다. 이 선언은 모든 민족의 자결권을 인정하는 것을 의미한다.

의' 형용사를 삭제했다. 그뿐 아니라 91년에 사회주의 경제공동체였던 COMECON과 군사협력체였던 '바르샤바조약기구'(WTO)도 해체되었다.

기득권층인 보수진영에 의한 1991년 8월 쿠테타는 싱겁게 아무런 힘도 못쓰고 '3일 천하'로 끝났으나, 그러나 이 쿠테타가 주는 교훈은 너무나 많다. 소련의 쿠테타 가능성은 고르바쵸프 집권 이후 계속적으로 예상됐던 일이다. 페레스트로이카 이후 군비축소로 인한 군부와 군산복합체의 기득권 상실의 두려움과 신연방 조약체결에 즈음하여 연방정부의 정치·경제 권력이 대폭적으로 공화국으로의 이양이 쿠테타의 근본원인이었다. 쿠테타는 브레쥬네프 시대로의 복귀를 주장하는 보수주의자들의 응집력의 산물이었지만 실패하고 말아 개혁세력에서 주도권을 상실했다.

그 후 급진개혁파가 주도권을 잡게 되면서 소련의 붕괴를 가속화시켰다. 그루지야를 제외한 모든 공화국들은 쿠테타 실패 이후 소연방으로부터 분리 독립을 선언했다. 쿠테타 실패 이후 고르바쵸프의 입지는 약화되었다. 그는 소연방의 붕괴를 막기 위해 '유럽연합'과 같은 느슨한 연방(자유·주권공화국연방, 이 연방의 약자와 소련의 약자는 러시아어로는 같음: CCCP)을 원했지만 관철되지 못하면서 소련의 첫 번째이자 마지막 대통령으로 물러나게 했다. 옐친을 중심으로 한 급진개혁파는 공산당을 해체시키는 것은 물론 고르바쵸프를 제거시키는 데 총력을 기울였다. 1991년 12월 7일 벨라루스의 수도 민스크에서 슬라브 3국(러시아, 우크라이나, 벨라루스)의 정상들은 소련 대신에 '독립국가연합'(CIS)을 결성하면서 소련의 붕괴는 기정사실화되었다. 2주 후인 12월 21일 카자흐스탄의 수도 알마아타에서 발트 3국과 그 당시 내란에 휩싸였던 그루지야(1993년 말에 CIS 가입)를 제외한 11개 공화국의 정상들은 CIS의 창설을 비준했다. 1922년 12월말에 결성되었던 소련은 만 69세의 나이로 사망했다. 소련 붕괴의 직접적 동인은 '외부로부터'와 '아래로부터'의 요인도 아니었다. 물론 무력에 의한 붕괴도 아니었다. 소련의 와해는 지도층내의 결정에 의해 자발적으로 이루어졌다.

7.4. 맺음말

소련 경제개혁의 특징은 지도층의 인사가 바꾸어질 때마다 전혀 다른 형태의 개혁이 실시되었다. 물론 고르바쵸프 이전까지 소련의 개혁은 부분적 개혁이었지만, 고르바쵸프의 개혁은 전 분야에 대한 총체적 개혁이었다. 그러나 고르바쵸프의 페레스트로이카는 소련의 해체를 가속화시킨 계기를 만들었다. 그로 인해 74년 동안 현존했던 사회주의 종주국이었던 소련 및 소련식 사회주의 모델은 대실패로 종결한다. 결국 고르바쵸프는 자신이 불러 일으켰던 페레스트로이카의 희생양이 되었다. 눈치작전과 의사결정의 지연으로 배고픈 나귀처럼 '홍당무'(보수파)와 '배추'(급진개혁파) 사이에서 아사하는 격이 되었다.

고르바쵸프는 사회주의자였지 결코 자본주의자는 아니었다. 그의 개혁은 사회주의 체제의 골격을 중심으로 시장경제를 강화하거나 혹은 최소한 스웨덴식 복지국가모델로의 방향전환이었다. 세계적 '큰 손'인 소로스의 말처럼 고르바쵸프의 개혁 사고, 즉 사회주의 체제 안에서 시장경제의 접목은 불가능하다는 것이다. 소로스는 사회주의체제에서 시장경제의 탄생은 마치 병든 산모로부터 건전한 아이가 나오기를 기대하는 것과 다를 바가 없다고 혹평했다.

실제적으로 사회주의 권의 몰락으로 인해 소련을 포함한 구사회주의권 국가들은 급진적 시장경제와 자유민주주의 체제로의 이행을 전개하고 있다. 그러나 사회주의에서 자본주의로의 이행에 관한 이론과 경험이 전무하기 때문에 많은 무질서와 혼란이 병존하면서 많은 경제주체는 과거 체제로의 복귀를 선호하는 숫자도 늘어나고 있다. 그러나 역사의 수레바퀴를 되돌릴 수는 없다고 보여진다. 체제이행을 원활히 하기 위해서는 사회·경제주체 간의 합의를 통한 무·유형적 제도의 확립과 각 주체 의식의 정립에 달려 있다고 본다.

제8장 러시아의 체제이행에 대한 사회경제학적 분석*

8.1. 머리말

러시아는 1861년의 '농노해방'을 통해 봉건주의체제에서 자본주의체제로 전환하였다. 마르크스의 예견과는 달리 러시아는 유럽에서 제일 늦게 농노해방을 실시하였고 그 결과 다른 유럽국가에 비해 자본주의로의 이행이 늦었으며 그나마 자본주의체제가 성숙되지 않은 상태에서 1917년 '10월 혁명'을 통해 사회주의체제로 이행했다. 그리고 사회주의체제의 집단 정체성(identity) 하에서 성립된 소련 사회는 1991년 말까지 존속했으며 1991년 말 소연방의 해체로 인해 실질적으로 소련의 계승자가 된 러시아는 다시금 '사회주의 계획경제체제에서 자본주의 시장경제체제로의 역이행'(counter-system transformation)이라는 변화를 겪게 되었다. 결국 구(舊)러시아 · 소련 · 신(新)러시아는 130년 동안 3번이나 체제이행을 감행했다고 볼 수 있다. 그동안 러시아 사회는 3번의 체제이행에서 이중 혹은 삼중의 구조가 뒤섞이면서 존속해왔던 것이다. 이 점에서 사회주의 중앙계획경제체제에서 자본주의 시장경제체제로의 이행기 과정에 처해 있는 신(新)러시아는 혁명 이전의 봉건주의와 사회주의적 요소의 잔재가 여전히 남아있는 상태에서 새로이 자본주의적 요소가 가미된 복합사회적 양상을 띠고 있다. 즉 봉건제적 측면에서는 집단주의적 경제문화가, 사회주의적 측면에서는 국가권위에 대한 의존성, 그리고 그로 인한 자율적 시장정신의 부재가 여전히 남아있는 상태에서 시장경제의 원리가 강제적으로 이식되는 현상을 보이고 있는 것이다. 그리고 이 과정에서 새로운 러시아는 새로운 경제원리와 경제문화가 정착되지 않은 상태에서 사회 · 경제 · 도덕적 진통을 겪고 있다.

이와 같이 러시아는 체제이행의 과정 자체가 지극히 복잡함에도 불구하고 지금까지의 연구에서는 이행에 관한 이론과 경험의 축적이 학문적으로 거의 이루어지지 않았으며, 지

---

* 이 논문은 1993년도한국학술진흥재단의 자유공모과제 학술연구조성비에 의하여 연구된 것입니다.
이 글은 < 『슬라브학보』 (한국슬라브학회), 제10권, 1995년, pp.299-337>에 게재됨.

금 활발히 진행되고 있는 이행론 연구도 단지 원론적인 수준 또는 순수 경제적 측면을 강조하고 있을 뿐이다. 체제이행에 대한 연구가 제대로 되기 위해서는 순수 경제적 측면도 중요하지만, 각 사회가 가지고 있는 사회구조적 요소나 문화적 요소와의 상호관계 또한 함께 고려하는 것이 중요하다.[1] 특히 체제이행의 속도와 방법은 시간과 공간, 그리고 각 사회가 가지고 있는 역사적 전통에 따라 다르게 나타날 수 있다. 러시아는 여러 가지 면에서 특수성을 지니고 있는데 특히 앞에서 언급한 체제이행의 복잡성은 바로 이 점을 말하는 것이다.

이 글에서는 간략하게 러시아의 체제이행의 역사를 살펴본 후에 체제이행의 사회·경제적 인과관계를 고찰한다. 그리고 이를 바탕으로 신(新)러시아가 겪고 있는 체제이행의 문제점과 전망을 논하기로 한다.

8.2. 구(舊)러시아·소련·신(新)러시아의 체제이행에 관한 논쟁

1861년 농노해방 이후 130년 이상 러시아(舊러시아 · 소련 · 新러시아)는 서방(서유럽과 미국)과의 경제 · 기술격차를 줄이는 데 초점을 맞추어 왔다고 볼 수 있다. 130년 동안 러시아 역사의 특징은 극단에서 극단으로의 길로 치솟았다고 볼 수 있다. 이러한 특징, 즉 단절에도 불구하고 러시아 역사의 '계속성'이라는 공통분모는 여전히 러시아라는 공간에서 내재하고 있다. 공통분모 중에서 가장 중요한 요소는 경제발전을 위한 '적정한' 체제와 질서의 모색이었다고 볼 수 있을 것이다. 이 장에서는 구(舊)러시아와 소련에서 전개되었던 체제이행의 논쟁 그리고 신(新)러시아에서 전개되고 있는 이행 논쟁을 간략히 살펴본다.

1) 구(舊)러시아의 체제이행에 관한 논쟁

제정러시아의 짜르 알렉산드르 2세가 1861년에 '농노해방'을 단행하면서 러시아는 형식적이나마 봉건주의에서 벗어나 자본주의의 초기단계에 접어들게 되었다. 러시아의 농노해방은 유럽에서 가장 늦게 이루어졌으며, 자생적인 개혁이라기보다는 크림전쟁(1854-1856년)에서의 패배라는 외생적 요인이 러시아로 하여금 개혁과 공업화로 나아가지 않으면 안 되게끔 만들었기 때문이었다. 크림 전쟁 이후 제정러시아는 국가파산과 같은 심각한 재정난에 허덕이게 되었다. 국내적으로는 엄청난 지폐의 발행과 국외적으로는 거의

---

1) 이와 관련된 러시아 연구의 방향에 대해서는 다음의 논문을 참조바람. Charles King, "Post-Sovietology: Area Studies or Social Science?", *International Affairs*, Vol.70, No.2, 1994, pp.291-297.

50억 은화 루블 상당의 대외채무를 지게 되었고 이를 해결하기 위해 짜르 정부는 거의 가치가 없는 지폐 루블을 순수한 금은본위제도로 바꾸는 개혁을 시도하였다. 그러나 이러한 화폐개혁에도 불구하고 국가의 보유자산을 통한 안정화는 큰 성공을 거둘 수 없었다. 또한 1860년의 조세개혁도 국가재정의 안정화에는 역부족이었다. 따라서 1862년부터 1878년까지 있었던 레우쩨른 재무장관은 루블의 안정화에 재정통화정책의 초점을 맞출 수밖에 없었다.

농노해방과 개혁을 통해 러시아는 1860년 중반부터 공업이 급격하게 발전되었음에도 불구하고 농업부문에서는 여전히 많은 봉건적 잔재가 남아있었다.[2] 러시아의 공업화는 농민의 대가를 통해 이루어졌다. 그 예로써, 농산물의 저렴한 가격과 부분적으로 농민의 도시 유입을 통해 저렴한 노동력이 확보되었기 때문이다.

이 시기에 러시아 공업화의 견인차의 역할을 한 것은 철도망의 건설과 중공업의 발전이었다. 1860년 석탄생산은 2억 9,900만 킬로그램에서 1900년에 거의 6배나 증가된 16억 5,300만 킬로그램으로 발전되었다. 석유생산도 1860년에 2,950만 리터에서 1900년에 무려 250배 이상이나 증가한 74억 3,650만 리터로 급부상하였다. 또한 1864년에는 단지 하나의 은행(주식회사)을 가졌으나, 1870년에는 39개의 은행을, 그리고 1900년에 70개의 은행을 보유하게 되었다. 저축은행의 수도 같은 기간 동안에 2개에서 91개로 늘어났다.[3]

특히 1870년부터 1900년 초까지 철도건설에 총력을 기울였는데 1855년 러시아 철도망의 총길이는 1천6,600Km에서, 1861년에 2,240Km로, 1895년에 약 35,000Km 그리고 1902년에는 56,000Km로 발전됐다.[4] 1861년부터 1890년까지 30년 동안 러시아의 철도망 길이는 <표 8-1>과 같다.

---

2) Alexander Gerschenkron, *Economic Backwardness in Historical Perspective* (Cambridge, Mass.: Harvard University Press, 1962), Ch.1 참조.

3) Edith Born, *Klipp und Klar 100 X UdSSR* (Mannheim, Wien, Zürich: Biblilographisches Institut, Meyers Lexikonverlag, 1980), p.78.

4) 1851년에 처음으로 모스크바-상트 페테르부르크선이 개통되었으며, 20세기에 들어와서도 철도건설은 더욱 발전됐다. 1860년에 러시아의 철도망은 1,600킬로미터에서 1917년에 50배가 증가한 8만 1,000킬로미터로 확장됐다. Gregory, Paul R. and Robert C. Stuart, *Soviet Economic Structure and Performance.* 4th ed. (New York: Harper & Row Publishers, 1990), p.29.

〈표 8-1〉 1861-1890년 러시아의 철도망 길이 (단위: 1,000킬로미터)

연도	총길이	연도	총길이	연도	총길이	연도	총길이	연도	총길이	연도	총길이
1861	2.24	1866	4.57	1871	13.6	1876	19.6	1881	23.1	1886	27.3
1862	3.52	1867	5.04	1872	14.4	1877	21.1	1882	23.4	1887	28.2
1863	3.52	1868	6.79	1873	16.2	1878	22.4	1883	24.1	1888	29.4
1864	3.62	1869	8.17	1874	18.2	1879	22.7	1884	25.0	1889	29.9
1865	3.84	1870	10.70	1875	19.0	1880	22.9	1885	26.0	1890	30.6

출처: A. M. Solov'eva, Zeleznodoroznyj tranport Rossii vo vtoroj polovine XIX v. Moskva, 1975, p.306, 재인용: Dietrich Beyrau and Manfred Hildemeier, "Von der Leibeigenschaften zur frühindustriellen Gesellschaft (1856-1890)", hrsg. von Gottfried Schramm, *Handbuch der Geschichte Russlands, Band 3* (Stuttgart: Anton Hiersemann, 1983), p.141.

러시아의 철도건설은 수출을 촉진시켰을 뿐만 아니라 사회간접자본도 향상시켰는데 특히 다음과 같은 세 가지 측면에 상당한 영향을 행사했다. 첫째, 자본시장을 통한 건설의 재정은 러시아에서 주식시장의 설립을 촉진시켰다. 1870년 초에는 총 주식자본 가운데 철도회사의 주식이 66%를 차지하였다. 둘째, 건설자재와 운행시설물(철로와 기관차)의 점차적 수입대체는 국내 철강업과 기계공업을 활성화할 수 있었으며, 대규모 중공업 발전을 촉진시킬 수 있었다. 셋째, 유럽지역의 러시아 철도망은 내부시장의 형성을 촉진시켰는데, 특히 농업생산물(곡물)의 운송을 용이하게 했으며, 지역간 교역에서 운송비용을 감축시켜서 생산지와 판매지 간의 가격차이의 평준화를 통해 시장통합의 효과를 가져왔다.[5)]

19세기 말과 20세기 초에 러시아는 세르게이 비테 재무상의 중공업에 우선순위를 둔 강제된 공업화 전략에 힘입어 괄목할만한 경제성장을 달성했다.[6)] 국가의 역할, 특히 재무부의 역할이 강조되면서 국가가 자본형성과 중공업 제품의 수요자의 역할을 담당하게 되었다. 또한 공업화로 인해 기업가와 상인 그리고 임노동자의 수가 빠른 속도로 늘어났다. 임노동자는 주로 농민신분에서 유래되었는데 이때부터 아래로부터의 농민공동체는 점차 분해되어 갔으며 농민들 역시 계절 농업노동자나 도시의 공업임노동자로 바뀌어갔다. 그럼에도 불구하고 이들은 여전히 농촌과의 관계를 유지하고 있었으며 농민공동체의 전통 속에서 만들어 왔던 평등과 공정분배, 그리고 집단주의적인 정신을 그대로 가지고 있었다. 반면 위로부터의 무한정의 전체주의와 귀족주의는 계속해서 극성을 부리고 있었으며, 그로 인해 근대화된 정부체제의 형성은 늦어지고 있었다. 이에 더하여 1904-1905년의 러·일 전쟁에서의 패배 이후 노동자와 인텔리겐치아의 시위와 요구가 더욱 심해졌다.

5) Dietrich Beyrau and Manfred Hildemeier, "Von der Leibeigenschaften zur frühindustriellen Gesellschaft (1856-1890)", hrsg. von Gottfried Schramm, Handbuch der Geschichte Russlands, Band 3 (Stuttgart: Anton Hiersemann, 1983), p.113.

6) 러시아 공업화 과정에 대해서는 책의 NEP의 시장과 계획 편을 참조.

이러한 문제들의 근본적 원인은 비테 재무상의 전체주의적 공업정책에 근본적인 원인이 있었지만 다른 한편으로는 니콜라이 2세의 우유부단함이 비테 재무상의 정책을 전폭적으로 지원하지 않은 탓도 있었다.[7)]

강제 공업화의 결과 어느 정도의 시민계층은 등장했지만 서유럽에 비해 그 수와 영향력은 크지 않았다. 그리고 1905년의 2월 혁명에서도 짜르의 절대정권을 타도하는 데에는 실패했지만, 그럼에도 불구하고 짜르의 권력은 예전보다는 약화되었다. 표면적으로는 2월 혁명의 무마책으로, 그리고 내면적으로는 자본주의로의 이행을 위한 물적 자원의 확보를 위해 시행된 스톨리핀 농업개혁은 농민공동체의 해체와 농민층의 분해를 통해 노동자로의 전이를 쉽게 하는 것이었다. 그리고 이와 같은 사회세력의 전이는 농촌에서의 민주화와 시장가능성, 그리고 그로 인한 농민운동의 지렛대 역할을 가능하게 만들었다.[8)] 그러나 스톨리핀이 1911년 9월에 키예프에서 암살당하면서 농민공동체의 분해정책은 큰 진전을 보지 못하였다.

비테와 스톨리핀이 걱정한 것처럼 러시아는 유럽의 제2강대국으로 과대평가되면서 1914년부터 제1차 세계대전에 참여하게 되었고 이것은 러시아제국의 멸망을 가속화시켰다. 그러나 러시아의 공업화는 계속되어 1913년에는 미국, 영국, 독일, 프랑스에 이어 세계 5대 공업국이 된다. 물론 4위와 5위는 큰 격차를 가지고 있었다. 제1차 세계대전의 참전에 대한 국내의 반대여론과 빠른 공업화 과정에서 나타난 농민의 이농문제와 도시노동자의 문제, 그리고 빈곤과 주택 등의 사회문제가 대두되면서 새로운 체제의 모색을 꾀하는 인텔리겐치아들의 첨예한 저항이 가시화 되었다. 그러나 저항적 인텔리겐치아들 사이에서도 러시아 사회의 발전과 러시아의 새로운 길에 대한 전략상의 차이 때문에 여러 집단들로 갈라져 있었다. 1830년대의 슬라브주의자와 서구주의자들의 뒤를 이어 러시아의 자본주의는 서구의 발전과정과 결코 같을 수 없으며 오히려 농민공동체와 같은 역사적 경험 때문에 곧바로 사회주의로의 이행이 가능하다는 주장이 1870년대의 인민주의로 나타나게 된다. 그리고 19세기 말과 20세기 초반에 들어와서 러시아의 자본주의화가 어느 정도 진행되는 것을 목격한 인텔리겐치아들은 마르크스주의를 수용하면서 러시아의 사회주의체제로의 이행을 확신하게 되었다. 20세기 초에 들어와서 이러한 마르크스주의는 볼쉐비키와 멘쉐비키로 갈라지게 되는데 멘쉐비키의 주장은 러시아가 어느 정도 자본주의체제가 발전된 다음에 사회주의로의 이행이 가능하다는, 즉 점진적 사회주의체제로의 이행을 지지한 반면에, 볼쉐비키는 자본주의체제의 발전 없이도 사회주의체제로의 전환이 가능하

7) Heinz-Dietrich Loewe, "Von der Industrialisierung zur ersten Revolution, 1890 bis 1904", hrsg. von Gottfried Schramm, *Handbuch der Geschichte Russlands, Band 3* (Stuttgart: Anton Hiersemann, 1983), pp.204-207.

8) Heinz-Dietrich Loewe, "Von der Industrialisierung ... op. cit., pp.338-340.

다는 것을 강조하였다. 결과적으로 1917년 2월 혁명 후 러시아제국은 멸망했으며, 과도기적 임시내각도 10월 혁명을 통해 무너지면서 볼쉐비키에 의한 소비에트 정권이 탄생했다.

2) 소련의 체제이행에 관한 논쟁

1917년 10월 혁명을 통해 짜르 세력과 비(非)볼쉐비키 세력을 제거시키면서 정권을 획득한 볼쉐비키 정부는 마르크스-레닌주의에 입각한 새로운 사회주의체제를 구축하였다. 혁명정부는 '시장의 무정부성'을 제거하기 위해 시장과 화폐의 소멸 정책, 생산수단의 국유화 혹은 사회화 정책을 무모하게 실시했으며, 그밖에도 대외무역을 철폐시키면서 자급자족 경제체제를 유지하였다. 모든 경제활동, 즉 생산과 유통, 분배, 소비는 전적으로 중앙당국이 관장하는 행정·명령경제체제를 확립하였다. 이러한 정책은 국내에서는 적군과 백군의 대립, 국외에서는 소비에트 체제를 반대하는 선발 자본주의 국가들의 간섭을 재기시켰고 결국 소비에트 정부는 전시상태에 돌입했다. 10월 혁명 후부터 1921년 3월 NEP의 출범 이전까지를 '전시공산주의시기'라고 말한다. 이 시기는 지구상에서 찾아볼 수 없는 강력한 공산주의정책의 시기였다고 볼 수 있다. 이 기간 동안 화폐는 그 자체의 기능을 완전히 잃었으며, 소비분야까지 배급제로 전환됐기 때문이다. 전쟁으로 인해 사회간접자본은 파괴되었으며 강력한 공산주의 사상인 평등원칙과 국유화 정책으로 인해 경제주체의 인센티브는 하락했고, 그로 인해 경제는 피폐화되면서 볼쉐비키 정부는 총체적 위기에 직면하게 된다.

소비에트 정부는 1921년 3월 제 10차 당대회에서 이 위기를 극복하기 위해 NEP(신경제정책)를 실시한다. NEP는 지금까지 무모하게 실시한 전시공산주의정책을 대폭적으로 수정하면서 경제주체의 인센티브를 위해 '시장적 요소'를 재창출시켰다. 대기업, 은행, 대외무역, 철도, 행정부문은 중앙당국이 엄격히 통제하며, 기타 부문에서의 경제활동은 민간부문과 시장에 위임했다. 소비에트 정부의 총체적 위기는 NEP를 통해 1924-25년경에 극복할 수 있게 됐다. 소비에트 경제는 단지 3년 만에 총체적 위기 상황을 극복하면서 전쟁 전(1913년) 수준까지 도달하게 된다. NEP는 사회주의체제를 골격으로 자본주의적 요소를 혼합한 성공적 사례라고 보이며, 동유럽과 소련의 사회주의체제가 해체되기 전까지 소련뿐만 아니라 기타 국가에서 '제 3의 모델' 가능성으로 받아들여졌다고 생각된다.

공업화 논쟁을 거쳐 1928년에 NEP는 여러 가지 이유로 인해 폐기된다. 제1차5개년계획을 통해 소비에트 사회는 NEP에서 180도 선회한 스탈린 식 중앙집권적 계획경제체제를 확립하였다. 1953년 3월 스탈린의 사망 이후 흐루시쵸프는 1956년에 탈(脫)스탈린화 작업을 실시하면서, 경제·행정개혁을 단행하였다. 이 개혁은 중앙집권 계획경제체제를 부분적으로 완화하면서 '경제지렛대'의 시장적 요소를 도입했다. 그러나 흐루시쵸프의 뒤를 이은 브레쥬네프는 흐루시쵸프의 개혁정책을 후퇴시키면서 중앙집권적 계획경제체제를 강화한다. 그는 '성숙된 사회주의' 혹은 '완전한 사회주의'를 목표로 했지만, 경제는 대정체기를 맞게 되고 1982년 브레쥬네프의 사망 이후 안드로포프와 체르넨코도 개혁을 선언하지만 단명으로 끝난다.

1985년에 집권한 고르바쵸프는 역대 서기장처럼 초기단계에서 부분적인 경제개혁(가속화정책과 반(反)알코올 캠페인 정책 등)을 실시했다. 1987년부터 페레스트로이카와 글라스노스트 정책을 전개하면서 경제개혁뿐만 아니라 전 분야에서 총체적인 체제개혁을 실시한다. 소련사회에서 한 번도 총체적인 개혁이 없었으므로 페레스트로이카는 여러 관점에서 많은 혼란을 유발시키면서 연방과 공산당의 권위는 실추되면서 국민의 '목소리'는 더욱 커져갔다. 연방의 권위가 실추되면서 지방(연방공화국과 기타 지역단체)에서는 민족운동이 확산됐다. 설상가상으로 소련경제는 회생하기는커녕 더욱 악화되면서 심각한 상품 부족난을 겪게 됐다. 고르바쵸프는 페레스트로이카의 초기단계에서 '진정한 레닌주의'로의 복귀 혹은 '인간의 얼굴을 가진 사회주의'를 강조하면서 NEP체제로의 복귀를 원했다.[9] 그는 후기에 소련의 체제를 '스웨덴 식 복지국가' 모델로 전환할 것을 강조했다. 그러나 고르바쵸프는 사회주의체제를 완전히 부정한 것은 아니었다.

경제난과 민족문제로 인해 야기된 연방과 지방정부 간의 관계정립을 위해 경제개혁안과 새로운 연방안과 관련해서 세 가지 그룹들이 출현했다. 볼쉐비키 주의와 강력한 연방을 옹호하는 보수파(페레스트로이카 말기에는 점진적 시장경제로의 전환을 지지하는 자)와 급진적 시장경제로의 이행과 느슨한 연방(후에는 연방 해체)을 지지하는 급진개혁파, 그리고 고르바쵸프와 같은 중도파가 존재했다. 보수파는 점진적이며 단계적인 시장경제로의 이행을 전제로 한 1989-90년에 리슈코프 안과 아발킨 안을 지지했으며, 급진개혁파는 1990년 9월에 빠른 속도로 시장경제로의 전환을 골격으로 이루고 있는 샤탈린 500일 안을 지지했다. 고르바쵸프는 1990년 11월에 양안의 절충안으로서 아간베기얀 안을 최종안으로 확정했다.[10]

1991년 8월 보수파의 쿠테타 실패 이후 급진개혁파가 빠른 속도로 역사의 주인공으로 등장하면서, 우유부단했던 고르바쵸프는 1991년 12월 소련의 해체와 함께 권좌에서 물러난다. 소련은 1991년 12월 말에 해체되면서, 15개 연방공화국은 독립국가로 변모했으며, 발트 3국과 그루지야를 제외한 11개 공화국은 '독립국가연합'(CIS)으로 변모하였다.

9) 소련 말기에 NEP의 재해석에 대해서는 제2장을 참조.

10) Anders Åslund, *Gorbachev's Struggle for Economic Reform* (London: Pinter Publishers. 1991), pp.206-212.

옐친을 중심으로 한 급진개혁파는 소련의 해체를 가속화시켰으며, 시장경제체제와 민주주의체제로의 이행 정책을 실시했다. 고르바쵸프에 의한 체제개혁은 결과적으로 자체의 논리에 따라 체제파괴를 거쳐 새로운 체제전환 단계로 접어들었다.

3) 신(新)러시아의 체제이행에 관한 논쟁

소련 사회주의체제의 종식은 슬라브주의자와 서구주의자와의 합작으로 공산주의자들을 제거시켰다고 볼 수도 있다. 1991년 여름의 쿠테타 실패 이후 고르바쵸프는 '유럽연합'처럼 마지막까지 느슨한 소연방을 원했지만, 슬라브 3국(러시아, 우크라이나, 벨라루스)의 정상들이 1991년 12월 초 민스크에서 슬라브공동체를 창설하면서 소연방은 결국 사라져 버리고 말았다. 그 후 12월 말에 알마아타서 비(非)슬라브국가들이 이 공동체에 참여하면서 '독립국가연합'이 창설되었는데 슬라브공동체 창설의 핵심 슬로건은 슬라브주의자의 사상과 유사하며, 시장경제와 민주주의로의 이행은 서구주의자들의 그것과 같은 것이었다. 이 점에서 소련의 해체는 슬라브주의자와 서구주의자들과의 합작으로 이루어진 것이었고 이후 소련이 남긴 사회주의의 잔재는 점차 청산되기 시작하였다.

1992년부터 신 러시아는 미국식 자본주의를 모델로 한 충격요법 적 시장경제로의 이행정책을 펼쳤다. 그러나 이러한 정책은 구소련으로부터 물려받은 여러 문제와 '이행기 위기'가 혼합되어 러시아 사회의 모든 분야를 악화시켰다. 이에 따라 러시아에서는 새로이 이행논쟁, 특히 이행속도와 방법에 대한 논쟁이 시작되었다. 물론 대부분의 논의들은 최종 목적으로서의 시장경제로의 이행 자체를 부인하는 것은 아니었다. 이러한 논쟁들 가운데 대표적인 것으로는 시장경제의 도입으로 인한 사회문제를 극소화하기 위해 서유럽식(스웨덴식 혹은 독일식)사회경제체제 모델과 이행의 속도 면에서 충격요법의 대안으로서 점진적이고 단계적인 모델, 예를 들면 중국식 모델의 적응 가능성이 있다. 또한 경제문제를 해결하고, 경제발전을 위해 시장메커니즘이 부분적으로 작동되면서 정부와 기업이 일치단결한 일본식 '회사자본주의'체제, 칠레의 피노체트나 혹은 박정희 식 개발독재 모델 가능성도 고려되고 있었다. 이 논쟁들은 역사의 아이러니처럼 다시금 고르바쵸프 말기의 여러 개혁안과 유사하다. 그리고 이러한 논쟁들은 충격요법의 총사령관인 가이다르 경제장관과 표도로프 재무부장관 등이 물러나고 보수중도파의 성격을 지닌 온건파인 체르노미르딘 내각이 형성되면서 러시아는 체제이행의 제2단계에 접어든다.

체제이행 논쟁을 개괄적으로 정리해 보면 급진적 시장경제체제로의 이행을 지지하는 서구주의자(대서양주의자)와 러시아의 특수성을 강조하는 슬라브주의자(구공산당 세력을 포함한 유라시아주의자) 사이에서 시장과 국가의 역할을 중심테마로 하여 나타나고 있다.

전자는 시장의 역할을 강조하고 있는 반면에, 후자는 체제이행에서 국가 역할을 강조하고 있다. 물론 양진영 모두 시장경제체제로의 이행을 부인하는 것은 아니다. 그러나 1993년부터 러시아의 정치·경제·사회적 집단들은 그들의 주장들이 서로 혼재된 상태로 나타나기 때문에 이들을 정확히 구분하는 것은 불가능하다. 그러므로 옐친 계열과 반(反)옐친 계열로 구분하는 것이 더욱 타당하다고 볼 수 있다. 소련 시대부터 신러시아 시기까지 체제개혁과 체제전환의 향방을 정리해 보면 <그림 8-1>과 같다.

〈그림 8-1〉 소련과 신(新)러시아에서의 경제활동의 조정메커니즘의 향방

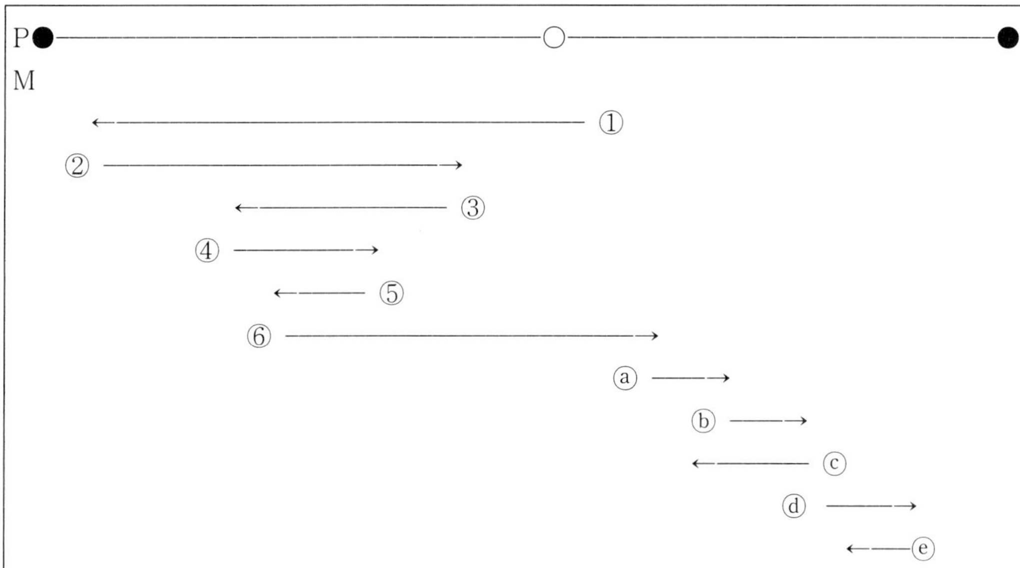

M: 완전경쟁시장체제 (Perfect Competition Market Economic System)
P: 완전계획경제체제 (Perfect Planning Economic System)
① : 10월 혁명 후부터 1921년 3월 이전까지의 '전시공산주의기간'
② : 1921년 3월부터 1928년 제1차5개년계획 출범 이전까지의 NEP(신경제정책)기간
③ : 1928년부터 1953년 스탈린의 사망 기간까지
④ : 1956년부터 1964년까지 흐루시쵸프의 행정·경제개혁 기간
⑤ : 1965년부터 1982년 말까지의 브레쥬네프 시기(1982년 말부터 1984년 안드로포프 시기와 1984년부터 1985년 3월의 체르넨코 시기도 포함)
⑥ : 1985년부터 1989년까지의 고르바쵸프의 페레스트로이카 기간
ⓐ : 리슈코프 경제개혁안 및 아발킨 경제개혁안
ⓑ : 샤탈린 500일 경제개혁안
ⓒ : 고르바쵸프 절충안(아간베기얀 경제개혁안)
ⓓ : 1991년 말부터 가이다르의 급진적 경제개혁
ⓔ : 1993년부터 체르노미르딘의 온건적 경제개혁

8.3. 신(新)러시아의 체제이행 정책

1) 신 러시아의 체제이행정책의 목적과 내역

고르바쵸프의 경제개혁에도 불구하고 소련 경제는 더욱 나빠졌다. 공식통계에 의하면 1990년의 총국민생산(순물질생산)은 2.0% 감소하였으며, 1991년 상반기에는 무려 10%나 하락했다. 소련의 주요 수출상품인 석유생산도 1978년을 정점으로 1990년에 마이너스 성장률을 기록했으며, 천연가스 생산도 1970년대 초를 정점으로 1991년 상반기에 마이너스 성장으로 나타났다.[11] 게다가 1991년에는 COMECON이 해체되고 소련 연방공화국들이 독립국가로 변모하면서 교역관계는 급속히 감속하여 경제문제는 더욱 나빠졌다.

1991년 8월 쿠테타 실패 이후 역사의 주인공이 된 옐친 정부는 이러한 소련경제를 물려받으면서 본격적으로 시장경제체제로의 이행안과 옛 소련 공화국간의 교역을 국제시장가격으로 전환하는 정책을 마련하였다. 1991년 10월 28일에 옐친의 급진적 경제개혁 프로그램(거시경제안정, 가격자유화, 사유화, 사회안전망 구축, 독점해체 등)이 인민대표대회에 통과되었으며, 11월 6일에 이 개혁을 수행할 가이다르 경제내각이 임명되었다. 극단에서 극단으로 이어지는 러시아 역사의 특징처럼 소련의 해체, 즉 사회주의체제에 대한 대안은 그 당시에는 자본주의체제였다.

옐친 대통령과 가이다르 내각은 고르바쵸프의 점진적 시장경제로의 이행정책의 실패를 거울삼아 과감한 시장경제로의 이행정책(충격요법 혹은 '대폭발'<Big Bang>모델)을 선호하였다. 충격요법은 러시아 정부의 자생적 의지도 있었지만, 외부적으로는 충격요법을 실시한 폴란드처럼 IMF 권고안과 미국 하버드대와 스웨덴 경제고문의 역할도 중요했다. 1992년 초부터 실시된 이행안의 골격은 충격요법 적으로 가격자유화와 사유화, 국가예산의 적자를 삭감하기 위한 재정정책과 조세개혁 그리고 세계경제로의 편입을 목적으로 하고 있었다. 가이다르의 이행개혁안은 1990년에 폴란드에 실시됐던 경제안정화 프로그램, 일명 충격요법을 지향했다. 물론 동유럽의 옛 사회주의국가들의 이행개혁의 경험들도 고려되었다.

충격요법은 옛 소련 시대 때 거의 존재하지 않았던 시장경제체제의 작동을 위한 전제조건으로서 생산수단의 사적소유권의 보장과 수요와 공급에 의한 시장가격, 그리고 국내시장뿐만 아니라 세계시장으로 편입을 통해 경쟁을 단시간 내에 창출시키면서 폭발적 가격앙등의 제거는 물론 국내시장에서 만성적인 상품부족의 제거와 해외부문과의 경제협력

11) L. Abalkin, "Sovremennyi krizis i perspektivy razvitija sovetskoy ekonomiki", *Voprosy Ekonomiki*, Oktyabr', 10, 1991, p.3.

을 통해 해외자본과 기술의 유치 등을 목적으로 하고 있었다. 경제발전과 안정화를 위한 구체적 목표는 러시아 경제성의 전망과 러시아연방 예산에 관한 법률, 그리고 1992년 3월 3일과 7월 10일에 세계통화기금(IMF)에 제출한 정부비망록에 잘 나타나고 있다.[12)]

이 글에서는 러시아 행정부의 시장경제로의 이행정책의 골격인 가격자유화와 사유화, 그리고 세계경제로의 편입정책을 설명한다. 기타 부문에 대해서는 이행정책의 효과와 평가의 절에서 언급하기로 한다. 이 세 가지 정책은 서로서로 분리된 것이 아니라 상호간에 밀접히 연관되어 있다는 것을 먼저 밝혀둔다.

옐친 행정부는 1992년 1월 2일에 대대적인 가격자유화 정책을 실시했다. 이 정책은 사회적 혼란을 완화하기 위해 주요 일상 생활필수품과 연료 및 공공서비스 부문에 대해서 가격 상한선을 정했으며, 기타 품목에 대해서는 원칙적으로 수요와 공급법칙에 의한 가격자유화를 집행했다. 가격상한선이 정해진 품목은 여러 종류의 값싼 빵, 우유제품, 설탕, 유아용 식품, 보드카 등과 석유, 가스, 통신, 교통부문 등의 공공서비스 요금이었다. 70년 이상 묶어 놓은 행정가격이 해제되면서 러시아가 곧 초 인플레이션(hyper-inflation) 상황을 맞이하는 것은 당연한 결과였다. 러시아연방 국가통계위원회(Goskomstat)위원장은 가격자유화로 인해 1월의 물가상승률은 약 250%나 올라갔으며, 부문별로 식료품 가격은 296%, 비식료품 가격은 130%, 그리고 공공서비스의 가격은 130% 인상되었다고 발표했다.[13)] 그러나 타치야나 자슬라브스카야의 '러시아연방 여론조사센터'는 국가통계위원회의 발표와는 달리 가격이 대략 1,000-1,500%나 상승했으며, 어떤 품목은 무려 4,000%나 상승했다고 발표하고 있다.[14)] 이러한 통계의 불일치는 분명히 러시연방 정부가 물가상승률에 대한 노하우와 방법 등이 미숙한 수준밖에 지니지 못했다는 것을 의미했으며, 사전에 이에 대한 충분한 작업을 준비하지 못한 임기웅변적인 조처로 간주된다.

하여튼 가격자유화 정책을 통해 전 소매제품의 90%, 그리고 전 도매제품의 80%가 자유화되었으며, 연료와 기타 생필품가격의 행정가격설정도 단계적으로 자유가격으로의 전환될 것임이 발표되었다.

구소련의 가격형성 과정은 시장에 의해 결정되는 것이 아니라 국가가격위원회에 의한 '계획가격'이 주를 이루고 있었다. 그로 인해 가격결정을 위한 엄청난 행정비용과 거래비

12) Michail Sardonow, "1992 - Jahr der Wirtschaftsreform?", *Wostock, Information aus dem Osten für den Westen*, No1. 1993, p.11.

13) Harold D. Norten, "The Splinting Federation: Changing Positions of Unions in Russia", *The Journal of Social, Political, and Economic Studies*, Vol.19, No.2, 1992, p.8.

14) *Moskovskaja Pravda*, 1992년 2월 4일자, p.2, 재인용: Harold D. Norten, "The Splinting Federation: ... op. cit., p.8.

용이 소모되었으며, 그리고 적정한 가격이 아니므로 만성적인 상품부족 현상, 예를 들면, 줄서기, 배급제, 암시장, 지하경제 등이 성행하였다. 이와는 정반대의 원리에 기초한 가격자유화 조치는 구소련 시대 때부터 야기된 만성적인 상품부족과 국내가격과 국제가격과의 불일치를 제거하는 데 목적이 있었다. 특히 노동생산성보다 높은 임금과 봉급으로 인해 국민이 과다하게 보유하고 있는 화폐보유량과 수요 잠재력을 흡수시키며, 가격상승으로 인해 기업의 생산동기를 유발시키는 데 목적이 있었다.

시장경제를 정착시키기 위해서는 가격자유화와 더불어 생산수단의 사적소유권 질서의 확립이 무엇보다도 중요하다. 러시아 정부는 1991년 7월 사유화법률에 기초해서 1991년 12월 29일에 '1992년의 사유화 계획에 관한 포고령'과 1992년 3월 사유화 프로그램, 그리고 1992년 7월 대통령령 721호에 의거하여 국가재산의 사적소유권으로의 전환을 확정했다. 이 포고령에 의하면 사유화 대상은 금지대상을 제외한 구소련 국영기업의 대부분을 포함하고 있다. 러시아연방 '국가재산위원회(Goskomimuschestva)'의 A. 츄바이스 위원장(장관)은 1992년에 러시아 국가재산의 25%를 사유화할 예정이며, 서비스부문에서는 약 60-70%의 사유화 계획을 발표했다.[15)]

러시아의 사유화법률은 서방 기준과 비교해 볼 때 매우 불확실하거나 혹은 불분명했다. 그럼에도 불구하고 소규모의 사유화, 예를 들면 상업과 수공업, 중소기업과 기타 서비스업은 해당당국에 의해 경매나 혹은 공고에 의해 성공적으로 이루어졌다. 1993년 6월까지 11-12만 여개의 소기업 중 7만 여개가 사유화되었으며, 나머지도 1993년 말에 거의 대부분 종료되었으며 부동산은 주로 5년간의 임대로 이루어졌다.[16)]

소규모 사유화와는 달리 대규모 사유화는 난항을 겪고 있다. 왜냐하면 대규모의 사유화는 상당한 관료적 행정비용이 요구되기 때문이다. 예를 들면 국가재산위원회에의 신청을 거친 다음에 사유화위원회의 승인, 그리고 사유화위원회와 조합원 그리고 지방의회간의 합의를 거쳐야 한다. 또한 사유화될 기업의 최저가격 설정과 사유화 계획의 작성도 요식요건으로 되어 있다. 대부분은 주식회사로의 전환을 목표로 하고 있는데 이러한 형태의 사유화 방법에는 다음과 같은 두 가지 모델이 실시됐다:[17)]

---

15) A. Glumov, "Men'she deneg - luchshe zhizn'", *Noboe Vremya*, 26, 1993, pp.18-19.

16) Hans H. Glisman and Klaus Schrader, "Die Umwandlung von staatlichen in privates Eigentum", *Osteuropa*, Vol.44, No.1, pp.151-152.

17) 농업부문의 3분의 1인 약 8,400여개의 국영농장과 집단농장이 사유화 농장으로 등록되었으나 여전히 농산물의 수요와 공급의 판매망의 대부분은 국가가 장악하고 있었다. Hans H. Glisman and Klaus Schrader, "Die Umwandlung ... op. cit., pp.152-153.

1. 창설자금의 25%는 투표권이 없으며, 무료로 조합원에게 배부 + 창설자본의 10%는 조합원에게 명목가치의 30% 할인으로 구매가능성 제공 + 창설자본의 5%는 기업경영진에게 명목가치로 판매 + 창설자본의 60%는 경매와 공고에 의해 매각.
2. 창설자본의 25.5%는 국가 크레디트를 통해 조합원과 경영진에게 고정가격(명목가격보다 저가)으로 매각 + 창설자본의 25.5%는 조합원과 경영진에게 사유화증서(voucher)를 통해 매각 + 창설자본의 49%는 경매와 공고를 통해 매각.

이 두 가지 모델은 1992년 중반부터 우선적으로 6만 여개의 기업에 대해 실시되었으며, 1993년 5월 6일 대통령령에 의해 모든 국영기업의 사유화 방법으로 확정되었다.

생산수단과 토지의 사적소유권과 상속권, 그리고 자본시장의 부재로 사적 경제주체의 자본축적이 원천적으로 봉쇄되었던 러시아 경제주체들은 구소련의 사회주의체제에 익숙해 있었기 때문에 사유화 과정에서 국영기업을 인수할 경제주체는 존재할 수 없었다. 만일 존재한다면 마피아와 지하경제, 그리고 국가재산의 횡령을 통한 불법적인 방법으로 자본을 축적한 자들일 것이다. 그들만이 사유화에 적극적으로 참여할 수 있을 뿐이다. 옛 소련의 특권계급층이었던 노멘클라투라의 상당부분은 이 사유화 과정에서 정보를 잘 알 수 있었을 뿐만 아니라 부정적인 방법으로 축적하거나 혹은 값싼 은행대부를 통한 자본력을 가지고 적극적으로 사유화에 참여했다고 볼 수 있다.[18] 물론 해외법인과 자연인의 참여 가능성도 존재했지만 러시아 정국의 불안정과 사유화 법률의 미비와 제도의 미발달로 인해 그 수는 극히 제한적이었다.

옐친정부는 이러한 상황을 극복하고 국민의 대부분을 사유화 과정에 참여시키기 위해 1992년 10월부터 연말까지 일인당 1만 루블의 사유화증서(바우처)을 무상 배포했다. 이 액면가는 인구수를 고려해서 러시아 공업총자산을 배분한 수치였다. 러시아연방의 인구를 약 1억 5,000만 명이라고 생각할 때 사유화증서의 총 액면가는 약 1조 5,000억 루블이 된다. 이 액면가는 루블의 안정을 전제로 한 것이었지만 루블화는 계속 하락하여 1만 루블은 겨우 25달러(1992년 12월 기준으로 1달러 = 약 400루블)에 불과하게 되었다. 그 당시 월 평균임금은 약 2,000 루블이므로 약 5개월 임금액에 해당되는 금액이다. 이 바우처는 거래될 수 있었으며, 1992년 12월 말까지 액면가의 60%로 거래되었다. 1993년에는 겨우 40%로 거래되었다. 이 바우처는 화폐적 기능도 담당했는데 1993년에 많은 대

18) 소유권 제도의 변화에 대한 문제점에 대해서는 다음의 글을 참조 바람. Kazimierz Z. Pozanski, “Property Rights and Civil Liberties: Evolutionary Perspective on Transition in Eastern Europe and the Soviet Union”, edited by Roland Schönfeld, *Transferring Economic Systems in East Central Europe*, (München: Südosteuropa-Gesellschaft, 1993), pp.41-60.

기업이 사유화증서를 통한 경매로 사유화되었다. 그러나 기업에서 사유화증서의 지분은 평균적으로 4분의 1 수준에 불과했다.[19]

러시아에서의 사유화는 국영기업과 기타 국가조직단체의 독점적 기능[20]을 철폐하여 경제주체간의 경쟁을 자극하여 인센티브를 향상하는 것을 목적으로 하고 있다. 사유화는 '연성예산제약(soft budgets constraints)'에서 나타나는 적자 국영기업과 기타 국가조직단체의 방만한 경영방법을 개별 경제주체의 독립채산제에 의한 '경성예산제약(hard budgets constraints)'으로의 전환을 의미한다. 그리고 정부는 이를 통해 정부 보조금의 삭감과 국가재정의 균형을 완성하는 것을 목적으로 하고 있다.

가격자유화와 사유화와 더불어 러시아의 시장경제로의 이행정책 중에서 중요한 부문은 대외무역의 자유화와 세계경제로의 편입 정책이었다. 옛 소련 시기인 1987년에 대외무역법의 개정을 통해 국가와 대외무역공단의 무역독점은 철폐됐지만 여러 가지의 제도적 뒷받침이 없었으며, 과거의 타성은 여전히 잔존하고 있었다. 1990년 10월에 고르바쵸프 대통령은 포고령을 통해 '차등화 된 외환계수'[21]를 폐지시켰으며, 새로운 상업 환율을 도입하여 공정 환율과 더불어 특별환율체계로 탈바꿈하였다. 1991년 4월에 특별환율의 여행자환율은 암시장환율을 고려하여 상당히 평가절하 됐다. 공정 환율은 1달러 = 0.575루블(1루블 = 1.76달러), 상업 환율은 1달러 = 1.72루블(1루블 = 0.58달러), 여행자환율은 1달러 = 27.6루블(1루블 = 0.036달러)로 거래됐다. 그러나 루블의 태환성에는 여전히 상당한 거리가 있었으며, 이 때문에 여러 환율의 격차와 외환(달러)의 수요증대가 생겨났고 암시장에서의 환거래는 더욱 극성을 부렸다.

러시아 중앙은행은 1992년 1월 2일에 구소련의 복수환율제 대신에 1달러 당 110루블로 새로운 단일 환율제 도입과 대외무역의 자유화 조치를 실시했다. 기업의 외환경매가 가능했으며, 수입규제가 대폭적으로 완화됐다. 그뿐 아니라 자유무역지대의 설정과 합작투자, 그리고 국제기구의 가입을 모색했다. 그러나 대외무역의 자유화 조치에도 불구하고 많은 제한 조치들도 함께 이루어졌다. 예를 들면, 특정제품에 대한 수출세의 부과, 수출할당제, 수출허가제, 수출로부터 획득한 외화의 일정 비율로의 강제매각 등의 무역규제는

---

19) Hans H. Glisman and Klaus Schrader, "Die Umwandlung ... op. cit., p.153.

20) IMF보고서에 의하면 공업생산의 30-40%는 독점에 의하여 생산되고 있다. Roland Egerer, "Der Rubel und seine Chancen. Zum Währungsproblem bei der Wirtschaftsreform", *Osteuropa*, Vol.44, No.1 p.45.

21) 구소련에서 차등화된 외환계수(differentiated foreign currency coefficients)는 대외무역을 조정하기 위해 국가의 대외정책적 변수로 사용되어왔다. 이 계수는 상품별, 사람별, 지역별 상하 가중치를 두고 있었으며, 1988년에 약 1만개의 외환계수가 존재했다. IMF/IBRD/OECD, *A Study of the Soviet Economy, Volume 2.* (Paris, 1991), p.47.

강화됐다. 그 이외에도 지그재그 식의 빈번한 대외무역관계법의 개정이 이루어졌다.

옛 소련의 연방공화국들이 1992년 초부터 독립국가로 변모하면서 러시아는 의도적으로 과거 공화국간의 교역관계를 국제시장가격의 원칙으로 전환했다. 그러나 모든 공화국들은 소연방 공화국간의 교역관계에서 이루어졌던 불평등관계가 계속 지속되고 있다고 주장하면서 지역 혹은 공화국 이기주의가 첨예화되기 시작하였다. 러시아 학자들은 러시아가 기타 공화국들을 지원함으로써 많은 피해를 보고 있다고 주장한다.[22] 세계시장가격의 원칙으로 인해 독립국가연합은 더욱 분해되었으며, 루블 통화권의 해체, 경제공동체의 가능성은 더욱 희박해졌다.

대외무역자유화는 국내가격과 해외가격의 격차를 해소하며, 국내기업들이 해외기업과의 경쟁을 통해 기업의 경쟁력의 향상을 목적으로 하고 있었다. 그뿐 아니라 해외자본과, 해외기술, 특히 경영기법과 마케팅의 노하우의 전수의 목적이었다.

그밖에도 여러 재정정책과 조세정책, 화폐 · 금융정책, 그리고 사회정책을 전개했지만 1992년 중반부터 보수파(최고소비에트와 인민대표대회, 그리고 시민 · 산업가동맹 등)와 혁신파(행정부)간의 갈등, 혹은 반 옐친파와 옐친파간의 반목으로 일관적으로 체제이행정책을 수행하지 못했다. 체제이행정책의 골격으로 볼 수 있는 자유화·사유화 정책과 안정화 정책은 각각 내부적 갈등요인이 내재해있었으며, 가이다르 개혁은 안정화 정책보다는 자유화 · 사유화 정책에 힘을 기울인 것 같다. 체르노미르딘 정부는 가이다르보다는 완만한 자유화 · 사유화 정책을 전개하면서 안정화 정책에 힘을 기울이고 있지만 아직까지 큰 진전을 보이고 있지는 않고 있다. 더욱이 옐친과 반 옐친 파간의 갈등이 1993년 말에 의회 점령사태에서 첨예화되었으며, 새로운 의회선거에서 극우 세력과 보수파 세력의 진출이 두드러지게 나타나면서 시장경제로의 체제이행의 방법과 속도에 대한 토론이 거세게 나타나고 있다.

2) 신 러시아 체제이행정책의 효과

과거 74년 동안 시장이 존재하지 않았던 곳에서 1992년에 새로운 러시아 행정부는 충

---

22) 1992년 9월 초에 러시아에서 석유 1톤 당 국내도매가격은 1,800-2,000 루블인 반면에, 세계가격은 그 당시의 환율로 환산하면 1톤 당 2만 7,500 루블로 거래됐다. 그러나 우크라이나로의 러시아산 석유수출가격은 5,700 루블로 거래됐다. 소련이 해체되기 이전에 공화국간 교역이 세계시장가격으로 거래되었다면 러시아는 공화국간 협정에 의해 집행된 교역만으로도 약 190억 달러의 흑자를 기록했을 것으로 추정하고 있다. 특히 우크라이나로부터 약 60억 달러와 벨라루스로부터 50억 달러, 그리고 리투아니아로부터 20억 달러의 이득을 올렸을 것으로 추정하고 있다. Wladimir Korowkin. "Die Wirtschaftsbeziehung Rußlands zu den Staaten der ehemaligen UdSSR" *Osteuropa*, Vol.44, No.1, 1994, pp.163-164.

격요법 식으로 앞에서 언급한 '시장적 사회간접자본'의 창출을 위해 '인위적'으로 감행했다. 대부분의 시장은 경제주체의 의지에 따라 '자연발생적'으로 생성되지만, 구소련에서는 이러한 기회가 없었기 때문에, 러시아 정부는 시장경제 구축의 기본적인 틀을 조성하면서 많은 시행착오를 경험하였다. 이 절에서는 시장경제로의 이행정책 과정에서 나타나고 있는 긍정적 및 부정적 경제적 효과와 비경제적 효과를 다룬다.

(1) 경제적 효과

러시아의 이행정책은 원론적으로 시장경제 구축의 전제조건을 위한 여러 조치를 취했지만 많은 부작용을 불러일으켰다. 급진적 가격·대외무역의 자유화 정책과 사유화 정책으로 발생할 수 있는 후유증을 극소화하기 위해 화폐·재정정책을 통한 거시경제 안정화 정책과 사회정책을 병행했지만 별 효과를 못 거두면서 러시아 경제상황은 더욱 악화되었다. 그리고 경제상황의 악화는 역설적으로 이행정책의 방향과 속도 그리고 방법에 영향력을 행사하였다.

1992년 러시아의 사회경제적 상황은 제2차 세계대전 이후 가장 어려운 시기였다. 1992년의 거시경제지표는 다음과 같다: 1991년에 비해 국내총생산은 20-40%의 하락 그리고 투자는 40-45%나 감소했다. 공화국간의 교역은 1991년에도 20% 하락했으며, 소련의 해체로 인해 교역은 계속해서 평균적으로 10%나 줄어들었으며, 수출도 급속히 감소했다. 공화국간의 경제 갈등은 더욱 상승하면서 무역전쟁으로까지 치솟았다. 국민의 생활수준은 급격히 하락했으며, 실질소득은 평균적으로 2-3배나 감소했다. 1992년 말 실업률은 10-15%를 기록하고 있으며, 특히 대도시 그 중에서도 첨단군사부문에서의 실업률이 더욱 극성을 부리고 있었다. 1992년에 인플레이션 율은 약 2,600% 이상이나 상승했으며, 에너지원의 상승률도 무려 500%나 증가했다(<표 8-2>를 참조바람).[23]

가격자유화는 원래의 목적이었던 상품부족의 해결과 경제주체의 인센티브 향상과는 달리 초(超)인플레이션 현상을 가속화시켰다. 1992년에 물가상승률은 2,600%, 1993년에 940%, 1994년 상반기에도 약 500%로 계속해서 치솟고 있다. 전년도에 대비해서 1993년에 식료품의 물가상승률은 900%, 비식료품이 740%, 서비스요금이 2,410%, 그리고 공업제품의 가격은 1,000%나 올라갔다.[24] 또한 1992년의 초인플레이션 현상으로 현금 부

23) Alexander C. Penkin, "Aktuelle Stand und Perspektiven der ordnungspolitischen Entwicklung in den Republiken der GUS" hrsg. von Karl-Heinrich Oppenländer, *Wirtschaftsreformen in Mittel- und Osteuropa,* (Berlin: Duncker und Humblot, 1993), p.125.

24) Goskomstat Rossii, *Rossiiskaja Federatsija v 1992 god* (Moskva: Goskomstat Rossii, 1993), p.165.

족 현상이 나타나면서 보르꾸따와 뚜멘 그리고 꾸스바스 지역의 일부 기업들은 근로자들에게 임금으로 상품권이나 혹은 물품으로 지급하였으며, 스따브로뽈 지역의 많은 기업들은 자체생산품을 임금으로 지급하는 상황으로까지 발전됐다.25)

〈표 8-2〉 1992년 러시아연방의 사회경제적 상황

주요지표	시기			
	1사분기	2사분기	3사분기	1991년도에 대비한 1992년도의 결과 (%)
1. 인플레이션율 (소비자물가 기준)(%)	620	160	134	2,700 - 2,800
2. 화폐유통성장률(%)	43	63	110	730 - 800
3. 총국민성장에 대비한 국가예산적자율(%)	15	19	-	20 - 22
4. 전년도에 대비한 생산국민소득(%)	86	84	79	78 - 80
5. 전년도에 대비한 공업생산규모(%)				
- 총공업생산	87	86	76	80
- 소비재	89	82	78	82
- 생필품	72	79	79	78
6. 전년도에 대비한 투자규모량(%)	56	52	51	50
7. 전년도에 대비한 수출규모량*(%)	80	55	61	70
8. 연말 실업자 수 (단위: 천명)	118	203	294	600
9. 사유화기업의 참여도(%)				
- 소매업	0.7	3.8	6.3	10
- 서비스부문	0.5	3.1	5.4	10
- 경공업과 운송부문	-	-	-	-
10. 사유화로부터 수입 (단위: 10억 루블)	1.5	-	19	65 - 75
11. 평균소득 (%)	186	163	168	860 - 920

* 대외무역 활동의 결과에 관한 러시아연방 국가위원회의 자료는 러시아 대외무역관계성과 달리 나타나고 있다. 대외무역성의 방법론적 접근과 제 7차 러시아연방 인민대표대회에서 제출했던 대안적 추정도 물론 신뢰성이 떨어지는 것으로 추정된다.

출처: Michail Sardonow, "1992 - Jahr der Wirtschaftsreform?", *Wostock, Information aus dem Osten für den Westen*, No.1, 1993, p.12.

25) Elisabeth Timmler, "Die Währungen in den Nachfolgestaaten der Sowjetunion", *Osteuropa*, Vol.44, No.1, 1994, p.11.

높은 인플레이션의 원인은 한편으로 상품(생산재와 소비재)시장의 공급측면에서 과소공급과 수요측면에서 과잉수요에 기인되며, 다른 한편으로 화폐(현금과 크레디트)시장의 공급측면에서 과잉공급과 수요측면에서 과소수요에 기인된다. 생산재와 특히, 소비재의 부족으로 도매물가와 소비자 물가는 더욱 올라갔다. 생산 감소의 원인은 1992년 초에 새로운 (매우 높은) 조세법의 도입과 새로운 환경적응의 변화 등으로 인해 기업들의 투자 잠재력이 소진됐기 때문이다.[26] 가격자유화 정책에 비해 유통부문에 대한 자유화 정책은 부분적으로 이루어졌기 때문에 공정한 유통질서 확립의 부재와 지역별 가격차이로 등으로 인해 물가상승의 원인을 제공했다. 특히 유통 마피아들은 유통질서를 교란하여 큰 부를 축적하는 계기를 만들었다. 구소련으로부터 물려받은 산업구조는 독점적 성격이 매우 강했기 때문에 기업들의 대부분은 가격자유화의 기회(생산증대를 통한 이윤증대)를 이용하기는커녕 경쟁적으로 가격을 올리는 데에만 힘을 기울였다. 러시아에서 새로운 가격은 경쟁가격이라기보다는 독점가격이었다. 즉 이 가격은 수요와 공급법칙에 의해 이루어진 것이 아니라 사실상 원가와 가능한 이윤을 합한 것으로 이루어졌다. 구소련 시대부터 만성적으로 상품부족을 경험했던 경제주체들은 사재기와 매점·매석을 통해 수요가 급증했으며, 초 인플레이션(화폐가치의 대폭적 하락)과 조만 간에 화폐개혁의 실시 예상, 정국의 불안정 등으로 인해 사재기 현상[27]은 악순환을 겪고 있다. 이러한 요인들, 즉 상품·서비스 시장에서의 과소공급과 과잉수요로 인해 러시아의 인플레이션은 끊임없이 올라가고 있다.

'화폐주의자'들은 인플레이션의 주원인은 위에서 언급한 요인보다는 오히려 화폐량의 과잉공급에 기인된다고 주장하고 있다.[28] 러시아 이행정책 과정에서도 방만한 화폐정책으로 인한 화폐량의 증가가 인플레이션의 주범인 것은 의심의 여지가 없다. 물론 러시아 행정부는 가격자유화 정책으로 인한 인플레이션을 방지하기 위해 긴축 금융·재정정책과 국가재정의 균형 정책을 함께 실시하려고 노력했다. 국가재정수입은 예상했던 것보다 적

---

26) Alexei Vedev and Zaur Kotlyar, "Investment in Russia: A Comparative Analysis of the Proposals of Foreign Experts", *Social Science, Quarterly Review*, Russian Academy of Sciences, Vol,1, 1994, p.73.

27) 러시아 국민의 구매욕구는 상당히 높았다. 평균적으로 약 7개월 간의 곡물의 저장을 위해 구매하고 있다고 한다. Erik Svindland, "Zur Wärungspolitik im Transformationsprozeß der GUS-Staaten", hrsg. von Karl-Heinrich Oppenländer, *Wirtschaftsreformen in Mittel- und Osteuropa* (Berlin: Duncker und Humblot, 1993), p.180.

28) Milton Friedman, "The Quantity Theory of Money", edited by Milton Friedman, *Studies in the Quantity Theory of Money* (Chicago: University of Chicago Press, 1956), pp.251-262.

었으며, 사회복지비용(의료, 교육, 연금 등)과 적자기업에 대한 정부보조금의 대폭적인 삭감에도 불구하고 재정적자는 여전히 높은 수준이었다.[29] 적자기업들은 거의 파산하지 않고 있으며, 여전히 정부보조금이 지불되고 있었다. 기업의 신용대출(공짜에 가까운 낮은 이자율)이 증가하고 있었으며, 인플레이션으로 인한 실질소득의 감소는 여러 사회계층의 저항[30]을 불러왔다. 결국 러시아는 임금-가격 나선형의 악순환 속으로 빠져들어 갔다. 루블 가치의 폭락으로 루블화는 화폐로서의 지불수단 기능을 거의 상실하면서 경화(특히, 달러와 마르크 등)가 통용되는 이중화폐의 현상이 나타났다.

이론적으로 가격은 긴축금융정책과 임금규제정책을 통해 통제할 수 있지만 러시아에서는 초기단계에서만 이 원칙이 지켜졌을 뿐이다. 가격자유화가 실시된 3개월이 지난 1992년 4월 2일에 제 4차 인민대표대회에서 의장인 R. I. 하슬블라토프는 가이다르의 충격요법을 신랄하게 비판하면서 수정안을 제출했다. 그리하여 시민·산업가동맹의 후원을 받고 있는 반 옐친 계열과 점진적 개혁론자들의 강력한 저항으로 인해 긴축금융정책과 임금규제정책, 그리고 사회지출비용의 삭감은 완화되고 있다.

1992년부터 높은 인플레이션의 증가율은 계속해서 상승하고 있지만 상승의 속도는 둔화되어 가고 있는 추세이다. 가격자유화를 통해 국민들의 과잉화폐의 상당부분을 흡수시켰으며, 과거보다는 상점에서의 상품진열대에서 각종의 상품이 많이 전시될 수 있게 되었다. 또한 국내시장과 국제시장과의 가격격차도 상당히 줄어드는 경향을 보였다.

사회주의체제의 쇠퇴와 소멸 이후 러시아에서 사유화는 유일한 대안이었다고 볼 수 있다. 러시아 이행정책 중에서 상대적으로 성공한 부분은 사유화 정책이라고 볼 수 있다. 그러나 소규모 사유화는 큰 성공을 거두었으나, 여전히 군산복합체 등 대규모 사유화는 더딘 진전만이 있었을 뿐이다. 또한 구소련의 산업구조상으로 상당한 독점의 해체(탈 독점화)도 큰 진전이 없는 상태이다. 대부분의 사유화도 노멘클라투라에 의한 사유화이거나 혹은 부정·부패와 불공정거래를 통해 이윤을 획득한 자들에 의해 이루어지고 있었다.[31]

---

29) 러시아연방의 공식통계에 의하면 1991년의 재정적자는 376억 루블이었으며, 1992년에는 무려 6조 419억에 달했다. Goskomstat Rossii, *Rossiiskaja Federatsija v 1992 godu*. (Moskva: Respublikanskii informatsinno-izdatel'ckii tsentr, 1993), p.27. 조세수입의 실질적 하락은 전적으로 경기후퇴에 기인되며, 조세수입의 하락은 경기후퇴의 하락보다 더 높은 실정이다.

30) 러시아연방의 석탄 노조(10만명의 노조원), 파이로트 노조(1만5천명), 항공화물 노조(8천명), 기관차 엔지니어 노조(2천명)는 경제적 및 산업적 영향력을 행사하고 있다. 예를 들면 1989년에 노조 지도자들에 의해 잘 조직도 안되었을 때 광산노동자의 파업으로 국민경제와 석탄과 연계된 산업에 영향력을 행사했다. 정부는 그 당시 광부들의 요구를 거의 전적으로 수용했다. 석탄 노조는 1994년에 파업위협과 파업시위를 통해 광부의 매월 임금을 20만 루블까지 향상시켰다. Harold D. Nordin, "The Splinting Federation: ... op. cit., p.205. 이 파급효과는 기타부문, 예를 들면 선생, 의사, 교통부문의 종사자의 파업 등을 통해 그들의 요구를 관철하고 있었다.

사적 경제주체들은 신용대부를 통한 사유화 가능성이 존재했지만 신용화폐의 증가로 인한 화폐가치의 불안정의 소지가 있었다.[32] 물론 자본가가 없는 자본주의체제는 생각할 수 없지만 러시아의 신흥자본가는 무질서와 편법에 의해 자본축적을 하고 있었다. 러시아 내무성의 보고에 따르면 1993년 조직범죄집단은 모든 재화와 서비스 영역의 40%를 통제하고 있으며, 특히 최근에는 이탈리아 및 콜롬비아의 마약밀매조직과 유대관계를 맺고 세계마약시장의 새로운 축으로 떠오르는 중앙아시아 지역에서 마약을 생산하여 상트 페테르부르크나 발트 3국의 여러 항구를 통해 밀거래하고 있었다. 또한 '붉은 군대'의 무기들을 훔치거나 군 간부와의 결탁으로 인종분규가 진행 중인 러시아 남부국경(예를 들어 타지키스탄과 체첸 공화국 등)에서 판매하기도 하며 구리나 아연과 같은 전략금속들과 골동품, 성상화, 원자재, 심지어는 핵물질의 암거래에도 개입되어 있는 데 1992년에 그 규모는 150만 달러에 달하였다.[33] 이 수치는 빙산의 일각일 것으로 예측된다.

옐친정부는 사유화 정책과정에서 조세제도의 유인을 통해 자발적인 사유화 부문의 증대를 모색할 수도 있었을 것이다. 국가재산을 국민에게 양도하는 방법의 선택은 정치적 딜레마와 밀접히 관련되어 있었다. 사유화쿠폰의 발행은 정치적 관점에서 단기적으로 매력은 있었으나 대부분의 쿠폰 소지자들은 현금을 위해 즉각적으로 시장에 판매할 위험성이 상존했다. 쿠폰의 시장가격은 액면가보다 하락하여 러시아 자본가계층과 외국인들이 대부분의 쿠폰을 값싼 가격으로 구매할 수 있도록 만들었다.[34] 이러한 여건에서 러시아 자산재분배의 불균형이 가시화 됐을 뿐만 아니라 여러 국민들에 의한 주식의 배분 가능성이 약화됐다. 통독과정에서 보여준 동독의 경우처럼 러시아 정부는 사유화 과정에서 러시아의 국영기업의 가치를 과대평가했으며, 사유화로 인해 발생할 수 있는 후유증을 과소평가했다. 대부분의 기업들은 사유화 과정에서 새로운 환경(경쟁관계의 수립 등)의 적응보다는 생산 감축을 통한 가격상승에 열을 올렸다. 러시아 시장경제로의 원년에도 수익성이 없는 적자기업은 파산되지 않으면서 여전히 정부보조금에 의해 지탱되고 있었다. 사유

31) 실제로 1990년에 러시아의 대학생들에게 실시한 설문조사에서 "누가 실제로 권력을 가지고 있으며 누가 권력을 가지는 것이 바람직한가?"라는 질문을 하였는데 실제권력의 소유집단으로는 가장 많은 40%가 마피아라고 대답했으며 다음이 국가기구의 관료(23%)였다. USSR State Committee on Public Education, "Political Stereotypes Among Students and Instructors in Higher Education: An Analytical Report Based on Materials of Sociological Survey", *Russian Education and Society*, Vol.35, No.5, 1990, p.18.

32) Klaus Westen, "Zauberformel Privatisierung", *Osteuropa*, Vol.44, No.1, 1994, p.15.

33) *News Week*, 1992년 10월 5일자, p.16.

34) Stanislaw Gomulka, "Economic and Political Constraints During Transition", *Europe-Asia Studies*, Vol.46, No.1, 1994, p.97.

화 그 자체가 투자의 촉진을 의미하는 것이 아니라 재산권의 안전장치라고 볼 수 있다. 결국 러시아는 사유화 토론에서 사유화의 장기전망과 구조변화에 대해서는 너무나 등한시했다고 볼 수 있었다.

국가부문의 축소와 사유화 과정에서 기업의 완전한 독립채산제로의 이행정책으로 인해 일자리의 수는 감축되었으며 새로운 소유권으로 인해 고용부문에서의 상황은 악화됐다. 1992년 말 러시아의 공식실업률은 65만-70만 여명으로 1% 수준에 불과했다. 실업의 평균기간도 3개월 정도로 발표되고 있었다. 이 수치는 나쁘지 않은 것처럼 보여졌다. 그러나 이 수치는 노동시장에서 형성되는 현실적인 여러 문제를 반영하지 못하고 있었다. 당시 러시아의 노동시장에 대한 복합적 과정을 정확하게 평가한다는 것은 불가능한 형편이었다. 왜냐하면 정확한 통계방법과 평가방법이 존재하지 않고 있었기 때문이다. 고용당국은 기껏해야 노동시장의 3분의 1만을 파악했을 뿐이다. 현재 러시아에서 노동시장의 특징은 기업경영진의 결정에 따라 단축조업 혹은 지불되지 않거나 부분적으로 지불된 강제해직의 형태로서 실업의 증가 양상을 보이고 있었다. 1992년 10월 한 달 동안에 모든 공업노동자의 11%는 단축조업자로 밝혀졌다. 실업 위험성이 높은 그룹은 우선적으로 여성근로자, 젊은 근로자, 학자, 기술기사, 사무인, 고도의 자격을 지닌 전문가들이 이에 속했다. 이들의 유출로 인해 노동력의 교육수준과 자격기준이 계속 하락하고 있으며, 학문영역에서도 같은 현상이 일어나고 있다. 고도의 자격을 지닌 전문 인력과 젊은 근로자는 중개업과 사적 소기업, 그리고 자유업 영역에서 독자적 활동[35]을 선호하고 있다.[36] 이들은 '마찰적' 실업이라고 볼 수 있어 큰 문제는 아니지만, 사유화 과정에서 감원과 조업단축으로 나타나는 '비자발적' 실업의 잠재력이 점증적으로 증대했다. 또한 소련의 해체와 함께 러시아연방 이외의 옛 소련 공화국에서 거주하고 있던 러시아인과 동유럽에서 주둔하고 있던 소련군(군 감축)의 이입으로 고용문제와 주택문제는 더욱더 악화되고 있었다.

그러나 다른 한편으로 대외무역의 자유화 정책은 심각한 상품부족의 현상을 어느 정도 제거하는데 일익을 담당했다. 해외로부터의 주류와 담배, 그리고 과자류 등의 수입이 진

35) 젊은 층을 중심으로 나타난 소위 말하는 '보따리장수'들은 대부분 미약한 자본으로 인접국과 소규모 무역과 판매를 통해 자본을 축적하고 있다. 마피아 세력들은 이윤의 약 30-40%를 자릿세와 보호비 명목으로 갈취하고 있다. 이들의 거래활동은 러시아 국민경제에 미치는 영향은 미비하다 할지라도 시장경제를 몸으로 터득하면서 경제행위에 참여하고 있다는 점에서 앞으로 러시아 경제의 기관차적 역할을 할 수 있는 집단이라고 할 수 있다. 보따리장수들은 1990년부터 서울의 동대문시장과 남대문시장, 1992년부터 부산에서 물품을 구입해갔지만 물품 가격인상 등으로 그들은 홍콩, 대만 싱가포르 등 다른 지역으로 이전하고 있는 추세이다.

36) Tatjana Jarygina; Tatjana Antipowa; Irina Simakowa, "Die soziale Lage nach einem Jahr", *Wostock, Information aus dem Osten für den Westen*, Vol.1, 1993, pp.48-49.

전되면서 지금까지 안일하게 안주했던 국내기업의 경쟁을 유발시키는 계기를 만들었다. 이 효과는 러시아 전 지역으로 확산되면서 기업 활동에 영향을 미쳤다.[37] 해외직접투자는 능률적인 경제주체의 창설에 일익을 담당할 수 있는 계기를 만들 수 있었다. 해외기업과의 합작투자는 러시아의 시장경제로의 이행에 필요한 '무형적 사회간접자본'을 배울 수 있는 학교로서 인적자원 양성의 가능성을 제공했다.

그러나 대외무역 활동의 자유화는 1992년에 시행착오를 거치면서 진행됐다. 1992년 1월과 2월에 새로운 수출세와 수출할당제 배분은 수출을 약하게 만들었다. 1992년 7월 1일까지 대외무역 규정은 세 번이나 변화됐다. 주요전략 상품의 수출은 다시 제한되었다. 이러한 지그재그 정책으로 인해 대외경제는 여전히 위험스러운 상황이며, 대외부채의 유예를 통해 대외경제의 붕괴[38]가 지연되고 있었을 뿐이다.[39]

1992년 러시아에서 해외직접투자의 규모는 겨우 1억 달러에 불과한 실정이었다.[40] 1992년 말까지 약 4,500여개의 해외기업이 등록되었지만 3분의 1만이 가동하고 있는 실정이었다. 총자본금은 90억 루블이며, 해외지분은 겨우 6.5%(전문가의 추정에 의하면 15%)에 불과하다. 이들 기업에는 약 17만 여명의 근로자가 취업(전체 근로자의 0.2%)하고 있으며, 생산규모는 1,010억 루블(전체규모의 1.5%)이다. 100%의 지분을 갖고 있는 해외기업의 수는 1992년 말까지 500개가 등록되어 있었다.[41] 러시아로의 해외기업의 기피 현상의 원인은 세계자본시장의 자본부족, 루블의 불 태환성(루블화의 대폭적인 하락), 높은 세금과 관세, 자원공급의 어려움, 신용대출의 어려움, 관료주의와 러시아 파트너의 불확실성, 보험을 포함한 투자서비스의 미발달, 러시아 전문 인력과 영업생활의 불충분한 자격 등을 들 수 있다. 또한 정치·경제적 불안정과 안정된 법체계의 미비, 그리고 경제의 안정된 게임법칙의 결여 등을 들 수 있다. 미국의 경제학자 M. 골드맨은 러시아로의 해외진출을 문의하는 기업들에게 자문하기를 러시아로의 진출을 안 하는 것이 가장 많은

37) Vladimir Gutnik, "Die marktwirtschaftliche Transformation Rußlands - Möglichkeiten für ausländische Investitionen?", *Osteuropa-Wirtschaft*, Vol.39, No.1, 1994, p.3.

38) 1992년에 서방에 대한 '대외부채'는 약 700억 달러이며, 앞으로 부채액은 더욱더 상승할 전망이다. 러시아 경제상황의 악화로 자생적인 복구는 거의 불가능한 상태이며, 약 100-220억 달러의 해외 크레디트 지원의 필요성이 대두되고 있다. Alexander C. Penkin, "Aktuelle Stand ... op.cit., p.126.

39) Michail Sardonow, "1992 - Jahr der Wirtschaftsreform?", *Wostock, Information aus dem Osten für den Westen*, Vol.1, 1993, pp.11-12.

40) Juliet Johnson, "Should Russia Adopt the Chinese Model of Economic Reform?", *Communist and Post-Communist Studies*, Vol.27, No.1, 1994, p.72.

41) Vladimir Gutnik, "Die marktwirtschaftliche Transformation Rußlands - Möglichkeiten für ausländische Investitionen?" *Osteuropa-Wirtschaft*, Vol.39, No.1, 1994, p.8.

돈을 벌 수 있을 것이라고 말하고 있다. 그러나 지금과 같은 불안정한 상황이 계속된다고만 볼 수는 없다. 그러므로 러시아 진출을 위한 철저한 투자 준비 작업이 어느 때보다 필요하다고 볼 수 있다.[42]

소련의 해체와 러시아연방의 옛 소련국가들과의 교역조건이 국제시장가격으로의 전환, 1993년 7월의 러시아 화폐개혁의 결과 루블화경제공동체(루블화는 당시 타지키스탄만이 사용하고 있었으며, 기타 공화국들은 독자화폐를 발행하고 있음)의 가능성이 파괴되면서 옛 소련공화국간의 교역은 급속히 감소하고 있다. 옛 소련은 외부적으로 높은 폐쇄경제체제를 유지해왔지만 내부적으로 '유럽연합'보다 높은 분업체계를 유지해왔다.[43] 그러나 각 공화국의 독립과 공화국 이기주의가 확산되면서 모든 공화국의 경제상황은 악화되었으며 조만간 새로운 환경 하에서 새로운 경제협력의 필요성이 대두될 것이다.

(2) 비경제적 효과

새로운 러시아는 수년 내 혹은 10년 안에 자본주의체제로의 전환을 기대하고 있었다. 러시아 국민들은 과거보다 많은 자유를 얻었지만 여러 가지 사회적 불안정을 경험하고 있으며 그들 중의 대부분은 자본주의적 생활습관에 익숙해 있지는 않다. 제정러시아와 과거 사회주의체제에서 전수 받은 집단주의와 권위주의로 인해 경제주체들은 창의성과 위험성을 감수하려는 사고가 결여되어 있다. 자본주의가 발전되기 위해서는 개별 경제주체간 그리고 계층간 소유권의 분화가 필수적이지만 러시아는 사유화에도 불구하고 큰 진전은 없었다.[44] 이 행태는 제정러시아 때부터 만들어져 왔던 농업사회의 특유의 집단주의적 문화에 기인한다. 농민공동체에 기반을 둔 제정 러시아의 농업경제는 러시아인들을 공동체 단위의 집단적 노동과 절대적 평등에 익숙하게 만들었으며, 이러한 러시아 경제문화

---

42) 1993년에 약 14억 달러의 해외투자가 이루어졌다. 중소기업이 주종을 이루고 있지만 대기업도 판매될 예정이어서 해외투자가들의 관심이 높아지고 있다. 최근에 해외투자의 위험을 방지하기 위해 러시아 투자보험회사(Gosinkor)가 해외에 개설됐다. N. Gordeyeva, "Privatization and Foreign Investor", *Foreign Trade*, No.7-8, 1994, p.24.

43) 국제기구의 추정치에 의하면 1988년에 소련 내 교역은 국민총생산의 5분의 1을 상회하고 있었다. 이는 해외와의 교역의 4배나 많은 양을 의미한다. 유럽공동체(현재는 유럽연합으로 바뀜) 국가간 교역과 기타 비회원국간의 교역을 총합한 액수도 단지 14%에 불과한 것을 생각하면 소련 내 교역은 상당히 컸다는 것을 의미한다. Klaus-Dieter Schmidt, "Wirtschaftsmisere ohne Ausweg?", hrsg. von Hans-Georg Wehling, *Die Gemeinschaft Unabängiger Staaten (GUS). Entstehung-Entwicklung-Probleme* (Stuttgart, Berlin, Köln: Verlag W. Kohlhammer, 1992), p.157.

44) 자본주의체제의 발전을 가속화한 것은 '열쇠'의 발전이라고 볼 수 있다. 컴퓨터의 자물쇠, 주택의 열쇠, 자동차의 열쇠 등 지적소유권과 재산권의 보호망을 통해 재산소유권의 분화를 가능케 했으며 개체의 인센티브 향상을 가져다주었다.

는 사회주의체제를 통해 더욱 강화되었던 것이다. 강력한 정부에 의한 계획경제에 따른 자율적이고 자발적인 경제수행 의지의 결여, 그리고 불법적인 지하경제에 대한 당위성 내지는 무비판성 등은 러시아 경제문화와 사회생활의 전반에 강력한 영향을 주는 또 하나의 요소로 작용하게 되었다.[45] 즉 시장경제는 당연히 이를 움직여 나가는 새로운 자본가들을 만들어 내었지만 이들은 서구의 자본주의 과정과는 달리 제조업이 아니라 유통업을 통해서 자본축적을 하고 있었으며[46], 부 그 자체가 삶의 목표가 아니라 종교적 구원의 수단으로 부를 축적했던 것과는 달리[47] 급격한 체제이행의 결과 나타난 규범의 상실 속에서 맹목적인 금전추구라는 형태로 나타나고, 있다. 또한 공공성에 기반을 둔 개인주의를 통해 시민사회를 주도했던 서구 부르주아 계급과는 달리[48] 집단주의의 문화구조를 바탕으로 연줄과 인간관계를 통해 시장경제에 참여하고 있다.

자본주의체제에서 경제주체들은 게임법칙에 따라 근본적으로 갈등과 논박, 계몽, 성공과 실패, 발전과 애로의 경험이라는 기본적 성격을 지니고 있다. 그러나 러시아 체제이행에서 긍정적 성과는 소수(마피아 세력 혹은 신흥자본가세력)에게 돌아가고 있으며, 많은 부정적 측면은 대부분의 다수에게 돌아가고 있다. 이행기 과정에서 나타나는 현상이라고도 말할 수도 있지만 이러한 현상이 계속된다면 이 체제는 공정하다고 볼 수는 없을 것이다. 변화는 급격히 일어나고 있지만 비용과 편익은 공정하게 배분되지 않고 있으며, 범죄는 만연되고 있다.[49] 경제적 상황의 악화, 특히 소비재부문에서의 괄목할만한 인플레이션과 실업의 증대는 전체사회의 빈곤화를 가속화했다. 그 효과는 인구부문에서의 감소현상과 환경부문의 경시로 인해 국민생활의 질은 더욱 떨어지고 있었다. 그와 동시에 국민의 사회계층의 분화가 가시화됐다. 그뿐 아니라 과거 사회주의체제에서의 정체성 상실 이후 새로운 시장 경제적 정체성의 확립이 이루어지지 않아 이데올로기적 공백현상과 도

45) 러시아의 경제행위와 경제윤리에 미치는 소비에트적 요소에 대해서는 다음의 논문을 참조바람. Yaroslav Kuzminov, "Soviet Economic Culture: Heritage and Ways of Modernization", *Social Science*, Vol.23, No.4, 1992, p.66.

46) 자본주의 발달사의 관점에서 볼 때 신 러시아의 시장경제는 자본주의 초기단계인 상업자본주의라고 말할 수 있을 것이다. 그러나 이 현상은 구소련 시대 때 너무나 유통업과 상업의 미발달로 인한 반작용이라고 볼 수 있다.

47) 자본주의체제의 발전에 대한 종교경제학적 측면에 대해서는 다음의 책을 참조바람. Max Weber, *The Protestant Ethic and the Sprit of Capitalism* (London: George Allen & Unwin, 1930/1976).

48) 서구 시민사회의 발달과 부르주아 계급의 가치관에 대해서는 다음의 책을 참조바람. Alexis de Tocqueville, *The Old Régime and the French Revolution* (Garden City, NY: Doubleady & Company. 1955).

49) Harold D. Nordin, "The Splinting Federation ... op. cit., p.201.

덕성의 상실이 만연됐다. 게다가 연방과 지방정부간의 권력배분관계는 여러 가지 문제로 인해 난항을 거듭하고 있었다. 러시아연방조차도 개별 민족주의의 확산으로 갈라질 위험성(예를 들면 체첸공화국)도 상존 하고 있었다.

이러한 비경제적 문제는 경제적 문제와 밀접히 상호작용을 하고 있다. 비경제적 문제는 시장경제로의 이행정책 과정에서 경제부문의 개혁에 역점을 두었기 때문에 나타난 결과라고 볼 수 있다. 경제문제의 첨예화는 비경제적 문제에 영향력을 행사하고 있으며, 역으로 비경제적 문제는 경제부문의 개혁의 속도와 방법에 영향력을 행사하고 있다. 시장경제체제에서도 '시장실패(Market Failure)'가 나타나는데 주로 부정적 '경제외부효과(External Effects)', 예를 들면 사회복지비용, 환경비용, 사회간접자본비용, 지역격차의 해소비용 등을 들 수 있다. 부정적 외부효과는 자본주의체제에서도 국가역할 혹은 국가규제의 정당성을 제공하고 있다. 자본주의체제 내에서도 시장경제가 잘 작동되지 않는 부문이 존재한다. 예를 들면, 의료부문과 교육부문, 교통부문과 사회간접자본부문과 주택부문, 그리고 지역개발과 기술부문 등에 대해서는 국가개입이나 국가규제가 통용되고 있다.[50] 러시아의 이행정책에서도 시장기구가 해결하지 못하는 부정적 외부효과를 위한 조치를 등한시함으로써 이 문제는 더욱 증폭되었다고 볼 수 있다.

3) 신 러시아 체제이행정책의 평가

옛 소련의 붕괴를 가속화한 동인은 경제문제와 민족문제에 기인한다고 볼 수 있다. 1992년부터 소련은 실질적으로 15개 독립국가로 분리되었다. 발트 3국과 그루지야를 제외한 11개의 옛 소련의 연방공화국들은 독립국가연합의 회원국이지만 아직까지 완전히 결속된 경제공동체로서 작용하는 것이 아니라 완전한 분리 독립을 위한 과도기적 기구로 전락했다. 소련 시대의 경제문제와 민족문제를 물려받은 모든 독립국가들은 체제전환에도 불구하고 상황은 더욱 악화되어 나갔다. 이것은 러시아뿐만 아니라 기타 독립국가들도 지금까지도 새로운 제도적 틀에서 시장 경제적 요소의 정착이 되지 않았다는 것을 의미한다.

러시아와 옛 소련의 공화국들의 생산 감소와 공식 및 '숨겨진' 실업을 생각하면 마치 1920년 말 '대공황'과 유사한 상황[51]이라고 말할 수 있다.[52] 이러한 총체적 위기는 이전에

50) 그러나 최근에 자본주의체제 내에서도 이 부문에 대한 국가개입으로 인한 민간부문의 '절취효과(crowding-out effect)'를 줄이기 위해 민간부문으로의 이행을 검토하고 있다.

51) 1920년대 말과 1930년대 초의 대공황의 원인은 생산과잉과 과소수요에 기인된다. 이는 고전경제학자의 세이의 법칙(Say's Law)(공급 그 자체가 수요를 창조한다)이 무너진 것을 의미하며, 자본주의 체제위기를 가시화 했다. 케인스의 '유효수요' 이론(수요가 공급을 창조한다)을 바탕으로 국가의 역할이 강조되면서 자본주의체제 위기를 극복할 수 있었다. 이 반면에 구사회주의체제의 위기,

물려받은 유산과 이행기 과정에서 나타난 후유증이 복합적으로 연결되어 확산되어 나갔다.

러시아 짜르들이 반세기 이상 공산주의자를 제거시키는 데 실패했지만 옐친 행정부는 1991년 8월 쿠테타 실패 이후 빠른 시간 내에 러시아에서 공산주의 사상과 지지 세력을 제거시키는 데 성공했다고 볼 수 있다. 그러나 쿠테타 세력을 제거한 옐친은 1991년 말에 국민들로부터 상당한 지지를 받았지만 잔존하는 과거 세력, 최고회의와 인민대표대회 의원을 효과적으로 제거시키는 데 너무 지체했다고 볼 수 있다. 그로 인해 옐친의 급진적 시장경제로의 이행전략은 이들 보수 세력에 저항을 받게 되었다. 지난 4년 동안 여러 변화는 있었지만 1992년의 충격요법 이후 개혁은 여러 관점에 흐지부지한 상태라고 말할 수 있다. 이제는 러시아에서 급진개혁파와 보수파를 구분한다는 것은 상당히 어려운 상황이며, 옐친 계열과 비 옐친 계열로의 구분이 타당하다고 볼 수 있다. 러시아 정부정책의 빈번한 변화, 민주화 정책의 경험 부재로 인해 우후죽순 격으로 정당이 창설되면서 정당의 수가 급증했다. 주요 중앙기관간의 권력배분의 애매성으로 인한 혼란과 불확실성이 가중됐다. 이로 인해 국가의 권위는 실추되었으며, 국가의 개혁의 정당성을 상실하게 되는 계기를 만들었다. 그리고 국가정통성의 상실과 마피아 세력의 부상은 불법거래의 가능성과 치안유지의 어려움을 가중시키고 있다.

러시아의 시장경제로의 이행정책은 폴란드식 충격요법을 통해 미국식 자본주의체제로의 전환을 목적으로 했다고 볼 수 있다.[53] 그러나 국가규제가 상대적으로 적은 미국식 모델도 시장 경제적 틀의 확립에 대해서는 국가의 역할이 강조되고 있었던 반면에 러시아는 이러한 틀의 구축 없이 자유화와 사유화 정책을 감행했다.

충격요법의 실패 원인은 급진적 이행으로 인한 사회적 결과를 너무나 과소평가했으며, 기업과 일반 경제주체들이 새로운 조건(시장의 게임법칙)에서 적응을 위해 필요한 시간이 없었다는 데에 기인된다.[54] 실제적으로 이행기 초기 과정에서 강력한 산업정책은 비현실적이었지만, 가이다르 내각은 철저한 사전 준비 없이 개혁을 진행시켰으며 구조변화에 관한 문제를 등한시했다.

특히 상품부족은 생산과소와 수요과잉에 기인된다. 이 문제를 해결하기 위해서는 생산증가와 수요진정 이외에는 방법이 없다. 러시아는 이 방법을 위해 고전주의적 경제학(국가의 역할 감소)을 선택하면서 많은 문제점을 인식한 다음 다시금 국가의 역할을 강조하는 방향으로 나아가고 있다.

52) Leif Rosenberger, "Economic Transition in Eastern Europe: Paying the Price for Freedom", *Eastern European Quarterly*, Vol.34, No.3, 1992, pp.261-262.

53) Aleksandr N. Anisimov, "Do not Make a Mistake in Choosing the Model!", *Russian Social Science Review, A Journal of Translation*, Vol.33, No.6, 1992, p.4.

54) Juliet Johnson, "Should Russia Adopt the Chinese Model of Economic Reform?", *Communist and Post-Communist Studies*, Vol.27, No.1, 1994, pp.64-65.

초 인플레이션으로 인해 일반 경제주체는 경제활동에서 수적 계산의 개념에 큰 혼돈을 가져왔다. 구소련 시대 때 매월 평균 임금은 200루블이었으나, 가격자유화 이후 수십 배 이상 물가가 급등한 이후 국민들은 3자리 혹은 4자리 숫자 이상의 계산 경험이 적었기 때문에 상거래상의 애로사항이 존재했다고 볼 수 있다. 가격자유화와 더불어 화폐개혁도 실시될 예정이었지만 적정한 타이밍을 못 맞춘 것도 개혁실패의 한 원인이라고 볼 수 있다. 부분적으로 화폐개혁과 유사한 조치는 있었다. 1992년 3월 1일에 소련 시대 때 사용되던 주화생산을 중단, 1993년 2월 1일에 새로운 지폐, 100, 200, 500, 5000루블 지폐를 발행했으며, 과거의 소련 지폐 1, 3, 5, 10루블은 1993년 11월부터 거래가 중단되었다. 이 조치는 화폐개혁이 아니라 화폐교환이었다. 1992년과 1993년에 발행된 지폐는 1961년부터 사용되어온 레닌 초상화가 그려져 있는 지폐에서 제정러시아의 백-청-적 색깔의 국기와 크렘린 풍경이 남긴 새로운 화폐로 전환됐다.[55] 실질적으로 화폐개혁이 실시된 것은 1993년이었다. 7월 24일 밤 러시아연방 중앙은행은 1993년 7월 26일부터 1993년 이전에 발행한 모든 통화의 거래를 중지했으며, 교환금액도 1인당 3만 5,000 루블로 제한 그리고 그 이상의 금액은 저축구좌에 6개월간 예치 후 인출 가능한 조치를 발표했다. 대규모 시위 후에 1993년 7월 26일에 옐친은 교환기간의 연장과 한도액을 10만 루블로 인상하는 조치를 발표했다.

가이다르의 체제이행정책은 비대칭적 충격요법이라고 평가할 수 있을 것이다. 시장경제로의 이행기 과정에서 경제제도는 정치, 법, 사회, 문화, 기타 제도와 밀접한 상호작용을 통해 발전한다. 이 상호작용(예를 들면, 경제와 정치, 혹은 경제와 사회)이 조화적(정비례의 상관함수)일 때는 개혁의 속도가 빨라질 수 있다. 그러나 이러한 경우는 세계사의 경험에서 보는 것처럼 극히 예외적이다. 그 반대로 상호작용은 갈등적(반비례의 상관함수)인 경우가 대부분이다. 이 문제를 해결하기 위해 조정메커니즘(예를 들면, 정부의 결단의지, 국민적 합의, 선거, 여론 수렴 등)이 필요하다. 조정메커니즘이 잘 작동되지 않을 때 원래의 목적(시장경제로의 이행)은 퇴조하면서 불안정과 불확실성이 가시화 되면서 무질서와 혼란이 가중된다.

러시아의 체제이행 과정도 이에 해당된다. 러시아의 체제개혁은 전 부문에 대한 개혁에도 불구하고 비경제 부문의 개혁(법·사회개혁)보다는 경제개혁에만 역점을 두었다. 경제개혁 내에서도 실제적으로 안정화보다는 자유화·사유화에 주력했다고 볼 수 있다. 독일 '푸라이부르그학파'(Neo-Liberalism)의 창시자인 W. 오이켄은 개별 체제간 그리고 개별

55) Elisabeth Timmler, "Die Währungen in den Nachfolgestaaten der Sowjetunion", *Osteuropa*, Vol.44, No.1, 1994, p.11.

부체제(sub-system)간의 상관함수가 정비례하지 않을 때 '질서(체제) 상호간의 연관 작용'을 통해 많은 문제가 발생하며, 이를 극복하기 위한 많은 비용이 요구되고 있다고 말한다.[56] 이는 러시아 체제이행의 사례에서 적용된다고 볼 수 있을 것이다.

모든 경제정책과 경제개혁, 그리고 체제이행 과정에서 득(편익)과 실(비용)을 보는 자가 나타나기 마련이다. 체제이행정책에서 러시아 행정부는 국민경제적으로 경제주체의 총비용보다 총편익이 크다고 평가하면 이론적으로 그 정책을 일관적으로 수행하는 것이 바람직할 것이다. 그러나 총비용과 총편익을 정확히 분석한다는 것은 결코 쉬운 일은 아니다. 특히 러시아는 새로운 통계방법과 절차, 그리고 전문 인력이 아직 정착되지 않고 있는 실정이다. 그뿐 아니라 화폐가치의 국내외의 불안정으로 인해 루블화는 정확한 계산의 기능을 담당하지 못하고 있다. 그러므로 기능이 작동되는 시장관계는 국내외적으로 안정된 통화 없이는 불가능하며, 안정된 통화는 기능이 작동되는 시장 없이는 생성될 수 없다.[57]

미래의 사회형태의 계약을 위한 국민의 민주적 합의도출 혹은 공감대의 형성이 이행정책의 성공을 위한 지름길이라고 볼 수 있다. 이해관계를 달리하는 모든 집단들이 원탁회의(Round Table)를 통해 소득정책의 자제(예를 들면 임금억제)를 통해 통화가치의 안정을 해결할 수 있을 것이다.[58]

8.4. 러시아체제 이행의 전망

제정러시아와 소련에서의 볼쉐비키의 독재는 세계 전체주의역사에서 가장 유일한 형태였다고 볼 수 있다. 볼쉐비키 전체주의는 1991년 8월 쿠테타 이후 사라졌다. 외부적 요인도 중요했지만 변화의 핵심은 내부에서 일어났다. 혁명 전의 러시아 사회에서 볼쉐비키주의는 사회경제적 낙후성과 군사적 무능력(제1차 세계대전)에 대한 절대적 대안이었다고 볼 수 있다. 그리고 볼쉐비키의 목적은 러시아 사회의 현대화였다. 그들의 열정은 전 분야에서 서유럽과 미국의 힘을 합친 것보다 더 강력한 사회의 건설이었다.[59] 그러나 결과는 그

56) Walter Eucken, *Grundsätze der Wirtschaftspolitik* (Bern and Tübingen: A. Franke and Mohr, 1952).

57) Roland Egerer, "Der Rubel und seine Chancen. Zum Währungsproblem bei der Wirtschaftsreform", *Osteuropa*, Vol.44, No.1, 1994, p.52.

58) 서독에서 50년대, 일본에서 60년대, 그리고 한국에서 70년대에 이와 유사한 합의가 이루어졌다. Erik Svindland, "Zur Wärungspolitik im Transformationsprozeß der GUS-Staaten", hrsg. von Karl-Heinrich Oppenländer, *Wirtschaftsreformen in Mittel-und Osteuropa* (Berlin: Duncker und Humblot, 1992), p.187.

59) Evgnei Rahkovsky, "An Experience of Russia's Totalitarian (1917-1991)", *Social Science, Quarterly Review*, Russian Academy of Sciences, Vol.1, 1994, pp.34-35.

반대로 나타났다. 부정적 결과를 극복하기 위한 1987년 페레스트로이카 이후, 특히 1992년 신 러시아의 체제이행으로 권위주의와 전체주의 사고는 많이 사라졌지만 여러 분야에서 잔재들은 여전히 남아있다. 세 번의 체제이행 목표의 공통분모는 러시아 사회의 공업화와 현대화의 귀결이라고 볼 수 있다. 각 체제이행에서 러시아는 상당한 대가, 즉 체제이행비용을 지불하고 있다. 이 장에서는 체제이행에서의 국가 역할의 관점에서 급진적 개혁과 점진적 개혁의 논의를 거치면서 앞으로의 러시아의 체제이행에 대한 전망을 기술한다.

1) 점진적 이행전략과 급진적 이행전략

사회주의 중앙계획경제체제에서 자본주의 시장경제체제로의 이행은 역사적 경험과 이론의 축적이 거의 없는 새로운 영역이라고 볼 수 있다. 특히 사회주의 종주국이었으며, 세계에서 가장 긴 시간 동안 사회주의체제를 유지했던 '러시아'는 기타 사회주의국가들보다 더 많은 이행비용을 요구하고 있다. 오랫동안 민주주의와 시장경제가 전무후무했던 러시아에서 민주주의와 시장경제의 정착을 위해서는 상당한 진통과 비용이 소요된다는 데에는 이론의 여지가 없다. 이행기 과정에서 민주주의와 시장경제 제도의 확립과 국가의 역할이 중요하다는 데도 이론의 여지가 없을 것이다. 체제이행은 이론적으로 점진적 이행전략과 급진적 이행전략 만이 가능할 뿐이다. 그리고 전 분야의 동시다발적인 급진적 이행전략과 한 분야에 대한 급진적 이행전략으로 구분할 수 있다. 마찬가지로 전 분야의 동시다발적인 점진적 이행전략과 한 분야만 국한된 점진적 이행전략으로 구분될 수 있다.

1991년 8월 보수파에 의한 쿠테타 실패 이후 급진개혁파가 정권을 획득한 이후 신 러시아는 전 분야에서 동시다발적으로, 그러나 경제개혁에 가중치가 높은 급진적 이행전략을 감행했다. 그 당시 러시아의 이행전략에 대한 대안은 여러 가지 이유로 인해 극히 제한적이었다고 볼 수 있다. 왜냐하면 고르바쵸프의 우유부단한 개혁정책과 고르바쵸프를 완전히 제거시키면서 옐친의 정권을 강화시키려는 의지 등이 내재해 있었기 때문이다. 그 당시 많은 사람들은 중앙계획경제체제의 제거를 통해 시장경제로의 이행 그 자체가 상품부족의 해결과 경제성장의 가능성을 가져다 줄 것으로 순진하게 확신했다. 그리고 미국을 방문한 옐친 역시 백화점에서 풍부한 물자를 보면서 미국식 자본주의체제의 모델을 선호했다.

점진적 개혁은 개념이 명확하지 않을 수 있으며, 중국의 사회주의적 시장경제의 최종 목적은 자본주의로의 이행은 아니며, 통제된 시장경제라고 볼 수 있다. 하버드대 경제학자이며, 러시아 정부고문이었던 J. 삭스는 급진적 개혁은 시민이 점진적 개혁을 지지한다고 할지라도 점진적 개혁보다 더 성공할 가능성이 높다고 주장하고 있다.[60] 또한 스웨덴

경제학자이며, 러시아 정부고문이었던 A. 아스룬트도 러시아에서 점진적 개혁을 지원할 수 있는 이론은 존재하지 않는다고 주장하고 있다. 그리고 러시아는 IMF 권고안에 따라 폴란드식 충격요법 모델을 러시아는 큰 수정 없이 수용했던 것이다.

하여튼 러시아는 제3절에서 살펴본 것처럼 충격요법과 같은 급진적 이행전략을 취했다. 이 이행전략으로 긍정적 결과도 있었지만 많은 후유증과 부정적 결과가 나타났다. 러시아의 급진적 개혁은 여러 문제점을 드러내면서 개혁의 속도와 방법에 대한 재성찰을 불러일으켰다. 1992년 12월에 옐친의 중국 방문 때, 옐친은 중국의 개혁을 찬양하면서 중국의 점진적 개혁모델이 러시아 경제개혁을 위한 제 3의 모델 가능성이 대두됐다.[61]

급진적 개혁은 단기적으로 국민의 사회적 고통과 실질소득의 하락, 그리고 실업의 증대와 그로 인한 정치·사회불안을 가중시킬 가능성이 러시아의 사례처럼 높다고 볼 수 있다. 점진적 개혁은 사회적 고충과 사회비용을 극소화하면서 정치·사회적 불안을 중국의 사례처럼 완화할 수 있다. 그러나 장기적 관점을 고려하면 급진적 개혁은 단기적인 어려움을 극복한 후 J-곡선처럼 빠르게 발전할 확률이 높다. 게다가 체제전환에서 과거체제로의 복귀를 원천적으로 봉쇄할 수 있는 장점이 있을 뿐 아니라 사회 전 분야, 예를 들면 경제와 정치 그리고 사회부문에서 균형적인 발전을 가시화할 수 있다. 그 반면에 점진적 개혁은 복합적 이유로 과거 체제로의 복귀 가능성을 배제할 수 없으며, 사회 전 분야에서의 불균형적인 발전으로 인해 독일의 '푸라이부르그학파'가 주장하는 것처럼 체제의 효율성이 떨어질 가능성이 높다고 볼 수 있다. 예를 들어 선 경제·후 정치를 골격으로 이루고 있는 중국의 개혁이 승승장구 성공을 하고 있지만 경제발전을 통해 성장한 국민들은 더 많은 정치적 자유를 원할 것이며 그로 인한 국민과 국가간 혹은 경제발전지역과 그렇지 못한 지역의 갈등은 더욱 증폭되면서 정치·사회비용이 급증되기 때문이다.

2) 가능한 시나리오

러시아의 미래전망을 정확히 분석한다는 것은 인간의 인지 밖의 일이라고 볼 수 있다. 그럼에도 불구하고 러시아의 미래는 단기적으로 상당한 불확실성과 위험성이 상존하고 있다

60) Jeffry Sachs, "The Grand Bargain", edited by Anders Åslund, *The Post-Soviet Economy* (London: Pinter-Publishers, 1992), pp.209-216.

61) 중국식 모델의 러시아 이행전략의 이식 가능성에 대해서는 다음의 논문을 참조바람. Juliet Johnson, "Should Russia Adopt the Chinese Model of Economic Reform?", ... op. cit., pp.59-75; Hogel Schmieding, Gradualismus oder Schocktheraphie? eine Zwischenbilanz der ostmitteleuropäischen Erfahrungen. in: Karl-Heinrich Oppenländer, ed. *Wirtschaftsreformen in Mittel- und Osteuropa* (Berlin: Duncker und Humblot, 1993), pp.11-27.

고 볼 수 있다. 중장기적으로도 러시아의 심각한 경제문제(stagflation + shortageflation)로부터 회복의 조짐과 국민적 합의에 의해 도출된 정국의 안정이 정착되지 않는다면 이 위기는 계속될 것으로 전망된다. 러시아의 경제가 서방국가 수준으로 도달하기 위해서는 한 세대 이상의 시간이 소요될 것이라는 데는 이론의 여지가 없을 것이다. 독일통일의 경험처럼 동서독의 경제격차를 줄이기 위해서 무려 10년 동안 1990년 가격으로 연간 1천억 달러(총 1조 달러)를 동독에 투자해도 동서독간의 격차는 해결되지 않은 것으로 추산하고 있다.[62] 러시아는 동독보다 인구 면에서 거의 10배 정도가 많으며 러시아 경제회복을 위해 연간 1조 달러를 투자해야할 형편이다. 그러나 이러한 자금은 러시아뿐만 아니라 세계자본시장에도 존재하지 않는다.

러시아의 총체적 위기를 극복하기 위해서는 외부의 지원도 중요하겠지만 그보다도 경제주체들의 위기극복을 위한 사회적 공감대의 도출과 고통분담, 그리고 근검절약하면서 생산성 향상 등 자생적인 노력 여하에 달려있다. 또한 시장경제와 민주주의를 정착시키기 위해서는 경제주체의 제도와 의식의 전환이 우선과제이다.

러시아 정부는 중국 모델과 서구 자본주의 모델의 선택 기로에 서 있다. 정치개혁과 경제개혁간 우선순위, 즉 이중전략은 중국, 한국(박정희식 경제발전 모델을 의미함), 터키, 그리고 권위주의 국가에서는 정치개혁보다는 경제 측면을 강조하고 있다. 이 경우에는 단기적으로 정치적 불안과 인플레이션을 제거할 수 있는 장점이 있는 반면에, 정치개혁을 중점적으로 실시하는 경우(예를 들면, 고르바쵸프의 개혁)에는 단기적으로 변화의 폭을 조정할 수 있는 힘의 상실을 가져올 수 있으며, 반대세력의 증가로 인해 개혁이 지그재그식으로 발전되면서 갈등이 증폭될 가능성이 농후하다.[63] 그로 인해 국가의 권위와 정통성은 러시아 역사상 제일 하락했다.

많은 사회·경제적 어려움에도 불구하고 러시아는 다시 과거체제로의 복귀할 가능성은 희박하다고 볼 수 있다. 그러나 개혁 초기단계에서 나타난 것처럼 '작은 정부'보다는 이행기 과정에서 국가의 역할이 강조될 것으로 전망된다. 국가 역할의 증대가 과거 제정러시아와 소련시대처럼 권위주의적 전체주의로 발전되어서는 안 될 것이며, 시장경제와 민

62) 독일통일비용과 충격적인 체제이행의 방법과 문제점에 대해서는 다음의 책을 참조바람. Jan Priewe and Rudolf Hickel, *Der Preis der Einheit. Bilanz und Perspektiven der deutschen Vereiningung* (Frankfurt am Main: Fischer, 1991); 한종만 역, 『독일통일비용』 (서울: 대륙연구소출판부, 1994). Gerlinde Sinn und Hans-Werner Sinn, *Kaltstart. Volkswirtschaftliche Aspekte der deutschen Vereinigung* (Tübingen: J.C.B.Mohr, 1991).

63) Juliet Johnson, "Should Russia Adopt the Chinese Model of Economic Reform?", ... op. cit., pp.61-62.

주주의체제의 공고화를 위한 법치국가와 복지국가의 건설을 위한 초석으로 진전되어야할 것이다.

8.5. 맺음말

'러시아'라는 공간에서의 체제이행들은 단순히 사회·경제체제와 구조의 변화뿐만 아니라 그러한 변화를 이끌어 가는 새로운 경제주체 혹은 사회집단의 등장과 변화도 함께 가져다주었다. 즉 1861년 농노해방부터 1917년까지 존재했던 봉건주의체제에서 자본주의체제로의 이행은 농민계급의 분화와 함께 노동계급의 등장을 가져다주었으며, 1917년 혁명으로 등장한 사회주의체제는 노동계급을 역사의 전면에 나서게 하였다. 그리고 고르바쵸프의 페레스트로이카에서부터 시작된 시장경제로의 이행은 또 다시 새로운 자본가 집단을 만들어 내고 있다. 그리하여 이와 같이 봉건주의체제에서 일시적인 자본주의체제를 거쳐 사회주의체제로, 그리고 또 다시 자본주의체제로의 역이행과 그에 따른 다양한 집단의 등장은 러시아의 사회경제적 구조를 매우 복잡한 것으로 만들게 되었다. 즉 이들 각 집단들은 이전 체제가 남긴 사회 · 경제적 유산을 계속해서 이어받으면서 봉건주의적 성격과 사회주의적 성격, 그리고 자본주의적 성격이 중첩적으로 혼합된 형태를 이루고 있다고 볼 수 있다. 그러나 이러한 중첩적이고 혼합된 사회적 성격에도 불구하고 우리가 주목해야 될 중요한 부분은 '집단주의'와 '권위주의'라는 '러시아적 요소'는 사회주의체제를 거치면서 확대 재생산되어 왔으며 그것이 시장경제와 민주화를 지향하는 앞으로의 러시아 사회·경제구조에 지속적으로 영향을 미칠 것이라는 점이다.

시장경제체제의 원년인 1992년 초에 새로운 러시아가 취했던 시장경제로의 이행은 원론적으로 보았을 때 불가피한 조치였다고 볼 수 있다. 충격요법은 러시아의 사회주의체제로의 회귀 가능성을 배제시키는데 일익을 담당했다. 그러나 이행기 과정에서 발생하는 여러 후유증은 축소재생산으로 발전되기는커녕 '시너지 효과'를 통해 더욱 확대 재생산되고 있다. 그 원인은 이행정책의 일관성 결여, '무형적 시장적 사회간접자본'의 틀 부재, 국민적 합의 도출이 이루어지지 않는 데에 기인한다.

러시아의 사회경제적 위기를 극복하기 위해서는 체제이행의 '당위성'보다는 경제주체의 '실천의지'가 무엇보다도 중요하다. 전후 독일과 일본의 성공비결처럼 이행기 과정에서 러시아 행정부는 시장경제 제도의 틀을 정립하면서 일관된 정책을 전개해야 하며, 기업과 일반 경제주체는 시장적 게임법칙에 따라 경제활동을 영위하면서, 당분간 고통분담에 참여하면서 생산성을 제고시키는 길밖에 없다. 러시아에서 시장경제체제가 정착되기 위해서는 지금까지 역사·문화적으로 남아 있는 집단주의와 권위주의 사고방식의 청산이 우선과제라고 볼 수 있을 것이다. 그리고 이것은 러시아 국민의 개인주의와 수평적인 사고방식의 전환으로 이어질 수 있으며 이러한 의식의 전환은 제도를 더욱더 공고화할 수 있을 것이다. 개체의 의식을 통한 제도의 공고화는 장기간이 소요되지만 더욱 단단할 수 있다. 물론 '위로부터'의 제도의 확립을 통한 개체의 의식전환은 단기간 내에 가능하겠지만 또 다시 집단주의와 권위주의로의 복귀가능성을 배제할 수는 없을 것이다. 러시아는 '아래로부터'의 의식전환과 '위로부터'의 제도의 공고화를 병행하겠지만 개체에 기반을 두지 않는 제도의 공고화는 성공할 수 없다고 생각된다.

제 9 장

러시아의 금융위기와 경제전망*

9.1. 머리말

1997년 태국 바트화의 평가절하로 시작된 동아시아의 금융위기는 한국의 외환난과 1998년 봄 인도네시아의 폭동 사태로까지 발전되어 나갔다. 신흥시장(emerging markets)의 경제위기 가시화와 해외투자가의 신흥시장에 대한 신중성의 증가로 인해 시장경제의 하부구조가 미약한 신흥 자본주의국 러시아는 1998년 8월 17일에 모라토리엄(지불유예)의 선언, 즉 사실상의 채무 불이행(default)과 루블화의 평가절하라는 최악의 선택을 단행했다.

동아시아의 금융위기와 러시아의 모라토리엄은 기타 신흥시장(CIS와 중동부 유럽과 중남미)의 주가 하락과 새로운 금융위기의 발원지가 되고 있으며, 역으로 채권국으로서 선진국의 경제 상황을 위협하고 있다. 물론 신흥시장의 금융위기로 인해 단기적 측면에서 해외자본은 선진국으로 대거 이동하는 자본의 양분화 현상이 가시화 되고 있다. 이로 인해 세계 자유무역질서가 흔들리고 있으며, 세계적인 공황 가능성이 높아지고 있다.

1989년 말 베를린 장벽의 붕괴와 함께 사회주의국가들은 도미노 방식으로 붕괴되었다. 독일의 통일은 물론 동유럽과 소련(15개 공화국)의 사회주의국가들은 정도의 차이는 있지만 시장경제와 자유민주주의로의 체제전환을 단행하고 있다. 그로 인해 냉전과 이데올로기의 대립이 사라지면서 세계는 실리를 중심으로 무한 경쟁시대를 예견했다.[1] '세계화(globalization)'와 '지역블록화(regionalization)'가 발전되어 나가면서 세계 각국은 개방화와 국제협력에 초점을 맞추어왔다. 지구촌화는 세계 각국의 상호 의존성을 높아지게 했다. 혹자는 서방세계(특히 미국)와 국제기구(IMF 등)가 신흥 시장국가들의 개방화를 부추긴 결과가 금융위기의 한 원인이라고 보고 있다. 혹자는 금융위기의 동인을 서방세계와

---

* 이 글은 1998년 10월 16일 대한상공회의소 국제제회의실에서 <한국-유럽 관계의 회고와 전망> 정부수립 50주년 기념 한국유럽학회 국제학술대회에서 발표된 내용임. <『유럽연구』(한국유럽학회), 제19권, 1999년, pp.136-166>에 게재됨.

1) 소련의 붕괴에 대해서는 제7장을 참조.

국제기구의 음모설이라고까지 주장하고 있다. 동아시아처럼 러시아 금융위기의 동인도 이러한 '외부적' 요인을 배제할 수는 없겠지만 무엇보다도 중요한 동인은 러시아 '내부적' 요인에서 찾아야할 것이다.

이러한 맥락에서 이 글에서는 러시아 금융위기의 생성과정과 인과관계와 그로 인한 러시아 경제개혁의 향방과 속도와 대상의 변화와 경제체제의 변화와 경제정책의 변화 가능성과 전망을 분석해본다.

9.2. 러시아 금융위기의 생성과정과 인과관계

러시아 행정부와 중앙은행(Gosbank)은 1998년 8월 17일에 러시아 금융·외환위기의 극복을 위해 최악의 선택, 즉 '지급(지불)유예(moratorium)'와 사실상의 평가절하를 선언했다. 러시아 정부는 상업차관의 상환을 90일간의 지불유예와 모든 연방 채권에 대해 일시적 거래 중지와 만기 1년 이내의 루블화 표시 금융상품에 대해 외국인 거래 금지를 선언했다. 또한 1999년 말까지 만기가 도래하는 국채를 다른 형태로의 전환을 발표했다. 이 조치는 지불유예를 넘어서 실제적인 대외채무 불이행(default)이었다. 러시아 정부는 후속 조치로써 1998년 8월 25일에 단기 국채(GKO) 약 400억 달러의 재조정 선언을 발표했다. 동결된 국채를 3년(이자율 30%), 4년(연간 이자율 30%, 4년째 25%), 5년(이자율 30%, 4년째 25%, 5년째 20%) 만기 루블화 표시 신 채권으로 이전하거나 혹은 현금 인출 시 5%만의 가치만 인정하겠다고 선언했다. 국채의 20%는 8년(이자율 5%) 만기 달러 표시 채권으로 전환하거나 혹은 국채의 80%는 앞에서 언급한 3개의 루블화 표시 채권으로의 전환을 유도한다고 발표했다. 이로 인해 투자가들은 투자액의 50-70%의 손실이 예상된다.[2)]

러시아 루블화는 8월 17일 이전 1달러 당 5.25-7.15루블(6.2-6.3루블로 거래)의 15% 변동 폭(ruble corridor)을 34%로 늘리면서 1달러 당 6.0-9.5루블로 책정했다. 루블화는 실제적으로 50%의 평가를 의미했다.[3)]

이 절에서는 러시아 금융위기의 생성과정과 후속 조치의 약사와 인과관계(생성동인과 파급효과)에 대해 분석한다.

1) 러시아 금융위기의 생성과정과 후속 조치의 약사

- 1997년 11월: 아시아 금융위기와 서방자본의 이탈로 인해 러시아 주가 하락

2) "Debt Restructure Plan to Offer to Weary Investors", *Russia Today*, Aug. 26, 1998, pp.1-2.
3) Breffni O'Rourke, "Russia: Central Bank Ruble Devalues Ruble", *RFE/RL*, Aug. 17, 1998, p.1

- 1998년 3월 23일: 경제개혁의 속도와 관련해서 옐친은 체르노미르딘 총리 전격 해임; 무명의 에너지 장관 세르게이 키리옌코를 총리로 지정; 투자가들은 석유가의 폭락과 아시아의 위기로 인해 러시아 주식시장에서 철수 가시화
- 1998년 3월 27일: 옐친은 공식적으로 키리옌코를 총리로 임명; 국가두마에 인준 요구
- 1998년 4월 27일: 국가두마에서 총리 인준
- 1998년 4월 29일: 키리옌코 내각에서 개혁론자가 다수 장악; 국영전력회사(EES) 사장인 아나톨리 추바이스를 재임용
- 1998년 5월 12일: 석탄 광부 파업: 미지불 임금 요구, 시베리아 횡단철도 점거, 러시아의 전력회사(EES)의 소유권을 제한하는 법률 통과 후 주가 하락
- 1998년 5월 13일: 인도네시아 폭동과 일본 경제의 수축으로 러시아 경제에 악영향, 주가 하락
- 1998년 5월 26일: 옐친의 긴축재정 조처 선언; 정부지출 삭감; 러시아 제1의 석유회사 로스네프트(Rosneft)석유사의 주식소유분의 75%의 경매 입찰자가 없었음; 재무부 장관 100억 달러 재정지출 삭감 선언
- 1998년 5월 27일: 중앙은행은 국채의 수익률을 50%에서 150%로 인상; 주가 하락
- 1998년 5월 29일: 러시아 금융산업그룹(FIG)의 옐친 지지 선언; 옐친은 개혁주의자 보리스 표도로프를 국세청장에 임명
- 1998년 6월 4일: 중앙은행은 신뢰감의 증진을 위해 주요 이자율을 150%에서 60%로 하락
- 1998년 6월 17일: 옐친은 추바이스를 대외부채 협상 전권대사로 임명
- 1998년 6월 18일: 러시아 정부의 조세체계 부재와 징수의 문제로 인해 IMF는 92억 달러 패키지 지원금 중의 일부 지원금 6억 7,000만 달러의 차관 연기
- 1998년 6월 19일: 러시아 정부(추바이스)는 러시아 금융위기의 타개를 위해 IMF와 기타 채권국에 추가 지원금 100-150억 달러 요구
- 1998년 6월 23일: 옐친과 키리옌코는 위기 방안책(조세법을 포함) 제시, 국가두마에서 통과를 요청
- 1998년 6월 25일: IMF의 러시아 구제 지원금 승인, 그럼에도 불구하고 주가 하락
- 1998년 7월 1-2일: 시베리아 광부들이 철도 점거, 옐친과 그의 행정부 사임 요구, 체불 임금 지불 요구, 주식 하락
- 1998년 7월 13일: 추바이스는 1998년과 1999년에 만기가 되는 차관 상환을 위해 IMF와 선진 채권국에 226억 달러의 추가 지원 제안, 금년에 148억 달러의 인수 요구;

주가 상승

- 1998년 7월 15-17일: 국가두마는 정부의 위기 방안책 거부
- 1998년 7월 19일: 러시아 행정부는 위기 타개책을 위한 조세 조처가 국가두마에 통과 되지 않은 후에 토지세의 4배의 증액을 선언; 옐친은 석유 판매세의 삭감과 이윤세의 삭감을 거부; 두마는 위기 방안책(정부수입의 증가)을 거부
- 1998년 7월 20일: IMF는 러시아에 신 지원금 112억 달러 승인, 그 중 48억 달러는 즉각적으로 이전 계획
- 198년 7월 29일: 옐친 휴가 중단 후 모스크바 행, 개각 소문과는 달리 연방안보서기장만 교체
- 1998년 8월 4일: 옐친은 블라디(Vladi) 호수지역에서 휴가
- 1998년 8월 6일: 세계은행은 대 러시아 15억 달러(즉각적 3억 달러 이전을 포함) 구조조정 지원금을 승인
- 1998년 8월 10일: 광부들의 철도 봉쇄; 주가 폭락, 국채 수익률 인상; 러시아 시장으로부터 자본 이탈 가시화; 평가절하의 가능성 증폭
- 1998년 8월 12일: 러시아 중앙은행은 은행 간 거래가 신뢰성의 부재와 유동성의 부족으로 마비 발표, 은행 간 거래의 한도를 책정; 위기의 루머가 확산
- 1998년 8월 13일: 조지 소로스는 러시아 정부에 자문: 평가절하 + 통화위원회의 도입 + 루블화를 달러나 유로에 고정; 중앙은행은 평가절하가 이 위기 타개의 도움이 안 된다고 판단
- 1998년 8월 14일: 옐친의 노보고로드 방문중에 평가절하를 고려하지 않고 있다고 선언; 러시아 중앙은행은 유동성 위기와 은행체계의 마미를 선언
- 1998년 8월 17일: 러시아 중앙은행은 루블 코리도어의 상한선을 9.5루블까지 선언; 실제적인 평가절하 선언; 단기 민간어음과 정부 국내부채의 지불유예와 재조정, 주가와 루블 폭락; 상업차관의 상환에 대해 90일간의 모라토리엄 선언, 상세한 내용은 언급 없음; 옐친 경제고문 리브쉬트(Alexander Livshits) 사임; 표도르프 제1 부총리 임명, 공산당은 옐친의 평가절하로 간주
- 1998년 8월 18일: 해외은행들은 부채 재조정에서 차별되고 있다고 선언; 루블은 하락
- 1998년 8월 19일: 최종 부채 재조정은 8월 24일까지 발표
- 1998년 8월 20일: 체르노미르딘은 공개적으로 정부 비난
- 1998년 8월 21일: 두마의 특별회기에서 옐친의 사임을 선언; 세계시장의 불안정 확산
- 1998년 8월 23일: 키리옌코 총리 해임, 체르노미르딘 전 총리를 총리서리로 임명

- 1998년 8월 25일: 루블 폭락; 4년 동안에 가장 높은 폭락, 국내외부채는 장기 부채로 전환 선언(사실상의 채무 불이행)
- 1998년 8월 26일: 러시아 중앙은행은 달러 판매를 취소
- 1998년 8월 28일: 루블 거래 중단; 공식 환율은 1달러 당 7.9루블, 실제적으로는 길거리에서 12루블로 거래됨, 옐친은 그의 재임기간 2000년까지 대통령직 수행 선언
- 1998년 8월 31일: 체르노미르딘과 국가두마 간의 합의: 국가두마에 더 많은 권력을 이양, 그러나 국가두마는 체르노미르딘의 총리서리 비준 거부(반대 253, 찬성 94)
- 1998년 9월 2일: 국가두마의 총리서리 투표 9월 4일로 연기; 러시아 중앙은행 6개의 상업은행을 잠정적 폐쇄 명령
- 1998년 9월 4일: 국가두마는 체르노미르딘 총리서리의 인준을 연기; 중앙은행은 상업은행의 예금 동결 철회; 공식 루블 환율이 1달러 당 16.99루블로 추락
- 1998년 9월 5일: 공산당과 강경 노선은 체르노미르딘 총리서리의 대안으로 9명 제시; 루블은 길거리 거래에서 1달러 당 18루블로 하락
- 1998년 9월 7일: 옐친은 신정부의 형성을 위해 하원 야당 지도자들과 노동조합의 대표들과 개별 면담; 국가두마는 제 2차 총리 인준을 278대 138로 부결; 루블은 1달러당 21루블로 길거리에서 거래
- 1998년 9월 10일: 옐친은 외무부 장관 예브게니 프리마코프를 수상으로 임명, 야당과 친정부 그룹은 이 선택을 환영; 루블은 1달러 당 10루블로 길거리에서 거래

출처: CNN + BBC + Russia today Internet Homepage

2) 러시아 금융위기의 인과관계

(1) 러시아 금융위기의 생성동인

러시아 금융위기의 생성동인들은 서로 독립된 변수라기보다는 서로 상호간에 밀접히 연계되어 있다. 러시아 금융위기의 근본원인은 체제 전환 과정에서 러시아 경제주체(가계, 기업, 국가)의 경쟁력 상실과 일관된 경제개혁의 부재와 경제정책(재정 및 금융정책)의 실패와 비경제적 요인과 외부적 요인에서 찾을 수 있다.

러시아 금융위기 동인의 근인(近因)과 원인(遠因)의 명확한 구분은 힘들겠지만 근인으로써 재정적자의 보전을 위해 단기 국채(GKO)의 남발과 외채의 증가와 해외투자가의 자본유출로 인한 외환보유고의 부족과 금융산업그룹(FIG)의 키리옌코 총리 해임의 압력행사 등을 들 수 있다. 이 절에서는 러시아 금융위기 생성동인의 근인과 원인의 구분 없이 기술한다.

(1-1) 루블화의 국내외 가치 안정을 위한 긴축 재정정책 운용

화폐가치의 안정을 제일 중요시하는 '화폐주의자(monetarist)'는 화폐발행을 통한 재원 조달을 억제하는 것을 목표로 하고 있다. 영국과 프랑스에서 국영부문의 민영화로 인한 경영 합리화의 성공과 국가개입이 압도적이었던 사회주의 체제의 붕괴 이후 신자유주의 사조는 세계적 흐름으로 정착했다.

1992년 신 러시아의 가이다르 내각은 무계획적이며, 빠른 속도로의 신자유주의 경제노선을 도입했다. 고르바쵸프의 실각 이후 옐친은 급진적 시장경제로의 체제전환과 경제개혁의 대안만을 가질 수 있었다. 러시아의 급진적 개혁은 서방의 경제고문(Anders Åslund, Richard Layard, Jeffry Sachs)의 자문과 IMF 등 국제기구와 서방세계의 자문과 압력에 의해 이루어졌다. 1995년부터 러시아 정부는 긴축 재정정책을 전개했다. <표 9-1>에서 보는 것처럼 화폐량의 발행은 가능한 한 억제했으며, 간헐적으로 화폐량의 감소도 나타났다. 키리옌코 전 총리도 긴축 정책을 강도 깊게 실시했다. 이 정책으로 러시아는 1996년부터 1998년 8월 모라토리엄 선언 때까지 루블화의 국내외 가치는 안정을 유지했다. 러시아 정부는 지난 2년간 루블화의 안정을 최대의 업적으로 평가했다. 그러나 루블 방어의 대가는 경기침체와 재정적자와 대외부채와 재정지출의 삭감으로 사회적 긴장을 고조시켜왔다.

긴축 재정정책의 운용으로 인해 소련 시대 때 만연되었던 '상품부족 현상'과는 달리 신 러시아에서는 루블 '현금부족 현상'이 두드러지게 나타나면서 부채거래와 바터(barter) 거래가 활성화되고 있다.

〈표 9-1〉 1990-98년 러시아의 인플레이션율과 달러 당 루블 환율과 화폐량의 추이

연간 평균 인플레이션	환 율(말일 기준)	화 폐 량(단위: 억 루블)		
		연 도	M2	현금 루블
1990년: 5.6%	1992년 1월: 100루블			
1991년: 92.7%	1992년 12월: 450루블			
1992년: 1,353.0%	1993년 12월: 1,241루블	1997년12월	3,741 (4.7)	1,304 (1.24)
1993년: 896.0%	1994년 12월: 3,550루블	1998년 1월	3,612(-3.45)	1,167(-10.51)
1994년: 303.0%	1995년 12월: 4,645루블	1998년 2월	3,629 (0.47)	1,204 (3.17)
1995년: 190.0%	1996년 12월: 5,531루블	1998년 3월	3,604(-0.68)	1,191 (-1.08)
1996년: 47.8%	1997년 12월: 6,616루블	1998년 4월	3,680 (2.11)	1,286 (7.98)
1997년: 14.2%	1998년 1월 1일: 6.2루블	1998년 5월	3,700 (0.54)	1,299 (1.01)
1998년 5월: 0.5%	±15% 범위 내에서 고정			
1998년 6월: 0.1%	1월 1일부터 화폐교환:			
1998년 7월: 0.3%	1,000루블이 1루블로 전환			

주: ( ) 전월 대비 증감율(%)

출처: V. Novikov, "Russian Economy: Trends and Perspectives", Monthly Bulletin, The Institute for the Economy Transition, July 1998; PlanEcon Report(각연도).

(1-2) 재정적자

긴축 재정의 결과 <표 9-2>에서 보는 것처럼 재정수입과 재정지출은 연속적으로 감소하고 있었다. 러시아 경제에서 국가부문이 차지하는 비율은 점차적으로 축소하고 있다. 그러나 재정수입의 감소로 인해 재정적자는 여전히 높은 수준이다. 그로 인해 러시아연방의 국내외 부채의 수치가 높아져 가고 있었다.

〈표 9-2〉 1994-98년 러시아연방의 GDP 대비 재정과 자본수지

연 도	재정수입	재정지출	재정적자	대외부채 원금과 이자의 경화 지출	자본수지 (재원충당)
1994년	36.9	45.9	-9.0	2.0	-7.2
1995년	31.1	35.4	-4.4	2.5	-2.7
1996년	31.0	39.4	-8.3	1.7	-5.0
1997년	30.6	37.2	-6.6	3.0	-2.5
1998년	25.0*	32.0	-7.0	4.0	-3.5

주 : * 1998년 1월 1일부터 1998년 5월 27일까지

출처: Handelsblatt; Financial Times; Nezavismya gazeta; *Russian Economic Trends, Southampton*, No.1, 1998, pp.53ff.; *Russian Economic Trends, Monthly Update*, April, 1998, pp.3ff.

재정지출의 대대적 삭감은 원론적으로 한계를 내재하고 있기 때문에 재정적자의 근본원인은 재정수입이 계속적으로 감소하고 있기 때문이다. 재정수입원은 이론적으로 화폐발행, 조세(관세 포함)와 요금 징수, 국공채 발행, 외자도입, 정부재산 매각, 국가기업의 수입이 있다. 러시아 재정수입의 감소원인은 다음과 같다.

① 조세 및 관세 수입의 감소이다. 낮은 징수율로 인해 정부 목표치의 50-70% 수준에도 못 미치는 실정이다.

② 러시아 경제주체(가계와 기업)의 세금 의무 정신 부재를 들 수 있다. 러시아 국세청(GNS)은 270만개 등록 법인 중에 단지 6%만이 조세법을 위반하지 않고 있으며, 30%는 조세를 연체하고 있으며, 34%는 조세를 지불하지 않거나 세금신고서도 제출하지 않고 있다. 모스크바에 등록된 50만개의 기업 중 20%는 세무신고를 하지 않고 있다.[4)]

③ 지하경제와 제2경제의 증가하고 있다. 러시아 세무 및 관세공무원의 부정·부패 심화와 경제주체의 탈세가 심화되고 있다. 제1경제보다 제2경제가 빠르게 성장하고

4) Juri Daschko, “Steuerhinterziehung das A und O nur der Gschäftsmacher”, *Wostok*, No.2, 1998, p.14.

있다. 예를 들면 부업과 암 노동·생산·유통의 대부분은 비공식적으로 이루어지고 있어 과세대상에서 제외된다.

④ 긴축 재정정책의 결과 가계와 기업의 현금부족으로 세금 연체와 부채거래가 활성화되고 있다. 예를 들면 1998년 7월에 러시아 정부는 최대 가스회사 가즈프롬(Gazprom)에게 연체된 120억 루블의 세금을 청구했지만 가즈프롬은 반대로 국가가 미지불한 130억 루블의 가스요금을 요구했다.[5)]

⑤ 연방정부의 의지 미약과 권력의 분권화가 가시화 되고 있다. 러시아 정부는 '조세와의 전쟁'을 선언했음에도 불구하고 탈세를 방지하는 데는 역부족으로 나타났다. 러시아 최고소득자 1,000명의 '표도르프 리스트'도 엄격히 지켜지지 않고 있다. 또한 신 조세법도 국가두마의 반대로 지연되고 있다. 연방권력의 약화와 지방정부(러시아 연방은 1993년 12월 헌법에 따라 89개의 단체로 구성)권력의 강화와 함께 나타나는 분리 독립 움직임과 경제주권의 강화는 과거와 같이 지방으로부터 연방으로의 연방세 이전이 순조로운 상황은 아니다.[6)]

⑥ 국내총생산(GDP)의 감소와 둔화가 두드러지게 나타났다. 1992년 새로운 러시아 출범 이후 GDP는 2분의 1이하로 추락했다. GDP의 감소는 자연적으로 조세수입의 감소로 이어지고 있다. 특히, 투자 위축과 개방화로 인해 러시아 제조업의 공동화 현상이 심화되고 있다.

⑦ 체제 전환과정에서 러시아는 시장경제에 부응하는 조세·회계·감사·통계제도가 아직 정착되지 않고 있다. 소련 시대의 경제통계는 경제주체의 보너스와 승진을 위해 좋은 방향으로 '부풀리는' 경향이 강했던 반면에 현 러시아의 통계는 나쁜 방향으로 부풀리는 경향이 많다. 이러한 경향은 조세포탈과 더 많은 정부보조금을 받기 위해서다.

⑧ 바터거래의 증가로 인해 러시아 경제는 물물교환체제로 전환하고 있다. 210개 기업의 설문조사에서 거래의 4분의 3은 현금거래가 아니라 물물교환으로 이루어지고 있다.[7)] 구소련 시대의 '중매인(Tolkatsch)'이 다시금 러시아 기업의 경제활동에서 중요한 역할을 담당하고 있다. 러시아는 현재 모든 거래의 75%는 바터 거래로 이루어지고 있으며, 특히 러시아 최대 천연가스회사 가즈프롬(Gazprom)의 바터 거래는 무려 80%를 상회하고 있다고 러시아 재무부 장관은 말하고 있다. 노동자(군 장교를

---

5) Sharon LaFraniere, "The Cashless Society. Batering Chokes Russian Economy", *Washington Post*, Sept.3, 1998, p.A01. 부채위기에 대한 상세한 내용은 다음의 글을 참조 바람, S. Lushin, "The Fiscal and Payment Crisis", *Problems of Economic Transition*, Vol.49, No.5, 1997, pp.36-48.

6) "Is Another Tax War Brewing in Siberia?", *Russia Today*, Sept. 7, 1998, pp.1-2.

7) "Titel: Abkehr vom Kapitalismus", *Der Spiegel*, No.36, August, 1998, p.129.

포함)들은 임금을 못 받거나 받을 경우에도 종종 현금 임금 대신에 대체품이나 기업의 생산품을 받고 있다. 비화폐(bezdenezh'e)거래의 증가는 러시아 금융위기의 주원인이 되고 있다.8) 비화폐거래는 금융거래를 마비시킬 뿐만 아니라 정확한 세금 계산을 어렵게 하거나 조세포탈을 가능케 한다.

⑨ 국제 원료·연료 가격의 하락으로 정부수입원이 감소하고 있다.

⑩ 러시아의 대외부채로 인해 경화의 재정지출 부담 증가하고 있다. 재정지출의 30% 이상이 채무상환으로 사용되고 있다.

〈표 9-3〉 1990년대 러시아 경제의 7대 거인

1. Vladimir Potanin	-오넥심(Onexim)은행 회장 - 1996년 8월부터 1997년 3월까지 제1 부총리 - 옐친 측근(Jeltsin-Banker)의 중심 인물
2. Boris Berezovsky	- Logovaz 회장, 러시아 제1의 자동차판매회사 - Rosneft 석유회사의 이사 - 1995년부터 러시아 국영 TV ORT 대표 - 1996년 10월부터 1997년 11월까지 러시아 안보위원회 위원
3. Pytor Aven	- 알파(Alfa)은행 회장 - 1992년 가이다르 행정부 시절에 대외무역성장관
4. Mikhail Friedman	- Alfa그룹 회장
5. Vladimir Gussinsky	- 모스트(Most)은행 및 언론콘체른 회장(러시아 민영TV) - 소련 시대 때 국영 TV방송에 종사
6. Mikhail Khodokovsky	- 메나테프(Menatep)은행 총재 - 러시아 제2의 석유회사 Yukos 회장 - 구 공산당 관료
7. Alexander Smolensky	- Stolinchy은행 그룹회장 (SBS-Argo은행으로 변경) - 러시아 정교와의 좋은 관계

출처: The Moscow Times, Business Review, 12 Nov. 1996.

⑪ 정부재산의 매각(사유화)의 부진과 사유화 과정에서 특혜와 비리가 심화되고 있다. 사유화의 대부분은 구(舊)노멘클라투라에 의해 이루어졌으며, 내부 사유화가 중심을 이루고 있다. 구소련 국영기업의 대부분은 적자기업이며, 수익성이 좋은 '자연독점(natural monopoly)'기업인 연·원료 기업의 사유화는 지연되고 있었다. 시베리아 노릴스크 니켈회사의 사유화에서도 정부수입은 극히 거의 적은 상태였다. 러시아 석유 거인(Rosneft)의 경매에서도 입찰자가 나타나지 않았다.9) 러시아 100개 Top

8) Sharon LaFraniere, "The Cashless Society ..., p.A01; Richard C. Paddock and Art Pine, "Russia Tries To Shore Up Ruble", *Los Angeles Times*, May 28, 1998.

9) Venyamin Sokolov, "The Virus in Russia", *New York Times*, June 1, 1998.

회사 중의 78개는 에너지 및 광물 산업과 관련되어 있다. 이미 사유화 된 기업도 대부분 '올리가르히'(새로운 러시아인 혹은 러시아 신흥자본가)가 정경 유착을 통해 장악했으며, 그들은 전략산업과 연구소와 유통과 은행 및 언론을 합병하면서 '금융산업그룹(FIG: Financial Industry Group)'을 형성하고 있다. 이 그룹들 중 7대 거인(<표 9-3>을 참조 바람)은 러시아 민간경제의 약 2분의 1을 통제하고 있었다.[10)]

(1-3) 국내외 부채의 증가

경제의 활성화와 재정적자를 보전하기 위해 러시아 정부는 해외직접자본투자의 유치와 해외로부터 차관 도입과 국공채를 발행했다.

러시아는 해외직접투자(FDI: Foreign Direct Investment)의 유치를 위해 11개의 '자유경제지역'의 설치와 해당 관련 법규를 조성했다. 그러나 러시아 정치 · 경제의 불안정과 관련 법규의 불투명성과 일관성의 부재로 인해 지금까지 FDI의 규모는 매우 미미한 수준에 불과하다. 1997년까지 FDI의 총액은 66억 달러 수준이며, 러시아 1인당 FDI투자액은 44.6달러이다.[11)] 세계 음지의 8분의 1을 점유하고 있으며, 세계 제2의 핵 강대국 러시아란 것을 고려할 때 이 수치는 너무나 빈약하다.

〈표 9-4〉 1994년 말 기준으로 러시아 및 주요국의 대외부채국의 순위도

대외부채 국가	대외부채액(단위:1억 달러)	GDP 대비 부채율(%)
1. 브라질	1,510	27.9%
2. 멕시코	1,283	35.2%
3. 러시아(1997년 기준)	1,127(1,274)	31.0%
4. 중국	1005	19.3%
5. 인도	990	34.2%
6. 인도네시아	965	57.4%
7. 아르헨티나	774	27.8%
8. 터키	663	51.4%
9. 태국	609	43.1%
10.한국	545	15.3%

자료: Weltbank, *Weltenwicklungsbericht*, (Bonn, 1996), p.254; *Russian Economic Trends*, No.1 (Southampton, 1997), p.84.

10) *The Moscow Times*, Nov. 12, 1996, p.1.; Askold Kruschelnyck, "The Visible Hand. The Russian Economy Takes Another Stab at Self-Invention", *Transition, Change in Post Communist Societies*, Vol.5, No.6, June, 1998, pp.38-41.

11) Ogian Hishow, "Erhofftes Wachstum gefährdet, Stabilität beeinträchtigt", *Aktullenalysen, Bundesinstitut für ostwissenschaftliche und internationale Studien*, No.4, Köln 1998, p.2.

〈표 9-5〉 러시아 대외부채의 구조

공공부문 부채	(100.0%)	민간부문 부채(100.0%)	
1. 파리클럽	93.5%	- 독 일	58.2%
- 독 일	42.7%	- 프 랑 스	16.2%
- 이탈리아	14.0%	- 미 국	8.9%
- 미 국	7.3%	- 이탈리아	5.4%
- 프 랑 스	6.2%	- 일 본	3.3%
- 오스트리아	4.8%	- 캐 나 다	1.4%
2. 기타 국가	6.5%	- 터 키	1.1%
- 한 국	3.8%	- 오스트리아	0.5%
- 쿠웨이트	2.7%	- 기타 국가	4.9%

출처: Boris Pičugin, Vnešnij dolg Rossi i problemy ego uregulirovanija, Moskva 1995, p.38, p.66.; 재인용 Ognian Hishow, "Öffentliche Verschuldung in osteuropäischen Transformationsländern", *Bundesinstitut für ostwissenschaftliche und internationale Studien*, Köln, No.49, 1997, p.15.

그 반면에 러시아의 대외부채는 증가하고 있다. <표 9-2>에서 보는 것처럼 1996년과 1997년과 1998년에 대외부채의 원금과 이자의 지출은 각각 GDP 대비 1.7%, 3.0%, 4.0%로 증가하고 있으며, 재원 충당을 위해 각각 GDP 대비 -5.0%, -2.5%, -3.5%의 부채를 지는 악순환 고리에 처해 있다. 1994년(1997년) 대외부채의 총액은 1,127억 달러(1,274억 달러)로서 세계 3위를 차지하고 있다(<표 9-4> 참조). 1995년과 1996년 러시아 대외부채는 각각 1,216억 달러와 1,204억 달러로 계속 증가하고 있다.[12] 1995년 러시아 공공부문(국가)부채의 93.5%는 파리클럽 회원국의 부채이며, 그 중 독일이 42.7%를 차지하고 있다. 또한 독일의 대 러시아 민간 채권액이 전체 대외부채의 58.2%를 차지하고 있다(<표 9-5> 참조).

1997년 12월 해외 민간부문으로부터 들여온 러시아의 대외부채의 규모는 723억 달러이며, 독일로부터 305억 달러, 미국으로부터 72억 달러, 프랑스로부터 70억 달러, 이탈리아로부터 43억 달러, 오스트리아로부터 36억 달러, 스위스로부터 15억 달러, 기타 국

12) 1995년 러시아의 대외채권은 858억 소비에트 루블(1달러 = 0.58루블; 1루블 = 1.724달러)로 달러로 환산하면 약 1,496억 달러에 해당한다. 대외채권의 구조는 쿠바 155억, 몽골 95억, 베트남 91억, 인도 89억, 시리아 67억, 이라크 38억, 아프가니스탄 31억, 에티오피아 29억, 북한 22억, 니카라구아 9억, 라오스 8억, 모잠비크 8억, 기타 49개국 216억 소비에트 루블이다. 이와 같은 상황을 고려해서 러시아는 1997년 9월 16일에 채권국의 위치로서 파리클럽에 가입했다. 현재로서 회수 가능성이 불투명하지만 러시아와 채무국 간의 부채 재조정 협상이 진행되고 있다. Boris Pičugin, Vnešnij dolg Rossi i problemy ego uregulirovanija, Moskva 1995, p.47ff.; 재인용 Ognian Hishow, "Öffentliche Verschuldung in osteuropäischen Transformationsländern", *Bundesinstitut für ostwissenschaftliche und internationale Studien*, Köln, No.49, 1997, p.18.

가들로부터 182억 달러이다. 1995년에 58.2%에 비해 독일의 대 러시아 민간채권액은 러시아 전체 채무액의 42%로 감소했다. 1998년 러시아의 단기 외채는 150-200억 달러로 추정되고 있다.13)

러시아 정부는 재정적자의 보전을 위해 1996년부터 국채 발행을 가속화 시켰다. 러시아연방 재무부에서 발행하는 단기(3-6개월) 국채 GKO(ГКО: Государственных Краткосрочных Облигаций)는 미국의 국채발행의 경험을 살려 1993년 5월 18일에 처음으로 사용되었다. GKO시장은 1993년에 1조 루블, 1994년에 20조 5,000억 루블, 1995년에 156조 9,500억 루블, 1996년에 432조 5,000억 루블, 1997년에 OFZ를 포함해서 605조 5,000억 루블로 급부상 했다(1998년 1월 1일 화폐교환 이전의 루블). 러시아연방 재무부에서 발행하는 중기(1-2년) 연방 채권 OFZ(ОФЗ: Облигаци Федерального Займа)는 1995년 6월부터 발행했는데 1995년에 14조 루블, 1996년에 46조 5,000억을 발행했다. GKO와 OFZ는 세금이 면제되며, 거래 시 매입자와 매출자 쌍방은 거래액의 0.075%의 요금을 지불하게 되어있다. GKO는 30-40%의 수익률을 보장하며, OFZ는 35-50%의 수익률이 보장됐다.14)

러시아 국채발행은 단기적 측면에서 성공했다고 볼 수 있지만 많은 문제점을 내재하고 있었다. 즉, 투자 감소와 국가부채의 증가를 유발시켰다. 1997년 1월 기준 국내부채는 약 325조 루블, 해외부채는 620조 루블로 총부채는 GDP 대비 약 42% 수준이었다.15) 1997년 3사분기 중 러시아 재정적자의 약 75%는 해외에서 조달했으며, 조달금의 50%는 단기 국채(GKO)에 의해 이루어졌다.16)

이 국채들은 높은 수익률과 루블화의 상대적 안정으로 인해 러시아 은행의 주요 수입원으로 활용되었으며, 러시아연방 정부도 재정적자의 보전을 위해 이 국채들을 빠른 속도로 상당한 양을 발행했다. 러시아의 국채는 미국 국채보다 너무 단기 채권이 주를 이루고 있었다. 1995년 ruble corridor 도입 이후 루블 환율의 상대적 안정을 찾은 후부터 높은 수익률 때문에 해외 투기성 자금(hot money와 hedge funds)이 러시아로 대량 유입되어 왔다. 1998년 7월 러시아 국채의 규모는 약 700억 달러이며, 그 중 1998년 내에 상환할 부채가 40%를 차지하고 있었다.17)

13) "Russia Tumbles and the World Trembles", *BBC News Online*, Sep. 4, 1998, p.3.
14) Госкомстат России, Россия в цифрах 1998. Официальное издание (Москва, 1998), p.200.
15) S. Lushin, "The Fiscal and Payments Crisis", ..., pp.46-47.
16) Richard C. Paddock and Art Pine, "Russia Tries To Shore Up Ruble", *Los Angeles Times*, May 28, 1998.
17) "Russia Faces Budget Backlash", *BBC, News Online*, July 24, 1998.

1995년부터 국채 시장에서 해외자본의 유입이 가시화 되면서 외국인은 GKO시장의 4분의 1에서 3분의 1을 장악하고 있다. 이 수치는 러시아 대리인을 통한 해외투자가는 계산에 포함되지 않았다. 러시아 재정지출의 약 3분의 1은 GKO의 이자율을 충당하고 있었다. 1998년 1월 중순 해외투자가는 99억 달러의 러시아 국채(GKO, OFZ)를 소유하고 있는 것으로 추정하고 있다.[18] 1996년 제2대 대통령 선거전에 국채의 수익률이 170-200%로 증가했으며, 1997년 말에 이 수익률은 30-35%로 하락했다. 1998년 5월 26일에 국채의 수익률이 50%에서 150%로 3배나 인상했다. 해외 자본의 유치를 위해 높은 수익률에도 불구하고 해외자본가들은 더욱더 러시아 투자에 신중한 자세를 취했다. 5월 위기 이후 러시아 중앙은행은 자신감의 차원에서 이 수익률을 1998년 6월 4일에 150%에서 60%로 하향 조정했다.[19]

〈표 9-6〉 1992-1997년 러시아의 수출입 규모와 무역수지 추이(단위: 1억 달러)

연 도	1992년	1993년	1994년	1995년	1996년	1997년
총 수 출	536	596	681	813	891	874
총 수 입	430	443	505	609	623	676
무역수지	+106	+153	+176	+204	+268	+198

출처: Goskomstat of Russia, *1997 Russia in Figures Official Publication* (Moscow: State Committee of the Russian Federation on Statistics, 1997), p.157; Госкомстат России, *Россия в цифрах 1998. Официальное издание* (Москва, 1998), p.368.

<표 9-6>에서 보는 것처럼 러시아 거시경제지표 중 유일한 청신호는 무역흑자가 계속적으로 증가하면서 1996년에 정점을 이루다가 1997년에 감소한다. 특히 세계 원자재 가격의 하락으로 인해 무역수지 흑자의 폭이 감소되면서 경상수지(무역수지 + 무역외수지 + 이전수지)는 흑자에서 처음으로 1998년에 적자 쪽으로 기울어질 전망이다. 또한 해외자본의 유입보다는 유출이 많아지면서 러시아 외환보유고는 감소했다. 1997년 7월 248억 달러 외환보유고(3.8개월간 러시아 수입 대금 결제금에 해당)가 97년 12월에 170억 달러(2.6개월간 수입 대금)로 감소했다. 러시아 중앙은행의 외환보유고(금을 포함)는 1998년 8월 28일에 127억 달러에서 1998년 9월 17일에 123억 달러로 감소했다.[20] 러

18) "A 'da' for Russian T-Bills", *CNN, The Financial Network*, June 3, 1998, pp.1-2.; Peter Grebenschikov, "Diamond in the Rough", *Russian Business & Trade Connection*, Sponsored Article, Inkom Bank, Research Center, Moscow 1998.

19) James K. Glassman, "Economic Dr. Strangelove", *Business & Technology*, June 15, 1998, p.1.

20) Florian Fossato, "Chernomyrdin Backed By Federation Council", *RFE/RL*, Sept. 4, 1998;

시아 '경제분석연구소'소장 안드레이 일라리노프(Andrei Illarinov)는 모라토리엄 이전부터 루블의 평가절하의 필요성을 역설했다. 그는 중앙은행의 방만한 운영을 비판해왔다. 외환보유고의 감소는 러시아 중앙은행이 모라토리엄 이전부터 평가절하의 가능성이 농후함에도 불구하고 루블 안정을 위해 외환보유고를 방출했기 때문이다.[21]

(1-4) 금융산업의 부실화

① 러시아 민간은행의 단기 이윤추구와 부채의 증가: 러시아 민간은행들은 고객의 저축 유치와 산업자금을 대출하는 은행 고유의 업무보다는 투기자금(GKO와 OFZ와 주식과 환투기 등)을 통해 수익을 올리는 데 혈안을 두어왔다. 러시아 민간은행들은 루블화의 불안정 시기(1992년-95년)에는 자금세탁과 환투기 과정에서 수익을 올리면서 발전해갔다. 루블 안정기 시기(1996-98년 모라토리엄 선언)에는 막대한 부의 증식을 가능케 하는 주식과 단기 국채시장에 참여해왔다. 이 과정에서 은행들은 이자율이 낮은 단기 해외자본의 유치를 가속화하면서 부채가 늘어났다. 1998년 7월 1일 기준 러시아 민간은행의 대외부채액 192억 달러 중 164억 달러는 1998년 내에 만기가 도래한다. 러시아 재무부 장관 미하일 자도르노프(Mikhail Zadornov)는 1998년 6월에 민간은행의 높은 부채로 인해 1,500여개의 은행 중 겨우 30개만이 생존할 수 있을 것으로 판단하고 있다.[22] 모라토리엄 이전부터 러시아 민간은행들은 많은 내부적 문제를 내재하고 있었다.

② FIG의 정경유착: FIG는 <표 9-3>에서 보는 것처럼 주식 매입과 특혜대출을 통해 주요 산업과 은행과 언론 및 유통업을 장악하면서 정치와 경제 분야에서 막강한 영향력을 행사하고 있다. IMF의 압력(조세개혁, 은행제도의 개편, '자연독점'의 해체 등)에 대한 키리옌코 내각의 수용 태도에 대해 베레조프스키를 중심으로 FIG는 모라토리엄의 선언과 키리옌코 총리의 사임을 종용하면서 그들의 이익에 대변되는 체르노미리딘 총리의 임명을 옐친에게 압력을 행사한 것으로 생각된다. 그러나 FIG의 생각과는 달리 체르노미르딘의 총리 임명은 좌절되었으며, 그 반대로 프리마코프의 내각 출범으로 FIG는 여러 면에 큰 타격을 받을 것으로 생각된다.

행정부와 중앙은행은 통화 안정의 유지를 목표로 하고 있는 데 반해 수출산업과 수출 관련 이익단체들은 평가절하를 통해 그들의 부를 축적하려는 동아시아의 경험처

"Russia c.bank says gold/foreign reserve $ 12.3 bln", *Reuters*, Sept. 17, 1998.

21) "Ruble Devaluation Inevitable", *Korea Times*, July 30, 1998.

22) "Anatomy of a Financial Crisis", *Russia Today*, Aug. 21, 1998.

럼 러시아의 수출산업('중동형' 수출구조: 예를 들면, 석유와 가스, 니켈과 알루미늄, 구리 등, 러시아의 Top 100대 기업 중 78개 기업이 에너지 및 광물 산업)을 장악하고 있는 FIG는 평가절하에 더욱더 관심을 가질 수 있었을 것이다.

(1-5) 자본유출

① 러시아 해외자본의 이탈: 러시아 주식시장의 규모는 약 1,000억 달러(GDP의 약 4분의 1)수준이다. 그러나 1만 3,000여개의 민간기업 주식의 1% 정도만 거래되고 있을 뿐이다. 1997년 11월 동아시아의 위기로 인해 러시아 주가 폭락으로 인해 한국의 민간은행뿐만 아니라 해외 투자가의 자본이 썰물처럼 러시아로부터 빠져나갔다. 1994년 멕시코의 금융위기와 1997-98년 동아시아의 금융위기 때 나타나는 것처럼 주식시장의 거품이 제거되는 현상이 러시아에서도 유사한 양태로 나타나기 시작했다. 러시아의 주가지수(RTS)는 1997년 10월 570포인트의 최고치에서 98년 2월에 2분의 1로 하락했으며, 1998년 5월 한 달 동안 주가가 40% 하락하여 6월 1일에 1996년 이후 최저치인 172포인트로 하락했다. 모라토리엄 선언 이후 1998년 8월 25일에 러시아 주가는 88.5포인트로 급락했다.[23)]

② 러시아 경제주체의 자본유출: 러시아인들의 해외자본 유출은 불법적으로 이루어지기 때문에 정확한 유출량을 계산한다는 것은 불가능하나 약 1000-3000억 달러에 이를 것으로 보고 있다. 1992년 새로운 러시아 출범 이후 러시아인이 국내와 해외에 숨겨진 자산의 규모는 약 1,000-3,000억 달러로 추정하고 있다.[24)] 1994년 10월 1달러 당 4,000루블로 루블화가 폭락했을 때 '새로운 러시아인'들이 약 2,600억 달러를 해외은행에 예치한 것으로 추정하고 있다.[25)]

(1-6) 국제 원자재 가격 하락

러시아는 주요 석유 수출국으로서 1997년에 220억 달러의 석유를 수출했다. 동아시아의 금융위기로 인해 수요 감소와 산유국의 과잉생산으로 1배럴 당 원유가는 12달러로 50%나 폭락했다. 또한 기타 원료·연료 국제가격의 폭락으로 인해 러시아는 1998년에 약 350억 달러의 수입이 감소될 것으로 예상하고 있다.[26)]

---

23) "Russia's Finance Policy Spins Out of Control", *Russia Today*, Aug. 26, 1998, p.2.
24) *Izvestia*, Sept. 4, 1998.
25) Pytor Johannevich van de Waal-Palm, "Black Tuesday", *Palms & Company Document*, 1995, p.3.
26) "Russia on the brink", *BBC News Online*, Aug. 13, 1998.

(1-7) 동아시아 금융위기 요인

세계화의 급진전으로 세계경제는 상호간 밀접히 연계되어 있다. 아시아 위기로 인해 연료·원료 수입의 감소가 국제 원자재 가격을 인하시켰으며, 아시아의 투자가들도 러시아로부터 자본회수를 시작하는 계기를 조성했다. 또한 1997-98년 동아시아의 금융위기는 모든 투자가들에게 신흥시장(emerging markets)을 신중하게 생각하는 계기를 만들었다. 시장 경제적 하부구조가 동아시아 국가들보다 단단하지 못한 러시아에서 많은 해외투자가들의 철수의 계기를 조성했다. 특히 자본 이동에서 심리적 요인은 큰 역할을 담당하고 있기 때문이다.

(1-8) 정치·사회적 불안정

① 정치적 불안정으로 경제개혁의 일관성 부재와 대통령-국가두마-상원간의 권력 갈등: 1998년 7월 행정부가 제시한 위기 방안책은 국가두마에서 통과되지 못했다. 개혁법안들은 국가두마의 반대로 빈번히 실패해왔다. 러시아 행정부와 연방회의(상원)간의 좋은 관계도 주지사 선거에서 과거 친 옐친 계에서 반 옐친계로 돌아선 인물들이 대거 당선되면서 긴장관계로 역전되어 가고 있다. 예를 들면 전 대통령후보였던 크라스노야르스크의 주지사 레베드, 전 대통령 경호실장이었던 툴라주의 코르자코프, 전 부통령이었던 쿠르스크주의 주지사 루츠코이 등을 들 수 있다. 또한 옐친의 권력 누수(lame duck) 현상이 가시화 되면서 부정·부패의 확산과 범죄의 증가와 치안의 부재를 야기하고 있다.

② 연방과 지방간의 갈등: 이 갈등은 연방세의 이전과 보조금 문제와 관련해서 첨예하게 나타나고 있다. 일부 지방정부의 독립 움직임(우랄 공화국과 극동 공화국의 창설 움직임 + 타타르스탄 공화국, 체첸 공화국, 사하 공화국의 독립 움직임)은 특히 북카프가스 지역에서 러시아연방의 분열 가능성도 잉태하고 있었다. 또한 일부 변경지역(카렐리아 공화국, 칼리닌그라드주, 사할린주, 캄차카주, 마가단주, 연해변강주 등)들은 높은 물류비용 때문에 연방정부에 관세인하를 요구하고 있다. 또한 모스크바와 지방간의 격차 더욱더 심화되고 있다. 모스크바에 러시아 금융자본의 약 80%가 집중되어 있다.

③ 임금체불과 생활수준의 하락으로 인한 사회적 긴장: 부익부·빈익빈 현상의 심화와 빈민층의 증대가 가시화 되면서 사회적 긴장이 고조되고 있다. 게다가 수개월간의 임금체불로 인해 근로자들은 최악의 상태에 직면하고 있다. 경기부진으로 인해 실업자의 증대와 잠재 실업의 위험성이 높아지고 있다. 1998년 7월 29일 광부들은 4

개의 철도(오씬스키, 첼랴빈스크, 사할린주, 연해변강주)를 봉쇄했으며, 국가두마 앞에서 옐친의 퇴진과 체불임금의 지급을 요구하면서 시위를 벌이고 있다. 야당과 노동조합을 중심으로 전 부문의 근로자들은 1998년 10월 7일 대대적 시위를 준비하고 있다. 크라스노야르스크 주지사 레베드는 현 러시아의 상황은 1917년 혁명 전야보다 더욱 악화되고 있다고 경고했다.[27)]

(1-9) 서방 세계와 국제기구의 '도덕적 해이(moral hazard)'

① 서방 경제고문과 서방 세계의 음모설과 '세계화의 덫'과 IMF의 조건부 금융지원을 통한 일방적 미국식 모델과 긴축 재정정책의 강요도 러시아 금융위기의 한 원인을 제공했다고 볼 수 있다. 특히 IMF는 동아시아의 금융위기처럼 러시아의 금융위기의 오진과 안일한 대책을 폈다고 볼 수 있다.[28)] 그럼에도 불구하고 러시아 금융위기의 근본동인은 외부적 요인보다는 오히려 러시아 내부요인이 가장 중요하다는 데에는 이론의 여지가 없다.

② 서방 세계, 특히 미국의 '수인들의 딜레마(prisoner's dilemma)' 가능성: 러시아 대외부채액의 약 4분의 3이 구소련 시대 때 승계된 채무란 것을 고려할 때 체제전환 과정에서 새로운 자본주의 탄생국에 대해 서방 세계는 너무나 인색한 금융지원을 해왔다. 1992년 새로운 러시아 출범 이후 대외직접투자의 누적액은 1997년 말까지 약 60억 달러에 불과했으며, 서방 세계의 단기 이윤을 위한 투기성 자금투자는 그 자체적으로 문제점을 지니고 있었다. 그로 인해 세계 공황과 같은 공멸 가능성은 물론이거니와 장기적 국제경제 교류의 활성화를 방해하는 결과를 초래하고 있다. 미국은 과거 공산주의 체제의 확산을 방지하기 위해 약 9조 달러를 투입했는데 만일 러시아가 금융위기로 인해 과거 체제로 복귀할 경우 미국의 대가는 높을 것으로 생각된다.

(2) 러시아 금융위기의 파급효과

러시아 금융위기의 효과는 국가 신인도의 하락, 루블화 가치의 불안정, 국제경제의 변화와 경제·정치의 불안정과 제도의 재편 등을 들 수 있다.

---

27) Alexander Lebed, "The Patience of Russian Has Limits", *Herald Tribune*, Sept.2, 1998.

28) IMF의 도덕적 해이에 대해서는 다음의 글을 참조 바람, Horst Siebert, "The Future of the IMF: How to Prevent the Next Global Financial Crisis", *Kieler Arbeitspapier*, Nr.870, Institut für Weltwirtschaft, Kiel, 1998.

(2-1) 러시아 국가 신인도의 하락

단기적으로 모라토리엄 선언과 국채 재조정을 통해 재정 부담을 줄일 수 있는 계기를 마련할 수 있다. 그러나 국내외의 국가 신인도는 치명적 타격을 입게 되었다.

① 국제적 공신력 하락: 무디(Moddy)사는 러시아 해외통화채권의 등급을 B2에서 B3로 하향, 러시아 유로본드도 하향, 러시아 재무부가 발행하는 해외통화채권, 재정부국채(MinFin)와 타이가(Taiga)본드도 B2에서 Caa1로 하향, 러시아 루블화 표시 중기 채권도 Ca에서 Caa1로 하향 발표했다. Caa와 Ca 등급은 채무불이행(default)의 가능성과 투자 시 손실 가능성이 높다는 것을 의미한다.[29] 또 다른 권위 있는 신용평가사(Standard & Poor)도 러시아 연방 외환채권의 신인도를 CCC-로 하향 발표했다.[30] 역사적으로 러시아는 모라토리엄과 채무불이행의 전력을 갖고 있었다. 1918년 초 혁명정부의 대외채무 불이행, 1991년 대외결제은행의 부도, 1993-1996년에 런던클럽과 파리클럽 채권단과의 대외채무 연장 협상, 한국 차관 지급에 대한 여러 번의 연기 등을 들 수 있다.

② 국내적으로 옐친 대통령의 평가절하와 권력누수 현상 가시화: 러시아 모라토리엄 이후 국민들은 국가두마도 싫어하지만 옐친을 더욱더 싫어하고 있다. 옐친 대통령의 권력의 상당 부분이 총리와 국가두마에 이전되어 갈 것으로 예측된다.

③ 국가 신인도의 하락으로 해외자본 유치와 해외 차관 도입의 어려움이 예상된다. 예를 들면 IMF는 226억 달러의 대 러시아 지원금 패키지 중 48억 달러의 차관은 러시아 신정부의 시장 경제개혁이 설정될 때까지 유보한다고 선언했다.[31] 국영전력회사(EES)와 러시아 제1의 석유회사(Rosneft)와 석유수송회사(Transneft) 등의 자연독점(natural monopoly)기업의 사유화 계획과 주식매각이 유보 또는 취소될 가능성이 높다. 국가재산의 매각을 통한 정부수입의 확보는 더욱더 어려워질 전망이다.

(2-2) 러시아 루블화 국내·외 가치의 불안정

모라토리엄과 국채 재조정 과정에서 금융시장의 공급은 제한되어 있어 루블화와 경화(hard currency)의 부족현상이 두드러지게 나타나고 있다. 그 반면에 금융시장의 수요는 폭발적으로 증가하고 있다. 상품·서비스시장의 공급도 경제적 어려움으로 인해 제한되어

29) "Moody's Downgrades Russia's Ceiling for Foreign Currency Debt", *Russia Today*, Aug. 24, 1998.

30) "Standard & Poor's Cuts Russia's Foreign Currency Rating To 'CCC-'; Outlook Still Negative", *PR Newswire*, Sept. 16, 1998.

31) Harry Dunphy, "IMF Delays $4.8B Payment to Russia", *AP Associated Press*, Sept. 10, 1998.

있는 반면에 러시아 경제주체는 사재기와 매점·매석을 통해 수요가 폭발하고 있다. 이러한 폭발을 진정하기 위해 러시아 중앙은행은 긴축재정 대신에 화폐발행의 방법을 모색할 것으로 생각된다. 그러므로 루블화의 국내가치는 초 인플레이션으로 올라갈 가능성이 높으며, 루블화의 국제 가치는 급격한 평가절하로 이어질 것이다. 러시아 금융위기로 인해 8월의 국내총생산(GDP)은 전월 대비 8.2%나 하락했다.32) 이러한 사태가 계속된다면 러시아는 높은 인플레이션과 경기 침체가 병행하는 'stagflation' 현상을 맞이할 수 있다.

① 인플레이션의 가속화: 1998년 초부터 7월까지 러시아의 월별 인플레이션 율은 0.1-0.5% 수준으로 안정을 유지한 반면에 모라토리엄이 발생한 8월의 인플레이션 율은 15%이며, 소비자 물가는 35.7%로 상승했다고 러시아연방 국가통계위원회(Goskomstat)는 발표했다.33)

② 수입 인플레이션(imported inflation)의 증가: 러시아 소비재의 2분의 1은 수입에 의존하고 있다. 사치품의 수입은 각 도시마다 상이한 수준이다. 대도시와 개방화가 잘된 도시(모스크바와 상트 페테르부르크와 니쥬니 노보고로드)일수록 해외 수입품의 의존도가 높다. 모스크바에서 해외 수입 농산물은 80% 이상이나 증가했으며, 국내 농산물의 가격도 20%나 상승했다. 해외 담배의 가격은 2-3배로 폭등했다. 또한 지하철 요금도 50%나 올라갔다. 1991년 4월 이후 모스크바의 지하철 요금은 무려 6만 배나 상승했다.34)

러시아는 설상가상으로 금년에 가뭄으로 인해 식량 부족이 예상된다. 1998년 8월 말 기준 곡물 수확량은 전년도 5,520만 톤의 2분의 1밖에 못되는 2,860만 톤에 불과하다. 특히 러시아인의 칼로리의 10% 이상을 제공하고 있는 감자 생산이 수확기에 잦은 비로 인해 흉작이 예상되고 있다. 감자생산은 소련 말기에 60%, 현재 90%가 '다차'(dacha)와 텃밭에서 사적 생산으로 이루어지고 있다.35) 1997년에 러시아 곡물수확량은 8,850만 톤인 반면에 1998년 수확량은 약 5,600만 톤으로 예상하고 있다.36) 러시아 크라스노야르스크 주지사 레베드는 70%의 식료품 수입이 불가피할 것으로 보고 있다.37)

---

32) "Russia Economy Shrank 8.2 pct y/y in Aug-Interfax", *Reuters*, Sept. 18, 1992.

33) John Varoli, "Russia: Ruble Rebounds as People Change Dollars", *RFE/RL*, Sep. 11, 1998.

34) James Meek, "Hyperinflation Spectre Looms As Prices Leap", *The Guardian*, Sep. 2, 1998. 6만 배의 지하철 요금 상승은 소비에트 루블과 러시아 루블의 구분 없이 단지 수치의 계산일 뿐이다.

35) Ben Patridge, "Russia: Economic Crisis Threatens Millions With Impoverishment", *RFE/RL*, Sept. 14, 1998.

36) "Russia 98 Grain Crop Forecast Down To 56Mln T", *Reuters*, Sept. 14, 1998.

③ 사재기 현상: 루블 가치의 하락과 높은 인플레이션 기대 심리 때문에 러시아 경제 주체들의 사재기와 매점·매석 현상이 증가하고 있다.[38] 소련 시대처럼 줄서기와 상점 폐쇄와 임시 휴업 등이 나타나면서 '공급자 시장(supplier's market)'을 형성하고 있다. 이러한 현상이 계속된다면 소련 시대에 경험한 것처럼 상품부족과 인플레이션이 병행하는 'shortageflation' 현상을 유발시킬 수 있다. 공급자 시장이 계속된다면 거시 경제적 '화폐수량설'에 입각해서 화폐유통속도는 상당히 느릴 것이며, 즉 켐브리지 k(화폐유통속도의 역수)의 증가로 인해 시장에는 더욱더 화폐부족의 현상이 더욱 커질 것으로 생각된다.

④ 예금 인출의 증대 현상: 러시아 정부는 1998년 9월 3일 은행제도의 붕괴를 방지하기 위해 6대 은행들(Mostbank, Mosbiznesbank, Inkombank, Bank Menatep, Promstroybank, SBS-Agrobank)의 2개월간 예금구좌 동결 조처를 취했다. 은행구좌의 동결은 러시아 시민에게 큰 고통을 안겨주고 있다. 러시아 시민 은행구좌의 총액은 모라토리엄 이전 270억 달러에서 9월초 120억 달러로 감소했다. 시민들의 은행예금의 약 4분의 3은 저축은행(Sberbank)에 있는 것으로 추정되고 있다.[39] 러시아 과학아카데미 경제연구소 레오니드 아발킨 소장은 러시아 국민들이 현재 약 300억 달러와 1,290억 루블 현금을 보유하고 있으며, 그 이외에도 해외 보따리 러시아 상인들이 약 100억 달러를 유통시키고 있다고 말하고 있다.[40]

④ 평가절하: 루블 환율은 1998년 9월 1일자 1달러 당 9.33루블로 모라토리엄 선언 이후 50%나 평가절하 되었다. 암시장 환율은 15-50루블까지 거래되고 있다.[41] 9월 18일 모스크바은행간환율(MICEX: Moscow Interbank Currency Exchange)은 1달러 당 17.85-19루블을 고시하고 있다.[42] 러시아의 은행들은 달러와 마르크화 등 경화 구입만 거래될 뿐 판매는 중지된 상태이다.

루블의 평가절하로 인해 단기적으로 수입은 감소하는 반면에 수출은 증가할 것이

---

37) Alexander Lebed, "The Patience of Russian Has Limits", *Herald Tribune*, Sept.2, 1998.

38) 지방정부는 현 위기를 수습하기 위해 가격통제와 긴급조처를 취하고 있다. 모스크바 시장 유리 루쉬코프는 9월 15일부터 11월 1일까지 한시적으로 기초 식료품(29개 품목)에 대한 가격통제(20% 이하)를 선언했다. 코미공화국의 우도르 지역에서는 루블보다 감자를 화폐로 사용하고 있다. "Russia: News Roundup-Regions Try To Cope With Crisis", *RFE/RL*, Sept. 18, 1998.

39) Sharon LaFraniere, "Russian Depositors Suffer Double Blow", *Washington Post*, Sept. 4, 1998, p.A33.

40) John Varoli, "Russia: Ruble Rebounds as People Change Dollars", *RFE/RL*, Sept. 11, 1998.

41) James Meek, "Hyperinflation Spectre Looms As Prices Leap", *The Guardian*, Sep. 2, 1998.

42) "Russia Exchange Halts Some Trade, Rbl Offer 19/Dollar", *Reuters*, Sept. 18, 1998.

다. 또한 수출 지향적 기업은 반사이익을 얻을 수 있으며, 수입 감소로 인해 회생 가능한 국내 소비재 산업은 상대적으로 이익을 얻을 수 있다.

⑤ 은행제도의 재편: 러시아 민간은행들은 구조조정 과정에서 폐쇄되거나 인수 및 합병이 가속화 될 것으로 생각된다. 또는 일부 은행들은 재국유화 될 가능성도 배제할 수 없다. 1998년 8월 24일 오넥심은행과 메나테프은행과 모스트은행들은 합병을 선언했다.[43]

(2-3) 국제경제의 변화

러시아의 금융위기는 국제기구(IMF, IBRD, EBRD 등)·채권국(파리클럽)·서방 민간은행(런던클럽: 600여개의 채권은행)과 러시아간의 갈등을 유발시켰으며, 부채 재조정의 협상을 예견하고 있다. 또한 이 위기는 세계 주식시장의 동반 하락과 신흥시장(동유럽과 아시아와 중남미)에 악영향을 미치고 있으며, 신흥시장(emerging markets) 금융난의 도미노 현상을 야기할 가능성도 높다고 생각된다. 실제로 경화는 신흥시장에서 썰물처럼 빠져나가면서 밀물처럼 선진국으로 유입되고 있다. 이러한 양극화 현상은 세계 시장경제 질서를 위태롭게 하며, 세계 경제에서 러시아의 경제가 차지하는 부분이 미미함에도 불구하고 세계 공황의 가능성도 배제할 수 없다. 또한 자본주의 자체의 붕괴 위험성도 내재하고 있다.[44]

러시아와 전통적으로 교류가 많은 독립국가연합(CIS)과 발트 3국(에스토니아, 라트비아, 리투아니아)과 동유럽국가들은 러시아 금융위기로 인해 많은 타격을 입을 것으로 생각된다. 특히 구소련의 14개국들도 금융위기의 가능성이 높다. 특히 러시아와 산업구조가 유사한 동유럽국가들은 루블화의 평가절하로 인해 상대적으로 수출경쟁력의 하락이 예상된다.

(2-4) 러시아 정치·경제 제도 재편의 가시화

아래의 제3절 러시아 경제전망에서 다루기로 한다.

9.3. 러시아의 경제전망

옐친 대통령은 모라토리엄과 관련하여 키리옌코 총리를 해임시켰으며, 후임으로 체르노미르딘 전 총리를 임명했다. 옐친은 새로운 총리에게 많은 권력의 이양을 약속했다. 옐

43) "Top Russian Banks Merge Amid Crisis", *Russia Today*, Aug. 25, 1998.

44) "Is Capitalism Under Threat?", *BBC News, Online Network*, Sept. 16, 1998.

친과 체르노미르딘의 수차례의 국가두마 의원들과 야당 지도자들과의 협의에도 불구하고 국가두마는 새 총리의 인준을 2번이나 거절했다. 러시아의 정치적 불안정은 위기촉발이었다. 결국 옐친은 체르노미르딘 대신에 프리마코프 외무부장관을 새 총리로 임명했다. 또한 두비닌 러시아 중앙은행 총재를 경질시키면서 공산당의 지지를 받고 있는 게라센코를 새 총재로 임명했다. 1998년 9월 11일 국가두마에서 새 총리는 찬성 317, 반대 63, 기권 15표의 압도적 다수로 인준되었다. 이로써 모라토리엄 발생 후 지난 3주 간 러시아의 급박한 정치적 위기는 어느 정도 진정을 찾았다. 프리마코프 내각은 경제담당 제1부총리로서 공산당의 지지를 받고 있는 마슬류코프를 임명했다. 마슬류코프와 게라센코는 고르바쵸프 말기 경제팀의 주요 인물들이며, 그들의 전력은 다음과 같다:[45]

마슬류코프(Yuri Maslykov)는 1988년 2월부터 1991년까지 국가계획위원회(Gosplan)의 장과 소련 제1 부총리와 정치국원으로 활동했다.

게라센코(Viktor Geraschchenko) 신임 러시아 중앙은행(Gosbank)총재는 1989년부터 1991년까지 소련 중앙은행 총재와 1992년에 러시아연방 중앙은행 총재를 재임했으며, 1994년에 루블화의 30% 하락으로 인해 총재직을 사임했다. 그는 최근까지 '국제모스크바은행(Mezhdunarodny Moskovsky Bank)'의장직을 맡고 있었다. 이 총재는 IMF와 삭스(J. Sachs) 전 러시아 경제고문이 가장 싫어하는 인물로 평가되고 있다.

옐친은 '올리가르히'에 의해 압력을 받았으며, 체르노미르딘 총리 인준의 실패로 정치적 손상을 당했다. 전략연구소 안드레이 포인트코프스키 소장은 러시아는 금융위기로 인해 헌법의 수정 없이 대통령 공화국에서 의회 공화국으로 탈바꿈했다고 말하고 있다.[46]

옐친은 9월 16일에 공산당이 지지하는 마슬류코프를 견제하기 위해 새 내각의 부총리급 3명, 즉 재정정책 담당 부총리 쇼힌(Alexander Shokhin), 사회정책 담당 부총리 루쉬코프(Vladimir Ryzhkov), 통신·산업 담당 부총리 불가크(Vladimir Bulgak)를 임명했다. 이들은 체르노미르딘 전 총리와 좋은 유대관계를 갖고 있는 인물로 평가되고 있다.[47] 러시아 신정부 구성원의 성격은 매우 복잡한 양상(적색, 핑크색, 백색)을 띠고 있다. 프리마코프 총리는 계획된 임명이라기보다는 러시아의 정치적 진공 상태에서 임시방편적으로 급작스럽게 출범했다.[48]

---

45) Daniel Williams, "Russia Duma Approves Primakov", *Washington Post*, Sept. 12, 1998, p.A01.

46) Floriana Fossato, "Yeltsin Orders Security Measures To Foil Disorder", *RFE/RL*, Sept. 18, 1998.

47) Marcus Warren, "Yeltsin Appoints Centrists to Russian Cabinet", *International News*, Sept. 17, 1998. 그러나 블라디미르 루쉬코프는 사회정책 담당 부총리직을 거절했다.

48) Matt Frost, "Russian Press Review: Primakov Appoints a Mixed Cabinet", *RFE/RL*, Sept. 17,

평가절하와 권력누수(lame duck)현상과 건강 문제와 부정·부패의 의혹 등의 이유로 옐친 대통령의 권력 행사는 매우 제한적으로 판단되며, 2000년 임기까지 유지할지 모르는 상황이다.[49] 300-500명의 극좌 세력은 모스크바에서 옐친을 '인민의 적', '법정에 세우자', '범죄정권 물러가라'라는 구호를 외치면서 옐친의 사임을 요구하고 있다.[50] 노동조합과 공산당과 기타 급진적 그룹들은 10월 7일에 대규모 시위를 준비하고 있다. 1999년 말 국가두마 선거와 2000년 6월 대통령선거에서 옐친(?) 또는 친 옐친 계열의 후보자가 당선되기는 더욱 어려운 상태이다. 러시아 국가권력의 분점화(대통령-총리-국가두마-연방회의) 현상이 가시화 되고 있다.

과도기적 프리마코프 내각은 시간적 제약에도 불구하고 새로운 노선을 기치로 내걸고 있다. 공산당 열성 지지자들은 이 내각을 마치 1917년 2월 혁명 후 '케렌스키' 임시내각으로 비유하고 있어 조만간에 볼쉐비키 승리로 이어질 것으로 희망하고 있다. 그러나 1917년과 1998년의 상황은 상이하며 여러 변수에 의해 과거 체제로의 복귀는 불가능할 것으로 생각된다. 국가두마에서 프리마코프는 소련의 분열처럼 러시아연방의 분열을 막기 위해 중앙의 권력 강화를 선언했다. 국가두마에서 야당의 지지를 받은 프리마코프 내각은 국가두마의 협조를 받아 강력한 정책을 수행할 수 있는 계기를 마련했다.

프리마코프는 러시아의 현 위기를 극복하기 위해 1930년대 대공황을 뉴딜 정책으로 타개한 루즈벨트 대통령의 역할을 담당하겠다고 공언하고 있다.[51] 이는 러시아가 지금까지 취해온 미국식의 카우보이 자본주의(cowboy capitalism), 즉 신 자유주의적(화폐주의자) 경제노선 대신에 국가개입 혹은 국가통제로의 혼합경제체제로의 전환을 의미한다. 공산당의 지지를 받고 있는 마슬류코프와 게라센코를 각각 제1 경제 부총리와 러시아 중앙은행 총재로 임명하고 있기 때문에 경제 노선의 선회를 뒷받침 해주고 있다. 프리마코프가 두마에서 연설한 것처럼 소련의 주요 경제직을 담당했던 인물들의 발탁으로 러시아의 경제노선의 변화가 과거 코만도 식 계획경제체제로의 전환을 뜻하는 것은 아니다. 프리마코프는 '사회 지향적 경제체제(a socially oriented economic system)'에 입각한 정책을

1998.

49) 전 대통령 경호실장이었으며, 현 툴라주 주지사 코르자코프(Alexander Korzhakov)는 옐친 대통령이 독일 은행 비밀구좌에 50억 달러를 예치하고 있으며, 옐친의 딸 디아첸코(Tatyana Dyachenko)는 프랑스 니스에 시가 2,500만 프랑의 호화 별장을 구입했다고 주장했다. *Komsomolskaya Pravda*, Sept. 18, 1998.

50) "Leftist Militant Urge Yeltsin To Resign", *Russia Today*, Sept. 15, 1998. 당시 여론 조사의 결과도 러시아 위기를 타개하기 위해 옐친의 사임을 40%나 지지하고 있었다.

51) Colin McMahon, "'I'm Not Magician,' Primakov Tells Duma in Russia", *Chicago Tribune*, Sept. 12, 1998.

집행하겠다고 말하고 있다.[52] 그는 사회적 평화를 위해 정책의 우선 과제로서 공동화된 러시아 국내산업의 지원과 체불 임금과 연금의 청산이라고 말하고 있다. 게라센코 중앙은행 총재도 신중히 화폐발행을 통한 재원확보는 필요하다고 보고 있다. IMF는 화폐발행 식 재원 조성은 경제의 부실과 초 인플레이션을 부치길 것이라고 경고하고 있다.[53] 단기 처방으로서 가격설정과 화폐발행을 선행하고 있다. 새 정부의 현 위기의 극복을 위한 경제정책과 프로그램도 아직까지 수립되어 있지 않으며, 간헐적인 처방책도 불명확하거나 불투명한 상태이다. 새 정부 구성원의 색깔이 다양하며, 노선이 다루기 때문에 상당한 '조정비용'이 요구되고 있다. 그러므로 러시아의 단기전망은 매우 불투명하다고 볼 수 있다.

고르바쵸프는 공산주의자들의 새 내각의 입성이 시장경제의 종말을 뜻하는 것은 아니라고 판단하고 있으며, 프리마코프 총리의 능력이 없다고 판단될 때 비상조치의 가능성이 높다고 경고하고 있다. 이러한 사태가 발생할 경우 국민의 인기도가 높은 레베드의 등장을 예견했다.[54] 미래를 정확히 예측한다는 것은 인간의 인지를 넘어서는 일이다. 특히 불확실성과 위험성이 많이 내재한 러시아의 미래를 전망한다는 것은 더더욱 어려운 일이다. 여러 정황을 고려할 때 옐친의 시대는 끝났다고 볼 수 있다. 최악의 사태(내전, 쿠데타, 러시아연방의 분열, 공산주의체제로의 복귀 등) 시나리오 가능성도 배제할 수는 없지만 그 가능성은 희박하다. 조기 대통령선거 혹은 2000년도 여름 대통령선거에서 누가 대통령에 당선되느냐에 따라 러시아 경제체제와 경제개혁과 경제정책의 변화가 예상된다. 1996년 대선처럼 많은 후보자들이 차기 대선에 출마할 것으로 생각된다. 돌출변수가 없는 한 여당('우리 집 러시아')의 후보로서 체르노미르딘, 극우 세력인 '자유민주당'의 지리노프스키, 개혁 세력인 '야블로코'의 야블린스키 등이 출마할 것으로 생각되지만 그들의 당선 가능성은 매우 낮다고 볼 수 있다. 차기 대통령으로 유력시되는 인물로서 공산당의 주가노프와 국민적 인기도가 높은 크라스노야르스크의 주지사 레베드와 모스크바 시장 유리 루쉬코프를 꼽을 수 있다. 공산당 주가노프는 전체 투표자의 약 3분의 1의 고정표를 갖고 있지만 대통령 가능성은 여러 여론조사에서 밀리고 있다. 루쉬코프는 1996년 모스크바 시장 선거에서 90% 이상의 지지를 통해 재선되었다. 그는 민족주의적 이념과 소비에트 경영철학을 지니고 있다. 그는 자유방임적 시장 정책에 반대하고 있으며, 급진적

52) 이 방향은 역사의 아이러니처럼 소련 말기 고르바쵸프가 주장한 스칸디나비아, 특히 '스웨덴 식' 경제모델로의 전환과 거의 비슷하다고 볼 수 있다.

53) Daniel Williams, "Primakov Enunciates Priorities, New Premier Says He will Back Industry, Pay wages", *Washington Post*, Sept. 14, 1998, p.A12.

54) "Gorbachev Gives Thumbs Up To Yeltsin Nominee", *Russia Today*, Sept. 14, 1998.

인 사유화의 설계사인 아나톨리 추바이스를 비판하고 있다. 대안으로써 전략산업과 자연독점 기업의 재국유화를 주장하고 있다.[55] 모스크바와 모스크바 주변 지역의 시민들은 루쉬코프를 지지하고 있다. 모스크바에 자본이 집중되면서 모스크바와 지방간의 격차가 심화되고 있기 때문에 지방의 주민들은 그를 혐오하고 있다. 레베드의 국민적 인기는 계속 상승하고 있다. 그는 정치적 안정과 부정·부패의 척결과 경제발전의 슬로건을 내걸고 있다. 그는 한국의 박정희 식 개발독재를 선호하고 있다. 그 어느 후보보다 차기 대통령의 가능성이 매우 높다고 볼 수 있다. 해외투자가와 서방은 레베드와 루쉬코프의 권위주의적 성향을 두려워하고 있다.[56]

대통령 가능성이 높은 세 인물에 대해 러시아 거부 베레조프스키의 평가는 우리에게 좋은 시사점을 주고 있다. 주가노프가 당선될 경우 러시아 경제체제의 변화를 예상해야 한다. 루쉬코프가 당선될 경우 러시아 경제를 예측할 수 있지만, 위험스럽게 발전될 소지가 많다. 레베드가 당선될 경우 러시아 경제를 예측할 수는 없지만 위험스럽게 발전될 가능성이 적다는 것이다.[57]

9.4. 맺음말

1998년 8월의 러시아의 모라토리엄은 1991년 소련 해체 이후 시장경제와 자본주의로의 체제전환을 단행하고 있는 신흥 자본주의국 러시아의 최대의 위기라고 볼 수 있다. 러시아의 금융위기는 앞에서 살펴본 것처럼 지난 7년 동안 발생했던 복합적 요인들의 누적뿐만 아니라 과거 소련 체제의 유산을 청산하지 못한 데에서 기인한다고 볼 수 있다. 이 위기의 생성동인 중에서 외부적 요인도 한 몫을 작용했지만 무엇보다도 중요한 동인은 러시아의 내부적 요인에서 찾아야 할 것이다. 왜냐하면 모든 의사결정과정에서 최종 선택은 러시아 경제주체에 의해 이루어졌기 때문이다.

모라토리엄 이후 대통령과 국가 두마 간의 힘 싸움에서 9월 10일에 옐친은 체르노미르딘 대신에 프리마코프 외무부장관을 총리로 임명했으며, 국가두마는 압도적 다수로 새 총리를 인준했다. 급박한 정치적 위기는 모면했지만 모라토리엄과 루블의 평가절하처럼 옐친 대통령도 평가절하 되었다. 프리마코프 새 정부는 정책 방향으로 '사회 지향적 경제

55) "Moscow Mayor Calls For Some Renationalization", *Russia Today*, Sept. 16, 1998.
56) 당시 여론조사에서 나타난 것처럼 러시아 국민의 34%는 금융위기의 극복책으로서 독재가 유일한 수단이라고 응답하고 있다. "Poll Finds Many Russians Approve of Dictatorship", *Dallas Morning News*, Sept. 24, 1998.
57) "Yeltsin Woes Boost Rivals For Presidency", *Russia Today*, Sept. 15, 1998.

체제'를 선언하고 있으며, '시카고학파'적 자유방임 정책보다는 국가개입이나 혹은 국가통제형 모델을 고려하고 있다. 그러나 아직까지 새 정부의 위기 극복안의 청사진이 확립되어 있지도 않으며, 위기 극복책도 구체적으로 제시되지 못하고 있으며, 제시된 극복책도 매우 불투명하거나 불명료하다. 새 정부 구성원의 다양한 색깔로 인해 옐친 대통령의 재임 기간 동안 현 정부의 구체적인 위기 극복책도 한계를 지닌다고 볼 수 있다.

프리마코프 총리가 제시한 경제체제와 경제정책은 차기 대통령에 의해 더욱 공고화될 것으로 전망된다.

제 10 장

옐친 10년의 평가: 러시아의 체제이행과 경제개혁을 중심으로*

10.1. 머리말

자유 · 평등 · 박애를 가치로 내건 1789년 '프랑스 대혁명'이 발발한지 200년이 지난 1989년에 베를린장벽이 무너지면서 자본주의의 대안으로써 많은 지식인들과 인텔리겐치아들이 지지해왔던 사회주의 이데올로기는 급속히 쇠퇴했으며, 동유럽 사회주의국가들도 도미노 방식으로 붕괴됐다. 그 후 동서독은 통일을 달성했으며, 사회주의체제의 종주국이었던 소련도 1991년 12월 8일 벨라루스의 수도 민스크협정과 12월 21일 카자흐스탄의 수도 알마아타협정을 통해 CIS(독립국가연합)으로 변모되면서 역사의 뒤안길로 살졌다. 러시아공화국을 포함한 15개 소비에트공화국들도 각각 주권 · 독립국가로 탈바꿈했다. 동유럽 사회주의국가들과 15개의 소비에트 공화국들은 '사회주의' 혹은 '소비에트' 형용사를 삭제했으며, 방법과 속도 면에서 정도의 차이는 있지만 자유민주주의와 시장경제로의 체제전환을 단행하고 있다.

사회주의체제와 소련 붕괴의 근본적인 원인은 1985년부터 집권한 고르바쵸프의 체제재편(Perestoika)에 절대적으로 기인된다. 물론 체제재편은 고르바쵸프의 의중과 달리 진행되어 나갔다. 1991년 8월 보수파에 의한 쿠테타가 3일천하로 끝난 이후 옐친과 그의 측근들은 소련을 와해시키는 데 결정적으로 주도적 역할을 담당했으며, 그 결과 1991년 말부터 명실 공히 새로운 러시아의 주도권을 장악했다. 소련의 붕괴와 함께 생성된 새로운 러시아[1]는 여러 부문에서 실질적으로 구소련을 계승하고 있으며, 옐친 대통령과 그의 측근들은 1992년 초부터 빅뱅식 충격요법을 통해 과거 체제와 180도 상이한 체제이행에 전력투구해왔다.

---

* 한국슬라브학회 주관으로 <옐친에서 푸틴으로 옐친 10년의 평가와 신정부의 정책전망">이라는 주제로 개최된 2000년 4월 29일 한국고등교육재단에서 발표된 논문임. <『동북아경제연구』(한국동북아경제학회), 제11권, 제1호, 2000년, pp.199-225>에 게재됨.

1) 1993년 12월 12일(헌법의 날로 공휴일) 헌법에 따라 러시아의 국호는 '러시아' 혹은 '러시아연방'으로 표기되고 있다.

누구도 예견하지 못한 급작스러운 소련의 붕괴와 사회주의체제에서 자유민주주의와 시장경제로의 체제이행에 대한 경험과 이론이 거의 없는 상태에서 진행된 신생 러시아의 급진적 체제이행과 경제개혁과 경제정책은 제도, 법적 틀의 부재와 일관성의 결여 등으로 인해 대혼란과 무질서를 동반하면서 정치, 경제, 사회 등 전 부문에서 총체적 위기를 가중시켜왔다.

1999년 12월 31일에 갑작스레 옐친은 스스로 러시아연방 대통령의 사임을 공식적으로 발표했다. 그 결과 푸틴 총리가 2000년 3월 26일 대통령선거 때까지 대통령(직무대행)에 취임하면서 1990년대 옐친의 시대는 끝났으며 천년부터 푸틴의 시대가 열리고 있다. 2000년 3월 26일 대통령선거에서 푸틴은 결선투표 없이 새 대통령으로 당선됐다.

이러한 맥락에서 이 글의 제2절에서는 옐친의 체제이행(경제개혁과 경제정책)의 전개과정, 제3절에서는 지난 10년간 러시아의 경제 현황을 거시 경제적 관점으로 정리해 본다. 제4절에서는 옐친 경제개혁의 평가, 제5절에서는 포스트 옐친시대의 전망을 경제적 관점에서 분석해 본다.

10.2. 옐친의 체제이행 정책과 경제개혁

무명의 우랄 지역 출신 옐친은 고르바쵸프의 체제재편(Perestroika)을 적극 지지하면서 중앙정치가로서 급부상했으며, 1990년 5월에 러시아 최고회의 의장으로 선출됐다. 1990년 6월에 작성된 '샤탈린 500일 경제개혁안'도 고르바쵸프 소련 대통령(1990년 3월 간선제로 취임)과 러시아 최고회의 의장 옐친의 공동 후원으로 만들어진 시장경제로의 급진적 이행안이었다.[2] 그러나 '샤탈린안'은 고르바쵸프에 의해 폐기되면서 절충안으로 점진적 체제이행의 개혁안인 '아간베기얀 개혁안'이 1990년 11월에 채택되면서 옐친과 고르바쵸프의 관계는 악화되어 나갔다. 그 후 옐친은 급진개혁론자의 우상으로 여겨졌으며, 급진개혁론자의 후원을 받으면서 중도적 입장을 취하고 있는 고르바쵸프의 정책 노선을 공격하기 시작했다. 역설적으로 소연방과 러시아연방의 수도인 모스크바에서 두 연방의 지도자 간의 권력투쟁이 가속화됐다. 특히 옐친은 1991년 6월 12일에 소연방과 러시아연방의 수도이며, 심장부인 모스크바에서 임기 5년인 러시아연방의 초대 대통령으로 취임하면서 급진적 체제이행을 15개 소비에트 연방공화국 중 가장 강력한 러시아 공화국에서 본격적으로 집행하기 시작했다.

1991년 8월 새로운 연방안(연방권한 축소 등)에 대한 국민투표의 결과비준에 즈음하여

2) 샤탈린 500일안이 내용은 다음의 책 참조 G. Yavlinsky and B. Federow and etc., 500 Days Program (야블린스키/페트로프/샤탈린 저, 한종만 역, 『소련의 시장경제로의 이해 - 500일 경제개혁안』(서울: 열린책들, 1991).

소연방의 보수파들은 그들의 기득권 상실을 우려하여 쿠테타를 시도하지만 조직력의 부족과 옐친을 중심으로 한 강력한 저항과 국민의 지지를 못 받으면서 3일 천하로 실패한다. 쿠테타로 인해 보수파는 역사의 뒤안길로 사라지게 되었으며, 급진개혁론자가 역사의 주인공이 되면서 옐친의 역사가 시작된다. 옐친은 철저하게 고르바쵸프의 입장을 무시하면서 1991년 12월에 일련의 CIS의 창설 협정을 통해 소연방의 해체를 단행했다.[3] 그 결과 러시아를 포함한 15개 공화국은 주권·독립국가로 가기 위한 과도기적 기구로 생각했다.[4]

역사의 주도권을 장악한 옐친과 그의 측근들은 소연방의 고르바쵸프 대통령을 제거하는 데 총력을 기울였다. 그 결과 고르바쵸프가 추진해 온 체제이행 정책과 개혁정책보다 상상할 수 없을 정도로 빠른 체제이행과 개혁을 추진할 수밖에 없었다. 쿠테타를 성곡적으로 저지한 옐친은 국내외로부터 광범위한 지지를 받았으며, 1991년 11월 초 러시아 의회(그 당시 최고회의와 인민대표회의)로부터 '비상대권'을 부여받아 명실 공히 초헌법적 권력을 행사했다.[5] 급진개혁파의 대안은 그 당시 별로 없었다고 보여진다. 또한 사회주의에서 자본주의로의 체제이행의 이론과 경험이 축척되어 있지 않은 상황에서 옐친과 그의 측근들은 사회주의체제의 완전부정, 즉 자본주의체제 그 중에서도 미국식 자본주의로의 체제이행이라는 대안을 선호했다.[6] 그 대안은 공산당 일당독재의 완전파괴, 자유민주주의와 시장경제로의 체제이행과 구 소련개별 공화국의 주권·독립의 인준 등을 들 수 있다.

1991년 10월 28일 옐친의 경제개혁 프로그램(거시경제안정, 가격자유화, 사유화, 사회

---

3) 옐친과 고르바쵸프간의 권력투쟁과 신 러시아의 생성과정에 대한 약사에 대해서는 다음의 책을 참조. Андрей Черкизов, *Хроногрф 1991-1996* (Москва: Издательство МАРТ, 1996), pp.54-65.

4) 옐친은 CIS 회원국을 러시아의 '식객'으로 간주했으며, CIS의 부정적 견해를 가졌던 당시 우크라이나 대통령 크라프추크 대통령도 CIS를 소련으로부터 완전히 결별하기 위한 과도기적 '교양 있는 이혼공동체'라고 표명했다. Roland Götz und Uwe Halbach, *Politisches Lexikon GUS (Gemeinschaft Unabhängiger Staaten)*, Neubearbeitete 3. Aufl. (München: Verlag C.H. Beck, 1996), p.16.

5) 그 당시 최고회의와 인민대표대회 의원들의 대부분은 여전히 공산당 출신이거나 보수 세력이 주종을 이루고 있었다. 그럼에도 불구하고 러시아 의회가 옐친의 급진경제개혁안과 비상대권을 비준한 것은 쿠테타를 저지시킨 옐친의 인기와 국민여론의 반영이라고 볼 수 있다.

6) 사회주의에서 자본주의로의 체제이행 이론은 누구도 사회주의체제의 붕괴를 정확히 예상하지 못했기 때문에 체제이행에 대한 지식축척이 거의 이루어지지 않았으며, 체제이행 경험도 '단지 아프리카 혹은 남미국가 등의 제3세계에서 있었는데, 보기를 들면 1967년 '아루사 선언'을 통한 탄자니아의 자력경생 사회주의 실험의 실패와 1973년 칠레의 3년간 아옌데 공산연립정권 몰락 이후의 피노체트 독재정권, 1989년 동유럽 사회주의체제의 몰락 이후 시장경제로의 이행을 단행했던 구 사회주의국가들의 이행단계'와 중국 특색의 사회주의체제처럼 경제적 측면에서의 이행경험만이 있었을 뿐이다. 그러나 이러한 이행 모델은 세계대륙의 8분의 1을 점유하고 있는 러시아연방의 규모 및 국력, 국민성과 다민족국가, 생산력 그리고 사회주의 실시 기간 등에서 상당한 차이점이 있기 때문에 러시아 이행 경험에 큰 시사점을 제공하지 못했다고 볼 수 있다. 한종만, "신 러시아 경제의 회고와 전망", 『지역경제』(대외경제정책연구원 부설 지역정보센터), 제2권, 1호, 1993, p.55.

보장장치, 독점해제, 대외무역자유화 등)이 러시아연방의 의회로부터 비준을 받았다. 동년 11월 6일 급진개혁의 '총사령관'(총리)으로서 30대의 젊은 경제학자 예고르 가이다르가 임명됐다. 대부분의 러시아 국민들뿐만 아니라 옐친과 그의 측근들도 고르바쵸프 재임 거의 7년 동안 여러 개혁에도 불구하고 경제문제가 나아지기는커녕 악화되자 급진적 자본주의로의 전환 그 자체가 경제의 활성화를 가져다 줄 수 있다는 막연한 희망감을 가졌다고 생각된다. 또한 쿠테타 이후 서방세계와 국제기구(IMF, IBRD, OECD 등)의 전폭적인 지지를 받은 옐친-가이다르 행정부는 급진적인 시장경제로의 이행과 세계경제로의 편입을 위한 기본 틀을 조성했다. 새로운 러시아연방의 시장경제로의 체제이행은 자유화, 사유화, 안정화가 기본골격이었다. 체제이행을 위한 러시아연방 정부는 부분적이고 점진적 방법보다는 전 부문에서 급진적인 빅뱅 혹은 충격요법적인 이행전략을 선택했다. 이 전략은 폴란드에서 이미 실시된 개혁정부의 충격요법처럼 IMF의 권고안과 미국 하버드대의 J. 삭스 교수와 스웨덴의 A. 아스룬트교수 등의 러시아 경제자문들의 조언에 따라 30대의 러시아의 젊은 시장경제 전문가이며, 옐친에 의해 발탁된 개혁의 3총사(가이다르 총리, 표도로프 재무부장관, 츄바이스 국가재산위원장)에 의해 공고화됐다. 러시아 경제개혁의 구체적 목표는 러시아 경제성의 전망과 러시아연방의 예산에 관한 법률 그리고 1992년 3월 3일과 7월 10일 IMF에 송부한 러시아 정부비망록에 잘 나타나고 있다.[7)]

이 이행전략에 의거하여 옐친 행정부는 자유화 정책의 일환으로써 1992년 1월 2일에 거의 전 부문에서 가격자유화 정책을 실시했다. 이 사회 보장적 측면을 고려하여 주요 일상생필품과 연료 및 공공서비스 분야에 대해서는 가격인상 상한선을 정했으며, 기타 품목에 대해서는 원칙적으로 가격을 자유화시켰다. 가격인상 상한선이 설정된 품목과 분야는 주로 다양한 종류의 값싼 빵, 우유제품, 설탕, 유아용 식품, 보드카 등과 석유, 가스, 통신, 운송 부문 등이다. 또한 환율 자유화 정책의 일환으로써 러시아 중앙은행(Gosbank)은 1992년 1월 2일부로 그 동안 유통되고 있는 여행자환율과 상업환율을 폐지하고 1991년 말 각종 상업은행에서 형성된 환율과 암시장에서 거래되는 환율에 준하는 1달러당 110루블로 새로운 단일환율을 공식적으로 채택했다.[8)] 또한 영업활동의 자유화가 광범위하게 인정되었을 뿐만 아니라 대외무역의 자유화를 통해 세계시장경제로의 편입정책을 단행했다. 수입규제의 철폐와 외환경매의 부분적 참여 등 여러 조처들이 시행됐다. 그러나 대외무역활동의 자유화는 1992년에 시행착오를 거치면서 진행됐다. 1992년 1월 2일에 새

7) 한종만, "신 러시아 경제의 회고와 전망", ... op. cit., pp.59-60,; Jeffry Sachs, "The Grand Bargain", ed. by Anders Åslund, *The Post-Soviet Economy* (London: Pinter-Publisher, 1992), pp.11-14.

8) James H. Noren, "The Russian Economic Reform: Progress and Prspects", *Soviet Economy*, Vol.8, No.1, 1992, pp.9-12.

로운 수출세와 수출할당제는 대외무역을 약하게 만들었다. 1992년 7월 1일까지 대외무역 규정이 세 번이나 변화됐다. 전략상품의 수출에 대해 제한 조처 등을 취했다.9)

자유화 정책과 더불어 러시아체제이행 정책의 근본골자는 사유화이었다. 시장경제로의 이행정책에서 사적소유권의 보장 장치가 우선과제라는 데에는 이론의 여지가 없다. 러시아 행정부는 1991년 12월 29일에 '1992년 사유화계획에 관한 포고령'을 발표했으며, 구소련 시대의 절대적 위치를 차지했던 국영기업의 사유화와 탈 독점화와 경제관계의 조성을 준비했다. 사유화를 전적으로 담당하는 러시아 '국가재산위원회(Goskomimuschestva)'의 아나톨리 츄바이스 의장은 개혁 원년이 1992년에 러시아 국유재산의 25% 그리고 상업 서비스 부문의 60-70%의 사유화를 계획했다. 1992년 러시아 국영기업과 유통업과 공공서비스 부문에서의 사유화계획에 의하면 거의 전 분야가 사유화 대상이라고 볼 수 있다. 전략적으로 주요한 부문의 사유화 금지대상을 제외하고는 사유화의 강제대상, 그리고 지방당국과 연방정부의 동의하에서 가능한 사유화 대상으로 정해졌다.10)

사유화는 과거 국영기업의 '연성예산제약(Soft Budget Constraints)'의 행태와 독점적 기능의 철폐를 통해 기업의 '경성예산제약(Hard Budget Constraints)'으로의 이전과 국가의 경제활동을 민간부문으로의 이전을 의미한다. 특히 경제주체의 경쟁을 유발시켜 인센티브의 향상과 생산성의 향상 그리고 적자 국영기업과 조직체에 대한 정부 보조금의 삭감과 철폐를 통해 경제주체의 완전독립채산제와 자기금융조달제의 실현과 재정균형을 목표로 하고 있다. 그러나 생산의 사적 소유권이 원칙적으로 봉쇄되어 왔던 구 소련체제에서 국영기업을 인수할 경제주체는 존재하지 않았다. 만일 존재한다면 제2경제와 마피아 그리고 지하경제를 통해 국가재산을 횡령해서 자본축적한 사람들만이 있었을 것이다.11) 해외법인과 자연인들이 러시아 사유와에 참여할 수도 있겠지만 제도와 법률의 불투명과 정국의 불안정 등으로 한계가 있었다. 이와 같은 환경 하에서 러시아 정부는 1992년 10월 1일부터 전 국민을 대상으로 사유화에 참여할 수 있는 사유화증서(Voucher)(일인당 1만 루블)를 무상 배포했다. 1만 루블의 액면가는 루블의 안정을 전제로 했지만 루블화의 폭락으로 겨우 25달러(1992년 12월 기준 1달러= 약 400루블)수준에 불과했다. 그 당시 평균임금이 약 2,000루블 이므로 사유화증서의 액면과는 약 5개월의 임금수준이었다. 1992년

9) 러시아 대외무역 활동의 자유화와 세계경제로의 편입정책에 대해서는 다음의 글을 참조. V. Presnyakov and V. Sokolov, "International-Legal Problems of Russian Exporters Joining World Market", *Foreign Trade*, No.7-8, 1994, pp.38-45.

10) James H. Noren, "The Russian Economic Reform: ... op. cit., pp.12-13.

11) 고르바쵸프의 페레스트로이카 과정에서 생성된 사적기업가가 존재했지만 그 수와 자본규모는 미미한 수준에 불과했다.

부터 1994년 상반기까지 1단계의 사유화는 사유화증서와 경매와 공고를 통해 이루어졌다. 사유화증서의 유효기간은 1992년 12월 1일부터 1993년 말까지이였지만 1994년 상반기 말에 종료됐다. 1단계 사유화 과정에서 중소기업과 유통업과 서비스업 등 소규모 사유화는 큰 진전을 보였지만 대규모 사유화는 난항을 거듭했다. 러시아의 사유화는 내부자 및 노멘클라투라의 사유화가 주종을 이루고 있었다. <표 10-1>에서 보는 것처럼 1994년 하반기부터 시작된 제2단계 사유화 과정에서는 사유화증서의 사용을 중지하고 외부자의 진입과 현금매각과 부동산의 매각(주로 임차) 등을 통해 대기업의 사유화가 꾸준히 이루어졌다.[12] 1996년 1월 1일 기준으로 총 222만 5,000여개의 기업 중에서 142만 6,000여개의 기업이 사유화가 되면서 사유화 율이 63.4%로 증가됐으며, 그 이후에도 사유화는 꾸준히 증가해서 1999년 1월 1일 기준으로 러시아연방의 전체 기업의 수 290만 1,000여개 중 사유화기업의 수는 214만 7,000여개로, 러시아 전체 기업 중 74%가 사유화됐다[13].

〈표 10-1〉 1993-1998년 러시아연방의 사유화 기업의 수와 형태와 방법

연　도	1993년	1994년	1995년	1996년	1997년	1998년
사유화 기업수	42,924	21,905	10,152	4,997	2,743	2,129
소유권 형태						
- 지방 소유	26,340	11,108	6,960	3,354	1,821	1,544
- 연방구성체 소유	9,521	5,112	1,317	715	548	321
- 연방 소유	7,063	5,685	1,875	928	374	264
사유화 방법(백분율)	100%	100	100	100	100	100
- 경매	31.1	44.8	27.7	22.5	18.1	12.1
- 경매판매	6.3	4.4	4.2	3.9	5.5	
- 상업경쟁	30.4	24.0	15.9	8.9	9.6	11.0*
- 투자경쟁	1.3	1.2	1.1	0.7	0.5	
- 리스소유권 판매	29.5	20.8	29.8	32.1	14.6	6.8
- 조정 기업의 판매	0.4	1.5	4.2	5.7	9.1	5.6
- 부동산 판매	-	-	45.4	22.9	38.5	47.6
- 토지 판매	-	-	0.6	1.5	2.6	4.0
- 기타	1.0	3.3	1.1	1.8	1.5	12.9

출처: Goskomstat of Russia, *Russia in Figures. Official Publications* (Moscow: Goskomstat, 1999), pp.161-162; Госкомстат России, *Россий ский статистческий ежегодник. Официальное издание* (Москва: Госкомстат России, 1999), p.285.

---

12) Е. Ф. Сабуров *Реформы в Росси: первы этап* (Москва: ООО 'Вершина Клуб], 1997), pp.117-118.

13) Goskomstat of Russia, *Russia in Figures. Official Publications* (Moscow: Goskomstat, 1999), p.155. <표 10-1>에서 보는 것처럼 1993-1998년간 사유화 기업의 수는 8만 5,000여개 정도에 불과하다. 그럼에도 불구하고 1998년 1월 1일 기준으로 사유화 기업의 수 214만 7,000개는 1992년에 사유화된 기업의 수와 고르바쵸프 말기부터 역동적으로 새롭게 형성된 사적기업의 수를 포함한 것을 의미한다.

러시아의 시장경제로의 체제이행 프로그램의 골격은 자유화와 사유화와 더불어 안정화 정책이었다. 러시아 행정부는 3마리의 토끼를 동시에 추진하려고 했었다. 그러나 자유화와 안정화 그리고 사유화와 안정화 정책은 서로 조화롭게 추구할 수도 있었지만, 이 관계는 속성상 체제전환 과정에서 갈등과 모순이 내재해 있었다. 체제이행 프로그램에는 안정화 정책도 중요했지만 러시아 정부는 의도적으로 안정화 정책보다는 오히려 사유화 정책에 우선순위를 정했다. 루블의 국내외 가치의 안정을 위해 긴축재정과 재정균형을 위한 엄격한 조세 및 금융·신용정책이 지켜지지 않았다, 급진적 개혁으로 발생될 수 있는 사회보장장치(실업, 연금 등)의 조처가 미미한 수준에 불과했다.[14)]

새로운 러시아의 자본주의체제의 원년인 1992년에 충격요법을 통해 자본주의 시장경제체제의 전제조건인 시장가격과 사적소유권이 도입되었다. 이는 과거 소련의 중앙경제체제에서 근본 골격을 이루어왔던 '계획가격'과 생산수단의 국유화를 완전 부정하는 것을 의미했으며, 즉 '무(無)에서 유(有)'를 창조하는 어려운 과정이었다. 이 과정에서 러시아 경제주체들은 새로운 상황에 적응해야만 했으며, 경제는 이행위기와 구조적 위기가 중첩되면서 더욱더 파국적인 상황으로 진전됐으며, 러시아 경제뿐만 아니라 정치, 사회, 인구, 생태 등 전 부문에서 총체적 위기가 가시화 됐다. 이와 같은 현상은 개혁 원년인 1992년 하반기부터 옐친 말기까지 반복적으로 나타났다. 이로 인해 1991년 8월 쿠테타 이후에 대대적인 국민의 지지를 받았던 옐친 대통령은 1년 사이에 광범위한 대중의 지지를 잃게 되었으며, 반 옐친 세력(시민·산업가동맹, 인민대표대회, 최고회의 등)이 약진하는 계기가 되었다.[15)]

반 옐친 세력은 옐친·가이다르의 일련의 경제개혁 프로그램들을 거부했으며, 점진적 개혁과 사회 안전보호 장치의 개혁 프로그램을 요구했다. 특히 러시아 행정부와 의회(그 당시 최고회의와 인민대표대회)간의 보(保)·혁(革)간의 갈등은 심화되어 옐친은 1993년 가을에 무력으로 의회를 해산시켰으며, 러시아 신정부가 생성된 지 거의 2년이 지난 1993년 12월 12일에 헌법이 제정됐다. 그러나 옐친의 의회 무력진압으로 인해 옐친의 지지도는 더욱더 하락 했으며, 그 해 12월 총선(제1대 국가두마; 임기 2년)에서 극우·민족주의 세력과 공산당 세력이 급부상됐다. 1995년 12월 제2대 국가두마 선거에서도 여소·야대 현상은 계속 이어졌다.

옐친 대통령은 국민적 지지의 하락에도 불구하고 1996년 6-7월에 러시아연방 대통령

14) 자유화와 사유화 그리고 안정화 정책간의 상호작용에 대해서 다음의 글을 참조 Stanislaw Gomulka. "Economic and Political Constraints During Transition", *Europe-Asia Studies. Formerly Soviet Studies*, Vo.46, No.1, 1994, pp.89-106.

15) 옐친이 1991년 8월 쿠테타 이후 국민적 지지가 높았을 때 구 공산당과 보수 세력이 다수를 이루고 있던 최고의회와 인민대표대회 의원들을 물갈이하지 않은 것은 큰 실수였다고 볼 수 있다.

선거에서 임기 5년의 제2대 대통령으로 취임했다. 옐친의 당선은 금융산업그룹(FIG)의 전폭적 지지와 서방의 후원과 CIS의 재통합 시도 그리고 야당 세력, 특히 공산당 쥬가노프 당수의 카리스마 부족과 정치대안의 한계성(시장경제체제에서의 이탈, 과거 체제로의 복귀 등)에 기인되었다고 볼 수 있다. 러시아 경제개혁은 충격요법 이후 지그재그 혹은 'stop and go' 정책은 있었지만 시장경제로의 이행정책에서는 이탈하지 않았다. 가격자유화와 대외무역의 자유화도 꾸준히 이루어지고 있으며, 사유화도 초기단계에서는 유통업과 서비스업을 중심으로 한 소규모 사유화에서 꾸준히 대규모 사유화도 이루어지고 있다. 1996년부터 옐친은 루블화의 안정(물가와 환율의 안정)을 옐친 대통령의 최대 업적으로 평가하면서 1998년 1월 1일부터 1,000 구 루블 = 1 신 루블로의 화폐교환을 단행했으며, 1998년 봄 지난 7년 동안 재직한 체르노미르딘 총리를 해임시켰으며 새 총리로서 키리엔코와 개혁 성향을 지닌 인물들을 내각에 등용됐다. 옐친 대통령과 새 행정부는 적극적으로 은행제도의 재편, 전략산업과 기간산업과 연료산업의 탈 독점과 사유화 정책, 해외자본의 적극적인 유치, 조세정책과 부정·부패 방지 등의 개혁정책을 추구했다. 그러나 러시아의 국내경제의 내부적 취약성과 외부적 요인(원자재 가격 하락, 동남아시아의 금융위기, 자본 유출 등)으로 인해 러시아는 1998년 8월 17일에서 사실상의 지불불능 상태로서 모라토리엄(moratorium)선언으로 러시아경제는 다시금 총체적 위기에 직면하게 된다.[16] 모라토리엄 선언 이후 러시아 경제의 파국적 상황뿐만 아니라 옐친 대통령의 평가절하와 권력누수(lame-duck)현상의 가시화와 건강문제와 부정·부패 의혹 등의 이유로 정책을 일관적으로 추진할 수 없는 상황으로 발전됐다. 연방정부와 대통령의 권력약화는 지방정부의 권력 강화로 나타났다. 우여곡절 끝에 당시 외무부장관이었던 프리마코프 총리가 취임하면서 정치적 안정을 찾았으나 옐친은 1999년 봄에 프리마코프 총리를 해임하고 당시 내무부장관이었던 스테파신을 임명했으며 여름에 다시금 무명의 푸틴을 총리로 임명했으며 차기 대통령 후보로 지명했다. 잦은 테러 사건의 발생과 제2차 체첸 전 발발 이후 예상을 뒤 업고 푸틴 총리의 인기도가 여론조사에서 빠른 속도로 올라갔으며 1999년 12월 19일 제3대 러시아 국가두마 선거에서 짧은 기간 동안에 새롭게 형성된 통합(Edinstvo)당의 지지율(23.32%)이 놀랍게도 공산당의 지지율(24.29%)과 거의 비슷한 수준으로 나타났다.[17]

16) 러시아 모라토리엄의 원인과 효과에 대해서는 다음의 글을 참조. 한종만, "러시아 금융위기와 정치경제 전망"『유럽연구』(한국유럽학회), 제9호, 1999, pp.135-166.

17) 푸틴에 대한 국민의 지지율은 199년 9월에 5%에 지나지 않았으나 체체 전을 지휘하면서 그의 인기도는 급상승하여 12월에는 50%선을 상회했다. "1999 Russian Parliamentary Election Results", *RFE/RL*, Dec. 29, 1999.

국가두마 선거 이후 1999년 12월 31일 옐친 대통령은 갑작스레 조기 사임을 발표했으며, 푸틴 총리가 대통령 직무대행을 수행하게 됐다. 모라토리엄 선언 이후부터 1999년 말까지 급박한 정국 불안으로 옐친과 행정부의 경제개혁 정책은 종이 상으로만 이루어졌다.

10.3. 옐친 시대의 러시아의 경제현황

제2절에서 살펴본 것처럼 옐친 대통령과 행정부의 급진적 체제이행과 경제개혁으로 인해 러시아는 시장경제체제로의 이행 원년부터 상당한 이행비용과 대가를 지불하고 있다. 이 장에서는 거시 경제적 측면에서 1990년대의 러시아 경제 현황을 정리해본다.

<표 10-2>에서 보는 것처럼 소연방의 해체 이후 러시아의 국내총생산(GDP), 공업생산, 농업생산은 1997년을 제외하고 계속적으로 하락했다. 특히 자본투자의 급격한 감소로 인해 생산의 위축과 탈공업화 현상으로 제조업의 공동화를 가져왔다. 제조업의 공동화는 구소련 시대부터 정부가 집중적으로 육성했던 부문이었지만 새로운 시장체제에서 러시아의 제조업은 생산방식과 수급구조의 전반적 재편과 대외개방으로 인해 경쟁력을 상실하면서 산업구조 조정 과정을 겪고 있다. 또한 새로운 판매망 없이 구소련의 분업체계가 붕괴 혹은 축소되면서 공업생산물의 수요 감소로 인해 투자가 위축됐다. 가격자유화 이후 대부분의 독점기업은 생산물의 극대화를 통한 이유추구보다는 오히려 생산 감소를 통한 가격 상승효과를 기대했다.

〈표 10-2〉 러시아연방의 인구, 국내총생산(GDP), 공업생산, 농업생산, 자본투자 추이

연 도	1992년	1993년	1994년	1995년	1996년	1997년	1998년
인 구	99.98	99.80	99.96	99.80	99.70	99.70	99.70
국내총생산	85.5	91.3	87.3	95.9	96.6	100.9	95.4
공업생산	82.0	86.0	79.0	97.0	96.0	102.0	95.0
농업생산	91.0	96.0	88.0	92.0	95.0	101.5	87.7
자본투자	60.0	88.0	76.0	90.0	82.0	95.0	93.0

주 : 전년 대비 증가율(%)
출처: Goskomstat of Russia, *Russia in Figures. Official Publications 1999* (Moscow: Goskomstat, 1999), pp.31-32.

모라토리엄 선언 이후 러시아경제는 큰 위기를 경험했지만 1999년에 국내총생산(GDP)은 2%, 공업생산은 무려 8%나 각각 성장한 것으로 러시아연방 국가통계위원회(Goskomstat)가 밝히고 있다.[18]

18) "99 러시아 경제분석", 『월간 헌정』 (대한민국헌정회), 통권 212호, 2000년 2월호, p.112.

〈표 10-3〉 1990-1998년 러시아의 실업률과 고용인구 추이(단위: 1,000명)

연　도	1990년	1991년	1992년	1993년	1994년	1995년	1996년	1997년	1998년
실업률 (%)	-	-	5.2	6.0	7.7	9.0	9.9	11.2	12.3
고용인구수*	75,325	73,848	72,071	70,852	68,484	66,441	65,950	64,639	63,642

출처: Tacis, *Russia and EU Member States. Statistical Comparison, 1990-1996* (Luxemburg and Moscow: Office for Official Publications of the European Communities and State Committee of Russian Federation on Statistics, 1998), pp. 42-44.; Goskomstat of Russia, *Russia in Figures. Official Publications* (Moscow: Goskomstat, 1999), p.79.

사유화 과정과 적자기업과 조직체의 독립채산제와 자기금융조달제의 도입으로 <표 10-3>에서 보는 것처럼 실업자의 수는 증가하고 있다. 1998년 기준으로 고용인구의 수는 1990년에 비해 무려 1,168만 3,000명으로 감소했다. 실업률의 공식수치도 러시아 노동시장의 실제 상황을 반영하지 못하고 있다. 국내총생산(GDP)의 수준이 2분의 1이나 감소했다는 것을 고려할 때 여러 형태, 예를 들면 단축조업 등의 '숨겨진'(hidden) 실업률은 더욱 높을 것으로 추정됐다. 러시아연방 노동성은 1998년 모라토리엄 선언 이후 실업자는 약 850만 여명으로 실업률은 11.5%라고 집계하고 있지만 실제 실업률은 15% 이상으로 추정하고 있다.[19]

〈표 10-4〉 1991-1999년 러시아의 인플레이션과 루블 환율의 추이

연　도	1991년	1992년	1993년	1994년	1995년	1996년	1997년	1998년	1999년
소비자물가(%)	260.4	2,608.8	939.9	315.1	231.3	121.8	111.0	184.4	136.5
- 식료품분야	236.1	2,626.2	904.9	314.1	223.4	117.7	109.1	196.0	135.9
- 비식료품분야	310.7	2,673.4	741.8	269.0	216.3	117.8	108.1	199.5	139.2
- 서비스부문	178.8	2,220.5	2411.2	622.4	332.2	148.4	122.5	118.3	134.0
공업생산공업물가*	-	33.8	10.0	3.3	2.7	1.3	1.1	1.2	
농업생산공업물가*	-	9.4	8.1	3.0	3.3	1.4	1.1	1.1	
건설가격지수*	-	16.1	11.6	5.3	2.7	1.7	1.1	1.1	
화물운소요금지수*	-	35.6	18.5	3.5	2.7	1.2	1.0	1.2	
환　율**		415	1,247	3,550	4,640	5,560	5,960	20.65	26.20

주 : * 전년도 대비 증가(배);
** 각 연도 말 기준(US 달러 대비 루블 환율), 1998년 1월 1일부터 1,000 구 루블 = 1루블.

출처: Госкомстат России, *Российский статистческий ежегодник. Официальное издание* (Москва: Госкомстат России, 1999), p.547.; Goskomstat of Russia, *Russia in Figures. Official Publications 1999* (Moscow: Goskomstat, 1999), p.351.

19) 모라토리엄 선언 이후 실질임금도 무려 34.9%로 하락했으며, 실업자의 70%는 여성으로 밝혀졌다. "Higher Unemployment Rate in Russia", *RFE/RL Newsline*, 28 Oct. 1998.

1992년 1월 가격자유화 이후 <표 10-4>에서 보는 것처럼 루블화의 국내외 가치(국내적으로는 인플레이션과 국외적으로 루블의 평가절하)는 급속하게 하락했다.[20]

1995년 하반기부터 1998년 8월 모라토리엄 선언 때까지 긴축재정으로 루블 가치의 국내외 안정을 유지했지만 다시금 루블 가치의 불안정이 가시화 됐으나 1999년 하반기부터 소비자 물가와 루블 환율은 안정을 회복하고 있다.

러시아의 4대 거시경제 지표 중에서 유일하게 청신호를 보이고 있는 대외무역수지는 <표 10-5>에서 보는 것처럼 계속해서 무역흑자를 기록하고 있다. 대외무역 규모는 소련붕괴 후 급격히 감소했으나 1994년부터 증가 추세로 이어졌다. 1998년 여름 모라토리엄 선언으로 무역규모, 특히 수입규모가 감소되면서 1999년의 무역흑자는 326억 달러를 기록했다. 이는 루블화의 급격한 평가절하(모라토리엄 이전에 1달러당 6루블에서 약 28-30달러로 상승)로 인해 수입이 급속히 감소했기 때문이다. 또한 국제 원자재가격의 상승도 러시아의 무역흑자에 지대한 역할을 담당했다.

러시아의 수출입구조는 전적으로 중동식의 연료·원료 수출 형으로 석유와 천연가스 등 연료와 원료의 수출이 4분의 3을 차지하고 있다. 연료·원료의 생산과 수출도 낙후된 채굴기계와 감가상각의 심화 그리고 재투자가 이루어지지 않아 구소련 수준을 회복하는 데 장시간이 요구되고 있었다.

〈표 10-5〉 1992-1998년 러시아의 수출입 규모와 무역수지 추이(단위 : 1억 US달러)

연 도	1992년	1993년	1994년	1995년	1996년	1997년	1998년	1998년
총 수출	536.05	596.46	675.42	810.96	885.99	883.26	741.57	
- CIS이외 국가	423.76	442.97	530.01	656.07	709.75	699.59	588.83	734.00
- CIS회원국	112.29	153.49	145.41	154.89	176.24	183.67	152.74	
총 수입	429.71	443.04	505.18	609.45	688.28	736.13	589.35	
- CIS이외 국가	369.84	328.07	369.67	441.12	491.25	558.56	454.28	408.00
- CIS회원국	59.87	114.97	135.51	168.33	197.03	177.57	135.07	
무역수지	+106.34	+156.42	+170.24	+201.51	+197.71	+147.13	+152.22	+326.00

주 : 무역수지는 필자의 계산임.
출처: Госкомстат России, *Российски статистческий ежегодник. Официальное издание* (Москва: Госкомстат России, 1999), p.564.

러시아는 모라토리엄 이전 1998년 6월말 기준으로 러시아의 총 대외부채의 규모는 1,950억 달러이며, 그 중 국가와 민간 대외부채가 각각 1,500억 달러와 450억 달러로

20) 루블 가치의 국내외 불안정의 원인과 효과 그리고 방지책에 대해서는 다음의 글을 참조. 한종만, "러시아 인플레이션 생성성원인과 효과 그리고 방지책", 『중소연구』(한양대 아태지역대학원 부설 아태지역연구센터), 제23권, 제1호, 199년, pp.123-150.

추정되고 있다. 러시아는 국제기구(IMF, IBRD, EBRD 등)로부터 총 255억 달러를 차입한 것으로 알려지고 있다. 1996년 말까지 대외 총부채가 1,250억 달러란 점을 고려할 때 1년 반 동안 무려 700억 달러가 증가했다.[21] 특히 모라토리엄 선언 이후 러시아 중앙은행의 외환보유고는 1999년 1월 기준으로 119억 달러로 집계됐다.[22]

루블 가치의 불안정으로 러시아의 국내 경제주체들은 루블보다는 오히려 현물이나 혹은 경화(달러와 마르크)를 선호했다.[23] 러시아 과학아카데미 경제연구소 아발킨 소장은 러시아 국민의 달러 보유액이 300억 달러이며, 해외 보따리 상인들이 약 100억 달러를 유통시키고 있다고 전하고 있었다.[24] 1992년 이후 국내외에서 러시아인의 숨겨진 자산의 규모는 약 1,000-4,000억 달러로 추정된다.[25] 해외자본 유출은 은밀히 불법적으로 이루어지기 때문에 유출규모를 파악하기는 불가능하나 최저 1,000억 달러에서 최대 3,000억 달러로 추정하고 있다.

러시아 정국의 불안정과 투자 관련 법규의 불확실성과 부재 등으로 인해 해외기업의 투자는 <표 10-6>에서 보는 것처럼 1998년 말 기준으로 117억 3,300만 달러이며, 직접투자의 규모는 33억 6,100만 달러의 불과한 실정이다.

러시아의 외환난은 자생적인 방법으로 치유하기에는 역부족 상태에 도달했다. 국제기구와 해외로부터 차관 지원과 해외투자가 없을 경우 러시아는 채무 불이행(default) 상황으로 발전될 소지가 많다. S&P 신용평가회사는 러시아를 사실상 채무불이행 상태라고 평가했다.[26] 최근에 석유와 원자재의 국제 시장가격 상승으로 인해 무역흑자의 폭이 대폭적으로 증가하면서 러시아의 외환보유고 상황은 나아지고 있다. 2000년 7월 기준 러시아의 외환보유고는 232억 달러로 증가했다.[27]

---

21) "Russia Foreign Debt Figures Remain a Mystery", *Russia Today,* Dec. 2, 1998

22) "Central Bank Reserve Slip to $11.9B", *Russia Today,* Jan. 21, 1999.

23) 비화폐 거래에 대해서는 다음의 글을 참조. 한종만, "한국과 러시아의 경협 증진 방안 - 구상무역 촉진 방안을 중심으로", 『러시아극동-시베리아뉴스』 (한러시아극동협회 정보센터), 제60호, 199.12.30, pp.45-53.

24) John Varoli, "Russia: Ruble Rebounds as People Change Dollars", *RFE/RL*, Aug. 25, 1988.

25) *Izvestia,* Sep. 4, 1998.

26) "S&P Puts Russia Into Default Sin Bin", *Agence France Presse,* Feb. 1, 1999.

27) "Russian Inflation Rates Falls" *AP,* Aug. 4, 2000.

〈표 10-6〉 1998년 기준으로 러시아연방에 대한 해외투자 형태와 투자규모

투 자 국	총 투자규모	백분율(%)	직접투자	포트폴리오	기타 투자*
총 투자규모	11,733	100	3,361	191	8,221
1. 독일	2,848	24.2	328	0.0	2,520
2. 미국	2,238	19.1	1,170	143	925
3. 영국	1,591	13.5	205	11	1,375
4. 프랑스	1,546	13.1	15	5	1,526
5. 사이프러스	917	7.8	403	20	494
6. 네덜란드	877	7.5	610	2	265
7. 스위스	411	3.5	40	0.4	370
8. 룩셈부르크	228	19	3	0.0	225
9. 핀란드	185	1.2	141	4	40
10. 스웨덴	146	1.2	70	-	76

주 : 단위: 100만 달러; *무역금융 등
출처: Goskomstat of Russia, Russia '99. Statistical Pocketbook (Moscow: Goskomstat of Russia, 1999), p.56.

급진적 체제이행 과정에서 사회 안정화 정책은 우선순위에 밀리면서 '소방소'적 역할을 담당하고 있었을 뿐이다. 사회계층의 양분화가 가속되면서 중산층은 형성되지 못하면서 소수의 상위층과 빈민층은 점점 더 늘어나고 있다. 모라토리엄 선언 이후 이 현상은 더욱 가속화됐다. 또한 1998년 금융위기 이후 연방권력의 약화로 중앙의 정치·경제 엘리트들의 영향력은 현저하게 감소하고 있으며, 그 대신 지방의 정치·경제 엘리트와 여러 형태의 마피아 세력이 연방권력의 진공상태를 채우고 있다. 특히 지방정부의 지역이기주의로 인해 러시아 연방의 단일경제권이 위태로울 뿐만 아니라 러시아 연방의 분해 가능성도 배제할 수 없는 상황으로 발전되어 나갔다.[28]

10.4. 옐친의 경제개혁의 평가

1991년 하반기 이후 소연방과 러시아연방의 수도 모스크바에서 고르바쵸프 소련 대통령과 러시아연방 옐친 대통령간의 권력투쟁은 옐친의 승리로 귀결되면서 소연방의 해체가 이루어졌다. 1992년부터 옐친과 그의 행정부는 미국식 자본주의 모델[29]로 한 충격요법 적

28) 러시아 중앙과 지방간의 갈등, 러시아연방의 단일경제권의 위험성과 지방의 주권·독립 운동에 대해서는 다음의 글을 참조. 한종만, "러시아의 중앙과 지방간의 관계", 『한독사회과학논총』(한독사회과학회), 제9권, 제2호, 1999년, pp.59-82.

29) 1989년 미국을 방문한 옐친은 미국의 백화점에서 다양한 상품홍수를 보면서 러시아의 체제모델을

시장경제로의 이행정책을 펼쳤다. 시장경제체제의 원년인 1992년에 새로운 러시아가 취했던 시장경제로의 이행정책은 그 당시 상황으로 대안 책이 적었기 때문에 불가피한 조치였다고 볼 수도 있다. 전 부문에서 시행된 충격요법은 러시아의 사회주의체제로의 회귀 가능성을 배제시키는 데 일익을 담당했다. 제정 러시아 짜르들이 반세기 이상 공산주의자를 제거시키는 데 실패했지만 옐친과 그의 행정부는 1991년 8월 쿠테타 실패 이후 빠른 시간 내에 러시아에서 공산주의 사상과 지지 세력을 제거하는 데에 성공했다고 볼 수 있다.

과거 74년 동안 시장이 존재하지 않았던 곳에서 러시아 행정부는 충격요법 식으로 제2절에서 언급한 '시장적 사회간접자본'을 '인위적'으로 창출했다. 대부분의 시장은 경제주체의 의지에 따라 '자연적'으로 생성되지만 구소련에서는 이러한 기회가 없었기 때문에 러시아 정부는 시장경제 구축의 기본적 틀을 조성하는 과정에서 많은 시행착오를 경험하였다. 이행기 과정에서 발생하는 여러 후유증은 적어지기는커녕 반복적으로 계속 확대재생산 되어 나갔다. 그 원인은 제정러시아 및 구소련의 부정적 유산 그리고 정국의 불안정으로 야기된 이행정책의 일관성 결여, 시장경제의 틀 부재, 국민적 합의 도출이 이루어지지 않은 데 기인했다.

과거 유산으로서 러시아는 1861년부터 2000년까지, 즉 139년 동안 3번의 체제이행의 역사를 갖고 있다. 러시아는 유럽에서 제일 늦게 1861년에 농노해방을 단행하면서 봉건주의체제가 무너졌다. 그 후 1917년까지 자본주의 초급단계로 진입했지만 봉건적 요소를 완전히 벗어나지 못하면서 1917년에 지구상에서 처음으로 사회주의체제로 이행했다. 사회주의체제 기간 동안에도 러시아(소련)는 자본주의적 요소를 철저하게 제거시켰지만 여전히 봉건적 요소, 집단주의적 요소와 사회주의 전체주의적 요소가 혼합되면서 나타났다. 1991년 말 러시아는 다시금 자본주의체제로의 이행을 단행하면서 자본주의적 요소를 강조하고 있지만 과거 요소들이 혼재하고 있다. 이러한 역사·문화적 요인 러시아의 체제이행에 큰 부담으로 작용하고 있다. 러시아 국민들은 가치관과 역사관 등에서 정체성위기와 혼란이 가중되고 있다. 일부 러시아인들은 허탈감에 빠지고 있다. 한 때 미국과 버금가는 강대국 지위의 향수를 그리워하는 러시아인들 상당수가 존재하는 것도 사실이다. 체제이행 과정에서 자본주의 저급문화가 확산되면서 옛 사회주의체제의 장점들을 공공연히 주장하는 그룹들의 세력들이 존재하는 것도 사실이다. 옐친은 지난 10년 동안 새로운 러시아의 정체성을 창출하는 데는 큰 성공을 가져오지는 못했으나 옐친 시대 동안 러시아에서 시장경제와 민주주의 원칙의 골격으로 시장과 인권과 자유가 증가했다는 데에는 이론의 여지가 없다.

미국형으로 바꾸는 데 결정적 계기를 조성했다.

옐친의 가장 큰 실수는 러시아 정국의 안정 없이 신자유주의 사상을 바탕으로 한 미국식 모델로의 이행을 추진했다는 것이다. 왜냐하면 세계사적 대실험이라고 말할 수 있는 사회주의에서 자본주의로의 체제이행 과정은 강력한 법치국가의 틀 없이는 불가능하기 때문이다. 신자유주의를 표방하는 서방국가들도 국가개입의 요소를 최소화하고 있지만 공정거래나 반독점체제와 조세정의 등의 시장질서를 위배하는 경우 혹은 '시장실패'가 발생할 경우 강력하게 국가가 개입하고 있다. 과거 사회주의체제의 속성상 강력한 전체주의 국가개입의 반작용으로서 옐친과 러시아 정부는 '약한 국가'의 모습을 보여왔다.

옐친은 1999년 말에 국민들로부터 상당한 지지와 비상대권을 갖고 있었음에도 불구하고 잔존하는 구세력, 최고회의와 인민대표대회 의원들을 효과적으로 제거시키는 데 너무 지체했다고 볼 수 있다. 그 결과 옐친의 급진적 이행정책은 이들 보수세력에 저항을 받게 됐다. 그로 인해 옐친의 개혁은 여러 관점에서 흐지부지한 상태 혹은 지그재그 식으로 진행되었다. 러시아 정부 정책의 빈번한 변화, 민주화 정책의 경험부재 등으로 주요 중앙기관간의 권력배분의 애매성 등으로 혼란과 불확실성이 가중됐다. 이로 인해 국가의 권위는 실추되었으며, 개혁의 정당성을 상실하는 계기를 만들었다. 국가 정통성과 권위의 상실은 지방정부의 권한강화 뿐만 아니라 마피아 세력의 부상, 불법거래와 탈세, 부정, 부패를 더욱 부추겼다.

러시아 국내총생산(GDP)의 급격한 하락으로 인한 국가수입원의 자연적 감소뿐만 아니라 부채거래와 바터거래의 증가와 불법거래와 탈세 등으로 발생하는 국가수입의 감소는 다시금 국가역할의 축소로 이어지는 악순환 고리에 빠져들게 하고 있다. 즉 국가수입의 감소는 사회복지비용의 감소나 혹은 임금과 연금의 체불 현상으로 나타나면서 대부분의 러시아인들을 빈민층으로 몰아가고 있다.[30]

옐친은 짧은 기간 내에 러시아 국영기업의 약 4분의 3을 사유화한 것은 성공적인 사례라고 볼 수 있다. 특히 1992년 자본주의 원년에 러시아는 역설적으로 자본가가 없는 자본주의체제로 출범한 것을 고려할 때 이 성공은 큰 가치를 지니고 있다. 그러나 러시아의 사유화는 내부자와 구 노멘클라투라에 의한 사유화가 주종을 이루고 있다. 사유화의 인·허가 과정에서 정경유착이 가시화되면서 새로운 사적기업들은 공정거래와 경쟁을 통한 기업운영보다는 독점적 지위와 특혜를 선화하는 경향으로 나타났다. 특히 1996년 여름 대통령선거에서 '금융산업그룹'이라고 불려지는 '올리가르히'들이 옐친 대통령을 전폭적으로 후원하면서 더욱더 정경유착을 밀착시키는 계기를 조성했다.[31] 러시아 정치엘리트들

30) 러시아 빈민층과 사회복지 문제에 대해서는 다음의 글을 참조. 한종만, "러시아의 사회복지체제의 변천과 과제", 『사회과학연구』(배재대학교 사회과학연구소), 제19집, 2000년, pp.257-272.

31) 금융산업그룹은 연료·원료산업, 전략산업, 은행, 연구소와 유통 및 언론사 등을 장악하고 있다. 금융

과 올리가르히들의 도덕적 불감증과 도덕적 해이(moral hazard)가 극치에 도달하면서 경화 자본유출이 가속화됐다. 러시아 자본가들이 해외에 유출한 금액을 정확히 파악하기는 곤란하겠지만 러시아 미국대사였던 유리 보론쵸프(Yuli Vorontsov)는 러시아의 올리가르히들이 서방 은행에 1,500-3,000억 달러가 예치된 것으로 추정하고 있다.32)

가격자유화 이후 러시아는 루블 가치의 불안정(국내적으로 높은 인플레이션과 국제적으로는 급격한 평가절하)을 경험한 후 1995년 하반기부터 1998년 8월 모라토리엄 선언 때까지 루블화의 안정을 옐친의 최대 업적으로 간주했으며, 자신감을 가진 옐친은 1998년 1월 1일부터 1,000루블을 새로운 1,000루블로 화폐교환까지 단행했다. 1998년 여름 러시아 금융위기 이후 다시금 루블화의 불안정으로 러시아의 모든 거래의 75%는 바터 거래로 이루어졌으며, 러시아 최대기업인 가즈프롬 사의 바터 거래는 무려 80%를 상회하고 있는 것으로 알려지고 있었다.33) 근로자(군 장교 포함)들은 임금을 현금대신에 혹은 현금 일부와 대체품이나 기업의 생산품을 받고 있다. 그 이외에도 부채거래와 물물교환 등의 '비화폐'거래의 증가는 금융거래를 마비시킬 뿐만 아니라 정확한 세금계산을 어렵게 하거나 조세포탈을 가능케 한다. 러시아 경제의 '자연경제'화는 역사발전단계를 역행하고 있다고 말할 수 있다.34)

1998년 8월 러시아의 금융위기 이후 그동안 적은 규모로 형성되어왔던 중산층도 몰락하는 계기를 만들었으며, 금융산업그룹의 구조조정(파산, 재국유화, 합병 등)이 이루어지면서 영향력이 감소한 반면에 지방 정치·경제 엘리트들이 그 공백을 대신했다. 또한 금융위기로 인해 옐친 대통령과 그의 행정부의 평가절하가 이루어지면서 총리와 국가두마와 연방회의의 권한이 강화됐다. 또한 옐친의 건강문제(걸어 다니는 병동)와 부정·부패의 의혹 등의 이유로 옐친 대통령의 권력누수현상이 가속화 됐다. 권력누수현상이 가시화되면서 일부 지방정부(89개의 연방주체)는 독자적 노선(주권독립과 경제적 자율권의 요구, 비상사태 선언 등)을 선언하면서 러시아연방제가 붕괴될 가능성으로 발전했다. 1998-1999년 겨울에 설상가상으로 러시아는 금융난 이외에도 40년 만에 찾아온 최악의 식량난과 30년 만에 찾

산업그룹의 대부 격인 보리스 베레조프스키는 7대 금융산업그룹이 러시아 민간경제의 2분의 1을 장악하고 있다고 말할 정도로 막강한 정치·경제적 영향력을 행사하고 있었다. *The Moscow Times,* Nov 12, 1996.

32) Andrew F. Tully, "Russia: Putin Has Opportunity To Fight Corruption", *RFE/RL*, Mar. 28, 2000.

33) Sharon LaFraniere, "The Cashless Society. Batering Chokes Russian Economy", *Washington Post,* Sept. 3, 1998, p.A10. 바터거래에 대한 상세한 내용은 다음의 글을 참조. 한종만, "한-러시아 경제협력의 현황과 과제 - 구상무역 촉진 방안을 중심으로", 『경상논총』(한독경상학회), 제20집, 1999년, pp.207-232.

34) 역사주의학파(Historical School)의 견해에 따르면 물물교환→화폐경제→신용경제체제로의 발전을 예고하고 있는 데 러시아는 신용경제체제로의 이행은 커녕 물물교환체제로 역행하고 있었다.

아온 혹한 등으로 총체적 위기를 경험했다.

옐친의 정치적 생명은 거의 끝나는 것처럼 보여줬다. 여론조사에서 옐친의 인기도는 급속도로 하강했지만 옐친은 1999년에 2명의 총리(프리마코프와 스테파신)를 경질하면서 오뚝이처럼 다시금 정치적 영향력을 행사할 수 있게 되었다. 옐친은 국가정보국(FSB)에서 근무하던 무명의 푸틴을 차기 대통령 후보 겸 총리로 임명하면서 정치적 안정을 찾을 수 있었다. 특히 1999년 가을에 발생한 제2차 체첸 전을 적극적으로 지원한 푸틴 총리의 인기도는 누구도 예견하지 못할 정도로 급부상했다. 1999년 12월 중순 국가두마 선거에서 푸틴의 통합당은 예상을 뒤 업고 공산당과 거의 버금가는 지지율을 확보했다. 자신감을 얻은 옐친은 그 자신과 그의 가족과 측근들의 안전보장을 위해 차기 대통령선거(2000년 6월) 이전, 즉 1999년 12월 31일에 사임함으로써 푸틴 총리가 2000년 3월 26일 선거에서 새 대통령을 만드는데 일등 공신이 될 수 있었다. 국민적 지지율이 희박했던 옐친은 그가 지명한 후계자를 대통령으로 만드는 데 고도의 정치적 수완을 가진 인물이라는 데에는 이론의 여지가 없다.

결론적으로 옐친을 정확히 평가하기에는 시기상조라고 생각된다. 옐친은 구소련체제를 결정적으로 해체하는 데 일익을 담당했으며, 러시아에서 실질적으로 자본주의로의 체제이행을 단행한 인물이라는 데에 부인할 수 없다. 옐친은 1993년 가을 의회 무력적 개입을 제외하고는 유혈 없이 체제전환과 평화롭게 정권을 인계했다. 그러나 그는 민주주의 체제로의 이행과정에 노력을 했지만 독선적 혹은 권위주의 성향을 지닌 인물이었다. 여러 선거와 정책결정 과정에서 나타난 것처럼 외관상으로 민주적 절차를 밟고 있지만 실질적인 민주적 절차와는 거리가 있었다. 특히 러시아 난국을 타파하기 위해 국민적 공감대 형성이나 혹은 야당 세력과의 '사회적 합의(collective bargaining)' 과정을 너무나 경시했다. 지난 10년 간의 러시아 경제 실정에 대한 옐친의 평가는 향후 자본주의체제 하에서 러시아의 경제발전과 러시아 국민의 삶의 질 여하에 따라 달라질 수 있다고 생각된다.

10.5. 포스트 옐친 시대의 전망

2000년 3월 26일 대통령선거에서 상트 페테르부르크 출신인 47세의 젊은 블라디미르 푸틴 대통령 직무대행은 결선투표 없이 53%의 지지율로 제3대 러시아연방의 대통령선거로 당선됐다.[35] 이번 대통령선거는 예상했던 대로 이변이 없는 한 푸틴의 당선이 유력시

35) 94%의 개표 결과 공산당 당수 쥬가노프와 야블로코 당수인 야블린스키의 지지율은 각각 30%와 5.8%로 나타났으며, 제4위와 5위는 각각 서시베리아의 케메로보 주지사 톨레예프(3.07%)와 극우민족

되었기 때문에 선거라기보다는 오히려 국민투표처럼 보여졌다. 투표율이 50% 미만일 경우에 선거가 무효로 처리되기 때문에 푸틴 행정부 측은 국민들에게 대통령선거의 참여를 독려하였다.

작년 가을부터 푸틴의 인기가 급상승한 것은 코소보 사태와 러시아 금융위기로 인해 러시아의 군사력과 경제력의 한계 하에서 제2차 체첸 전을 강력하게 대응했기 때문이다. 체첸 전 수행과정에서 인권과 세계여론을 무시하면서 강한 러시아의 이미지를 국내외에 보냈다.[36] 체첸전의 강력한 대응정책은 러시아연방의 분열을 막는 상징적인 의미를 지니고 있으며, 앞으로도 이와 같은 정책은 계속이어 질 것으로 생각된다.

현 러시아의 정치, 경제, 사회 등의 여러 정황을 고려할 때 푸틴의 '강한 러시아'의 선택 대안은 거의 없는 것처럼 보이며 다음과 같은 시나리오를 생각해볼 수 있을 것이다.

첫 번째 시나리오는 옐친이 취해 온 체제이행과 경제개혁에 역행하는 방향으로의 선회 가능성이다. 이 시나리오에서 가장 극단적 조처로서 과거 소련체제로의 복귀 가능성은 극히 희박하다고 볼 수 있다. 이번 대통령선거에 제3위를 기록했던 야블로코 당 당수 야블린스키는 푸틴과 공산당 당수 쥬가노프간의 특별한 차이점을 발견할 수 없다고 말하고 있다. 대통령선거에서 나타난 것처럼 푸틴의 쥬가노프의 지지율을 합하면 무려 82% 이상으로 러시아 국민의 절대적 다수를 차지하고 있다. 만일 푸틴과 공산당이 협력한다면 러시아 행정부와 국가두마에서 영향력을 행사하면서 강력한 권위주의적 러시아의 부활도 배제할 수 없는 상황이다.[37] 이와 같은 상황이 발생할 경우 중국처럼 정치적 안정 하에서 경제안정과 성장을 달성할 수 잇는지는 여전히 미지수라고 생각된다.

두 번째 시나리오는 푸틴의 법의 테두리 하에서 시장경제로의 체제이행과 개혁정책을 더욱더 과감히 추구하는 가능성을 들 수 있다. 미진했던 옐친의 개혁정책을 완수하면서 공정한 룰에 의한 시장경제체제를 정착시키는 것이다. 법질서 하에서 연방제의 작동과 공정거래 틀의 공고화와 부정·부패의 근절과 불법거래의 단호한 조처 등이 수반되어야 한다. 이 시나리오가 성공되기 위해서는 국가의 공신력 확보가 우선과제라고 볼 수 있다.

주의자 지리노프스키(2.3%)가 차지했다. 투표율은 69%로 나타났다. "Russia: Putin Elected President", *REF/RL*, 27 Mar. 2000. 러시아 중앙선거위원회의 최종 집계결과 푸틴이 52.94% 쥬가노프 29,21%, 야블린스키 5.8%, 툴레에프 2.95%로 나타났다. *RFE/RL*, *Newsline*, 5 Apr. 2000.

36) 체첸전의 대가는 인명피해뿐만 아니라 2000년도 1사분기의 전쟁비용이 60억 루블(2억 1,000 달러)이나 지출되었다고 러시아 제1부총리 미하일 카시야노프(Mihail Kasyanov)가 말하고 있으나 실제 지출비용은 더욱 높을 것으로 추정된다. Mikhail Lelyveld, "Russia: Estimates on Chechen War Costs Questioned", *RFE/RL*, Apr. 6, 2000.

37) Paul Goble, "Russia: Analysis From Washington - A Victory Not a Mandate", *RFE/RL*, Mar. 28, 2000.

특히 새로운 푸틴 행정부 엘리트 충원과정이 연줄이나 지연 등에 이루어져서는 안 되며, 가능한 공정하고 투명한 인사기준이 마련되어야 할 것이다. 푸틴은 상대적으로 경제적 지식이 없는 것으로 알려져 있어 경제 담당 엘리트들은 가능한 한 개혁성향이 강한 인물들로 충원되는 것이 바람직하다고 볼 수 있다. 러시아의 위기 타개책은 정국의 안정, 민주적 합의 도출, 경제주체의 경쟁력의 제고란 것을 푸틴과 새 행정부는 고려해야만 한다.

세 번째 시나리오는 자본주의체제는 유지하되 정치적 자유를 제한하는 개발 독재 혹은 권위주의적 국가모델을 들 수 있다.

러시아는 10세기 블라디미르 대공 이후 예외 없이 권위주의 통치가 계속되어왔다. 이와 같은 러시아역사의 관점뿐만 아니라 러시아연방의 국가적 위기상황 하에서 푸틴 대통령의 '강한 국가관'도 권위주의 통치 스타일과 유사할 것으로 예견되고 있다. 과거 역사와의 차이점이 있다면 절차적으로 민주주의 선거 방식에 의해 결정됐다는 것이다.[38] 이 시나리오에서는 군산복합체의 영향력이 증가될 것으로 예상되며, 민주적 발전 기대는 당분간 어려울 것으로 예상된다. 아래로부터의 의사결정보다는 러시아역사의 경험처럼 위로부터의 결정이 주도적 역할을 할 것으로 예상된다. 정치적으로 권위주의적 중앙집권 체제를 유지하면서 경제적 자율권을 부여할 것으로 예상된다. 체첸 전, 연방과 지방정부간의 여러 형태의 갈등문제 해결, 범죄·부정·부패·마피아·탈세와의 전쟁, 빈익빈·부익부심화의 해결 과정에서 공권력 투입이 증가되면서 이 시나리오가 자연적으로 부상될 가능성이 높은 편이라고 볼 수 있다. 특히 러시아인의 대부분이 빈민층이기 때문에 경제문제를 해결하기 위해 어느 정도의 정치적 자유의 박탈까지도 고려할 수 있는 것처럼 보여진다. 그러나 러시아인들은 질서를 원하지만 독재를 원하지도 않고 있다. 특히 세계화와 정보화 사회가 발달하면 발달할수록 독재가 설 땅은 그만큼 좁아져가고 있다.

러시아의 새로운 선택의 길은 새 대통령과 러시아 국민에 의해 결정될 수밖에 없다. 러시아의 문제해결은 단기간에 종결되는 것이 아니라 장시간이 소요될 것이라는 데에는 이론의 여지가 없다. 푸틴은 대통령 당선 인터뷰에서 러시아 국민들의 대부분이 깊은 좌절감과 불만족에 빠져 있다는 것을 알고 있으나 자신과 새 행정부에 대한 빠른 기적을 기대하지 말라고 당부하고 있다.[39] 기적은 그냥 이루어지는 것이 아니라 러시아 법질서의 회복과 모든 경제주체의 경쟁력 제고와 노력 여하에 따라 이루어진다는 것을 명심해야 할 것이다.

푸틴은 2000년 상반기 말까지 구체적인 경제프로그램을 제시하지는 않고 있었다. 그러나 푸틴은 '법에 의한 통치'를 약속하고 있다. 특히 새로운 국가질서의 회복과 부정·부패

38) Andrew F. Tully, "Russia: Putin Has Opportunity To Fight Corruption", *RFE/RL*, Mar. 28, 2000.
39) Tuck Wesolowsky, "Russia: Putin Wins As Expected", *RFE/RL*, Mar. 27, 2000.

와 마피아와의 전쟁을 선언하고 있다. 푸틴은 강한 국가는 전체주의적 국가를 의미하는 것이 아니라 민주적이며 법에 기초한 연방제의 창출의 의미한다고 말하고 있다.[40] 푸틴이 직면한 가장 큰 과제는 법 위에서 활동하는 지방 정치엘리트와 재벌 격인 올리가르히와 금융산업그룹, 마피아와 범죄세력, 부패한 연방 관료들과의 전쟁이라고 볼 수 있다. 올리가르히의 대부분은 옐친과 옐친 측근, 특히 옐친의 둘째 딸 디야첸코 타티야나와 밀접히 연계되어 있는 것으로 알려지고 있으며 러시아 국민의 원성의 대상이 되고 있다.[41] 러시아 국민의 대부분은 푸틴과 옐친과의 단절을 원하고 있다. 옐친의 후원을 얻은 푸틴 대통령은 그 스스로 선택의 한계를 지니고 있다고 생각된다. 그러나 어느 정도 시간이 지난 후 여러 형태의 협조 혹은 마찰과 갈등 혹은 청산으로 이어질 것으로 예상된다.

푸틴은 실의에 빠진 국민들에게 희망감을 주기 위한 가장 시급한 과제는 경제회복이라고 생각하고 있다. 경제회복의 관권은 재원조달 여하에 달려 있다. 푸틴의 강한 러시아 정책과정은 서방과의 마찰로 인해 서방자본의 유입이 최소화될 가능성이 높다. 물론 푸틴은 더욱 과감한 개혁안과 정치적 안정을 통해 해외자본의 유치를 원하고 있는 것도 사실이다. 푸틴은 과거 정보부처에 근무한 경력을 이용하여 올리가르히의 해외자본 유출을 여러 형태의 러시아로의 재유입 정책을 전개할 가능성이 높다고 보인다. 그러므로 올리가르히와의 전쟁을 어떻게 효과적으로 수행하느냐에 따라 푸틴 자신뿐만 아니라 러시아 미래의 운명이 달려 있다고 생각된다.

푸틴의 강한 국가관도 과거 전체주의체제로의 복귀가 아니며, 러시아 자본주의체제에서 나타난(나는) 부작용과 '시장실패'는 더욱더 적극적인 국가역할과 국민의식의 증대를 통해 해결될 것으로 기대해본다. 또한 필자는 앞에서 언급한 3가지 시나리오 중에서 두 번째 시나리오로 발전할 것으로 기대해 본다.

결론적으로 푸틴은 옐친에 의해서 새 대통령으로 당선되는 기회를 얻었을 뿐만 아니라 동시에 옐친의 부정적 유산을 함께 승계한 인물이다. 만일 푸틴이 러시아 정국의 안정과 법질서의 확립과 경제성장을 위한 기반을 조성하면서 러시아의 발전이 가속화된다면 그는 재선뿐만 아니라 구(舊)천년대에 러시아국민들로부터 가장 존경받는 피터 대제처럼 신(新)천년대에도 모든 러시아인들에게 존경 받을 수 있는 인물로의 발판기회를 가지고 있다.

---

40) Vladimir Putin, "Russia at the Turn of the Millennium", Website of the Russian Government 2000.

41) '시베리아 정유회사'(Sibneft) 회장인 당시 33세의 로만 아브라모비치(국가두마 의원)는 최근에 러시아 주요 알루미늄회사의 지분을 인수하여 러시아 알루미늄 생산의 70%, 세계 알루미늄생산의 20%를 점유하는 알루미늄의 황제로 부각했다. 아브라모비치도 베레조프스키와 마찬가지로 옐친 딸 디야첸코와 친밀한 교분을 갖고 있어 옐친 패밀리의 돈주머니로 알려져 있다. *Коммерсант*, Feb. 2, 2000.

제 11 장

푸틴의 경제개혁*

11.1. 머리말

지난 15년 동안 '러시아'의 공간에서 누구도 예측할 수 없을 정도의 변혁적인 사건들이 발생했다. 1985년 초 체르넨코 당서기장의 사망 이후 소련의 제7대 당서기장으로 취임한 고르바쵸프는 역대 서기장의 개혁과는 달리 전 분야를 동시에 재편(perestroika)하는 정책을 감행했다. 그러나 결론적으로 페레스트로이카는 집을 재편한 것이 아니라 집을 부수는 카타스트로이카(katastroika)로 발전되면서 소연방은 1991년 말에 해체된다. 러시아 공화국을 포함한 소연방의 15개 공화국은 개별 주권 및 독립국가로 탈바꿈했으며, 개혁의 방법과 속도와 대상의 차이는 있지만 원론적으로 전체주의와 사회주의 계획경제에서 자유민주주의와 시장경제로의 체제이행을 단행하고 있다.

소련의 붕괴와 함께 생성된 새로운 러시아의 옐친 대통령과 그의 측근들은 1992년 초부터 빅뱅 식 충격요법을 통해 전 부문에서 급진적 체제이행을 추구했다. 그러나 전체주의와 사회주의에서 자유민주주의와 자본주의 시장경제로의 체제이행에 대한 경험과 이론의 축적이 거의 없는 상태에서 진행된 신생 러시아의 급진적 체제이행과 경제개혁은 제도·법적 틀의 부재와 일관성의 결여 등으로 대혼란과 무질서를 동반하면서 정치, 경제, 사회 등의 전 부문에서 총체적 위기를 가져왔다. 총체적 위기는 반 옐친 세력의 상승을 가져다주었으며, 경제개혁의 속도와 대상의 범위를 재조정하는 계기를 조성했다. 그로 인해 러시아의 체제이행과 경제개혁 과정에서 개혁 속도의 '완급'과 개혁 대상의 '폭'이 지그재그 식으로 전개됐다. 특히 1996년 러시아 연방 대통령 선거전에서 올리가르히(과두금융산업그룹)들의 전폭적인 도움을 받아 당선된 옐친 대통령은 올리가르히들에게 발목을 잡히는 계기를 만들었다. 그 결과 러시아 경제에서의 정경유착은 더욱 심화되어 나갔다.[1]

---

* 이 글은 2000년 10월 26-27일 서울 외교센터에서 개최된 한국세계지역연구학회 추계학술회의 「한반도와 세계정세: 한국에서의 지역연구의 제2주제 푸틴의 러시아: 현황과 전망」에서 발표된 내용임. <『세계지역연구논총』(한국동북아경제학회), 제15권, 2000년, pp.209-228>에 게재됨.

또한 1998년 8월 러시아 금융위기는 러시아 연방권력의 약화는 물론이거니와 옐친 대통령의 권력누수(lame duck)현상을 가속화시켰다. 그 권력공백은 지방 엘리트와 올리가르히와 마피야 세력들이 차지했다.

옐친은 금융위기 이후 1999년 8월까지 3명의 총리를 해임시켰다. 옐친은 1998년 키리옌코 총리 후임으로 외무부장관이었던 프리마코프 총리 임명, 내무부장관이었던 스테파신 총리 임명, 그리고 1999년 8월에 무명의 푸틴을 총리로 임명시키면서 차기 대통령후보로 지명했다. 푸틴 총리는 체첸 전에 강력한 대응조치를 취하면서 그의 인기도는 놀랍게도 상승해나갔으며, 12월 제3대 국가두마선거에서 그의 통합당이 공산당과 거의 버금가는 정당으로 도약했다. 이와 같은 상황을 고려한 옐친은 1999년 12월 31일에 갑작스레 러시아연방의 대통령직의 사임을 공식 발표했다.[2] 그 결과 푸틴 총리는 대통령선거일(2000년 3월 26일)까지 대통령 직무대행을 수행했으며, 대선에서 결선투표 없이 53%의 지지율로 러시아연방의 제3대 대통령으로 당선됐다.[3] 새로운 밀레니엄의 시작인 2000년도부터 푸틴의 시대가 시작되고 있다.

이러한 맥락에서 이 글의 제절에서는 '푸틴의 경제유산'을 간략히 정리한다. 제3절 '러시아경제의 현황'에서는 1999년부터 2000년 상반기까지의 거시경제지표를 중심으로 러시아경제 추이를 분석한다. 제4절 '푸틴의 경제개혁'에서는 개혁의 내용과 방향을 기술한 다음에 개혁의 장애요인을 분석한다. 마지막으로 제5절 '러시아경제의 미래 전망'에서는 시나리오를 중심으로 러시아경제의 가능성을 가늠해본다.

11.2. 푸틴의 경제유산

<표 11-1>에서 보는 것처럼 블라디미르 푸틴은 1990년대에 초고속으로 승진을 하여 1999년 8월에 러시아 총리로 발탁됐을 뿐만 아니라 옐친 대통령의 차기 대통령후보로

---

1) 대선 이후 올리가르히의 대부격인 베레조프스키는 1996년 11월에 7대 올리가르히(금융산업그룹: FIGs, Financial Industrial Groups)들이 러시아 민간경제의 2분의 1을 통제하고 있다고 말하고 있다. *The Moscow Times*, Nov. 12, 1996, p.1. 7대 올리가르히들의 이름과 경력, 주요 사업내용에 대해서는 필자의 글을 참조 바람. "러시아의 금융위기와 정치·경제 전망" 「유럽연구」 (한국유럽학회) 제9집, 1999년, pp.143-144.

2) 옐친의 대통령 조기 사임은 그 자신과 가족 그리고 측근의 안전보장과 이권의 유지를 위해 푸틴의 인기도가 높을 때 조기 사임함으로써 헌법에 따라 푸틴을 대통령 직무대행으로서 대통령선거를 통해 승리의 길을 열어줄려는 고도의 정치적 수단이었다고 볼 수 있다.

3) 러시아 중앙선거위원회의 최종집계 결과는 푸틴이 52.94%, 공산당 당수 주가노프가 29.21%, 자유주의자 야블린스키가 5.80%, 케메로보 주지사 툴레예프가 2.95%, 극우민족주의자 지리노프스키가 2.70%로 나타났다. *RFE/RL Newline*, Apr. 5, 2000.

지명됐다. 1999년 8월에 푸틴이 총리로 임명됐을 때 그는 거의 잘 알려지지 않은 인물이었으며, 당시 국민들로부터 그의 정치적 인기도는 1% 미만에 불과한 실정이었다. 그러나 1999년 12월 푸틴의 인기도는 50%선까지 올라갔다. 1999년 가을부터 푸틴 총리의 인기가 급상승한 것은 코소보 사태와 미국을 중심으로 이루어진 다국적군의 베오그라드의 폭격, 러시아 금융위기 이후의 부정적인 후유증으로 인해 군사력과 경제력의 한계에도 불구하고 푸틴 총리는 제2차 체첸 전을 강력하게 대응했기 때문이다. 체첸 전 수행과정에서 인권과 세계여론을 무시하면서 강한 러시아의 이미지를 국내외에 과시했기 때문이다. 푸틴은 경제하락과 군사력의 약화로 실의에 빠진 러시아인의 자존심의 회복을 선언했다. 체첸전의 강력한 대응정책은 옐친의 무기력으로 인해 연방과 지방간의 갈등으로 발생할 러시아연방의 분열을 막는 상징적인 의미도 지니고 있었다.

푸틴은 체첸전과 옐친 대통령의 후원으로 대통령이 당선됐다는 데에는 이론의 여지가 없다. 역설적으로 체첸전의 조속한 해결이 없을 시 푸틴은 국내외에서 무거운 부담을 질 것으로 예상된다. 2000년 4월에 당시 제1 부총리였던 카시야노프(Mikhail Kasyanov: 그 후 총리)는 체첸전의 대가는 많은 인명피해뿐만 아니라 2000년도 1/4분기 동안에만 전쟁비용이 60억 루블(2억 1,000만 달러)이 소요됐다고 말하고 있으나 실제 지출비용은 더욱 높을 것으로 추정된다.[4]

푸틴 대통령은 또한 실질적으로 옐친의 계승자이기 때문에 1990년대 옐친이 남겨 논 경제유산도 함께 인수받았다. 1990년대 러시아는 시장경제로의 체제이행 과정에서 혼란과 무질서가 가중되면서 정치, 경제, 사회 등 전 부문에서 어려움을 당하고 있다. 체제이행 과정에서 '득'을 보는 계층과 그룹은 극소수인 반면에 대부분의 경제주체는 과거보다 더 많은 '실'을 당하고 있다. 체제이행과정에서 가장 중요한 국가의 임무인 법적·제도적 장치의 미비와 부재 등으로 인해 공정한 경제 질서가 정착되지 않았다. 1990년대 러시아의 이행기 경제체제는 마치 18세기 말과 19세기 초 미국의 자본주의체제(cowboy capitalism)와 유사했다. 러시아의 극단적 주기적인 역사의 특징처럼 사회주의(강력한 국가) 붕괴 이후 러시아는 체제이행과정에서 약한 국가의 모습을 보였으며 혹은 국가역할의 중요성을 과소평가했다.[5]

---

4) Mikhail Lelyveld, "Russia: Estimates on Chechen War Costs Questioned", *RFE/RL*, Apr. 6, 2000.

5) 1990년대 옐친의 체제이행과 경제개혁의 평가에 대해서는 필자의 글을 참조. "옐친 10년의 평가: 체제이행과 경제개혁을 중심으로"「옐친에서 푸틴으로: 옐친 10년의 평가와 신정부의 정책 전망」(한국슬라브학회 특별학술대회) 2000년 4월 29일 한국고등교육재단에서 발표논문, pp.39-57.

〈표 11-1〉 블라디미르 블라디미로비치 푸틴 러시아연방 대통령의 경력

연 도	주 요 경 력	비 고
1952. 10. 7.	상트 페테르부르크 태생	구 레닌그라드
1975. 8.	레닌그라드국립대학교 법학부 졸업	법학, 경제학전공
1975. 9.	KGB 해외정보요원(주로 동독에서 근무)	동독 Dresden
1990.	상트 페테르부르크 귀환	
1990.-1991.	레닌그라드국립대학교 국제관계대학장 자문, 아나톨리 소브차크 레닌그라드 소비에트의장 자문	
1991.-1994. 2.	소브차크 상트 페테르부르크 시장 하에서 대외협력위원회 의장	부패 의혹
1994. 3.-1996. 8.	소브차크 시장 하에서 상트 페테르부르크시 부시장	
1995.-1996.	'우리집 러시아'당의 상트 페테르부르크 지부장	
1996.9.-1997.3.	소브차크 시장선거 패배 이후 모스크바에서 P. Borodin 대통령행정실 내 재산관리과 부과장	
1997.3.-1998.5.	대통령 행정실 내 주요 감시과 과장	
1998.5.-1998.7.	대통령 행정실 내 지방문제 담당 부국장	
1998.8.-1999.8.	FSB(연방보안국) 국장	
1999.3.-1999.8.	국가안보위원회 서기	
1999.8.9.	총리	
1999.12.31.-2000.5	대통령 직무대행	
2000.3.26.	러시아연방 제3대 대통령에 당선	
2000.5.	러시아연방 제3대 대통령 취임	

출처: http://www.nupi.no/russland/russland.htm.

옐친 시대에 보여준 '약한 연방국가'의 모습, 특히 1998년 8월 금융위기 이후 옐친 대통령의 무능 등은 더욱더 연방정부의 권력약화를 초래했으며, 그 대신에 지방정부의 권력강화로 이어졌다. 그 결과 일부 연방주체, 특히 러시아연방 내 공화국들은 주권 및 독립선언을 하면서 연방으로부터 이탈 움직임을 보이기 시작했다. 지방 엘리트, 특히 일부 연방주체의 행정장(대통령, 주지사, 자치관구장 등)들은 마치 제정러시아의 소(小)짜르처럼 무한한 권력과 재력을 향유했다. 러시아 국민들은 국민의 적으로 제1위는 정부(17%), 제2위는 기업계(16%), 제3위는 범죄조직(15%)이라고 TV의 여론조사에서 밝히고 있다.6)

옐친은 짧은 기간 내에 러시아 국영기업의 약 4분의 3을 사유화한 것은 큰 성공적인 사례라고 볼 수 있다. 특히 1992년 자본주의 원년에 러시아는 역설적으로 자본가가 없는 자본주의로 출범한 것을 고려할 때 이 성공은 큰 가치를 지니고 있다. 그러나 러시아의 사유화는 내부자와 구 노멘클라투라에 의한 사유화가 주종을 이루었다. 사유화의 인·허

6) Ben Patridge, "Crisis Requires New Social Contract, Say Kiriyenko", *RFE/RL*, Nov. 18, 1998.

가 과정에서 정경유착이 가시화되면서 새로운 사적기업들은 공정거래와 경쟁을 통한 기업운영보다는 독점적 지위와 특혜를 선호하는 경향으로 나타났다. 특히 1996년 여름 대통령선거에서 올리가르히라고 칭하는 과두 금융산업그룹들이 옐친 대통령을 대폭적으로 지원하면서 더욱더 정경유착을 밀착시키는 계기를 만들었다.7) 옐친의 둘째 딸을 중심으로 일명 '옐친 패밀리'가 더욱 왕성한 활동을 하기 시작했다. 러시아 정치 엘리트들과 올리가르히들의 도덕적 불감증과 도덕적 해이(moral hazard)가 절정에 도달하면서 경화 자본유출이 가속화됐다. 경화의 해외유출에 대한 정확한 금액을 파악하는 것은 불가능하다. 러시아의 미국대사였던 보론쵸프(Yuli Vorontsov)는 올리가르히들이 서방은행에 1,500억-3,000억 달러가 예치된 것으로 추정하고 있다.8)

옐친 시대의 약한 국가 모습은 당연히 정국의 불안정을 진정시키기는커녕 더욱 확산됐다. 그로 인해 해외투자 유치는 극히 미비한 수준이며, 1999년 기준으로 러시아의 해외투자액은 95억 6,000만 달러에 불과했다.9) 그뿐 아니라 조세징수(목표치의 약 50-70%)가 목표치보다 적어 만성적인 재정적자와 국가지출의 감소로 더욱더 국가 역할이 감소되는 악순환의 고리 속에 빠져들었다. 조세 및 관세수입의 감소는 터무니없이 높은 세율과 비현금거래와 제2경제의 증가 그리고 러시아 경제주체의 세금의무 정신의 부재 등에 기인한다.10)

국가권력의 약화와 연방과 지방차원에서의 정경유착의 결과 여러 형태의 마피아가 권력기구를 대체할 정도로 위력을 지니게 되었고 러시아경제에서 제2경제의 역할이 비대해져갔다. 결론적으로 옐친이 남겨 논 유산은 질서와 법이 통하지 않은 사회를 조성했으며, 그로 인해 러시아 경제주체의 양극화, 즉 소수의 '신(新)러시아인'과 다수의 빈곤층으로 이분화 됐다.

11.3. 러시아경제의 현황

1990년대 러시아경제는 시장경제로의 체제이행과정에서 나타난 부정적 후유증으로 인해 거시경제지표 상황은 최악의 상황을 경험했다. 특히 1998년 8월 모라토리엄 선언으로

---

7) 금융산업그룹은 연료·원료산업, 전략산업, 은행, 연구소와 유통 및 언론사 등을 장악하고 있다. 이 그룹의 생성배경과 러시아경제에서 차지하는 비중에 대해서는 다음의 글을 참조. Jörg Jasper, "Entstehung, Bedeutung und Tragfähigkeit der Konzeption der Finanz-Industriellen Gruppen in der Russischen Föderation", *Osteuropa-Wirtschaft*, Vol.44, No.1, 1999, pp.28-50.

8) Andrew F. Tully, "Russia: Putin Has Opportunity To Fight Corruption", *RFE/RL*, Mar. 28, 2000.

9) Госкомстат России, *Россия в цифрах 2000* (Москва: Госкомстат Россuи, 2000), p.326.

10) 러시아국세청(GNS)은 270만개 등록 법인 중에 단지 6%만이 조세법을 위반하지 않고 있으며, 30%는 조세를 연체하고 있으며, 34%는 조세를 지불하지 않거나 세금신고서도 제출하지 않고 있다. 모스크바에 등록된 50만개의 기업 중 20%는 세무신고를 하지 않고 있다. Sharon LaFraniere, "The Cashless Society. Batering Chokes Russian Economy", *Washington Post*, Sep. 3, 1998, p.A01.

다시 한 번 파국적진 경제상황을 경험했다. 이 절에서는 1999년 이후 러시아경제 상황을 거시경제지표를 중심으로 간략히 정리한다.

<표 11-2>에서 보는 것처럼 경제적 어려움과 기타 요인 등으로 러시아의 인구는 지난 7년 동안에 무려 270만 여명이나 감소했다. 특히 러시아가 인구 순 유입국이라는 점을 고려하면 인구감소 폭은 더욱 클 것이다.[11] 거시경제지표 중에서 무역수지를 제외한 모든 지표들은 음울한 러시아 경제상황을 말해주고 있다. 러시아경제는 J-곡선상의 급격한 하강국면을 거쳐 1999년부터 이 곡선상의 상승국면에 진입하고 있다.

〈표 11-2〉 1992-2000년 러시아 경제지표의 추이

거시경제지표	1992년	1993년	1994년	1995년	1996년	1997년	1998년	1999년	2000년 **
인구추이*	148.3	148.0	147.9	147.6	147.1	146.7	146.3	145.6	
실업률(%)	5.2	5.9	8.1	9.5	9.7	11.8	13.3	-	
총수출액***(1백만$)	42,376	44,297	53,001	65,607	70,975	69,949	59,091	62,425	
총수입액***(1백만$)	36,984	26,087	28,344	33,117	32,978	39,363	33,274	22,682	
대CIS수출액 (1백만$)	-	-	13,861	14,262	15,194	16,640	14,190	10,800	
대CIS수입액 (1백만$)	-	-	10,317	13,592	14,575	14,252	12,155	8,647	
국내총생산(GDP):									
전년도 대비(%)	85.5	-	87.3	-	-	100.9	95.4	103.2	107.5
1990년도 대비(%)	81.0	-	65.0	-	-	60.0	57.0	59.0	63.0
고정자산투자:									
전년도 대비(%)	60.0	-	76.0	-	-	95.0	93.0	101.0	117.2
1990년도 대비(%)	51.0	-	34.0	-	-	24.0	22.0	22.0	26.0
소비자물가지수:									
전년도 대비(배)	26.1	-	3.2	-	-	1.1	1.8	1.4	1.15
1990년도 대비(배)	68	-	2041	-	-	6197	11155	15227	16978
가처분 소득:									
전년도 대비(%)	52.5	-	112.9	-	-		81.5	84.9	108.7
1991년도 대비(%)	52.5	-	69.0	-	-		50.0	42.0	46.0

주 : * 각 연도 말 기준, 단위: 100만 명. ** 추정치; *** CIS국가를 포함하지 않은 수치.

출처: Госкомстат России, *Россия в цифрах 2000* (Москва: Госкомстат России, 2000), p.26, pp.358- 362; Госкомстат России, *Российский статистический ежегодник. Официальное издание* (Москва: Госкомстат России, 1999), p.108, p.566; 야코베츠, Y. V., "러시아의 경제현황과 발전전망"「러시아의 신정부 출범과 한·러 관계의 미래」한양대학교 아태지역대학원 아태지역연구센터와 러시아과학원 극동연구소 주최 제11차 한·러 국제학술회의 발표논문, 2000년 10월 5일, p.2.

11) 러시아연방의 인구감소 원인에 대해서는 필자의 글을 참조. "러시아연방의 인구감소 원인과 효과 분석에 관한 연구: 경제 지리적 관점을 중심으로"「한독사회과학논총」(한독사회과학회) 제9집 1호, 1999년, pp.1-35.

1988년 여름 금융위기 이후 발생한 부정적 후유증에도 불구하고 1999년에 러시아의 국내총생산은 3.2%나 증가했다고 국가통계위원회(Goskomstat)는 발표하고 있다. 이 통계수치의 신뢰성에 많은 의문점[12]이 있음에도 불구하고 2000년 상반기까지의 국내총생산성장률은 7.3%(2조 9,464억 루블; 1,060억 달러)나 증가했으며, 7월의 인플레이션은 1% 이하로 감소하여 연간 인플레이션을 18-20%로 추정하고 있다.[13] 2000년 1-8월간의 공업생산은 전년 동기간보다 무려 10.2%나 증가했다고 러시아연방 국가통계위원회는 발표하고 있다.[14] 러시아 국민가처분소득은 2000년 7개월 동안 전년대비 8.7%의 증가, 명목임금은 50.4%, 실질임금은 23.4% 증가했다고 국가통계위원회는 전하고 있다.[15] 2000년 7월말 등록된 실업자 수는 720만 여명으로 실업률은 17.4%로서 전달보다 1.3% 감소한 수치이다. 실업자의 10.9%는 경제활동인구로 추정되고 있다.[16] 2000년 상반기 중에 러시아인의 상위 10%는 전체 화폐소득수입의 34%를 점유하고 있다. 이 점유율은 전년 동기간보다 2% 감소한 수치이다.[17]

2000년 상반기 중에 니켈, 알루미늄, 구리는 각각 전년 동기간 대비 11.7%, 9.2%, 8.7%의 수출 증가를 기록했다고 국가통계위원회는 밝히고 있다. 철광석과 철강은 무려 35.3%나 증가했으며, 원유 수출은 7,070만 톤으로 2.4%의 소폭 증가를 보였다.[18] 상반기 동안 무역흑자는 325억 달러이며, 총 수출은 484억 달러(52.6% 증가) 그리고 총 수입은 159억 달러(6.9% 증가)로 나타났다.[19] 높은 무역흑자 이외에도 해외로의 자본유출도 점차적으로 감소하고 있다. 러시아 중앙은행(Gosbank)은 2000년 1/4분기 중 러시아 은행으로부터 off-shore-zone(예를 들면 키프로스 등)에 3억 달러가 유출됐다고 전하고 있다. 이 수치는 작년 동기간에 9억 달러의 자본유출보다 3분의 1 보다 감소한 것을 의미한다.[20] 2000년 상반기 중 러시아의 해외투자는 전년 동기간 대비 11%나 증가했으며,

12) 이 수치의 의문점에 대해서는 다음의 글을 참조. Vasily Mikheev "Keynotes of Economic Policy of the New Russian Government and Perspectives of Economic Development of Russian" 「한·러 경제교류 10년의 평가와 러시아 경제의 미래」 정여천 편 (서울: 대외경제정책연구원, 2000년), pp.206-208.

13) "GDP Up 7.3 Percent In First Half", RFE/RL Newline, Aug. 1, 2000.

14) "Industrial Growth Picks Up Speed Again", *RFE/RL Newsline*, Sep. 18, 2000.

15) "Real Incomes Jump Up", *RFE/RL Newsline*, Aug. 23, 2000.

16) "Unemployment Declines", *RFE/RL Newsline*, Aug. 23, 2000.

17) "Richest Tenth Get a Little This Year", *RFE/RL Newline*, Aug. 1, 2000. 소득불평등도 약간 감소한 것처럼 보이지만 여전히 러시아의 자산 및 소득불평등도는 대단히 크다.

18) 그러나 국제원유가격의 상승으로 수입은 130%의 증가로 나타났다. "Russian Oil Export Earning Rise With Prices", Aug. 9, 2000.

19) "Metals, Crude Exports Up In First Half", *RFE/RL Newsline*, Aug. 24, 2000.

국내 투자 증가율도 전년 동기간보다 17%나 증가해서 경제성장의 기초가 잡혀가고 있다고 푸틴의 경제고문 일라니노프(Andrei Illarinov)는 말하고 있다.[21] 그 결과 1998년 8월 모라토리엄 선언 이후 러시아의 외환보유고가 바닥에서부터 점차적으로 늘어나기 시작했다. 러시아 중앙은행은 2000년 1월에 금을 포함한 외환보유고가 116억 달러에서 8월 25일에 241억 달러로 증가했다고 말하면서 1997년 중반 최고치인 245억 달러를 금년 중에 갱신할 것으로 기대하고 있었다.[22]

또한 조세징수도 과거와는 달리 목표치를 상회하고 있다. 이윤세는 2000년 상반기 중 전년 동기간 대비 120%나 초과 징수했다고 국세청은 전하고 있다. 예산수입에서 이윤세의 점유율이 작년에 23%에서 2000년에 28%로 증가했다.[23] 러시아 국가통계위원회는 2000년 상반기 중 연방예산은 GDP의 3.8%의 흑자를 보이고 있으며, 러시아로의 해외투자도 11.9%(47억 8,000만 달러)가 증가했으며, 러시아 기업가 1,000명의 여론조사에 의해서도 과거 5년 동안에 가장 좋은 영업환경이라고 말하고 있다.[24]

2000년 러시아의 경제상황은 언급한 것처럼 모든 경제지표들이 청신호를 보이고 있다. 러시아 경제의 청신호는 금융위기로 인한 루블화의 대폭적인 평가절하와 세계시장에서 원료·연료 가격 앙등에 절대적으로 기인한다. 루블화의 평가절하는 해외로부터의 수입 감소뿐만 아니라 국내기업의 경쟁력을 제고시키고 있다. 또한 러시아 수출품의 대부분, 예를 들면 석유와 가스의 수출이 전체 수출의 50% 이상이란 것을 감안할 때 국제 연료가격의 상승은 무역흑자와 세수수입에 지대한 역할을 하고 있다. 푸틴 정부의 출범과 함께 러시아 정국의 안정화는 러시아 경제의 안정과 성장에 기여하고 있다.

러시아 경제의 청신호가 일시적으로 나타난 현상인지 아니면 새로운 도약 가능의 징후인지는 전적으로 러시아 신정부의 경제개혁의 성패에 달려 있다. 물론 원료지향형 수출구조를 고려할 때 러시아경제의 단기적 명암은 국제시장에서의 연료 · 원료가격의 추이에도 달려있다.

11.4. 푸틴의 경제개혁

푸틴은 대통령 당선 인터뷰에서 러시아국민들의 대부분이 깊은 좌절감과 불만족에 빠

20) "Russian Bank's Offshore Transgers Start To Dry Up", *RFE/RL Newsline*, Jun. 12, 2000.
21) "Total Investment Up Almost 20 Percent", *RFE/RL Newsline*, Sep. 12, 2000.
22) "Russian Reserves Near Record High", *RFE/RL Newsline*, Sep. 1, 2000.
23) "Profit Tax Revenues Soar", *RFE/RL Newsline*, Aug. 11, 2000.
24) "Most Positive Economic Data", *RFE/RL Newsline*, Aug. 31, 2000.

져 있으며, 국민들이 자신과 새 행정부에 빠른 기적을 기대하지 말라고 당부하고 있다.[25) 기적은 그냥 이루어지는 것이 아니라 러시아 법질서의 회복과 모든 경제주체의 경쟁력 여하에 달려있다.

푸틴은 대통령 당선 전부터 '법에 의한 통치'와 '강한 러시아'의 회복을 선언했다. 푸틴은 법 위에서 활동하는 지방엘리트, 올리가르히와 마피아의 권력 약화를 위해 국가질서의 회복을 최우선과제로 삼고 있다. 강한 국가는 전체주의적 국가로의 회귀를 의미하는 것이 아니라 민주적이며 법에 기초한 강력한 연방제의 창출을 의미한다.[26) 제2절에서 설명한 것처럼 푸틴이 직면한 가장 큰 과제는 법 위에서 활동하는 지방 정치엘리트, 정경유착과 탈세로 막대한 부를 축적한 과두금융·산업그룹인 올리가르히, 공권력의 약화와 도덕적 불감증과 도덕적 해이 등으로 러시아 사회를 움직이는 범죄세력과 여러 형태의 마피아, 부패한 관료들과의 '전쟁'이라고 볼 수 있다. 또한 푸틴은 실의와 빈곤에 허덕이는 대부분의 국민을 위해 빈곤퇴치와 빠른 경제안정과 성장의 과제를 안고 있다.

표트르 대제 이후 대부분의 러시아의 지도자들은 철저한 개혁을 꿈꾸어왔다. 그러나 그 개혁은 실패와 좌절되었는데 그 이유는 러시아의 광대함과 관료들의 교묘한 방해공작 때문이었다. 푸틴은 고위층의 부정부패에 단호한 조처를 선언하고 있다. 푸틴은 중앙집권적 정부를 확립시킨 프랑스의 샤를 드골(그는 체첸사태와 비교되는 알제리 식민전쟁을 효과적으로 수행)과 제2차 세계대전 후 서독의 경제기적을 설계했던 루드빅 에르하르트 수상을 존경하고 있다고 말하고 있다.[27) 푸틴은 정치적으로 강력한 중앙집권을 실현시킨 드골의 정책과 서독의 경제기적을 달성시킨 에르하르트의 리버럴한 경제정책을 목표로 하고 있다고 생각된다. 상트 페테르부르크 출신인 푸틴의 성향과 각료의 인선을 고려할 때 과거 사회주의체제로의 복귀는 거의 불가능하다고 판단된다. 푸틴이 근무했던 당시의 KGB는 개혁성향이 강한 인물이 요직을 차지했다는 것을 상기하면 된다.

푸틴은 강한 러시아를 내세우면서도 '실용주의' 노선을 지지하면서 한편으로 국가기관의 통제력의 회복과 다른 한편으로 시장경제의 유지를 동시에 수행 목표를 하고 있다. 대선 이후 발탁한 정치, 경제자문들은 리버럴한 인사를 등용하고 있다. 총리 카시야노프(42세)[28)는 대외부채협상에서 탁월한 수완을 발휘한 재정전문가이며, 경제자문으로 새로 영

---

25) Tuck Wesolowsky, "Russia: Putin Wins As Expected", *RFE/RL*, Mar. 27, 2000.
26) Vladimir Putin "Russia at the Turn of the Millennium" Website of the Russian Government.
27) *Time*, Apr, 3, 2000, p.40.
28) 카시야노프는 러시아 정치에 지대한 영향력을 행사하고 있는 올리가르히인 베레조프스키와 아브라모비치와 친분을 갖고 있는 것으로 알려지고 있다.

입한 안드레이 일라니노프(38세)도 옐친 정부의 경제개혁을 비판한 극우 자유경제주의자이며, 상트 페테르부르크 인맥이며 싱크 탱크의 핵심인 전략연구센터 소장 게르만 그레프의 경제발전·무역부 장관으로 발탁 등을 들 수 있다.[29)]

푸틴은 2000년 7월 8일 상원에서 "러시아인은 연간 75만 여명 감소하고 있으며, 이 추세가 계속 진행될 경우 15년 내에 러시아 총인구의 7분의 1인 2,200만 여명의 인구감소가 예상된다고 경고"하고 있다. "인구 감소는 러시아 국가생존의 문제와 직결"된다고 말하고 있다. "인구감소를 예방하기 위해서는 러시아의 빠른 성장과 안정이 절대적으로 필요하다"고 역설했다. "우선적으로 조세개혁, 해외자본의 유치, 경쟁과 효율성 그리고 사회적으로 공정한 경제체제의 확립이 필요하다"고 말하고 있다. "이를 위해 정치적 안정이 우선과제이며, 경제발전 잠재력의 장애요인인 높은 세금, 관료제의 병폐, 만연된 범죄 문제를 해결해야 한다. 이 문제의 해결은 국가의 역할에 달려 있다. 연방예산의 3분의 1은 국내외 채무 변제에 사용되고 있다. 원료 및 연료산업 중심에서 하이테크와 부가가치가 높은 산업으로의 전환도 모색해야 한다. 국가규제는 가능한 한 극소화를 통해 시장경제의 활성화를 촉진하며, 효과적 법 집행제도의 정비, 단일경제 및 법적 공간의 강화, 지방차원에서 곡물조달과 알코올 거래 제한의 철폐와 자본, 상품, 서비스의 이동의 자유, 관세제도의 효율성을 위해 관세율의 통합화와 단일화, 은행제도의 투명성, 주식시장을 통해 투자재원의 동원, 효율적인 사회정책의 강화 등"을 역설했다.[30)]

2000년 6월 28일 러시아 각료회의에서 18개월 단기 경제프로그램과 2010년까지 10년 중장기 경제 프로그램이 확정됐다고 카시야노프 총리는 말하고 있다. 18개월 단기 경제프로그램에서는 정부지출에 대한 엄격한 통제와 조세개혁의 국가두마의 비준을 목표로 하고 있으며, 중장기 경제프로그램은 금년 가을까지 그 윤곽을 확정할 계획을 갖고 있다고 전하고 있다.[31)]

푸틴 정부의 경제프로그램은 서방의 전문가들도 환영하는 리버럴한 경제정책이라고 평가하고 있다. 그러나 '르네상스 캐피탈'사의 내쉬(Roland Nash)는 "러시아는 경제 프로그램을 만드는 도사"라고 비판한 것처럼 이 프로그램이 수행될 수 있는지는 여전히 의문으로 남는다.[32)] 총리 카시야노프가 인정한 것처럼 경제프로그램에 대해 내각구성원간의 공

29) "Putin Reportedly Supports Creation Of New State Organ", *RFE/RL, Newsline*, May 26, 2000.
30) *RIA Novosti*, Jul. 8, 2000.
31) 10년 중장기 경제 프로그램의 전문은 다음의 홈페이지를 참조. http://www.komersant.ru /Docs/high-priority-task.htm.
32) "Government Approves 'Liberal' Economic Program", *RFE/RL Newline*, Jun. 29, 2000.

감대가 완전히 형성되지 못하고 있다. 경제발전·무역부 장관 그레프(German Gref)는 중장기 경제프로그램의 주요 목표는 부자와 빈자간의 격차해소와 모든 주민의 생활수준 향상이라고 말하고 있다. 또한 그레프는 이 프로그램은 정부와 시민간의 '새로운 사회계약'의 의미를 지니고 있으며, 루블 안정화의 보장과 정상적인 조세체계와 경제범죄의 처방을 목표로 한다고 말하고 있다. 이 프로그램은 연간 최저 5%의 국내총생산(GDP)의 달성을 목표로 하고 있다.

18개월 단기경제프로그램의 일환으로써 실시된 조세개혁[33]의 골자는 조세부담을 경감하고 과세를 평등하게 하며 세금체제를 단순화한다. 2000-2001년까지 제1단계에서 유통세를 폐지하고 현재 차등 적용되고 있는 소득세를 단일화하며, 2002-2003년까지 제2단계에서 판매세와 외환매입세를 폐지하며, 광물자원 개발에 대한 세금을 공제하며, 기업 및 주민 자산세와 토지세를 부동산세로 단일화했다. 재무부장관 알렉산드르 쿠드린은 2001년 유통세가 폐지되며, 소득세 13%가 일률적으로 적용되며, 이윤세가 현행 30%에서 35%로 증가한다고 말하고 있다. 2000년 9월 7일 러시아 각료회의에서 관세율의 수를 7개에서 4개로의 감소를 결정했으며, 관세율은 5-25% 범위 내에서 이루어진다. 카시야노프 총리는 관세수입이 러시아 재정수입의 20%를 점유하는 것을 고려할 때 관세정책의 중요성을 역설했다. 그는 1999년에 수입업자들이 약 5,000만 달러의 관세를 탈세한 것으로 추정하고 있다.[34] 관세를 포함한 조세개혁의 비준으로 세 부담의 경감과 투명성의 증가 등으로 조세 및 관세수입의 증가가 기대된다.

푸틴은 5월에 대통령 취임 이후 제일 먼저 중앙권력이 강화된 연방제의 재편을 실시했다. 푸틴은 연방정부와 대통령의 권한 강화를 위해 행정의 재편과 일련의 재중앙 집권화 정책을 착수하기 시작했다. 푸틴 대통령은 2000년 5월 13일에 러시아연방의 89개의 연방주체(21개의 공화국 49개의 '주(oblast)', 6개의 변강주(kray), 1개의 자치주, 10개의 자치구(okrug), 2개의 특별시)[35]를 기존의 7개의 군관구와 유사한 7개의 연방행정지구로 행정개혁을 단행했다. 대통령에 의해 임명되는 7개 지구에서의 대통령 전권

33) 조세법개혁안은 2000년 7월 26일에 상원(연방회의)에서 찬성 128, 반대 13, 9명 기권으로 통과됐다. "Federation Council Votes for Putin's Reform and Supports the New Tax Code", *RFE/RL Newsline*, Jul. 27, 2000. 대통령 당선 이후 푸틴은 '세무경찰'에 대한 추가적으로 더 많은 권력을 부여했다. "Tax Police Get More Powers", *RFE/RL Newsline*, Apr. 19, 2000.

34) "Government Trims Number of Import Duties", *RFE/RL Newsline*, Aug. 9, 2000.

35) <표 11-3>에서 보는 것처럼 러시아연방의 89개 연방주체는 11개의 광역경제지역으로 구분되고 있으며, 러시아연방 국가통계위원회(Goskomstat)의 지방통계 자료는 광역경제지역별로 발표되고 있었다.

대리인(Governor-General)은 대통령의 사회·경제정책을 해당 지역 내에 실현시키는 한편 연방지구 내의 연방주체들에 대한 통제권도 갖게 되어 있다.

부총리급이며, 안보위원회 의원직을 겸임하는 대통령 전권대리인은 막강한 권한이 부여될 것으로 보이며, 이미 '총독'으로 불려지고 있다. <표 11-3>에서 보는 것처럼 7명의 전권대리인의 대부분은 군장성 혹은 정보기관의 출신들로 구성했다. 북카프카스 새 행정지구는 광역북카프카스경제지역의 10개의 연방주체와 새롭게 칼믜키야공(共), 아스트라한주, 볼고그라드주의 편입으로 '북카프카스' 행정지구는 오히려 '남부지역' 행정지구로 6월 23일에 대통령 포고령으로 변경됐다.[36]

푸틴은 지방의회 의장과 행정수반직(대통령, 주지사, 시장, 자치구장)을 겸하고 있는 지방지도자들은 둘 중 하나만 선택해야하며, 지방 연방주체의 조례와 자치법안들이 연방헌법과 연방법에 위배되는 경우 해당 지방 지도자들을 대통령 권한으로 해임할 수 있는 대통령령에 서명했다. 또한 새로운 상원(연방회의)의원 구성에 관한 법률은 자동적으로 89개의 연방주체의 행정장과 의회의장의 상원 의원의 겸직을 금지한다. 겸직 금지는 지방 행정장과 의회의장의 상원의원의 면책특권이 박탈됨으로써 언제든지 면직은 물론 형사 기소될 가능성까지 열렸다. 그 이외에도 지방정부와 지방의회가 연방헌법과 연방법에 위배되는 법률을 제정하거나 집행할 경우 연방정부(대통령)가 해당관련자를 해임 혹은 해산시킬 수 있는 법안도 통과됐다.

푸틴의 재 중앙집권 정책에 대해 기득권의 세력인 지방엘리트와 올리가르히들의 반발이 예상된다. 기득권 세력들은 푸틴 정책을 속으로 반대하고 있지만 겉으로 내놓고 반발할 처지에 있지 못한 상태이다.[37]

36) 칼믜키야共, 아스트라한주, 볼고그라드주의 행정장들은 과거 광역볼가경제지역에서 북 카프카스 새 행정지구의 편입에 대해 불만을 토로하면서 새로운 행정지구의 명칭을 요구했기 때문에 '남부지역'으로 명칭이 변경됐다. "Putin Renames Federal District", *RFE/RL Newline*, Jun. 23, 2000.

37) 새로운 연방제 재편과정에서 연방정부와 지방정부의 갈등에 대해서는 필자의 글을 참조. "러시아 신정부의 대 아시아 경제정책과 동북아 경제협력" 「러시아의 신정부 출범과 한·러 관계의 미래」 한양대학교 아태지역대학원 아태지역연구센터와 러시아과학원 극동연구소 주최 제11차 한·러 국제학술회의 발표논문, 서울 President Hotel, 2000년 10월 5일, pp.17-20.

〈표 11-3〉 2000년 러시아연방의 행정재편 내역

광역경제지역	연방주체 멤버	새 연방지구	중심지(대통령전권대리인)	연방주체 멤버
1.북부지역	1	I. 북서지역	상트 페테르부르크 시1)	I
2.북서지역	2			
3.중앙지역	3	II. 중앙지역	모스크바 시2)	II
4.중앙흑토지역	4			
5.볼가지역	5	III. 볼가지역	니쥬니 노보고로드 시3)	III
6.볼가-뱌트카지역	6			
7.북카프카즈지역	7	IV. 북카프카스지역	로스토프-나-도누 시4)	IV
8.우랄지역	8	V. 우랄지역	예카테린부르그 시5)	V
9.서시베리아지역	9	VI. 시베리아지역	노보시비르스크 시6)	VI
10.동시베리아지역	10			
11.극동지역	11	VII .극동지역	하바로프스크 시7)	VII

주:1 카렐리야共, 코미共, 아르항겔스크주, 네네츠자치관구, 볼로그다주, 무르만스크주.
2 상트 페테르부르크시, 레닌그라드주, 노보고로드주, 프스코프주, 칼리닌그라드주.
3 브랸스크주, 블라디미르주, 이바노보주, 칼루가주, 코스트로마주, 모스크바시, 모스크바주, 오렐주, 랴잔주, 스몰렌스크주, 트베르주, 툴라주, 야로슬라블주.
4 벨고로드주, 보르네쥬주, 쿠르스크주, 리페츠크주, 탐보프주.
5 칼믜키야共, 타타르스탄共, 아스트라한주, 볼고그라드주, 펜자주, 사마라주, 사라토프주, 울리야노 프스크주.
6 마리 엘共, 모르도비아共, 츄바스共, 키로프주, 니쥬니 노보고로드주.
7 아디게야共, 다게스탄共, 잉구쉬共, 카바르디노-발카리아共, 카라차이-체르케시야共, 북오세티야共, 체첸共, 크라스노다르변강주, 스타브로폴변강주, 로스토프주.
8 바슈코르토스탄共, 우드무르트共, 쿠르간주, 오렌부르그주, 페름주, 코미-페름야츠크자치구, 스베르들로프스크주, 첼랴빈스크주.
9 알타이共, 알타이변강주, 케메로보주, 노보시비르스크주, 옴스크주, 톰스크주, 튜멘주, 한티-만시자치관구, 야말로-네네츠자치관구.
10 부랴티야共, 투바共, 하카시야共, 크라스노야르스변강주, 타이미르자치구, 에벤크자치구, 이르쿠츠크주, 우스티-오르딘스크 부랴티야자치관구, 치타주, 아긴스크-부랴티야자치관구.
11 사하共, 유대인자치주, 추코트카자치관구, 연해변강주, 하바로프스크변강주, 아무르주, 캄차트카주, 코랴크자치구, 마가단주, 사할린주.
I. 1 + 2(11개의 연방 주체). II. 3 + 4(18개의 연방주체).
III. 바슈코르토스탄共, 마리 엘共, 모르도비아共, 타타르스탄共, 우드무르트共, 츄바스共, 니쥬니 노보고로드주, 키로프주, 오렌부르그주, 펜자주, 페름주, 사마라주, 사라토프주, 울리야노프스크주, 코미-페름야츠크자치구(15개의 연방주체).
IV. (10개의 연방주체) + 칼믜키야共, 아스트라한주, 볼고그라드주, (13개의 연방주체)
V. 쿠르간, 스베르들로프스크주, 첼랴빈스크주, 튜멘주, 한티-만시자치구, 야말로-네네츠자치구(6개의 연방주체).
VI. 9 + 10 튜멘, 한티-만시와 야말로-네네츠차지관구는 우랄지구로 이전(16개의 연방주체).
VII. 11과 동일(10개의 연방주체).
1) 체르케소프(Viktor Cherkesov): FSB 제1부국장
2) 폴타프첸코(Georgiy Poltavchenko): KGB근무, 레닌그라드주 대통령 전권대표.
3) 키리옌코(Viktor Kiriyenko): 국가두마 우익단체연합의장
4) 카잔트세프(Viktor Kazantsev): 1994~96년 체첸전사령관, 최근 체첸군사겜페인 의장.
5) 라티쉐프(Pytor Latyshev): 제1 내무 부장관
6) 드라체프스키(Leonid Drachevskiy): CIS 담당 장관
7) 풀리코프스키(Konstantin Pulikovskiy): 육군중장.

출처: Julie A. Crowin, "The New Gang of Seven?", *RFE/RL, Russian Federation Report*, Vol.2, No.18, May 17, 2000; "Putin Reorganizes Federal Government", *RFE/RL Newline*, May 19, 2000; "Putin Names His New Men in the Regions, Reshapes the Russian Federation", *RFE/RL Newline*, May 29, 2000.

푸틴 대통령은 연방과 국가권력의 강화를 통해 경제회복과 자원동원을 최대화하는 데 목표를 두고 있다. 새로운 연방제를 통해 지방 정치엘리트의 권한을 축소하는 중앙집권화 정책도 진통을 겪겠지만 해결될 것으로 예상된다.[38] 푸틴 대통령의 가장 풀기 어려운 과제는 올리가르히와의 전쟁을 어떻게 효과적으로 수행하느냐의 문제이다. 올리가르히의 대부분은 옐친과 옐친 측근과 친밀한 관계를 유지하고 있는 것으로 알려지고 있으며 러시아국민의 원성의 대상이 되고 있다. 푸틴 대통령 직무대행 시기에서도 시베리아석유회사(Sibneft)의 회장인 33세의 로만 아브라모비치(국가두마 의원)는 최근에 러시아 주요 알루미늄회사의 지분을 인수하여 러시아 총 알루미늄생산의 70%, 세계 알루미늄생산의 20%를 점유하는 알루미늄 황제로 부각했다. 그도 베레조프스키와 마찬가지로 옐친의 둘째 딸 디야첸코와 친밀한 교분을 갖고 있어 옐친 패밀리의 돈주머니로 알려져 있다.[39] 러시아 50대 올리가르히들이 지난 5년 동안 거의 무에서 어떻게 억만장자로 된지에 대해 설명할 수 없는 상황이다. 옐친의 딸 타티야나 디야첸코, 옐친의 참모장이었던 발레틴 유마세프, 보리스 베레조프스키 등의 다수의 재력가들, 일명 옐친 패밀리들은 일단 옐친의 퇴진과 푸틴의 대통령 당선에 주요한 역할을 담당했다.[40]

러시아의 시급한 경제회복의 관건은 재원조달 여하에 달려 있다고 보인다. 푸틴의 '강한 러시아' 정책의 강도가 높아질수록 서방자본의 유입이 최소화될 가능성이 높다. 지금까지 푸틴의 대외정책은 실용주의 노선을 채택하고 있으며, 해외자본의 유치에 필요한 법·제도를 정비하고 있다. 푸틴은 해외자본의 적극적 유치와 올리가르히의 해외유출 자본을 러시아로의 재유입 정책을 전개할 것으로 생각된다. 특히 푸틴은 과거 정보부처의 근무한 경험을 통해 자본유출에 대한 많은 정보를 알고 있다고 생각되며, 여러 형태의 방법으로 올리가르히들과의 협상과 타협 혹은 직간접 방법 혹은 인센티브 유인 정책을 전개할 것으로 예상된다.

실제적으로 푸틴은 올리가르히에 대한 제재와 경제 질서의 확립을 위해 옐친 시대 때 누렸던 크렘린과의 긴밀한 관계를 원천적으로 봉쇄할 계획을 세우고 있다. 소연방 붕괴 이후 만연된 탈세와 부정부패에 대한 방지책을 준비하고 있다. 세무경찰은 루코일(LUKoil)석유회사와 언론그룹 메디아 모스트그룹(Media-Most) 등의 대기업을 대상으로 탈세와 부정혐의를 전격적으로 수사를 행했다. 올리가르히들은 일련의 푸틴 정책을 권위

38) 러시아 총리는 2000년 8월 31일까지 국영부문의 임금연체액은 약 20억 루블(7,200만 달러)로 2000년 4월보다 약간 많다고 밝히고 있다. 그 이유는 지방정부의 조세이전이 이루어지지 않고 있기 때문이라고 말하고 있다. "Kasaynov Puts State Wage Arrears At 2 Billion Rubles", *RFE/RL Newsline*, Sep. 1, 2000.

39) *Коммерсант*, Feb. 2, 2000.

40) *Time*, Apr, 3, 2000, p.41.

주의 체제로의 회귀라고 비판하고 있다. 과거 막강한 영향력을 행사했고 푸틴 대통령 당선 1등 공신으로 자부하는 대표적 올리가르히 베레조프스키 의원(면직됨)은 푸틴의 지방정부에 대한 통제권을 강화함으로써 독재체제의 가능성이 있다고 비판하고 있다. 푸틴은 '이즈베스티야'와의 인터뷰에서 최근 메디아모스트그룹, 자동차사(AvtoVAZ), 석유사(LUKoil), 인테로스그룹(Interros Group) 등에 대한 세무경찰과 연방검찰청에 대한 조사는 공정한 경제거래 질서의 차원에서 이루어지는 절차라고 말하고 있다.[41] 푸틴은 현재 대통령선거 과정에서 비협조적이었던 올리가르히, 예를 들면 메디아모스트 그룹의 회장인 구신스키의 일시 체포 등에서 보는 것처럼 선별적인 반 올리가르히 정책을 펼칠 것으로 예상된다. 러시아 국민들의 대부분은 올리가르히의 주장보다는 푸틴 새 대통령의 반 올리가르히 정책을 지지하고 있으며, 푸틴과 옐친과의 단절을 원하고 있다. 옐친의 후원을 얻은 푸틴 대통령은 그 스스로 선택의 한계를 지니고 있다고 보인다. 그러나 한국 대통령들이 겪었던 경험처럼 어느 정도 시간이 지난 후 여러 형태의 협조 혹은 마찰과 갈등 혹은 청산으로 이어질 것으로 생각된다. 올리가르히들과의 전쟁을 어떻게 효과적으로 수행하느냐에 따라 푸틴 자신뿐만 아니라 러시아 미래 운명이 달려 있다고 생각된다.

제2절에서 살펴본 것처럼 푸틴은 비교적 젊은 나이에 초고속 성장을 통해 대통령으로 당선됐으며, 1999년 12월 제3대 하원선거에서 친 푸틴계의 승리를 통해 의회로부터 지지를 받고 있다. 또한 국제시장에서 원료·연료가격의 앙등 등으로 인해 러시아경제는 나아져가고 있어 푸틴은 여러 면에서 행운아라고 볼 수 있다. 푸틴의 국민들로부터의 지지율은 상당히 높은 수준이었으나 2000년 8월에 바렌츠 해 부근에서 침몰한 쿠르스크 핵잠수함사건과 러시아의 자존심이었던 오스탄키노 방송탑의 화재 사건 등으로 인기도는 다소 하락했다. 1990년대 러시아의 8월은 잔인한 달이라고 볼 수 있을 것이다. 1991년 8월에 보수파에 의한 쿠테타, 1993년 8월에 행정부와 의회 간에 첨예한 갈등과 루블화의 폭락, 1994년 8월에 1차 체첸 전 발발, 1998년 8월에 모라토리엄의 선언, 1999년 8월에 제2차 체첸 전 발발, 2000년 8월에 언급한 사고 등 이외에도 8월에는 계절적 요인으로 물가앙등과 루블화의 폭락이 주기적으로 나타났다. 또한 러시아에서 2003년 8월에 러시아는 대외부채의 원금과 이자의 상환문제(2003년에 약 170억 달러), 인구감소 문제(노동력과 교육계의 붕괴 등), 특히 고령화 문제와 낙후한 사회간접자본시설 문제가 얽히면서 위기가 올 것으로 예견하고 있다. 물론 이 위기설은 정치적 목적으로 이용하려는 의도가 숨겨있을지는 몰라도 푸틴 대통령과 의회지도자들은 사전에 이 문제에 대해 함께 공동조처를 취한다고 약속한 것

41) "Putin Says Business Climate Being Made More Orderly", *RFE/RL Newsline*, Jul. 14, 2000.

은 매우 고무적 현상이다.42) 또한 푸틴은 옐친과는 달리 국가두마의 지지를 받고 있어 새 정부가 의회의 지지를 받아 경제개혁을 추진할 수 있을 것으로 생각된다.

11.5. 러시아경제의 미래 전망

러시아의 새로운 선택의 길은 원론적으로 새 대통령과 러시아국민에 의해 결정될 수밖에 없다. 현시점에서 러시아경제의 미래는 거의 전적으로 푸틴과 그의 정책팀에 좌우된다고 보인다. 2000년 상반기 중에 조세수입이 목표치보다 초과 징수하고 있으며, 국내총생산은 7.3%의 증가와 공업생산이 10.3%의 증가는 최근 러시아의 역사에서 획기적인 사건이라고 러시아총리 카시야노프는 말하고 있다.43) 러시아 경제의 청신호는 러시아의 1등 수출품인 원유 국제가격의 상승과 푸틴 하에서 정치적 안정을 회복하면서부터 투자환경이 좋아지고 있기 때문이다.

옐친으로부터 물려받은 러시아경제의 부정적 유산에 대한 청산과 향후 경제발전은 단시간에 이루어지는 것이 아니라 장시간이 소요될 것이라는 데에는 이론의 여지가 없다. <표 11-4>에서 보는 것처럼 러시아 과학아카데미 경제연구소가 개발한 낙관적인 시나리오는 2005년경에 러시아 국내총생산은 1990년 수준으로 회복하며 2010년경에는 동기간 대비 1.32배 그리고 2020년경에는 약 2배에 가까운 수준으로 회복할 것으로 추정하고 있다. 최대치와 최소치의 중간치를 고려할 때에도 약 2010년경에 러시아 국내총생산은 1990년 수준에 도달할 것으로 예상된다.

〈표 11-4〉 러시아 거시경제지표 전망

거시경제지표	1998-2000년	2001-2005년	2006-2010년	2010-2020년
국내총생산(GDP): 연간 평균증가율(%) 1990년도 대비(%)	 최대 4 최소 2 최대67 최소61	 최대 8 최소 4 최대99 최소74	 최대 6 최소 3 최대132 최소86	 최대 4 최소 2 최대195 최소105
고정자산투자: 연간 평균증가율(%) 1990년도 대비(%)	 최대 9 최소 5 최대42 최소36	 최대12 최소7.9 최대79 최소51	 최대 8 최소 5 최대108 최소65	 최대 5 최소 3 최대176 최소140
가처분 소득: 연간 평균증가율(%) 1990년도 대비(%)	 최대 3 최소 2 최대62 최소59	 최대 5 최소 3 최대79 최소68	 최대 4 최소 2 최대 96 최소75	 최대 3 최소 1.5 최대129 최소 87

출처: Y. V. 야코베츠, "러시아의 경제현황과 발전전망"「러시아의 신정부 출범과 한·러 관계의 미래」한양대학교 아태지역대학원 아태지역연구센터와 러시아과학원 극동연구소 주최 제11차 한·러 국제학술회의 발표논문, 2000년 10월 5일, p.4.

42) Andrei Shukshin, "Russia Sets Out To Tackle '2003 Problem'", *Reuters*, Sep. 13, 2000.

43) Judith Ingram, "Russian PM Reports Revenue Increase", *AP*, Sep. 14, 2000.

국가두마(하원)의 지원을 통해 정국의 안정 하에서 일관성 있는 시장경제로의 경제개혁이 박차를 가할 때 거시경제지표의 최대 낙관치 이상의 달성도 가능하다고 보여진다. 만일 푸틴이 과거 옐친처럼 go & stop식의 중도적인 시장경제로의 개혁정책을 전개할 경우 거시경제지표가 최소치 이하로 떨어질 가능성은 매우 농후하다고 볼 수 있다.

11.6. 맺음말

푸틴은 젊은 나이에 초고속 성장을 통해 러시아연방의 제3대 대통령으로 당선됐을 뿐만 아니라 러시아에서 최고 수출품인 연료·원료의 국제가격의 상승 등으로 러시아경제의 청신호뿐만 아니라 경화(hard currency)수입의 증가를 가져온 행운아라고 볼 수 있다. 1년 전에 무명의 인사였던 푸틴은 옐친의 후원에 의해서 새 대통령으로 당선되는 기회를 얻었을 뿐만 아니라 동시에 옐친이 남겨 논 부정적 유산을 함께 계승한 인물이다. 1990년대 옐친 시대에 러시아는 자유민주주의와 시장경제로의 체제이행 과정에서 모든 부문에서 어려움을 경험했다. 그럼에도 불구하고 러시아는 한 때 미국과 버금가는 초강대국이었으며, 여전히 세계 제2의 군사강국이다. 러시아는 세계대륙의 8분의 1을 점유하는 거대한 유라시아국가로서 풍부한 자원을 보유하고 있는 자원강국이다. 특히 러시아의 시베리아지역은 세계대륙의 10분의 1로서 이 지역은 아태지역과 유럽지역을 연결하는 대륙간 교량(철도, 도로, 광케이블, 파이프라인, 전력공급선, 항공수송, 해양수송)의 지경학적(地經學的) 위치를 지니고 있을 뿐만 아니라 8가지의 보물(수자원, 수력발전, 수산자원, 연료·원료자원, 임산자원, 농업자원, 관광자원, 기초과학기술의 메카)이 있는 지구상에 마지막 남은 처녀지이다.[44] 러시아의 대학자 로모노소프도 "시베리아는 러시아 국부의 증가와 강대국의 기회를 제공하는 곳"이라고 말한바 있다.

높은 잠재력에도 불구하고 체제전환 과정에서 나타난 정치, 사회, 경제적 불안정으로 지금까지 러시아는 모든 부문에서 혼란과 무질서의 악순환 고리에 처하게 됐다. 자유민주주의와 시장경제로의 체제이행과 새로운 연방제의 구축과정에서 가장 중요한 우선과제는 그 틀과 제도의 확립이었다. 이를 위해 강력한 국가의 역할이 요구되었음에도 불구하고 옐친 대통령과 행정부는 신자유주의 입장을 취하면서 '약한 국가'의 모습을 보여 왔다. 러시아의 극단적 주기적 역사의 특징처럼 혼란 후 무서운 속도로 발전했다는 것을 상기할 필요가 있다. 새 밀레니엄 시대에 첫 번째 대통령으로 당선된 푸틴의 '강한 국가'관도

44) 이 잠재력에 대해서는 필자의 글을 참조. "시베리아의 잠재력과 한국과의 협력방안", 「사회과학연구」(배재대학교 사회과학연구소), 제18집, 1999년, pp.411-433.

과거 전체주의체제로의 복귀라고는 생각되지 않으며, 러시아 초기 자본주의체제에서 나타난(나는) 부작용과 '시장실패'는 더욱더 적극적인 국가역할과 국민의식의 증대를 통해 해결될 것으로 기대해 본다.

푸틴 대통령과 그의 정책팀들이 자유민주주의와 시장경제의 틀 하에서 러시아 정국의 안정과 법질서의 확립 그리고 경제안정과 경제성장을 위한 기반을 조성하면서 러시아의 발전이 가속화된다면 푸틴은 재선뿐만 아니라 舊천년대에 러시아인들로부터 가장 존경받는 표트르 대제처럼 新천년도에 모든 러시아인들에게 존경받을 수 있는 역사적 인물로의 발판기회를 가지고 있다.[45)]

45) 표트르 대제는 서구화 정책을 통해 수도를 상트 페테르부르크로 수도를 이전한 인물이며 푸틴 대통령은 상트 페테르부르크 출신이다.

제12장 러시아 경제현황과 투자 환경 변화*

12.1 머리말

1991년 말 소연방 해체 이후 시장경제와 자유민주주의로의 체제전환을 단행하고 있는 러시아는 1998년 말까지 엄청난 체제전환의 비용을 지불했다.1) 이 비용은 1917년 10월 혁명 후 사회주의로의 체제전환 비용에 버금가는 대혼란을 경험했다. '러시아'라는 공간에서 지난 130년 동안 세 번의 체제전환, 즉 1861년 농노해방을 통해 초기 자본주의체제, 1917년부터 사회주의체제, 다시금 1991년 말에 자본주의로의 체제전환과정에서 봉건주의와 사회주의적 요소들이 중첩 혹은 혼재되면서 러시아는 정체성위기와 함께 경제는 급속하게 몰락했다.2)

러시아는 체제전환 이후 5년 만에 제조업의 공동화 현상 등으로 국내총생산은 거의 2분의 1로 하락했으며, 몇 천%가 넘는 초 인플레이션(hyper-inflation), 높은 실업률, 경화 부족 그리고 지역 격차와 사회안전망의 붕괴와 부익부 빈익빈 현상의 가속화와 임금 및 연금 체불, 빈곤층의 증가 등으로 정치, 경제, 사회적 총체적 위기를 경험했다. 결국 러시아는 1998년 8월에 모라토리엄을 선언하면서 사실상의 국가파산 상태에 봉착했다.

경제회복이 불가능한 것처럼 보였던 러시아는 예상과는 달리 1999년부터 지속적인 경제성장과 안정을 구가하면서 모든 거시경제지표는 청신호로 달리고 있다. 러시아 경제는 J-곡선상의 하강국면을 벗어나 상승국면으로 올라가고 있다. 러시아의 거시경제지표의

---

* 이 글은 2006년 4월 6일 한국국제노동재단에서 개최된 러시아 노사정 대표단 초청세미나 <세계화, 러시아, 그리고 미래 지향적 한·러 관계>에서 발표된 내용임. <『정치·정보연구』(한국정치·정보학회), 제9권, 제1호, 2006년, pp.223-240>에 게재됨.

1) 이 하락 폭은 1929-33년에 발생한 세계 대공황의 경제하락보다 더 높은 수준이었다. Anders Åslund, *The Myth of Output Collapse after Communism*, Working Papers, Carnegie Endowment for International Peace, No.18, March. Åslund, 2001, p.1.

2) 3번의 체제전환에 대해서는 다음의 글을 참조, 한종만·임현수·이길주. 1995. "러시아 체제이행에 대한 사회경제학적 분석", 「슬라브학보」(한국슬라브학회), 제10권, 1995년, pp.299-337.

청신호는 루블 가치의 폭락(4-5배)과 연료 및 원료의 국제가격의 상승 그리고 1999년 말 제3대 국가두마(의회)선거에서 여당의 약진과 2000년 푸틴 대통령 취임 이후부터 나타난 정치적 안정[3] 등에 절대적으로 기인한다.

이러한 맥락에서 제2절 러시아의 경제현황에서는 모라토리엄 이후 거시경제지표 추이 분석을 정리한 후 제3절 러시아 투자환경 변화를 고찰한다. 제4절에서는 한국에 주는 시사점을 생각해본다.

12.2. 러시아의 경제현황

푸틴 집권 이후 정치적 안정과 그동안 실행해왔던 경제개혁과 구조조정 정책의 효과 그리고 양호한 국내외 시장 경기의 활성화, 특히 중국과 인도경제의 급부상으로 인한 연료·원료가격의 앙등으로 러시아 경제는 안정과 성장을 구가하고 있다.

〈표 12-1〉 1998-2005년 러시아의 주요 거시경제지표 현황

	1998	1999	2000	2001	2002	2003	2004	2005
실질 GDP 증가율(%)	-5.3	6.3	10.5	5.1	4.7	7.3	7.2	6.4
GDP 규모(10억 달러)	275.1	193.3	251.0	310.0	346.6	442.0	539.0	588.6
1인당 GDP(달러)	1,100	1,340	1,778	2,111	2,395	3,029	3,815	4,059
공업생산 증가율(%)	-5.5	8.1	9	4.9	3.7	6.8	8.3	4
시설투자 증가율(%)		11.0	11.9	4.9	3.7	7.2	7.3	10.5
소비자 물가상승률(%)	184.4	85.7	20.8	21.5	15.8	13.7	11.7	10.9
실업률(%)	11.8	12.3	10.2	9	8.8	8	8	7.8
환율(1달러 당 루블)	20.65	27.55	28.16	30.505	31.955	29.243	27.72	28.7414
외환보유액(억 달러)	122	128	280	367	473	771	1,246	1,822
경상수지(억 달러)		246	468	338	291	354	601	
무역규모(억 달러)	802	1,150	1,499	1,557	1,683	2,119	2,798	3,600
수출	744	755	1,050	1,019	1,073	1,359	1,835	2,400
수입	58	395	449	538	610	760	963	1,200
무역수지	686	360	601	481	463	599	872	1,200
해외직접투자(억 달러)	33.6	42.6	44.3	39.8	40	68	94.2	167
정부예산(억 달러)	424	271	339	455	652	786	920	1,512*

주 : * 2006년도 정부예산(안정화기금을 포함하지 않은 수치임)
출처: 「수은해외경제」(한국수출입은행), 2006년 3월; 러시아통계위원회, 러시아 중앙은행, EIU) 등을 종합하여 재구성

3) 2003년 말 제4대 국가두마선거에서도 여당의 약진은 계속되었으며, 2004년 제4대 러시아연방 대통령 선거에서도 결선투표 없이 푸틴은 재선되었다.

<표 12-1>에서 보는 것처럼 2005년 러시아의 GDP 성장은 1999년 대비 57%까지 끌어 올렸으며, 동기간 동안 연간 평균 6.6%의 성장률을 달성한 수치이다.

2005년에 공업생산과 농업생산은 각각 4%(8.3%)와 2%(3.1%)로 완만한 성장률을 보인 반면에 통신서비스부문 15.7%(29%), 소매판매량 12%(12.5%), 시설투자 10.5% (10.9%), 대외무역부문 32.6%(32%)로 경제성장의 견인차 역할을 담당하고 있다.[4)]

러시아의 소비자물가상승률은 점진적으로 계속해서 하락하고 있지만 여전히 높은 수준으로 2005년도에도 목표치보다 높은 10.9%를 기록했다. 2006년 1월 및 2월 물가도 각각 2.4%와 1.5%로 나타나 목표치 8.5%를 달성하기는 쉽지 않은 전망이다. 금년도 초반의 물가상승은 소금과 설탕의 사재기와 텔레커뮤니케이션 비용 상승 등에 기인하고 있다. 가계의 높은 수요 욕구와 오일 달러의 유입으로 인한 화폐의 과잉공급 등으로 당분간 러시아 물가는 10%선에 오르락내리락 하리라고 예측된다.

환율도 안정을 찾으면서 2005년 기준으로 1달러 당 28.7414루블을 기록하고 있다. 2006년 5월 1일 기준으로는 1달러 당 27.27루블로 루블화가 평가 절상되고 있다.

2005년 기준으로 러시아의 공식실업률은 7.8%로 집계됐다.[5)] 실업률은 꾸준히 하락하고 있지만 단축조업 등의 '숨겨진'(hidden) 실업과 지역적 편차 등의 문제로 남아 있다.

러시아의 거시경제지표 중에서 가장 양호한 지표로서는 해외부문과 관련된 경제지표라고 볼 수 있을 것이다. 2005년도 러시아의 수출은 전년 대비 35% 증가한 2,400억 달러, 수입은 29% 증가한 1,200억 달러로 1,200억 달러의 무역흑자를 기록했다. 주요 수출품으로는 연료(석유, 가스, 석탄 등), 금속, 철광석, 비료, 목재 등의 연료 및 원료 자원이 주를 이루고 있다. 석유와 천연가스가 전체 수출의 60%(1999년 41%, 2002년 52.5%, 2004년 56.7%)를 차지하고 있다.[6)] 2006년 3월 1일 기준으로 우랄 산 원유수출로 적립한 안정화 기금도 520억 달러를 상회했으며, 2008년까지 1,000억 달러를 상회할 것으로 러시아 재무성은 예측하고 있다.[7)]

해외직접투자도 꾸준히 증가하여 2005년에 167억 달러를 마크했다. 높은 무역수지와

---

4) ( )는 2004년의 전년 대비 성장률을 의미합니다.

5) *RIA Novosti*, 2006/3/12.

6) 러시아의 최대 국영회사인 가즈프롬은 2006년에 1,510억㎥ 가스수출규모를 통해 약 330억 달러의 수입을 올릴 것으로 예측하고 있다. *RIA Novosti* 2006/3/13.

7) 러시아 정부는 2003년 11월에 '안정화기금'(Stabilization Fund)을 설립하여 우랄산 유가가 배럴당 20달러를 초과할 경우 초과분을 적립하였는데 유가가 급등하면서 2005년에는 원유 수출 1배럴(159리터) 당 27달러 이상의 금액을 안정화기금으로 적립했다. 기금 목적은 1998년과 같은 금융위기의 방지와 국제원유가격의 변화와 같은 외부효과를 극소화하는 데 사용하고 있다. 2005년에 러시아 원유수출가격은 평균 1배럴 당 46달러를 기록했다. *RIA Novosti* 2006/3/2.

해외직접투자의 덕택으로 러시아의 외환보유액은 2005년 말 1,822억 달러의 최고치를 돌파한 후 2006년 5월 1일 기준으로 2,264억1,300만 달러를 마크하고 있다. 그 수치는 계속 올라갈 전망이다.[8] 또한 러시아인들이 보유하고 있는 '장롱'속의 경화(300-1,000억 달러 추정)[9]와 자본유출(1,000-4,000억 달러 추정)[10]을 고려할 때 중국과 일본에 이어 사실상 세계 3위의 외환보유국이라고 말 할 수 있을 것이다.

〈표 12-2〉 2004-2006년 한국과 러시아의 무역 추이

연 도	2004년	2005년	2006년 1월	2006년 2월
수출(달러)	23억3,832만9천	38억6,417만	3억1,523만6천	5억5,887만9천
수입(달러)	36억7,145만5천	39억3,662만3천	3억730만9천	6억2,758만5천
무역수지 적자(달러)	13억3,331만6천	7,245만5천	792만7천(흑자)	6,870만6천
무역교역액(달러)	60억978만4천	78억79만3천	6억8832만6천	11억8,646만4천
전년 대비 수출 증가율(%)	41.0%	65.2%	44.8%	27.1%
전년 대비 수입 증가율(%)	45.6%	7.2%	11.6%	19.2%

출처: 「수은해외경제」(한국수출입은행), 2006년 3월호, p.157.; 「수은해외경제」(한국수출입은행), 2006년 4월호, p.155.

2005년도에 한국과 러시아의 대외무역규모도 사상 최대치인 78억 달러를 상회했으며, 제3국 경유(핀란드, 발트 국가, 폴란드) 우회 수출을 포함하면 양국 간의 교역규모는 100억 달러를 상회할 것으로 판단된다. 한국의 대 러시아 수출은 무려 65.2%나 급증하면서 무역수지 적자의 폭이 대폭적으로 줄어들고 있다.

2005년 4월 말 한국의 대 러시아 투자 신고액은 161건에 2억 4,500만 달러로 우리나라 총 해외투자 누계 액의 0.3%에도 미치지 못하고 있다. 2004년 12월 말 누적액 기준으로 대 러시아 투자는 산업별로는 제조업(34%), 숙박음식업(18%), 부동산(14%), 통신업(11%), 도소매업(7%), 농림어업(7%), 광업(5%), 서비스업(2%)으로 집계되고 있다.[11] 새로운 투자사업 중에는 '롯데'가 모스크바 시에 비즈니스센터 건설, 'LG전자'가 모스크바 주 루자 시에 가전제품 제조사 건설, '한국 야쿠르트'사가 모스크바 주에 위치한 랴멘스코예 시에 식품 생산업체 건설, 'LG건설 & 엔지니어링', '삼성', '기아자동차' 등의 기업

8) *RIA Novosti* 2006/5/6.

9) P. Johannevich Van de Waal-Palm, "Black Tuesday", *Palms & Company Document* 1995, p.3.

10) *Izvestia*, 1998/9/4, p.2.

11) 2005년 말 한국의 해외투자 누적액 신고 금액은 880억 7,500만 달러이며, 실행 투자금액은 584억 2,400만 달러로 집계됐다. 「수은해외경제」(한국수출입은행) 2006, 3월호, pp.150-151. 한국의 대 러시아 투자의 대부분은 극동지역과 모스크바에 편중되어 있다.

들이 러시아에서 일련의 제조업 건설에 적극적으로 참여하고 있다. 2005년 말까지 러시아의 대 한국 직접투자 규모는 252건에 1,840만 달러로 집계됐으며, 2005년 직접투자는 34건 250만 달러에 불과했다.12)

2005년 러시아와 중국과의 교역도 사상 최대치인 291억 달러(전년보다 37% 증가)를 기록했다. 2010년경에 양국의 교역량은 2배 증가한 600억 달러에 이를 것으로 예측하고 있다.13)

12.3. 러시아의 투자환경 변화

러시아는 브릭스(BRICs) 국가 중에서 원료·연료 자원을 풍부하게 보유하고 있으며, 지경학적으로 대륙(대양)·대륙(대양)을 연결하는 가교 역할을 할 수 있는 나라이다.

1997년 초 기준으로 러시아 지하자원 매장량의 총 잠재가치는 28조 5,600억 달러로 평가되지만 지하자원의 국제시세를 감안할 때 그 가치는 더 높게 평가될 수 있을 것이다.

〈표 12-3〉 러시아 유용광물 매장량의 총 잠재가치(1997년 초 기준)

유용광물	10억 달러	%
총 가치	28,560	100.0
천연가스	9,190	32.2
석탄 및 편암	6,651	23.3
석유 및 석유제품	4,481	15.7
철광물	1,962	6.8
비철금속광물 및 희귀금속광물	1,807	6.3
귀금속광물 및 다이아몬드	272	1.0
우라늄	4	0.01
기타 유용광물	4,197	14.7

출처: V. D. 안드리아노프 저/CIS시장연구회 역,「러시아 대외경제론」(서울: 동명사, 1999), p.317.

연료자원(천연가스, 석탄, 석유)의 가치는 20조 3,220억 달러로서 러시아 지하자원 총 가치의 71% 이상을 점유하고 있다. 연료·원료자원 수출이 러시아 경제의 기관차 역할을 담당하고 있다는 데에는 이론의 여지가 없을 것이다.

12) 이고르 사기토브, "한·러 경제협력 관계와 전망" 2006년 4월 6일 러시아 노사정 대표단 초청 세미나「세계화, 러시아, 그리고 미래 지향적 한·러 관계」(서울: 한국국제노동재단, 2006), p.31.

13) *RIA Novosti* 2006/2/21.

〈표 12-4〉 2000-2050년까지 G6 국가들의 순위변동(GDP 규모 기준)

순위	2000년	2005년	2010년	2020년	2030년	2040년	2050년
1	미국	미국	미국	미국	미국	미국	중국
2	일본	일본	일본	중국	중국	중국	미국
3	독일	독일	중국	일본	일본	인도	인도
4	영국	중국	독일	독일	인도	일본	일본
5	이탈리아	영국	영국	영국	러시아	러시아	브라질
6	프랑스	프랑스	이탈리아	인도	독일	브라질	러시아

출처: Goldman Sachs, 2003 재인용: 이재영·윤성학, 「러시아 비즈니스가이드, 21세기 왜 러시아인가?」(서울: 한국무역협회 통상협력팀. 2005), p.10.

골드만 삭스(Goldman Sachs)는 2003년 발간한 BRICs 보고서에서 러시아 경제는 지속적으로 성장하여 2028년에 유럽 최대 경제대국이 될 것으로 전망하였다. 러시아의 GDP 규모가 2018년에 이탈리아, 2024년에 프랑스, 2027년에 영국, 2028년에 독일을 추월하여 세계 5위로 부상할 것으로 예측했다. 이 전망이 이루어질 경우 러시아는 2030년경에 미국, 중국, 일본, 인도에 이어 세계 5대 경제대국으로 부상할 것으로 예상된다. 골드만 삭스가 러시아의 잠재성장력을 높게 평가하는 근거로써 러시아의 높은 교육수준, 구매력이 높은 거대시장, 풍부한 연료 및 원료자원, 세계 최고의 기초과학기술 보유 등을 들고 있다. 그러나 러시아의 성장잠재력이 실현되기 위해서는 구조개혁을 통한 경제자유화, 산업구조조정을 통한 연료 및 원료 의존도 축소, 정부 및 기업조직의 투명성 및 효율성 확보, 인구 감소 방안책 등의 뒷받침이 선행되어야할 것이다.

투자평가회사(A. T. Kearney)는 러시아는 세계에서 해외직접투자환경이 가장 좋은 국가순위(FDI Confidence Index 2005) 2004년 11위에서 2005년 6위(중국, 미국, 영국, 인도, 폴란드 다음으로)로 부상했다고 발표했다.[14] 러시아의 투자환경이 양호하게 바꾸어진 동인은 경제주체(가계, 기업, 정부, 해외부문)의 역동성에 기인한다고 보인다.

1999년부터 고도 경제성장 이후 러시아 가계의 소득 및 임금 상승은 폭발적인 내수시장의 성장으로 이어졌다. 체제 전환 이후 10년 간의 불황기를 경험한 러시아 가계들은 그동안 억눌린 소비욕구를 마음껏 발산하고 있다. 가계의 실질가처분 소득은 1999년에 비해 2배 이상으로 상승했다. 실질가처분소득은 2004년 9.9%, 2005년도에도 전년 대비 8.8% 상승했으며, 2005년 평균 연금도 9.3% 증가됐다. 그러나 빈부격차가 심화되면서 러시아 상위 10%의 가계가 하위 10% 가계 수입의 격차는 무려 15 대 1로 집계됐다.[15] 최고 상위층의

14) *RIA Novosti* 2006/3/13.

15) 러시아에 신흥 부유층인 '노보이 루스끼'는 4인 가족 기준으로 월 최소 만 달러 이상의 수입이 있

구매력은 상상을 초월하여 모스크바에는 벤츠 600시리즈 차량과 페라리, 렉서스, BMW 등 고급차량이 많을 뿐만 아니라 명품 매장들이 곳곳에서 호황을 누리고 있다. 2006년 포브스(Forbes)지에서 발표한 10억 달러 이상의 세계 갑부 리스트에 러시아 갑부는 44명(2005년 30명)이나 올랐는데, 이 순위는 미국 다음으로 갑부가 가장 많은 나라가 러시아라는 점이 눈길을 끌고 있다. 러시아의 최고 갑부로만 아브라모비치(영국 첼시 구단주이며, 러시아 극동 추코트카 주지사)의 자산은 전년 대비 36억 달러가 증가한 183억 달러로 추정하고 있다. 그 뒤를 이어 러시아 석유채굴회사 루코일(Lukoil)석유회사 회장 바지트 알렉페로프(Wagit Alekperov)의 자산은 86억 달러이며, 노보리페츠크(Novolipezk)야금회사 블라디미르 리씬(Lissin)회장은 70억 달러를 보유하고 있다, 그 이외도 알파 그룹의 미하일 프리드만(Friedman), 튜멘-영국석유사(TNK-BP)의 공동대표인 빅토르 벡셀베르그(Wechselberg), Basic Element사의 올렉 데리파스카(Deripaska) 등이 뒤를 잇고 있다. 2006년도에 새 갑부로 20명이 올라와 있는 데 그중 최고 갑부는 러시아 최대 철강제련회사(EvraHolding)사의 공동대표 알렉산더 포르로프(Forlov)가 28억 달러를 보유하고 있다.16)

러시아 내수시장 성장의 동력은 '중산층'의 구매력의 폭발적 발산과 연계되어 있다. 러시아 1인당 GDP는 2005년 기준으로 4,059달러에 불과하지만 세계은행에서 예측한 것처럼 구매력 기준으로 환산할 때 3배 이상이라고 보인다. 러시아인들의 대부분은 은행채무가 상대적으로 적으며, 주거비용, 의료, 교육비 등이 상대적으로 저렴하며, 저축보다는 소비 성향이 매우 높은 편이다. 러시아 가계 소비욕구는 <표 12-5>에서 보는 것처럼 개점을 오픈한지 얼마 안 된 대향유통업체들의 매출액이 두 자리 이상의 성장률을 보이고 있다.

〈표 12-5〉 러시아 내 대형유통업체 연간 매출액(2004년 기준)

대형유통업체명	연간매출액(억 달러)
Payterochka (러시아)	15.9
Metro (독일)	11.0
Magnit (러시아)	9.6
Perekrestok (러시아)	7.5
Auchant (프랑스)	7.0
Ramstore (터키)	5.5
7th Continent (러시아)	4.9

출처: Renaissance Capital 재인용: (오영일, "지금 러시아를 주목해야 하는 5가지 이유" LG주간경제」 2005/3/23. p.34.

는 데, 그들의 소비는 상상을 초월할 정도의 구매력을 갖고 있다. *RIA Novosti* 2006/3/9.

16) *RIA Novosti* 2006/4/21.

1990년대 러시아인의 자본유출이 다시금 러시아로 회귀하는 조짐들이 보이고 있다. 특히 사이프러스와 스위스의 대 러시아 투자의 일부는 러시아인의 자본이라고 추정해 볼 수 있을 것이다. 스위스와 키프로스는 대 러시아 투자국 10위권에 들고 있으며, 스위스는 2005년 1-9월까지 전년 대비 47% 증가한 15억 5,000만 달러(총 누계액 21억 8,000만 달러)를 투자한 것으로 집계됐다.[17)]

내수시장의 성장 덕택으로 러시아 국내외 기업의 투자환경은 급속도로 좋아지고 있다. 러시아 주식시장 RTS 지수는 2004년 614 포인트에서 2005년 말에 1,125 포인트로 올라가면서 러시아의 50대 기업의 주가가 83%나 상승했으며, 2006년 3월 초에 무려 1,500 포인트로 급상승했다.[18)]

러시아는 2005년 러시아기업의 해외 주식시장의 상장으로 60억 달러를 동원했다. 2004년에 7억 달러에 불과했다. 러시아는 2006년에 세계 3위의 투자 발전 전망이 있다고 '르네상스 캐피탈 투자은행' 내쉬(Ronald Nash)는 석유와 가스부문, 야금공업부문, 은행부문의 투자가 매력적이라고 전망하고 있다. 내쉬는 2006년 10월경에 총 150억 달러의 가치가 있는 국영석유사(Rosneft)를 동경과 런던 주식시장에서의 상장은 세계 주식시장 역사에서 가장 큰 주식 상장이며, 2006년 11월이나 2007년 1/4분기에 25억 달러의 자산 가치를 지닌 국영 브네슈토르그은행(Vneshtorgbank)을 모스크바와 런던 주식시장 상장도 예견되고 있다고 전하고 있다. 내쉬는 2006년에 러시아 28개 기업의 주식 상장으로 총 250억 달러를 동원할 것으로 예측하고 있다. 러시아는 미국, 중국, 프랑스 다음으로 세계 4위로 러시아 기업을 해외주식시장에 상장하고 있다.[19)]

세계적인 신용평가회사 피치(Fitsch)사는 물론 <표 12-6>에서 보는 것처럼 (무디스(Moody's)사와 스탠더드 앤 푸어스(S & P: Standard & Poor's)사는 러시아를 투자적격국으로 신용등급을 상향 조정했다.

〈표 12-6〉 1996-2006년 러시아 신용등급 추이

연 도	1996	1997	1998	1999	2000	2001	2002	2003	2004	2006년 1월
S & P 신용등급	BB-	CCC-			B-	B+	BB	BB	BB+	BBB
Moody's 신용등급	Ba2		B3			Ba3	Ba2	Baa3	Baa3	Baa2

출처: 「수은해외경제」(한국수출입은행) 2006년 3월호, pp.144-145.

17) *RIA Novosti* 2006/3/11.
18) 2004년 하반기 YUKOS 사건으로 주가는 하락했지만 2005년 하반기부터 급성장하고 있다. *RIA Novosti* 2006/3/13.
19) *RIA Novosti* 2006/3/12.

러시아 경제발전무역성은 2005년도에 해외투자규모는 268억 달러이며, 해외투자 누적액은 960억 달러에 육박했다고 발표했다. 2005년도 해외투자 중 26.6%는 그동안 이루어지지 않았던 가공 산업부문이며, 지하자원 채굴부문의 투자액도 21.5%로 집계됐다. 도매부문과 소매부문의 해외투자도 증가한 것으로 나타났다. 해외투자자에게 긍정적 투자 가능성을 제공한 원인 중의 하나는 러시아의 대외채무 조기 상환이었다. 러시아는 2005년에 파리클럽 채무의 3분의 1 이상에 해당하는 119억 달러를 조기 상환했으며, IMF 채무를 완전 상환하면서 연간 10억 달러의 이자 부담을 경감하는 여유를 갖게 되었다.[20] 그 이외에도 러시아 최대 국영기업인 가즈프롬의 주식 거래의 자유화법이 제정된 것도 투자환경에 긍정적 반응을 보이고 있다. 또한 세계적인 신용평가회사들이 러시아의 신용등급을 점진적이지만 계속적으로 상향조정하고 있다는 사실이다.

러시아 경제발전무역성 장관 그레프(German Gref)는 해외투자는 지속적인 경제성장의 중요한 열쇠라고 지적하면서 2005년에도 해외직접투자는 167억 달러(2008년에 340억 달러로 예측[21])로서 그 중에서도 특히 주요투자부문은 교통, 자원채굴, 부동산이었으며, 기계제작 부문에서의 해외 투자는 전체 투자액의 2% 수준으로 여전히 미미하다고 지적하고 있다. 에너지, 금속, 통신부문의 해외투자도 전년 대비 감소했다고 발표했다. 그레프 장관은 "현재 러시아의 투자환경은 의심할 여지없이 그 어느 때보다 양호하지만 러시아와의 거래가 수동적인 해외기업들은 러시아의 투자환경을 현실보다 나쁘게 평가하고 있다"고 역설하고 있다.[22]

러시아정부는 '해외투자법'을 통해 전략산업 부문과 대규모 해외기업투자에 대해 지분통제(러시아 측의 지분을 51%)를 원하고 있으며, 러시아의 원유, 천연가스, 다이아몬드, 석탄부문과 기타 자연독점기업에 대한 주식 지분(25% 이상)의 투자도 제한을 원하고 있다.[23] 러시아는 2003년 중엽 480억 달러에 해당하는 국가 주식지분을 2년 반 만인 2005년 말에 1,900억 달러(전체 주식 지분의 30%)로 증가[24]하면서 국가자본주의(state capitalism)화 경향으로 나타나고 있다. 푸틴 집권 이후 올리가르히의 힘이 상대적으로 약화되면서 국가의 역할이 강화되고 있지만 기업의 해외상장을 통해 글로벌 스탠더드로

20) 조기 채무상환으로 얻게 될 이자상환금은 특별경제지대와 테크노파크 등에 투자될 예정이라고 경제발전무역성은 발표했다. *RIA Novosti*, 2006/3/13.

21) *RIA Novosti*, 2006/2/11.

22) *RIA Novosti*, 2006/3/2.

23) *Kommersant* 2006/3/1.

24) 러시아 최대 민간은행 알파방크의 분석관의 발표. 동기간 AvtoVAZ, KamAZ, Power Maschines, WSMPO의 지분의 50% 이상을 국가소유로 변모했다. *Vedemosti* 2006/3/12.

기업의 투명성 제고와 자본 동원을 통한 기업 경쟁력을 높이고 있다.[25)]

모라토리엄 이후부터 연속적으로 국가재정은 흑자를 기록하고 있다. 2006년 러시아 정부예산도 목표치보다 462억 루블이나 증가한 4조 2,348억 루블(1달러 28루블로 환산할 때 1,512억 달러)로 2년 전(<표 12-1> 참조)보다 무려 600억 달러나 증가했다.[26)] 거시경제의 안정과 성장을 바탕으로 러시아 정부는 예산 집행의 효율성과 연속성을 위해 2006년부터 3개년 재정계획을 책정했다. 이 재정계획에는 사회경제발전 프로그램으로 연료의존 경제의 축소[27)], 기술혁신부문의 강화, 인적자원의 질 향상, 사회부문(의료, 교육, 연금, 사회안전망, 빈곤문제 등), 농업부문의 향상을 목표로 하고 있다. 러시아 정부는 우선 프로젝트 사업의 지정과 에너지부문과 교통 사회간접자본의 장기 발전을 위해 수립된 '2020 전략'의 실행을 목표로 하고 있다.

2005년 7월 '러시아연방 내 특별경제구역에 관한 법'이 제정되었으며, 그 결과 러시아 경제발전무역성은 국내외 투자유치를 위해 6개의 특별경제지대(기술-혁신지대와 공업생산지대)의 설정과 지원을 금년부터 예산에 반영하고 있다. 상트 페테르부르크와 모스크바 주변의 젤레노그라드(Selenograd)와 두부나(Dubna) 그리고 시베리아의 톰스크 지역에 4개의 고부가 가치를 창출하는 기술-혁신지대를 설정했으며, 2개의 공업생산지대, 리페츠크(중앙러시아)와 타타르스탄공화국에 위치한 옐라부가(Jelabuga)지역을 상정하고 있다.[28)] 또한 나노(NT) 및 생명공학(BT), 정보(IT)기술부문의 발전을 위해 2006-2010년

---

25) 러시아는 1992년 자본주의로의 체제전환 과정 초기 단계는 미국의 서부개척처럼 wild capitalism 혹은 cowboy capitalism으로 무질서가 만연한 후 몇몇 금융산업그룹(FIGs)들이 지배하는 oligarch capitalism으로 변모했다. 특히 1996년 제2대 러시아 대통령선거를 전후 해 7개 기업이 러시아 GDP의 2분의 1을 장악할 정도로 발전했다. 2000년 푸틴 집권 이후 재국유화 조치 이후 올리가르히의 힘은 약화되면서 state capitalism로 변화되고 있다. 올리가르히에 대해서는 다음의 책들을 참조. 윤성학,「러시아 비즈니스」(서울: 아라크네, 2004), pp.267-296.; Olga Kryschtanowskaja, *Anatomie der russichen Elite. Die Militarisierung Russlands unter Putin* (Köln: Kiepenheuer & Witsch, 2005).; David E. Hoffman, *The Oligarchs. Wealth and Power in the New Russia* (New York: Public Affairs, 2003).

26) 이 정부예산에는 안정화 기금을 포함하지 않은 수치임. 이 기금을 포함할 경우 정부예산은 2,000억 달러를 상회한다. *RIA Novosti* 2006.3.1.

27) 유럽경제위원회(ECE)는 러시아도 네덜란드 병(Dutch Disease) 증세를 보이고 있다고 경고했다. 네덜란드는 1960-70년대 천연가스 개발로 호황을 누리다가 에너지 가격의 폭락으로 장기 침체를 경험했다. 외부효과에 의한 호황은 러시아에 절대적으로 필요한 구조조정과 시장자유화의 지연 가능성이 더 큰 문제라고 지적했다.

28) 2006년 예산에 약 80억 루블(약 2억 8,000만 달러)을 책정하고 있다. 러시아 정부는 2007년 말 혹은 2008년에 특별경제지대에 관세 및 조세 혜택을 제공할 계획을 세우고 있다. 2008년까지 200억 루블(6억 유로)을 이 지역에 투자해서 2010년까지 5만 여명의 일자리와 400억 루블의 생산 규모를 기대하고 있다. *RIA Novosti* 2006/3/4.

까지 카잔, 니쥬니-노보고로드, 튜멘, 칼루가, 모스크바주, 니쥬니-노보고로드, 상트 페테르부르크 지역 등에서 테크노파크를 설정했으며, 흑해 연안의 레크레이션 및 관광지대를 설정하고 있다.[29)]

총리 푸라드코프(Mikhail Fradkov)는 '러시아 교통전략 2020'에 따라 현재 GDP 대비 2.4%(그 중에서도 연방예산은 1% 미만)의 교통부문의 투자를 2020년까지 연간 GDP의 4%까지 투자할 계획이라 전하고 있다.[30)] 이 전략은 현재 1인당 연간 주행거리 4,000km를 2020년까지 6,000km, 현재 100가구 당 2대의 승용차 보유수를 동기간 동안 8대, 현재 항구의 대외무역규모 처리능력 75%를 동기간 동안 95%까지 끌어 올릴 계획인 것으로 알려지고 있다. 철도, 도로, 항만, 공항시설의 증축 · 신축, 자동차, 철도차량, 선박시설[31)], 항공기 생산시설의 확장과 현대화 등의 투자를 계획하고 있다.

대륙 · 대양간 가교역할을 하는 시베리아횡단철도(TSR)은 보스토치니 항으로부터 벨라루스의 브레스트(Brest)까지 철도운송은 해운 수송보다 무려 2배나 빠른 9일밖에 소요되지 않는다. TSR을 통한 국제통과화물은 1999년 2만3천TEU(1TEU는 20피트 길이 컨테이너 1개)에서 2004년에 TSR의 컨테이너 수송규모는 사상 최고치인 15만 5,400TEU로 집계되면서 소련 시대 때 1983년의 최고 실적(11만 683TEU)을 경신했다.[32)] 2001년도 기준으로 한국 77%, 중국 12%, 일본 11%로 집계됐는데 최근 일본은 감소, 중국은 증가했을 것으로 추정된다.[33)] 러시아 철도청장 파데예프(Gennadi Fadeyev)는 연간 10만대

29) 테크노파크에서 1,000억 루블 이상의 생산을 계획하고 있다. *RIA Novosti*, 2006/3/15.

30) '러시아의 교통전략 2020'의 전문은 다음의 책을 참조. 성원용 · 임동민, 「러시아 교통물류정보 조사」 (한국교통연구원) (서울: 한국교통연구원, 2005), pp.241-260.

31) 한국의 STX 조선회사는 러시아의 연해 해운회사(Primorskoye)로부터 5만1,000톤급의 유조선(총 2억 7,000만 달러)을 수주 받았으며, 이 유조선은 2009년에 인도되어 사할린과 연해주와 북극양의 동시베리아까지 운항을 계획하고 있다. *RIA Novosti*, 2006/2/27.

32) 그 중 10만 TEU가 한국화물로 추정되고 있다(나승희 2006, 54). 2006년 3월 16일에 개최된 21세기 TSR 컨퍼런스에서 남, 북, 러 철도대표(이철 사장, 야쿠닌 사장, 김용상 철도상)들은 선언문을 채택 서명하였음. 선언문의 주요 목적은 유라시아국가와 태평양지역에서 국제물류망 TSR의 발전 가능성을 인식하고, TKR-TSR연결을 포함한 TSR 물류관련국가간의 경제협력을 효과적으로 발전시키는데 합의했다. 주요 성과로서 한국 측은 최근 TSR운임 인상에 따른 한국 화주와 운송업자의 의견을 반영하여 시장지향적인 운임정책과 세관통과절차의 간소화 등을 해결해 줄 것을 제안하고, 이를 러시아 측에서 받아들여 선언문으로 채택했다. 나승희 "한반도 종단철도(TKR)와 시베리아 횡단철도(TSR) 연계를 통한 남·북·러 철도협력", 2006년 4월 6일 러시아 노사정 대표단 초청 세미나. 「세계화, 러시아, 그리고 미래 지향적 한 · 러 관계」 (서울: 한국국제노동재단, 2006), pp.53-54.

33) 성원용, "동북아 통합운송망 구축과 지역경제협력." 이제민 · 차창훈 공편. 「동아시아 거버넌스」 (서울: 오름, 2004), p.136.

의 중국 컨테이너가 보스토치나 항을 이용하고 있다고 전하고 있다. 이 화물은 주로 일본과 북미지역으로 수출하는 환적 화물이 주를 이루고 있다. 파데예프는 2010년까지 중국과의 600억 달러의 무역규모의 달성을 위해 중국과 맞대고 있는 시베리아 및 극동지역에서 원활한 수송을 위해 철도와 역사 등에 투자할 계획이라고 전하고 있다.[34)]

최근 설립된 러시아 트로이카(러시아철도와 극동해운의 합작회사)사는 보스토치니 항으로부터 아조프 해의 타간로그(Taganrog)까지 시속 120km로 새로운 대륙·대양간 루트로서 2006년에 2만 8,320개의 컨테이너 운송을 예측하고 있다. 2008년부터 모스크바와 상트 페테르부르크를 연결하는 고속전철(독일 ICE형)의 개통을 위해 러시아는 독일의 지멘스(Siemens)사로부터 총 15억 달러 규모의 고속철도차량을 구입할 예정이다.[35)]

'러시아의 2020 에너지전략'은 원유 및 가스채굴과 파이프라인 망을 함께 연계한다는 통합 망을 구축할 계획이며 새로운 원유 및 천연가스 개발, 특히 북극해지역과 동시베리아와 극동지역(사하공화국, 사할린, 캄차트카)에 집중 투자계획이 포함되어 있다. 또한 러시아 에너지 효율성의 증대를 목표로 하고 있다. 유전과 가스전의 시설의 현대화와 파이프라인 시설물의 증축과 보수 등이다. 러시아는 풍부한 에너지를 통해 다시금 강대국으로 부상하는 데 초석을 맞추고 있다. 천연가스 생산량과 매장량이 세계 1위인 러시아는 독립국가연합(CIS) 혹은 중동 가스 생산국과 함께 세계석유수출기구(OPEC)와 유사한 천연가스 카르텔의 설립을 모색하면서 세계 에너지 시장에 직접적 영향력을 행사할 것으로 예상된다.[36)]

2005년도 러시아의 원유채굴량은 전년 대비 2.2% 증가했지만 수출은 2.% 감소했다. 러시아 석유생산의 70%는 한티-만시 자치구, 천연가스 생산의 90%는 야말로-네네츠 자치구 지역에서 이루어지고 있다.[37)] 서시베리아 북부지역에 위치한 천연가스전과 유전은 오랫동안 밀집 생산으로 매장량은 점차적으로 줄어들면서 새로운 가스전과 유전 개발이 시급한 실정이다.

34) *RIA Novosti* 2006/2/20.
35) *RIA Novosti* 2005/12/21.
36) 1917년 혁명전까지 제정러시아는 유럽의 곡물창고로서 강대국의 역할을 담당했다. 사회주의 '러시아'는 명실 공히 군사력을 통해 미국과 버금가는 강대국을 유지할 수 있었다. 최근 푸틴 러시아정부는 다시금 에너지(석유와 천연가스)를 통해 강대국으로 부상하려고 하고 있다.
37) 2000년 행정재편으로 야말로-네네츠 자치구와 한티-만시 자치구, 튜멘주는 서시베리아 지역에서 우랄연방구로 편입되었음.

〈표 12-7〉 2005년도의 러시아 원유채굴량과 국내소비 및 수출량

원채굴량(백만 톤)	469.6	전년 대비(%) 102.2
국내시장판매량(백만 톤)	207.4	106.2
수출량(백만 톤)	252.5	98

출처: *RIA Novosti* 2006/3/9.

1970년대에 대규모 서시베리아 석유 및 가스프로젝트처럼 러시아는 대규모 동방 프로젝트를 계획하고 있다. 아태경제협의체(APEC) 21개 국 중에서 가장 큰 에너지공급국으로서 러시아는 동방 프로젝트를 통해 아태지역으로 에너지 수출과 수출 다변화를 모색하고 있다. 동시베리아와 극동지역(특히 사하공화국[38], 사할린, 캄차트카 지역[39]) 그리고 북극권 해안지역 가스탐사를 통해 2030년경에는 6조6천억㎥의 매장량을 확인할 것을 예상된다.

동시베리아에 러시아 원유매장량의 14%(약 100억 톤 이상)이며, 북극권 해안에 천연가스는 전체매장량의 30%이며, 동시베리아와 사하공화국과 사할린 지역에 20%(40조㎥)의 천연가스 개발을 통해 2006년에 비해 2015년에 10배, 2020년에 15배 증가한 가스생산이 이루어질 것으로 예상하고 있다. 이를 위해 2020년까지 265억 달러가, 2030년까지 연간 8,000만 톤의 원유채굴을 위해 145억 달러의 투자가 소요될 것으로 예상하고 있다.

러시아 동시베리아 이르쿠츠크주 타이세트에서부터 아무르주 스코보로디노를 거쳐 페레보즈나야를 통해 나호드카항까지 연결하는 송유관의 길이는 4,200km로서 총 건설비용은 120억 달러가 들 것으로 예상된다. 이 파이프라인을 통해 러시아는 연간 8,000만 톤의 석유를 아태지역(한국, 중국[40], 일본, 호주 등)으로의 공급을 희망하고 있다.[41] 러시

38) 약 20억 달러의 가치가 있는 것으로 추정되는 사하공화국 옐긴스코예 석탄산지 개발안이 연구 중인데, 이 개발안은 연간 코크스용 석탄 2백만 톤과 에너지용 석탄 6백만 톤을 한국에 수출하는 것을 검토하고 있다. 이고르 사기토브, “한·러 경제협력 관계와 전망”, ... op. cit., p.30.

39) 한국가스공사와 러시아 국영석유회사(Rosneft)는 사할린과 캄차트카에서 2개의 전망 있는 석유 블록 연구를 시작하기로 합의했다. 전문가들의 평가에 의하면 이 사업은 이미 실행하고 있는 사할린 1과 사할린 2에 견줄 수 있는 규모라고 평가하고 있다. 이고르 사기토브, “한러 경제협력 관계와 전망”, ... op. cit., p.30.

40) 중국의 원유 수송은 페레보즈나야로부터 중국 만주의 다칭 유전까지 연결될 가능성이 높다. 2005년도에 러시아는 철도를 통해 중국으로 790만 톤의 원유를 수출했다.

41) 계획대로 진행된다면 타이세트-스코보로디노까지는 2008년경 완공된다. 러시아일본 대사 니미(Jun Nimi)는 금년 말까지 일본은 러시아와의 파이프라인 협정의 완결을 희망하고 있다고 전하면서 이 노선을 통해 일본은 연간 5천만 톤의 원유(일본 전체 원유 수입의 20%) 공급받을 것으로 예측했

아 국영석유운송회사(Transneft)는 금년 중에 20억 달러의 크레디트를 모색하고 있으며, 일본은 이 송유관에 많은 지분 참여를 원하고 있다.

러시아-영국합작회사인 튜멘-영국석유사(TNK-BP)[42]는 이르쿠츠크 북쪽 450km에 위치한 코빅타 가스전의 채굴과 파이프라인의 건설비용으로 약 150-180억 달러가 소요될 것으로 추정하고 있으며, 2017년부터 중국과 한국에 각각 연간 200억㎥, 100억㎥를 공급할 것으로 예상하고 있다.

2005년 가을에 러시아는 독일과 합작으로 서유럽으로 파이프라인 천연가스 수출을 용이하기 위해 러시아의 핀란드만의 비보르그(Wyborg)에서부터 독일 북해의 그라이프스발트(Greifswald)까지 1,200km에 달하는 북유럽가스파이프라인(NEGP)에 총 46억 유로의 투자에 합의했다.[43]

미국의 콘코필립스(ConcoPhillips)석유회사는 러시아 최대 민영석유기업 루코일(Lukoil)사에 현재까지 60억 달러를 투자하여 루코일의 지분 10% 이상을 소유하고 있다. 인도 석유천연가스공사(ONGC)는 사할린 I 프로젝트에 27억 달러 규모의 투자를 단행했다.[44] 또한 미국의 석유 메이저 엑손-모빌(Exxon-Mobil)사는 사할린 I 프로젝트에 총 120억 달러의 투자계획을 갖고 있다. 러시아는 북극양 바렌츠 해 주변 슈토크만(Stockmann) 가스전(LNG 수출)개발을 위해 200억 달러 규모의 투자가 소요될 것으로 예상되고 있다.[45]

12.4. 맺음말

앞에서 살펴본 것처럼 최근 러시아의 거시경제지표와 투자환경은 매우 양호한 상태로 진전되고 있다. 러시아의 성장 잠재력이 현실화되고 있다. 특히 시베리아·극동지역은 아·태지역과 유럽을 연결하는 지경학적 가치 이외에도 지하자원과 삼림자원 및 식량자원(농업·목축업·수산업) 등의 보고지역으로 높은 발전 잠재력을 지니고 있는 곳이다. 시베리

다. 일본은 전체 원유 수입의 80%를 중동에 의존하고 있다. *RIA Novosti* 2006/3/11.

42) 2003년 2월 영국의 석유메이저 BP는 러시아의 튜멘석유사에 67억 5,000만 달러를 투자하여 TNK-BP 초대형 에너지회사를 설립하였다.

43) 러시아의 가즈프롬은 이 파이프라인의 51% 지분, 그리고 독일의 화학회사 BASF의 자회사 빈터스할(Wintershall)과 독일의 에너지콘체른 에온 루르가스(Eon Ruhrgas)사가 각각 나머지의 반반 씩 지분을 소유하고 있다. 에온(Eon)은 러시아 가즈프롬의 지분을 6,5%를 갖고 있는 것으로 알려지고 있다. 이 노선은 2010년에 완공될 예정이며 연간 550억㎥를 공급할 것으로 예상된다. *RIA Novosti* 2006/2/16.

44) *RIA Novosti* 2006/3/13.

45) *RIA Novosti* 2006/3/9.

아·극동지역에서의 자원개발과 교통 등의 사회간접자본 프로젝트는 이 지역의 발전은 물론 동북아와 아태지역 경제발전의 '기관차' 역할을 담당할 것으로 예상된다.

한국과 러시아는 한반도와 국경을 맞대고 있어 지리적 인접성과 생산요소와 산업구조 간의 이상적 상호보완성을 지니고 있어 경제교류와 협력의 무한한 가능성을 가지고 있다. 에너지의 거의 전량을 수입하고 있으며, 식량의 자급율도 30% 미만인 한국은 에너지 안보와 식량 안보를 위해 러시아와의 협력과 교류가 절대적으로 필요한 실정이다. 또한 러시아의 입장을 고려하지 않은 남북한 통합과 통일은 거의 불가능할 것으로 생각된다. 21세기 한반도의 미래는 시베리아·극동지역에 달려 있다고 보인다. 그럼에도 불구하고 한국과 러시아의 협력은 기대치만큼 발전되지 못했으며, 남·북·러 협력은 거의 이루어지지 않고 있다.[46] 최근 한국과 러시아의 대외무역은 크게 진전되어 제3국을 통한 수출액까지 포함하면 100억 달러가 돌파한 것으로 추정된다. 한국의 대 러시아 투자도 증가 추세에 있지만 그 수치는 한국의 총 해외투자액에 1%에도 미치지 못하고 있다.

한·러 경제협력이 기대치만큼 발전되지 못한 근본적 이유는 러시아의 정치 경제 사회적 불안 등에 기인되었지만 푸틴 집권 이후 안정을 찾으면서 정치적 위험도와 투자 리스크는 계속적으로 감소하고 있다. 이와 같은 정황을 고려할 때 한국정부와 기업은 러시아와 시베리아·극동지역의 중요성을 인식해야만 하며, 대 국민홍보와 국민적 공감대 형성은 물론 러시아 및 시베리아 지역과의 협력과 진출 그리고 지역 전문가 양성에 대한 중장기적 방안책을 수립해야할 것이다.

46) 남북러 삼각협력에 대해서는 다음의 글을 참조. 한종만, 남·북·러 지역 경제협력 방안의 모색: 시베리아·극동지역을 중심으로",「한국동북아논총」(한국동북아학회) 제10권 제4호, 2005, pp.103-122.

제 13 장

에너지를 통한 강대국 러시아의 복귀 가능성과 한계성*

13.1. 머리말

짜르 러시아제국의 붕괴와 소연방의 붕괴도 각각 89년과 15년째를 맞이하고 있다. 제정러시아는 유럽 곡물의 창고 역할을 담당했으며, 농산물을 통해 유럽의 강대국으로 부상했다는 데에는 이론의 여지가 없을 것이다. 물론 그 전 러시아는 모피와 광산물의 획득을 위해 인간이 거의 살지 않는 북극양의 북부지역까지 그리고 북태평양의 동부지역까지 영토 확장, 그 후 남부지역으로의 진출과 식민화를 달성하면서 세계 육지면적의 6분의 1을 차지하는 세계 최대의 영토를 지닌 국가가 되었다.[1]

1917년 10월 혁명 이후부터 1991년 말까지 74년 동안 소비에트 러시아는 무기를 통해 미국과 버금가는 강대국의 위상을 펼쳤다. 소비에트 러시아는 제2차 세계대전의 승전국, 동·남부유럽의 위성국가화 등 세계인구 40%의 공산화, 군사력 강화를 통해 명실 공히 세계 초강대국으로 부상하면서 세계질서를 양극화 시켰다. 1950년대 소비에트 러시아는 세계최초의 무인 인공위성 스푸트닉 발사 성공, 칼루가 주에 위치한 오브닌스키예 원자력발전소 가동, 수소폭탄 개발, 세계최대의 항속거리와 짐을 실을 수 있는 항공기, 핵추진 쇄빙선 등을 개발[2]하면서 서방학자들도 소련이 과학기술뿐만 아니라 소련 체제가 미국 체제를 추월할 것으로 예측했다.[3] 자신감을 얻은 소련 흐루시쵸프 당서기장은 미국

* 이 글은 <『한국동북아논총』(한국동북아학회), 제11권, 제4호, 2006년, pp.191-214>에 게재됨.

1) 러시아는 베링 해를 건너 북아메리카 대륙까지 진출하여 샌프란시스코까지 탐험하였으며, 알래스카를 귀속시켰다. 1867년 러시아 알렉산더 2세는 알래스카와 부속 도서를 미국에 720만 달러에 판매했다. 러시아의 아메리카 진출에 대해서는 다음의 책을 참조. А. Д. Дридзо, Р. В. Кинжалов, *Русская Америка* (Москва: Мысль, 1994).

2) И. А. Родионова, *Экномическая география России* (Москва: Московский лицей, 1996), p.42.

3) 서방에서 스푸트닉 효과(Sputnik effect)는 대단했다. 특히 미국은 큰 충격을 경험했으며, 기술체계의 재편을 시작했다. 지금까지 민간주도형의 기술체계의 일부를 국가주도형 체계로 전환시켰다. 그 결과 아폴로 프로젝트를 통해 달에 제일 먼저 인간을 착륙시키는데 성공했다. 그러나 이와 같은 기술체계의 전환으로 미국은 달러의 금본위제의 탈피와 재정적자와 무역적자 등의 미국경제의 경쟁력

과의 데탕트 정책을 실시했으며, 1980년대 말경에는 소련이 미국을 추월할 것으로 호언 장담했다.

그러나 초강대국 소련은 1960년대부터 경제는 대정체기를 경험하면서 국민의 의식주를 해결하지 못할 정도로 악화되어 나가면서 모든 부문에서 서방과의 격차는 심화되어 나갔다. 생필품 등의 상품부족 현상, 즉 경제난을 해결하기 위해 고르바쵸프는 전 부문에서 체제 재편을 단행했지만 경제는 나아지기는커녕 악화되면서 소련 붕괴의 도화선을 제공했다.[4] 개혁의 속도와 방법과 관련해서 급진파와 점진파 간의 갈등과 민족분리 독립 움직임 등으로 소련은 경제문제와 민족문제에 봉착하게 된다. 1991년 8월 보수파에 의한 쿠데타 실패 이후 모스크바[5]의 권력은 급진적 개혁파가 장악하면서부터 소련의 해체는 가속화됐다. 1991년 12월 초 벨라루스의 수도 민스크에서 개최된 슬라브 3국(러시아, 우크라이나, 벨라루스) 정상회담을 통해 소연방은 해체됐으며, 슬라브 3국 이외에 기타 12개 소비에트사회주의공화국들도 주권·독립국가로 탈바꿈 되면서부터 자동적으로 소연방은 사라졌다.[6]

소련의 형식적 계승자 CIS[7]는 큰 힘을 발휘하지 못하고 있으며, 새로 출범한 러시아(혹은 러시아연방)가 소련의 실질적 계승자가 됐다. 소련의 주요권한과 의무(UN의 안전보장이사회의 상임 이사국 지위, 핵 통제권, 해외공관의 접수, 해외부채의 대부분 인수 등)를 러시아가 인수했다.[8] 소연방의 해체로 러시아는 소련의 남부지역(중앙아시아 5국과 카프카스 3국)과 서부지역(발트 3국과 몰다바와 벨라루스, 우크라이나)을 잃었으나 북부지역과 동부지역은 여전히 러시아의 주권 하에 속해 있다. 그럼에도 불구하고 러시아는 여전히 세계 육지 면적의 8분의 1을 점유하는 세계 최대의 영토대국이며, 세계 제2의 핵

약화를 감수해야만 했다. 물론 전적으로 국가주도형 과학기술을 펼친 소련은 붕괴되었으며, 지금까지도 군수산업의 민수화 과정에서 많은 어려움을 당하고 있다. 그 반면에 아이러니하게도 전쟁에 패한 일본과 독일은 미국의 간섭과 개입으로 전적으로 민간주도형의 과학기술 정책을 펼친 결과 경제대국의 기반을 마련했다고 보인다.

4) 소련 붕괴의 동인과 고르바쵸프의 개혁에 대해서는 다음의 글을 참조. 한종만, "고르바쵸프의 경제개혁," 『러시아정치의 이해』, 정한구·문수언 공편, (서울: 나남출판, 1995), pp.219-242.

5) 모스크바 시는 소련의 수도일 뿐만 아니라 러시아소비에트연방공화국의 수도였다.

6) 1991년 12월21일 카자흐스탄 알마아타 정상회담에서 슬라브 3국을 포함한 11개 공화국(그 당시 내전으로 인해 그루지야는 불참) 정상들은 CIS의 출범을 선언하면서 소연방은 해체됐다.

7) CIS는 Commonwealth of Independent States의 약어로서 연방보다는 연합(confederation)의 의미에 가까우며 한국어로는 '독립국가연합'으로 표기되고 있다. 러시아어로는 СНГ: Содружество Независимых Государств이다. 현재 CIS는 발트 3국(에스토니아, 라트비아, 리투아니아)을 제외한 12개 공화국으로 구성되어 있다. CIS와 결별한 발트 3국은 2004년 5월에 유럽연합(EU) 회원국이 되었다.

8) 한종만, "CIS의 재통합 가능성에 관한 연구," 『슬라브학보』(한국슬라브학회), 제12권 1호, 1997, p.347.

강국이다. 그러나 흑해와 발트 해와 카스피 해의 상당부분이 러시아 주권 밖으로 밀려나 해군력의 감소는 물론 해양진출의 어려움을 경험해야만 했다.

1992년부터 러시아 옐친 정부는 빅뱅 혹은 충격요법 적으로 180도 상이한 시장경제와 자유민주주의로의 체제전환 정책을 감행했다. 러시아는 체제전환 과정에서 대혼란과 무질서가 팽배하면서 정치, 경제, 사회 등 전 부문에서 총체적 위기를 경험한다. 국내총생산 규모는 5년 만에 2분의 1로 감소했으며, 살인적인 물가 앙등, 높은 실업률 등 거시경제지표는 J-곡선상의 가파른 하강국면으로 질주했다.[9] 또한 자본주의 제도와 법질서가 완비되지 않은 상황에서 사적권력 혹은 마피아와 같은 무법천하, 부언하면 미국의 서부개척 과정에서 거칠게 나타난 '카우보이' 자본주의가 만연했다. 러시아 연방권력의 약화는 지방권력과 사적권력(마피아 혹은 올리가르히)의 강화로 이어졌다. 옐친은 1996년 대통령선거에서 올리가르히의 도움을 받아 재선에 성공하지만 경제는 나아지기는커녕 1998년 국가파산 상태와 유사한 모라토리엄이란 최악의 상태에 빠져든다. 러시아는 사유화 과정에서 정경유착으로 부를 축적한 과두그룹이 권력을 장악하는 자본주의(oligarch capitalism)와 유사했다. 모라토리엄 이후 러시아 미래는 암울했고, 옐친의 군력누수 현상은 가속화됐다. 일부 자치공화국(러시아연방에는 21개가 있음)도 주권 혹은 독립선언하면서 러시아연방도 소연방처럼 붕괴될 가능성도 증대되어 나갔다.[10] 러시아는 더 이상 세계 강대국이 아니라 지역 강국으로 추락했으며, 경제면에서는 후진국의 양상을 보여 왔다.

국가회복이 거의 불가능한 것처럼 보였던 러시아는 1999년 8월 무명의 KGB 의장이었던 푸틴의 총리 기용과 더불어 차기 대통령후보로 지명하면서부터 제2차 체첸전쟁의 승리와 더불어 정치경제적 안정을 찾아가면서, 1999년 12월 제3대 국가두마 선거에서 단시간에 설립한 푸틴계의 단합(Edinstbo)당이 대약진을 보였다. 옐친의 1999년 말 조기 대통령직 사임으로 푸틴은 2000년 초부터 임시 대통령직을 수행하면서 그해 3월 26일에 53%의 지지율로 결선 투표 없이 제3대 러시아 대통령으로 당선된다. 푸틴은 옐친의 유산, 즉 법 위에서 활동하는 지방 정치엘리트, 정경유착과 탈세로 막대한 부를 축적한 과두금융·산업그룹인 올리가르히[11], 공권력의 약화와 도덕적 불감증과 도덕적 해이 등으로

9) 러시아 체제전환 경제고문을 담당했던 스웨덴 경제학자 아스룬트는 러시아의 경제하락 폭이 1929-33년 발생한 대공황의 경제하락보다 더 높은 수준이라고 말하고 있다. Anders, Åslund, *The Myth of Output Collapse after Communism*, Working Papers, Carnegie Endowment for International Peace, No.18, March 2001, p.1.

10) 러시아 모라토리엄의 생성원인과 파급효과에 대해서는 다음의 글을 참조. 한종만, "러시아 금융위기와 정치·경제전망," 『유럽연구』(한국유럽학회) 제9호, 1999, pp.135-166.

11) 올리가르히와 금융산업그룹의 생성과 발전에 대해서는 다음의 책을 참조. David E. Hoffman, *The*

러시아 사회를 움직이는 범죄세력과 여러 형태의 마피아, 부패한 관료들과의 '전쟁'에 직면해 있었다. 또한 푸틴은 실의와 빈곤에 허덕이는 대부분의 국민을 위해 빈곤퇴치와 빠른 경제안정과 성장의 과제를 안고 있었다.

표트르 대제 이후 대부분의 러시아 지도자들은 서방과의 격차를 줄이기 위해 철저한 개혁을 꿈꾸어왔다. 그러나 그 개혁들은 실패와 좌절로 점철되어왔는데 그 이유는 러시아의 광대함과 기득권층이었던 관료들의 교묘한 방해공작 때문이었다. 푸틴은 중앙집권적 정부를 확립시킨 샤를 드골(그는 체첸사태와 비교되는 알제리 식민전쟁을 효과적으로 수행)과 제2차 세계대전 후 서독의 경제기적을 설계했던 루드비흐 에르하르트 수상을 존경하고 있다고 말하고 있다. 푸틴은 정치적으로 강력한 중앙집권을 실현시킨 드골의 정책과 서독의 경제기적을 달성시킨 에르하르트의 리버럴한 경제정책을 목표로 하고 있다고 보인다.[12] 푸틴은 '강한 러시아'라는 슬로건을 내세우면서도 실용주의 노선을 지지하면서 한편으로는 법에 의한 국가기관의 통제력의 회복과 다른 한편으로 시장경제의 유지를 동시에 수행목표로 하고 있다.

지금까지 푸틴은 권위주의적 성향이라는 비판에도 불구하고 강한 러시아정책을 성공적으로 수행하고 있으며, 그 결과 높은 정치경제적 안정과 성장을 구가하고 있다. 국제에너지 가격의 앙등과 러시아 국내정치 안정 등으로 러시아 거시경제지표는 청신호 보이고 있으며, 러시아 경제는 J-곡선 상의 상승국면을 맞이하고 있다. 자신감을 얻은 푸틴과 그 팀들은 에너지자원을 통해 러시아가 다시금 강대국으로 부상하려는 야심찬 청사진을 갖고 있다.

이러한 맥락에서 이 글에서는 러시아가 에너지자원을 통해 강대국으로 부상할 수 있는 가능성과 한계성을 분석하고자 한다. 이 글에서 '강대국 러시아'라는 용어는 러시아가 군사강대국뿐만 아니라 명실 공히 에너지자원을 통해 경제강대국으로 부상하는 의미로 정의한다.

13.2. 에너지를 통한 강대국 러시아로의 복귀 가능성

러시아는 유라시아국가로서 광활한 영토에 걸맞게 수많은 자원을 갖고 있는 나라이다. 또한 러시아는 대륙과 대륙 혹은 대양과 대양, 즉 아시아와 유럽대륙 혹은 북태평양(베링해, 오호츠크 해, 동해)과 대서양(바렌츠 해, 발트 해, 흑해, 아조프 해 등)을 연결할 수

Oligarchs. Wealth and Power in the New Russia, (New York: Public Affairs, 2003).

12) 한종만, "푸틴의 경제개혁," 『세계지역연구논총』(한국세계지역학회), 제15집, 2000, p.207.

있는 육·해·공의 가교의 역할을 할 수 있는 높은 지경학적 가치를 지니고 있다. 러시아는 풍부한 지하자원(연료·원료) 이외에도 수자원과 수력발전 잠재력, 임산자원, 수산자원, 관광자원, 농업자원 등을 보유하고 있다.[13] 이 장에서는 연료자원을 중심으로 러시아의 잠재력을 언급한 후 그 자원을 통해 러시아가 경제대국으로 부상할 가능성을 분석할 것이다.

러시아는 모든 형태의 에너지자원이 풍부하게 매장되어 있다. 석탄 매장량은 중국에 이어 세계 제2위를 차지하고 있다.[14] 또한 높은 수력발전 잠재력과 풍력 잠재력과 극동지역 화산대에서의 지열자원 그리고 우라늄 자원이 풍부한 것으로 알려져 있다. 이 장에서는 석유와 천연가스를 중심으로 언급한다.

1997년 초 기준으로 러시아의 지하자원 매장량의 잠재가치는 28조 5,600억 달러로 평가되지만 지하자원의 국제시세를 감안할 때 그 가치는 더 높게 평가될 수 있을 것이다.[15] 연료자원(천연가스, 석탄, 석유, 우라늄)의 잠재가치는 20조 3,260억 달러로 러시아 지하자원 총가치의 71% 이상을 차지하고 있다. 그 중 천연가스 잠재가치는 지하자원 총가치의 약 3분의 1에 육박하고 있다.

2001년 말 기준으로 러시아의 경제성 있는 채굴 가능한 원유매장량은 97억 톤(세계 매장량의 6.4%)으로 세계 7위를 마크하고 있으나 경제적 혹은 기술적 근거로 채굴되지 않는 매장량을 포함하면 세계 1위로 세계매장량의 14%를 보유하고 있다.[16] 채굴 가능한 석유매장량의 4분의 3은 서시베리아 북부지역에 집중되어 있다. 한티-만자치구에 위치한 유전에서 러시아 원유생산의 3분의 2이상을 채굴하고 있다. 2005년도 기준으로 러시아의 원유채굴량은 4억 6,960만 톤으로 전년 대비 2.2% 증가했다. 원유의 국내소비는 전년 대비 6.2% 증가한 2억 740만 톤이며, 수출량은 2% 감소한 2억 5,250만 톤으로 집계됐다.[17] <표 13-1>에서 보는 것처럼 송유관을 통해 EU 회원국으로 유입되고 있다.

---

13) 러시아의 자원 잠재력에 대해서는 필자의 글을 참조. "시베리아의 잠재력과 한국과의 협력 방안," 『사회과학연구』(배재대학교 사회과학연구소), 제18집, 1999. pp.411-434.

14) 미래의 탄전으로 퉁구스크 탄전과 렌스크 탄전을 들 수 있으며, 그 뒤를 이어 매장량에 따라 쿠즈네츠크, 칸스크-아친스크, 페초라, 이르쿠츠크, 남부 야쿠츠크 탄전 등이 있다. 원학희·한종만·공우석, 『러시아의 지리』, 대우학술총서 535, (서울: 아카넷, 2002), pp.207-208.

15) 1998년 8월 러시아 모라토리엄 전후 국제유가는 1배럴 당 6달러 정도에 불과했다.

16) Bundesanstalt für Geowissenschaften und Rohstoffe, *Reserven Resourcen und Verfügbarket von Energierohstoffen 2002*, Hannover, 2003, p.316.

17) *RIA Novosti*, 2006.3.9.

〈표 13-1〉 러시아 원유 및 천연가스의 유럽시장에서의 비중 추이

연 도	2000	2020	2000-2020 성장률(%)
EU30국의 원유순수입규모(단위: 1백만 톤)	428	600이상	약 180
러시아로부터 원유수입규모(단위: 1백만 톤)	128	160	약 30
유럽시장에서의 러시아 원유 비중(%)	30	26	17
EU30국의 천연가스순수입규모(단위: 10억㎥)	200	500	약 300
러시아로부터 천연가스수입규모(단위: 10억㎥)	134	165	약 30
유럽시장에서의 러시아 천연가스 비중(%)	67	33	10

출처: EIA, *International Energy Outlook, 2003;* European Commission, Directorate-General for Energy and Transport, *European Energy and Transport Trends to 2030*, 재인용: Roland Götz, "Die russische Energiewirtschaft und die Energieversorgung Europas," Gabriele Gorzka und Peter W. Schulze(Hrsg.), *Wohin steurt Russland unter Putin?* (Frankfurt a. M.: Campus, 2004), p.99; p.107.

2001년 말 기준으로 러시아의 천연가스 매장량은 세계 1위로서 그 규모는 47조 6천억㎥(세계 점유율 30%)에 달하고 있다. 그 뒤를 이어 이란이 26조㎥(16%), 카타르가 14조 4,000억㎥(9%)를 보유하고 있다.[18] 러시아의 잠재력 있는, 탐사가 이루어지지 않은 천연가스전을 고려할 때 그 매장량의 규모가 더욱 클 것으로 예상된다. 주요 가스전으로는 카스피 해 분지의 북부지역과 아스트라한 지역, 오렌부르크 주변의 볼가-우랄지역, 북쪽 우랄산맥의 서부 티만-페초라지역, 북쪽 우랄산맥의 동부지역, 야말반도와 카라 해 지역, 바렌츠 해 지역, 극동의 레나 강 상류와 하류지역, 사할린 북부 지역 등을 들 수 있다.[19] 그 중에서 서시베리아 북부에 위치한 야말로-네네츠자치구에 위치한 가스전(예를 들면 우렌고이, 얌부르그, 메드베즈예 등)이 러시아 가스 생산의 90%를 채굴하고 있다.

1991년 말 소련 붕괴 이후 러시아 원유산업은 높은 속도로 사유화가 진행된 반면에 가스산업은 러시아국영가스회사(Gazprom)가 거의 독점을 유지해왔다. 그러나 러시아는 석유 파이프라인과 천연가스 파이프라인 그리고 전력망의 운송체계는 각각 트란스네프트(Transneft), 가즈프롬, 전력통합회사(UES)를 통해 국가가 강력히 통제하고 있다.[20] <표 13-3>에서 보는 것처럼 옐친 대통령의 제2차 재임 때부터 석유산업의 사유화는 가속화되어 2004년에 무려 이 부문에서의 사유화 율은 87%까지 올라갔다. 2003년 가을 석유

18) Bundesanstalt für Geowissenschaften und Rohstoffe, ... op. cit., p.350.

19) 원학희·한종만·공우석, 『러시아의 지리』, 대우학술총서 535, (서울: 아카넷, 2002), p.204.

20) "러시아 에너지 3사, 세계적 기업 쥐락펴락," 『조선일보』 2006년11월17일, p.A18, "세계 최대 가스사 가즈프롬을 주축으로 러시아 최대 국영 석유사 로스네프트, 송유관 건설 독점사 트랜스네프트가 강력하게 연대하면서 러시아 유전, 가스전에 투자했거나 투자예정인 외국 에너지기업들이 속을 태우고 있다".

재벌기업 유코스(YUKOS)의 회장 호도로코프스크 체포 이후 푸틴 정부는 석유산업의 재국유화 조처가 강력하게 이루어지고 있다. 그 결과 2005년에는 이 부문에서의 국영기업의 지분은 전년 대비 거의 3배나 증가한 33%에 이르고 있다. 이 수치는 향후 새 유전 개발과 인수 및 합병 등으로 더욱 올라갈 것으로 예상된다.[21)]

〈표 13-2〉 2005년 러시아의 가스채굴과 소비규모와 2010년과 2020년 전망(단위: 10억㎥)

러시아 가스		2005년	2010년	2020년	평균 연간성장률(%)
가스 收入	가스프롬 채굴량	547	560	585	0.4%
	석유기업과 독립기업의 가스채굴량	93	120	155	3.5%
	총 가스채굴량	640	680	740	1.0%
	가스 輸入량	5	50	105	22.5%
	총 가스 收入량	645	730	845	1.8%
가스 지출	가스 수출량	200	280	385	4.5%
	유럽	145	190	200	2.2%
	독립국가연합	55	60	65	1.1%
	아시아국가/미국	0	30	120	
	국내 소비(나머지 분 계산)	445	450	460	0.2%
가스 수지	국내 소비(증가분 계산)	445	475	540	1.3%
	부족분	0	25	80	

출처: Roland Götz, "Europa und China im Wettstreit um Russlands Erdgas?", *SWP-Aktuell*, 18, April 2006, p.2.

<표 13-2>에서 보는 것처럼 2005년도 러시아 가스채굴량은 6,400억㎥이다. 그중 수출량은 2천억㎥, CIS국가(주로 투르크메니스탄과 카자흐스탄)로부터 가스 수입규모는 50억㎥, 국내소비는 4,450억㎥로 집계됐다. 러시아의 가스 수출의 대부분은 가스관을 통해 유럽(1,450억㎥)과 유럽 CIS국가(550억㎥)로 보내지고 있다.

21) 러시아는 2003년 중엽 480억 달러에 해당하는 국가 주식지분을 2년 반 만인 2005년 말에 1,900억 달러(전체 주식 지분의 30%)로 증가하면서 국가자본주의(state capitalism)화로 나아가고 있다. 러시아 최대 민간은행 알파방크의 분석관의 발표에 따르면 동기간 AvtoVAZ, KamAZ, Power Maschines, WSMPO 등의 대기업 지분의 50% 이상을 보유하면서 국가소유로 변모했다고 말하고 있다. *Vedemosti*, 2006.3.12.

〈표 13-3〉 러시아 석유기업의 채굴량(단위: 1백만 톤)과 국영기업 지분 변화 추이

석유기업	1994	1995	1996	1997	1998	1999	2000	2001	2002	2003	2004	2005
LUKOIL	57	53	51	53	54	62	62	63	76	82	84	86
TNK-BP	25	23	21	21	20	20	36	41	38	43	70	75
Rosneft	12	13	13	13	12	12	14	15	16	19	22	75
Surgutneftegaz	34	33	33	34	35	38	41	44	49	54	60	64
Gazprom Neft (Sibneft)	23	20	19	18	17	16	17	25	26	31	34	45
Tatneft	24	25	25	25	24	24	25	25	25	24	25	25
Yukos	37	36	35	47	45	45	50	58	70	81	86	23
Bashneft	18	17	16	15	13	12	12	12	12	12	12	12
Slavneft	13	13	13	12	12	12	12	15	Sibneft, TNK 포함			
Sidnako	26	23	21	20	20	20	11	16	TNK 포함			
Onako	7	7	8	7	8	7	8	TNK 포함				
Komi-TEK	5	6	8	9	9	LUKOIL 포함						
VNK	11	11	11	Yukos 포함								
기타	27	27	24	34	38	37	30	33	69	75	66	65
전체	318	307	301	306	303	305	323	348	380	421	459	470
그 중 국영기업 (%)	257 81%	247 80%	115 38%	102 33%	78 26%	67 22%	70 22%	67 19%	53 14%	55 13%	59 13%	157 33%

주 : 진한 색의 표시는 국영기업의 지분을 의미함.
출처: E. V. Urgewald (Hrsg), *Öl für Deutschland, koste es was es wolle. Deutsche Banken in der russichen Ölferderung* (Sassenberg: Urgewald, 2006 Juli), p.11.

〈표 13-4〉 러시아 대외무역에서 에너지 비중 추이(단위: 달러)

대외무역	2003년 (%)	2004년 (%)	2005년 (%)	2006년 1/4분기 (%)
총 수출	1,354억 (100.0)	1,832억 (100.0)	2,453억 (100.0)	648억 (100.0)
원유	394억 (29.1)	588억 (32.1)	849억 (34.6)	232억 (36.4)
석유제품	144억 (10.6)	194억 (10.6)	343억 (14.0)	80억 (12.5)
원유 + 석유제품	538억 (39.7)	782억 (42.7)	1,192억 (48.6)	312억 (48.9)
가스	202억 (14.9)	220억 (12.0)	319억 (13.0)	119억 (18.7)
총 수입	754억 (55.7)	974억 (53.2)	1251억 (51.0)	312억 (48.9)
무역수지	602억 (44.5)	858억 (46.8)	1201억 (49.0)	326억 (51.1)

출처: E. V. Urgewald (Hrsg), *Öl für Deutschland, koste es was es wolle. Deutsche Banken in der russichen Ölferderung* (Sassenberg: Urgewald, 2006 Juli), p.8.

러시아는 1992년 자본주의로의 체제전환 과정 단계에서 미국의 서부개척처럼 카우보이식 자본주의(wild capitalism, cowboy capitalism)로 무질서가 만연한 후 정경유착을

통해 성장한 몇몇 금융산업그룹(FIG's)들이 지배하는 재벌자본주의(oligarch capitalism)로 변모했다. 특히 1996년 제2대 대통령선거를 전후 해 7개 대기업들이 러시아 GDP의 2분의 1을 장악할 정도로 발전했다. 2000년 푸틴 집권 이후 자연독점기업 부문에서의 재국유화나 혹은 국가지분의 확대 조치 이후 올리가르히의 힘은 약화되거나 혹은 잠수하면서 국가자본주의(state capitalism)로 변화하고 있다.

현재 러시아는 사우디아라비아 다음으로 세계 제2위의 원유수출국이며, 세계 제1위의 천연가스 수출국의 위치를 담당하고 있다. 러시아는 2000년부터 세계원유수출국 중에서 가장 높은 채굴 성장률을 기록하고 있다. 러시아는 에너지수출을 통해 높은 경제성장을 달성하고 있다. 에너지 국제시장가격의 앙등으로 러시아의 거시경제지표는 청신호를 보이고 있다. <표 13-4>에서 보는 것처럼 특히 해외부문에서의 지표들은 가장 높은 수준으로 발전하고 있다. 2003년 러시아의 무역흑자 규모는 602억 달러에서 2005년에 무려 2배나 증가한 1,201억 달러를 기록했다. 총수출에서 에너지(원유, 석유제품, 가스)수출이 차지하는 비중도 2003년에 55.6%, 2005년에 61.6% 그리고 2006년 1/4분기에도 67.6%로 증가하고 있다. 그 결과 러시아의 외환보유고도 모라토리엄을 경험했던 1998년 말 122억 달러에서 급속도로 증가하여 2005년 말 1,822억 달러에서 그리고 2006년 9월 29일 기준으로 2,660억 달러를 돌파했다고 중앙은행은 발표했다.[22] 이 수치는 향후 계속 올라갈 전망이며, 중국과 일본에 이어 세계 3위의 외환보유국이 된 셈이다. 또한 러시아인들의 '장롱'속의 경화(300-1,000억 달러 추정)와 1990년 대 해외로 빠져나간 자본유출의 자금이 다시금 러시아로 유입된다는 징후를 보이고 있다. 2003년 하반기에 러시아는 170억 달러의 해외직접투자를 유치했는데 조세피난처인 룩셈부르크, 스위스, 버진 아일랜드가 러시아 해외투자규모면에서 7위, 9위, 11위를 마크했다. 또한 키프로스와 리히텐슈타인으로부터 러시아로의 해외투자는 러시아인의 자본유출과 밀접한 연관성이 있는 것으로 추정된다.[23] 단시간 내에 러시아는 경화부족에서 경화과잉 현상이 나타나면서 루블화가 평가절상 되고 있으며 향후 평가절상도 예상된다.

이러한 덕택으로 러시아는 2005년에 파리클럽 채무의 3분 1이상에 해당하는 119억 달러를 조기상환, IMF 채무를 완전 상환하면서 연간 10억 달러의 이자부담을 경감하는

---

22) *RIA Novosti*, 2006.10.5.

23) Mathias Brüggmann, "Russlands Wirtschaft zwischen hohen Wachstumsraten und tiefer Illusion", hrsg. von Gabrriele Gorzka und Peter W. Schulze, *Wohin steurt Russland unter Putin?* (Frankfurt a.M.: Campus, 2004), p.61. 1990년대 러시아인의 자본유출 규모는 1,000-4,000억 달러로 추정하고 있다.

여유도 가질 수 있게 되었다.[24] 또한 세계적인 신용평가회사들이 러시아와 석유 및 가스 기업의 신용등급(<표 13-5> 참조)을 계속적으로 상향조정하고 있다는 사실이다. 투자평가회사(A. T. Kearney)는 러시아가 세계에서 해외직접투자환경이 가장 좋은 국가순위(FDI Confidence Index 2005) 2004년 11위에서 2005년 6위(중국, 미국, 영국, 인도, 폴란드 다음으로)로 부상했다고 발표하고 있다.[25]

〈표 13-5〉 러시아 석유 및 가스기업의 국제 신용도 등급

기업/회사	Fitch	Moody's	Standard & Poor's
Gazprom	BB+	Baa2	BB+
Lukoil	BBB-	Ba1	BB
Rosneft	BB+	Baa2	B+
Russneft	-	-	-
Sibneft	-	Ba2	BB
Slavneft	-	-	-
Tatneft	B	B1	B-
TNK-BP	BB+	Ba1	BB
Trnasneft	-	Baa2	BB+

출처: Urgewald e. V. (Hrsg), *Öl für Deutschland, koste es was es wolle. Deutsche Banken in der russichen Ölferderung* (Sassenberg: Urgewald, 2006 Juli), p.27.

푸틴 러시아정부는 에너지 수출의 덕택으로 2000년부터 연속적으로 높은 무역수지 흑자와 재정수지 흑자를 구가하고 있다. 노르웨이의 경험에서 배운 것처럼 푸틴 정부도 2003년 11월에 '안정화기금(stabilization fund)'을 제도를 도입했다. 우랄 산 수출 유가가 배럴당 20달러를 초과할 경우 초과분을 기금으로 적립하였는데 유가가 급등하면서 2005년에는 원유수출 1배럴(159리터) 당 27달러 이상의 초과금액을 안정화기금으로 적립했다. 2005년에 우랄 산 원유수출가격은 평균 1배럴당 46달러를 마크했다. 2006년 3월1일 기준으로 우랄 산 원유수출로 적립한 안정화기금 규모는 520억 달러를 상회했다. 2008년까지 1,000억 달러를 상회할 것으로 러시아재무성은 예측하고 있다.[26] 이 기금의 목적은 1998년 여름에 발생한 금융위기의 방지와 국제원유가격의 변화와 같은 외부효과를 최소화하는데 사용된다고 한다.

---

24) 조기 채무상환으로 얻게 될 이자비용을 특별경제지대와 테크노파크 등에 투자할 예정이라고 경제발전무역성은 발표하고 있다. *RIA Novosti*, 2006.3.13.

25) *RIA Novosti*, 2006.3.13.

26) *RIA Novosti*, 2006.3.2.

러시아 정부는 에너지의 지정·지경학적 가치의 중요성을 재인식하면서 2003년 8월28일에 1995년에 작성된 에너지전략안을 보안, 확대한 '에너지전략 2020'을 확정했다.[27] 이 전략안은 푸틴이 대통령으로 재임한 2000년부터 에너지 및 경제관련 부처와의 긴밀한 협조 하에 이루어졌다. 이 전략안은 에너지 지역안보와 생태적 안전 그리고 에너지와 예산의 효율성을 러시아 에너지 국가정책의 상위목표로 설정하고 있다. 에너지 지역안보는 에너지 부족을 경험하는 러시아 지역주민에 안정적 에너지 공급을 목표로 하고 있다. 생태적 안전은 석유 및 천연가스 채굴 과정에서 발생하는 환경오염의 최소화와 복구에 주안점을 두고 있다. 에너지 효율성은 생산, 운송, 소비과정에서 에너지 비효율성의 최소화이며, 예산의 효율성은 에너지부문에서 국가예산 기여 부문에서 효율적인 관리를 목표로 하고 있다. 또한 이 전략안에는 에너지 수송부문, 특히 수출 루트의 다양화, 파이프라인의 신설과 보수뿐만 아니라 해상수송(유조선, LNG선박)의 가능성 등을 통해 에너지자원을 대외정책의 중요한 지렛대로 사용하려고 하고 있다.

이 전략안은 2020년까지 낙관적 시나리오(폭넓은 개혁과 양호한 외부환경, 예를 들면 세계경제성장률이 연간 3.5%, 1배럴당 원유국제시세가 30달러 그리고 1천㎥당 가스 국제가격이 138달러) 하에서 러시아 경제는 2020년에 2000년보다 3배나 성장할 수 있으며, 에너지부문에서 투자는 동기간에 무려 7배나 증가할 것으로 예측하고 있다. 보통의 시나리오로써 세계경제성장률이 동기간 2.5%일 경우는 러시아경제는 동기간 2배 증가할 것으로 예상하고 있으며, 1배럴당 석유가가 18달러 그리고 1천㎥ 당 가스가격이 118달러일 경우 에너지부문에서 투자는 약 4배 증가할 것으로 예측하고 있다. 최근 에너지 국제시세의 폭등으로 낙관적 시나리오에 근접하거나 혹은 그 이상이 될 것으로 예상된다.

BRICs국가들의 부상, 특히 인적자원이 풍부한 중국과 인도경제의 급부상으로 에너지수요의 급증, 불안한 중동과 중남미 상황, 전반적 추세로서 에너지원의 생산 감소나 혹은 고갈 등의 요인으로 향후 에너지 국제시세는 급격하게 떨어질 가능성보다는 오히려 보합 혹은 상승할 가능성이 더 높다고 보인다.

대한석유협회가 영국잡지 '월드 오일 트레이드' 9월호와 영국 국영석유회사 BP의 6월 통계의 분석 자료에 따르면 2005년 기준으로 원유 소비량으로 미국은 하루 2,007만 1,000배럴(세계 소비의 24.7%), 중국 598만 2,000배럴(8.5%), 일본 545만 1,000배럴

27) 러시아 '에너지전략 2020'(Энергетическая стратегия России на период до 2020 года)의 전문은 http://www.mte.gov.ru/files/103/1354.strategy.pdf에 있음. 이 전략안에 대한 최근 한국연구는 다음의 글을 참조. 권원순 김중렬, "러시아의 에너지 자원개발과 시베리아 - '러시아에너지전략 2020'을 중심으로," 『국제지역연구』, 제10권 1호, 한국외국어대학교 외국학종합연구센터, 2006, pp.43-70.

(6.3%), 독일 266만 4,000배럴, 러시아 250만 3,000배럴, 인도 242만 6,000배럴, 한국 230만 8,000배럴로 집계됐다.[28] 동북아국가들은 에너지 순수입국이며, 특히 한국, 중국, 일본의 하루 석유소비량은 1,374만 1,000 배럴로 세계 전체 소비량의 13% 이상을 상회하고 있으며 향후 그 비중이 더욱 높아 질 것으로 예상된다.

〈그림 13-1〉 러시아 유럽 가스 파이프라인 노선도

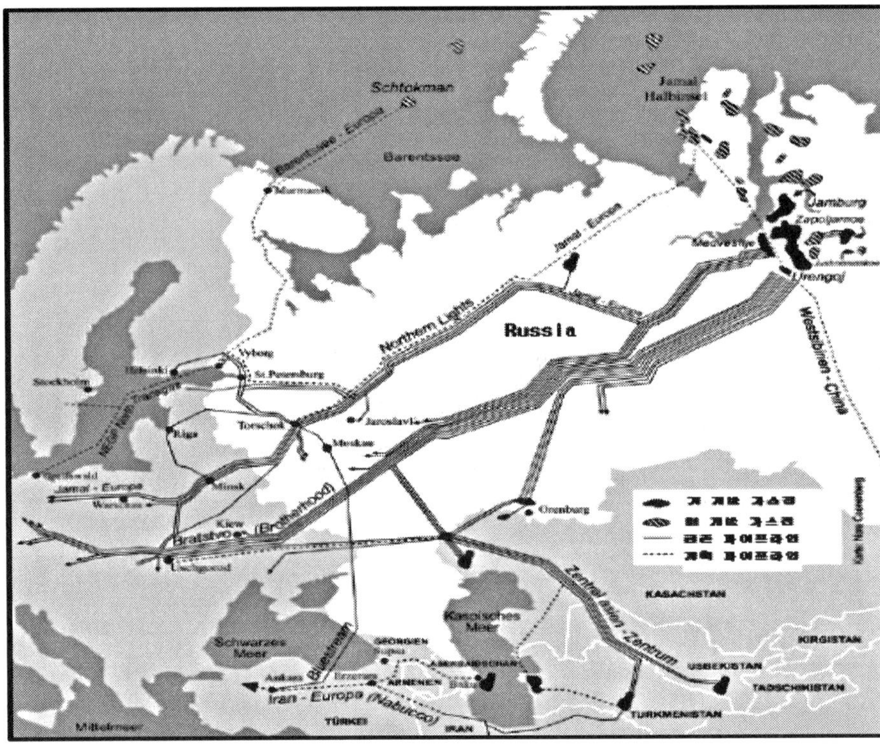

출처: Roland Götz, "Europa und China im Wettstreit um Russlands Erdgas?", *SWP-Aktuell*, 18, April 2006, p.4.

러시아 원유와 천연가스의 수출은 거의 전량이 파이프라인을 통해 유럽지역으로 운송되고 있다. 러시아의 천연가스 수출 파이프라인은 <그림 13-1>에서 보는 것처럼 서시베리아 야말반도에서부터 '북방 빛(Northern lights)'노선을 통해 발트국가 그리고 벨라루스를 통해 폴란드와 서유럽(야말-유럽선)으로 운송되고 있다. 가장 중요한 서유럽 수출 가스선으로 '형제(Brotherhood)'노선은 우크라이나를 통해 서유럽으로 이어지고 있다. 또한 '북방 빛'노선과 '형제'노선의 지선으로 남부유럽과 흑해를 통해 터키로 이어지는 '블루스

28) "한국 석유소비량 세계 7위 ... 원유수입은 4위", http://cafe.daum.net/hanryulove 2006년10월10일 검색.

트림(Blue stream)'노선 등이 있다. 야말 반도 남쪽의 기존 가스전의 점진적 고갈과 새로운 가스전 개발(바렌츠 해 북쪽의 슈토크만 가스전과 야말반도의 북부 가스전 개발 등)과 무르만스크까지 가스관 건설과 액화천연가스(LNG)기지 건설을 통해 미국으로 수출할 계획이 입안되어 있다.[29] 또한 러시아는 우크라이나와 금년 초 가스통과와 관련된 문제 완화와 독일과 북부유럽 지역에 가스수출을 용이하기 위해 새로운 북유럽가스파이프라인(NEGP)건설[30]을 진행하고 있으며 그리고 야말반도 가스전에서부터 알타이를 통해 중국으로 연결하는 파이프라인 건설을 계획하고 있다.[31]

〈그림 13-2〉 러시아 유럽 석유 수출 파이프라인 1

출처: EIA, "Major Russian Oil and Natural Gas Pipeline Projects", http://V:PRJ/CABSLAN/russia_pipeline.html

---

29) 슈토크만 가스전 개발과 LNG 기지건설 비용은 200억 달러가 소요될 것으로 추정하고 있다. *RIA Novosti*, 2006.3.9.

30) 2005년 가을에 러시아는 독일과 합작으로 서유럽으로 파이프라인 가스수출을 용이하기 위해 러시아의 핀란드 만의 비보르그(Vyborg)에서부터 독일 북해의 그라이프스발트(Greifswald)까지 1,300km에 달하는 이 노선에 총 46억 유로 투자하기로 합의했다. 러시아의 가즈프롬은 이 파이프라인의 51% 지분, 그리고 독일의 화학회사 BASF의 자회사 Winterhall과 독일의 에너지콘체른 Eon Ruhrgas사가 각각 24.5%의 지분을 소유하고 있다. Eon은 러시아 가즈프롬의 지분 6.5%를 보유하고 있는 것으로 알려지고 있다. 이 노선은 2010년에 완공될 예정이며, 연간 550억㎥를 공급할 것으로 예상된다. *RIA Novosti*, 2006.2.16.

31) "미-러, 드디어 '에너지 전쟁' 본격화, 프레시안, 2006.9.25. 알타이노선은 1999/2000년에 협의가 이루어진 이후 금년 중국에서 '러시아의 해'를 맞이하여 양국의 정상회담에서 건설계획을 합의했다. 알타이노선은 서시베리아의 야말반도에서부터 알타이를 거쳐 중국 서부지역의 신장(Xinjiang) 지역까지 3,000km로서 총비용 50억 달러가 소요될 것으로 예상하고 있다. 제3국을 경유하지 않고 러시아와 중국과의 좁은 국경 지역(이 지역은 러시아, 카자흐스탄, 몽골, 중국) 50km로 가야하며, 알타이 고원지대는 유네스코가 지정한 생태계 보고지역이기 때문에 문제점도 존재하고 있다. 특히 EU국가들은 야말 반도의 가스를 동방으로의 수출을 우려하고 있다.

〈그림 13-3〉 러시아 유럽 석유 수출 파이프라인 2

출처: EIA, "Major Russian Oil and Natural Gas Pipeline Projects", http://V:PRJ/CABSLAN/russia_pipeline.html

<그림 13-2>와 <그림 13-3>에서 보는 것처럼 러시아 석유 수출 파이프라인도 천연가스 노선처럼 거의 대부분이 유럽지역으로 향하고 있다. 주요 노선으로 '발트 파이프라인'(Baltic Pipeline System: BPS 총길이 2,560km)은 발트 해 지역으로 향하고 있으며, '북 두르쥬바(Northern Druzhba: 우정)'선과 '남 두루쥬바(Southern Druzhba)'선을 통해 서유럽과 남·동부 유럽 지역 등에 수출되고 있다. 러시아는 남·북 두루쥬바 노선을 확장했으며, 또한 '아드리아 노선'(752km)건설을 계획하고 있으며, '무르만스크 노선' 건설을 통해 해상운송을 통해 수출지역(특히 미국)의 다변화를 계획하고 있다. 1970-80년대에 러시아 에너지자원 수출을 위한 '서방 프로젝트'처럼 러시아정부도 에너지전략 2020에서 지적한 것처럼 에너지 수출 다변화를 위한 '동방 프로젝트'계획에 박차를 가하고 있다. 중국으로 이어지는 알타이 천연가스 파이프라인 계획 이외에도 러시아는 동시베리아 이르쿠츠크 주에 위치한 타이세트 혹은 앙가르스크에서부터 아무르 주 스코보로디노를 거쳐 나호드카 항 혹은 러시아 치타에서 중국 만주지역 다칭 유전까지 연결하는 석유 파이프라인 건설을 계획하고 있다(<그림 4> 참조).[32] 일본은 나호드카 항으로 송유관 건설을

32) 이 송유관의 길이는 4,200km로 총 건설비용은 120억 달러가 소요될 것으로 예측하고 있다. 계획대로 진행된다면 타이세트-스코로보디노까지는 2008년경 완공될 계획이다. 러시아 일본대사 니미(Jun Nimi)는 금년 말까지 일본은 러시아와의 송유관 협정의 완결을 희망하고 있다고 전하면서 이 노선을 통해 일본은 연간 5천만 톤의 원유(일본 전체 원유수입의 20%)를 공급받을 것으로 예측했다. 중국의 원유수송은 페레보즈나야로부터 중국 다칭 유전까지 송유관의 연결 가능성도 있다고 보인다. 2005년도에 러시아는 철도를 통해 790만 톤의 원유를 중국에 수출했다. *RIA Novosti*, 2006.3.11.

위해 70억 달러를 투자한다는 등 높은 관심을 보여 왔다.[33] 이 파이프라인을 통해 러시아는 연간 8,000만 톤의 석유를 아태지역(한국, 중국, 일본, 호주 등)으로 공급할 것으로 예측하고 있다.

러시아 국영석유운송회사(Transneft)는 금년 중에 20억 달러의 크레디트를 모색하고 있으며, 일본은 이 송유관에 많은 지분 참여를 원하고 있다. 가스관도 석유관과 유사한 노선을 취할 가능성이 높다.

러시아 국영석유회사(Rosneft) 회장 세르게이 보단취코프(Sergei Bogdantschikov)는 2015년경에 사할린과 동시베리아 석유전에서 연간 9,000만 톤의 석유를 아시아국가에 수출이 가능할 것으로 예상하고 있으며, 2006년 초부터 사할린 1광구에서 하루 6,000톤의 원유를 생산하고 있으며, 이 광구는 3억 7,000만 톤의 원유와 가스 4,850억㎥가 매장량이 있으며 총투자는 120억 달러가 소요될 것으로 예측했다.[34]

〈그림 13-4〉 러시아 동시베리아 극동 석유, 가스 파이프라인

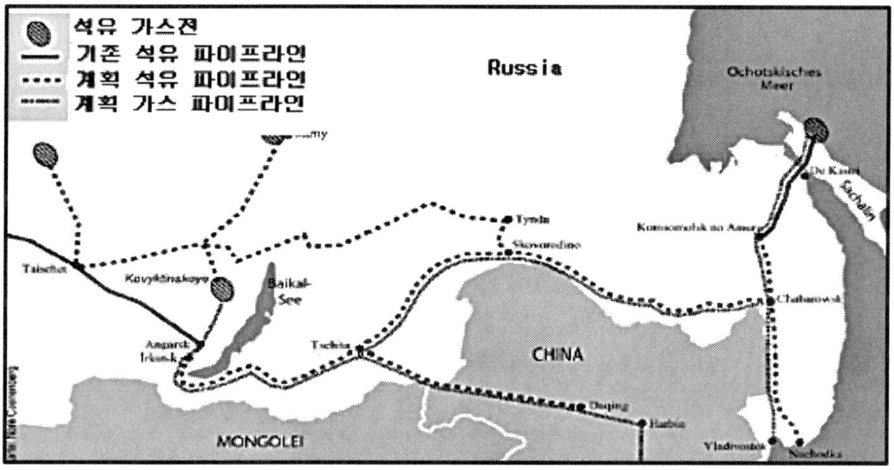

출처: Roland Götz "Europa und China im Wettstreit um Russlands Erdgas?", *SWP-Aktuell*, 18, April 2006, p.5.

'에너지전략 2020'에서 러시아는 에너지 수출의 다변화, 특히 아태지역과 미국으로의 수출을 계획하고 있다. 러시아는 2020년까지 현재 아태지역으로의 원유수출 3%를 30%로 그리고 천연가스 수출 0%에서 15%로의 증가를 목표로 하고 있다. 러시아의 에너지수

33) "Russia Fails to Give Japan Clear Signal on Choice of Siberian Oil Pipeline Route", *Financial Times*, Dec. 17, 2003.

34) 사할린 1광구의 지분은 Exxon Neftegas Limited 30%, 일본의 Sodeco 30%, Rosneft 20%, 인도석유천연가스공사(ONGC) 20%를 보유하고 있다. *RIA Novosti*, 2006.10.6.

출 '동방 프로젝트'와 해상수송의 배경에는 서시베리아와 우랄-볼가 지역에서의 에너지원의 점진적 고갈, 동시베리아와 극동지역에서 새 에너지원의 개발 잠재력을 통한 지리적 요인, 유럽 지역으로의 에너지원 수출 의존도 종속에 대한 탈피, 에너지원의 가격 경쟁력 확보라는 경제적 요인 이외에도 지정·지경학적 가치의 극대화를 통해 명실 공히 세계 강대국으로 부상하려는 요인 등이 작용하고 있다. 러시아는 CIS 혹은 중동 가스 생산국과 함께 OPEC과 유사한 천연가스 카르텔의 설립을 모색하면서 세계 에너지 시장에 직·간접적 영향력을 행사할 수 있을 것이다. 실제적으로 에너지수출을 통해 러시아는 과거 옐친 시대보다 정치와 경제는 안정과 성장을 구가하고 있다. 그러나 러시아는 이와 같은 장밋빛 청사진이라는 그림과 동시에 많은 문제점을 갖고 있다.

13.3. 에너지를 통한 강대국 러시아로의 복귀 한계성

골드만 삭스(Goldman Sachs)는 2003년 발간한 BRICs 보고서에서 러시아 경제는 지속적으로 성장하여 2028년에 유럽최대 경제대국이 될 것으로 전망하였다. 러시아의 GDP 규모가 2018년에 이탈리아, 2024년에 프랑스, 2027년에 영국, 2028년에 독일을 추월하여 세계5위로 부상할 것으로 예측했다.[35] 높은 경제잠재력에도 불구하고 러시아경제가 해결되어야할 과제가 너무나 많다. 결론적으로 러시아에서 '네덜란드 병(dutch disease)'[36] 증후군의 예방과 극복 여하에 따라 풍부한 에너지원이 자원의 '축복'인지 혹은 '저주'인지가 판단되어진다고 보인다.

소련 시대뿐만 아니라 러시아의 대외무역은 후진국 형 구조를 지니고 있다. 러시아의 수출은 다양한 에너지원(2006년 1/4분기에 석유와 가스의 수출비중이 3분의 2이상, <표 13-5> 참조)과 원료자원이 주종을 이루고 있는 반면에 수입은 제2차 상품과 농산물이 주종을 이루고 있다. 이러한 대외무역구조를 '레온티예프 역설'이라고 말한다.[37] 석유와

---

35) 이재영·윤성학, 『21세기 - 왜 러시아인가?』, (서울: 한국무역협회 통상협력팀, 2005), p.10. 골드만 삭스가 러시아의 잠재성장력을 높게 평가하는 근거로는 높은 교육수준, 구매력이 높은 거대시장, 풍부한 연료 및 원료자원, 단단한 기초과학기술 등을 들고 있다.

36) http://en.wikipedia.org/wiki/Dutch_disease "dutch disease"(2006년 9월30일 검색). 이 용어는 1977년 경제학자들에 의해 처음으로 사용됐다. 1960년대 네덜란드 가스전이 발견되면서부터 네덜란드인들이 샴페인을 터트리면서 제조업의 약화, 국민의 노동의욕 감소, 정부의 구조개혁의 지연 등이 발생했고 가스매장량도 적게 나타나면서 경제가 악화된 것에 기원을 두고 있다. 일반적으로 이 용어는 공업국가의 과도한 자원수출은 국내제조업의 경쟁력 약화를 동반하다는 의미로 사용되고 있다.

37) 이 역설은 레온티예프가 미국의 1950년대 무역구조분석에서 미국은 자본이 풍부한 나라임에도 불구하고 노동집약적 상품을 수출하고 있으며, 자본집약적 상품을 수입하고 있다는 것을 밝혔다.

가스의 국제시세의 가파른 증가와 수출 증가를 통해 러시아로의 경화가 대량적으로 유입되면서 외환보유고의 증가와 국고수입의 증가 등으로 루블 가치는 평가절상 되고 있다. 루블 가치의 증가는 수입가격의 하락으로 이어지어 국내제조업의 경쟁력을 약화시키고 있다. 최근 에너지부문의 활황은 1998년 모라토리엄 이후 루블의 평가절하로 국내제조업의 긍정적 효과를 거의 상쇄시키면서 대부분의 근로자가 조업하고 있는 제조업 부문을 더욱 어렵게 만들고 있다. 공업생산과 경제성장 속도도 하락 추세를 보이고 있다. 러시아에서도 고전적 네덜란드 병의 증후군이 포착되고 있다.[38] 러시아경제의 높은 에너지 의존도는 에너지 국제가격 변동에 매우 민감할 수밖에 없다.

하버드대의 삭스와 바너도 97개국 후진국의 조사결과에서 나타난 것처럼 자원수출과 경제성장의 상관관계는 부정적 결과로 나타났다.[39] 또한 자원수출국, 특히 에너지수출국들의 민주화는 거의 더디거나 혹은 그 반대현상이 주를 이루고 있으며, 자원의 부는 극소수에게 이득이 되었지만 대부분의 국민들은 여전히 빈곤에 허덕이고 있다. 그밖에도 인권문제의 경시, 사회 전 부문에서 만연하고 있는 부정부패, 자원채굴과 운송과정에서 나타난 환경오염 문제 등을 가져오고 있다. 정책결정자들은 국방 강화의 목적으로 무기구입(최근 베네수엘라의 사례)을 지출하거나 혹은 인기영합주의에 근거해서 노동생산성도 보다 높은 임금과 연금의 증가 등의 사회비용 지출로 인해 거시경제의 기반을 약화시키고 있다.[40] 러시아도 위에서 언급한 현상들이 나타나고 있다. 푸틴 대통령의 정치 스타일은 과거 옐친 시대보다 권위주의 경향이 더욱 강화되고 있으며, 체첸지역에서 인권 경시, 언론 통제, 사회전반의 만연되고 있는 부패[41], 인기영합주의 차원에서 노동생산성보다 높은 임금 상승, 연금 등 사회비용의 지출을 늘리고 있다.[42]

Wassily Leontief, "Domestic Production and Foreign Trade: The American Capital Position Reexamined," *Economia Internationle*, Vol.7, 1954, pp.3ff. 현재의 러시아의 대외무역구조는 미국보다 더 크다고 생각할 때 여전히 후진국 형 무역구조를 갖고 있다고 보인다.

38) http://eng.globalaffairs.ru/engsmi/922.htm Otto Latis, "Dutch Disease Hits Russia," *Moscow News*, 2005.6.14. (2006년 9월 30일 검색).

39) Jeffrey Sachs and Andrew M. Warner, *Natural Resource Abundance and Economic Growth*, Harvard Institute for International Development, 1995.

40) 이와 같은 '자원의 저주'에 대해서는 다음의 책을 참조. Urgewald e. V. (Hrsg), *Öl für Deutschland, koste es was es wolle. Deutsche Banken in der russichen Ölferderung* (Sassenberg: Urgewald, 2006 Juli), pp.15-20.

41) 2005년 Transparency International에서 발표한 러시아의 부패인지지수(CPI: Corruption Perceptions Index)는 158개국 중에서 128위로 알바니아(126위)와 나이지리아(127위)보다 나쁘게 나타났다. http://www.transparency.org Transparency International, *Corruption Perceptions Index 2005*,

42) 푸틴 대통령은 헌법 개정을 통해 재임기간의 연장을 안 한다고 선언하고 있다. 그러나 높은 국민의 인기도와 관련해서 러시아 - 벨라루스 통합 대통령 혹은 가즈프롬의 실질적 후계자, 혹은 푸틴

러시아의 풍부한 에너지자원과 수출로 경화수입의 증대는 경제주체들의 경제마인드의 부족과 근로의욕 등을 상실시키고 있다는 것이다. 국고의 부가 증가된 국가는 경제개혁과 구조조정을 지연하거나 혹은 '안정화 기금' 등의 여유 자본을 국가투자증가의 유혹에 빠질 수 있다. 민간 투자의 활성화 없이 이루어지는 국가투자의 증가는 과거 소련시대의 경험처럼 재원의 낭비를 가져오는 왜곡된 투자를 가져올 수도 있을 뿐만 아니라 개혁과 구조조정을 후퇴시킬 수 있다는 것이다. 러시아 가계와 기업주체들도 국제시장가격보다 저렴한 낮은 에너지 가격으로 인해 에너지를 낭비가 심할 뿐만 아니라 에너지 절약 산업육성에 관심이 저조한 편이다. 에너지 효율성은 서구 선진국보다 2분의 1 수준에 불과한 실정이다. 러시아 가계와 기업들이 에너지 절약과 효율을 상승시킨다면 러시아의 에너지 수출규모를 2배나 상승시킬 수 있을 것으로 예측하고 있다.[43] 또한 풍부한 에너지원은 가계와 기업들이 '자원의 백'을 믿고 근로의욕과 기술혁신의 기업가 정신을 감퇴시키고 있다.

물론 러시아는 후진국은 아니지만 위에서 언급한 문제 등을 극복해야하며 에너지원을 통해 획득한 재원의 적절한 사용과 시장경제로의 경제개혁과 구조조정에 더욱 박차가 우선과제라고 보인다. 이를 위해 러시아정부는 경제자유화, 산업구조조정을 통한 연료 및 원료 의존도 축소와 국내 에너지가의 현실화, 제조업 부문의 강화를 위한 산업정책, 정부 및 기업조직의 투명성과 효율성 증대, 가계와 기업의 경쟁력 강화, 민간부문에서의 국내외 투자 증가, 인구감소 방안책과 인적자원의 육성을 위한 교육부문의 강화 등의 조처가 뒤따라야할 것이다.

13.4. 맺음말

푸틴이 대통령으로 집권한 2000년부터 러시아는 정치적 안정뿐만 아니라 모든 부문에서의 거시경제지표도 양호하며, 지속적으로 경제성장을 달성하고 있다. 이와 같은 안정과 성장은 높은 에너지 국제가격과 러시아의 에너지수출이 큰 역할을 담당하고 있다는 데에는 이론의 여지가 없다.

의 측근을 대통령으로 당선 시킨 다음에 조기 사임 을 한 후 다시금 대통령 선거를 통해 취임한다는 설 등이 있다. 그중에서도 3번 째 가능성이 매우 높다고 보인다. 특히 푸틴은 'siloviki'(무력기관, 예를 들면 FSB, 내무부, 국방부, 검찰 등)의 전폭적 지지와 통제 그리고 재원을 쥐고 있는 가스프롬과 석유회사 등의 자연독점기업들을 통제하고 있어 대통령 임기 후 러시아의 모든 부문에서 영향력을 행사하고 있다.

43) Roland Götz, "Russlands Öl und Europa", *FES-Analyse* (Friedrich-Ebert-Stiftung) Jul. 2006, p.8.

제정러시아 때는 곡물, 소련 시대에는 무기, 그리고 현 러시아는 에너지원의 수출을 통해 강대국의 면모를 보여주고 있다. 러시아는 에너지 수출지역의 다변화와 육로를 통한 파이프라인의 육상수송의 증축과 신규 건설뿐만 아니라 해상수송(유조선이나 LNG선박)을 통한 수출을 계획하고 있다. 2028년경에는 러시아는 독일을 추월하여 명실 공히 유럽 제1위의 경제대국이 될 것으로 예측되고 있다.

이와 같은 경제잠재력에도 불구하고 러시아경제는 높은 에너지 의존도로 인해 네덜란드 병의 징후군들이 포착되고 있다. 물론 러시아는 전통적 후진국으로 볼 수 없지만 네덜란드 병을 효과적으로 극복해야마 하며 에너지원으로 획득한 재원의 효율적 사용과 관리가 급선무라고 보인다.

러시아는 세계 제1위의 영토대국이라는 점에서 무한한 잠재력을 실현시킬 수 있지만 역설적으로 넓은 국토는 국방과 물류와 사회간접자본 비용 등의 높은 공간극복비용을 지불해야하는 것처럼 러시아의 풍부한 자원도 한편으로 축복과 동시에 저주의 측면이 동전의 양면처럼 공존하고 있다고 보인다. 결론적으로 대부분의 인간들이 작은 집보다 넓은 집을 선호하는 것처럼 자원이 없는 것보다 자원이 풍부한 공간을 선호한다는 데에는 이론의 여지가 없을 것이다. 물론 경제주체들인 정부와 기업 그리고 가계들이 영토와 자원을 어떻게 효율적으로 통제와 관리 그리고 사용하느냐에 따라 넓은 영토와 자원이 축복인지 아니면 저주가 될 것인지 결정될 것이다.

제 14 장

러시아의 대외투자 현황과 전망*

14.1. 머리말

러시아 10월 혁명이 발생한지도 벌써 만 91년째를 맞이하고 있다. 지난 91년 동안 '러시아 공간'에서 많은 변혁이 일어났다. 1991년 말 소연방의 해체와 함께 생성된 새로운 러시아는 시장경제와 자유민주주의로의 빅뱅(Big Bang)식 체제전환 과정에서 엄청난 체제전환 비용(System Transformation Cost)을 지불했다. 체제전환 4년 만에 러시아의 GDP는 반 토막 났으며, 초 인플레이션, 높은 실업률 등 거시경제지표의 적신호와 더불어 정치, 사회, 문화 등 모든 부문에서 총체적 위기를 경험했다. 1996년부터 찾은 안정도 1998년 8월 모라토리엄 사태로 인해 러시아는 사실상의 국가 파산 상태에 직면했다. 회복이 불가능한 것처럼 보였던 러시아경제는 오뚝이처럼 일어나 1999년 3.2%의 성장을 계기로 2000년부터 연간 6-7%의 지속적인 경제성장과 안정을 구가하고 있다.[1] 러시아의 거시경제지표는 청신호로 달려가고 있다. 러시아 경제지표의 청신호는 모라토리엄 선언으로 루블 가치의 폭락(1달러 당 6루블에서 30루블로 5배나 하락)으로 국내산업의 경쟁력 제고와 연료(특히 석유와 천연가스 등)와 원료의 국제가격의 폭등 그리고 1999년 말 제3대 국가두마(하원)선거에서 여당의 약진과 2000년 푸틴 대통령 취임 이후부터 정치적 안정과 일련의 경제개혁과 구조조정 정책의 효과와 양호한 외적환경 등에 기인하고 있다고 보인다.[2] 세계화의 진전과 중국과 인도 등의 신흥시장(Emerging Markets)의 급

---

* 이 글은 <『정치 · 정보연구』(한국정치 · 정보학회), 제11권, 제1호, 2008년, pp.47-72>에 게재됨.

1) 러시아국가통계위원회[(Goskomstat) 2006년부터 Rosstat 러시아통계위원회로 명칭 변경]는 1999년에 러시아의 GDP 성장률을 3.2%로 집계했다. 1999년에 실제로 러시아 GDP가 성장했는지에 대해서는 러시아 학자들도 많은 의심을 갖고 있다. 이 통계치는 푸틴의 2000년 대선에 유리한 목적으로 이용했을 가능성이거나 혹은 러시아의 '회색경제'나 혹은 바터거래의 측면을 고려한 수치라고 추정하고 있다. Vasily Mikheev, "Keynotes of Economic Policy of the New Russian Government and Perspectives of Economic Development of Russia", 정여천 편「한·러 경제교류 10년의 평가와 러시아 경제의 미래」(서울: 대외경제정책연구원 2000), pp.206-208.

부상으로 에너지 수요의 폭발적 증가 그리고 화석연료의 점진적 고갈과 더불어 2001년 9.11 테러 사건을 계기로 중동의 정치적 불안 등으로 나타난 에너지 공급의 감소 등으로 나타난 에너지 가격의 앙등이 러시아 경제발전의 견인차 역할을 담당했다는 데에는 이론의 여지가 없을 것이다.

푸틴의 8년 임기 동안 러시아의 GDP는 70%, 공업생산은 75%, 투자규모는 125%나 상승하면서 러시아는 GDP 규모면에서 제10대 공업국으로 성장했다. 또한 지난 8년간 실질소득은 2배나 증가했으며, 2000년 30%의 빈민층의 점유율이 2008년 초에 14%로 감소했다. 지난 8년 동안 평균 임금은 2,200루블에서 12,500루블로 증가했으며, 연금도 823루블에서 3,500루블로 상승했다.[3] 러시아의 GDP도 7.8%의 성장을 기록하여 GDP 총액은 1조 2,700억 달로 세계 10위권으로 부상했으며, 구매력 기준으로는 랭킹 제7위이다.[4]

2000년 실업률은 10.2%에서 지속적으로 감소하면서 2007년 상반기에는 7.2%로 줄어들었다. 그러나 물가는 하반기부터 증가하여 목표치 8%보다 높은 11.9%로 증가했다. 지난 8년 동안 인플레이션 율은 거의 2배나 증가했다.

러시아 거시경제지표 중에서 가장 괄목할만한 수준으로 발전하는 지표는 해외부문과 관련된 지표라고 보인다. 2006년 러시아의 총수출은 전년 대비 25.1% 증가한 3,020억 달러이며, 그 중 비(非)CIS국으로의 수출은 전년 대비 24.3% 증가한 2,597억 달러, CIS국으로의 수출은 전년 대비 29.6% 증가한 423억 달러를 마크했다. 2006년 무역흑자 규모도 사상 최대치인 1,644억 달러를 기록했다.[5] 2007년 무역규모도 전년 대비 23.6% 증가한 5,793억 달러로 비(非)CIS국과 교역규모는 25.3% 증가한 4,939억 달러, CIS국과의 교역규모도 전년 대비 25.7% 증가한 854억 달러를 마크하고 있다. 러시아 대외교역에서 러시아의 수출비중이 61.1% 그리고 수입은 38.9%를 차지하고 있다.[6] 2007년 무역흑자 규모는 1,286억 달러로 전년 대비 378억 달러나 감소했다. 그 이유는 러시아경제 상황이 나아지면서 수입, 특히 자본재와 소비재의 수입이 큰 폭으로 증가했기 때문이다.

---

2) 2003년 말 제4대 국가두마 선거에서도 여당의 약진은 계속되었으며, 2004년 제4대 러시아연방 대통령 선거에서도 결선 투표 없이 푸틴은 재선되었다. 한종만. 2006a. "러시아 경제현황과 투자 환경 변화". 「정치·정보연구」. 한국정치·정보학회. 제9권 1호(통권 18호), 2006, p.224. 또한 2007년 12월 제5대 국가두마 선거에서도 여당의 압승과 2008년 3월 제5대 대통령선거에서도 푸틴이 지명한 드미트리 메드베데프 후보가 유효투표 중 70.28%를 득표하여 대통령으로 당선되었다. 고재남, "신정부의 대러 정책 과제: 러시아 대선 결과를 중심으로",「주요국제문제분석」(외교안보연구원), 2008, p.4.

3) *RIA Novosti*, 2008/3/1.

4) *RIA Novosti*, 2008/1/30.

5) *RIA Novosti,* 2007/2/13.

6) *RIA Novosti*, 2008/2/8.

〈그림 14-1〉 2000-2006년 러시아 무역, 경상, 서비스, 교통, 이전 수지 추이

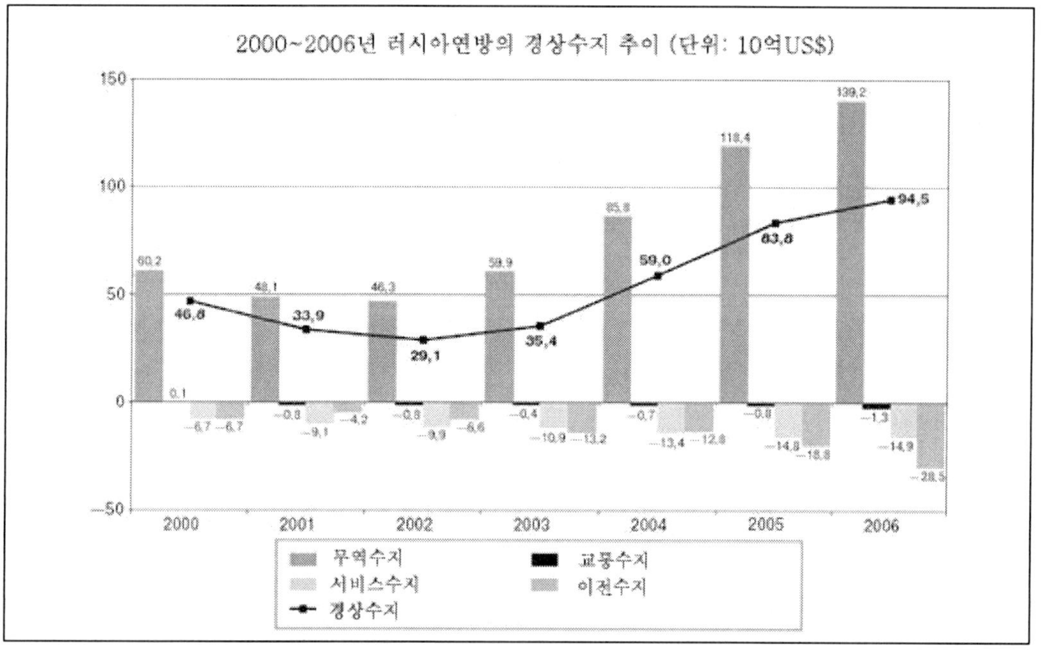

출처: Центральный банк Российской Федерации. 2007. "платежный баланс ивнешний долг Российской Федерации 2006 год". *ВЕСТНИК БАНКА РОССИИ,* 14 мая 2007 года №2627 (970—971), p.1.

<그림 14-1>에서 보는 것처럼 경상수지 흑자 규모도 2002년부터 꾸준히 증가하면서 2006년에 945억 달러로 집계됐다.7)

〈표 14-1〉 1995-2007년 러시아로 유입된 해외투자 추이(단위: 1백만 달러)

연 도	1995년	2000년	2001년	2002년	2003년	2004년	2005년	2006년	2007년*
해외투자규모	2,983	10,958	14,258	19,780	29,699	40,509	53,651	55,109	60,343

주 : *상반기까지

출처: Росстат России, *Российский статистический ежегодник. Официальное издание 2005* (Москва: Росстат России, 2006). p.673.

7) <그림 14-1>에서 보는 것처럼 중앙은행이 발표한 2006년 무역흑자는 1,392억$인 반면에 러시아통계위원회(ROSSTAT)에서 발표한 무역흑자는 1,644억 달러로 큰 편차를 보이고 있다. 수출은 FOB 가격이나 혹은 수입은 CIF가격 기준으로 나타나는 편차가 있더라도 2006년의 무역흑자 통계치는 기타 연도보다 너무나 많은 편차를 보이고 있다. 서비스수지나 혹은 이전수지 등에서 나타난 편차이거나 혹은 달러 대 루블의 환율 편차나 혹은 통계절차 상의 문제나 혹은 부서이기주의, 회색 혹은 불법통관 등의 문제로 추정된다.

<표 14-1>에서 보는 것처럼 러시아 내 해외투자액은 2000년부터 지속적으로 증가하고 있다. 2004년에 405억 900만 달러, 2005년에 536억5,100만 달러, 2006년에 551억 900만 달러, 2007년 6월까지 러시아연방으로 유입된 해외투자액은 전년 동기간 대비 2.6배나 증가한 603억 달러를 마크하고 있다.[8] 2007년 6월 말 기준으로 러시아 내 해외투자 누계액은 1,785억1,600만 달러를 마크하고 있다. 그중 직접투자 규모는 805억 9,000만 달러, 포트폴리오투자가 26억3,800만 달러, 기타투자가 942억8,800만 달러로 집계됐다. 러시아의 주요 투자국 톱-10의 투자규모는 1,579억4,500만 달러로 전체 해외투자 비중의 88.5%를 점유하고 있다.[9] 2007년 러시아로 유입된 직접투자규모는 280억 달러로 사상 최대치이며, 2008년에도 이 수치를 크게 능가할 것으로 예상하고 있다(RIA Nososst, 2008/3/16).

〈표 14-2〉 2007년 상반기까지 러시아 연방으로 유입된 해외투자(단위: 1백만 달러)

러시아의 대해외투자국	2007년(상반기)누계액		투자구조			2007년 상반기 투자액	비중(%)
	전체	비중(%)	직접투자	포트폴리오투자	기타투자		
총투자규모	178,516	100	80,590	3,638	94,288	60,343	100
주요(10개국)투자총액	157,945	88.5	7,078	3232	83,932	55,064	91.3
키프로스	37,529	21.0	24,209	1558	11,762	8,025	13.3
네덜란드	34,094	19.1	30,879	61	3,154	11,799	19.6
룩셈부르크	29,157	16.3	730	220	28,207	6,739	11.2
영국	19,172	10.8	2,754	187	16,231	15,031	24.9
독일	10,123	5.7	3,581	41	6,501	2,006	3.3
미국	7,419	4.2	3,636	958	2,825	1,125	1.9
프랑스	6,620	3.7	932	0.4	5,688	3,538	5.9
스위스	5,911	3.3	1,447	112	4,352	3,730	6.2
브리티시 버진 아일랜드	3,971	2.2	2,172	95	1,704	1,076	1.8
아일랜드	3,949	2.2	441	0.3	3,508	1,995	3.3

출처: Федеральная служба государственной статистики. "Объем накопленных иностранных инвестиций в экономике России по основным странам-инвесторам", 2007. http://www.gks.ru/bgd/free/b04_03/IssWWW.exe/Stg/d030/i030430r.htm

8) Федеральная служба государственной статистики. 2007b. "Об иностранных инвестициях в I полугодии 2007 года". <http://www.gks.ru/bgd/free/b04_03/IssWWW.exe/Stg/d030/i030430r.htm>

9) 러시아로 유입된 FDI 규모는 2004년 154억 달러, 2005년에 146억 달러, 2006년에 284억 달러를 마크하고 있다. UNCTAD, UNCTAD Investment Brief. No.17, 2007. <http://www.unctad.org/en/docs/iteiiamisc20072_en.pdf>

경상수지의 흑자와 러시아로의 해외투자 유입으로 1998년 모라토리엄 때 바닥이 난 외환보유고는 1999년부터 지속적으로 상승하여 중국과 일본에 이어 세계 3위로서 2007년 상반기 말 기준 4,066억 달러를 마크하고 있다.[10] 2008년 1-4월간 외한보유고도 580억 달러나 증가하면서 2008년 5월 1일 기준으로 5,344억 달러를 기록하고 있다.[11] 유가와 원자재 국제시세의 폭등으로 이 수치는 계속 올라 갈 것으로 예견된다.

러시아 재무장관 쿠드린(Kudrin)은 2000-2007년까지 러시아는 석유수출세를 통해 총 4,750억 달러의 수입을 가져왔다고 전하고 있다. 이 금액의 72%인 3,400억 달러는 국가예산에 투입됐으며, 국가지출에 30%, 해외부채 상환에 34%, 안정화기금에 36%를 투입했다.[12] 2004년부터 석유수출관세로 적립한 안정화기금은 석유가의 상승에 힘입어 1년 만에 5,000억 루블(180억 달러)을 기록했으며, 2006년에 구소련 채무의 대부분을 상환했다.[13] 2007년 7월 1일 안정화기금 규모는 1,217억 달러를 기록했다. 자신감을 가진 러시아정부는 2008년 1월말부터 안정화기금이란 용어를 폐지하고 안정화 목적의 적립금과 연금개혁에 기여할 수 있는 사회복지기금으로 양분화 했다. 2008년 4월 1일 기준으로 러시아 적립금 규모는 1,305억 달러, 국민복지기금은 330억 달러에 이르고 있다.[14] 향후 높은 국제유가로 그 수치는 더욱 높아질 것으로 전망된다. 또한 러시아인들이 보유하고 있는 '장롱'속의 경화(300-1,000억 달러 추정)와 자본유출(1,000-4,000억 달러)을 고려하면 러시아의 경화잠재력은 매우 높다고 볼 수 있다. 러시아 역사상 처음으로 2006년부터 러시아의 만성적 고질병이었던 자본유출보다 자본유입이 많은 순자본유입국(420억 달러)으로 전환되어가고 있다. 2007년에도 전년 대비 거의 2배나 증가한 사상 최대치인 823억 달러가 유입됐다.[15]

---

10) *RIA Novosti*, 2007/7/28.

11) *RIA Novosti*, 2008/5/8.

12) *RIA Novosti*, 2008/4/1.

13) 러시아정부는 노르웨이의 경험을 교훈 삼아 2003년 11월에 '안정화기금'(Stabilization Fund)을 설립하여 우랄 산 유가가 배럴 당 20달러를 초과할 경우 수출가격을 공제한 초과분을 적립하였는데 유가가 급등하면서 2005년에 원유수출 1배럴(159리터) 당 27달러 이상의 금액을 안정화 기금으로 적립했다. 기금 목적은 1998년과 같은 금융위기의 방지와 국제원유가격의 변화와 같은 외부효과를 극소화하는데 사용하고 있다. 2005년에는 러시아 원유수출가격은 평균 1배럴 당 46달러를 마크했다. 안정화기금은 2006년 3월1일에 520억 달러에서 1년 3개월 만에 2배 이상이나 증가했다. 안정화기금은 경화로 보관하고 있으며, 그 구조는 유로와 달러가 각각 45%, 영국 파운드화가 10%이다. 2007년 6월 1일 기준으로 513억8,000만 달러, 398억8,000만 유로, 59억900만 파운드로 구성되어 있다. 2006년 12월15일부터 2007년 5월31일까지 안정화기금을 통해 15억2,000만 달러(394억 7,000만 루블)의 수입을 올리고 있으며, 그 수익성은 8.04%라고 러시아 재무부는 발표했다. *RIA Novosti*, 2007/6/1.

14) *RIA Novosti*, 2007/4/1.

15) *RIA Novosti*, 2008/1/11.

1990년대 러시아인의 자본유출이 다시금 러시아로 회귀하는 조짐들이 보이고 있다. <표 2>에서 보는 것처럼 러시아 내 해외투자국 톱-10 중에 조세피난처로 알려진 키프로스, 룩셈부르크, 영국령 버진 아일랜드, 스위스, 네덜란드 등이란 것을 고려할 때 이 자본의 상당부분은 실질적인 러시아인의 자본으로 추정된다.16)

루블화의 환율도 안정을 유지하고 있다. 2005년부터 루블화는 계속적으로 평가절상 되고 있다. 2007년 6월30일에 1US달러 당 25.82루블에서 10월2일에는 24.87루블로 거래되고 있으며, 2008년 5월 9일 기준으로 23.88루블로 지속적으로 평가절상 되고 있다.17)

지속적인 경제성장과 경화 자본력이 풍부해진 러시아정부는 에너지기업의 재국유화와 전략적 산업부문에서 국가역할의 강조는 물론 국가주도 하에 기업의 국내외 수직적 인수합병(M & A)18)은 물론 국내외 주식공개(IPO: Initial Public Offering)를 통한 자금 동원과 더불어 러시아로의 해외투자 유치 전략과 러시아의 대 해외투자를 강화하고 있다.19)

이러한 맥락에서 이 논문에서는 러시아의 대 해외투자 현황과 전망 그리고 러시아의 대 해외투자 메커니즘과 인과관계 등의 분석을 통해 우리에게 주는 시사점을 도출해보고자 한다.

14.2. 러시아의 대외투자 현황

러시아의 대외투자에 대한 정확한 규모를 파악하거나 혹은 추정하기는 매우 어렵다고 보인다. 러시아의 대외투자에 관한 공식통계 수치도 높은 편차를 보이고 있다.

러시아통계위원회(Rosstat)의 대외투자 통계치는 2005년 말에 72억7,400만 달러, 2006년 말에 142억 7,700만 달러, 2007년 상반기까지는 259억 1,900만 달러로 나타났다(<표 14-3>, <표 14-4>, <표 14-5> 참조).

---

16) 키프로스는 1990년대 러시아와 이중과세방지 협정과 비자 협정 체결 덕분에 러시아 올리가르히와 금융산업그룹의 사금고로서 각광을 받고 있다. 키프로스 은행들이 관리하는 자금의 상당 부분의 실질 예금주는 러시아인으로 추정되고 있다. 그러나 키프로스가 2004년 5월 EU에 가입하면서 금융정보의 공개와 법인세율의 인상 등으로 자금 이탈 현상이 나타나고 있다.

17) *RIA Novosti*, 2008/5/9.

18) 러시아 기업의 국내외 인수합병(M & A)은 2005년에 거래건수 271건에 그 규모는 193억 9,800만 달러에서 2006년에 283건에 340억 8,100만 달러로 증가하고 있다. Steven Fischer, *Financing Merger and Acquisition in Russia* (Moscow: Citigroup, 2007), pp.8-9.

19) IPO는 최근 러시아의 굴지기업들이 투자를 유치하는 수단으로 사용되고 있다. 2005년 13개의 기업이 IPO를 통해 46억 달러를 조성한 반면에 2006년에는 22개 기업이 무려 5배나 증가한 220억 달러의 재원을 확보하고 있다. 2006년에 러시아의 IPO 조달은 중국(566억 달러), 미국(341억 달러)에 이어 세계 제3위를 마크하고 있다. *RIA Novosti*, 2007/8/21. 2007년 러시아 IPO 규모는 사상 최대치인 310억 달러를 기록했으며, 러시아의 대외은행(VTB)과 저축은행(Sberbank)의 IPO 재원조달은 각각 80억 달러와 88억 6,000만 달러에 이르고 있다. *RIA Novosti*, 2007/4/10.

〈표 14-3〉 2005년 러시아의 대 해외투자(단위: 1백만 달러)

러시아의 대해외투자국	2005년 투자누계액	
	1백만 달러	비중(%)
총 액	7,274	100
키프로스	1,131	15.6
바하마제도(영국령)	651	8.9
네덜란드	607	8.3
우크라이나	516	7.1
미 국	440	6.0
오스트리아	432	5.9
영 국	397	5.5
이 란	347	4.8
지블라타	304	4.2
리투아니아	275	3.8
기타국가	2,174	29.9

출처: Федеральная служба государственной статистики. "Объем накопленных иностранных инвестиций в экономике России по основным странам-инвесторам", 2007. http://www.gks.ru/bgd/free/b04_03/IssWWW.exe/Stg/d030/i030430r.htm

<표 14-6>에서 보는 것처럼 러시아 중앙은행의 통계치는 2006년 말 러시아의 해외투자 누계액이 무려 4,020억 2,900만 달러로 집계됐다. 그 중 러시아의 OFDI는 2,095억 5,900만 달러, 포토폴리오투자는 122억 6,800만 달러, 기타 투자는 1,802억 200만 달러로 구성되어 있다.

〈표 14-4〉 2006년 러시아의 대 해외투자(단위: 1백만 달러)

러시아의 대해외투자국	2006년 누계액		투자구조		
	전체	비중(%)	직접투자	포트폴리오투자	기타투자
총투자규모	14,277	100	6,054	1,070	7,153
우크라이나	3,291	23.0	92	381	2,818
키프로스	,2629	18.4	1,293	553	783
바하마제도(영국령)	1,097	7.7	-	0.2	1,097
오스트리아	1,037	7.3	145	0.0	892
룩셈부르크	1,018	7.1	857	0.1	161
네덜란드	1,007	7.1	728	29	250
미국	597	4.2	584	-	13
영국	469	3.3	358	1	110
독일	318	2.2	133	7	178
리투아니아	291	2.0	274	-	17
총계(10개국)	11,754	82.3	4,464	971	6,319

출처: Федеральная служба государственной статистики, "Объем россий ских инвестиций , накопленных за рубежом" 2007.
<http://www.gks.ru/bgd/free/b04_03/IssWWW.exe/Stg/d020/i020490r.htm>

〈표 14-5〉 2007년 상반기 러시아의 대 해외투자 현황(단위: 1백만 달러)

러시아의 대해외투자국	2007년(상반기)누계액		투자구조		
	전체	비중(%)	직접투자	포트폴리오투자	기타투자
총투자규모	25,919	100	13,232	1,421	11,266
그중(10개국) 총계	22,354	86.2	11,376	1,140	9,838
키프로스	8,115	31.3	1,628	19	6,468
네덜란드	6,659	25.7	6,510	85	64
오스트리아	1,480	5.7	144	0.0	1,336
영국	1,478	5.7	621	17	840
룩셈부르크	1,018	3.9	857	0.1	161
우크라이나	877	3.4	87	556	234
미국	749	2.9	706	-	43
벨라루스	730	2.8	650	0.0	80
브리티시 버진 아일랜드	678	2.6	37	456	185
독일	570	2.2	136	7	427

출처: Федеральная служба государственной статистики, "Объем российских инвестиций, накопленных за рубежом" 2007.
<http://www.gks.ru/bgd/free/b04_03/IssWWW.exe/Stg/d020/i020490r.htm>

〈표 14-6〉 2000-2006년 러시아의 대 해외투자 누계액 추이(단위: 1백만 달러)

투자 형태	2000년	2001년	2002년	2003년	2004년	2005년	2006년
총투자	209,687	210,837	227,504	245,517	266,064	316,809	402,029
직접투자	20,141	44,219	62,350	90,873	107,201	146,679	209,559
포트폴리오투자	1,268	1,315	2,507	4,383	7,922	17,772	12,268
기타 투자	188,278	165,303	162,647	150,261	150,941	152,358	180,202

출처: The Central Bank of the Russian Federation, “International Investment Position of Russia for 2000-2006: External Assets and Liabilities vis-a-vis CIS Countries and Non-CIS Countries at End of Period" 2007.
<http://www.cbr.ru/eng/statistics/credit_statistics/print.asp?file=iip_cis_e.htm>

<표 14-7>에서 보는 것처럼 유엔무역개발회의(UNCTAD: United Nations Conference on Trade and Development)는 러시아의 OFDI 규모를 2005년 말 1,204억 1,700만 달러라고 추정하고 있다. UNCTAD의 통계로 환산한 러시아의 세계 OFDI 순위는 브리티시 버진 아일랜드에 이어 세계 17위를 마크하고 있다.

〈표 14-7〉 세계 국가별 FDI 순위와 투자 규모

2006년1월1일 기준: 세계 전체 FDI Stock 총 규모 10조 6,719억 달러					
순위	국가명	FDI Stock	순위	국가명	FDI Stock
1	미 국	2조513억$	16	브리티시 버진제도	1,232억$
2	영 국	1조2,380억$	17	러시아(UNCTAD)	1,204억$
3	독 일	9,673억$	18	덴 마 크	1,181억$
4	프 랑 스	8,532억$	19	아일랜드	1,179억$
5	네덜란드	6,413억$	20	싱가포르	1,109억$
6	홍 콩	4,705억$	21	타 이 완	973억$
7	캐 나 다	3,994억$	22	핀 란 드	744억$
8	스 위 스	3,948억$	23	브 라 질	716억$
9	일 본	3,866억$	24	오스트리아	672억$
10	벨 기 에	3,863억$	25	룩셈부르크	494억$
11	스 페 인	3,813억$	26	중 국	463억$
12	노르웨이	3,651억$	27	말레이시아	445억$
13	이탈리아	2,953억$	28	포르투갈	445억$
14	스 웨 덴	2,028억$	29	한 국	365억$
15	호 주	1,592억$	30	케이맨 제도	337억$

출처: Alexei V. Kuznetsov, "Prospects of Various Types of Russian Transnational Corporation(TNCs)", *Electronic Publication of Pan-European Institute*, No.10, 2007, p.7.

푸틴은 2007년 독일 하일리겐담에서 개최된 G8 정상회담에서 2006년 말 러시아의 해외투자 누계액은 최소 1,400억 달러 이상이며, 투자협력은 쌍방으로 이루어지고 있으며 러시아가 점차적으로 세계경제에 편입(러시아기업의 국제화 등)하고 있다는 것을 의미한다고 전하고 있다.[20)]

2006년 말 러시아중앙은행의 대외투자 통계치는 러시아통계위원회(Rosstat)의 통계치보다 무려 28배 이상이나 편차를 보이고 있다. 동기간 러시아의 OFDI의 편차도 거의 35배나 편차를 보이고 있다(<표 14-4>와 <표 14-6> 참조). 러시아 중앙은행과 UNCTAD의 2005년 말 러시아의 OFDI 수치는 262억 6,200만 달러의 편차를 보이고 있다(<표 14-6>과 <표 14-7> 참조).[21)]

러시아 중앙은행의 해외투자 통계는 과장된 측면이 있다고 보인다. 이 수치는 1990년대부터 2004년까지 러시아의 높은 자본유출(1994-2004년까지 러시아 비(非)금융부문의 자본유출의 누적액은 1,805억 달러 <표 14-8> 참조)이나 혹은 '사이비(Pseudo) FDI', 예를

20) *RIA Novosti*, 2007/6/9.

21) 러시아통계위원회(Rosstat)의 해외투자 통계는 투자수혜국을 발표하고 있는 반면에 러시아 중앙은행의 통계는 전체 투자규모만 발표되고 있다.

들면 조세피난처인 키프로스 등에서 라운드 트리핑(round-tripping)투자[22]나 혹은 기타 역외(offshore)지역, 예를 들면 브리티시 버진 아일랜드, 네덜란드, 스위스, 룩셈부르크 등을 통한 해외투자, 즉 부동산 구매와 사실상의 포트폴리오 투자나 혹은 소비에트 시대에 소비에트 기업들이 해외에서 남겨 논 유산의 가치 등이 포함된 것으로 생각된다. 유럽집행부는 1992-2002년까지 러시아의 자본유출 규모를 2,450억 달러로 추정하고 있다.[23]

〈표 14-8〉 1994-2007년 러시아의 순 자본유출 추이(단위: 10억 달러)

연도	1994	1995	1996	1997	1998	1999	2000	2001	2002	2003	2004	2005	2006	2007
순 자본유출	14.4	3.9	23.8	18.2	21.7	20.8	24.8	15.0	8.1	1.9	8.9	-0.1	-40.1	-66.2
-금융부문	2.0	-6.8	-1.3	-7.6	6.0	4.3	2.1	-1.3	-2.5	-10.3	-3.5	-5.9	-27.5	-36.9
-非금융부문	12.4	10.7	25.1	25.9	15.7	16.5	22.8	16.2	10.6	12.2	12.4	5.8	-12.6	-29.3

주 : 2007년은 상반기까지를 의미함. '-'는 러시아로의 자본유입을 의미함.
출처: The Central Bank of the Russian Federation, "Net Capital Export/Import by Private Sector", 2007. <http://www.cbr.ru/eng/statistics/credit_statistics/print.asp?file=capital_e.htm>.

<표 14-8>에서 보는 것처럼 2005년부터 러시아는 순자본 유입국가로 전환되고 있다. 2005년에 1억 달러, 2006년에 401억 달러, 2007년 상반기까지 무려 662억 달러의 순 자본유입이 들어왔다.

러시아의 해외투자 통계치의 상당한 편차에도 불구하고 러시아는 2000년부터 지속적으로 해외투자가 증가하고 있다는 데에는 이론의 여지가 없다고 보인다. 이 글에서는 주로 러시아기업의 OFDI에 초점을 맞추려고 한다. 러시아 IMEMO(세계경제 및 국제관계연구소) 알렉세이 쿠즈네쵸프 교수는 러시아기업의 홈페이지 정보, 러시아 OFDI의 수혜국 통계, 중앙은행의 통계자료, 대형 프로젝트에 대한 전문가의 평가에 근거 하에서 2005년 말 러시아의 OFDI 규모를 350-450억 달러, 2006년 말 기준으로 400-500억 달러로 추정하고 있으며, 최저 20억 달러 이상을 투자한 대상국은 우크라이나, 카자흐, 독일, 영국, 키프로스로 추정했다.[24]

22) 저리로 차입한 차금을 고리로 대부하여 이익을 얻는 것을 의미한다.

23) 불법적 자본 유출 방법의 예로써 러시아기업들은 허구적 장부상의 수입이나 혹은 증권거래 등을 통해서 이루어지는 데 2004년 이러한 방법으로 러시아기업은 2004년에 259억 달러 상당의 자본을 유출한 것으로 추정되고 있다. Peeter Vahtra, "Expansion or Exodus? - Trends and Development in Foreign Investment of Russia's Largest Industrial Enterprises". *Electronic Publication of Pan-European Institute* (Turun Kauppakorkeakoulu, Turku School of Economics and Business Administration). No.1, 2006, pp.7-8.

24) Alexei V. Kuznetsov, "Prospects of Various Types of Russian Transnational Corporation(TNCs)". *Electronic Publication of Pan-European Institute*, No.10, 2007, p.6.

〈표 14-9〉 EU-25와 러시아의 해외직접투자(FDI) 추이(단위: 1백만 유로)

연 도	2001년	2002년	2003년	2004년	2005년
러시아 내 EU-25의 FDI	2,495	2,454	7,704	5,878	8,997
EU-25 내 러시아의 FDI	752	342	704	196	4,107

출처: Eurostat, "EU27 external trade deficit of almost 70 bn euro with Russia in 2006. Russia third largest trading partner of EU27", *Eurostat News Release*, No.65, 15 May, 2007, p.3.

1995-1999년 러시아의 FDI 투자분포는 EU가 25%, 미국 23%, 중국 2%, 기타국가가 25%를 차지하고 있다.[25] 2000년대에 러시아의 OFDI 규모는 EU와 CIS의 약진과 미국 비중의 감소로 이어지면서 2005년 말까지 러시아의 전체 OFDI 비중에서 지역별 분포는 EU가 3분의 1, CIS지역이 5분의 1, 미국 순으로 평가하고 있다.[26]

<표 14-9>에서 보는 것처럼 러시아의 EU-25 내 직접투자액은 2001-2004년까지 미미한 수준이었으나 2005년부터 초고속으로 증가하고 있다.

<표 14-5>에서 보는 것처럼 2007년 상반기까지 러시아의 OFDI 누적액은 132억 3,200만 달러로 톱-10 투자국(전체 해외투자를 포함)은 EU(키프로스, 네덜란드, 오스트리아, 영국, 룩셈부르크, 독일) 6개국, CIS(우크라이나, 벨라루스) 2개국 그리고 미국과 브리티시 버진 아일랜드로 러시아 전체 OFDI 비중의 86%를 점유하고 있다고 러시아통계위원회는 발표했다. 그중 EU 6개국이 98억 9,600만 달러, CIS 2개국이 7억 3,700만 달러, 미국이 7억 600만 달러로 집계됐다. EU 6개국이 러시아 전체 OFDI의 비중이 75%를 차지하고 있다. 그 뒤를 이어 CIS 2개국과 미국의 비중은 각각 5.6%와 5.3%를 기록하고 있을 뿐이다. 미국과 CIS의 OFDI 실제 수치는 더 높을 것으로 추정된다. 2007년 상반기까지 미국 내 러시아 투자누계액(OFDI뿐만 아니라 포트폴리오와 기타 투자 포함)은 150억 달러 이상으로 추정되고 있다.[27]

25) Kálmán Kalotay, "Outward Foreign Direct Investment from Economies in Transition in a Global Context", *Journal of East European Management Studies*. Vol.8, No.1, 2003, p.10.

26) Peeter Vahtra, "Expansion or Exodus? - Trends and Development in Foreign Investment of Russia's Largest Industrial Enterprises". *Electronic Publication of Pan-European Institute* (Turun Kauppakorkeakoulu, Turku School of Economics and Business Administration). No.1, 2006, p.10.

27) *RIA Novosti*, 2007/7/2.

〈표 14-10〉 2000-2006년도 러시아의 대 CIS 투자 누계액 추이

러시아의 대CIS투자	2000년 투자액		2004년 투자액		2005년 투자액		2006년 투자액	
	1천$	비중(%)	1천$	비중(%)	1천$	비중(%)	1천$	비중(%)
총 액	130,981	100	713,016	100	620,522	100	4,127,757	100
아제르바이잔	26	0.0	2,379	0.3	6,734	1.1	6,661	0.2
아르메니나	5	0.0	1,032	0.2	138,185	22.3	3,168	0.1
벨라루스	77,238	59.0	280,193	39.3	102,438	16.5	572,329	13.8
그루지야	133	0.1	285	0.0	60	0.0	328	0.0
카자흐스탄	3,453	2.6	84,104	11.8	204,314	32.9	189,231	4.6
키르기스스탄	7	0.0	628	0.1	1,247	0.2	112,094	2.7
몰다바	31,224	23.8	6,600	0.9	4,904	0.8	44,131	1.1
타지크스탄	-	-	3,067	0.4	496	0.1	22,315	0.5
투르크메니스탄	2,934	2.3	1,885	0.3	-	-	-	-
우즈베키스탄	929	0.7	138,547	19.4	6,968	1.1	176,174	4.3
우크라이나	15,032	11.5	194,316	27.3	155,176	25.0	3,001,326	72.7

출처: Федеральная служба государственной статистики, "ОБЪЕМ ИНВЕСТИЦИЙ РОССИИ В ЭКОНОМИКУ СТРАН СНГ в 2007 г". <http://www.gks.ru/free_doc/2007/b07_11/23-13.htm>

〈표 14-11〉 2000-2006년 러시아의 대 CIS 해외투자 누계액 추이(단위: 1백만$)

투자 형태	2000년	2001년	2002년	2003년	2004년	2005년	2006년
총 투 자	10,792	10,232	10,582	12,149	14,188	18,947	22,738
직접투자	1,539	2,009	2,312	3,098	4,326	5,288	7,074
포트폴리오투자	294	376	359	194	119	19	81
기타 투자	8,959	7,847	7,911	8,857	9,743	13,640	15,583

주 : 각 연도 말 기준
출처: The Central Bank of the Russian Federation. 2007a. "International Investment Position of Russia for 2000-2006: External Assets and Liabilities vis-a-vis CIS Countries and Non-CIS Countries at End of Period". <http://www.cbr.ru/eng/statistics/credit_statistics/print.asp?file=iip_cis_e.htm>

2000년부터 러시아의 해외투자에서 두드러진 특징은 대CIS 투자 증가뿐만 아니라 구소련 시대의 우호국가, 예를 들면 유럽의 구 사회주의국가, 아프리카, 인도, 중동 등의 지역으로까지 확산시키고 있다는 것이다. <표 14-10>에서 보는 것처럼 러시아통계위원회(Rosstat)는 러시아의 대CIS 투자 총액은 2000년 말 1억 3,098만 달러에서 2006년 말 41억 2,776만 달러로 31.5배나 증가했다고 발표하고 있는 반면에 러시아 중앙은행은 동기간 107억 9,200만 달러에서 227억 3,800만 달러로 발표했다. <표 14-11>에서 보는 것처럼 러시아 중앙은행은 2000년 러시아의 대CIS OFDI 규모를 2000년 말 15억 3,900

만 달러에서 2006년 말 70억 7,400만 달러로 4.6배나 증가했다고 발표했다. 러시아통계위원회와 러시아 중앙은행 높은 통계 편차도 앞에서 언급한 사항과 유사할 것으로 생각된다. 러시아 경제주체들이 제3국을 통한 대CIS 투자수치는 러시아 통계에 집계되지 않은 수치를 고려할 때 러시아의 대CIS OFDI 규모는 더욱 클 것으로 추정된다.

러시아 OFDI의 60%는 러시아 석유가스사에 의해 이루어지고 있다. 그 뒤를 이어 철강금속 및 비철금속 기업들과 선박 및 파이프라인 등의 교통기업들의 진출이 두드러지게 나타나고 있다. 최근에는 러시아 이동통신사들이 대CIS뿐만 아니라 터키와 독일(Deutsche Telecom 지분 10% 인수)과 미국 등으로의 진출이 이루어지고 있다.

〈표 14-12〉 러시아 50대 비금융기관의 해외자산 규모

해외자산 보유액	러 시 아 기 업
100억$ 이상	Lukoil(1)
20-60억$	Gazprom(1), RusAl(5), Sovkomflot(12), MTS(13), Novoship(12), Altimo(13)
10-20억$	NorilskNickel(5), Zarubezhneft(1), Evraz(4)
5-10억$	Vimpelcon(13), Severstal(4), UES of Russia(11)
2-5억$	Alrosa(3), Amtel-Vredestein(7), Prisko(12), OMZ(10), Itera(1), Slavneft(1), Sojuzneftegaz(1), MAIR(4), Severstaltrans(12)
1-2억$	Sitronics(10), Chelyabinsk Tube Rolling Plant Group(4)(5), Alliance Group(1) Rosneft(1), National Reserve Corp.(1)(10), TNK-BP(1), Mechel(4), En+(without RusAl)(5)(11), NLMK(4)
0.7-1억$	Eruocement(6), Far Eastern Shipping Co.(12), NPO Mashinostroyenia(10) SUAL(5), Vostok-Service(8), Russkij Solod(9), Tractor Plants(10)
0.4-0.7억$	Transnefteproduct(12), S.P.I. Group(9), Akron(7), GAZ(10), Sistema Telecom (without MTS)(13), Kuzbassrazrezugol(2), Industrial Investors(metal branch)(4)(5), Eldorado(14), Wimm-Bill-Dann(9), Mezhrespublikianskij Vinzabod(9), TMK(4), Transmashholding(10)
(1)석유가스 (2)석탄 (3)비철금속광산 (4)철강금속 (5)비철금속 (6)건설자재 (7)화학 (8)보호장비 (9)음료-주류 (10)기계제작 (11)전력 (12)교통 (13)통신 (14)유통 부문	

출처: Alexei V. Kuznetsov, "Prospects of Various Types of Russian Transnational Corporation(TNCs)". *Electronic Publication of Pan-European Institute*, No.10, 2007, p.15.

<표 14-12>에서 보는 것처럼 쿠즈네쵸프 교수는 러시아 50대 기업의 해외 투자자산 규모를 추정하고 있다. 러시아 최대 민영석유사 루코일의 해외투자 자산규모는 100억 달러를 상회하고 있다. 그 다음으로 가즈프롬의 해외자산을 60억 달러로 추정하고 있다.[28]

28) 가즈프롬의 해외자산에 대한 재무제표는 발표하지 않고 있어 정확한 해외자산규모를 평가하기는 어려운 상황이다. 일부 학자들은 루코일보다 가즈프롬의 해외자산의 규모가 더욱 클 것으로 추정하고 있다. Alexei V. Kuznetsov, "Prospects of Various Types ... op. cit., p.13.

그 이외에도 러시아 석유가스사(Zarubezhneft, Itera독립가스사, Slavneft, Sojuzneftegaz, Rosneft, National Reserve Corp., Alliance Group, TNK-BP 순)의 OFDI는 <표 14-12>와 같다.

철강금속 및 비철금속 러시아기업들의 OFDI 규모가 큰 회사는 러시아알루미늄(RusAl)사(20-60억 달러), 그 뒤를 이어 다음과 같은 기업 순위로 이루어지고 있다(NorilskNickel, Severstal, Alorosa, MAIR, Chelyabinsk Tube Rolling Plant Group, Mechel, En+, NLMK, SUAL, Industrial Investors, TMK 등).

러시아 이동통신기업 중 OFDI 규모가 20-60억 달러에 상당하는 기업으로는 MTS와 Altimo(과거 Alfa-Telecom)사로 그 뒤를 이어 빔펠콤(Vimpelcom)사(5-10억 달러)의 진출이 두드러지게 나타나고 있다.

러시아 50대 기업 중에 선박 및 파이프라인 등의 교통관련기업 6개이며 그 순위는 다음과 같다(Sovkomflot, Novoship, Prisco, Severstaltrans, Far Eastern Shipping Co., Transnefteproduct). 이외에도 러시아통합전력회사(UES), OMZ사를 포함한 7개의 기계제작기업, 1개의 석탄기업(Kuzbassrazrezugol), 타이어제조(Amtel-Vredestein)사를 포함한 2개의 화학기업, 1개의 건설자재기업(Eurocement), 1개의 전자 유통기업(Eldorado), 1개의 보호장비기업(Vostok-Service), 4개의 음료·주류기업 등이 있다.

미국 콜롬비아대학과 모스크바 스콜코보경영학교(Skolkovo Management School)조사에 따르면 2007년 기준으로 러시아 25개 지주회사 중에 가장 많은 해외자산을 보유한 회사는 루코일(Lukoil), 가즈프롬(Gazprom), 세베르스탈(Severstal), 러시아알루미늄(RusAl)사 순으로 이루어지고 있다. 러시아 4개 회사가 러시아 회사 해외자산의 78%를 보유하고 있으며, 루코일 사가 1위로 해외자산 규모가 189억 달러, 가즈프롬이 106억 달러, 세베르스탈이 46억 달러, 러시아알루미늄이 42억 달러를 마크하고 있다. 러시아 주요 25개 회사가 총 590억 달러(이 수치는 지난 3년간 3배나 증가)의 해외자산을 보유하고 있으며, 연간 해외 매출액이 2천억 달러이며, 해외 직원의 수는 13만 여명으로 추정하고 있다. 러시아 해외자산의 약 80%가 원자재 회사이며, 그 중 2분의 1이상이 석유와 천연가스 기업이 보유하고 있다. 지리적으로 서유럽에 러시아보유 해외자산의 52%, 그 뒤를 이어 CIS(22%), 동유럽(11%), 북아메리카(6%), 아프리카(4%), 아시아와 호주(3%) 순으로 나타났다.[29]

29) *RIA Novosti*, 2007/12/11.

〈표 14-13〉 러시아 기업의 해외 주요기업의 지분 인수 상황

러시아기업	동유럽 및 CIS국가	기타 국가
루코일 (LUKoil)	Neftochim(불가리아), Petrotel(루마니아), Beopetro(세르비아/몬테네그로), Nelson Resources(카자흐/캐나다)	유럽과 북미지역에서 수천 개의 주유소, 로테르담 연료터미널(네덜란드), 사우디아라비아 석유가스전 채굴
에브라즈홀딩 (Evrazholding)	Vitkovice Steel(체코)	Pallini e Bertoli(이탈리아)
세베르스탈 (Severstal)	Severstal North America**(미국), Lucchini(이탈리아)	
노보리페츠크 철강-금속공장 (Novolipetsk Iron & Steel Works)		Dansteel(덴마크)
메헬 철강 그룹 (Mechel Steel Group)	Mechel Campia Turzii(루마니아), Mechel Targoviste(루마니아)***	
파이프금속회사(Pipe Metallurgical Company)	Combinatul Siderugric Resita (루마니아), Artrom(루마니아)	
노릴스크 니켈 (Norilsk Nickel)	Stillwater Mining Company(미국; 팔라듐 생산), Gold Fields Ltd(남아공; 금광)	
러시아 알루미늄(RusAl) (Russian Aluminum)	Queensland Alumina(20% 지분)(호주, 세계 최대의 알루미늄공장), Bauxite Company of Guyana Inc.)가이아나(남미 동북부 위치), 보크사이트광산), Alscon(나이지리아, 알루미늄공장), (아프리카 서부 위치한 기니공화국 Frie알루미늄공장,CBK와 Dian-Dian 보크사이트 광산)	
VSMPO-Avisma	National Forge & Maching(미국, 티타늄생산)	
Segezh TsBK(제지제작회사)		Korsnas Packaging(스웨덴)
Amtel Vredstein N. V.		Vredestein Banden(네덜란드)
통합기계제작공장(United Machine-Building Works)	Skoda concerns사의 2개 부문금속, 핵발전장비제조 (체코)	
Sitronics Concerns*	Strom Telecom(체코)	
MTS(MobileTeledonSystem)	Uzdunorbita(우즈벡), Barash Communication Technologies(투르크멘)	
빔펠콤(VimpelCom)	Buztel and Uzmacom(우즈벡), Ukrainian Radio System(우크라이나), Kar-Tel(카자흐)	
Altimo(Alfa-Telecom)		Turkcell(터키, 13%)
Golden Telecom		Hudson Telecon(미국)
칼리나(Kalina)화장품 회사		Dr. Scheller(독일, 화장품)

주 : * 과거 Sistema의 자회사 KNTs ** 과거에는 Rouge Industries사(미국 금속회사).
*** 과거 Industria Sarmei & Cost S.A.

출처: Ya. S. Galukhina, and Ya S. Pappe, "Russian Big Business in 2000-2005: Some Key Developmental Aspects", *Studies on Russian Economic Development* Vol. 17, No.4. 2006, p.389; Peeter Vahtra, "Expansion or Exodus? ... op. cit., p.33.

<표 14-13>에서 보는 것처럼 러시아 철강회사 에브라즈홀딩(Evrazholding)은 이탈리아와 체코 철강회사의 인수뿐만 아니라 2007년에 미국 포트랜드 소재 오레건(Oregon)철

강회사를 23억 달러에 구입했으며, 총 40억 달러를 투입하여 캐나다 플레이트와 파이프 제조사 IPSCO사 인수를 계획하고 있다.[30] 이 홀딩 사는 100% 자회사 티타늄 사(Titan Acquisition Sub. Inc)를 통해 2007년 12월에 미국 클레이마운트(Claymount)사를 5억 6,480만 달러에 구입했다.[31]

러시아 최대 철강사인 세베르스탈(Severstal)사는 2008년 3월에 미국 볼티모어에 소재한 철강사(Sparrow Point: 2007년에 인도 Arcelor Mittal사에 판매됨)를 8억 1,000만 달러에 구입했다.[32]

14.3. 러시아의 대외투자 전망

이 절에서는 러시아의 OFDI의 원인과 효과 그리고 향후 전망을 분석해본다. 중동 산유국(사우디아라비아나 쿠웨이트 등)들의 대외투자는 포트폴리오 투자가 주를 이루고 있는 반면에 러시아의 투자는 최근 직접투자가 괄목할만한 성장을 보이고 있다. 러시아의 OFDI는 주로 러시아의 석유가스와 비철 및 철강 등 자원베이스에 기초한 대기업에 의해 주도적으로 이루어지고 있다. 이들 대기업들은 소련 시대 때 형성됐던 해외자산의 인수는 물론 과거 COMECON국가와 CIS국가는 물론 전 세계적으로 OFDI를 확산하고 있다. 가즈프롬과 루코일의 대규모 OFDI, 특히 대EU와 대 미국 투자 증가의 동인은 러시아 석유와 가스를 판매를 촉진하는 시장 탐색(market seeking)과 전략자산의 탐색(strategic assets seeking) 그리고 효율 탐색(efficiency seeking)이 강한 반면에 대CIS 투자 증가의 동인은 시장 탐색뿐만 아니라 자원 탐색(resources seeking)에 기인된다고 생각된다.

가즈프롬은 대부분의 EU 국가 내에서 자회사나 합작회사를 통해 천연가스배급과 가공활동뿐만 아니라 저장 및 운송 인프라, 특히 북유럽 발트해 가스관인 북방노선(Nord Stream)과 흑해를 통과하는 남방 노선(South Stram)의 경영지분권을 확보하고 있다.[33]

---

30) *RIA Novosti*, 2008/3/14.

31) *RIA Novosti*, 2007/12/10.

32) *RIA Novosti*, 2008/3/21.

33) 이 북방노선 가스관의 총 건설비용이 105억 달러가 소요될 것으로 추정되며, 가즈프롬이 51%, 독일기업 바스프(BASF)와 E.ON이 각각 24.5%를 보유하고 있다. 이 가스관은 2005년 12월에 건설이 시작되었으며, 2010년 말에 완공될 예정이다. 현재 유럽은 천연가스 소비량의 25%를 아시아에서 공급받고 있으나, 향후 이 송유관을 통해 소비량의 3분의 1까지 높일 계획이다. 2007년 6월에 가즈프롬과 이탈리아 ENI사는 러시아 흑해 항구에서 불가리아로 이어지는 900km의 새로운 남방 노선(South Stream)을 건설하기 위한 양해각서를 체결하였으며, 양측이 동등한 지분을 갖기로 하였다. (이재영 · 한종만 · 성원용 · 이광우, 「한국의 주요국별 · 지역별 중상기 통상전략: 러시아」 (서울: 대외경제정책연구원). 2007, p.124.

<표 14-13>에서 보는 것처럼 루코일(Lukoil)은 유럽과 북미지역의 석유소매업과 동유럽의 정유시설뿐만 아니라 CIS와 중동과 남미(콜롬비아) 등의 산유국의 석유가스전 개발에 참여하고 있다. 러시아의 대형 석유가스기업은 석유가스개발과 운송·판매 경험을 바탕으로 기타 세계석유메이저처럼 다국적 기업으로 전환되어 가고 있다. 기타 자원 관련 러시아 대기업들도 전통적으로 협력 경험이 많은 동유럽과 CIS뿐만 아니라 발전된 구미국가들과 신흥시장에서 OFDI를 강화하고 있다. 러시아의 OFDI 형태는 인수·합병(M&A)이 주를 이루고 있다. 1990년대와 2000년 초반에 러시아기업들은 적자나 파산 상태에 허덕이는 해외기업을 인수·합병하였으나 최근에는 규모의 경세를 바탕으로 시장 확장이나 관세회피와 무역 촉진(철강 산업 등)과 효율과 자원획득 등의 목표로 세계 인수·합병시장에 적극적으로 참여하고 있다.

에너지를 포함한 자원 관련 러시아 대기업들은 국제경쟁력의 향상과 전략적 자산의 획득과 자원 접근 기회의 제고를 통해 세계 시장에서 지분의 확대와 글로벌 플레이어(global player)의 이미지 향상이나 협상력 강화를 목표로 하고 있다.[34] 러시아기업은 OFDI를 통해 해당 기업의 생산, 경영, 금융의 현대화에 도움을 예상하고 있다. 일부 러시아 최고경영자들은 자신의 이미지 향상은 물론 세계 금융자원의 접근 기회, 예를 들면 런던이나 뉴욕 증권거래소를 통한 IPO 자금동원이나 혹은 해외금융기관에서 저리의 대부 가능성 등의 기회를 모색하려고 하고 있다. 또한 1990년대 러시아 사유화과정에서 국가재산을 값싸게 인수한 올리가르히들은 재산권 압류, 예를 들면 재국유화 조치 등에 대한 '보험적' 성격으로 해외투자를 감행하고 있다.[35] 2000년 푸틴의 집권 이후 올리가르히의 대부 격인 베레조프스키와 구신스키의 몰락과 2003년 10월 유코스 회장 호도르코프스키의 체포 등의 사건을 보면서 러시아 올리가르히들은 그들의 재산권 보호나 도피성 이주 등의 측면에서 해외투자를 행하고 있다.[36] 또한 러시아 재벌들은 2008년 정권교체 이전

34) 가즈프롬사는 독일 분데리스리가의 상위팀인 '샬케04'를 인수하려고 했지만 실패하면서 이 축구팀과 주요 스폰서 계약을 체결했다. 러시아 올리가르히 포타닌도 2004년 6월에 영국축구팀 Arsenal FC의 지분 1억2,000만 파운드로 인수를 시도했지만 포기했다 *RIA Novosti*, 2004/6/23). 2003년 7월 러시아 석유재벌 아브라모비치는 영국 축구팀 첼시를 인수하면서 구단주가 되었다. 이 구단주의 지분은 현재 5억 유로 이상의 가치가 있는 것으로 알려지고 있다.

35) Ya. S. Galukhina and Ya S. Pappe, "Russian Big Business in 2000-2005: Some Key Developmental Aspects", *Studies on Russian Economic Development* Vol. 17, No.4. 2006, p.389.

36) 러시아 제2위 민영 석유사 유코스는 푸틴 정부와의 정치적 이해관계의 상이성 이외에도 미국과 중국에 석유수출은 물론 사적으로 중국과의 송유관 건설 계획, 대규모 주식의 해외 판매계획, 미국 엑손모빌(ExoonMobil)사와 합병 계획(약 3분의 1 지분 양도) 등과 관련해서 푸틴 정부와 충돌하면서 무너졌다. Natalia Krieger, "Die westliche Russlandpolitik unter dem Aspekt der

에 서방으로의 투자계획을 적극적으로 수립하고 있으며, 이는 푸틴의 추락 가능성을 대비하는 측면도 있다고 보인다. 일부 경영자의 OFDI 동인은 해외투자 프로젝트 가격을 높게 부풀림으로써 불법적 자금을 유용할 수 있는 기회 획득 차원에도 기인되고 있다.[37]

러시아의 OFDI의 동인은 국내에서 투자환경이 아직까지 매력적이지 못한 상황에서도 기인된다. 최근 러시아정부의 천연자원 국가통제 강화 등 일련의 입법절차와 투자에 장애가 되는 많은 행정적 규제 등이 러시아기업의 국내투자를 위축시키고 있기 때문이다.

외환보유고의 증가와 자본유입과 해외투자 유입 등으로 유동성의 증가로 야기될 수 있는 인플레이션 압력의 완화 차원에서 러시아정부는 기업의 해외투자를 직간접으로 지원하고 있다.

러시아의 대외투자, 특히 국영 기업의 투자는 경제적 목적 이외에도 정치적 목적으로도 이루어지고 있다. 러시아 기업의 대CIS OFDI 강화는 러시아정부의 정치적 목적과 밀접한 연관성이 있다고 보인다. CIS회원국들 중 예를 들면 GUAM(그루지야, 우크라이나, 아제르바이잔, 몰다바)은 반러시아 성향이나 혹은 친 서방 경향에 대해 러시아정부는 탈러시아 현상을 완화하거나 제한 혹은 CIS내에서 주도적 역할 강화와 러시아권 경제로의 편입정책의 수단으로 OFDI를 이용하고 있다.[38] 러시아와 역사적 경험과 지리적 인접성으로 러시아와 밀접한 유대관계를 맺어 온 CIS회원국들의 일련의 색깔혁명과 서방자본의 유입 등으로 서장 세력의 진출에 대해 푸틴 2기 대통령 재임 기간부터 대CIS 투자를 의도적으로 강화하고 있다고 보인다. 러시아정부는 탈러시아 경향이 강한 CIS국가들에 대해 무역 제한·금지나 혹은 가스공급 가격의 인상 등의 조처를 통해 압박을 가하고 있다.[39] 대부분의 CIS 회원국들은 경제적 자립을 원하고 있지만 그들의 대안은 매우 제한적인 상황이라고 보인다.

Energiversorungssicherung". *Kölner Arbeitspapiere zur internationalen Politik*, No.45, 2005, p.49.

37) Alexei V. Kuznetsov, "Prospects ... op. cit., p.11.

38) CIS에 대한 러시아의 투자에 대해서는 다음의 글을 참조, 한종만, “CIS 중앙아시아 5개국의 경제현황과 전망”,『정치·정보연구』(한국정치·정보학회), 제10권, 제2호, 2007년, pp.173-196. 카프카스 3국에 대한 러시아의 투자에 대해서는 다음의 글을 참조. 한종만, “CIS 카프카스 3국의 경제현황과 전망”,『사회과학연구』(배재대학교 사회과학연구소) 제29집, 2007년 12월, pp.1-30.

39) 2006년 봄 러시아 소비자보호청은 생필품 검역규정에 따라 중금속 검출 등의 이유로 그루지야산 와인, 코냑, 섹트 등의 주류와 광물수, 몰다바산 와인에 대한 수입금지 조처를 취했다. 그루지야 광물수의 90%는 수출용인데 주요 고객은 러시아로 알려져 있다. 그루지야 경제에서 광물수의 비중은 0.3%를 차지하고 있다. 몰도바와 그루지야 경제에서 포도주가 차지하는 비율은 높은 편인데 포도주의 대부분은 러시아로 수출되고 있다. 한종만, "유라시아 역내 경제통상 발전", 신범식 편, 「21세기 유라시아 도전과 국제관계」(서울: 한울, 2006), p.478.

또한 러시아정부는 러시아 기업의 대EU OFDI, 특히 러시아 대형에너지 기업의 EU 내 기업의 인수·합병의 반대급부로 러시아 내 전략산업부문의 진출 기회를 제공하고 있다. 예를 들면 가즈프롬은 독일, 영국, 프랑스 등의 EU 내에서 하류부문인 가스 공급망이나 가스판매망의 진출(자회사, 합작, 인수·합병 등) 대가로 EU 기업에게 러시아 에너지시장, 특히 상류부문의 참여를 허용하고 있다.

러시아의 적극적인 OFDI는 에너지와 금속관련 기업의 투자 이외에도 해외 주요기업의 주식 지분 인수에도 적극적으로 진출하려고 하고 있다. 예를 들면 2006년 9월 러시아대외은행(VTB)의 Airbus사의 모회사인 유럽우주항공사(EADS: European Aeronautic Defense and Space Company)의 5%(향후 7% 인수계획) 지분인수, 알루미늄재벌 데리파스카(Deripaska, 러시아 최대 갑부)의 미국 GM의 10% 지분인수 의향, 알파그룹의 회장 미하일 프리드만(Friedman)의 영국 이동통신사 보다폰(Vodafon) 20% 지분인수 의향, 통합콘체른(AFK Sistema) 회장 예브첸코프(Yevtschenkov)의 독일 도이치 텔레콤(Deutsch Telekom)의 10-20% 지분인수 의향과 베를린 KDW 백화점, 런던 Harrod 백화점 인수의향, 러시아철도(RZD) 회장 야쿠닌(Yakunin)의 독일연방철도(Bundes Deutsche Bahn)의 지분 인수의향 등을 들 수 있다(Hartmann 2006). 자금력이 강한 러시아 재벌들은 현재 구미에서 기업 사냥을 행하고 있다.

러시아의 대 해외투자 강화에 대해 EU와 미국은 총론적으로 지지하는 경향을 보이고 있지만 각론에서 혹은 전략부문에 대한 러시아기업의 진출에 대해 부정적 반응을 보이면서 러시아의 해외투자에 직간접적 제한 조처를 취하고 있다. 러시아기업의 적극적 해외진출에 대해 미국과 EU는 총론적으로 러시아기업의 국제화에 긍정적으로 기여할 것으로 생각하면서 찬성을 표명하면서도 각론이나 혹은 사안별로 신중한 조처로 대응하고 있다. 미국은 국가안보 차원[미국의 주요 기간산업에 대한 외국투기자본의 적대적 인수·합병의 시도를 막기 위한 '액슨-플로리어 법(Exon-Florio Act)' 등]에서, 특히 중국과 러시아 회사들의 미국 내 전략적 기업의 인수·합병을 제한하고 있다.[40] 러시아로부터 에너지 의존도가 높은 EU는 러시아의 대EU OFDI가 에너지의 무기화나 혹은 위협수단으로 사용할 가능성에 대해 두려워하고 있다. EU와 미국은 민족주의 성향의 강화와 투명성 부족 등과 더불어 해외투자의 강화라는 러시아 재벌의 양면성에 강한 거부감을 가지고 있다. 그 결과 러시아의 EU기업의 인수·합병은 여러 차례 무산됐다. 가즈프롬의 영국의 가스공급사 센트리카(Centrica) 인수 실패와 러시아 철강사 세베르스탈의 룩셈부르크 소재 세계 최대

---

40) *RIA Novosti*, 2007/7/2.

의 철강사 중의 하나인 Arcelor사의 인수 실패(2006년 6월 인도 Mittal 철강사가 인수) 등이 있다. 푸틴 대통령은 러시아의 대EU 진출은 AK-47(칼라슈니코프 자동 소총)을 들고 진입하는 것이 아니라 기타 서방의 자본가처럼 경화(hard currency)를 가지고 이윤을 목적으로 진입한다는 것을 강조하고 있다. 러시아의 대EU OFDI는 정치적 목적을 배제한다고 주장했다. 러시아 외무장관 라브로프는 러시아기업의 차별로 13개건 약 500억 달러 상당의 EU기업의 인수·합병이 실패로 나타났다고 러시아의 최대 이익단체인 산업기업가 연맹에서 토로했다.[41]

러시아의 해외투자에 대해 EU, CIS, 미국 등의 부정적 시각에도 불구하고 러시아의 해외투자는 더욱 증가될 것으로 생각된다. 특히 러시아는 풍부한 유동성 자금과 지리적 요인과 과거 소련 시대부터 이어지는 경협 경험을 갖고 있어 EU와 CIS의 투자의 증가는 물론 기타 지역과의 투자협력도 가시화될 것으로 예상된다.

러시아정부는 WTO와 OECD 등 국제기구의 가입을 적극적으로 추진하고 있을 뿐만 아니라 쌍방향의 해외투자협력을 통해 세계경제로의 편입과 글로벌 스탠더드를 추구하고 있다. 푸틴 대통령의 제2기 재임기간이 시작된 2004년부터 러시아의 시장경제로의 개혁정책은 후퇴하면서 국가역할의 중요성, 특히 에너지부문을 포함한 전략산업에서 국가의 중요성이 두드러지게 나타나고 있다. 러시아는 명실 공히 에너지 강국은 물론 군사대국과 농업대국과 물류강국 등 러시아경제의 다각화에 힘을 기울이고 있다. 이와 같은 전략은 드미트리 메드베데프 대통령 시대에도 계속 유지될 것으로 예상된다. 그러나 러시아 시장경제의 지속적인 성장과 안정을 위해서는 자원 관련사업의 지속적인 발전뿐만 아니라 러시아의 경제부문의 다양화와 중소기업의 육성 등 비(非)지하자원 관련 산업의 발전도 필수적으로 동반해야만 한다. 이를 위해 글로벌 스탠더드와 시장경제에 부응하는 제도와 법규와 기업문화의 제반 개혁정책이 필요할 것이다. 이를 통해 투자에 장애가 되는 행정적 장애요인과 부정부패 등의 부정적 요인의 제거는 물론 경제의 투명성과 예견성의 제고와 경쟁력을 확보해야할 것이다.

14.4. 맺음말

2000년부터 러시아경제는 연료·원료의 국제시세 폭등과 정치 사회적 안정 등의 덕택으로 지속적인 경제성장을 추가하면서 세계 제3위의 외환보유고와 안정화기금(2008년 1월말부터 적립금과 사회복지기금으로 이전)의 지속적인 증대, 높은 해외투자 자금의 유

41) *RIA Novosti*, 2007/2/7.

입, 러시아기업의 국내외 제1차 및 제2차 주식공개(IPO, SPO), 자본유입 등으로 유동성이 높아져 가고 있다.

자금의 유동성이 풍부해진 러시아 경제주체들은 포트폴리오투자와 기타 해외투자 이외에도 해외직접투자(OFDI)에 적극적인 자세를 보이고 있다. 러시아의 OFDI는 신흥 시장국가 중에서 제1위를 마크하고 있다. 러시아 OFDI의 상당부분은 자원관련 대기업, 예를 들면 에너지와 철강 및 금속 기업들에 의해 이루어지고 있다. OFDI의 대부분은 EU, CIS, 북미지역 순위로 이루어지고 있다. 최근 러시아의 ODDI는 자원관련 부문뿐만 아니라 非자원관련부문, 예를 들면 은행, IT, 항공, 교통, 통신, 호텔, 유통부문 등에서도 참여하고 있다. 또한 러시아 OFDI 수혜국의 지역분포도 구미와 CIS뿐만 아니라 중동, 아프리카, 남미, 아시아 등 세계 지역으로 확산되고 있다.

러시아의 OFDI의 동인은 경제적 요인 이외에도 비경제적 요인 등 다양한 목적에서 기인된다고 보인다. 러시아정부는 자연독점(Natural Monopoly)기업의 OFDI를 통해 연료·원료자원을 정치적 지렛대와 가격협상에서 유리한 위치 확보나 혹은 러시아의 OFDI의 반대급부로 대가로서 선별적으로 해외기업의 대러시아 전략적 부문의 진출을 허용하고 있다. 러시아의 OFDI에 대해 CIS는 정치적 독립과 경제적 예속을 두려워하고 있으며, EU와 미국은 일반적으로 부정적인 반응을 보이거나 혹은 전략적 부문의 러시아기업 진출을 제한하고 있다.

러시아 OFDI의 활성화는 러시아기업의 국제화에 기여하는 것은 물론 더욱더 글로벌 스탠더드와 시장경제 부응하는 제도 개혁 등에 이바지할 것으로 생각된다. 향후 러시아의 WTO 가입으로 러시아는 해외자본의 유입과 유출이 더욱 증가될 것으로 예상된다.

러시아 OFDI의 활성화에 대해 한국도 일방적인 러시아로의 해외투자뿐만 아니라 러시아의 OFDI 유치 전략을 통해 한국과 러시아의 쌍방향의 투자협력을 모색해야할 것이다.[42]

---

42) 2005년 말까지 러시아의 대한국 직접투자규모는 252건에 1,840만 달러로 집계됐다. 이고르 사기토브, "한·러 경제협력 관계와 전망", 2006년 4월 6일 러시아 노사정 대표단 초청 세미나「세계화, 러시아, 그리고 미래 지향적 한·러 관계」(서울: 한국국제노동재단, 2006), p.25. 2006년 말 기준으로는 1,45만 달러로 전체 대한국 외국인 투자액의 0.02%에 불과한 실정이다. 2006년 말 한국의 대러시아 누적 투자금액은 3억 7,156만 달러이며, 누적신고금액은 6억 2,692만 달러로 집계됐다. 이재영·한종만·성원용·이광우 ... op. cit., 2007, pp.92-93. 최근 한전 사장은 러시아의 전력회사의 민영화에 적극 참여 의사를 밝히고 있다. (박순옥, "한전의 미래는 해외사업 확대에 달려",「조선일보」10월 4일, p.B6. 러시아 마피야 자본으로 추정되는 수천억 원의 자금이 부산으로 유입되어 해운대 일대의 주요건물과 대지를 구입하고 있다.「매일경제」2008/3/3.

제 15 장 푸틴 시대 러시아와 한국의 경제협력 현황과 평가*

15.1. 푸틴 시대의 러시아 경제 현황

러시아 10월 혁명이 발생한지도 벌써 만 91년째를 넘어서고 있다. 지난 91년 동안 '러시아 공간'에서 많은 변혁이 일어났다. 1991년 말 소연방의 해체와 함께 생성된 새로운 러시아는 시장경제와 자유민주주의로의 빅뱅(Big Bang)식 체제전환 과정에서 엄청난 체제전환비용(System Transformation Cost)을 지불했다. 체제전환 4년 만에 러시아의 GDP는 반 토막 났으며, 초 인플레이션, 높은 실업률 등 거시경제지표의 적신호와 더불어 정치, 사회, 문화 등 모든 부문에서 총체적 위기를 경험했다. 1996년부터 찾은 안정도 1998년 8월 모라토리엄 사태로 인해 러시아는 사실상의 국가 파산 상태에 직면했었다. 회복이 불가능한 것처럼 보였던 러시아경제는 오뚝이처럼 일어나 1999년 3.2%의 성장을 계기로 2000년부터 연간 6-7%의 지속적인 경제성장과 안정을 구가하고 있다.[1] 러시아 거시경제지표의 청신호는 모라토리엄 선언으로 루블 가치의 폭락(1달러 당 6루블에서 30루블로 5배나 하락)으로 국내산업의 경쟁력 제고와 연료(특히 석유와 천연가스 등)와 원료의 국제가격의 폭등 그리고 1999년 말 제3대 국가두마(하원)선거에서 여당의 약진과 2000년 푸틴 대통령 취임 이후부터 이룩한 정치적 안정과 일련의 경제개혁과 구조조정 정책의 효과와 양호한 외적환경 등에 기인하고 있다고 보인다.[2]

---

* 이 글은 2008년 10월 17일 경상대학교 남명회관에서 개최된 국제세미나 <브릭스와 한국: 정치-경제적 관계의 현황과 전망』에서 발표된 내용("한국과 러시아의 경제협력 현황과 전망">을 수정 및 보완한 것임. 이 글은 <『사회과학연구』(배재대학교 사회과학연구소), 제30집, 2008년 12월, pp.155-176>에 게재됨.

1) 러시아국가통계위원회[(Goskomstat) 2006년부터 Rosstat 러시아통계위원회로 명칭 변경]는 1999년에 러시아의 GDP 성장률을 3.2%로 집계했다. 1999년에 실제로 러시아 GDP가 성장했는지에 대해서는 러시아 학자들도 많은 의심을 갖고 있다. 이 통계치는 푸틴의 2000년 대선에 유리한 목적으로 이용했을 가능성이거나 혹은 러시아의 '회색경제'나 혹은 바터거래의 측면을 고려한 수치라고 추정하고 있다.

2) 2003년 말 제4대 국가두마 선거에서도 여당의 약진은 계속되었으며, 2004년 제4대 러시아연방 대

세계화의 진전과 중국과 인도 등의 신흥시장(Emerging Markets)의 급부상으로 에너지 수요의 폭발적 증가 그리고 화석연료의 점진적 고갈과 더불어 2001년 9.11 테러 사건을 계기로 중동의 정치적 불안 등으로 나타난 에너지 공급의 감소 등으로 야기된 에너지 가격의 폭등이 러시아 경제발전의 견인차 역할을 담당했다는 데에는 이론의 여지가 없을 것이다.

푸틴의 8년 임기 동안 러시아의 GDP는 70%, 공업생산은 75%, 투자규모는 125%나 상승하면서 러시아는 GDP 규모면에서 제10대 공업국으로 성장했다. 또한 지난 8년간 실질소득은 2배나 증가했으며, 2000년 30%의 빈민층의 점유율이 2008년 초에 14%로 감소했다. 지난 8년 동안 평균 임금은 2,200루블에서 12,500루블로 증가했으며, 연금도 823루블에서 3,500루블로 상승했다(RIA Novosti 2008/3/1). 2007년 러시아의 GDP도 7.8%의 성장을 기록하여 GDP 총액은 1조 2,700억 달러로 세계 10위권으로 부상했으며, 구매력 기준으로는 랭킹 제7위이다. 러시아 경제성장으로 절대적 빈곤은 줄어들었지만 상대적 빈곤, 특히 부익부·빈익빈의 양극화 현상이 가속화되고 있다. 러시아 상위 10% 부자와 하위 10%의 빈자와의 불평등 지수는 2000년 14배에서 2007년 17배로 증가됐다. 2000년 실업률은 10.2%에서 지속적으로 감소하면서 2007년에는 7.2%로 줄어들었다. 물가도 지속적으로 하향 안정화를 보이면서 2006년 처음으로 1자리 수(9.7%)로 하락했지만 2007년 하반기부터 증가하여 목표치 8%보다 높은 11.9%로 증가했다. 지난 8년 동안 인플레이션은 거의 2배나 증가했다(RIA Novosti, 2008/1/30).

러시아 거시경제지표 중에서 가장 괄목할만한 수준으로 발전하는 지표는 해외부문과 관련된 지표라고 보인다. 2006년 러시아의 총수출은 전년 대비 25.1% 증가한 3,020억 달러이며, 그 중 비(非)CIS국으로의 수출은 전년 대비 24.3% 증가한 2,597억 달러, CIS 국으로의 수출은 전년 대비 29.6% 증가한 423억 달러를 마크했다. 2006년 무역흑자 규모도 사상 최대치인 1,644억 달러를 기록했다(RIA Novosti, 2007/2/13). 2007년 무역규모도 전년 대비 23.6% 증가한 5,793억 달러로 비(非)CIS국과 교역규모는 25.3% 증가한 4,939억 달러, CIS국과의 교역규모도 전년 대비 25.7% 증가한 854억 달러를 마크하고 있다. 러시아 대외교역에서 러시아의 수출비중이 61.1% 그리고 수입은 38.9%를 차지하고 있다(RIA Novosti, 2008/2/8). 2007년 무역흑자 규모는 1,286억 달러로 전년 대비 378억 달러나 감소했다. 그 이유는 러시아경제 상황이 나아지면서 수입, 특히 자본재와 소비재의 수입이 큰 폭으로 증가했기 때문이다.

통령선거에서도 결선 투표 없이 푸틴은 재선되었다. 또한 2007년 12월 제5대 국가두마 선거에서도 여당의 압승과 2008년 3월 제5대 대통령선거에서도 푸틴이 지명한 드미트리 메드베데프 후보가 유효투표 중 70.28%를 득표하여 대통령으로 당선되었다.

경상수지 흑자 규모도 2002년부터 꾸준히 증가하면서 2006년에 945억 달러로 집계됐다.[3] 2007년에도 경상수지는 783억 900만 달러를 기록했다.[4]

〈표 15-1〉 1995-2007년 상반기까지 러시아로 유입된 해외투자 추이(단위: 1백만 달러)

연도	1995년	2000년	2001년	2002년	2003년	2004년	2005년	2006년	2007년
해외투자규모	2,983	10,958	14,258	19,780	29,699	40,509	53,651	55,109	120,941

출처: Росстат России, *Российский статистический ежегодник. Официальное издание 2005* (Москва: Росстат России, 2006), p.573.; Федеральная служба государственной статистики(2008a), "Объем накопленных иностранных инвестиций в экономике России по основным странам-инвесторам",
http://www.gks.ru/bgd/free/b04_03/IssWWW.exe/Stg/d040/26inv21.htm(검색일: 2008.4.9).

<표 15-1>에서 보는 것처럼 러시아 내 해외투자액은 2000년부터 지속적으로 증가하고 있다. 2004년에 405억 900만 달러, 2005년에 536억 5,100만 달러, 2006년에 551억 900만 달러, 2007년 러시아연방으로 유입된 해외투자액은 전년 동기간 대비 2.2배나 증가한 1,209억 4,100만 달러를 기록하고 있다. 2007년 말 기준으로 러시아 내 해외투자 누계액은 2,205억 9.500만 달러로 집계됐다. 그중 직접투자 규모는 1,030억 6,000만 달러, 포트폴리오투자가 67억 2,800만 달러, 기타투자가 1,108억 700만 달러로 집계됐다. 러시아의 주요 투자국 톱-10의 투자규모는 1,900억 6,900만 달러로 전체 해외투자 비중의 86.2%를 점유하고 있다(<표 15-2> 참조).[5] 2007년 러시아로 유입된 직접투자규모는 280억 달러로 사상 최대치이며, 2008년에도 이 수치를 크게 능가할 것으로 예상하고 있다(RIA Novosti, 2008/3/16).

경상수지의 흑자와 러시아로의 해외투자 유입으로 1998년 모라토리엄 때 바닥이 난 외환보유고는 1999년부터 지속적으로 상승하여 중국과 일본에 이어 세계 3위로서 2007년 상반기 말 기준 4,066억 달러로 집계됐다(RIA Novosti, 2007/7/28). 2008년 1-4월간

3) 러시아 중앙은행이 발표한 2006년 무역흑자는 1,392억 달러인 반면에 러시아통계위원회(Rosstat)에서 발표한 무역흑자는 1,644억 달러로 큰 편차를 보이고 있다. 수출은 FOB 가격이나 혹은 수입은 CIF 가격 기준으로 나타나는 편차가 있더라도 2006년의 무역흑자 통계치는 기타 연도보다 너무나 많은 편차를 보이고 있다. 서비스수지나 혹은 이전수지 등에서 나타난 편차이거나 혹은 달러 대 루블의 환율 편차나 혹은 통계절차 상의 문제나 혹은 부서이기주의, 회색 혹은 불법통관 등의 문제로 추정된다.

4) The Central Bank of the Russian Federation. 2008. “Balance of Payments of the Russian Federation for 2007”.
http://www.cbr.ru/eng/statistics/credit_statistics/print.asp?file=bal_of_payments_07_e.htm(검색일: 2008.5.9).

5) 러시아로 유입된 FDI 규모는 2004년 154억 달러, 2005년에 146억 달러, 2006년에 284억 달러를 기록했다. *UNCTAD Investment Brief.* No.17, 2007.
http://www.unctad.org/en/docs/iteiiamisc20072_en.pdf (검색일: 2008.4.13).

외환보유고도 580억 달러나 증가하면서 2008년 5월 1일 기준으로 5,344억 달러를 기록했다(RIA Novosti, 2008/5/8). 최근 글로벌 금융위기로 러시아의 외환보유고는 2008년 11월 14일 기준으로 4,535억 달러로 감소했다(RIA Novosti, 2008/11/20).

〈표 15-2〉 2007년까지 러시아 연방으로 유입된 해외투자 현황(단위: 1백만 달러)

러시아의 대해외투자국	2007년 누계액		투자구조			2007년 투자액	비중(%)
	전체	비중(%)	직접투자	포트폴리오투자	기타투자		
총투자규모	220,595	100	103,060	6,728	110,807	120,941	100
주요(10개국)투자총액	190,069	86.2	89,466	5,777	94,826	104,494	86.4
키프로스	49,593	22.5	35,426	1,700	12,467	26,054	21.5
네덜란드	39,068	17.7	35,254	52	3,762	18,751	15.5
영국	29,235	13.3	3,438	2,314	23,483	26,328	21.8
룩셈부르크	29,161	13.2	735	219	28,207	11,516	9.5
독일	11,786	5.3	4,494	98	7,194	5,055	4.2
미국	8,579	3.9	3,635	1,297	3,737	2,839	2.3
아일랜드	7,131	3.2	428	0.4	6,703	5,175	4.3
프랑스	5,919	2.7	1,554	31	4,334	6,696	5.5
버진 아일랜드(영국령)	4,800	2.2	2,882	99	1,819	2,140	1.8
스위스	4,797	2.2	1,620	57	3,120	5,340	4.4

출처: Федеральная служба государственной статистики(2008a), "Объем накопленных и ностранных инвестиций в экономике России по основным странам-инвесторам", http://www.gks.ru/bgd/free/b04_03/IssWWW.exe/Stg/d040/26inv21.htm(검색일: 2008.4.9).

러시아 재무장관 쿠드린(Kudrin)은 2000-2007년까지 러시아는 석유수출세를 통해 총 4,750억 달러의 수입을 가져왔다고 전하고 있다. 이 금액의 72%인 3,400억 달러는 국가예산에 투입됐으며, 국가지출에 30%, 해외부채 상환에 34%, 안정화기금에 36%를 투입했다(RIA Novosti, 2008/4/1). 2004년부터 석유수출관세로 적립한 안정화기금은 석유가의 상승에 힘입어 1년 만에 5,000억 루블(180억 달러)을 기록했으며, 2006년에 구소련 채무의 대부분을 상환했다.[6] 2007년 7월 1일 안정화기금 규모는 1,217억 달러를 기록

6) 러시아정부는 노르웨이의 경험을 교훈 삼아 2003년 11월에 '안정화기금'(Stabilization Fund)을 설립하여 우랄 산 유가가 배럴 당 20달러를 초과할 경우 수출가격을 공제한 초과분을 적립하였는데 유가가 급등하면서 2005년에 원유수출 1배럴(159리터) 당 27달러 이상의 금액을 안정화 기금으로 적립했다. 기금 목적은 1998년과 같은 금융위기의 방지와 국제원유가격의 변화와 같은 외부효과를 극소화하는데 사용하고 있다. 2005년에는 러시아 원유수출가격은 평균 1배럴 당 46달러를 마크했다. 안정화기금은 2006년 3월1일에 520억 달러에서 1년 3개월 만에 2배 이상이나 증가했다. 안정화기금은 경화로 보관하고 있으며, 그 구조는 유로와 달러가 각각 45%, 영국 파운드화가 10%이다.

했다. 자신감을 가진 러시아정부는 2008년 1월말부터 안정화기금이란 용어를 폐지하고 안정화 목적의 '적립금'과 연금개혁에 기여할 수 있는 '사회복지기금'으로 양분화 했다. 2008년 4월 1일 기준으로 러시아 적립금 규모는 1,305억 달러, 국민복지기금은 330억 달러에 이르고 있다(RIA Novosti, 2007/4/1). 또한 러시아인들이 보유하고 있는 '장롱'속의 경화(300-1,000억 달러 추정)와 자본유출(1,000-4,000억 달러)을 고려하면 러시아의 경화잠재력은 매우 높다고 볼 수 있다. 러시아 역사상 처음으로 2006년부터 러시아의 만성적 고질병이었던 자본유출보다 자본유입이 많은 순자본유입국(420억 달러)으로 전환되어가고 있다. 2007년에도 전년 대비 거의 2배나 증가한 사상 최대치인 823억 달러가 유입됐다(RIA Novosti, 2008/1/11).

1990년대 러시아인의 자본유출이 다시금 러시아로 회귀하는 조짐들이 보이고 있다. <표 15-2>에서 보는 것처럼 러시아 내 해외투자국 톱-10 중에 조세피난처로 알려진 키프로스, 룩셈부르크, 영국령 버진 아일랜드, 스위스, 네덜란드 등이란 것을 고려할 때 이 자본의 상당부분은 실질적인 러시아인의 자본으로 추정된다.[7)]

루블화의 환율도 안정을 유지하고 있다. 2005년부터 루블화는 계속적으로 평가절상 되고 있다. 2007년 6월 30일에 1US달러 당 25.82루블에서 10월 2일에는 24.87루블로 거래되고 있으며, 2008년 5월 9일 기준으로 23.88루블로 지속적으로 평가절상 되고 있다(RIA Novosti, 2008/5/9). 그러나 글로벌 금융위기로 최근 루블화는 평가절하 되어 2008년 11월 22일 기준으로 1달러 당 27.5665루블을 기록하고 있다(RIA Novosti, 2008/11/21).

지속적인 경제성장과 경화 자본력이 풍부해진 러시아정부는 에너지기업의 재국유화와 전략적 산업부문에서 국가역할의 강조는 물론 국가주도 하에 기업의 국내외 수직적 인수합병(M&A)[8)]은 물론 국내외 주식공개(IPO: Initial Public Offering)를 통한 자금 동원과 더불어 러시아로의 해외투자 유치 전략과 러시아의 대 해외투자를 강화하고 있다.[9)]

2007년 6월 1일 기준으로 513억 8,000만 달러, 398억 8,000만 유로, 59억 900만 파운드로 구성되어 있다. 2006년 12월 15일부터 2007년 5월 31일까지 안정화기금을 통해 15억 2,000만 달러(394억 7,000만 루블)의 수입을 올리고 있으며, 그 수익률은 연간 8.04%라고 러시아 재무부는 발표했다(RIA Novosti, 2007/6/1).

7) 키프로스는 1990년대 러시아와 이중과세방지 협정과 비자 협정 체결 덕분에 러시아 올리가르히와 금융산업그룹의 사금고로서 각광을 받아왔다. 키프로스 은행들이 관리하는 자금의 상당 부분의 실질 예금주는 러시아인으로 추정되고 있다. 그러나 키프로스가 2004년 5월 EU에 가입하면서 금융정보의 공개와 법인세율의 인상 등으로 자금 이탈 현상이 나타나고 있다.

8) 러시아 기업의 국내외 인수합병(M&A)은 2005년에 거래건수 271건에 그 규모는 193억 9,800만 달러에서 2006년에 283건에 340억 8,1000만 달러로 증가하고 있다. Steven Fischer, *Financing Merger and Acquisition in Russia* Moscow: Citigroup, 2007), pp.8-9.

9) IPO는 최근 러시아의 굴지기업들이 자금동원과 투자를 유치하는 수단으로 사용되고 있다. 2005년

러시아정부는 WTO와 OECD 등 국제기구의 가입을 적극적으로 추진하고 있을 뿐만 아니라 쌍방향의 해외투자협력을 통해 세계경제로의 편입과 글로벌 스탠더드를 추구하고 있다. 푸틴 대통령의 제2기 재임기간이 시작된 2004년부터 러시아의 시장경제로의 개혁정책은 후퇴하면서 국가역할의 중요성, 특히 에너지부문을 포함한 전략산업에서 국가의 중요성이 두드러지게 나타나고 있다. 러시아는 명실 공히 에너지 강국은 물론 군사대국과 농업대국과 물류강국 등 러시아경제의 다각화에 힘을 기울이고 있다. 이와 같은 전략은 드미트리 메드베데프 대통령 시대에도 계속 유지될 것으로 예상된다.[10] 그러나 러시아 시장경제의 지속적인 성장과 안정을 위해서는 자원 관련사업의 지속적인 발전뿐만 아니라 러시아의 경제부문의 다양화와 중소기업의 육성 등 비(非)지하자원 관련 산업의 발전도 필수적으로 동반해야만 한다. 이를 위해 글로벌 스탠더드와 시장경제에 부응하는 제도와 법규 그리고 기업문화의 제반 개혁정책이 필요할 것이다. 이를 통해 투자에 장애가 되는 행정적 장애요인과 부정부패 등의 부정적 요인의 제거는 물론 경제의 투명성과 예견성의 제고와 경쟁력을 확보해야할 것이다.

15.2. 푸틴 시대 한국과 러시아의 경제협력과 평가

한국과 러시아(당시 소련)는 1990년 9월 국교 수립 이전까지는 제3국을 통한 간접교역 형태로만 무역이 이루어졌지만 그 규모도 미미한 수준에 불과했다. 1992년(약 2억 달러)부터 양국의 교역량은 지속적으로 성장하여 1996년에 약 38억 달러로 정점을 이룬 후 감소하다가 2003년에 42억 달러, 2004년에 60억 달러, 2005년에 78억 79만 3,000 달러, 2006년에 97억 5,000만 달러, 2007년에 151억 달러로 지속적으로 증가하고 있다. 2006년에 러시아는 한국의 제12위 수출대상국이며, 제16위 수입대상국이었으나, 2007년(상반기 기준)에 제8위 수출대상국이며, 제15위 수입대상국으로 급부상하고 있다.[11] 최

13개의 기업이 IPO를 통해 46억 달러를 조성한 반면에 2006년에는 22개 기업이 무려 5배나 증가한 220억 달러의 재원을 확보하고 있다. 2006년에 러시아의 IPO 조달은 중국(566억 달러), 미국(341억 달러)에 이어 세계 제3위를 기록했다(RIA Novosti, 2007/8/21). 2007년 러시아 IPO 규모는 사상 최대치인 310억 달러를 기록했으며, 러시아의 대외은행(VTB)과 저축은행(Sberbank)의 IPO 재원조달은 각각 80억 달러와 88억 6,000만 달러에 이르고 있다(RIA Novosti, 2007/4/10).

10) 일부 러시아 전문가들은 푸틴보다 메드베데프의 이념 성향은 자유주의적 요소가 크다는 것을 고려할 때 언론과 사법부의 독립 강화는 물론 제2의 사유화 물결 등의 리버럴한 정책 가능성도 예견하고 있다. 그러나 푸틴이 총리(역할 강화)와 여당 당수직을 장악하면서 1-2년 내의 변화 가능성은 적다고 보인다. 그러나 세계 경험처럼 메드베데프 새 대통령을 결코 과소평가(예를 들면 푸틴의 꼭두각시)해서는 안 될 것이다.

11) "주요국가와의 교역 통계", 『수은해외경제』 (한국수출입은행) 8월호, 2007년, pp. 154-155. 2007

근 한국과 러시아의 교역량, 특히 한국의 대러시아 수출의 빠른 증가는 러시아의 수입증가율이 증가한 이유 이외에도 제3국을 통한 러시아의 우회수출과 '회색 통관' 등의 러시아의 규정이 강화되면서 직접수출이나 혹은 적법 통관절차에 기인되는 측면도 있다고 보인다.[12] 2003-2005년 평균기준으로 볼 때 한국의 대 러시아 수출품 중에서 제조업 제품이 90% 이상을 차지하고 있다. 한국의 대러시아 수출품은 자동차(27%), 기계, 전기, 전자제품(21%), 플라스틱과 고무 제품(19%) 등인 반면에 한국의 대러시아 수입 품목은 철강(30%), 석유와 석탄(24%), 비철금속(22%) 등 산업원료와 지하자원이며, 그 뒤를 이어 수산물(8.4%)로 양국의 무역구조는 보완적 관계를 유지하고 있다.[13] 최근 양국간 교역량 증가에도 불구하고 2006년 기준으로 한국 전체 교역량에서 러시아의 비중은 1.5% 정도에 불과한 편이다.

〈표 15-3〉 2003-2008년 한국과 러시아의 무역 추이(단위: 1천 달러, %)

연 도	무역규모	수 출		수 입		무역 수지
		금 액	증가율(%)	금 액	증가율(%)	
2003년	4,216,899	1,659,119	55.7	2,521,780	13.7	-862,661
2004년	6,010,784	2,339.329	41.7	3,671,455	45.6	-1,332,126
2005년	7,800,793	3,864,170	65.2	3,936,623	7.2	-72,453
2006년	9,752,215	5,179,248	34.0	4,572,967	16.2	606,281
2007년	15,065,223	8,087,746	56.2	6,977,477	52.6	1,110,269
2008년*	4,307,887	2,341,040	55.3	1.966,847	32.6	374,193

주 : *1-3월말까지; 증가율은 전년 같은 기간 대비
출처: KOTIS; 『수은해외경제』 (한국수출입은행), 2008.5, p.171.

년 상반기 기준으로 한국의 주요 수출국으로는 중국(379억 5,665만달러), 미국(230억 9,652만 6,000달러), 일본(128억 3,710만 8,000달러), 홍콩 (87억 3,093만 9,000달러), 대만(63억 4,940만 6000달러), 독일(60억 8,149만5,000달러), 싱가포르(59억 5,302만 5,000달러)이며 그 뒤를 이어 러시아(38억 112만 7,000달러)순위로 이루어지고 있다. 동기간 한국의 주요 수입국으로는 중국(299억 2,316만 4,000달러), 일본(277억 1,332만 9,000달러), 미국(184억 7,135만 달러), 사우디아라비아(96억 7,905만 8,000달러), 독일(64억3,470만 4,000달러), 호주 (62억 9,353만 4,000달러), 아랍에미리트(55억 113만 4,000달러), 대만(47억 769만 7,000달러), 말레이시아(44억 2,303만 6,000달러), 인도네시아(41억 6,220만 8,000달러)이며 중동 산유국(쿠웨이트, 카타르, 오만)이며, 그 뒤를 이어 러시아(32억 6,317만 9,000달러)순이다.

12) 한국은 핀란드 등 제3국을 통한 BWT방식 수출(Bonded Warehouse Transaction, 전자제품 등 물품은 외국의 보세창고로 운송, Buyer가 직접 통관으로 러시아의 대한국 수입 무역통계에 포함되지 않음)이 연간 약 30억 달러에 달하는 것으로 추정하고 있다. 주 러시아 재경관 정책 보고, "우리나라 은행의 대러시아 진출 검토", 2005.11.

13) 정여천, "한·러 FTA의 전망과 러시아 극동지역의 역할", 『러시아 극동과 동북아 경제』 [제2차 한-러(KIEP-ERI) 공동세미나] 2007년 6월1 9일, p. 4.

2005년도에 한국과 러시아의 대외무역규모도 사상 최대치인 78억 달러를 상회했으며, 제3국 경유(핀란드, 발트 국가, 폴란드) 우회 수출을 포함하면 양국간의 교역규모는 100억 달러를 상회할 것으로 판단된다. 2007년에도 한국의 대러시아 수출은 전년 대비 56.2%나 증가한 81억 달러로서 무역규모는 사상 최대치인 150억 달러를 상회하고 있다. 2000년 대비 한국의 대러시아 수출규모는 무려 10배나 증가했다. 한국은 최근 러시아의 왕성한 투자확대와 소비증가로 인해 자본재(127.7% 증가)와 소비재(57.5% 증가)의 수출이 현저하게 나타나고 있다. 2007년 러시아시장은 한국의 주요수출국 중 제9위, 수출비중 2.2%를 기록함으로써 2004년(수출 순위 24위, 수출비중 0.9%)과 비교해 볼 때 수출시장으로서의 가치가 급부상하고 있다.

소비재의 경우 품목별로 보면 자동차 94.5%, 무선통신기기 366.2%, 유선통신기기 629.9%의 높은 증가율을 보이고 있다. 자본재의 경우 자동차부품 75.5%, 선박 및 부품 74.7%, 건설광산기계 167.3%의 증가율을 보이고 있다.

〈표 15-4〉 2007년 한국의 대러시아 주요 수출품목(단위: 1백만 달러, %)

순위	품목명	2007년		순위	품목명	2007년	
		금 액	증가율(%)			금 액	증가율(%)
1	자동차	3,296	94.5	6	건설광산기계	188	167.3
2	무선통신기기	859	366.2	7	플라스틱제품	123	41.8
3	자동차부품	659	75.5	8	유선통신기기	118	629.9
4	선박 및 부품	632	74.7	9	기호식품	115	10.2
5	합성수지	601	7.4	10	가정용회전기기	66	26.3

출처: IIT, KITA, Trade Focus, 2008.5, p.9.

한국과 러시아의 투자협력의 대부분은 한국의 대러시아 투자로 이루어지고 있으며, 2005년 말 기준으로 누적투자액은 총 174건에 약 2억 6,500만 달러로 교역규모에 비해 아직 크지 않은 편이다. 그 규모는 한국 해외투자 총 누계액의 0.3% 수준에 불과한 편이다.[14] 2006년 말 기준으로 재경부에 등록된 한국의 러시아 현지법인은 총 267개 사가 활동하고 있다.

최근 한국의 대러시아 투자는 빠른 속도로 발전하고 있으며, 제조업과 유통 및 가전제품 현지공장 등의 투자가 점차 대규모로 행해지고 있다. 새로운 투자 사업 중에는 롯데가 모스크바 시에 비즈니스센터를 건설하고, LG전자가 모스크바 주에 위치한 루자 시에 가

14) 2007년5월 말 신고기준으로 한국의 해외투자는 총 3만9,677건수이며, 누계액은 1,146억 2,200만 달러이며, 2007년5월 말 실제 투자건수는 3만 5,665건으로 누적투자액은 750억 8,900만 달러로 집계됐다.. "우리나라의 해외투자 실적", 『수은해외경제』 (한국수출입은행) 8월호, 2007년, pp.148-151.

전제품 제조사 건설[15], 한국야쿠르트 사가 모스크바 주에 위치한 랴멘스코예 시에 식품 생산업체 건설(3,000만 달러 소요 추정), 오리온 사가 모스크바 주에 소규모 초콜릿 공장(320만 달러) 운영 중이며, 향후 3,000만 달러 규모의 초코파이 공장 건설 추진, LG 건설 & 엔지니어링, 삼성전자, 기아자동차 등의 한국기업들이 일련의 제조업 건설에 적극적으로 참여하고 있다.[16]

〈표 15-5〉 2007년 기준 투자목적별 한국의 대러시아 외국인투자 현황

투자목적	투자건수	비중(%)	투자금액(천 달러)	비중(%)
자원개발	34	15.6	72,277	18.1
수출촉진	66	30.3	100,855	25.3
원자재확보	21	9.6	13,816	3.5
보호무역 타개	5	2.3	15,212	3.8
저임금 활용	16	7.3	2,843	0.7
선진기술 도입	4	1.8	2,340	0.6
제3국 진출	12	5.5	3,277	0.8
기타	60	27.5	187,699	47.1
총계	218	100	393,319	100

주 : 2007년 3월말 기준.
출처: 이재영·한종만·성원용·이광우, 『한국의 주요국별·지역별 중장기 통상전략: 러시아』 (서울: 대외경제정책연구원, 2007년 12월). p.95.

한국의 대러시아 투자는 과거 오리온 등 식품분야 중심에서 최근 LG전자, 삼성전자, 롯데플라자, 현대자동차 등 대기업을 중심으로 확대되는 추세이다. 2007년 한국의 대러시아 투자(신고기준)는 132건, 2억 2,800만 달러를 기록했다.[17]

한국의 롯데그룹은 2007년 9월 초에 노보이 아르바트 거리에 위치한 러시아 모스크바 중심지(크렘린에서 1.4km)에서 처음으로 롯데플라자를 오픈했다. 롯데플라자의 총면적은 10만㎡이며, 60개 이상의 고급매장과 슈퍼마케트(1만 8,000㎡), 오피스(2만 2,000㎡)와 호텔(6만㎡, 5성급으로 2008년 예정) 등으로 이루어지고 있다. 롯데플라자의 건설비용은 4억 달러가 소요될 것으로 추정하고 있다.[18] 롯데플라자의 오픈은 한국의 대러시아 투자

15) LG전자는 가전공장 설립(1억 달러 소요 추정)과 국내 7개 부품협력업체 동반진출(약 5천만 달러)하여 2006년부터 현지생산을 하고 있다.

16) 2005년 말까지 러시아의 대한국 직접투자규모는 252건에 1,840만 달러로 집계됐다. 이고르 사기토브, "한·러 경제협력 관계와 전망", 『세계화, 러시아 그리고 미래 지향적 한·러관계』 (2006년 세계노사정 대표단 초청 세미나, 한국국제노동재단) p.25.

17) IIT, KITA, *Trade Focus*, 2008.5, p.9)

에서 가장 큰 규모라고 생각되며, 이를 통해 한국 상품의 대러시아 진출은 물론 한·러 경협(관광, 오피스 제공 등)의 교두보의 역할을 기대해 본다.

〈표 15-6〉 2006년말 기준 한국의 10대 러시아 현지법인 현황(투자금액기준)

순서	상 호	현지법인명	업종	주요취급품목	신고일자	투자비율 (%)	투자금액 (천 달러)
1	삼성전자(주)	Samsung Electronics Rus Co., Ltd.	도·소매업	휴대전화기, 모니터, 프린터	2006.9.5	100	50,000
2	(주)이에이지씨	Russia Petroleum Co.	광업	가스, 석유 및 컨덴세이트	1996.08.31	7.5	29,065
3	(주)오리온	Orion Food Rus., Ltd.	제조업	초코렛류	2003.09.17	100	21,360
4	(주)한국야쿠르트	KOYA	제조업	라면	2001.09.14	100	13,500
5	현대중공업(주)	Vladivostok Business Center	숙박 음식업점	숙박업 (호텔업)	1994.04.11	70	13,360
6	LG전자(주)	LG Electronics Rus, LLC	제조업	가전제품	2004.12.16	100	12,901
7	호텔롯데	L&L Limited	숙박 음식업점	숙박, 도소매, 부동산임대업	1997.05.07	30	12,500
8	롯데쇼핑(주)	L&L Limited	숙박 음식업점	숙박, 도소매, 부동산임대업	1997.05.07	30	11,500
9	롯데리아	CJSC L&L	부동산업	부동산임대	2002.12.13	13.85	9,000
10	대우	Krasnoyarsk Aluminum Smelter	제조업	1차 알루미늄	1995.08.29	5	8,000

주 : 2006년 말 기준.
출처: 재정경제부, 재인용: 이재영·한종만·성원용·이광우, 『한국의 주요국별·지역별 중장기 통상전략: 러시아』(서울: 대외경제정책연구원, 2007년 12월), p.96.

한국의 가전제품, 특히 삼성과 LG 제품은 연속적으로 러시아 '국민상표'에 선정되면서 대러시아 수출품에서 효자역할을 담당했다. 최근 중국과 일본과 유럽기업의 적극적인 진출과 회색 통관의 강화와 관세율 등으로 인해 한국의 가전회사는 러시아 내 가전공장의 설립을 통해 더욱더 경쟁력 확보와 시장 점유율 확보에 노력을 기울이고 있다. LG 전자뿐만 아니라 삼성전자도 2007년 9월 초에 칼루가 주 보르지노(Vorsino) 공업지대에서 전자공장 착공식이 이루어졌다. 공장건설 협정은 2007년 7월 제11차 상트 페테르부르크

18) Max Delany and Staff Writer, "Lotte Plaza Opens for Business", *The Moscow Times*, No.3735, 2007.9.4.

경제포럼에 합의됐다. 이 프로젝트의 투자비용은 35억 루블이 소요될 것으로 CIS 및 발트지역 총괄 삼성전자 이돈주(Lee Don Joo) 사장은 추정했다. 이 공장은 2008년 11월에 완공되며, 2010년에 연간 약 220만대의 플라즈마와 LCD TV가 생산될 계획이다. 삼성전자는 장기적으로 이 공장에서 가전제품도 생산할 계획을 갖고 있다.[19)]

한국의 대러시아 투자 중에 성공적 사례는 KT가 1997년 12월에 연해 변강주 블라디보스토크의 통신업체 NTC(New Telecom Company) 72%의 주식인수(투자금액 2,200만 달러)를 통해 연해지역 이동 통신의 50% 이상의 시장점유율을 확보하면서 가입자 수도 30만 여명에 이르고 있다.[20)]

최근 러시아로부터 한국의 조선기업들의 선박 수주가 늘어나고 있다. 세계 제8위의 조선소인 한국의 STX 선적사(과거 범양상선)는 2004년 10월에 러시아 소브콤플로트(Sovcomflot)선적사와 석유제품 유조선(각각 4만 7,000톤의 용량) 4대(총 가격 1억 7,000만 달러)를 주문계약을 체결했다.[21)] 삼성중공업도 2006년 말 러시아 최대 국영해운사인 소브콤플로트(Sovkomflot)사로부터 7만 톤급 '극지(極地)운항용 쇄빙유조선' 3척을 수주했다. 가격은 4억 3,000만 달러(1척 당 1,300억 원)에 달해 일반 유조선보다 3-4배나 비싸지만 그만큼 가치가 있다.[22)] 러시아 극동지역에 위치한 연해선적회사

---

19) 보르지노 삼성전자 공장은 2,600여명의 근로자를 고용하고 그중 50명은 해외전문 인력이다. 삼성전자는 향후 3년 내에 전자시장의 점유율 25-30%를 기대하고 있다. 칼루가 지역은 양호한 연구잠재력과 고도 숙련전문가가 많아 주요 해외기업들, 예를 들면 볼보, 폭스바겐, 삼성 등의 지대한 관심을 가지고 있다. 칼루가주 주지사 아나톨리 아르타모노프(Anatoly Artamonov)는 착공식에서 삼성전자에 특별대우를 약속했다. 모스크바로부터 70km 떨어진 보르지노 공업지대는 칼루가 주 경계선에 1,000ha의 넓이를 가지고 있다. 이 지대에 Nestle Purina PetCare 공장이 최근 완공됐다. 또한 이 지대에 전자금속공장, 가구공장, 물류센터, 유리공장, 식품포장공장이 건설될 계획이다. 칼루가 주의 다른 공업지대(Grabtsevo)에서 독일 폭스바겐 자동차공장이 현재 건설 중이다. "Samsung plant construction starts in Russia". *RIA Novosti*, 2007.9.5.

20) 필자가 2001년 여름 블라디보스토크에서 연해정 사장과 인터뷰에서 연 사장은 NTC사의 성공 비결은 경영권 장악과 연해 지역 통신 관련자와의 두터운 인맥 형성 그리고 인적자원의 치밀한 관리라고 말하고 있다. 그는 "연해주는 남한의 1.5배 크기에 200만 명의 인구가 살고 있으나 일반 전화가입자가 35만 명뿐으로 통신시장은 무한"하다고 말했으며, "연해주를 교두보로 북한에도 진출한다는 희망을 불태우고 있다. 한국-러시아 정부가 관심을 갖고 있는 TKR과 TSR연결사업과 연계해 북 내에 광케이블을 부설, 남북한-러시아-유럽 통신망을 연결하는 '통신 비단길'을 개척하겠다는 것이 그의 꿈이다", 한종만, 『러시아의 한반도 정책과 남·북·러 경제협력』(서울: 대외경제정책연구원, 2003), pp.25-26.

21) "STX Shipbuilding wins orders for 4 oil tankers", *Financial Times*, 2004.10.1.

22) 김덕한, "한국 조선업계가 만드는 고부가가치 선박들", 『조선일보』 2007년 7월24일, p.B13. 이 쇄빙선은 세계 인구가 60년간 사용할 수 있는 원유(약 1조 5,000억 배럴)와 전 세계 매장량의 2분의 1에 해당하는 천연가스(약 48조㎥)가 묻혀 있는 북극해저 자원을 개발해 내는 데 이보다 더 효율적인 장비가 없기 때문이다.

(Primorsk Shipping Co.)는 2007년 9월 초에 세계 제1위의 조선소인 현대중공업으로부터 6대의 유조선(각각 용량 10만 4,000톤) 주문계약(2008-2009년 인도)을 체결했다. 러시아 연해선적회사는 현재 22대의 유조선(총용량 100만 2,500톤)을 보유하고 있으며, 2010년경에 선박 총용량을 200만 톤으로 끌어올릴 계획을 가지고 있다.[23)]

한국의 자동차는 2004년과 2005년에 러시아 자동차 판매시장에서 연속 1위를 마크했지만 2006년에 3-4위로 하락했다. 여타 경쟁사보다 한국 자동차의 판매 증가율은 둔화되고 있다. 그 이유는 미국의 포드 등의 주요 자동차메이저와 중국, 일본 및 유럽 유수업체들이 가격인하를 통한 적극적인 러시아 시장진출에 기인되고 있다. 저가 외국산 브랜드의 러시는 한국의 현대와 기아자동차에게 큰 위협으로 다가오고 있다. 러시아 자동차시장의 잠재성, 외국 자동차회사들의 적극적인 대러 직접투자 진출을 통해 향후 5천-1만 달러의 저가 외국산 자동차 브랜드의 확산 등을 고려할 때, 우리기업이 러시아 시장에서의 진출방식인 CKD[24)]방식으로의 진출 보다는 직접 투자방식의 적극적인 대러시아 진출의 모색이 필요하다고 생각된다.[25)] 현대자동차는 상트 페테르부르크에 10만대 생산규모의 자동차 조립공장 건설(건설비용 5억 달러)협정을 체결했다.

최근에 한국의 대러시아 투자의 증가에도 불구하고 대부분의 한국기업들은 러시아를 여전히 투자대상 국가라기보다는 오히려 수출시장으로만 인식하는 경향이 강하다고 보인다. 한국 기업의 투자 기피 이유로는 과거 러시아 투자 실패의 사례가 중요한 요인으로 작용하고 있다. 한국의 은행과 종금사 등의 금융기관의 러시아의 국채 등 유가 증권 투자가 10억 달러를 상회했는데 1998년 8월 러시아의 모라토리엄 선언으로 인해 한국의 금융기관은 막대한 피해를 당했다. 1996년에 러시아 남부지역 로스토프-나-도누 지역에서 합작으로 진출한 대우자동차는 3년도 안돼서 투자금을 날리고 철수한 경험이 있다.[26)]

2004년 한국무역협회가 160여개 기업에 대한 설문조사에서 대러시아 수출과 투자 애로사항으로는 시장정보, 바이어 발굴 부족, 신용조사의 어려움 이외에도, 러시아 언어 소통의 어려움과 전문 인력의 부족 등을 지적하고 있다. 이 설문조사에 대한 시사점은 현지사정에 관한 정보 제공의 확충과 전문가를 양성할 수 있는 제도적 뒷받침이 따라야 할 것이다. 한국기업들의 러시아에 대한 정보부족의 해소를 위해서는 한국정부와 러시아정부

---

23) "Russia's Primorsk Shipping Co. orders 6 tankers from S. Korea", *RIA Novosti*, 2007.9.3.

24) CKD는 Completely Knock Down의 약어로서 해체할 수 있는 데까지 해체를 하고 수송하는 방법으로써 수송된 부품은 목적지에서 조립되어 완성품으로 제작.

25) 외교통상부 재외공관, "도요타 신모델 저가 자동차 러시아 진출예정", 2007.2.2.

26) 이재영 · 윤성학, 『러시아 비즈니스 가이드, 21세기- 왜 러시아인가?』(서울: 한국무역협회 통상협력팀, 2005년 12월), pp.120-122.

의 선도적 역할이 중요하다고 생각된다. 기업들은 시장개척단을 파견하거나 혹은 현지 지원기관과의 긴밀한 협력 프로그램과 장단기 연수 프로그램 등이 필요하며 이를 위해 정부는 적극적 세제혜택과 금융지원 등의 정책이 필요하다고 보인다.

〈표 15-7〉 한국기업의 대러시아와 중국 교역과 투자 시 애로 사항 설문조사

애로 사항 문항		중국	러시아
교역 시	높은 관세	8.9%	3.2%
	상대국 시장정보 부족	16.9%	22.6%
	바이어 발굴 및 신용조사 어려움	20.3%	26.1%
	수출대금 회수 어려움	11.5%	8.3%
	비관세 장벽	6.1%	4.1%
	국내업체 간 과당경쟁	16.9%	1.0%
	과다한 물류기간 및 물류비용	4.1%	9.6%
	해당국가 한국제품 및 자사제품 인지도 낮음	2.9%	4.1%
	언어 소통, 전문 인력 부족	11.4%	17.5%
	해당국가 시장 규모 협소	-	2.9%
투자 시	언어 소통	20.0%	23.7%
	해당국가에 대한 시장정보 부족	12.8%	32.6%
	해당국가에 대한 전문 인력 부족	18.5%	16.8%
	해당국가의 투자 관련 제도적, 법률적 문제	26.5%	12.6%
	해당국가의 정치, 사회적 불안정	0.5%	9.6%
	해당국가의 시장의 소규모성	1.1%	4.7%

출처: 한국무역협회 (2004년 7월), 재인용, 주동주, 『신흥경제대국 BRICs와 한국경제』 (서울: 산업연구원, 2005년 12월), pp.95-96.

한국과 러시아와의 경제협력에서 무역협력보다는 투자협력과 자원협력의 중요성을 고려할 때 양국의 정부(연방 및 지방정부)와 민간차원에서 긴밀한 협력과 유대관계가 절대적으로 필요하다. 중국의 대러시아 통상정책의 경우에는 정부차원에서의 긴밀한 협력을 이끌어 내는 반면에 미국과 EU는 정부차원에서 가이드라인을 정한 후 민간차원의 협력을 도출하고 있다. 양국의 연방정부 차원에서 정상회담의 정례화와 연방부서간 혹은 국회간 정례협의회 창설과 구체화 과정이 필요하며 정상회담과 협의회를 통해 다양한 분야에서 일반 및 특별 협정의 체결과 협정의 업데이트 등을 통해 양국 고위층 실무자간 이해의 폭을 증진시키는 것이 필요하다. 한국과 러시아와의 경제협력을 활성화하기 위한 가장 중요한 제도적 장치는 정상회담이라고 생각된다.

최근 러시아의 대 해외투자가 괄목할만한 수준으로 발전하는 것을 고려할 때 러시아정부와 기업들에게 한국기업의 인수나 혹은 투자유치 정책의 조성도 필요하다. 이를 통해 한국도 러시아기업의 인수나 혹은 투자협력에 발판을 조성할 수 있다. 한 사례로써 가즈프롬은 EU 국가의 가스판매 기업의 지분 참여나 인수·합병, 그리고 반대급부로 러시아 에너지 프로젝트에 참여할 수 있는 기회를 제공하고 있다.

2004년 9월 모스크바에서 개최된 한·러 정상회담을 계기로 가스협력 협정 체결, 2005년 4월에 서(西)캄차트카 지역 유전개발을 위해 러시아 국영석유사 로스네프트 사와 한국석유공사를 주축을 하는 컨소시엄(가스공사, SK, GS, 현대, 대우 등)과 MOU 체결, 2004년 12월에 한국 광업진흥공사와 사하공화국간 엘가 유연탄광(이 탄광은 사하공화국 남부 네륭그리 탄광 인근에 위치하고 있으며, 매장량은 21억 톤의 대형 탄광) 공동개발 협력 MOU를 체결했으며, 2005년 7월에 광업진흥공사와 LG와 POSCO 등의 컨소시엄을 형성하여 예비타당성 조사를 완료했다. 2005년 4월에 동시베리아-태평양 송유관 건설 참여를 위한 조사단을 파견했으며, 2005년 6월에 투자환경에 조사 용역을 착수했다. 한국과 러시아는 교역과 투자협력 증진을 위한 행동계획(Action Plan)을 2005년 11월 부산에서 개최된 APEC 정상회담에서 서명했다.

러시아가 시장경제체제의 경험 부족과 국가주도의 경제체제로 운영되고 있다는 것을 고려할 때 정부차원에서의 양자 협력의 틀, 예를 들면 '한국과 러시아 경제협력에 관한 일반 협약'의 체결이 선결과제라고 생각된다. 이 협약에서는 투자보장, 과실송금, 이중과세방지, 청산결제, 분쟁조정 등을 다루어야 한다. 그 후 양자 협력의 세부 사항들을 조정할 수 있는 후속조처로서 실무위원회의 창설과 정례화가 필요할 것이다.

혹자는 수익성과 경제성을 바탕으로 하는 민간차원에서의 경제협력을 주장하고 있지만 독일과 중국은 연방정부 차원에서의 협력뿐만 아니라 지방정부와의 협력을 통해 기타 주요국들보다 전 부문에서 러시아의 교역 확대와 투자 진출을 가시화하고 있다. 그러므로 한국의 지방정부 차원에서 이루어진 자매결연(예를 들면, 부산과 블라디보스토크, 제주도와 사할린, 충청남도와 아무르 주, 이르쿠츠크 주와 경상북도, 동해시와 나호드카, 대전시와 노보시비르스크 시 등)도 1회성 행사나 형식적 교류를 넘어 실질적 교류와 협력의 장이 될 수 있도록 발전되어야 할 것이다. 지방정부 간 상품 및 투자 박람회의 정례화나 혹은 전시회 등의 문화교류뿐만 아니라 러시아에서 개최되는 포럼(페테르부르크 국제경제포럼, 바이칼경제포럼, 노보시비르스크포럼, 크라스노야르스크포럼)과 여러 형태의 투자설명회와 박람회 등에 한국의 정부(중앙·지방)와 민간단체들의 적극적 참여가 필요하다.

〈표 15-8〉 주요국의 대러시아 통상전략이 주는 시사점 비교

주요국가	시 사 점
EU	국가간협력의 제도화(1), 서비스부문(금융, 보험, 유통, 물류, IT, 증권, 법률 등)(1), 물류(네덜란드), IT(핀란드), 금융(독일, 네덜란드, 룩셈부르크, 오스트리아), 조세피난처(키프로스, 룩셈부르크, 네덜란드), 유통(독일, 스웨덴), 동포지원 및 활용(독일, 폴란드, 핀란드), 증권(영국, 독일), 에너지협력(영국, 독일, 프랑스)(1), 하이테크기술협력(1), 국경무역(2)
미국	국가간협력의 제도화(3), 서비스부문(2), 에너지협력(3), 하이테크기술협력(2), 국경무역(4)
중국	국가간협력의 제도화(1), 소비재 및 생필품(1), 에너지협력(2), 인적협력(1), 국경무역(1)
일본	국가간협력의 제도화(4) 제조업의 국제경쟁력(1), 국경무역(3)

주 : ( ) 순위를 의미함.
출처: 한종만, 『주요국의 대러시아 통상전략 및 시사점』(서울: 대외경제정책연구원, 2007년 12월), p.141.

한국기업의 대러시아 투자정책의 활성화를 위해 정부는 금융, 세제 등의 지원뿐만 아니라 러시아기업 정보와 투자 관련 자료를 제공할 수 있는 기관을 한국과 러시아지역에 설립 필요성이 대두된다. 최근 투자협력 발전을 위한 조치로서 블라디보스토크 시에 한·러 극동협력센터를 설립한 것은 상당히 바람직하다고 보인다.[27] 모스크바와 상트 페테르부르크, 블라디보스토크와 노보시비르스크의 KOTRA 무역관 이외에도 기타 주요도시, 예를 들면 나호드카, 하바로프스크, 이르쿠츠크, 크라스노야르스크, 튜멘, 케메로보, 유쥬노-사할린스크 등에 개설 혹은 한·러 지역센터를 설립할 필요성이 있다. 이에 대한 인적자원의 충원은 한국과 러시아에서 학위를 마친 고급인력들의 사회적 활용에도 도움이 될 수 있다고 생각된다.

한국은 EU, 미국, 중국, 일본에 비해 러시아 동부지역에서 자원개발 참여 실적은 매우 빈약한 상황이다. 한국은 1990년대 중반 사하가스전 개발 및 파이프라인 프로젝트, 이르쿠츠크 코빅타 가스전 개발 및 파이프라인 프로젝트, 사할린 프로젝트 개발 참여와 지분매입, 최근 사할린 3 프로젝트 개발 참여 등의 실패와 나호드카 한국공단과 두만강 프로젝트와 TKR-TSR 프로젝트의 지연 등 여러 번의 자원협력과 물류협력에서 고배를 마신 경험을 갖고 있다. 주요국들과 비교해 볼 때 국력과 자본력과 인적네트워크 망이 부족한 한국은 자원 및 물류 협력에서 정부 규제가 엄격한 대형 프로젝트보다는 중소 규모의 프로젝트에 적극적 참여가 바람직하다고 보인다. 2007년 8월에 연예전문회사인 예당엔터테인먼트 사가 러시아 유전회사인 빈카(VINCA)사의 지분 70%를 2,500만 달러에 인수하면

27) Anatoly G. Buryy, 극동 및 동시베리아의 경제발전 계획과 한·러 협력 증진의 기회", 『극동·동시베리아 지역의 경제개발과 한·러 협력』(한·러 경제협력 세미나, 외교통상부, 대외경제정책연구원, 2006년 11월 22일), p.14.

서 석유개발사업에 진출하고 있다.[28] 또한 한국의 물류 전문기업 범한판토스(LG그룹계열사)사가 2007년 6월에 모스크바 주에 소재한 루자 지역에서 연간 1만 5,000대의 컨테이너(20feet)를 처리할 수 있는 3만평 면적의 수출물류단지를 조성하고 있다.[29] 이 사업이 성공적일 경우 그 파급효과는 클 것으로 생각된다.

EU와 미국은 자본과 자원개발경험이 풍부한 세계적 석유 메이저를 통해 러시아 자원개발에 참여하고 있다. 일본도 사할린 점령 시(1905-1945년) 축적된 정보와 1970년대부터 사할린 자원탐사 경험과 사할린 1, 2 프로젝트 개발 참여 그리고 중국은 초고속성장과 경제발전에 필수적인 에너지 자원의 확보를 위해 러시아는 물론 전 세계 자원개발권 확보에 노력하고 있다. 특히 인접경쟁국인 중국과 일본에 비교해 한국은 러시아의 에너지뿐만 아니라 원료자원과 임산자원 확보나 혹은 자원 수입에서도 뒤쳐져 있다. 시베리아·극동지역의 투자동향을 보면 자원 확보 경쟁에서 한국은 더욱더 소외되고 있다. 이 지역으로의 투자는 에너지, 특히 석유개발 분야가 주종을 이루고 있는데 한국은 경쟁국보다 밀리고 있으며, 중소기업 수준의 투자가 주류를 이루고 있다. 한국과 시베리아·극동지역과의 투자와 교역은 주요 자원 확보를 위해 국가차원에서 종합적이고 체계적 중장기 진출 전략이 절대적으로 필요하다고 생각된다.[30]

일본 제조업의 국제경쟁력 강화(예를 들면 자동차부문 등)처럼 한국의 자동차와 조선업과 가전제품 등에서 수출 성공을 지속적으로 이어지기 위해서는 우리제품의 국제경쟁력 확보가 최우선이라고 보인다. 또한 EU국들이 대러시아 서비스부문의 성공적 진출은 우리에게 주는 시사점은 크다고 보인다. 한국의 대러시아 교역과 투자 촉진책으로 민간은행과 국책은행의 러시아 진출이 절대적으로 필요하다고 보인다. 러시아 은행산업의 투명성과 신뢰성 부족 및 금융거래상의 불편이 한국 기업의 대러 무역·투자 및 현지법인 운영 시 애로요인으로 작용하고 있으며, 대출, 신용장 거래, 송금·환전, 예금 등 우리 금융기관 서비스에 대한 수요가 점증하고 있으며, 은행이 진출하여 높은 수준의 서비스를 제공할 경우 일반기업의 투자도 촉진되어 한·러 경협도 더욱 증진되는 효과를 거둘 수 있을 것으로 생각된다. 미국의 시티뱅크(Citibank)나 유럽의 주요은행들의 대러시아 진출과 EBRD의 대러시아 금융지원은 해당국 기업의 교역과 투자의 교두보 역할은 물론 은행 자

28) 최유식, "중소업체도 유전 투자 러시", 『조선일보』 2007년8월17일, p.B3.

29) 권경복, "모스크바에 한국 수출물류단지, 범한판토스, 80억 투자 3만 평 규모 개장", 『조선일보』 2007년 6월 7일, p.B4.

30) 고재호, “러시아 극동지역의 진출여건 및 우리기업의 진출방향”, 『수은해외경제』 (서울: 수출입은행, 2006년 9월), pp.45-46.

체의 수익성을 올릴 수 있는 일석이조의 장점을 달성하고 있다. 일본과 중국의 대러시아 은행 진출을 고려할 때 한국 민간은행의 대러시아 진출도 급선무라고 생각된다.[31] 향후 러시아 아시아지역의 개발 등을 고려할 때 유럽의 EBRD처럼 ADB의 적극적인 역할이나 혹은 다자가 참여하는 새로운 금융기관, 가칭 '동북아은행'의 창설 등에 한국의 선도적 역할은 바람직하다고 보인다.

한국은 핀란드모델(IT 강국)처럼 인접성과 IT(연해변강주 블라디보스토크의 NTC 통신 참여)경쟁력을 바탕으로 대러시아 진출 강화가 필요하다고 보인다. 또한 한국은 네덜란드 모델(물류 강국)처럼 지리적 이점, 특히 향후 남북·러 협력을 통해 여러 형태의 물류와 교통협력을 강화해야할 것이다. 키프로스모델처럼 한국도 제주도의 경제특구를 활용해 러시아의 인적 및 자본유치 등도 바람직하다고 보인다. 또한 한국은 독일이나 스웨덴모델처럼 러시아와 유통협력(2008년 가을, 롯데플라자의 오픈)을 강화할 필요성도 대두된다. 중국과 일본이 유통부문의 대러시아 진출이 크지 않은 것을 고려할 때 한국유통기업의 진출은 향후 투자와 무역증진에 기여할 것으로 생각된다.

최근 러시아는 EU에 이어 한국과 FTA 체결협상이 마무리되고 있다.[32] FTA는 계약 당사국간 무역증진과 경쟁제고 효과 이외에도 대외협상력 제고, 외국인 투자유입, 기술이전 등의 다양한 경제적 효과를 동반함은 물론 수출시장의 지속적 확대와 유지를 위해 적극적 추진이 필요하다고 생각된다. 2005년 11월 양국간 행동계획(Action Plan) 서명과 공동 연구가 진행 중이다. 한국의 대러시아 수출품의 대부분은 일방적인 수출 특화품(자동차, 조선, 컴퓨터, 가전, 통신기계, 가전 등)인 반면에 러시아로부터 수입품의 대부분은

31) 주 러시아 재경관 정책 보고, "우리나라 은행의 대러시아 진출 검토", 2005.11. 1997년 한국의 금융위기 이전에 산업은행, 수출입은행, 조흥은행(현지법인)이 러시아에 진출해있었으나 외환위기 이후 모두 철수했다. 2002년 11월에 수출입은행, 2003년 6월에 우리은행이 각각 모스크바에 대표사무소를 개설하여 러시아에 재진출했다. 2003년 9월 대 경협차관 채무조정 협상 타결 이후 한국수출입은행은 Sberbank(저축은행) 등 6개의 러시아은행과 약 2억 달러의 전대자금 한도를 설정하고 선박과 플랜트 수출에 대한 프로젝트 금융을 제공하고 있다. 민간은행의 경우 우리은행(현지법인), 외환은행, 신한은행(대표사무소 혹은 현지법인)등이 은행 설립을 검토하고 있다.

32) "러시아는 금년 말까지는 WTO에 가입할 예정이어서 한·러 FTA 협상은 2008년 초부터 본격화할 전망이다. 러시아아가 FTA 체결협상을 시작키로 한 대상국은 EU에 이어 한국이 두 번째다." "러시아 정부 당국자들은 2007년 6월 9일 페테르부르크 국제경제포럼에 참석했던 김종현 통상교섭본부장과 게르만 그레프(Gref) 러시아경제개발통상부 장관이 한·러 FTA 체결 원칙에 합의하고 연구그룹부터 가동키로 했다"며 "그 시기가 9월쯤이 될 것"이라고 말했다. 당국자들은 "양국 FTA 체결이 경제적 파급효과가 클 것이기 때문에 적극 추진하자는 그레프 장관의 별도 서한을 6월 말에 한국정부에 전했다"고 말했다. FTA 체결 시 한국의 대러시아 수출은 더욱 증가할 것으로 예상된다. 권경복, "한·러 FTA 협상 9월부터 논의", 『조선일보』 2007년 7월 24일, p.A2.

일방적 수입 특화품(철강 및 원자재 등)으로 상호보완성이 높기 때문에 FTA 체결 시 우리의 제조업 제품수출과 서비스부문(통신, 유통, 교통, 금융, 물류 등)에서 교역과 투자도 더욱 확대될 가능성이 높다.[33] 한·러 FTA 추진 과정에서 상품 관세율의 감축보다는 양국간 투자 협력의 분야와 방향 설정과 산업협력 프로젝트를 추진하는 도구로 활용되는 것이 필요하다.[34] 이를 통해 중장기적으로 한국은 러시아와의 '전략적 동반자관계'(중국보다 강화된, FTA를 포함하고 있기 때문임) 단계를 거쳐 EU가 시도하는 '공동경제공간'과 유사한 발전전략을 수립해야 할 것이다.[35]

러시아 아시아지역, 즉 시베리아(극동 지역 포함)의 잠재력이 21세기에 더욱더 구체화될 것이라는 데에는 이론의 여지가 없다. 시베리아지역의 성장과 발전을 위해서는 러시아 연방정부의 개발의지와 실천 이외에도 중국과 남북한으로부터 노동력 유입과 한국을 비롯한 일본과 구미국가들로부터 자본유입이 우선 과제라고 보인다. EU는 러시아 재외동포(독일인과 폴란드인, 핀란드인)를 활용하여 자국 동포들이 많이 사는 지역에 투자를 확대하거나 동포 중소기업의 지원 등이 주는 교훈처럼 한국도 동포들이 거주하는 모스크바나 상트 페테르부르크 지역이나 연해와 하바로프스크 변강주와 사할린 주에 동포 기업인을 지원하거나 합작투자도 바람직하다고 보인다.[36]

---

33) 주동주, 『신흥경제대국 BRICs와 한국경제』 ... op. cit.,, p.85. 한국의 대러시아 무역특화지수는 2004년에 자동차는 1이며, 조선 0.96, 섬유는 0.79, 철강은 -0.97, 석유화학은 0.70, 가전은 0.98, 컴퓨터 0.99, 통신기계 0.90으로 집계됐다. 무역특화지수[(수출-수입)/(수출+수입)]는 1이 되면 완전히 수출만 하는 상태이고 -1은 완전히 수입만 하는 상태를 의미한다.

34) "이런 점에서 한-러 FTA는 우선 그 명칭에서 FTA보다는 포괄적 경제협력협정(CECA: Comprehensive Economic Cooperation Agreement) 적절할 듯하다." 정여천, 한·러 FTA의 전망과 러시아 극동지역의 역할", ... op. cit., p.8.

35) 푸틴은 2007년 9월 시드니에서 개최된 된 제15차 APEC 정상회담에서 APEC 모든 회원국들이 함께 노력하면 역내 FTA의 장기 목표에서 가능할 것으로 전망하고 있다. 러시아의 WTO 가입 이후 역내 FTA 협상은 더욱 가속도가 붙을 것으로 예상하고 있다. "APEC leaders wind up summit with statements on trade, climate", *RIA Novosti*, 2007.9.10.

36) 2006년 초 기준으로 러시아 내 독일인은 59만 7,212명, 폴란드인은 7만 3,001명, 핀란드인은 3만 4,500명으로 집계됐다. Росстат, *Российский статистический ежегодник. Официальное издание 2005* (Москва: Росстат России, 2006), pp.91-92. 1989년 소련의 마지막 인구센서스에 의하면 독일인은 184만 6,317명, 폴란드인은 169만 4,351명으로 집계됐다. 폴란드인의 상당부분은 고국으로 이주했으며, 독일인들도 고국으로 이주했거나 CIS내에서 거주하고 있다. 독일과 폴란드는 러시아 내 거주하는 동포들과 러시아로부터 이주한 동포들의 일정부분은 무역업과 투자 관련업에 종사하고 있는 것으로 알려지고 있다. 특히 러시아에 등록된 독일기업이 3,500여개란 것을 고려할 때 이 들 동포의 직간접적 역할은 지대하다고 볼 수 있을 것이다. В. В. Котенов, "Российско-германские отношения на современном этапе", *Бизнес-путеводитель Германия-Россия*, 5-е издание, (Berlin: Wegweiser, 2007), p.12.

여타 국가들보다 한국의 시베리아와 극동 진출의 이점에도 불구하고 한국의 대러시아 투자는 매우 빈약한 실정이다. 한국의 투자가 이루어지지 않을 경우 경쟁국에 더 많은 기회를 제공하는 빌미를 제공할 것으로 생각된다. 국경무역과 인적교류에 높은 경쟁력을 지닌 중국을 고려할 때 한국의 대 시베리아 진출은 내재적 한계를 지니고 있다. 한국의 상대적으로 높은 임금수준과 3D업종 기피현상을 고려할 때 한국인의 극동과 시베리아로의 일자리 이동은 비현실적이라고 보인다. 한국은 경험이 풍부한 고숙련 근로자와 자본과 기술을 바탕으로 중국이나 북한 인력을 활용하는 삼각 혹은 다자간 협력을 모색해할 것이다.

제 16 장

러시아와 중국의 경제협력: 현황과 전망*

16.1. 머리말

러·중 관계사는 오랜 역사를 공유해오고 있다. 특히 20세기에 들어 러시아와 중국과의 관계는 극단적인 역사경험을 지니고 있다. 1989년 고르바쵸프의 중국 방문 이후 양국관계는 실리적 차원에서 교류가 가시화되어나갔다. 1949년 중화인민공화국이 러시아(당시 소련)의 직간접적 도움으로 생성되면서부터 양국은 사회주의 동맹국으로 혈맹관계를 경험했으며, 1960년대 사회주의 이념분쟁과 1969년 영토분쟁 등으로 야기된 무력투쟁으로 양국관계의 갈등은 첨예화됐다. 1996년부터 양국관계가 '전략적 동반자관계'로 격상되면서 정치, 경제, 사회, 문화 등 전 분야에 걸쳐 교류와 협력의 가속화 양상이 나타나고 있다. 2001년부터 양국은 미국의 '팍스 아메리카나'(Pax Americana) 정책을 부정하면서 공동으로 세계질서의 다극화 정책을 지향하고 있다. 또한 제정러시아와 청나라 간 일련의 불평등 조약에 의해 획정된 러시아와 중국과의 영토·국경문제(총길이 4,300km: 중국의 동북지역과 북부지역 40km)도 2004년에 해결되면서 양국관계는 전 부문에서 급속도로 발전하고 있다. 9.11 사태 이후 미국의 지정·지경학적으로 중요한 중앙아시아 지역에서의 군사기지 설치와 경제적 진출, 2003년부터 CIS 내에서 발생한 일련의 색깔혁명(2003년 그루지야의 장미혁명, 2004년 우크라이나의 오렌지혁명, 2005년 키르기스스탄의 레몬 혁명), 이라크 침공, 폴란드와 체코에 MD 설치 계획 등 일련의 사태에 대하여 러시아와 중국은 상하이협력기구의 협력 강화 등의 정치·군사적 협력을 강화하고 있다.[1] 러시아

---

* 이 글은 <『비교경제연구』(한국비교경제학회), 제15권, 제2호, 2008년, pp.113-149>에 게재됨.

1) 일련의 색깔혁명은 서방, 특히 미국의 직간접적 지원에 의해 이루어졌다. CIS 내 반러시아 혹은 친서방의 성향을 지닌 회원국, 예를 들면 GUAM(그루지야, 우크라이나, 아제르바이잔, 몰다바)국가들도 향후 몰다바의 '포도혁명' 혹은 아르메니아의 '살구혁명' 가능성도 배제할 수 없어 러시아는 대CIS 영향력 회복을 위해 중국과의 밀접한 정치군사협력을 강화하고 있다. 그 대표적 예가 2001년의 상하이협력기구(SCO)의 설립과 강화 그리고 2005년부터 시작된 SCO 공동 군사 훈련 등을 거론할 수 있다.

와 중국은 지리적 인접성과 생산요소와 산업구조간 이상적 형태의 상호보완성을 지니고 있어 경제교류 잠재력은 매우 높다고 생각된다. 2006년 중국에서 '러시아의 해', 그리고 2007년 러시아에서 '중국의 해'를 맞이하여 러·중 관계는 경제교류뿐만 아니라 문화교류도 활성화되고 있다. 2008년 5월 러시아연방 5대 대통령으로 취임한 메드베데프도 CIS국(카자흐스탄)을 제외할 때 첫 번째 해외 공식 방문지로 중국을 채택할 정도로 양국관계는 매우 순조롭다.[2)]

러시아와 중국의 교역량은 2001년에 100억 달러를 달성한 이후 2004년 초에 200억 달러를 초과달성했으며, 2006년에 300억 달러를 상회했다. 2007년 목표치 400억 달러를 상회한 480억 달러 이상을 기록했다.[3)] 이와 같은 교역 추이가 계속 이루어질 경우 2010년까지 양국간 교역규모는 목표치 600-800억 달러의 최저치보다 최대치에 가깝거나 혹은 능가할 것으로 예상된다. 교역규모와는 달리 양국간 투자협력은 미미한 수준이나 최근 쌍방향의 투자가 빠른 속도로 증가하는 추세를 보이고 있다. 2020년까지 중국은 120억 달러 상당의 대러시아 투자를 약속하고 있다.

러시아와 중국의 협력관계는 앞에서 언급한 장밋빛 청사진에도 불구하고 중장기적으로 내재적 문제점을 갖고 있다. 양국간의 높은 교역량 추이에도 불구하고 무역구조는 매우 일방적이며 비대칭적 관계를 유지하고 있다는 것이다. 러시아의 대중국 수출품의 대부분은 에너지와 원자재(석유, 목재, 철강, 금속, 수산물 등)인 반면에 중국의 대러시아 수출품의 대부분은 2차 상품으로 구성되어 있다. 무역구조의 불균형 이외에도 소연방 붕괴 이후부터 시베리아와 극동지역은 중국인의 이주가 대대적으로 이루어지고 있는 반면에 그곳에 거주하고 있던 러시아인은 유럽러시아로 이주하거나 혹은 마이너스 인구자연증가율로 감소하고 있다는 것이다.[4)] 현재 지속적인 인구감소를 보이고 있는 시베리아와 극동지역의 인구변동 상황은 러시아뿐만 아니라 러·중관계의 변화와 동북아지역, 더 나아가

2) 메드베데프 현 러시아대통령은 2006년과 2007년 '중국과 러시아의 해' 행사의 위원장직을 수행했다. 자원과 인구 그리고 영토와 국경 등을 고려할 경우 러·중 관계의 최상의 시나리오는 캐나다와 미국 관계처럼 우호적으로 발전할 가능성도 배제할 수는 없지만 그 여정은 많은 시간이 소요될 것으로 예상된다. 이와 같은 유사성에도 불구하고 러·중은 역사적으로 라이벌 관계였으며, 러시아는 여전히 미국 다음으로 제2의 군사대국, 첨단기술, 특히 우주항공 부문에서 세계적 수준이며, 중국과의 국경은 러시아 핵심지역인 유럽러시아가 아닌 아시아러시아라는 점, 문화 및 인종 등에서 나타나는 현격한 차별성을 부인할 수는 없다.

3) "Chinese and Russian Officials Hold a Briefing for Chinese and Foreign Journalists on President Medvedev's Visit to China", *China Daily*, May 20, 2008.

4) 시베리아와 극동지역의 인구감소의 원인과 효과에 대해서는 다음의 글을 참조. 한종만, "러시아 시베리아·극동지역 인구 추이에 관한 분석,"『한국시베리아학보』(한국시베리아학회) 제3집, 2001년, pp.69-96.

서 세계질서 재편과정에서의 정치, 경제, 사회적 변화를 유발시킬 수 있을 것으로 예견된다. 이에 따라 러·중 관계는 장기적 측면에서 사안별로 경쟁과 협력이 이루어질 것으로 예상된다. 그럼에도 불구하고 양국은 실리적 차원에서 전방위적 협력이 기타 주요국들보다 강화되어 나가고 있다는 데에는 이론의 여지가 없다.

이러한 맥락에서 이 글에서는 러시아와 중국과의 경제협력, 특히 교역과 투자 현황과 전망 그리고 한국에 주는 시사점 등을 사실과 논거를 중심으로 분석해 본다.

16.2. 러시아와 중국과의 경제협력: 현황

최근 러시아와 중국과의 경제교류는 괄목할만한 수준으로 급성장하고 있다. 지리적 인접성과 생산요소와 산업구조의 이상적 형태의 상호 보완성의 덕택으로 교역과 투자뿐만 아니라 기타 협력에서도 기타 주요 서방국가들보다 빠르게 진전하고 있다. 교역 규모 면에서 중국은 EU에 이어 러시아의 두 번째 교역파트너로 부상하고 있다.

양국의 전방위적 협력 강화의 동인은 기타 주요국들보다 거래비용(transaction cost)이 적다는 데에 상당부분 기인하고 있다. 양국의 협력 협정은 기타 주요 서방국가와는 달리 주로 국가(중앙 및 지방정부)간 혹은 국영기업간 협력이 주를 이루고 있어 야당이나 국회 비준 또는 국민적 여론 수렴 등의 절차와 여러 비용이 거의 제로에 가깝기 때문이다.[5] 이 절에서는 러시아와 중국과의 무역과 투자 그리고 기타 협력을 사실적으로 정리한다.

1) 무역협력

〈표 16-1〉 1990-1988년 러시아와 중국의 수출입 추이(단위: 1백만 달러)

연 도	1990년	1991년	1992년	1993년	1994년	1995년	1996년	1997년	1998년
총	116.2	135.7	4,654	5,403	3,841	4,297	5,754	5,240	4,329
수 출	62.4	71.9	2,864	3,068	2,889	3,432	4,750	3,982	3,169
수 입	53.8	63.8	1,790	2,335	952	865	1,004	1,258	1,160
무역수지	8.6	8.1	1,074	733	1,937	2,567	3,746	2,724	2,009

주 : 무역수지는 필자가 계산한 수치임.
출처: Госкомстат России, *Россия в цифрах Официальное издание 1995* (Москва: Госком стат России), 1995), p.515.; Госкомстат России, *оссийский статистический ежегодник. Официальное издание 1998* (Москва: Госкомстат России, 1998), p.746.

<표 16-1>에서 보는 것처럼 1990년대 러·중 무역규모는 1993년까지 최고치를 달성한

5) 한종만, 『주요국의 대러시아 통상전략 및 시사점』 (서울: 대외경제정책연구원, 2007년 12월), pp.91-92.

후 1998년 모라토리엄 발생까지 약간의 감소와 증가 혹은 소강상태를 경험했다. 1993년까지 교역량의 증가는 소연방 해체과정과 체제전환 과정에서 생필품 난을 경험했던 신생 러시아의 중국산 저가 생필품의 수입과 중국의 러시아 원자재 수입이 급증한데 기인한다.

<표 16-2>에서 보는 것처럼 러시아의 모라토리엄 이후 1999년부터 러·중 교역규모는 매년 사상치를 기록하면서 급성장하고 있다. 1999-2005년 양국의 교역량은 매년 30%나 증가했으며, 2006년에도 15% 그리고 2007년에는 무려 44.3%나 증가한 481억 5,000만 달러를 기록했다. 2008년 1/4분기까지 양국간 교역규모도 125억 달러를 상회하면서 2008년에도 사상 최대치의 교역량을 달성할 수 있을 것으로 예상된다.[6]

〈표 16-2〉 1999-2007년 러시아와 중국의 수출입 추이(단위: 1만 달러)

연 도	1999년	2000년	2001년	2002년	2003년	2004년	2005년	2006년	2007년*
총	571,993	800,324	1,067,054	1,192,743	1,575,800	2,122,553	2,910,122	3,338,681	481.5
수 출	422,264	576,989	795,938	840,669	972,807	1,212,741	1,588,994	1,755,433	196.7
수 입	149,729	223,335	271,116	352,074	602,993	909,812	1,321,128	1,583,249	284.8
무역수지	272,535	353,654	524,822	488,595	369,814	302,929	267,866	172,184	-88

주 : 세관 기준, 무역수지는 필자가 계산한 수치임. * 1억 달러
출처: National Bureau of Statistics of China, *China Statistical Yearbook 2007*, <http://www.stats.gov.cn/english/statisticaldata/yearlydata/>

이와 같은 교역규모 추이가 계속 이어질 경우 2010년에 양국 교역량은 목표치의 최저 수준인 600억 달러를 훨씬 초과하여 최대치인 800억 달러에 달하거나 초과 달성할 가능성도 배제할 수 없는 상황이다.

러·중 서비스 무역도 증가 추세를 보이고 있다. 2002년 러시아의 대중국 서비스 수출은 8,479만 2,000달러에서 2006년 3억 7,769만 5,000달러로 거의 4.5배난 증가한 반면에 중국의 대러시아 서비스 수출은 같은 기간 7,828만 7,000달러에서 1억 5,933만 6,000달러로 2배 이상 증가했다. 2006년 기준으로 중국의 대러시아 서비스 무역적자는 2억 1,834만9,000달러로 집계됐다.[7]

<표 16-3>에서 보는 것처럼 2005년 기준으로 중국은 러시아의 주요 수입 교역국으로 EU와 우크라이나에 이어 제3위인 반면에 러시아의 주요 수출교역국 중에 EU에 이어 제2위를 차지하고 있다.[8] 2007년에 러시아는 중국의 8번 째 교역국으로 중국은 EU에 이

6) Jiang Wei, "Bilateral Trade Set to Blossom", *China Daily*, May 24, 2008.
7) 한종만, 『주요국의 대러시아 통상전략 및 시사점』 ... op. cit.,, p.97.
8) 러시아의 전체 수입 중에서 독일의 비중이 13%인 반면에 러시아의 수출 중에서 제1위는 네덜란드로 전체 수출 비중에서 10.1%, 그 뒤를 이어 독일과 이탈리아가 각각 8.1%와 7.8%를 기록하고 있다.

어 러시아의 제2위 교역국으로 부상했다.

〈표 16-3〉 2005년 러시아의 주요 수출 및 수입 파트너

러시아의 주요 무역 파트너							
주요 수입 파트너				주요 수출 파트너			
순위	국가명	1백만 유로	비중(%)	순위	국가명	1백만 유로	비중(%)
	전 세계	77,900	100.0		전 세계	191.173	100.0
1	EU	34,904	44.8	1	EU	107,484	56.2
2	우크라이나	6,250	8.0	2	중국	10,480	5.5
3	중국	5,819	7.5	3	우크라이나	9,949	5.2
4	일본	4,695	6.0	4	터키	8,729	4.6
5	벨라루스	3,709	4.8	5	스위스	8.410	4.4

출처: European Commission External Relations, *EU-Russia Relations*, Brussels, May, 2007, p.12.

러·중 교역의 구조적 특징은 중국의 만성적 무역적자, 교역상품의 일방적이며 비대칭적 교역관계, 무기 수출과 국경무역과 회색 통관 등을 들 수 있다.

중국의 만성적인 대러시아 무역적자는 감소추이를 보이다가 최근에는 무역흑자로 반전되는 상황을 보이고 있다. 1992-2005년 중국의 대러시아 무역적자 누계액은 500억 달러에 이르고 있다.[9] 중국의 무역적자는 2001년을 정점(52.5억 달러)으로 점차 감소하면서 2007년에 러·중 교역에서 처음으로 중국은 대러시아 무역흑자(88억 달러)를 달성했다. 2007년 러시아의 대중국 교역에서 무역적자로의 반전 동인은 러시아의 대중국 수출이 전년 대비 12.1% 증가한 196억 7,000만 달러인 반면에 수입은 284억 8,000만 달러로 79.9%나 급증했기 때문이다.[10] 러시아 전체 수입규모에서 중국 비중이 2003년 5.8%에서 2007년 12.2%로 증가한 반면에 러시아 전체 수출에서 중국 비중이 동기간 6.2%에서 4.5%로 감소했다.[11]

최근 중국으로부터 러시아의 수입 급등은 러시아 경제상황이 좋아지면서 가계의 소비증가와 기업의 시설장비 투자가 활발히 이루어지기 때문이다. 중국은 현재 일상생필품과 가전제품 등의 경공업제품뿐만 아니라 기계시설 및 장치시설 등의 중공업제품도 러시아에 수출하고 있다. 전통적으로 러시아는 중공업제품의 대중국 수출 비중이 20-30%를 유

9) "China-Russia Trade Promotes Mutual Cooperation on Equal Footing: Chinese Envoy", *Xinhua*, Feb. 27, 2007.

10) "China-Russia Bilateral Trade Hits $48 bln in 2007", *RIA Novosti*, May 22, 2008.

11) "China und Russland wollen Handelsumsatz steigern", *RIA Novosti*, May 22, 2008.

지해왔는데 최근 수출비중은 10분의 1 이하로 감소했다. 2001년부터 러시아의 기계 및 전자제품의 대중국 수출은 급격히 감소하면서 2006년에 2억 200만 달러에 불과했다. 러시아 대중국 수출에서 기계부문이 차지하는 비중은 1.2%에 불과한 실정이다. 러시아는 오히려 중공업제품을 중국으로부터 수입해오고 있다. 2001년 기계제품과 장비시설이 중국의 대러시아 전체 수출 비중 11%에서 2006년에 29%로 증가했다.[12)]

러·중 교역의 구조적 문제는 일방적이며 극단적으로 비대칭적 교역관계란 것이다. 중국의 대러시아 수출품은 섬유, 의복, 신발, 장난감 등의 저가의 생필품뿐만 아니라 가전제품과 자동차와 부속품 등의 기계제품의 비중이 높아지면서 수출품의 다양화 추세를 보이고 있다. 그 반면에 러시아의 대중국 수출은 거의 전적으로 원료와 연료 등의 1차 상품이 주종을 이루고 있다.[13)] 러시아의 대중국 최대 수출품은 석유와 석유제품이다. 그 뒤를 이어 광물, 철강, 목재, 비료, 수산물 등이다.

〈표 16-4〉 1999-2006년 러시아로부터 중국의 원유수입 추이

연 도	1999년	2000년	2001년	2002년	2003년	2004년	2005년	2006년
석유(1백만 톤)	0.6	1.5	1.8	3.0	5.3	10.8	12.8	15.8
석유 수입 비중	1.56%	2.10%	2.93%	4.36%	5.77%	8.77%	10.8%	10.0%

출처: UN Comtrade Database(2007).

<표 16-4>에서 보는 것처럼 러시아의 대중국 석유수출은 2004년부터 급부상하여 2006년에 1,580만 톤을 수출했다. 러시아의 대중국 석유수출의 대부분은 TSR을 통해 이루어지고 있다. 러시아의 대중국 수출에서 석유 및 석유제품 수출비중이 2006년에 47.3%에 이르고 있다. 러시아는 사우디아라비아, 이란, 앙골라에 이어 제4위 대중국 석유수출국으로 부상했다.[14)] 러시아의 대중국 에너지 수출규모는 2001년에 5억 달러에서 2007년에 67억 달러로 증가했다고 메드베데프 대통령은 중국방문 시 언급했다.[15)] 에너지원과 원료자원을 갈구하고 있는 중국은 향후 러시아로부터 석유를 포함한 천연가스와

12) Yu Bin, “China-Russia Relations: Partying and Posturing for Power, Petro, and Prestige”, *Comparative Connections, A Quarterly E-Journal on East Asian Bilateral Relations*, July, 2007, p.162.

13) 러시아와 중국의 교역 상품구조에 대해서는 다음의 글을 참조. Valtteri Kaartemo, "The Motives of Chinese Foreign Investments in the Baltic Sea Region", *Electronic Publications of Pan-European Institute*, No.7, 2007, pp.113-114.

14) 중국 전체 석유 및 석유제품 수입에서 차지하는 비중은 11.34%에 불과하다. Yu Bin, “China-Russia Relations: ... op. cit.,, p.162.

15) “Medvedev: China is Important Partner”, *Beijing Time*, May 23, 2008.

석탄은 물론 우라늄과 전력 등의 대대적인 수입이 예상된다.

중국은 전통적으로 러시아로부터 대량의 무기를 구입하고 있다. 특히 중국경제의 부상으로 중국은 군사대국을 꿈꾸면서 러시아로부터 무기수입에 박차를 가해왔다. 중국은 러시아 전체 무기 수출의 30-40%를 수입해왔다. 지난 1992-2006년 동안 중국은 러시아로부터 260억 달러 상당의 무기를 수입한 것으로 알려지고 있다. 대부분의 러시아무기는 수송기와 전투기와 헬기 그리고 항공방어시스템, 킬로급 잠수함 등이 주종을 이루고 있다.[16] 러시아의 무기 수출액이 2001년에 30억 달러에서 2007년에 70억 달러를 달성하면서 미국에 이어 세계 제2위를 기록하고 있다. 2008년 무기판매액도 75억 달러를 예상하고 있다.[17] 러시아 방산수출업체(Rosoboronexport)는 2008년 6월에 개최된 제12차 상트 페테르부르크 국제경제포럼에서 5-7년 내 주문량도 200억 달러 이상을 확보했다고 전하고 있다.[18] 중국은 러시아 무기 판매의 약 30-40%에서 향후 70%까지 증대할 계획을 가지고 있다.[19]

4,300km에 달하는 러시아와 중국의 국경지역에서 양국간의 인적·물적 교류가 활발히 이루어지고 있다. 러·중 국경무역(러시아 극동·자바이칼지역과 중국 동북3성)의 규모가 1983년 전체 무역의 비중 1.5%에서 2006년에 20%로 상승했다. 2006년 양국의 국경무역 규모는 전년 대비 25% 증가한 70억 달러로 추정하고 있다. 특히 아무르 주와 하바로프스크 변강주 지역은 중국과의 교역 점유율이 40% 그리고 유대인자치주는 80% 이상을 차지하고 있다.[20] 통관절차의 간소화와 사회간접자본 시설의 구축을 통해 국경무역은 꾸준히 상승할 것으로 예상된다.

러시아통계위원회(Rosstat)가 발표하는 수출입 통계와 중국의 통계는 상당한 차이를 보이고 있다. 환율환산과 수출입과정에서 발생하는 FOB와 CIF 가격 차이에도 불구하고 이 편차는 높다고 보인다. 이러한 현상은 제2경제와 관련된 회색 및 불법 통관과 밀접한 관련성이 있다고 추정된다.[21] 러시아 수출업자는 수출계약에서 실제가격보다 낮게, 그리

16) 무기거래는 무역통계에 포함되지 않고 있다. "Gehen Waffenbrüder Russland und China getrennte Wege?", *RIA Novosti*, May 28, 2008. 러시아 무기의 주요 구입국은 80여 개국으로 중국 이외에도 인도, 알제리, 베네수엘라, 이란, 말레이시아, 세르비아 등이다. Richard Weutz, "China and Russia Hand in Hand: Will It Work?", *Global Asia*, Vol.2, No.3, 2007, p.53.

17) "Russian arms exports could be worth about $7.5 billion in 2008", *RIA Novosti*, Dec. 27, 2007.

18) "Russian Arms Exports to Pass $6 Bln in 2008", *RIA Novosti*, July 19, 2008.

19) Kathleen J Hancock, "Russia: Great Power Image Versus Economic Reality", *Asian Perspective*, Vol.31, No.4, 2007, p.89.

20) "China to Expand Regional Economic Cooperation with Russia", *Xinhua*, June 19, 2008.

고 수입업자는 수입계약에서 실제가격보다 높게 책정하면서 그 차익을 해외에서 활용한다는 것이다. 러시아의 실제수출은 러시아통계보다 2-3배나 많은 경우도 존재한다.[22] 러시아 극동 해역에서 중국, 한국, 일본 등의 수산물 거래가 그 대표적인 예다.

중국과 국경을 맞대고 있는 극동·자바이칼 지역에서 중국과의 불법거래가 만연되고 있다. 특히 광산물, 수산물, 임산물, 동물 등의 불법거래뿐만 아니라 중국인의 불법 이주 등이 부패한 러시아 공무원들과 연계되어 공공연히 이루어지고 있다.[23] 메드베데프 러시아 연방 대통령도 부정부패 척결에 대한 강한 의지를 표명하면서, 특히 밀수품의 단속을 지시했다. 러시아 의류시장 제품의 2분의 1이 중국과 터키로부터의 밀수품이며, 연간 불법 수입규모는 6,500억 루블(약 180억 유로)로 추정하고 있다.[24]

2) 투자협력

러·중의 무역협력과는 달리 투자협력은 기대치만큼 발전되지 못하고 있는 상황이다. 2000년부터 양국의 투자협력은 지속적으로 증가했지만 경제규모에 비해 상대적으로 낮은 수준이다. 그러나 2006년 중국에서 '러시아의 해', 2007년 러시아에서 '중국의 해' 등의 덕택으로 최근 쌍방향의 투자협력이 급진전되고 있다.

러시아와 중국의 투자협력은 직접투자가 주종을 이루고 있으며, 분야도 다양한 편이다. 중국의 대러시아 투자부문은 에너지, 자원채굴, 경공업, 목재가공, 농업, 교통과 통신 등의 사회간접자본시설, 주택과 호텔 건설과 레스토랑, 건설자재, 자동차, 조선 등의 다양한 품목으로 구성되고 있으며, 전반적으로 개별 투자 규모가 작은 편이다.

중국 통계청은 2006년 말 기준으로 중국의 대러시아 직접투자 누계액 규모는 9억 4,000만 달러인 반면에 러시아의 대중국 직접투자는 2005년과 2006년에 각각 2억3,033만 달러와 4억 5,211만 달러라고 발표했다.[25] 양국의 투자협력은 일방적인 중국의 대러

---

21) 러시아는 구소련(실제보다 부풀리는 통계치)과는 달리 무역통계 수치를 낮추려는 경향이 강하다고 보인다. 이러한 경향은 지방정부는 연방정부로부터 더 많은 보조금을 획득하기 위한 방법으로 혹은 공무원들의 불법적 부당이득 혹은 기업들은 해외로의 자본유출을 위한 방법으로 사용되고 있다.

22) Vasily Mikheev, "Keynotes of Economic Policy of the New Russian Government and Perspectives of Economic Development of Russia", 정여천 편, 『한·러 경제교류 10년의 평가와 러시아 경제의 미래』(서울: 대외경제정책연구원, 2000), p.216.

23) 이 불법거래에 대한 자세한 내용은 다음의 글을 참조. 한종만, "러시아 극동·자바이칼 지역에서의 마피아 현상 연구"『한국시베리아연구』 제12권 1호, 2008년, pp.102-108.

24) "Präsident Medwedew will Textilen-Schmuggel stoppen", *RIA Novosti*, June 23, 2008.

25) National Bureau of Statistics of China), *China Statistical Yearbook 2007*, <http://www.stats.gov.cn/english/statisticaldata/yearlydata/>

시아 투자에서 최근 러시아의 대중국 투자가 급증하면서 쌍방향의 협력이 이루어지고 있다. 중국은 2020년까지 대러시아 투자 규모 120억 달러의 목표를 설정하고 있다.

2004년에 중국의 대러시아 투자는 프로젝트 47건(2003년 41건)에 1억 9,000만 달러이며, 투자누계액은 6억 8,000만 달러를 기록했다. 이 투자액은 중국 전체 해외투자액의 약 5%의 비중을 점유하고 있다. 투자교류는 양국의 고위관료와 기업들이 참여하는 러·중 투자촉진포럼이 중요한 역할을 담당하고 있다. 첫 번째 투자포럼은 2004년 여름에 하바로프스크에서 개최되었으며, 이 포럼에서 12개 프로젝트에 총 6억 9,000만 달러의 양해각서가 체결됐다. 2005년 6월 상트 페테르부르크 국제경제포럼에서의 투자프로젝트 건수는 2배나 증가했다. 포럼에서는 하바로프스크지역에 목재 벌목 및 가공 프로젝트, 노보고로드 주에 농공복합체 건설, 이르쿠츠크 주에 과일채소 저장소 건설, 러시아전력기업과 쓰촨(Sichuan)전력회사간 협력 양해각서 등이 체결되었다.[26]

2006년 중국에서 '러시아의 해'를 맞이하여 중국은 러시아에 79개 프로젝트에서 전년대비 131.5% 증가한 4억 1,000만 달러를 투자했다. 특히 에너지, 광물자원, 경공업, 농업, 건설, 서비스부문의 대러시아 진출이 현저한 증가추세를 보이고 있다. 2006년 11월 베이징에서 개최된 3차 러·중 투자촉진포럼에서 중국은 10개 프로젝트 건 총 10억 달러의 대러시아 투자양해각서를 체결했다. 주요 투자 대상은 임업, 광물자원, 기본인프라, 자동차, 섬유, 농업과 수산업이 주를 이루고 있다.[27]

2007년 러시아에서 '중국의 해'를 맞이하여 3월 모스크바에서 개최된 중국전시회에서 20개 프로젝트 건 총 43억 달러에 상당하는 양해각서가 체결됐다.[28] 같은 해 6월 제18차 할빈 경제박람회에서 양국은 500개의 투자 프로젝트, 총 투자비용 75억 3,000만 달러 상당의 투자양해각서를 체결했다.[29] 동년 6월 11차 상트 페테르부르크 국제경제포럼에서 농업에서부터 자동차 제조업에 이르기까지 다양한 부문의 프로젝트 건 총 20억 달러 상당의 양해각서 체결이 이루어졌다.[30] 러시아 경제개발통상부 장관 엘비라 나비울리나(Elvira Naviulliana)는 2007년 11월 2차 러·중 경제포럼과 제12차 정례 총리회담에

26) Viktor Voinko, "Russian-Chinese Trade and Economic Cooperation: Current Situation, Problems and Prospects", *NATO Parliamentary Assembly*, 174 ESC-5 E, 2005, p.3.

27) 또한 제11차 정례 러·중 총리회담에서 양국은 투자보호협정을 체결했다. 러·중 투자촉진포럼은 중국국가발전개혁위원회(NDRC)와 러시아경제개발통상부가 공동으로 조직하고 있다. Diao Ying, "China firms to invest US$1b in Russia", *China Daily*, November 10, 2006.

28) "Russia, China sign contracts worth $4.3 billion", *RIA Novosti*, March 27, 2007.

29) Yu Bin, "China-Russia Relations: ... op. cit., p.160.

30) "Billion Dollar Deal Signed Between China and Russia", *Xinhua New Agency*, June 11, 2007.

서 30억 달러의 투자계약이 성사됐다고 말하고 있다. 양국의 공동 프로젝트는 치타 주와 동시베리아, 하바로프스크 변강주 등에 목재·펄프제지공장, 국경지역에서 추가적인 통관 및 터미널 건설, 수자원 보전 협력 등이다.31)

2008년 6월 19차 할빈 국제무역박람회에서 책정된 '러시아 비즈니스 날'에 무려 러·중간 12억 9,000만 달러의 투자계약이 체결됐다. 계약 부문은 의류와 신발 등의 경공업, 철광석, 목재가공, 석유와 가스채굴, 주택건설 등이 주를 이루고 있다.32)

중국의 대러시아 투자 중에 가장 큰 규모는 상하이산업투자회사가 상트 페테르부르크 시 크라스노셀스키(Krasnoselski)구의 205ha 부지에 '발틱의 진주' 주거콤플렉스 프로젝트로서 2005년부터 시작되어 2012년까지 3만 5,000명이 거주하는 주상복합단지의 건설이 진행되고 있다. 총 비용은 13억 4,600만 달러가 소요되며. 1백만㎡ 상당의 주거 및 관련 서비스 시설물(4개의 학교, 5개의 유치원, 6개의 도서관, 어린이 예술학교, 2개의 병원 등)이 세워질 예정이다. 또한 2007년에 중국은 모스크바 시에 3억 달러 상당의 '중국무역센터'를 건설하기로 합의했다. 이 센터에는 오피스텔, 호텔, 박람회장, 쇼핑몰, 중국 정원 등의 시설물이 건설될 것으로 예정되고 있다.33)

중국의 대러시아 농업투자는 러시아 극동·자바이칼 지역에서 중국인의 임차 방식으로 소규모로 이루어지고 있다. 가장 큰 중국의 대러시아 농업 투자는 2006년에 러시아 남부 볼고그라드 지역에서 중국 찰키스(Chalkis)사가 5개의 토마토 가공공장 건설에 2억 달러를 투자하고 있다. 이 공장에서 연간 20만 톤의 토마토케첩과 주스 등이 생산될 계획이다.34)

최근 중국의 대러시아 투자 중에서 자동차부문의 진출이 두드러지게 나타나고 있다. 중국국영자동차사 체리(Chery Automobile Co. Lt.)사는 2006년 2월에 칼리닌그라드에 소재한 러시아 아브토토르(Avtortor)사와 5년 계약기간으로 체리 자동차를 조립하고 있다. 2006년 4월에 아브토토르 사는 체리 승용차(Chery A15, A21, 승합차 T11)를 생산하였다.35) 2007년 2월 중국 제1위의 민간자동차사 장성(Great Wall)은 러시아 볼가지역 타타르스탄공화국에 위치한 특별경제지역 아불가(Abulga)지역에서 자동차 조립공장을 위해 타타르스탄공화국과 장성 사가 각각 지분 25%와 75%의 합작회사 설립을 약정했다. 이 합작회사는 연간 5만대의 자동차를 생산하며, 투자비용으로 7,000만 달러가 소요될

31) "Russia, Chinese Premiers Open Economic Forum in Moscow", *RIA Novosti*, November 6, 2007.
32) "China Works to Expand Regional Economic Co-op with Russia", *Beijing Time*, June 19, 2008.
33) Yu Bin, "China-Russia Relations: ... op. cit., p.160.
34) "China mulls building 5 tomato processing plants in south Russia", *RIA Novosti*, June 15, 2006.
35) "Neues russisch-chinesisches Automobilprojekt", *RIA Novosti*, Feb. 12, 2007.

것으로 추정된다.[36] 중국 겔리(Geely)사는 우랄에 위치한 자동차제작사 아무르(Amur)사와 공동으로 연간 1만 7,000대를 조립 생산할 계획이라고 발표하였다.[37]

러·중 경제협력에서 가장 중요한 부문은 자원, 특히 에너지 협력이다. 러시아는 사우디아라비아에 이어 세계 제2위의 석유생산국이며, 중국은 미국에 이어 세계 2위의 석유 소비국, 세계 3위의 석유 수입국, 세계 2위의 CO_2 배출국이다. 현재의 소비 추이가 계속된다면 2030년 중국의 석유 소비량은 현재보다 2배 이상 증가한 하루 3,000만 배럴로 추정되고 있다. 현재 미국은 하루 2,000만 배럴을 소비하고 있다.[38] 중국 정치엘리트의 가장 중요한 정책 우선순위는 에너지원의 안정적 공급이며, 중국정부는 에너지원이 풍부한 러시아와의 협력이 절대적 과제로 인식하고 있다. 중국은 석유뿐만 아니라 전력, 석탄, 우라늄, 천연가스의 수입과 원전 건설 등이 절대적으로 필요한 실정이다.[39] 러시아도 에너지 수출의 일방적인 유럽의존도의 탈피와 에너지 가격협상력 우위를 위해 아태지역으로의 공급처 다변화를 모색하고 있다. 러시아는 대 아시아 석유공급량 현재 3% 그리고 천연가스 5%를 2020년까지 각각 30%와 25%로 증가시키는 동방 에너지망 프로젝트를 중요한 에너지전략 기조로 채택하고 있다.[40]

이르쿠츠크 주의 타이세트에서부터 연해변강주 코즈미노까지 동시베리아-태평양송유관(ESPO 총길이 4,857km)의 제1단계 구간(아무르 주 스코보로디노까지 2,757km)의 공사 비용은 110억 달러가 소요될 것으로 추정되며 2008년 말 완공예정이었으나 2009년으로 연기됐다. 이 송유관이 완공될 경우 하루 160만 배럴의 석유를 극동지역과 중국에 공급될 것으로 예상된다. 러시아 국영석유운송사(Transneft)와 가즈프롬간 합의된 가스관도 이 송유관을 따라 건설될 예정이다.[41]

---

36) "China's Great Wall could start auto assembly in Russia", *RIA Novosti*, 2007.2.27.

37) "Russische Auto- und Motorenwerke AMUR baut chinesische PKWs zusammen", *RIA Novosti*, 2007.6.6.

38) Zhanibek Saurbek, "Kazakh-Chinese Energy Relations: Economic Pragmatism or Political Cooperation?", *China and Eurasia Forum Quarterly*, Vol.6, No.1, 2008, pp.80-91.

39) K. Elvenes Brakhus and Indra Overland, "A Match Made in Heaven? Strategic Convergence between China and Russia", *China and Eurasia Forum Quarterly*, Vol.5, No.2, 2007, p.41.

40) Richard Weutz, "China and Russia Hand in Hand: ... op. cit., p.61. 2008년의 러시아 관영통신사의 보도에 의하면 현재 3%에서 2020년에 30%의 천연가스를 아태지역으로 수출할 계획이다. "Asia-Pacific to get 30% of Russia's natural gas exports by 2020", *RIA Novosti*, Apr. 29, 2008.

41) "Far East oil pipeline rerouted north of Khabarovsk", *RIA Novosti*, April, 29, 2008. 2단계 ESPO(2,100km) 노선도 하바로프스크 수자원 보호지역을 우회하여 120km가 늘어나서 건설비용도 2006년 기준으로 130억 달러, 건설기간도 4년이 소요될 것으로 추정된다.

〈표 16-5〉 러 · 중 간 에너지 및 자원 협력 현황

연 도	중 국	러시아	투자액($)	내 역
2005-2006	Sinopec	Udmurtneft	3.5억	우드무르트네프트 석유사 지분 96.90% 인수
2007	Sinopec	Rosneft		사할린-3광구 Venin Holding사 설립 (지분Rosneft 74.9%, Sinopec 25.1%)
2007.9	CNPC	Lukoil		공동협력(석유와 가스생산, 정제, 가공, 제3국 프로젝트 공동 참가)
2006-2007	CNPC	Rosneft		러시아 내 Vostok Energy합작회사 설립
2007-2010	CNPC	Rosneft	30-40억	중국 내 Russo-Chinese Eastern Petrochemical Company 합작회사 설립
2006-2008		Transneft	110억	동시베리아-태평양송유관 1단계 (타이세트-스코보로디노)
2006-2008	CNPC	Transneft	4,36억	스코보로디노-중국 국경(다칭유전까지 연결을 위해)
2008-2011	CNPC	Gazprom	110억	알타이가스관
2008-		Lukoil		공동협력(연해 항구지역에서 정유공장 설립, 중국에서 석유판매망 구축 등)
2006.11	중국국영 전력사	RAO UES	100억	600억 Kw/h 전력수출 합의, 2008-10년 1단계에서 연간 43억 Kw/h, 2단계 5년간 10GW 화력발전소 건설
1999-2007	중국원전사	Atomstroy-export	33억	티안완(Tianwan) 원전 1, 2호기 완공 (용량은 각각 1060MW)
2007.11	중국원전사	Atomstroy-export		티안안(Tianwan) 원전 3, 4호기 건설계약 체결
2008.5	핵에너지산업 협력(CNEIC)	Techsnab-export	10억	중국에 농축 우라늄과 우라늄 공급계약 체결
2008.2	더룽(德隆)	에브라즈홀딩	15	러시아 철강사가 중국철강사 인수
2008	산시타이구 보우광탄소	RusAl	0.2	산시(山西)타이구보우광탄소공장 인수 및 확장계획

출처: 러시아와 중국 관영통신, 조선일보, KOTRA(2008) 자료를 바탕으로 작성.

2006년 3월에 가즈프롬과 중국 국영석유사는 알타이 가스관 건설에 대한 협정을 체결했다. 이 가스관은 2008년에 공사가 시작되어 2011년에 완공을 목표로 하고 있다. 이 건설과정에서 도로건설도 병행되는 것으로 알려지고 있다. 이 가스관의 총길이는 2,700km로서 서시베리아의 북부지역인 야말로-네네츠와 한티-만시자치구에서부터 노보이 우렌고이-수르구트-니쥬네바르톱스크-볼로디나-톰스크-노보시비르스크-바르나울-비스크를 경유

하여 알타이지역 공화국을 따라 카자흐스탄과 몽골 사이 위치한 중국 국경 서부지역인 신장-위구르 지역을 연결한다는 것이다. 건설비용은 110억 달러로 추정되고 있다.[42] 2011년부터 이 가스관을 통해 중국 서부지역에 연간 300억㎥의 천연가스가 공급될 계획이다.[43]

<표 16-5>에서 보는 것처럼 중국국영석유화학(Sinopec)사는 러시아 볼가지역 우드무르트네프트 사의 지분인수 이외에도 러시아 국영석유사(Rosneft)사와 사할린-3 프로젝트를 위해 베닌 홀딩(Venin Holding)합작회사를 설립하였다. 이 광구에는 11억 6,940만 톤의 석유, 2,581억㎥의 천연가스가 매장된 것으로 추정된다. 지질탐사비용은 중국 측이 75% 상당의 금융지원을 하고 있다.[44] 러시아의 민영석유사 루코일(Lukoil)과 중국 국영석유사(CNPC)는 2007년 9월에 공동협력 협정을 체결했다. 주요내용은 양사가 공동으로 양국과 제3국에서 석유와 가스 탐사와 생산, 정제와 가공, 판매 등이다. 2006년에 양사는 카자흐스탄에서 340만 톤의 원유와 1억 1,900만㎥의 가스를 생산했다.[45] 2008년에도 양사는 러시아 극동연해변강주 항구지역에서 정유공장 건설과 중국 내 석유판매망(downstream) 구축사업의 협력을 체결했다.[46] 2006년에 국영석유사(Rosneft)와 중국 국영석유사는 동방에너지(Vostok Energy)합작회사(2007년 7월에 러시아 내 등록, 지분 러시아 측 51%, 중국 측 49%)를 설립하면서 이르쿠츠크 주의 촌스크(Chonsk)서부 광구(3,000만 톤의 석유와 150억㎥ 가스 매장량 추정)의 채굴권을 획득했으나 개발이 지연되고 있다. 양사는 2007년 10월에 중국에 등록된 합작회사(Russo-Chinese Eastern Petrochemical Company)를 설립하면서 중국 천진(Tianjin)에 연간 1,000만 톤의 정유공장 건설과 중국 내에 300여 개의 주유소의 건설 등 2011년까지 30-40억 달러를 투자할 계획이다.[47]

러시아 통합전력사(RAO UES)사는 중국 국영전력사(State Electric Grid Corporation of China)에 600억Kw/h의 전력수출을 합의했다. 2008-2010년의 초기단계에서는 연간 43억 Kw/h를 중국에 공급하며, 국경지역에서 러시아 석탄을 사용하는 화력발전소 건설

42) Olga Minina, "Pipelines of Eastern Siberia: From Local Supplies to Large Scale Exports" *Pipeline & Gas Journal*, August, 2007, p.68.

43) Bill Smith, "China Expects Major Deals from Hu's Russian Trip", *dpa German Press Agency*, March 25, 2007.

44) "Sakhalin-III tender may be called in 2007 - official", *RIA Novosti*, Feb. 13, 2007.

45) "LUKoil, CNPC sign co-production deal", *RIA Novosti*, September 10, 2007.

46) KOTRA, "러시아 기업의 해외진출확대에 따른 우리의 대응방안", *Global Business Report* 08-012, April 11, 2008, p.33.

47) Blagov, Sergei "Rosneft Seeks Stronger Chinese Connection", *Eurasia Daily Monitor*, July 14, 2008.

(10GW 용량)에 5년간 100억 달러를 투자하여 중국에 전력을 공급할 계획이다.[48] 러시아 원전수출업체(ZAO Atomstroyexport)는 1992년 양국간 협정에 의해 착공한 중국 동북지역의 티안완(Tianwan) 원전을 완공했다. 티안완 원전 1호기는 1999년 10월 20일, 제2호기는 2000년 10월 20일에 착공됐으며, 1호기는 2007년 5월 17일, 2호기는 7월 중순부터 상업적 전력을 송출하고 있다. 원전 1호와 2호기의 발전총용량은 각각 1,060MW이다. 건설비용은 33억 달러가 소요된 것으로 추정되고 있다[49] 2007년 11월 모스크바에서 개최된 12차 정례 총리회담에서 즈음해서 러시아 원전수출업체는 티안안 원전 3호 및 4호기의 건설협정에 서명했다.[50] 2008년 5월 러시아 대통령 메드베데프의 중국 방문 시 러시아 핵에너지수출업체(Techsnabexport)와 중국 핵에너지산업협력(CNEIC)사는 10억 달러에 상당하는 러시아 농축우라늄과 우라늄을 중국에 공급하는 계약을 체결했다.[51] 중국은 전력에서 원전이 차지하는 비중을 현재 1.6%에서 2020년까지 4%까지 늘릴 계획을 세우고 있다. 이 계획을 충당하기 위해서는 매년 1,000MW급 원전을 2-3개를 건설해야만 한다.[52]

막대한 오일머니의 유입으로 발생한 외환보유고의 증가로 경화 잠재력이 풍부한 러시아 기업들은 적극적인 해외투자와 해외기업들을 사냥하고 있다. 그 예로써 러시아 석유사들의 대중국 투자와 러시아 에브라즈 철강회사의 중국 철강회사 인수, 러시아 알루미늄(RusAl)사의 산시(山西)타이구보우광탄소공장 인수 등을 들 수 있다[53](<표 16-5> 참조).

3) 기타 협력

러·중 경제협력에서 가장 중요한 역할은 정부(중앙정부와 지방정부)차원에서의 협력과 교류의 정례화 등의 제도와 기구의 확립이라고 보인다. 정상회담(SCO와 APEC 정상회담과 별도로)과 총리급 회의, 부문별 장관회의가 정례적이거나 수시로 개최되며, 양국의 주요 포럼이나 박람회, 예를 들면 러시아의 상트 페테르부르크 국제경제포럼, 모스크바, 예

---

48) "Energy tops agenda as Russian premier meet Chinese leaders", *RIA Novosti*, November 10, 2006.

49) "Russia completes second power unit for Chinese NPP", *RIA Novosti*, July 11, 2007.

50) "Russian Company Signs Agreement in Principle to Build 2 More Reactors at Chinese Nuclear Plant", *AP*, November 7, 2007.

51) "Russia and China Sign Enrichment Plant Agreement", *RIA Novosti*, May 27, 2008.

52) 전력에서 원전이 차지하는 비중이 세계 평균 16%란 것을 고려할 때 중국의 원전 비중은 매우 작은 수준이다. 미국과 프랑스의 전력에서 원전 비중은 각각 20%와 80%이다. Yu Bin, "China-Russia Relations: ... op. cit., p.161.

53) 권경복, "'북극곰' 돈 싸들고 해외기업 사냥" 『조선일보』 2008년 7월 24일, p.A18.; KOTRA, "러시아 기업... op. cit., pp.32-33.

카테린부르크, 노보시비르스크, 바이칼경제포럼이나 중국의 베이징, 할빈 국제박람회나 혹은 러·중 투자촉진포럼 등에 양국의 고위관료와 기업가들이 대거 참여나 지원이 이루어지고 있다. 양국은 중앙정부 차원뿐만 아니라 지방정부 차원의 협력도 활발히 이루어지고 있다. 양국의 지방정부간 자매결연 수도 70여개를 상회하고 있다.

〈표 16-6〉 1995-2006년 러시아인과 기타 주요국의 대 중국 방문객 추이(단위: 1만 명)

연 도	1995	1998	1999	2000	2001	2002	2003	2004	2005	2006
전 체	588.67	710.77	843.23	1,016.04	1,122.64	1,343.95	1,140.29	1,693.25	2,025.51	2,221.03
러시아인	48.93	69.20	83.30	108.02	119.62	127.16	138.07	179.22	222.39	240.51
미국인	51.49	67.73	73.64	89.62	94.92	112.12	82.25	130.86	155.55	171.03
유럽인*	150.96	187.33	212.27	248.90	268.38	282.58	259.76	377.57	478.49	527.96
일본인	130.52	157.21	185.52	220.15	238.57	292.56	225.48	333.43	339.00	374.59
한국인	52.95	63.28	99.20	134.47	167.88	212.43	194.55	284.49	354.53	392.40

주 : *유럽은 EU + EFTA국가뿐만 러시아와 CIS국도 포함한 수치임.
자료: National Bureau of Statistics of China, *China Statistical Yearbook 2007*, <http://www.stats.gov.cn/english/statisticaldata/yearlydata/>

러시아인의 대 중국 방문도 활발히 이루어지고 있다. <표 16-6>에서 보는 것처럼 인적 교류는 1995년 49만 여명에서 2006년 무려 240만 5,100명으로 급부상했다. 러시아인의 중국여행자수는 2006년 기준으로 한국과 일본에 이어 3위를 차지하고 있다. 러시아의 보따리 무역상뿐만 아니라 최근 러시아 기업인과 관광객의 수도 증가하고 있다. 베이징 관광공사는 2007년 5월 말까지 러시아의 방문객이 5만8천여 명(전년 동기보다 19.4% 증가)이 베이징을 방문했다고 밝혔다.[54] 2006년에 중국인의 대러시아 방문객 수는 50만 여명으로 집계됐다.[55]

기타 국가들과는 다르게 러·중 협력에서 노동협력이 중요한 역할을 담당하고 있다. 이 협력은 거의 전적으로 러시아 내에서 중국인의 노동을 의미한다. "2000년 러시아에 합법적으로 이주한 중국인 노동자는 겨우 2,600여 명에 지나지 않았으나 그로부터 7년이 지난 2007년 현재 러시아에는 총 16만 3천여 명의 중국인 노동자가 있으며 극동지방이 이 중 30%를 수용하고 있는 것으로 기록돼 있다."[56] 중국통계청은 이 협력의 건수의 증가

54) 2007년 러시아에서 중국의 해에 13개의 국가 이벤트를 포함해서 총 196개의 프로그램이 이루어졌다. "'Beijing Week' to Be staged in Moscow", *Xinhua News Agency*, June 16, 2007.

55) Bill Smith, "China Expects Major Deals from Hu's Russian Trip", *dpa German Press Agency*, March 25, 2007.

56) 이 문제에 대해서는 다음의 글을 참조. 빅토르 라린, "러시아 극동의 중국-북한 노동자, 중국 불법

뿐만 아니라 노동서비스 금액도 1999년에 5,751만 달러에서 2006년에 4배 이상이나 증가한 2억 4,262만 달러라고 발표했다. 러시아 내 중국인 불법노동자를 고려하면 이 통계치는 빙산의 일각이라고 볼 수 있을 것이다.

〈표 16-7〉 중국의 대러시아 인력 협력 추이(단위: 1만 달러)

연 도	상담건수	계약된 프로젝트 건수	노동서비스(금액)	디자인자문(금액)
2006년	66,248	41,961	24,262	25
2005년	45,360	27,341	17,991	28
2004년	33,997	19,173	14,774	30
2003년	20,532	8,671	11,858	3
2002년	18,559	9,952	8,522	55
2000년	11,145	4,484	6,656	5
1999년	9,095	3,322	5,751	22

자료: National Bureau of Statistics of China, "Turnover of Economic Cooperation with Foreign Countries of Regions", *China Statistical Yearbook 2007*. 2000-2007년 중국통계집.

최근 러·중 교류에서 조선, 우주항공의 첨단산업부문과 국제회의 개최 유치와 관련된 인프라건설에 대한 공동협력이 현저하게 나타나고 있다.57) 후진타우의 모스크바 방문 시(2007년 3월 27-29일) 러시아우주국(Roskomos)은 공동협약을 체결했다. 중국은 러시아의 위성추적시스템(Glonass: Global Navigation Satellite System)에 적극적 참여는 물론 2개의 우주실험장 설립과 화성탐사를 공동으로 실행한다는 것이다.58) 러시아 무르만스크 선적회사는 12대의 쇄빙선(1대 당 총량 3만 톤)을 중국에서 제작할 계획이며, 볼가-발트 선적회사도 10대의 선박(1대 당 5천 톤)을 중국 홍구앙(Honguang)사와 협력을 체결했다. 이 협력의 주요 동인은 중국 조선 기술의 향상뿐만 아니라 중국의 인건비가 러시아보다 1.5배 이상이나 저렴하기 때문이다.59)

2012년 블라디보스토크에서 APEC 정상회담과 2014년 소치 동계올림픽 유치, 2008년 8월 베이징하계올림픽, 2010년 상하이 세계엑스포 유치를 통해 양국은 정부차원과 민간차원에서의 정보교환은 물론 인프라건설의 직간접적 참여와 협력을 모색하고 있다.60)

노동자 문제 '黃禍(황화)' 인식으로 번져," 『자유공론』 통권 482호, 5월호, 2007년, p.97.

57) 메드베데프 러시아대통령은 2008년 5월 중국방문 시 우주항공(ST), 나노(NT), 조선, 자동차 등의 하이테크 기술부문에서 중국과의 협력 강화를 강조했다.

58) Mary Burdman, "Russia-China Partnership Plans To Go Into Space", *Executive Intelligence Review*. April 6, 2007.

59) "Murmansk Shipping Co. to build 12 ice class ships in China", *RIA Novosti*, Dec. 20, 2007.

60) "China, Russia agree to improve trade, investment", *Xinhua*, September 28, 2007.

16.3. 러시아와 중국과의 경제협력: 전망

세계시장경제로의 편입과 세계화의 혜택을 향유하는 국가는 BRICs라는 데에는 의심의 여지가 없다. 중국은 인적자원을 기반으로 1980년대부터, 러시아는 1990년대 시장경제의 수업료를 지불한 후 2000년대부터 에너지자원을 기반으로 고도성장을 달성하면서 미국과의 GDP 격차를 줄이고 있다. 중국과 러시아는 높은 경상수지 흑자와 해외투자의 유입의 결과 중국은 2008년 6월 20일 기준으로 외환보유고는 1조 7,500억 달러, 러시아는 5,587억 달러로 일본(1조150억 달러)에 이어 3위를 기록하고 있다.[61] 러·중의 외환보유고는 지속적으로 증가될 것으로 예견된다.

〈표 16-8〉 2007년도 러시아, 중국, 미국의 GDP 비교

내 역	러시아	중 국	미 국
명목 GDP(10억 달러) 구매력(PPP)기준 GDP	1,290 2,087	3,242 7,238	13,841 13,841
1인당 명목 GDP(1달러) 1인당 구매력 기준 GDP(1달러)	9,060 14,660	2,450 5,480	45,820 45,820
2007년 실질 GDP 증가율	8.1%	11.9%	2.2%
1997-2007년 연간 평균 GDP 성장률	5.3%	9.5%	3.1%

자료: William H. Cooper, "Russia's Economic Performance and Polices and Their Implications for the United States", CRS Report for Congress, Order Code RL34512, May 30, 2008, p.7.

또한 세계화는 세계경제의 성장과 인적자원이 풍부한 중국과 인도 경제의 지속적이며 빠른 성장을 가져왔고, 그 결과 연료·원료의 수요가 급증하면서 자원이 풍부한 러시아경제를 부활시키는 계기를 조성해오고 있다. 특히 물적자원이 풍부한 러시아와 인적자원이 풍부한 중국과의 경제협력은 순풍을 맞이하고 있다.

러·중 경제협력은 농업에서부터 우주항공부문에 이르기까지 전 부문에서 역동적으로 이루어지고 있다. 양국의 교역량은 러시아의 모라토리엄 발생 이후 1999년부터 연속적으로 사상 최대치를 달성하면서 2010년 양국의 목표치 600-800억 달러도 초과달성할 가능성이 높다고 예견된다.

러시아와 3,000km의 국경을 접하고 있는 헤이룽장(黑龍江)성의 부지사 리우(Liu Xueling)는 중·러 무역의 잠재력은 무한하다고 전망하고 있다. 그는 중·러 무역은 중·

61) "Beware Russia is Growing - While you are looking the other way!", *Window to Russia*, June 27, 2008.

미 무역 규모의 6분의 1, 한·중 교역의 4분의 1 수준에 불과해 여전히 적다고 토로하고 있다. 그 이유는 러시아 극동지역과 중국 동북3성의 인프라 부족과 대규모 프로젝트의 부재와 양국의 경제 및 기술적 스탠더드가 부합하지 않기 때문이라고 지적하고 있다.[62] 인프라의 건설, 특히 동시베리아-태평양 송유관의 건설(제1단계 2009년, 제2단계 2015년)과 천연가스 파이프라인(알타이, 동시베리아-태평양, 사할린-극동)건설이 완공되면 중국은 러시아로부터 석유와 천연가스의 안정적 공급으로 인한 교역량 증가가 예상된다. 그와 동시에 중국과 러시아 지역에서 정유공장과 LNG 공장 그리고 판매망 등의 에너지부문의 다운스트림 분야에서 양국의 투자협력이 가속화될 것으로 예상된다. 향후 러시아의 WTO 가입이 현실화될 경우 글로벌 스탠더드의 덕택으로 양국의 교역과 투자는 더욱 증가될 것이다.[63]

〈표 16-9〉 주요국의 에너지 관련 지표

주요국가	에너지생산 (세계비중%)	에너지 수입률(%)	인구 (세계비중%)	에너지소비 (세계비중%)	CO2배출량 (세계비중%)	CO2배출량 /인구
미 국	15	31	5	24	22	4.4
일 본	1	83	2	6	4	2.0
영 국	2	5	1	2	2	2.0
독 일	1	62	1	4	3	3.0
프랑스	1	51	1	3	1	1.0
G 5	20	..	10	39	32	3.2
중 국	14	6	21	13	18	0.8
인 도	4	18	17	3	4	0.3
러시아	10	-80	2	10	6	3.0
브라질	2	15	3	2	1	0.3
BRICs	30	..	43	28	29	0.7
G5 + BRICs	50	..	53	67	61	0.9

자료: IEA, *Key World Energy Statistics 2006* (Paris: International Energy Agency, 2006); IMF, *World Economic Outlook 2006* (Washington D. C.: International Monetary Fund, April 2006). 재인용: L. Elliot Armijo, "The BRICs Countries(Brazil, Russia, India, and China) as Analytical Category: Mirage of Insight?", *Asian Perspective*, Vol.31, No.4, 2007, p.20.

62) "Billion Dollar Deals Signed Between China and Russia", *Xinhua News Agency*, June 11, 2007.

63) 러시아의 WTO 가입과 관련하여 일부 중국 기업인들은 지금까지 누려왔던 기득권이 주요 경쟁국으로 분산되는 것을 우려하고 있다.

러·중은 국토의 균형적 발전과 경제발전의 가속화를 위해 각각 동시베리아·극동지역과 동북 3성 지역 개발의 필요성을 인식하면서 공동으로 지역협력을 모색하고 있다.[64] 이 지역협력은 국경을 맞대고 있는 지리적 인접성과 생산요소의 상호 보완성으로 인해 양국은 물론 동북아 경제협력의 기관차 역할을 담당할 것으로 예상된다.

장밋빛 청사진에도 불구하고 러·중의 경제협력은 구조적 혹은 내재적 장애요인이나 문제점을 잉태하고 있다. 국산차의 경쟁력 확보 차원에서 최근 러시아는 중국산 저가 자동차 수입 장벽을 강화하기 시작하면서 무역 마찰 요인을 제공하고 있다.[65] 또한 러시아는 대중국 무기수출 품목 중 첨단제품의 공급을 지연하거나 제한하는 조처를 취하면서 최근 중국의 대러시아 무기수입액이 현저히 감소하는 추세이다. 2006년에 무기계약은 2억 달러 상당의 계약만 이루어졌을 뿐이다. 정상적으로는 연간 10-15억 달러 계약이 이루진 것을 고려할 때 큰 변화를 보이고 있다. 이와 같은 하락에도 불구하고 러시아는 중국과 체결한 무기 공급계약을 이행하지 않고 있다. 그 예로써 14억 달러 상당의 38대 일류신 군수화물기(34대의 IL-76MD와 4대의 IL-78 급유항공기) 등을 들 수 있다.[66] 이는 향후 라이벌 관계를 고려한 러시아 군부의 첨단군사 기술이전 기피와 그에 따른 부정적인 부메랑 효과를 미연에 방지하기 위한 전략적 의도로 볼 수 있다. 러시아와 중국의 관계는 중앙아시아와 기타 해외지역에서 협력(상하이협력기구: SCO)과 경쟁과 갈등(러시아의 독무대였던 중앙아시아에서 중국의 진출 가속화)의 소지가 있으며, 역사적인 경험에서 보는 것처럼 라이벌 관계의 재현 가능성을 배제할 수는 없을 것이다.

러시아와 중국은 에너지 가격 설정에 대한 이견이 증대되면서 동시베리아-태평양 송유관 건설의 지연의 빌미를 제공하고 있다. 또한 알타이 가스관도 공급량과 가스가격설정의 이견으로 건설공사가 지연되고 있다.[67] 최근 러시아의 대중국 석유 수출도 가격문제로 인해 감소하고 있다. 2004년 러시아 국영석유사(Rosneft)와 중국 국영석유사(CNPC)는 2010년까지(공급량 총 4,840만 톤) 1배럴 당 대중국 석유수출가를 북해산 브렌트유 시세보다 3달러 디스카운트한 가격으로 공급한다는 협정을 체결했다. 2007년에 양사는 디스카운트의 규모를 1배럴 당 2.325달러로 줄이는데 만족했다. 그 결과 2007년 러시아의

64) 지역협력에 대해서는 다음의 글을 참조. 조영관, "러시아와 중국의 경제협력관계: 극동러시아 지역을 중심으로", 『시베리아극동연구』 (한림대학교 러시아연구소) 제3호, 2007, pp.161-191.

65) Toru Miyazawa, "Moscow Slams Door Shut on China's Low-Cost Carmakers", *The Nikkei Weekly*, November 5, 2007. 2007년 상반기 중에 중국산 저가 자동차가 전년 대비 무려 6배나 많은 3만 8,600대가 러시아로 수출됐다.

66) Yu Bin, "China-Russia Relations: ... op. cit., p.162.

67) "Medvedev Defends Russia-China Ties", *Xinhua*, May 24, 2008.

대중국 석유수출은 전년 대비 9%나 감소한 1,450만 톤으로 줄어들었다.[68]

러시아는 연료·원료 수출 집약적인 구조의 탈피와 경제 다양화 정책을 주요과제로 채택하고 있다. 향후 러시아는 부가가치가 많은 상품, 예를 들면 원유보다는 석유제품, 원목보다는 가공목재나 가구의 수출을 꾀하고 있다. 러시아 경제의 다양화 정책 성공 여하에 따라 러·중간 일방적 무역구조는 개선될 것으로 보인다.

러·중의 노동협력에서도 많은 문제점을 내포하고 있다. 극동지역의 러시아인은 감소하여 2010년에 390만 여명, 2015년에 390만 여명으로 줄어들 것으로 예상[69]되는 반면에 중국인의 합법·불법적 노동인구의 증가 그리고 식료와 의류 및 신발 등의 상권의 대부분은 중국인이 장악하면서 이 지역의 러시아주민들은 '중국인의 영토팽창' 혹은 '인구학적 위협'이라고 간주하고 있다. 러시아 이민당국은 러시아 내에서 차이나타운의 건설을 반대하고 있다. 특히 극동지역에서 차이나타운의 건설은 미국의 L.A.나 S.F.의 차이나타운 혹은 모스크바 지역에서의 차이나타운 건설과는 질적인 차이점을 지니고 있다.[70] 2007년 4월 1일부터 발효되는 외국인상인제한법(외국인 비율 40% 이내)에 의거하여 일부 중국상인의 철수로 인해 극동지역, 특히 블라디보스토크, 하바로프스크, 블라고베센스크 시의 식료 및 의류시장에서 물가 급등과 상품 공급의 차질이 예상됐다. 대부분의 러시아인들은 힘든 일과 장시간 노동을 기피하고 있기 때문에 이 지역 시장의 유통 애로사항은 CIS, 특히 카프카스 민족과 적극적인 러시아상인의 참여로 진정되고 있다.[71]

'중국사회조사연구소'의 여론 조사에 따르면 중국인의 10명 당 9명은 러·중 관계를 긍정적 관계로 바라보고 있으며, 응답자의 80% 이상이 푸틴을 소련 시대부터 현재까지 러시아의 지도자 중 가장 위대한 정치가로 꼽고 있다.[72]

중국인의 경제활동 참여와 중국기업의 대 시베리아·극동지역의 진출에 대해 러시아인의 66%는 반대하고 있으며, 중국인의 러시아 내 인구증가에 위협을 느낀다는 응답자는

---

68) 이 협정을 위해 중국 국영석유사가 2010년까지 4,840만 톤의 석유공급을 조건으로 60억 달러를 선불했다. 러시아 국영석유사는 이 금액을 파산 과정에 있는 유코스(Yukos)석유사의 자산을 인수하는데 사용했다. Sergei Blagov, "Rosneft Seeks Stronger Chinese Connection", *Eurasia Daily Monitor*, July 14, 2008.

69) 빅토르 라린, "460만 이주노동자의 땅 러시아 극동지방, '인구감소'에 더해 이민법으로 노동력 감소 심각,"『자유공론』통권 481호, 4월호, 2007년, p.117.

70) "Russia's chief migration official promises absence of Chinatowns", *Itar-Tass*, November 16, 2006. 질적 차이점은 극동지역의 인구의 규모(감소추세)와 중국 동북3성의 약 1억 1,000만 명의 인구 그리고 지리적 인접성으로 인해 중국팽창 기회의 빌미를 제공할 수 있기 때문이다.

71) Dmitry Schlapentokh, "The Chinese Immigrant Experience in Russia", *The Globalist*, March 5, 2007.

72) "Medvedev: China is Important Partner", *Beijing Time*, May 23, 2008.

71%이며, 중국 소비재의 수입을 반대하는 요구도 61%로 중국에 대한 부정적 이미지가 높게 나타났다. <표 16-10>에서 보는 것처럼 러시아인의 중국 호감도 비율은 2001년에 67%에서 2006-2007년에 48-49%로 감소했다. 2006-2007년의 수치도 '러시아와 중국의 해'를 고려한다면 향후 이 수치는 더욱 내려갈 가능성이 높다고 보인다. 그러나 러시아 엘리트의 대부분은 중국을 '전략적 파트너'로 간주하고 있다는 것이다. 러·중의 전략적 파트너 관계는 러·미 관계와 미·중 관계의 변화에 따라 변화될 것이다.

〈표 16-10〉 중국, 독일, 미국에 대한 러시아인의 여론 조사 추이(단위: %)

연 도	2001년	2002년	2003년	2004년	2005년	2006년	2007년
중국: 호 감	67			55		48	49
비호감	18			21		30	25
모 름	16			24		21	26
독일: 호 감	61				70		
비호감	20				13		
모 름	19				16		
미국: 호 감	32	36	27	35	29	26	25
비호감	52	44	59	46	54	59	61
모 름	16	17	12	20	19	16	14

자료: Peter Ferdinand,"Sunset, Sunrise: China and Russia Construct a New Relationship", *International Affairs*, Vol.93, No.5, 2007, p.847.

협력 과정에서 내포된 많은 문제점에도 불구하고 결론적으로 러시아와 중국에서 국내외의 이변적인 변수가 발생하지 않는 한 양국의 경협은 더욱 발전될 것으로 전망된다.

16.4. 맺음말

러시아는 2000년 이후부터 지속적인 성장과 안정을 추구하면서 새로운 경제대국으로의 부상을 꿈꾸고 있다. 군사 강대국으로의 복귀는 물론 에너지 강국을 넘어 물류대국[73]과 농업대국[74] 그리고 경제 다각화 정책의 실현을 통해 명실 공히 경제대국으로 부상한

73) 러시아는 세계최대의 영토대국이라는 지리적 이점을 이용해 육·해·공의 교통 인프라의 구축과 그 활용을 적극적으로 모색하고 있다. 러시아 교통전략 2020과 물류에 대한 상세한 정보는 다음의 책을 참조, 성원용·임동민, 『러시아 교통물류정보조사』(서울: 한국교통연구원, 정책연구 2005-12).

74) 러시아 농업부 장관은 2007년에 곡물생산 규모 8,200만 톤 중 1,700만 톤(전년 대비 49.5% 증가한 수치)을 수출했다고 전하고 있다. 그는 향후 5년 내에 1,500만ha의 새경작지(1950년대의 흐루시쵸프의 황무지 개척과 견줄만 함)를 이용할 계획이며, 2012년경 곡물 수확량 1억 톤 달성이 무난하며 세계 3위 곡물수출국가로 부상할 것으로 전망했다. "Agrarminister: Russland wird in fünf Jahren zu drittgrößten Getreideexporteur aufsteigen", *RIA Novosti*, April. 8, 2008.

다는 것이다. '세계의 공장'의 역할을 담당하고 있는 중국도 지속적으로 발전하면서 경제 대국으로 부상하고 있다. 이 과정에서 러·중 관계는 사안별로 경쟁과 협력이 이루어질 것으로 예상된다.

러·중 협력은 러·독일과의 협력처럼 정치, 경제, 사회, 문화 등 전 부문에서 역동적으로 발전하고 있다. 러·중 협력의 발전 동인은 인접성과 생산요소의 상호 보완성 이외에도 국가(중앙정부와 지방정부)간 정례화된 협력체계 등의 제도적 장치라고 보인다. 특히 1996년부터 발효된 전략적 파트너관계에서 공고화 과정과 2006년과 2007년 러시아와 중국의 해 기념이벤트 등과 같은 사회, 문화 전반에 걸친 협력을 가속화시켰다.[75] 또한 대통령과 총리를 비롯한 고위관료들의 협력회담뿐만 아니라 관·산·학·연 간의 지속적인 인적교류, 중간 및 하급관료의 분야별 전문성을 바탕으로 지속적으로 이루어지고 있는 인적교류를 통한 인맥 관리는 러·중 협력에서 중요한 역할을 담당하고 있으며 향후 양국의 경협 발전의 기관차 역할을 제공할 것이다.[76]

한·러 경협 역시 지속적으로 발전하면서 2007년 교역량은 사상 최대치인 150억 달러를 상회했다.[77] 그러나 한·러 경협에서 무역협력을 제외한 기타 협력은 최근 증가 추이를 보이고 있지만 아직까지 기대치만큼 발전되지 못하고 있는 상황이다. 러시아와의 경제협력에서 무역협력은 매우 중요한 상황이다. 그러나 이보다 더욱 중요한 협력은 자원협력, 에너지와 투자 부문에서의 협력이라 생각된다. 특히 러시아의 경제체제 속성상 국가주도의 역할이 중요한 역할을 담당하는 것을 고려할 때 중국처럼 국가 간 협력의 필요성은 필연적이다.

최근 러·중 조선협력의 강화를 교훈삼아 세계최대의 경쟁력을 갖고 있는 한국조선업의 대러시아 진출과 협력이 필요하다. 에너지와 식량안보 차원에서 한국의 대러시아 협력을 적극적으로 추진할 필요가 있다. 한국도 러시아의 해외투자 유치 전략을 통해 쌍방향의 투자협력을 모색해야할 것이다. 중국의 경험처럼 에너지부문에서 한국 내 하류부문(정유

75) 2010년 한·러 수교 20주년을 기념하여 한국에서 러시아의 해 그리고 2011년 러시아에서 한국의 해 기념행사를 구체화할 필요성이 있으며, 이에 따른 철저한 준비, 특히 중국의 경험을 반면교사로 한·러 관계의 재도약 계기를 만들어야할 것이다.

76) 한국의 대러시아 정책결정 참여자와 고위 및 중간 관료들의 대부분은 임기 직이거나 순환근무하면서 한·러 간 인적교류는 지속적으로 발전하는데 문제점이 존재한다. 한국도 중국처럼 관·산·학·연에서, 특히 러시아어 구사실력과 전문지식 습득을 위해 보직 변경 없이 지속적으로 일할 수 있는 제도적 장치 조성이 시급한 과제라고 보인다.

77) 2007년에 전년 대비 56.2% 증가한 150억 6,522만 3,000 달러였으며, 2008년 1/4분기까지 교역량도 전년 같은 기간보다 55.3% 증가한 43억 7,88만 7,000달러로 집계됐다. 『수은해외경제』(한국수출입은행), 2008.5, p.171.

공장, 석유 · 천연가스 판매망)의 반대급부로 한국의 대러시아 상류부문의 협력을 모색해야할 것이다.

결론적으로 한·러 경협의 발전을 위해서는 중국의 경험처럼 자원외교를 전면에 내세우기보다는 전반적이고 총체적인 신뢰구축과 이해증진이 우선과제란 것을 명심해야 될 것이다.

제 17 장 러시아연방 아시아지역의 경제 현황과 개발 전망*

17.1. 머리말

지난 세기까지 체제를 비롯한 여러 가지 이유로 국제사회의 주목을 받지 못하고 있던 한반도 북단에 그 끝이 접해 있던 대륙이 세기가 바뀌면서 자원, 환경, 물류 등에 있어 국제적 관심을 받고 있다. 러시아의 아시아지역은 넓은 의미의 시베리아로서 그 면적은 세계 대륙의 10분의 1을 차지하고 있으며, 세계 8번 째 대륙이라고 불리고 있다.[1]

넓은 의미의 시베리아는 러시아연방의 아시아지역으로 우랄산맥 동쪽부터 사할린 섬과 쿠릴 열도를 포함한 북태평양의 베링 해까지 펼쳐진 지역을 의미한다. 2000년 이전까지 넓은 의미의 시베리아는 서시베리아와 동시베리아 그리고 극동지역이었지만 2000년 5월 푸틴의 행정재편으로 러시아연방의 군관구와 유사한 7개의 연방구로 재편되면서부터 극동연방구(과거의 극동경제지역과 같음) 그리고 서시베리아와 동시베리아 경제지역이 시베리아연방구로 재편됐다. 그중 연료자원 매장량과 생산량이 풍부한 서시베리아 경제지역에 소속된 튜멘주와 한티-만시자치구와 야말로-네네츠자치구는 우랄연방구로 편입되면서 시베리아의 위상이 약화됐다.[2] 그 이유는 시베리아보다는 우랄이 더 러시아적 풍토에 가깝다고 보여줬기 때문이라고 생각된다.[3] 튜멘주는 러시아연방의 에너지 수도 역할을 담당

---

* 이 글은 <『Oughtopia: The Journal of Cocial Paradign Studies』(경희대학교 인류사회재건연구원), Vol.23, No.2, 2008 (Winter), pp.245-280>에 게재됨.

1) 시베리아는 아시아, 유럽, 아프리카, 북중미, 남미, 호주-오세아니아, 북극에 이어 8번 째 대륙이라고 불린다. *Gudrun Ziegler: Der achte Kontinent, Die Eroberung Sibiriens* (Berlin: Ullstein, 2006), p.7.

2) Julie A. Crowin, "The New Gang of Seven,", *RFE/RL, Russian Federation Report*, Vol.2, No. 18, May 17, 2000.

3) 과거 북 카프가스광역경제지대도 2000년 행정재편을 통해 카프카스 용어를 삭제한 '남부연방구'로 변경됐다. 과거 광역볼가경제지역의 칼믜키야共, 아스트라한주, 볼고그라드주가 북카프카스 새 연방구로의 편입되면서 이에 대한 불만 등이 새로운 연방구의 명칭 변경을 가져왔다. "Putin Renames Federal District," *RFE/RL Newsline*, June 23, 2000.

하는 주요지역이며, 야말로-네네츠 자치구에서는 러시아 천연가스생산의 90%, 한티-만시자치구에서는 러시아 석유생산의 3분의 2를 생산(세계 석유시장에서 우랄산 석유로 거래되고 있음)하는 에너지의 보고지역이다.[4)]

1991년 시베리아가 개방되기 이전까지 이 지역은 러시아 중앙지역을 위한 자원채굴기지와 안보기지의 역할만 강조되어 섬처럼 폐쇄된 지역으로 외국인은 물론 러시아인들조차도 통행이 힘들었다. 시베리아지역은 정치범의 수용소로 한 번 가면 돌아오지 못하는 죽음의 땅으로 인식되거나 혹은 자원채굴을 위해 광부와 그 가족 그리고 안보 목적을 위해 일방적으로 건설된 군수산업(그 예로써 콤소몰스크-나-아무례와 볼쇼이 카멘의 잠수함 공장, 이르쿠츠크의 수호이 전투기 생산 등)의 종사자와 군인들이 주로 거주하고 있었다.[5)]

1990년대 체제전환 과정에서 대혼란과 경제적 어려움으로 러시아 정부는 러시아아시아 지역까지 투자할 여력이 거의 없었다. 고르바쵸프와 옐친의 극동·자바이칼 연방 프로그램도 종이 상으로만 작동할 수밖에 없었다. 자구책의 일환으로써 러시아아시아지역, 특히 극동 및 동시베리아 지방정부들은 지리적으로 인접한 동북아국가들과의 인적·물적 교류의 활성화를 통해 아태지역으로 경제편입을 원하고 있다.

2000년부터 러시아 경제성장은 연간 6-7%를 달성하고 있으며, 저조했던 해외투자도 빠른 속도로 증가하고 있다. 러시아의 지속적인 경제성장과 역동성 그리고 양호한 투자환경의 동인은 국제시장에서 연료·원료 가격의 가파른 증가에 절대적으로 기인한다고 볼 수 있다. 또한 이와 같은 긍정적 역동성은 푸틴은 집권 초기부터 실리를 바탕으로 '강한 러시아' 정책을 내걸면서 법에 의한 통치와 일련의 경제개혁을 꾸준히 실행해 온 결과이기도 하다. 물론 푸틴의 중앙집권적 권위주의적 통치 스타일의 강화와 경제 질서와 경제과정에서 국가역할의 증대 등으로 나타난 문제점도 존재하지만 옐친 시대에 비해 비교적으로 높은 수준의 정치적 안정을 구가하고 있다.

드미트리 메드베데프 대통령도 전통적으로 중요한 유럽과 대서양 국가들과의 교류뿐만 아니라 그동안 경시해왔던 아시아지역(중앙아시아의 근외국가와 인도 등)과 태평양(한,

---

4) 튜멘주(한티-만시와 야말로-네네츠 자치구 포함)는 소련 시대뿐만 아니라 현재에도 러시아연방의 석유 및 천연가스의 실질적인 중심지의 역할을 담당하고 있다. 이 지역에 대한 자세한 내용은 다음의 글을 참조. 한종만·김정훈·김태진, 『러시아 우랄·시베리아·극동지역의 이해』(대전: 배재대학교 출판부, 2008년), pp.106-127.

5) 블라디보스토크에 주둔하고 있는 태평양함대의 해군 종사자는 1993년에 10만 여명으로 추정되고 있다. 당시 극동지역의 총 군사력이 50만 여명이란 것을 감안할 때 이 수치는 매우 높다고 보인다. Peter Kirkow, "Regional Warlordism in Russia: The Case of Primorskii Krai", *Europe-Asia Studies*, Vol.47, No.6, 1995, p.943.

중, 일 등)국가와의 교류 중요성을 강조하고 있다.6) 러시아의 아시아지역은 러시아 국토의 4분의 3을 점유하는 거대한 대륙으로 자원의 보고지역이며 육해공으로 대륙(아시아와 유럽)간 혹은 대양(태평양과 대서양)간 가교역할을 담당하는 지경학적 가치가 높은 지역이다. 그동안 이 지역은 안보와 러시아 유럽지역을 위한 자원 채굴 기지의 역할만을 담당해왔다. 또한 이 지역은 구소련의 부정적 유산(시장성을 고려하지 않은 일방적인 방위산업과 원료·연료 채굴산업 입지 등)과 중앙으로부터 멀리 떨어진 지리적 원격성, 혹독한 기후 조건뿐만 아니라 중앙정부로부터의 예산지원이 대폭적으로 감소하거나 중단되면서 높은 체제전환 비용을 지불해왔다. 그 지표로써 러시아 아시아지역, 특히 극동과 동시베리아 지역의 심각한 인구감소(마이너스 인구증가율과 인구 유출) 등을 들 수 있다.

러시아연방의 '에너지전략 2020'에서는 지금까지 거의 전적으로 이루어지고 있는 유럽으로의 에너지 수출뿐만 아니라 동북아와 아태지역으로의 수출루트와 수출시장의 다변화를 모색하고 있다. 재정적 여력을 갖춘 푸틴 정부는 극동·자바이칼 연방 발전프로그램도 2013년까지 연장하면서 이 지역발전을 모색하고 있다. 또한 2012년 11월에 블라디보스토크의 APEC 정상회담 개최를 위해 사회간접자본의 대대적 투자를 계획하고 있다. 러시아연방 아시아지역의 잠재력이 21세기에 더욱더 구체화될 것이라는 데에는 이론의 여지가 없다.

이러한 맥락에서 이 글에서는 러시아연방 아시아지역의 지역적 특성, 경제현황, 개발정책의 현황과 전망 그리고 우리에게 주는 시사점 등을 분석해보고자 한다.

17.2. 러시아연방 아시아지역의 지역적 특성

러시아연방 아시아지역은 3개 연방 지구에 총 29개 연방 주체가 존재한다. 우랄 연방구에 3개 연방주체, 시베리아연방구에 16개, 극동연방구에 10개 연방주체가 있다. 민족별 연방주체로는 우랄연방구에 2개(한티-만시와 야말로-네네츠자치구), 시베리아연방구에 4개의 공화국(알타이, 투바, 하카시야, 부랴티야)과 1개의 변강주(알타이), 4개의 자치구{타이미르(돌가노-네네츠), 에벤크, 우스티-오르딘스크 부랴트, 아긴스크 부랴트}, 극동연방구에 1개의 공화국(사하), 1개의 자치주(유대인), 2개의 자치구(코랴크, 추코트카)로 총 15개 연방주체가 있다. 그 이외 순수 행정주체로는 우랄연방구에 튜멘주, 시베리아연방지구에 1개의 변강주(크라스노야르스크), 6개의 주(이르쿠츠크, 옴스크, 톰스크, 노보시비르스크, 치타, 케

6) 2008년 5월 러시아연방 5대 대통령으로 취임한 메드베데프는 첫 번째 해외방문을 카자흐스탄과 중국을 선택했다.

메로보), 극동연방지구에 2개의 변강주(연해와 하바로프프스크), 4개의 주(사할린, 아무르, 캄차트카, 마가단)로 총 14개 연방주체가 위치하고 있다.

〈그림 17-1〉 러시아 아시아지역(우랄, 시베리아, 극동연방지구)의 행정주체

우랄연방지구	1.야말로-네네츠 자치구 2. 한티-만시 자치구 3. 튜멘주.
시베리아연방지구	1. 알타이 공화국 2. 부랴티야 공화국 3. 투바 공화국 4. 하카시야 공화국 5. 알타이 변강주 6. 크라스노야르스크 변강주 7. 타이미르(돌가노-네네츠) 자치구 8. 에벤크 자치구 9. 이르쿠츠크 주 10. 우스트-오르딘스크 부랴티야 자치구 11. 게메로보 주 12. 노보시비르스크 주 13. 옴스크 주 14. 톰스크 주 15. 치타 주 16. 아긴스크 부랴티야 자치구
극동연방지구	1. 사하(야쿠티야)공화국 2. 연해 변강주 3. 하바로프스크 변강주 4. 아무르 주 5. 캄차트카주 6. 코랴크 자치구 7. 마가단주 8. 사할린주 9. 추코트카 자치구 10. 유대인 자치주

최근 또다시 행정재편이 이루어지면서 자치구는 소멸하고 있다. 그 예로써 극동연방구 캄차트카 주와 코랴크 자치구는 2007년 7월 1일 합병되면서 그 명칭은 '캄차트카 변강주(kray)'로 변경되었으며, 그 결과 극동연방구의 행정주체는 10개에서 9개로 축소했다. 시베리아의 우스티-오르딘스크 부랴트자치구도 2006년 4월26일 국민투표를 통해 이르쿠츠크 주로 편입됐다. 또한 자바이칼 지역의 아긴스크 부랴트 자치구도 2006년 11월부터 치타주로 합병되면서 '자바이칼스크 변강주'로 명칭이 변경됐다. 2007년에 동시베리아 크

라스노야르스크변강주에 소속된 타이미르 자치구와 에벤크 자치구도 크라스노야르스크 변강주에 합병됐다.[7] 이로 인해 시베리아연방구의 행정주체는 16개에서 12개로 축소했다.

〈표 17-1〉 러시아연방과 시베리아지역의 면적, 인구, 인구밀도 국내총생산 기여도

지 역	면 적*	인구수	인구밀도	GDP기여도****
러시아연방	1,709만8,200㎢(100%)	1억4,222만1.000명(100%)	8.3명	17,999,963.0(100%)
극동연방구	616만9,300㎢(36.1%)	650만8,900명 (4.6%)	1.1명	829,678.2 (4.6%)
시베리아연방구	514만5,000㎢(30.1%)	1,959만100명 (13.8%)	3.8명	1,970,780.7(11.0%)
시베리아·극동연방구	1,131만4,300㎢(66.2%)	2,600만9.900명 (18.4%)	2.3명	2,800,458.9(15.6%)
우랄연방구(전체) 우랄연방구**	181만8,500㎢ 146만4,200㎢(8.6%)	1,223만500명 (8.6%) 334만5,100명 (2.4%)	6.7명 2.3명	3,106,360.9(17.3%) 2,224,295.7(12.4%)
러시아아시아지역***	1,277만8,500㎢(74.7%)	2,935만5,000명 (20.6%)	2.4명	5,024,754.6(27.9%)

주 : * 2007년 1월 1일 기준; ** 우랄연방구 내에 3개 연방주체(튜멘 주, 한티-만시 자치구, 야말로-네네츠 자치구)는 필자가 계산한 수치; *** 시베리아·극동연방구와 우랄연방구(3개 연방주체)를 합한 수치; **** 2005년도 기준, 단위 1백만 루블; 인구밀도는 필자가 계산한 수치.

자료: Федеральная Служба Государственной Статистки (Росстат), Регионы России, Социально-экономические показатели, официальное издание 2007 (Москва: Росстат, 2007), pp.20-24. and pp.350-351.

2007년 1월 1일 기준으로 러시아연방 아시아지역은 세계면적의 10분의 1 혹은 러시아 국토의 4분의 3을 차지하고 있으며, 1㎢ 당 인구밀도는 2.4명에 불과하다. 반면에 이 지역의 인구는 2,935만5,000명으로 러시아 총인구의 5분의 1을 상회하고 있을 뿐이다. 인구밀도는 1㎢ 당 2.4명에 불과하며 인구수는 계속 감소하는 추세를 보이고 있다. 러시아 중앙지역으로부터 멀리 떨어진 극동연방구, 시베리아연방구 그리고 우랄연방구 순으로 인구가 희박하게 거주하고 있다. 이 지역 주민의 대부분은 도시에 거주하고 있다. 2005년 기준으로 러시아연방 아시아지역의 GDP 기여도의 비중은 28%를 차지하고 있다(<표 17-1> 참조).

러시아 극동지역의 면적은 616만 9,300㎢로 러시아 전체면적의 36.1%를 차지하고 있다. 이 크기는 지구 전체면적의 20분의 1이며, 미국 본토(알래스카와 하와이 제외)면적과 비슷하다. 물론 극동지역의 공간은 부채꼴 혹은 역삼각형 구조를 지니고 있다. 극동 남부

7) 부랴티야 비정부단체들은 2번 째 부랴티야 자치구의 소멸에 대해 반대 시위를 벌였다. 그러나 이르쿠츠크 주민들의 90% 그리고 우스티-오르딘스크 부랴트 자치구 주민들의 97.3%는 편입을 찬성했다. 캄차트카 주와 코랴크 자치구 주민은 각각 84%와 89%의 합병지지를 표명했다. Andreas Heinemann-Grüder, "Ein Schritt vorwärts, zwei zurück, Vom Ethnoföderalismus zum 'Russland der Russen", *Osteuropa,* Vol.57, Heft 11, 2007, p.153.

지역에 인구가 집중 거주하고 있는 반면에 북쪽으로 갈수록 인구는 매우 희박하다.

러시아인은 러시아아시아 지역에 이미 400년 이상 거주하고 있어 자체 토착인의 위치를 차지하고 있다. 이 지역의 원주민으로 몽골계의 부랴트인, 야쿠트인, 투바인, 타타르인 그리고 古아시아인들이 거주하고 있지만 그 수는 상대적으로 적은 편이다. 1989년 소련의 마지막 인구센서스에 의하면 원주민의 수는 약 160만 여명 정도이며 대부분은 슬라브인(러시아인, 우크라이나인, 벨라루스인)으로서 그 중에서도 러시아인이 대다수를 차지하고 있다.[8)]

'공간'이 크다는 것은 무한한 발전 잠재력을 지니고 있는 동시에 수많은 '공간극복비용', 예를 들면 국방, 물류비용, 사회간접자본시설 등이 소요되는 딜레마를 가지고 있다. 이와 같은 단점에도 불구하고 대부분의 경제주체들은 '작은 집'보다는 '큰 집'을 선호한다는 것을 고려할 때 실보다 득이 많다는 데에는 이론의 여지가 없을 것이다. 러시아 아시아지역은 넓은 공간 속성상 무한한 발전 잠재력을 갖추고 있지만, 다른 한편으로는 넓은 그 공간 자체가 발전의 장애요인으로 작용할 수 있다는 딜레마를 동시에 지니고 있다. 넓은 국토는 높은 공간극복비용, 예를 들면 국방, 사회간접자본, 물류비용 등이 소요되기 때문이다. 그러나 이 딜레마는 중장기적으로 경제발전 잠재력이 높다는 데에는 이론의 여지가 없다고 보인다.

러시아의 시장경제와 자유민주주의로의 체제전환 과정에서 러시아아시아 지역의 지경학적 가치와 자원 보고의 중요성이 급부상하고 있다. 이 지역은 육·해·공으로 대륙(아시아와 유럽)간 혹은 대양(북태평양과 대서양)간 가교 역할을 담당할 수 있는 높은 지경학적 가치를 지니고 있다. 시베리아의 영공 개방을 통해 북미행과 유럽행의 항공노선을 단축시키고 있다. 또한 북극해운항로도 국제해상루트로서의 중요성이 부각되고 있다. 육로수송으로는 도로 연결을 포함해서 현재 운행되고 있는 TCR(중국횡단철도), TMR(만주횡단철도), TMGR(몽골횡단철도), BAM(바이칼-아무르횡단철도) 등이 TSR과 연결되어 있을 뿐만 아니라 TSR(시베리아횡단철도)과 TKR(한국종단철도)의 연결 가능성이 협의되고

---

8) 1989년 소련 인구센서스에 의하면 이 지역의 원주민으로 부랴트인이 41만7,000명, 야쿠트인이 38만명, 투바인이 14만 명, 북방소수민족이 19만9,000명(그 중 네네츠인이 3만4,000명, 에벤키인 3만명, 한티인이 2만2,000명, 쇼트지안인 1만6,000명, 축치인이 1만5,000명, 나나이인이 1만 2,000명, 코랴크인이 8,900명, 만시인이 8,300명, 돌간인이 6,600명, 니브제헤이인이 4,600명, 셀쿠프인이 3,600명, 울치인이 3,200명, 이트클멘인이 2,400명, 우데기인이 1,900명, 싸미인이 1,800명, 에스키모인이 1,700명, 텔레우트인이 1,400명, 츄반인이 1,300명, 느가하사니인이 1,100명, 유가키르인이 1,100명, 케트인이 1,100명, 오로취인이 900명, 토프하라인이 700명, 알레우트인이 600명, 네기다티아인이 600명, 엔트시인이 200명, 오로크인이 200명 등)이 거주하고 있다. Goskomstat of Russia, *1997 Russia in Figures, Official Publication,* (Moscow: Goskomstat, 1997), pp.20-21.

있다. 또한 동시베리아-태평양 석유 파이프라인의 건설작업이 진행 중이며, 천연가스 파이프라인과 상하수도와 수도 파이프라인, 전력 송배전망, 광케이블 등의 연결이 가능할 것이다.[9)]

러시아 아시아지역은 지구상에 남아있는 몇 안 되는 처녀지중 하나이며, 자원보고 지역이다. 이 지역은 8가지의 자원 보물을 갖고 있다.[10)] 1) 지구상 모든 광물자원을 포함한 에너지자원(석유, 천연가스, 석탄, 수력, 풍력, 지열, 원자력 등)의 보고지역이며, 세계 지하자원의 3분의 1이 시베리아에 있다. 또한 북극해에는 미개발된 화석연료(특히, 석유와 가스)의 매장량은 인류의 마지막 보물이라고 생각된다. 2) 수자원의 보고지역이다. 이 지역에는 1만 개 이상의 하천이 존재하며, 4,000km가 넘는 하천으로 예니세이, 레나, 오브, 아무르, 이리티쉬 강뿐만 아니라 5만 개의 호수, 특히 바이칼호수는 인류에게 60년간 식수를 공급할 수 있으며, 세계 지표면 담수자원의 5분 1을 가지고 있다. 또한 시베리아 남부지역에서의 만년설과 지하수 그리고 툰드라 영구동토의 빙하의 경제적 가치는 무한대라고 생각된다. 3) 시베리아 지역의 수많은 하천을 통한 수력발전 잠재력도 세계 수력 잠재력의 20% 이상을 차지하고 있다. 4) 지구촌에 산소를 공급할 수 있는 시베리아 삼림은 세계 삼림의 5분의 1 이상을 차지하고 있다. 5) 수산자원 보고지역이다. 동해와 오호츠크 해와 베링 해 그리고 북극해의 한류성 어류는 세계 최대의 어장이라고 볼 수 있다. 6) 시베리아 남부지역은 목축업을 포함한 거대한 농업자원의 보고지역이다. 7) 시베리아는 생태관광자원의 보고지역이다. 8) 기초과학기술 잠재력이 높은 지역이다. 그 예로써 노보시비르스크의 과학도시(아카뎀고로도크)와 그 지부 등을 들 수 있다.[11)]

이와 같은 잠재력에도 불구하고 러시아연방 아시아지역의 가장 큰 문제 중의 하나는 지속적으로 이루어지고 있는 인구감소 현상이다. 러시아연방 아시아지역의 인구는 소연방이 붕괴된 1991년까지 인구 유인정책 등에 힘입어 꾸준히 증가했다.

---

9) 시베리아의 지경학적 잠재력에 대해서는 다음의 책을 참조. 한종만·성원용, 『21세기 러시아의 시베리아·극동지역 개발전략에 관한 연구』(서울: 대외경제정책연구원, 2001), pp.76-80.

10) 이 지역의 자원 잠재력에 대해서는 다음의 글을 참조. 한종만, "시베리아의 잠재력과 한국과의 협력 방안", 『사회과학연구』(배재대학교 사회과학연구소), 제19집, 1999, pp.411-434.

11) 노보시비르스크 지역에 대해서는 다음의 책을 참조, 한종만·김정훈, 『러시아 시베리아 동토의 심장: 노보시비르스크지역의 이해』(대전: 대전-노보시비르스크 자매도시위원회, 2007년 12월).

〈표 17-2〉 1990-2006년 러시아연방 아시아지역 행정주체별 인구추이

연 도	1990	1995	2000	2001	2002	2003	2004	2005	2006
러시아연방	148,274	148,292	146,304	145,649	144,964	144,168	143,474	142,754	142,221
극동연방구	8,604	7,360	6,832	6,743	6,680	6,634	6,593	6,547	6,509
사하(야쿠티야)共	1,119	1,020	952	952	949	949	951	950	950
연해변강주	2,310	2,242	2,120	2,086	2,067	2,051	2,036	2,019	2,006
하바로프스크변강주	1,625	1,544	1,460	1,446	1,434	1,427	1,420	1,412	1,405
아무르주	1,054	986	923	911	901	894	887	881	875
캄차트카주:	479	407	367	362	358	355	352	349	347
그중: 코랴크자치구	38	30	26	26	25	24	24	23	23
마가단주	385	240	194	187	182	178	175	172	169
사할린주	715	630	560	552	545	538	532	526	521
유대인자치주	219	207	193	192	191	190	189	187	186
추코트카(축치)자치구	158	84	57	55	53	52	51	51	50
시베리아연방구	21,141	20,883	20,333	20,178	20,031	19,901	19,794	19,667	19,590
알타이공화국	196	200	203	203	203	203	204	204	205
부랴티야공화국	1,052	1,033	997	987	980	974	969	964	960
투바공화국	304	305	306	305	305	306	308	309	309
하카시야공화국	572	570	554	549	545	543	541	538	537
알타이변강주	2,654	2,688	2,641	2,621	2,603	2,583	2,565	2,543	2,523
크라스노야르스크변강주	3,163	3,100	3,001	2,982	2,962	2,942	2,925	2,906	2,894
그중: 타이미르자치구	51	42	38	39	40	39	39	39	38
에벤크자치구	24	20	18	18	18	18	18	17	17
이르쿠츠크주: 그중	2,797	2,727	2,623	2,600	2,578	2,561	2,545	2,527	2,514
우스티-오르딘스크자치구	128	133	135	135	135	135	134	134	134
케메로보주	3,101	3,048	2,943	2,918	2,893	2,872	2,855	2,839	2,826
노보시비르스크주	2,745	2,733	2,715	2,703	2,688	2,673	2,662	2,650	2,641
옴스크주	2,161	2,162	2,117	2,095	2,075	2,059	2,047	2,035	2,026
톰스크주	1,078	1,069	1,054	1,050	1,046	1,041	1,037	1,034	1,033
치타주: 그중	1,318	1,248	1,179	1,165	1,153	1,144	1,136	1,128	1,122
아긴스부랴트자치구	71	72	71	72	72	73	74	74	75
우랄연방구	12,748	12,606	12,471	12,418	12,362	12,316	12,279	12,244	12,231
듀멘주: 그중	3,170	3,176	3,234	3,251	3,270	3,290	3,308	3,323	3,345
한티-만시자치구	1,280	1,303	1,383	1,412	1,438	1,457	1,469	1,478	1,488
야말로-네네츠자치구	489	487	498	503	509	515	523	531	539

주 : (단위: 1천명; 각 연도 말 기준).

자료: Федеральная Служба Государственной Статистки (Росстат), *Регионы России, Социально-экономические показатели, официальное издание 2007* (Москва: Росстат, 2007), pp.56-57.

1992년부터 러시아연방 차원에서 뿐만 아니라 극동지역의 인구는 지속적으로 감소했다. 극동지역 주민 수는 연방 평균보다 더욱 높은 수준으로 감소하고 있다. 1991년 극동

〈표 17-4〉 1990-2006년 러시아연방 아시아지역 총투자 추이(단위: 100만 루블)

연 도	1990	1995	2000	2001	2002	2003	2004	2005	2006
러시아연방	249	266,974	1,165,234	1,504,712	1,762,407	2,186,365	2,865,014	3,611,109	4,580,481
극동연방구	19.6	13,960	53,589	85,743	113,779	135,723	216,743	276,291	313,702
시베리아연방구	36.9	33,527	98,647	135,116	150,109	193,614	255,399	346,105	442,002
우랄연방구	39.0	50,359	250,731	330,984	383,378	445,954	534,467	593,370	770,678
튜멘주	26.0	35,378	200,065	267,293	304,979	349,712	393,503	420,875	541,320
그중: 한티-만시자치구	11.8	18,814	107,173	153,710	157,282	163,212	192,205	223,318	298,428
야말로-네네츠자치구	8.7	13,048	82,458	99,734	130,487	165,420	164,647	141,234	172,191

주 : 1990년과 1995년은 10억 루블

자료: Федеральная Служба Государственной Статистки (Росстат), *Регионы России, Социально-экономические показатели, официальное издание 2007* (Москва: Росстат, 2007), pp.928-929.

〈표 17-5〉 1996-2006년 러시아연방 아시아지역 해외투자 추이(단위: 1,000 달러)

연 도	1966년	2000년	2001년	2002년	2003년	2004년	2005년	2006년
러시아연방	6,970,317	10,958,301	14,257,795	19,779,892	29,698,874	40,508,891	53,651,047	55,109,097
극동연방구	408,043	577,158	766,842	1,141,466	2,846,814	5,072,485	5,934,672	6,719,872
시베리아연방구	185,582	1,133,625	1,226,344	2,944,124	2,137,974	3,153,563	6,790,525	1,909,312
우랄연방구	282,126	943,616	1,800,139	2,538,662	5,561,797	7,032,922	5,364,845	4,290,034
튜멘주	259,140	184,264	284,375	384,986	3,216,941	5,832,736	3,433,249	1,423,265
그중: 한티-만시자치구	122,222	61,301	200,961	232,663	3,143,556	4,002,439	116,840	1,226,560
야말로-네네츠자치구	117,117	102,902	73,186	138,884	58,215	754,502	64,870	133,209

자료: Федеральная Служба Государственной Статистки (Росстат), *Регионы России, Социально-экономические показатели, официальное издание 2005* (Москва: Росстат, 2005), pp.894-898; Федеральная Служба Государственной Статистки (Росстат), *Регионы России, Социально-экономические показатели, официальное издание 2007* (Москва: Росстат, 2007), pp.950-954.

2006년 기준으로 외국인투자는 극동연방구에 67억 1,987만 2,000달러, 시베리아연방구에 19억 931만 2,000달러, 우랄 3개 연방주체에 14억 2,326만 5,000달러를 기록했다(<표 17-5> 참조).

러시아 아시아지역의 실업률도 지속적으로 감소하고 있다. 2006년 기준으로 연료공업이 발달한 우랄연방구를 제외한 극동연방구와 시베리아연방구는 연방 평균보다 높은 7.5%와 9.0%를 기록하고 있다(<표 17-6> 참조). 특히 극동연방구와 시베리아연방구의 인구유출이 심각한 상황이란 것을 고려할 때 이 지역에서의 고용창출은 여전히 미미한 수준이며 실업률도 매우 높은 편이다. 이 지역의 고용구조 특성상 지역별, 계절적, 업종별(특히 러시아인의 3D 업종 기피 현상) 편차가 심해 외국인, 특히 중국인의 합법·불법 이주자는 증가하고 있다.

〈표 17-6〉 1995-2006년 러시아연방 아시아 지역의 실업률 추이(단위: %)

연 도	1995년	2000년	2001년	2002년	2003년	2004년	2005년	2006년
러시아연방	9.4	10.6	9.0	7.9	8.2	7.8	7.2	7.2
극동연방구	10.4	12.6	10.2	8.7	8.5	8.8	7.9	7.5
시베리아연방구	9.1	12.8	11.3	10.1	11.7	10.1	9.4	9.0
우랄연방구	8.0	10.1	9.2	8.2	7.5	7.5	6.7	6.8
듀멘주	7.1	10.8	10.5	8.7	8.3	8.7	6.7	6.8
그중: 한티-만시자치구	...	11.4	11.3	10.1	9.2	9.7	7.8	6.1
야말로-네네츠자치구	...	8.6	7.1	6.8	5.5	6.5	7.1	5.4

자료: Федеральная Служба Государственной Статистки (Росстат), *Регионы России, Социально-экономические показатели, официальное издание 2007* (Москва: Росстат, 2007), pp.135-136.

〈표 17-7〉 1995-2006년 러시아연방 아시아 지역의 소비자물가 추이(단위: %)

연 도	1995년	2000년	2001년	2002년	2003년	2004년	2005년	2006년
러시아연방	231.3	120.2	118.6	115.1	112.0	111.7	110.9	109.0
극동연방구	224.7	118.4	117.8	115.2	112.8	111.3	113.3	108.8
시베리아연방구	237.7	120.5	118.0	114.2	112.8	111.2	110.5	108.6
우랄연방구	216.9	122.2	120.5	113.7	110.3	110.4	111.7	110.2
튜멘주	223.2	120.8	119.9	115.5	110.7	109.8	111.8	111.5
그중: 한티-만시자치구	...	121.3	119.2	117.2	114.2	109.7	109.8	111.6
야말로-네네츠자치구	...	118.7	122.9	114.8	109.3	112.2	117.9	109.9

자료: Федеральная Служба Государственной Статистки (Росстат), *Регионы России, Социально-экономические показатели, официальное издание 2007* (Москва: Росстат, 2007), pp.955-956.

1992-94년 러시아 아시아지역, 특히 사회간접자본이 부족한 극동과 시베리아지역의 소비자물가지수는 높은 물류비용으로 인해 연방 평균보다는 높았지만 1990년 중반부터 점차적으로 연방수준으로 평준화되어 나갔다. 극동과 시베리아 지역은 중국과의 경제교류(인적 및 물적 교류)가 강화되면서 값싼 생필품과 소비재품이 반입되면서 오히려 소비자물가지수는 연방 평균보다 감소하는 추세를 보이고 있다.

러시아연방 아시아지역의 경제지표 중 효자 역할을 하는 것은 대외무역 지표이며 러시아연방의 높은 무역흑자 달성에 지대한 역할을 담당하고 있다. 2006년 기준으로 극동연방구와 CIS국의 대외무역 규모는 지리적 원격성으로 적은 편으로 수출 2,710만 달러, 수입은 2,600만 달러인 반면에 원외국가(非CIS)로의 수출은 81억 2,970만 달러, 수입은 프로그램도 성공을 거두지 못하고 있는 상황이다.

그 실패의 원인은 러시아 중앙지역과의 지리적 원격성, 혹독한 자연환경, 체제전환과정에서 나타난 파국적 경제상황으로 중앙정부의 보조금 축소나 혹은 중지, 지역주민의 유출 증가, 일방적인 원료·연료채취산업과 군수산업구조, 거대한 영토, 열악한 사회간접자본시설, 전력 및 용수 부족 이외에도 중앙정부의 실천의지 미약 등에 절대적으로 기인한다. 또한 1900년대 중앙정부의 통제력이 약화되면서 극동 지방정부와 관료들의 독자적 행동이나 혹은 마피야 행태와 불법경제(수산, 임업마피야 등) 그리고 부정부패가 극성을 부리면서 환경파괴와 오염 등을 유발시키면서 다시금 모든 부문이 악화되는 '악순환 고리' 과정에 처해 있다. 2000년 푸틴 집권 이후 재중앙집권 정책으로 지방정부의 권한은 상당히 축소됐으나 러시아 7개 연방구 중 극동연방구는 여전히 불법경제의 비중이 가장 높은 편이다.18)

모스크바국립대학교 설립자이며, 러시아 대학자인 로모노소프도 "시베리아와 북극해가 러시아의 국부의 증대와 강대국의 기회를 제공하는 곳"이라고 말한 바 있다.19) 시베리아 및 극동 북부지역의 대부분이 영구동토지대로서 그 가치가 높지 않았지만 과학기술의 발달 등으로 자원개발 그리고 북극양의 항로 가능성이 높아지면서 그 가치는 더욱 높아져 가고 있다. 최근 푸틴 정부는 '강한 러시아'를 기치로 내걸면서 강대국으로의 재부상을 국가전략으로 채택하고 있다. 러시아는 러시아아시아지역에서 제정러시아 시기까지 모피와 비철금속 그리고 곡물로서, 소련 시기에는 무기생산, 현재는 에너지를 통해 강대국의 위상을 찾아가고 있다. 푸틴 총리와 메드베데프 새 대통령도 러시아시아지역에서 에너지뿐만 아니라 농업과 군수산업과 물류산업의 육성은 물론 경제의 다양화 정책을 통해 명실 공히 강대국으로 부상한다는 것이다. 이를 위해 러시아의 국가전략, 특히 '교통 전략 2020(2030)' 그리고 '에너지 전략 2020(2030)'에서 러시아아시아지역, 특히 극동지역은 지정 및 지경학적 측면에서 안보는 물론 자원개발과 운송 등의 물류 중심지의 특화를 목표로 하고 있다.

---

18) 러시아 극동자바이칼 지역에서의 불법경제에 대해서는 다음의 글을 참조. 한종만, "러시아 극동·자바이칼 지역에서의 마피야 현상 연구,"『한국시베리아연구』(배재대학교 한국-시베리아센터) 제12권 1호, 2008, pp.65-119.

19) 2000년 가을 이르쿠츠크에서 개최된 제1회 바이칼경제포럼에서 극동연구소 소장 티타렌코의 글을 참조한 것임. 티타렌코는 로모노소프의 예언은 19세기 초에 이미 적중했으며, 시베리아와 북극해로 인해 제2차 세계대전의 승전국이 됐다고 말하고 있다. Совета Федерации, *Бай кальский Экономический Форум 2000 года* (Иркутск: Издание Совета Федерации, 2001/1), pp.27-28.

2007년에 블라디보스토크 시가 2012년 가을 APEC 정상회담 개최 도시로 확정되면서 러시아정부는 2007년 11월 21일 기존의 프로그램을 연장하면서 '2013년까지 극동·자바이칼 경제·사회발전 연방 특별 프로그램'을 채택했다.[20] 러시아 정부의 새로운 프로그램의 배경에는 정치·안보적 측면에서 국토의 균형적 발전, 인구문제, 생태 환경, 범죄와 부정부패 문제[21]뿐만 아니라 경제적 측면에서 물류와 에너지 운송과 자원개발 그리고 넘쳐나는 오일 달러의 사용처 모색 등에 기인된다. 새 프로그램은 과거의 프로그램들과 큰 차이점을 갖고 있지 않지만 '집중과 선택'에서는 차이점을 보이면서 교통과 물류 등의 사회간접자본시설 확충이 우선순위이며, 블라디보스토크 시 등이 특화된 장소이다. 물론 과거의 프로그램과 달리 예산 증액과 강력한 연방정부의 실천의지를 담고 있다.[22]

새 극동·자바이칼 연방프로그램과 장기 전략은 협력, 경쟁, 갈등관계(각 연방구 전체, 개별 행정주체 간, 개별 행정주체 내 측면에서)를 지니고 있지만 연방정부는 공동보조에 초점을 맞출 것으로 보인다. 장기 전략의 주요 내용은 극동 태평양과 대서양(바렌츠 해, 발트 해, 아조프 해, 흑해 연결)을 에너지와 물류를 연결하는 거대한 청사진을 갖고 있다. 특히 러시아 정부는 사할린과 극동 본토 그리고 일본 홋카이도와 사할린, TSR과 TKR, 러시아 북동부 지역(사하공화국-추코트카-베링 해-알래스카)과 북미 대륙 간 철도, 도로, 전력선, 파이프라인 연결 프로젝트에 적극적 의지를 표명하고 있다.[23]

---

20) 이 프로그램에 대한 상세한 내용은 다음의 글을 참조. 성원용, "푸틴 정부의 신극동지역 개발정책과 전망" 정여천 편『러시아 극동지역의 경제개발 전망과 한국의 선택』(서울: 대외경제정책연구원, 2008), pp.23-51. 정한구, "러시아의 국가정책과 극동지방: 지역개발정책을 중심으로", 정여천 편『러시아 극동지역의 경제개발 전망과 한국의 선택』(서울: 대외경제정책연구원, 2008), pp.61-87.

21) 2007년 10월 푸틴은 2년간 재직했던 카밀 이샤코프(Kamil Iskhakov)를 경질하고 47세의 올렉 사포노프(Oleg Safonov)를 극동연방구 장으로 임명하면서 극동지역에서 범죄와의 전쟁을 우선과제로 채택하고 있다.

22) '극동·자바이칼 경제사회 연방발전 프로그램 2013'에 총 4,300억 루블(약 175억 달러)를 투입할 계획이다. 주요 내용은 22개 공항과 13개의 항구의 개보수, 도로건설 6,500km 이상, 사할린과 극동 본토를 연결하는 페리호 등 사회간접자본의 건설이 주축을 이루고 있다.

23) 2007년 봄 모스크바에서 개최된 국제컨퍼런스에서 참석자들은 러시아 극동 동북부 추코트카와 알래스카와의 대륙 연결의 지지를 표명됐다. 미국 측 전 내무부장관은 이 사업이 미국과 러시아의 전쟁방지를 위한 세기적 사업이라고 밝혔다. 또한 철도, 도로, 파이프라인을 통해 세계 물동량의 3%를 담당할 수 있을 것으로 전망했다. 전력선이 연결될 경우 러시아는 북미지역에 연간 200억 달러의 전력을 공급할 것으로 예상했다. 러시아철도 야쿠닌 회장은 야쿠츠크에서부터 베링해까지 3,000km 연결사업에 우선순위를 세우고 있다고 밝혔다. 베링 해 터널 100km, 즉 2개의 50km 터널로 베링 해의 국경지역인 디오메덴 제도(러시아 령은 큰 섬, 미국 령은 비교적 작은 섬)를 통해 연결될 것으로 예상하고 있다. 기술적으로는 50km의 해저 터널을 완공한 일본의 경험이 있으며, 러시아정부는 적극적으로 여러 곳에서 동시에 건설을 착수할 계획을 수립할 수 있다고 밝혔다. 이 타당성 조사에 1억2,000만 달러가 소요될 것이며, 총공사비는 650억 달러로 추정되고 있다. 이 사업을 통해 사하공화국(미국

제발전에 기여한 것을 고려할 때 현 러시아의 극동개발 프로그램도 그와 유사한 궤를 같이 한다고 볼 수 있을 것이다. 현 러시아정부의 극동개발 프로그램은 박정희 식 개발독재 모델, 즉 기간산업과 사회간접자본시설을 국가가 주도적으로 건설한 다음 시장과 민간에게 경제적 자유의 신장을 통해 발전한다는 전략과 유사하다고 볼 수 있을 것이다.

푸틴의 극동개발 전략과 루즈벨트의 뉴딜정책과의 비교는 가능한가? 1990년대 옐친 정부의 급진적 시장경제로의 체제전환과정에서 나타난 공권력의 약화와 대혼란과 무질서, 즉 19세기 말에 미국의 서부개척 과정에서 나타난 '카우보이 식 자본주의'(옐친 1기 재임기간)나 옐친 2기 재임기간에 나타난 '과두재벌 자본주의'의 현상 등이 '시장실패'라는 가설을 인정하다면 푸틴의 재중앙집권 정책과 국가주도의 극동 개발프로그램은 정당성이 부여된다고 생각된다.

높은 외환보유고와 안정화기금에 대한 사용방법에 대해 러시아 정계와 학계에서 심도 깊게 논의되고 있다.[27] 특히 적립금을 국가 우선순위 사업에 투자를 해야 한다는 입장이 강화되고 있다. 그러나 통화주의자 입장에서 국가투자는 비효율을 유발시킬 수 있을 뿐만 아니라 인플레이션을 가중시킨다고 주장하고 있다. 러시아통합전력사(UES) 추바이스 회장도 통화주의자의 입장을 지지하고 있다. 물론 투자의 내용에 따라 통화주의자의 주장은 상대화될 수 있다고 보인다. 비생산적 투자지출, 예를 들면 증시나 혹은 부동산 투자의 경우에는 통화주의자의 입장이 맞을 수 있으나, 생산적 국가투자, 예를 들면 국가 우선 프로젝트의 경우에는 일자리와 인플레이션 억제효과까지 가능하다고 볼 수 있다.

러시아 언론은 푸틴을 뉴딜 정책의 성공적 수행과 제2차 세계대전의 승리와 4선의 루즈벨트 대통령과 비교되는 인물로 부각시키면서 푸틴의 장기 집권을 정당화 하고 있다. 푸틴은 자신이 지명한 대통령후보가 당선된 이후 차기에 2번의 대통령 임기를 통해 루즈벨트 대통령처럼 4선 대통령을 목표로 하고 있다고 보인다.

루즈벨트의 뉴딜정책, 특히 테네시 강 유역 개발(20여개의 다목적 댐 건설 등)을 통해 낙후된 서부지역을 발전시킨 것처럼 러시아도 극동지역개발(교통, 에너지, 특히 원전 건설과 교육, R & D 등)을 통해 극동지역을 발전시킬 수 있다는 것이다.

러시아 극동의 블라디보스토크 시와 하바로프스크 시가 미국의 L. A.나 샌 프란시스코

---

27) 2008년 상반기 말 외환보유고는 5,683억 달러를 기록했다. *RIA Novosti* (2008년 7월 1일자). 최근 글로벌 금융위기로 러시아의 외환보유고는 2008년 11월 14일 기준으로 4,535억 달러로 감소했다. *RIA Novosti*, (2008년 11월 20일자). 자신감을 가진 러시아정부는 2008년 1월말부터 안정화기금이란 용어를 폐지하고 안정화 목적의 '적립금'과 연금개혁에 기여할 수 있는 '사회복지기금'으로 양분화 했다. 2008년 4월 1일 기준으로 러시아 적립금 규모는 1,305억 달러, 국민복지기금은 330억 달러에 이르고 있다. *RIA Novosti*, (2007년 4월 1일자).

처럼 발전될 전망은 장기적 관점에서만 가능할 것으로 생각된다. 미국의 서부 지역의 발전, 특히 1930년대 뉴딜정책과 더불어 용수와 전력 해결 그리고 캘리포니아는 1960년대 이후 영화산업, 미국 동부 아이비리그에 버금가는 우수한 대학교와 실리콘 벨리의 구축뿐만 아니라 해외인력의 유치(차이나타운, 코리아타운, 제팬 타운 등) 등을 통해 성공한 것을 고려할 때 러시아의 극동지역도 에너지와 물류 등의 '물질적 사회간접자본'뿐만 아니라 교육과 R & D 시설과 해외인력의 유치 등을 원활케 하는 제도와 법규 등의 '비물질적 사회간접자본'도 동시에 구축할 필요성이 있다.[28)]

17.5. 맺음말

러시아연방 아시아지역과의 협력 사업은 이 지역의 발전은 물론 러시아의 경제력을 배가시킬 뿐만 아니라 동북아와 아·태지역 경제발전의 '기관차' 역할을 담당할 것으로 예상된다. 이제 한국은 다가오는 시베리아·극동 시대를 맞아 그 잠재력을 현실화하는 데 적극 참여할 의사가 있음을 분명하게 밝히고 한반도의 국운을 유라시아 대륙으로 확장하는 구체적인 계획을 세워야 할 것이다.

북한의 핵 문제 등이 아직 해결되지 않고 있지만 중장기적으로 한반도 통합과정은 긍정적으로 진행될 것으로 예상된다. 한국과 러시아 아시아지역은 지리적 인접성 이외에도 생산요소와 산업구조 면에서 이상적 형태의 상호 보완성을 갖고 있다. 이 지역은 한국의 자원안보와 식량안보 그리고 기술 교류 등에서 중요한 역할을 담당할 수 있을 뿐만 아니라 한반도와 국경을 맞대고 있는 러시아의 입장을 고려하지 않은 한반도의 통합과 통일은 거의 불가능할 것으로 생각된다. 이와 같은 정황을 고려할 때 한국 정부와 기업은 러시아와 시베리아의 중요성을 인식해야만 하며, 러시아 및 시베리아 지역전문가 양성에 대한 중장기적 대책도 조성해야할 것이다.

결론적으로 21세기 한국의 미래는 러시아 아시아지역에 달려 있다고 보인다. 한반도 통합과정에 있어서 이 지역과의 인적·물적 교류의 활성화는 상호간의 경제적 이익을 창출시킬 뿐만 아니라 사업의 추진과정에서 재외 한민족 및 북한 동포를 참여시켜 민족 동질성과 정체성을 유지해 나갈 수 있을 것이다. 또한 이 교류의 활성화는 북한의 개혁과 개방을 유도하여 한반도의 통합 여건을 가속화시킬 수 있을 뿐만 아니라 21세기 한반도의 통합과 동북아시아의 중심국가로 부상시키는 초석이 될 것이다.

---

28) 러시아 아시아지역에 해외인력의 필요성에 대해서는 다음의 글을 참조. 한종만, "지역주의와 지역통합 관점에서 본 러시아 극동·동시베리아 지역에서 인적자원의 중요성," 『슬라브학보』 (한국슬라브학회) 제20권 1호, 2004, pp.361-393.

〈부록 3〉 1996-2006년 러시아연방 아시아지역의 연방주체별 해외투자 추이(단위: 1천 달러)

연 도	1966년	2000년	2001년	2002년	2003년	2004년	2005년	2006년
러시아연방	6,970,317	10,958,301	14,257,795	19,779,892	29,698,874	40,508,891	53,651,047	55,109,097
극동연방구	408,043	577,158	766,842	1,141,466	2,846,814	5,072,485	5,934,672	6,719,872
사하(야쿠티야)共	7,840	159,570	144,475	291,270	596,749	834,398	669,016	931,923
연해변강주	96,554	78,065	108,552	57,252	62,697	97,895	30,386	22,936
하바로프스크변강주	78,862	27,203	19,893	33,342	27,445	96,212	245,548	217,561
아무르주	6,034	4,528	203	5,236	16,069	42,724	95,330	112,014
캄차트카주:	24,452	29,442	78,376	42,675	52,772	39,645	28,068	45,157
그중: 코랴크자치구	1,461	300	4,286	2,525	2,180	6,670	5,600	26,595
마가단주	149,305	27,732	26,425	4,587	7,461	33,996	2,898	7,362
사할린주	44,654	250,560	388,909	796,675	2,083,988	3,927,138	4,861,563	5,382,133
유대인자치주	342	58	9	429	533	477	1863	786
추코트카(축치)자치구	-	-	-	-	-	-	-	-
시베리아연방구	185,582	1,133,625	1,226,344	2,944,124	2,137,974	3,153,563	6,790,525	1,909,312
알타이공화국	-	99	-	-	-	-	-	-
부랴티아공화국	204	291	-	9,813	1,239	9,866	49,640	102,511
투바공화국	-	381	-	-	-	-	-	-
하카시야공화국	229	24	78	28	-	738	3,512	2,446
알타이변강주	45,783	6,545	1,451	972	2,033	1,505	1,602	2,796
크라스노야르스크변강주	678	64,251	30,069	364,105	208,901	1,621,589	660,691	146,181
그중: 타이미르자치구	-	-	-	709	72	-	-	-
에벤크자치구	-	-	-	-	-	-	-	-
이르쿠츠크주: 그중	13,169	82,348	101,118	82,188	111,179	194,063	217,069	435,470
우스티-오르딘스크자치구	-	2	-	-	-	-	-	-
케메로보주	48,986	5,123	33,915	48,295	39,400	52,739	547,592	396,793
노보시비르스크주	71,308	157,222	103,876	8,416	9,204	24,110	71,735	80,707
옴스크주	782	791,802	925,218	240,524	1,716,782	1,085,559	5,145,759	469,541
톰스크주	3,809	25,125	24,624	28,566	49,129	66,120	64,117	209,082
치타주: 그중	634	414	5,995	217	107	97,274	28,808	63,785
아긴스부랴트자치구	15	-	-	-	-	-	7	6,805
우랄연방구	282,126	943,616	1,800,139	2,538,662	5,561,797	7,032,922	5,364,845	4,290,034
듀멘주	259,140	184,264	284,375	384,986	3,216,941	5,832,736	3,433,249	1,423,265
그중: 한티-만시자치구	122,222	61,301	200,961	232,663	3,143,556	4,002,439	116,840	1,226,560
야말로-네네츠자치구	117,117	102,902	73,186	138,884	58,215	754,502	64,870	133,209

자료: Федеральная Служба Государственной Статистки (Росстат), *Регионы России, Социально-экономические показатели, официальное издание 2005* (Москва: Росстат, 2005), pp.894-898; Федеральная Служба Государственной Статистки (Росстат), *Регионы России, Социально-экономические показатели, официальное издание 2007* (Москва: Росстат, 2007), pp.950-954.

〈부록 4〉 1995-2006년 러시아연방 아시아 지역의 연방주체별 실업률 추이(단위: %)

연 도	1995년	2000년	2001년	2002년	2003년	2004년	2005년	2006년
러시아연방	9.4	10.6	9.0	7.9	8.2	7.8	7.2	7.2
극동연방구	10.4	12.6	10.2	8.7	8.5	8.8	7.9	7.5
사하(야쿠티야)共	7.3	11.2	8.2	7.1	9.3	8.8	8.9	9.5
연해변강주	9.9	12.3	8.7	9.1	8.1	9.6	8.0	8.0
하바로프스크변강주	11.4	12.2	10.5	7.0	6.2	6.6	5.7	6.0
아무르주	13.2	13.7	12.3	10.8	10.2	11.2	10.3	8.2
캄차트카주:	7.2	16.3	14.5	11.6	12.1	11.0	9.5	9.1
그중: 코랴크자치구	...	12.2	15.2	8.6	13.1	11.1	7.8	6.4
마가단주	9.8	11.0	11.4	8.2	10.1	7.9	7.0	5.4
사할린주	11.5	13.2	12.1	9.4	9.3	7.5	7.6	4.6
유대인자치주	16.2	15.0	9.4	9.1	6.5	8.3	7.9	9.8
추코트카(축치)자치구	...	10.3	7.4	4.5	4.8	3.5	4.4	3.7
시베리아연방구	9.1	12.8	11.3	10.1	11.7	10.1	9.4	9.0
알타이공화국	9.7	17.3	9.6	11.4	10.2	9.6	10.0	11.6
부랴티야공화국	15.3	19.1	18.4	15.4	16.9	15.3	14.2	13.4
투바공화국	18.8	23.6	23.8	20.3	20.7	19.7	21.8	20.5
하카시야공화국	8.2	12.2	8.9	8.0	10.5	10.3	8.9	9.1
알타이변강주	11.2	11.7	10.0	8.3	12.1	9.0	9.0	8.8
크라스노야르스크변강주	9.0	12.3	9.7	7.8	11.1	9.2	9.0	9.9
그중: 타이미르자치구	...	6.2	7.5	8.0	6.9	9.1	14.0	10.0
에벤크자치구	...	3.5	2.7	2.8	4.9	3.2	4.4	3.9
이르쿠츠크주: 그중	8.9	11.6	11.2	11.1	11.7	10.5	10.0	8.9
우스티-오르딘스크자치구	...	9.7	14.0	12.0	10.7	9.8	12.8	12.6
케메로보주	6.7	10.6	10.0	9.3	9.8	9.8	8.6	7.3
노보시비르스크주	10.1	13.3	12.4	11.4	11.1	9.0	7.8	7.4
옴스크주	5.4	14.0	10.0	9.5	9.5	9.1	8.6	9.3
톰스크주	8.1	13.0	10.0	11.2	13.9	10.1	10.5	9.0
치타주: 그중	9.2	14.4	16.2	11.1	15.1	12.4	11.1	8.8
아긴스부랴트자치구	...	25.6	22.4	24.4	12.8	12.6	4.4	0.9
우랄연방구	8.0	10.1	9.2	8.2	7.5	7.5	6.7	6.8
듀멘주	7.1	10.8	10.5	8.7	8.3	8.7	6.7	6.8
그중: 한티-만시자치구	...	11.4	11.3	10.1	9.2	9.7	7.8	6.1
야말로-네네츠자치구	...	8.6	7.1	6.8	5.5	6.5	7.1	5.4

자료: Федеральная Служба Государственной Статистки (Росстат), *Регионы России, Социально-экономические показатели, официальное издание 2007* (Москва: Росстат, 2007), pp.135-136.

〈부록 7〉 2004-2006년 러시아연방 아시아지역 수출입 추이(단위: 1백만 달러)

연 도	2004년				2005년				2006년			
	非CIS국		CIS국		非CIS국		CIS국		非CIS국		CIS국	
	수출	수입	수출	수입	수출	수입	수출	수입	수출	수입	수출	수입
러시아연방	152,448	57,847	29,386	17,733	208,846	79,712	32,605	18,996	259,145	115,336	42,305	22,367
극동연방구	5,987.6	2,632.6	18.4	11.1	8,918.0	5,622.5	20.1	19.2	8,129.7	6,837.7	27.1	26.0
사하(야쿠티야)共	1,676.8	50.1	7.5	1.6	2,140.5	68.9	11.3	1.7	2,141.3	83.4	14.5	3.1
연해변강주	807.7	1,347.7	1.1	3.5	1,048.6	2,206.2	0.6	1.9	1,068.1	2,945.3	3.6	1.9
하바로프스크변강주	1,835.6	282.4	4.9	3.8	2,803.9	548.9	4.6	12.5	3,431.3	865.6	5.9	17.4
아무르주	98.8	49.8	0.6	0.5	164.3	113.8	0.4	0.1	156.3	143.0	0.5	2.0
캄차트카주:	109.9	31.5	0.8	0.8	146.7	39.9	1.9	0.4	142.1	56.7	1.9	0.5
그중: 코랴크자치구	19.3	4.2	0.0	0.2	16.3	0.7	-	-	18.8	4.3	0.0	0.0
마가단주	25.2	78.4	-	0.2	19.9	80.2	0.0	0.2	19.8	83.9	0.2	0.4
사할린주	704.6	759.5	3.2	0.4	1,061.4	2,486.3	1.3	0.6	1,037.3	2,575.2	0.1	0.5
유대인자치주	5.1	4.5	0.3	0.3	8.3	8.8	0.1	0.3	11.4	17.3	0.3	0.1
추코트카(축치)*	723.8	28.8	-	0.0	1,524.3	69.4	0.0	1.5	122.1	67.5	-	-
시베리아연방구	17,771.1	2,038.2	2,617.1	1,320.8	22,996.9	2,549.4	2,636.5	1,431.3	25,398.1	3,760.0	2,742.1	1,948.4
알타이공화국	40.1	111.8	10.7	3.1	22.9	101.2	9.2	1.4	19.7	169.9	2.4	0.7
부랴티야공화국	278.5	25.6	10.2	1.6	207.0	38.7	21.3	3.3	262.5	41.0	18.6	30.8
투바공화국	2.5	3.7	0.0	0.0	3.0	4.2	-	-	2.0	15.0	0.0	0.7
하카시야공화국	665.7	41.5	7.3	187.8	686.4	56.9	17.4	269.4	1,228.8	152.3	14.7	3,72.5
알타이변강주	248.6	49.1	404.3	193.3	270.5	37.4	473.6	167.9	175.2	74.6	418.0	2,33.6
크라스노야르스크**	5,078.5	523.8	132.0	132.8	6,048.4	485.5	166.5	161.7	8,264.2	766.3	189.9	2,93.3
그중:타이미르자치구	-	-	-	-	-	-	-	-	-	-	-	-
에벤크자치구	-	-	-	-	3,704.9	124.0	0.0	0.1	5,786.3	186.8	-	-
이르쿠츠크주: 그중	3,318.1	463.7	62.0	217.6	3,228.7	598.1	78.7	239.2	4,264.9	782.3	110.1	273.1
우스티-오르딘스크*	-	-	-	-	0.1	0.0	-	-	0.0	0.3	-	-
케메로보주	3,600.2	240.7	603.6	184.3	4,243.5	425.0	662.3	272.0	5,528.0	412.4	804.3	275.4
노보시비르스크주	229.9	349.8	584.4	204.1	422.0	484.9	532.1	123.1	457.1	888.8	589.6	129.4
옴스크주	3,712.7	83.9	452.4	176.0	6,612.8	115.2	567.5	174.9	4,379.9	145.9	439.7	266.1
톰스크주	513.0	44.0	348.7	18.9	1,007.6	37.3	105.3	17.6	570.6	62.6	148.9	72.4
치타주: 그중	83.3	100.4	1.5	1.3	244.1	165.0	2.6	0.8	245.1	248.8	6.0	0.3
아긴스부랴트자치구	-	-	-	-	13.3	3.8	0.0	0.1	10.5	7.6	0.5	0.0
우랄연방구	29,729.8	1,874.7	2,565.9	1,928.2	37,772.7	2,139.5	4,054.4	1,858.2	48,242.4	2,788.6	5,009.9	2,125.0
듀멘주	21,685.7	580.9	1,223.8	73.2	28,528.0	585.7	2,197.0	108.1	37,377.9	738.7	2,690.0	107.0
그중: 한티-만시*	14,005.3	401.6	158.3	8.7	11,495.7	383.5	119.5	50.7	15,853.4	458.6	207.3	33.2
야말로-네네츠*	278.0	126.4	11.6	32.1	532.0	97.9	0.2	32.5	829.9	90.7	0.5	2.1

주" * 자치구; ** 변강주

자료: Федеральная Служба Государственной Статистки (Росстат), *Регионы России, Социально-экономические показатели, официальное издание 2005* (Москва: Росстат, 2006), pp.928-929; Федеральная Служба Государственной Статистки (Росстат), *Регионы России, Социально-экономические показатели, официальное издание 2005* (Москва: Росстат, 2005), pp.928-929; Федеральная Служба Государственной Статистки (Росстат), *Регионы России, Социально-экономические показатели, официальное издание 2007* (Москва: Росстат, 2007), pp.985-987.

이탈 움직임을 보이기 시작했다. 지방 엘리트, 특히 일부 연방주체의 행정장(대통령, 주지사, 지치구장 등)들은 마치 제정러시아의 소(小)짜르처럼 무한한 권력과 재력을 향유했다. 또한 1990년대 사유화 과정에서 엄청난 부를 축적한 올리가르히들과 마피야 세력들은 직간접적으로 정부 관료와의 협력을 통해 국가재산과 인민재산을 약탈하면서 엄청난 부의 불균등을 심화시키면서 사회의 양극화 현상을 가속화시켰다.

푸틴은 법 위에서 활동하는 지방 정치엘리트, 정경유착과 탈세로 막대한 부를 축적한 과두 금융산업그룹(FIGs: Financial Industial Groups)의 올리가르히와 공권력의 약화와 도덕적 불감증과 도덕적 해이 등으로 러시아 사회를 움직이는 범죄세력과 여러 형태의 마피야, 부패한 관료들과의 전쟁을 선언했다. 이를 위해 푸틴은 국가질서의 회복을 최우선과제로 책정했다. 또한 푸틴은 실의와 빈곤에 허덕이는 대부분의 국민을 위해 빈곤퇴치와 빠른 경제안정과 성장의 과제를 안고 있었다.[3]

푸틴은 질서회복을 위해 공공의 적으로 지방토후, 마피야, 올리가르히 세력을 조직·체계적으로 통제하면서 권력부서, 특히 구KGB와 FSB의 전·현직의 실로비키를 연방정부와 지방정부의 주요보직에 투입시켰다. 푸틴은 1기(2000-2004년) 동안 6,000여명의 실로비키를 정부, 의회, 국영기업 등에 주요보직에 임명했다.[4] <표 2>와 <그림 1>에서 보는 것처럼 안보위원회의 구성비율에서도 권력부서가 치지하는 비중이 푸틴은 이 기구의 서기를 역임한 1999년에 46.4% 그리고 2002년에도 45.8%를 점유하고 있어 소련 시대인 1981년 브레쥬네프 시대보다 3배 혹은 1988년 고르바쵸프 시대보다 5배나 증가했다.

푸틴은 질서회복을 위해 공공의 적으로 지방토후, 마피야, 올리가르히 세력을 조직·체계적으로 통제하면서 권력부서, 특히 구KGB와 FSB의 전·현직의 실로비키를 연방정부와 지방정부의 주요보직에 투입시켰다. 푸틴은 1기(2000-2004년) 동안 6,000여명의 실로비키를 정부, 의회, 국영기업 등에 주요보직에 임명했다.[5] <표 18-1>와 <그림 18-1>에서

3) 표트르 대제 이후 대부분의 러시아의 지도자들은 철저한 개혁을 꿈꾸어왔다. 그러나 그 개혁의 대부분은 실패와 좌절로 점철되어왔다. 그 이유는 러시아의 광대함과 관료들의 교묘한 방해공작 때문이었다. 푸틴은 고위층의 부정부패에 단호한 조처를 선언했다. 푸틴은 중앙집권적 정부를 확립한 프랑스의 샤를 드골(푸틴은 체첸 사태와 비교되는 알제리 식민전쟁을 효과적으로 수행)과 제2차 세계대전 후 서독의 경제기적을 설계했던 루드빅 에르하르트 수상을 존경하고 있다고 표현한 바 있다. 푸틴은 정치적으로 강력한 중앙집권을 실현시킨 드골의 정책과 서독의 경제기적을 달성시킨 에르하르트의 경제정책을 목표로 삼고 있다. 한종만, "푸틴의 경제개혁", op. cit., p.217.

4) Victor Yasmann, "Russia: Siloviki Take the Reins in Post-Oligarchy Era", *RFE/RL*, Sep. 17, 2007.

5) Victor Yasmann, "Russia: Siloviki Take the Reins in Post-Oligarchy Era", *RFE/RL*, Sep. 17, 2007.

보는 것처럼 안보위원회의 구성비율에서도 권력부서가 치지하는 비중이 푸틴은 이 기구의 서기를 역임한 1999년에 46.4% 그리고 2002년에도 45.8%를 점유하고 있어 소련 시대인 1981년 브레쥬네프 시대보다 3배 혹은 1988년 고르바쵸프 시대보다 5배나 증가했다.

〈표 18-1〉 브레쥬네프, 고르바쵸프, 옐친, 푸틴 시대의 안보위원회 구성 비율

내 역	소련 정치국		옐친체제하에서의 안보위원회		푸틴체제하에서의 안보위원회
	1981년	1988년	1993년	1999년	2002년
위원(총)	21명	21명	14명	28명	24명
당간부, 이데올로기자, 비서	23.8%	42.9%	7.1%	3.6%	4.2%
정부각료	19.0%	28.6%	50.0%	39.3%	8.3%
권력부서	14.3%	9.5%	42.9%	46.4%	45.8%
의회지도자	4.8%	4.8%	-	7.1%	8.3%
지방지도자	38.1%	14.3%	-	-	29.1%
학자	-	-	-	3.6%	4.2%

출처: Olga Kryschtanowskaja, "Reshim Putina: Liberalnaja militokratija", *Pro et Contra*, Tom 7, No.4, 2002, p.171. 재인용: "Siloviki in der Putin-Administration: Die Zahlen der Kryschtanowskaja", *Russland Analysen*, Nr.117, 10.11.2006, p.7.

고르바쵸프 시대에 실로비키의 정부엘리트 비율이 4%에서 옐친 시대 1993년에 11.2% 그리고 푸틴 시대 2002년에 그 비율은 25.1%로 증가했다. 1993년에 기업 대표 중 실로비키의 비율이 1.6%에서 2003년에 11.3%로 높아졌다.[6] 1993년에 지방엘리트의 실로비키 비율이 1.6%에서 2003년에 그 비율은 11.3%로 증가했다. 2003년 기준으로 국가 내각에서 실로비키의 비율이 20% 그리고 국가두마 의원의 3분 1 이상이 국영기업과 자연독점기업 그리고 금융산업그룹(FIG)과 실로비키와의 커넥션을 갖고 있는 것으로 알려지고 있다.[7]

푸틴은 측근과 실로비키를 중심으로 '크렘린 혹은 푸틴 주식회사'(Putin & Co) 혹은 소련 시대의 '정치국'과 유사한 기구를 조성시키고 있다.[8] 푸틴은 국회는 물론 지방의 장

6) Olga Kryshtanovskaya and Stephen White, "Putin's Militocracy", *Post-Soviet Affairs*, Vol.19, No.4, 2003, p.293.

7) Olga Kryshtanovskaya and Stephen White, "The Rise of the Russian Business Elite", *Communist and Post- Communist Studies*, Vol.38, 2005, p.302.

8) 친 푸틴계의 '오제로(Ozero, 러시아어로 호수)'라는 소규모 그룹이 1조 3,000억 달러에 달하는 러시아 경제를 사실상 통제하고 있다. 이 그룹은 페테르부르크 북쪽으로 60마일 떨어진 콤소몰스코예 호수 인근의 다차에서 푸틴의 측근 세친(47세) 로스트네프트 이사장, 야쿠닌(60세) 러시아철도 회장, 메드베데프(42세) 가즈프롬 이사장 등으로 구성됐다. 이 그룹은 새로운 민족주의 기치를 내걸면서 주요

악(7개 연방구 대통령 전권대표 중 4명은 정보 및 군 장성을 등용했으며, 전권대표가 임명하는 주요간부직의 70%를 정보 및 군 중간요원을 임명) 그리고 정부의 상위 정부요직의 4분의 1 이상을 정보 및 군 장교들을 임명했다.[9] <표 18-3>과 <그림 18-2>에서 보는 것처럼 푸틴 제1기 집권 시기에 군부의 출신이 대거 발탁됐다.

〈그림 18-1〉 소비에트와 러시아(1981-2002)의 최고지도층의 프로필

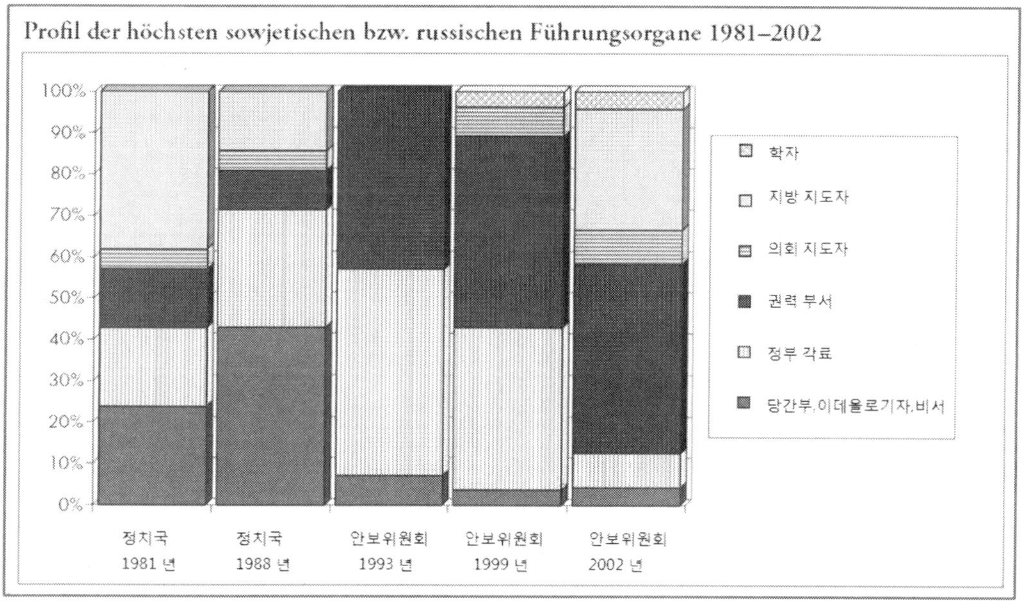

출처: "Siloviki in der Putin-Administration: Die Zahlen der Kryschtanowskaja", *Russland Analysen*, Nr.117, 10.11.2006, p.7.

푸틴은 측근과 실로비키를 중심으로 '크렘린 혹은 푸틴 주식회사'(Putin & Co) 혹은 소련 시대의 '정치국'과 유사한 기구를 조성시키고 있다. 푸틴은 국회는 물론 지방의 장악(7개 연방구 대통령 전권대표 중 4명은 정보 및 군 장성을 등용했으며, 전권대표가 임명하는 주요간부직의 70%를 정보 및 군 중간요원을 임명) 그리고 정부의 상위 정부요직의 4분의 1이상을 정보 및 군 장교들을 임명했다.[10] <표 18-2>과 <그림 18-2>에서 보

전략산업을 장악하고 있으며, 1990년대 사유화 자산, 약 1,000억 달러 이상을 다시금 국가소유로 환원시키고 있다. Bill Powell, "How the KGB (and Friends) Took Over Russia's Economy", *Fortune*, Sep. 10, 2008.

9) Anatoly Medetssky, "Silovik's Pyramid of Power Revealed", *The St. Petersburg Times*, Issue #936(4), Jan. 20, 2004.

10) Anatoly Medetssky, "Silovik's Pyramid of Power Revealed", *The St. Petersburg Times*, Issue #936(4), Jan. 20, 2004.

는 것처럼 푸틴 제1기 집권 시기에 군부의 출신이 대거 발탁됐다.

고르바쵸프(1988년)와 옐친(1993년과 1999년) 시대 각각 4.9%, 33.4%와 46.4%보다 2002년 푸틴 체제하에서 최고지도부에서 실로비키의 비율은 58.3%로서 상승했다. 실로비키의 참여 비율이 최고지도부뿐만 아니라 정부내각에서 32.8%, 지방엘리트 10.2%, 연방위원회 14.9%, 국가두마 9.4%로 올라갔다.

〈표 18-2〉 1988-2002년 러시아 엘리트 구조 내에서 군부의 참여비율

1988-2002년	최고지도부	정부내각	지방엘리트	연방위원회	국가두마	전 체
고르바쵸프 시대(1988년)	4.9%	5.4%	0.0%	4.7%	-	3.7%
옐친 시대(1993년)	33.3%	11.4%	2.2%	2.8%	6.3%	11.2%
옐친 시대(1999년)	46.4%	22.0%	4.5%	7.3%	6.8%	17.4%
푸틴 시대(2002년)	58.3%	32.8%	10.2%	14.9%	9.4%	25.1%

출처: Olga Kryschtanowskaja, "Reshim Putina: Liberalnaja militokratija", *Pro et Contra*, Tom 7, No.4, 2002, p.162. 재인용: "Siloviki in der Putin-Administration: Die Zahlen der Kryschtanowskaja", *Russland Analysen*, Nr.117, 10.11.2006, p.8.

〈그림 18-2〉 1988-2002년 러시아 엘리트 구조 내에서 군부의 참여비율

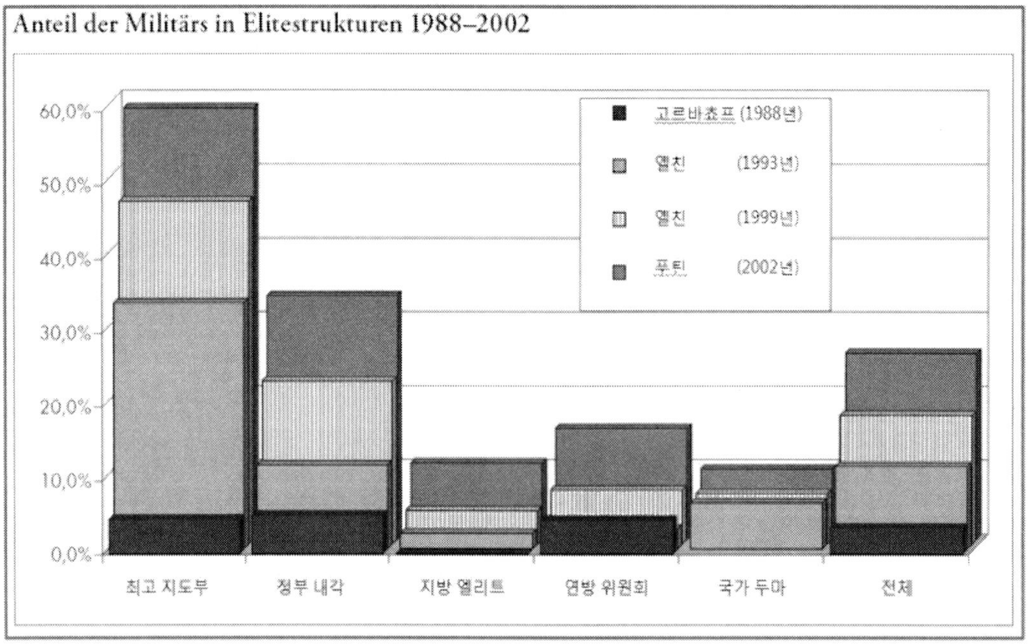

출처: "Siloviki in der Putin-Administration: Die Zahlen der Kryschtanowskaja", *Russland Analysen*, Nr.117, 10.11.2006, p.8.

〈표 18-3〉 1993년과 2002년의 러시아 엘리트의 프로필

1993년과 2002년의 엘리트 프로필	옐친 엘리트(1993년)	푸틴 엘리트(2002년)
평균 연령	51.3세	51.5세
여성	2.9%	1.7%
지방출신	23.1%	31.0%
대학출신	99.0%	100.0%
석, 박사출신	52.5%	20.9%
군사대학 출신	6.7%	26.6%
경제학, 법학도 출신	24.5%	25.7%
엘리트 대학출신	35.4%	23.4%
대통령 동향 출신	13.2%	21.3%
기업인	1.6%	11.3%
군부	11.2%	25.1%

출처: Olga Kryschtanowskaja, "Reshim Putina: Liberalnaja militokratija", *Pro et Contra*, Tom 7, No.4, 2002, p.161. 재인용: "Siloviki in der Putin-Administration: Die Zahlen der Kryschtanowskaja", *Russland Analysen*, Nr.117, 10.11.2006, p.9.

<표 18-3>와 <그림 18-3>에서 보는 것처럼 러시아 엘리트의 평균연령은 1993년 옐친 시대에 51.3세에서 2002년 푸틴 시대에 51.5세로 거의 변동이 없는 상황이다. 여성의 엘리트 참여비율은 여전히 적은 편이다. 푸틴 시대의 엘리트의 여성비율이 옐친 시대 2.9%에서 오히려 1.7%로 줄어들었다. 그 반면에 군사대학 출신과 군부출신 엘리트의 비율은 옐친 시대보다 푸틴 시대에 각각 6.7%와 11.2%에서 26.6%와 25.1%로 현저하게 올라갔다. 또한 대통령 동향 출신과 기업인의 엘리트 참여비율도 각각 13.2%와 1.6%에서 21.3%와 11.3%로 높게 올라갔다.

여론조사를 바탕으로 2005년 러시아 일간지 '독립신문(Nesavisimaya Gazeta)'에서 러시아의 주요 정치인 100명을 발표했다. 모스크바와 지방에서 10점 만점을 기준으로 평점(10점 만점 기준) 제1위 푸틴은 모스크바에서 8.08, 지방에서 6.37로 제2위를 기록한 대통령 행정실 부실장 수르코프(각각 5.40과 3.36)보다 월등히 높은 점수를 받고 있다. 타타르스탄 공화국 대통령(순위 36-37위)을 제외한 지방 엘리트, 특히 중앙정치에 영향력을 행사했던 지방정치가의 영향력은 약화됐다. 예를 들면 케메레보 주지사 툴레예프는 72위, 노보고로드 주지사 프루사크는 78-79위, 하바로프스크변강주 주지사 이샤예프와 코미공화국 대통령 토로포프는 공동으로 86-87위, 튜멘 주지사 소비야닌[11]은 93-94위,

11) 러시아연방 에너지의 수도 역할을 담당하는 튜멘 주지사 세르게이 소비야닌(튜멘주에서 1958년 6월 21일 출생)은 2005년 11월 14일부터 대통령행정실장으로 발탁되면서 주요 정치엘리트로 급부상했다.

스베르들로프스크 주지사 로셀은 99위, 북오세티야공화국 대통령 드자소호프는 100위(2005년 6월에 해임)로 기록됐다. 이와 같은 결과는 푸틴의 재중앙집권 정책, 예를 들면 2000년 5월에 푸틴은 행정재편을 통해 7개의 연방구를 설정해서 대통령전권대표를 파견했으며, 그들을 통해 지방 엘리트를 통제했다. 제1대 7개 연방구 대통령전권대표 중 무려 5명이 구KGB나 FSB 요원과 군 출신이었다.12) 그 후 일련의 지방정책(연방주체의 행정장과 지방의회 의장의 당연직으로 상원격인 연방회의 의원직 금지, 연방주체의 행정장의 직접선거제 폐지와 대통령의 행정장 임명권 등)을 통해 푸틴의 중앙집권 정책은 조기에 성공을 거뒀다는 것을 의미한다.13)

푸틴은 200년 5월 올리가르히들을 모스크바 외각 다차에 초대하면서 '중립협정'을 체결했다. 이 협정은 러시아 정부가 반(反)올리가르히 정책을 실시하지 않는 조건으로 올리가르히들도 정치에서 물러난다는 것이다. 이를 위반할 경우 잔혹한 보복조처가 있다는 것이다.14) 푸틴은 올리가르히들에 대해 '채찍과 당근(sticks and carrots)'을 적절하게 사용했다. 푸틴은 높은 국민의 지지율 덕택으로 1990년대 형성됐던 옐친의 올리가르히 체제를 파괴했으며, 질서체제를 복원했다는 데에는 이론의 여지가 없다. 러시아 엘리트들은 자유보다는 안정에 더 높은 가치를 부여하고 있다는 것이다. 2000년부터 리버럴한 경제프로그램이 이루어졌으며, 토지의 사유화도 합법화됐지만 2003년 유코스 사태 이후 전략부문에 대한 국가통제가 강화되면서 러시아의 시장경제는 권위주의적 방향으로 선회했다.

그는 2008년 5월 11일까지 대통령행정실장을 역임했으며, 현재 메드베데프 정권 하에서도 부총리 겸 정부기구 장관직을 담당하고 있다. 한종만, "러시아연방 정치 엘리트 도표", *A View of Russian Mafiya, e-journal* (배재대 러시아마피아연구단), 제3호, 2009.1.31, pp.69-70.

12) 비(非)실로비키 출신으로는 볼가연방구 전권대표 키리옌코(Vitor Kriyenko: 전 총리, 국가두마 우익단체연합의장)와 시베리아연방구 전권대표 드라체프스키(Leonid Drachevskiy: CIS담당 장관)뿐이고 5개 연방구 대통령전권대표는 실로비키 출신이었다. 북서연방구 전권대표 체르케소프(Viktor Cherkesow)는 FSB 제1부국장 출신이었으며, 중앙연방구 전권대표 폴타프첸코(Georgiy Poltavchenko)는 FSB 출신으로 레닌그라드주 대통령 전권대표였으며, 남부연방구 전권대표 카잔트세프(Viktor Kazantsev)는 1994-96년 체첸전 사령관, 체첸군사캠페인 의장이었으며, 우랄연방구 전권대표 라티쉐프(Pytor Latyshev)는 제1 내무부 부장관이었으며, 극동연방구 전권대표 풀리코프스키(Konstatin Pulikovskiy)는 육군중장 출신이었다. "Putin Names His New Men in the Region, Reshape the Russian Federation", *RFE/RL Newsline*, May 29, 2000.

13) M. Glikin, "100 weduschtschih politikow b mae", *Nesawisimaja Gazeta*, 31.05.2005. 재인용: "Die 100 führenden russischen Politiker im Mai 2005", *Russland Analysen*, Nr.69, 10.06.2005, pp.5-8.

14) Olga Kryschtanowskaja, *Anatomie der russiscen Elite. Die Militarisierung Russlands unter Putin* (Köln: Kiepenheuer & Witsch, 2005), p.220.

〈그림 18-3〉 1993년과 2002년의 러시아 엘리트의 프로필

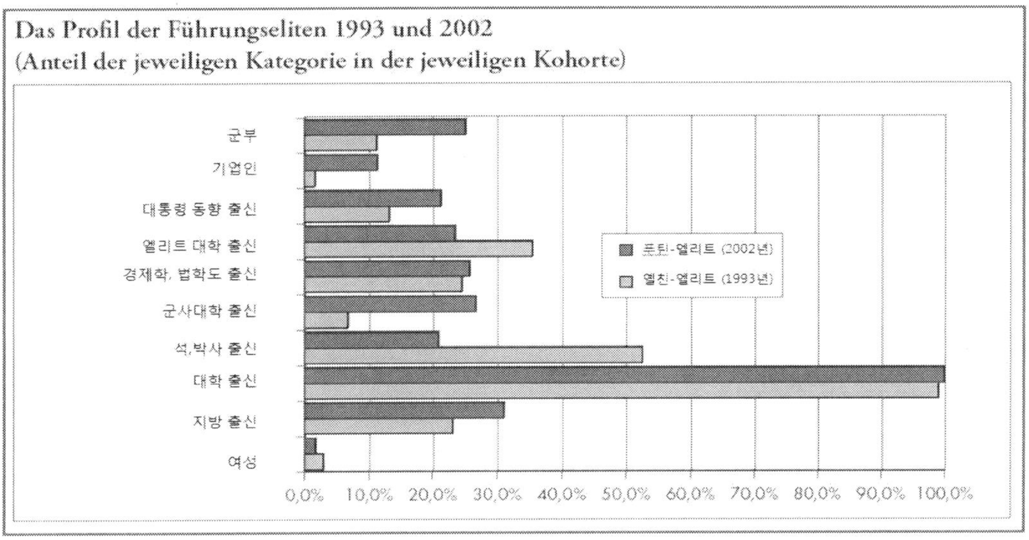

출처: "Siloviki in der Putin-Administration: Die Zahlen der Kryschtanowskaja", *Russland Analysen*, Nr.117, 10.11.2006, p.9.

푸틴의 주요결정은 다차 모임을 통해 '특별조처'를 행하고 있다. 이 다차 모임에는 FSB 의장 니콜라이 파트루쉐프(Nikolai Patruschev), 빅토르 이바노프(Viktor Ivanov)[15], 방위산업 회장 세르게이 체메소프(Sergei Tschemesov), 러시아연방 금융모니터 의장이며, 푸틴 정권 말기에 총리 빅토르 주브코프(Viktor Zhubkov), 실로비키 세력의 주요인물인 이고르 세친(Igor Setchin) 등 '올드보이들(Old-Boys)이라고 불리는 인사들이 초청된다. 이 모임에서 특별조처, 예를 들면 올리가르히나 체제 반항자를 선별적으로 제거할 계획을 수립한다고 한다. 그 예로써 모스트(Most) 메디아그룹 회장 구신스키와 러시아 최대 민영석유사 유코스(Yukos) 회장 미하일 호도로프스키를 제거시켰다. 구신스키는 이스라엘로 망명했으며, 호도로프스키는 체포되어 9년 징역형으로 동시베리아 치타주 감옥소에서 생활하고 있다. 모스트 그룹가 유코스는 완전히 파산됐으며, 그 기업들은 각각 가즈프롬(Gazprom)과 로스네프(Rosneft)사가 인수했다. 이 과정에서 연방재정모니터청(당시 책임자 주브코프, 푸틴 말기에 총리, 현재 제1 부총리와 가즈프롬 이사장 겸직)은 금융거래 등의 정보를 크렘린에 제공하고 크렘린은 내무부 산하 무장 조세경찰(총책임자는 주브코프

15) 빅토르 이바노프는 대통령자문과 아에로플로트(Aeroflot)이사장직을 겸직하고 있는 대표급의 실로비키로서 KGB 시절부터 푸틴의 측근 인물이다. 그는 FSB내에서도 대기업의 재정 및 금융거래조사 업무담당을 한 결과 러시아 내에서 올리가르히에 대한 정보를 제일 잘 아는 인물로 평가받고 있다. 그래서 그는 일명 '올리가르히 사냥꾼'이라고 불리고 있다.

의 사위인 아나톨리 세르듀코프; 후에 국방부장관 발탁, 메드베데프 정권에서도 장관직 유임)을 투입하여 회계장부 등을 압수하면서 스스로 올리가르히의 지분을 포기하게 만드는 방법을 사용하고 있다. 시베리아석유사(Sibneft) 지분을 갖고 있는 로만 아브라모비치는 그의 지분을 재빠르게 가즈프롬에 매각(160억 달러)하면서 위기를 모면했다. 만일 올리가르히들이 전략적 지분을 포기하지 않을 경우 내무부의 무장경찰은 탈세혐의를 걸어 체포하거나 추방된다.16)

해외 기업의 전략적 자산, 석유나 가스기업의 경우에는 내무부 특수부대에 의해 행해지는 것이 아니라 환경담당 지하자원부를 통해 자연보호법과 환경법 위반 등의 명분을 내걸어 압박하면서 해외지분을 인수하고 있다. 그 예로써 가즈프롬은 일본과 유럽의 사할린-2의 지분 50% + 1주를 획득했으며, BP의 이르쿠츠크 코빅타 가스전 지분을 인수했다.17) 푸틴은 대통령 재임 기간 동안 에너지산업의 재국유화(Yukos 압류, Sibneft, Russneft, 기타 국내외 석유사 등)를 통해 석유의 50%, 천연가스의 89%를 장악했다.18)

그러나 대부분의 올리가르히들은 국가정책에 순응하거나 협조하면서 생존하고 있으며, 러시아국민들도 그들을 주요 정치세력으로 평가하고 있다. 2005년 5월 기준으로 100명의 정치가 중에 올리가르히, 예를 들면 당시 추코트카 주지사이며 영국 축구첼시단의 구단주인 로만 아브라모비치가 9위, 러시아 최대 민영석유사 루코일(Lukoil) 회장 바지트 알렉페로프가 20-21위, 수감된 유코스 회장 미하일 호도로프스키가 22위, 러시아 최대 알루미늄사(RusAl) 회장 알렉 데리파스카(2008년 러시아 최고갑부)가 23위, 러시아 망명재벌 보리스 베레조프스키가 26위, 알파 그룹 회장 미하일 프리드만이 27위, 노릴스크니켈과 인테로스(Interros)회장 블라디미르 포타닌이 30위, 러시아철강사(Severstal)회장 알렉세이 모르다쇼프가 39위, 철강업 회장 블라디미르 리신이 47위, 알파은행장 페트르 아벤이 48

16) Alexander Rahr, *Russland gibt Gas: Die Rückkehr einer Weltmacht* (München: Carl Hanser Verlag, 2008), pp.147-148.

17) 러시아정부는 2006년 초부터 사할린-2 프로젝트 사업에 대해 환경훼손 문제를 제기하면서 압박했다. 러시아환경조사국은 이 프로젝트로 인해 유독성 폐기물, 토양침식, 심림훼손 등 환경피해액이 50억 달러 이상이라고 추정했다. 러시아정부의 압력으로 사할린-2 프로젝트의 지분은 가즈프롬이 50% + 1주를 획득(74억 5,000만 달러)하면서 경영권을 장악했다. 그 결과 로열 더치/셸(RoyalDutch/Shell)사의 지분은 55%에서 27.5%, 일본의 미쓰이 물산과 미쓰비시 상사의 지분도 각각 25%에서 12.5%와 20%에서 10%로 감소했다. 한종만, 『주요국의 대러시아 통상전략 및 시사점』(서울: 대외경제정책연구원, 2007), pp.123-124.

18) Peter C. Choharis, "Kremlin 'Capitalism' Is a Threat to the West", *Wall Street Journal,* August 16, 2008.

러시아 순 위	세계 순위	성 명 (성, 이름)	국 적	연령	자산규모 (10억 달러)	거주지
15	196	리볼프레프, 드미트리(Rybolvlev, Dmitry)	러시아	42	3.1	러시아
16	261	라쉬니코프, 빅토르(Rashnikov, Viktor)	러시아	60	2.5	러시아
17	285	미헬손, 레오니드(Mikhelson, Leonid)	러시아	53	2.4	러시아
18	285	포포프, 세르게이(Popov, Sergei)	러시아	37	2.4	러시아
19	318	포타닌, 블라디미르(Potanin, Vladimir)	러시아	48	2.1	러시아
20	334	아벤, 피오트르(Aven, Pyotr)	러시아	54	2.0	러시아
21	376	보그다노프, 블라디미르(Bogdanov, Vladimir)	러시아	57	1.9	영국
22	376	구트세리예프, 미하일(Gutseriev, Mikhail)	러시아	51	1.9	러시아
23	397	플로로프, 알렉산더(Frolov, Alexander)	러시아	44	1.8	러시아
24	397	쯔베트코프. 니콜라이(Tsvetkov, Nikolai)	러시아	48	1.8	러시아
25	397	벡셀베르그, 빅토르(Vekselberg, Viktor)	러시아	51	1.8	러시아
26	450	우스마노프, 알리쉐르(Usmanov, Alischer)	러시아	55	1.6	러시아
27	601	예브투쉔코프, 블라디미르(Yevtushenkov, Vladimir)	러시아	60	1.2	러시아
28	647	타리코, 로우스탐(Tariko, Roustam)	러시아	47	1.1	러시아
29	701	베레조프스키, 보리스(Berezovsky, Boris)	러시아	63	1.0	영국
30	701	크베트노이, 레프(Kvetnoi, Lev)	러시아	43	1.0	러시아
31	701	멜니헨코, 안드레이(Melnichenko, Andrey)	러시아	37	1.0	러시아
32	701	쥬신, 이고르(Zyuzin, Igor)	러시아	48	1.0	러시아

출처: http://www.forbes.com/lists/2009/10/billionaires-2009-richest-people_The-Worlds-Billionaires_Rank.html, (검색일: 2009년 3월 27일)

〈표 18-6〉 2008년 러시아잡지 피난스(Finans) 기준 러시아 주요 부호 랭킹 50위

순 위			성 명 (성, 이름)	추정자산(10억 달러)			출생 연도
2009	2008	편차		2009	2008	편차	
1	7	6	프로호로프, 미하일(Prochorow, Michail)	14.10	21.50	-7.40	1965
2	2	0	아브라모비치, 로만(Abramowitsch, Roman)	13.90	23.00	-9.10	1966
3	3	0	리신, 블라디미르(Lisin, Wladimir)	7.70	22.20	-14.50	1956
4	11	7	알렉페로프, 바지트(Alekperow, Wagit)	7.60	13.50	-5.90	1950
5	8	3	케리모프, 술래이만(Kerimow, Sulejman)	7.50	18.50	-10.50	1966
6	4	-2	프리드만, 미하일(Fridman, Michail)	6.10	22.20	-16.10	1964
7	6	-1	포타닌, 블라디미르(Potanikn, Wladimir)	5.00	21.50	-16.50	1961
8	1	-7	데리파스카, 올렉(Deripaska, Oleg)	4.90	40.00	-35.10	1968
9	14	5	리볼프레프, 드미티리(Rybolwlew, Dmitrij)	4.60	11.70	-7.10	1966
10	12	2	우스마노프, 알리쉐르(Usmanow, Alischer)	4.50	13.30	-8.80	1953
11	23	12	페둔, 레오니드(Fedun, Leonid)	4.50	8.50	-4.00	1956
12	35	23	이반이쉬빌리, 보리스(Iwanischwili, Boris)	4.30	5.20	-0.90	1956
13	18	5	아브라모프, 알렉산더(Abramow, Alexander)	4.10	10.25	-6.15	1959
14	5	-9	모르다쇼프, 알렉세이(Morsaschow, Aleksej)	4.10	22.10	-18.00	1965
15	10	-5	한, 게르만(Chan, German)	3.90	15.00	-11.10	1961

순 위			성 명 (성, 이름)	추정자산(10억 달러)			출생
2009	2008	편차		2009	2008	편차	연도
16	15	-1	구미트쉐프, 알렉세이(Kumitschew, Aleksej)	3.05	11.35	-8.30	1962
17	9	-8	벡셀베르그, 빅토르(Wekselberg, Viktor)	3.00	15.50	-12.50	1957
18	20	2	갈트쉐프, 필라레트(Galtschew, Filaret)	2.80	9.00	-6.20	1963
19	47	28	세디흐, 아나톨리(Sedych, Anatolij)	2.50	3.00	-0.50	1964
20	24	4	쯔베트코프, 니콜라이(Zwetkow, Nikolaj)	2.30	8.20	-5.90	1960
21	13	-8	라쉬니코프, 빅토르(Raschnikow, Viktor)	2.20	12.00	-9.80	1948
22	21	-1	마흐무도프, 이스칸다르(Machmudow, Iskandar)	2.00	9.00	-7.00	1963
23	32	9	미헬손, 레오니드(Michelson, Leonid)	2.00	5.80	-3.80	1955
24	36	12	프로로프, 알렉산더(Frolow, Alexander)	2.00	5.05	-3.05	1964
25	46	21	레베데프, 알렉산더(Lebedew, Alexander)	1.95	3.65	-1.70	1959
26	45	19	푸가쵸프, 세르게이(Pugatschow, Sergej)	1.90	4.00	-2.10	1963
27	17	-10	멜니트쉔코, 안드레이(Melnitschenko, Andrej)	1.80	10.30	-8.50	1972
28	54	26	크벤트노이, 레프(Kwentnoj, Lew)	1.60	2.50	-0.90	1965
29	41	12	아난예프, 알렉세이(Ananjew, Aleksej)	1.50	4.30	-2.80	1964
30	42	12	아난예프, 드미트리(Ananjew, Dmitrij)	1.50	4.30	-2.80	1969
31	71	40	이오리흐, 블라디미르(Iorich, Wladimir)	1.50	1.60	-0.10	1958
32	31	-1	스코취, 안드레이(Skotsch, Andrej)	1.50	6.00	-4.50	1966
33	43	10	라히모프, 우랄(Rachimow, Ural)	1.40	4.25	-2.85	1961
34	25	-9	쥬신, 이고르(Sjusin, Igor)	1.35	7.75	-6.40	1960
35	34	-1	아벤, 페트르(Awen, Petr)	1.25	5.35	-4.10	1955
36	39	3	로가트쉐프, 안드레이(Rogatschew, Andrej)	1.25	4.75	-3.50	1964
37	38	1	페티소프(Fetisow, Gleb)	1.20	4.80	-3.60	1966
38	62	24	기르다, 알렉산더(Girda, Alexander)	1.10	1.80	-0.70	1961
39	75	36	포노마렌코, 알렉산더(Ponomarenko, Alexander)	1.10	1.55	-0.45	1964
40	76	36	스코로보가트코, 알렉산더(Skorobogatko, Alexander)	1.10	1.55	-0.45	1967
41	33	-8	타리코, 루스탐(Tariko, Rustam)	1.10	5.70	-4.60	1962
42	57	15	갈리쯔키, 세르게이(Galizkij, Sergej)	1.05	2.35	-1.30	1967
43	16	-27	예브투쉔코프 블라디미르(Jewtuschenkow, Wladimir)	1.05	10.60	-9.55	1948
44	59	15	아흐메도프, 파르하드(Achmedow, Farchad)	1.00	2.00	-1.00	1955
45	27	-18	바투리나, 옐레나(Batrurina, Jelena)	1.00	7.00	-6.00	1963
46	101	55	그루스데프, 블라디미르(Grusdew, Wladimir)	1.00	1.00	0.00	1967
47	67	20	페트로프, 세르게이(Petrow, Sergej)	1.00	1.70	-0.70	1954
48	22	-26	포포프, 세르게이(Popow, Sergej)	1.00	9.00	-8.00	1971
49	26	-23	품피얀스키, 드미티리(Pumpjanskij, Dmitrij)	1.00	7.45	-6.45	1964
50	28	-22	슈코프, 유리(Shukow, Jurij)	0.87	6.55	-5.68	1969

출처: http://www.finansmag.ru/94502/, *16.2.2009;* http://www.finansmag.ru/90892, *18.2.2008.* 재인용: "Die 50 reichsten Russen 2008 und 2009", *Russland-Analysen*, No.179, 13. Mar. 2009, pp.16-17.

약 770여명이 실로비키로 충원됐다고 비판했다. 실로비키는 사법부를 완전히 통제하고 있으며, 선거과정에서도 깊숙이 간여하면서 유럽안보협력기구(OSCE: Organization for Security and Cooperation in Europe)의 기준을 침해하고 있어 자유선거를 기대하는 것이 어렵다는 것이다.

또한 성공적인 러시아의 모든 기업들은 인적 혹은 재정적으로 실로비키와 연계되어 있다. 새로운 '공적-사적 파트너십'의 틀 아래서 활동하는 외국인투자가들도 실로비키에 아부하면서 푸틴 체제를 지원하고 있다. 그러므로 러시아는 자유 민주주의가 아니라 조정된 혹은 관리 민주주의로 나아가고 있어 자유시장경제가 아니라 권위주의적 국가자본주의를 형성하고 있다고 비판하고 있다. 일라리아노프는 이와 같은 새로운 '계급사회'는 결코 러시아의 번영에 도움이 안 된다고 보고 있다. 일라리아노프는 푸틴의 새로운 러시아가 러시아 주민의 안전리스크를 심화시키고 있다고 주장하고 있다. 현재 러시아의 범죄율과 살인율은 1998년 러시아의 금융위기 시기보다 더욱 높은 편이다. 부패 가능성과 위협 잠재력을 지닌 실로비키는 강력한 언론 통제를 통해 야당을 억압하면서 부패 고리의 악순환으로 빠져들고 있다.

이와 함께 푸틴의 높은 인기도도 에너지자원의 수출을 통한 환상적인 횡재 혹은 우발적 이윤(windfall-profit)이라고 격하하고 있다. 이 인기도도 에너지가격의 하락과 함께 추락할 수 있다고 경고했었다.[25] 이러한 현실은 2008년 여름부터 격화된 글로벌 금융위기로 인해 러시아도 주가의 대폭적인 하락, 루블화의 대폭적 평가절하(1달러 당 23루블에서 37루블로 상승), 국제유가 원자재 가격의 대폭적인 하락으로 러시아 외환보유고의 하락 등 러시아경제도 어려움을 당하고 있다. 또한 러시아 권력내부에서 경쟁관계와 투쟁은 차기 대통령 후보자 선정과 관련하여 더욱 현저하게 나타났다.

18.3. 메드베데프 체제하에서의 엘리트

2007년 12월 제5대 국가두마선거와 차기 대통령 후보 선정과 관련하여 푸틴의 속마음 누구도 알 수 없어 크렘린 내부 엘리트 간 경쟁과 권력 투쟁이 심화되어 나갔다.

푸틴은 연속적인 3선 금지의 원칙을 지키면서 예상하지 못했던 드미트리 메드베데프를 제5대 러시아연방 대통령으로 당선시키는 데 성공했다. 2007년 11월 3명의 대통령 후보 가능성 있는 인물에 대한 레바다(Levada)센터 여론조사에서 빅토르 주브코(Viktor Zubkov:

25) "Transformation auf Irrwegen, Andrei Illarianow warnt vor Russlands gesteurerter Demokratie", *Neue Züricher Zeitung*, 26. Mar. 2007.

1941년 생, 총리, 경력은 소련시대) 16%, 세르게이 아바노프(Sergei Ivanov: 1953년 생, 방위산업, 무기거래 담당 부총리 + 과거 KGB출신) 10%, 드미트리 메드베데프(Dimirtry Medvedev: 1965년 생, 의료, 교육, 농업, 주택 담당 부총리 + 가즈프롬 이사장)는 8%의 지지로 나타났다. 푸틴은 실로비키의 강경파보다는 오히려 온건파이며 관료자인 리버럴리스트 메드베데프를 통해 '견제와 균형' 정책과 더불어 강력한 총리직을 통해 차기 대통령을 겨냥하고 있다.

푸틴은 2007년 러버럴 성향의 경제개발통상부 장관 게르만 그레프(German Gref)를 해임했으며, 무명의 나비울리나 여장관 임명 또한 세친을 부총리 임명과 로스네프트(Rosneft)사의 이사장직 겸직 그리고 총리 주브코프를 가즈프롬(Gazprom)의 이사장으로 임명하면서 메드베데프 대통령의 경제권한을 분산시키고 있다.

〈표 18-7〉 메드베데프 대통령과 푸틴 총리의 기구와 정책

기구와 정책	메드베데프 대통령 주도	푸틴 총리 주도
국가기구	중재재판소	정부
국회	연방회의(상원)	국가두마(하원)
국회 의장	연방회의 의장: 세르게이 미로노프 (Sergej Mironow)	국가두마 의장: 보리스 그리슬로프 (Boris Gryslow)
정부	법무부장관: 알렉산더 코노발로프(Alexander Konowalow) 대통령 직속, 메드베데프 측근	기타 모든 장관
대통령행정실	대통령 통제행정 의장: 콘스탄틴 츄이트 쉔코 (Konstatin Tschujtschenko)	기타
대외정책	외무부장관: 세르게이 라브로프 (Sergej Lawrow) 대통령 직속	정부스탭 부의장: 유리 우스하코프 (Jurij Uschakow)
안보정책	안보위원회(대통령 의장)	안보위원회 서기: 니콜라이 파투르쉐프 (Nikolaj Patruschew)
조사기관	검찰총장: 유리 차이카(Jurij Tschajka)	조사위원회 의장: 알렉산더 바스트리킨 (Alexander Bastrykin)
정당	러시아 정의당	러시아 통합당
경제부문	중소기업	대기업, 원자재산업
경제단체	'오포라 로시이(Opora Rossii)' 중소기업 연합	'델로바야 로시아(Delowaja Rossija') 기업가 및 공업가 연합
엘리트그룹	법률가/법관	실로비키
정보 업무		FSB
정치 주요테마	부패와의 전쟁	
사회적 기반	중산층	

출처: Eberhard Schneider, "Differenzen zwischen Medwedew und Putin", Institut für Strategie-Politik-Sicherheits- und Wirtschaftsberatung, Berlin, 15. Mar. 2009, p.3.

〈표 18-8·2〉 2008년 기준으로 러시아 주요 정치가 랭킹 50위(25-50위)

순위	성 명 (성, 이름)	직 위	점수
26	보르트니코프, 알렉산더(Bortnikow, Alexander)	FSB 의장	5.02
27-28	코발츄크, 유리(Kowaltschuk, Jurij)	러시아아은행(Bank Rossiii)의장, (상트 페테르부르크에서 푸틴 특근)	4.99
27-28	고르데예프, 알렉세이(Gordejew, Alexej)	농업부 장관	4.99
29	티모첸코, 겐나디(Timotschenko, Gennadij)	에너지기업 군보르(Gunbor)공동소유자, 푸틴 측근	4.96
30	나비울리나, 엘비라(Nabiullina, Elwira)	경제개발부 장관	4.93
31	알렉페로프, 바지트(Alekperow, Wagit)	민영석유사 루코일(KUkoil)회장	4.92
32	쇼구이, 세르게이(Schojgu, Sergej)	비상사태부 장관	4.91
33	흐리스텐코, 빅토르(Christenko, Wiktor)	공업상업부 장관 (타티야나 골리코바 남편)	4.90
34	마트비옌코, 발렌티나(Matwienko, Walentina)	상트 페테르부르크 시장	4.87
35	고르모프, 알렉세이(Gromow, Alexej)	대통령행정실 부실장	4.84
36	코쉰, 블라디미르(Koshin, Wladimir)	대통령행정실 경제행정 실장	4.74
37	이바노프, 빅토르(Iwanow, Wiktor)	마약통제국가위원회 의장, 대표적인 실로비키	4.66
38	코노발로프, 알렉산더(Konowalow, Alexander)	법무부장관	4.63
39-40	드보르코비치, 아르카디(Dworkowitsch, Arkadij)	경제문제 대통령 자문	4.59
39-40	보구단취코프, 세르게이(Bogdantschikow, Sergej)	국영석유사 로스네프트(Rosneft) 회장	4.59
41-42	슈코프, 알렉산더(Shukow, Alexander)	부총리	4.57
41-42	이그나티예프, 세르게이(Ignatjew, Sergej)	러시아 중앙은행 장	4.57
43-44	미로노프, 세르게이(Mironow, Sergej)	연방회의(상원) 의장(대변인)	4.56
43-44	포타닌, 블라디미르(Potanin, Wladimir)	재벌, 노릴스크니켈(NorilskNickel) 공동소유자	4.56
45	츄바이스, 아나톨리(Tschubais, Anatolij)	러시아나노(Rusnano)회장, 전설적이며 증오 받고 있는 개혁가, 전 러시아통합전력회사(EES) 회장	4.50
46	프리호드코, 세르게이(Prichodko, Sergej)	대외정책 대통령 자문	4.41
47-48	바스트리킨, 미하일(Bastrykin, Michail)	검찰청 조사위원회 의장	4.39
47-48	프리드만, 미하일(Fridman, Michail)	금융재벌, 알파(Alfa)그룹 회장	4.39
49	차이카, 유리(Tschajka, Jurij)	검찰청장	4.36
50	볼로딘, 비야트체슬라프(Wolodin, Wjatscheslaw)	통합당 총위원회 의장단 비서	4.35

출처: D. Orlovand A. Korpusowa, "100 weduschtschich politokow Rossii w 2008 godu", *Nesawisimaja Gaseta*, 14.01.2009 http://www.ng.ru/ideas/2009.01.14/7top100.html, 14. Jan. 2009. 재인용 "Die 50 wichtigsten russischen Politiker im Jahr 2008", *Russland-Analysen*, No.177, 13. Feb. 2009, pp.18-19.

<표 18-8 · 1>에서 보는 것처럼 2008년 말 기준으로 여론조사 결과에서 인지도와 영향력 면에서 여전히 푸틴은 높은 점수(9.52)를 받고 있지만 메드베데프 대통령도 제2위(8.99)를 기록하면서 푸틴과의 격차를 좁혀나가고 있다.

푸틴은 사법부의 통제는 물론 2003년과 2007년 12월의 제4대와 제5대 국가두마 선거에서 여당의 약진으로 국가두마(하원) 그리고 연방의회(상원) 등 입법부의 통제를 통해 명실 공히 3권을 장악했다. 또한 언론매체와 매스미디어의 장악과 국내외 시민세력(NGO)의 통제뿐만 아니라 2008년 3월초 제5대 러시아연방 대통령선거에서 친 푸틴계 드미트리 메드베데프)의 당선 등으로 러시아 정치는 안정을 유지할 것으로 예상되며, 새 대통령은 푸틴의 정책을 이어갈 것으로 예상되나 푸틴보다 민주화와 시장 개혁의 가능성은 열려 있다고 보인다. 메드베데프 대통령도 시간이 경과하면서 그의 측근들을 주요 보직에 임명할 가능성을 높아져 가고 있다. 이 과정에서 메드베데프 대통령과 푸틴 총리간 혹은 각각의 추종자들간의 권력투쟁의 가능성도 배제할 수 없는 상황이다. 실제로 메드베데프 대통령은 상트 페테르부르크 출신의 법학도들을 등용하면서 실로비키의 영향력이 약화되고 '페테류리스트(Peterburg + Jurist의 합성어)'나 실로비키가 아닌 관료형 테크노크라트가 실세가 될지는 국내외 변수(글로벌 금융위기, 국제유가 등)에 따라 변화될 수 있을 것이다. 그러나 이변이 없는 한 푸틴 총리는 메드베데프 대통령 임기가 끝나는 2012년부터 6년 연속적으로 2024년까지 6대 및 7대 대통령이 될 가능성이 높다.[28]

28) 러시아연방 대통령은 차기 대통령부터 임기는 4년이 아닌 6년으로 연장됐다. 연속적으로 3선 금지 조항은 변함없다.

〈그림 19-4〉 1970-2004년 러시아의 출생률과 사망률 추이

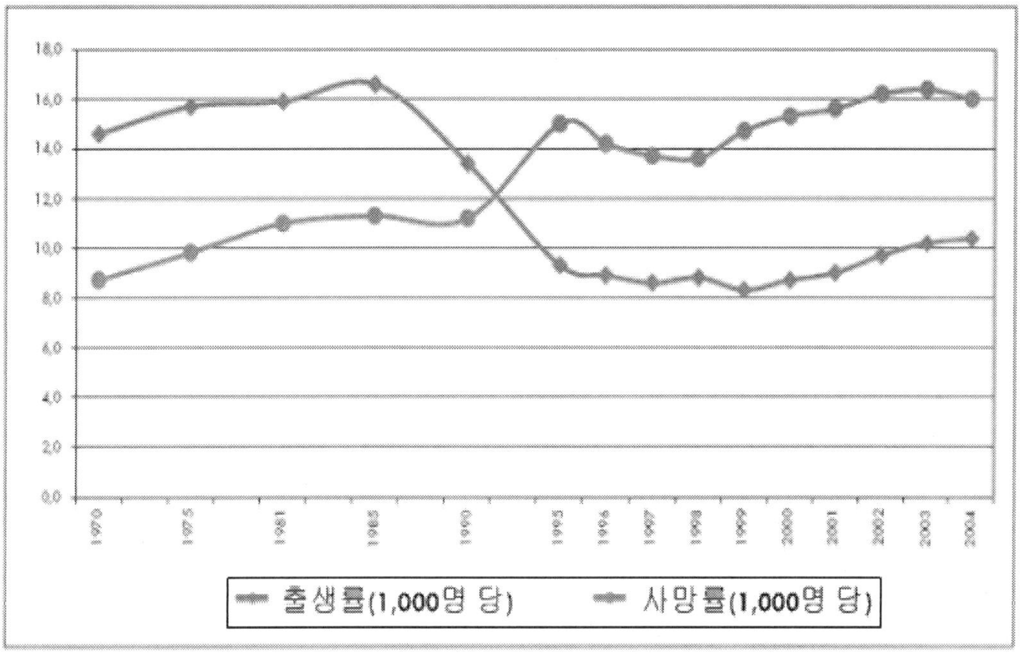

출처: 러시아통계위원회 http://www.gks.ru/free_doc/2005/b05_13/04-26.htm 재인용: "Geburtenrate und Sterblichkeit 1970-2004", *Russland-Analysen*, Nr.100, 19.05.2006, p.9.

〈그림 19-5〉 1990-2008년 러시아의 국립 및 사립 대학교 수

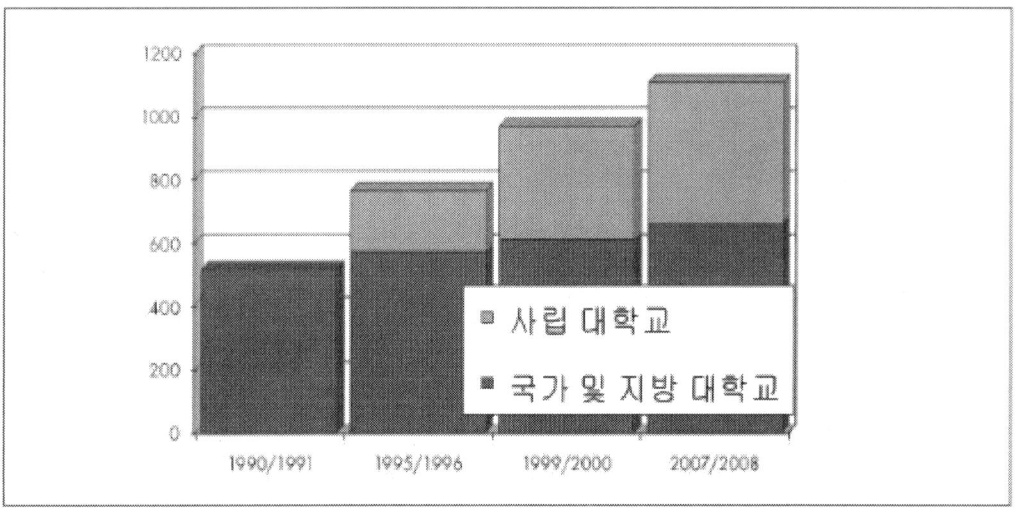

출처: Rosstat, http://www.gks.ru 재인용: "Das russische Hochschulwesen in Zahlen", *Russland-Analysen*, Nr.185, 19.06.2009, p.6.

〈그림 19-6〉 1994-2008년 인구 10만 명 당 러시아의 대학생 수

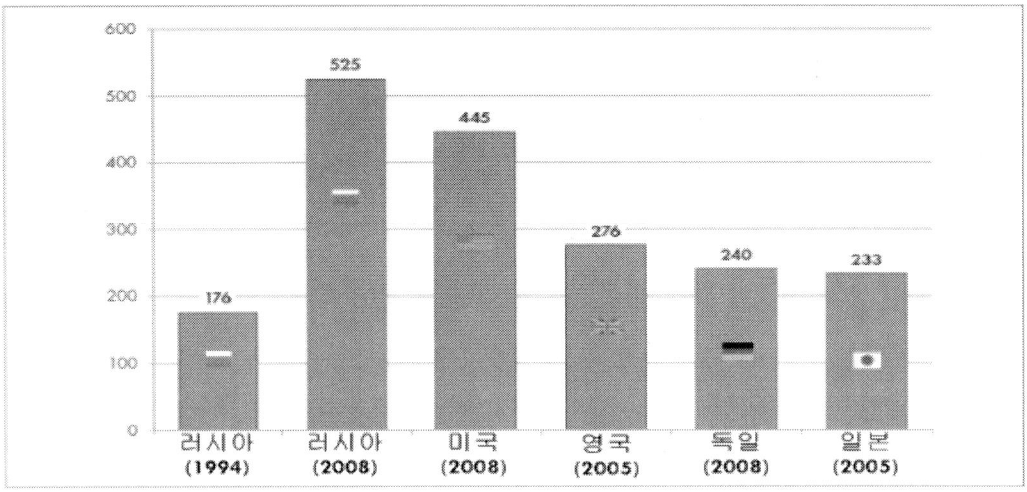

출처: OECD, Rosstat, http://www.gks.ru 재인용: "Das russische Hochschulwesen in Zahlen", *Russland-Analysen*, Nr.185, 19.06.2009, p.7.

〈표 19-2〉 1990-2008년 러시아의 국립 및 사립 대학교의 대학생 수(단위: 1,000명)

학년도	대학생 전체 수	국립 및 지방 대학교 대학생수	사립 대학교 대학생수
1990/1991	2825	2825	0
1995/1996	2791	2655	136
1999/2000	4742	4271	471
2007/2008	7064	5985	1079

출처: Rosstat, http://www.gks.ru 재인용: "Das russische Hochschulwesen in Zahlen", *Russland-Analysen*, Nr.185, 19.06.2009, p.7.

〈그림 19-7〉 러시아의 GDP 대비 교육비 지출 비율

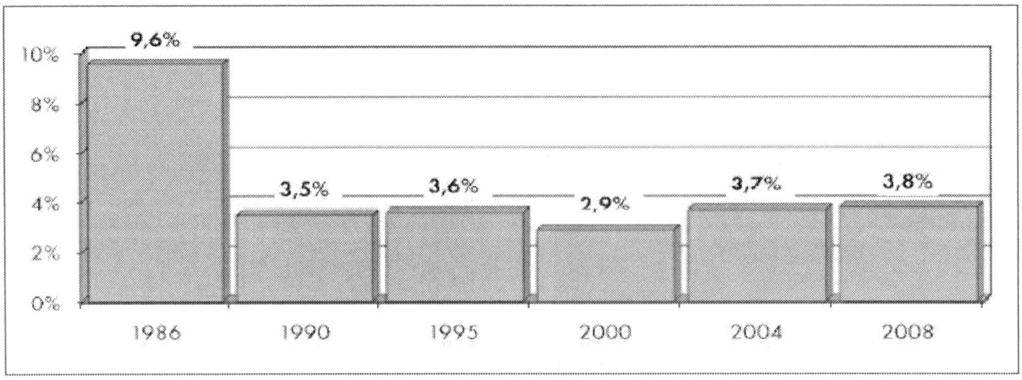

출처: Worldbank, http://devdata.worldbank.org/edstat/SummaryEducationProfiles/ CountryData/ GetShowData.asp?sCtry=RUS.Russia
재인용: "Das russische Hochschulwesen in Zahlen", *Russland-Analysen*, Nr.185, 19.06.2009, p.6.

〈그림 19-8〉 2002-2004년 러시아 내 주택시장에서 외국인의 차별(러시아인 만 가능)

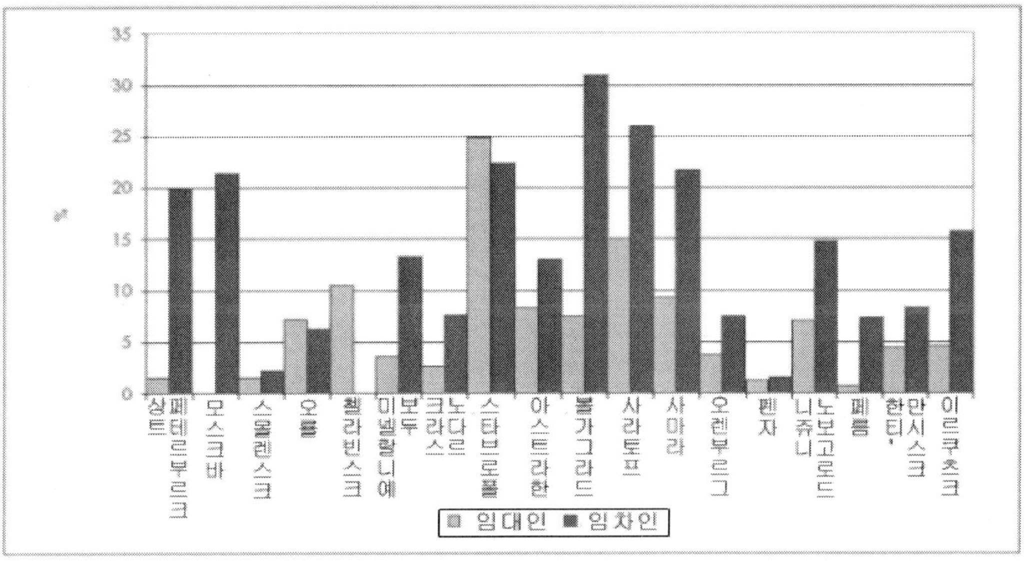

주 : 2002-2004년 러시아 무가지 주택임대 광고에서 11,100건의 주택 임대 공급과 9,400건의 주택 임대 수요를 바탕으로 분석한 것임.

출처: 2005년 7월 레베다 센터 여론조사. www.levada.ru 재인용: "Migration in Zahlen und Grafiken, Diskriminierung von Ausländern auf dem Wohnungsmarkt", *Russland-Analysen*, Nr.102, 02.06.2006, p.6.*Russland-Analysen*, Nr.102, 02.06.2006, p.9.

〈표 19-3〉 세계금융위기 하에서 러시아의 위협 인지도 여론조사

위 협 내 용	2008년	2009년
경제위기	22%	29%
실업률 증가	30%	56%
물가 상승	51%	55%
범죄 증가	32%	23%
미래의 신뢰 부족	*	22%
인접국과의 갈등	8%	13%
정부당국의 자의성	20%	8%
러시아 국경 지역에서 분쟁 갈등	14%	8%
러시아의 서방 족속, 러시아가 제3위 강대국으로의 전환	15%	7%
지도부의 약화, 무능력	14%	7%
외국인을 촌한 러시아 천연자원의 강탈, 러시아의 식민지화	17%	6%
일부 지역에서의 러시아의 분열	18%	5%
북 카프카스 지역에서 상황 악화	9%	5%
서방 국가들과의 긴장 강화	12%	5%
줄서기, 삼품부족, 배급제	*	4%
내전	*	3%
소유권의 위협, 민간경제의 이해관계 악화	3%	2%

위 협 내 용	2008년	2009년
수유권의 재분배	4%	2%
독재 체제 설립	3%	1%
대량학살, 반체제 인사 소추	2%	1%
시민적 지유권의 제한(언론 및 여행의 자유 등)	2%	1%
기타 의견	6%	7%
무응답	10%	5%

주: * 설문지 조사 대항이 아니었음; 설문 내용 중 여러 번 응답 가능.
출처: Umfragen des Leweda-Zentrums vom 16.-19. Jan. 2009. http://www.levada.ruj./press/2009012800.html 재인용: "Bedrohungsperzeptionen im Kontext der Finanzkrise", *Russland- Analysen*, Nr.177, 13.02.2009, p.6.

〈표 19-4〉 2005-2009년 러시아 시민의 주요 걱정거리에 대한 여론조사

걱 정 거 리	2005년	2006년	2007년	2008년	2009년	
					1월	6월
물가 상승	71%	70%	64%	82%	75%	75%
실업률 증가	39%	34%	30%	25%	57%	56%
빈곤과 국민 다수의 빈곤화	53%	51%	52%	45%	42%	46%
경제위기, 공업과 농업의 나쁜 상황	33%	29%	28%	29%	48%	45%
부자와 빈자의 양극화, 소득수입의 불공정한 분배	27%	30%	32%	35%	28%	28%
의료 서비스의 요금증가	29%	31%	32%	31%	26%	27%
도덕, 문화, 풍속의 위기	22%	24%	28%	26%	24%	26%
부패와 뇌물	24%	25%	27%	27%	23%	24%
약물 중독의 증가	29%	29%	25%	29%	19%	21%
교육비의 증가	27%	28%	26%	26%	21%	21%
환경오염	17%	24%	22%	23%	14%	19%
범죄 증가	29%	29%	28%	27%	19%	16%
공무원의 압도적 권한과 재량권	9%	10%	9%	10%	8%	9%
임금, 연금, 지원금 지불 지체	4%	5%	3%	4%	10%	9%
외지인과 이주자 쇄도	7%	10%	9%	12%	9%	9%
국가권력의 약화	11%	11%	9%	9%	9%	8%
경찰의 잔혹성과 난폭성	6%	8%	9%	9%	7%	7%
민족주의 증가와 국제관계 악화	4%	10%	7%	5%	6%	6%
러시아 내에서 정의실현의 어려움	5%	6%	8%	7%	5%	5%
테러와 테러 위협 증가	15%	10%	6%	4%	4%	4%
에이즈(AIDS) 증가	6%	5%	8%	7%	6%	4%
시민권과 민주적 자유의 제한	2%	2%	1%	2%	2%	2%
체첸과 북 카프카스에서 테러	7%	4%	4%	2%	3%	2%
여러 영역에서 국가권력 간 갈등	3%	2%	2%	2%	3%	2%
기타	1%	1%	2%	3%	2%	2%
무응답	1%	1%	3%	1%	1%	1%

출처: Umfragen des Zentrums, zuletzt 11.-17. Juni 2009. http://www.leveda.ru./press/2009062302.html 재인용: "Die Hauptsorgen der russischen Bürger", *Russland-Analysen*, Nr.186, 03.07.2009, p.26.

〈그림 19-9〉 1970-2004년 러시아의 기업형태별 토지이용

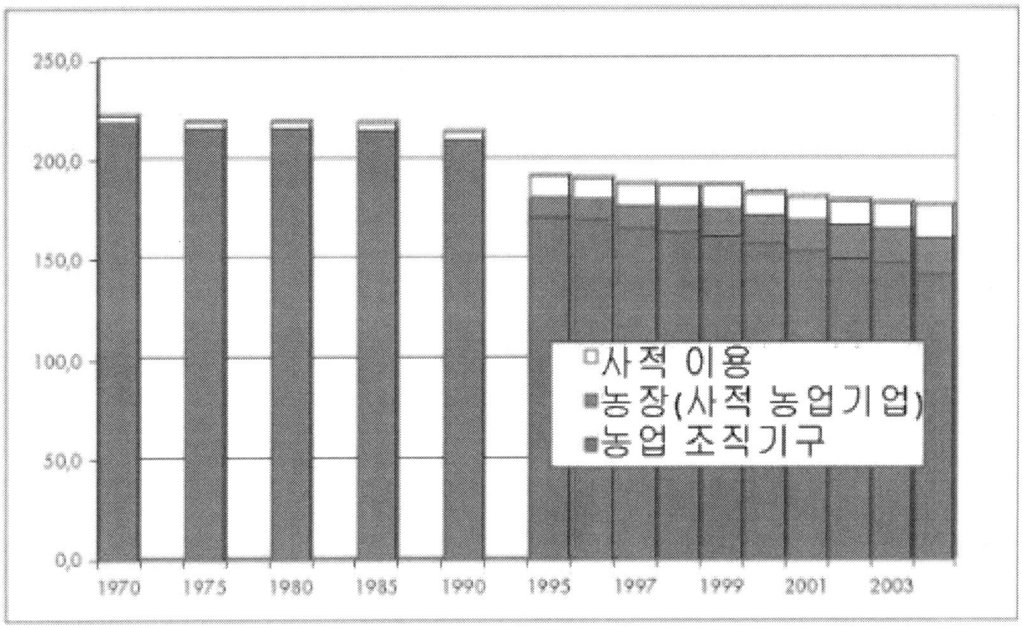

출처: 러시아통계위원회 http://www.gks.ru/free_doc/2005/b05_13/14.01htm

〈그림 19-10〉 1970-2004년 러시아의 파종 면적 추이(단위: 1,000ha)

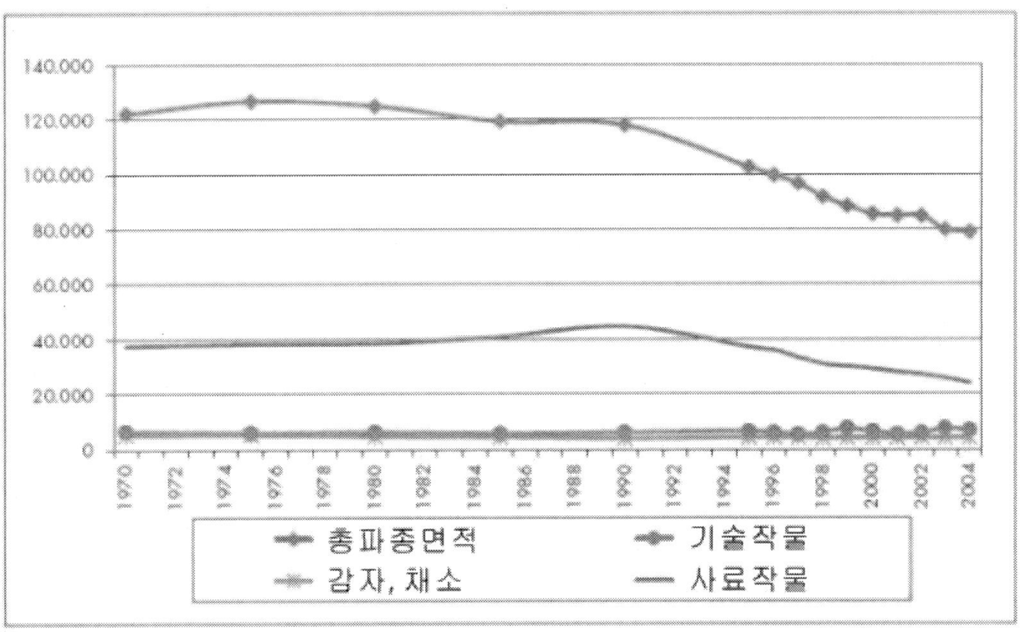

출처: 러시아통계위원회 http://www.gks.ru/free_doc/2005/b05_13/14.22htm

〈표 19-5〉 1992-1999년 러시아의 농업생산물 추이

농업생산물	1992년	1993년	1994년	1995년	1996년	1997년	1998년	1999년
곡물(100만 톤)	106.9	99.1	81.3	63.4	69.3	88.6	47.8	54.7
사탕무우(100만 톤)	25.5	25.4	13.9	19.0	16.1	13.8	10.8	15.2
해바라기씨(100만 톤)	3.1	2.7	2.5	4.1	2.7	2.8	3.0	4.2
감자 (100만톤)	38.3	37.6	33.8	39.9	38.6	37.0	31.3	31.2
야채(100만 톤)	10.0	9.8	9.6	11.2	10.7	11.1	10.5	12.3
육류 및 닭(도살량:100만 톤)	8.3	7.5	6.8	5.8	5.3	4.9	4.7	4.3
우유(100만 톤)	47.2	46.5	42.1	39.2	35.8	34.1	32.7	32.1
계란(10억 개)	42.9	40.2	37.4	33.8	31.9	32.1	32.4	33.3

주 : 모든 형태의 농업기업에서 생산됨; 모든 수치는 반올림한 수치; 곡물생산량은 잡초를 제거한 수치

출처: Rossiiskij statistitscheskij eshegodnik (Moskau: Goskomstat, 1999), pp.363-371; Selskoje chosjaistwo Rossii w 1999 godu (ekonomitscheskii obsor), APK: ekonomika, uprawlenije, Nr.4 (April 2000), pp.26-31; Selskoje chosjaistwo w Rossii (Moskau: Goskomstat, 2000); Agropromyschlennyj komplex Rossii (Moskau: Goskomstat, 2001), pp.61-81; 재인용: "Statistiken zur russischen Landwirtschaft", *Russland- Analysen*, Nr.178, 28.02.2009, p.14.

〈표 19-6〉 1998-2007년 러시아의 농업생산물 추이

농업생산물	1998/99	2000/01	2002/03	2004	2005	2006	2007	1988/86년 대비 2007년의 평균치(%)
곡물(100만 톤)	51.2	75.3	76.9	78.0	78.2	78.6	81.8	160%
사탕무우(100만 톤)	13.0	14.3	17.5	21.8	21.4	30.9	29.0	223%
해바라기씨(100만 톤)	3.6	3.3	4.3	4.8	6.4	6.8	5.7	158%
감자 (100만 톤)	31.2	34.5	34.7	35.9	37.3	38.6	36.8	118%
야채(100만 톤)	11.4	12.7	14.0	14.5	15.2	15.6	15.5	136%
육류 및 닭(도살량:100만 톤)	4.5	4.4	4.8	4.9	4.9	5.2	5.6	124%
우유(100만 톤)	32.4	32.4	33.4	31.9	32.2	31.0	32.2	99%
계란(10억 개)	32.8	34.4	36.3	35.7	35.8	37.9	37.8	115%

주 : 모든 형태의 농업기업에서 생산됨; 모든 수치는 반올림한 수치; 곡물생산량은 잡초를 제거한 수치; 1998/99, 2000/01, 2002/02년 자료는 각각 2년간의 평균치,

출처: Rossiiskij statistitscheskij eshegodnik(Moksau: Goskomstat, 1999), pp.363-371; Agropromyschlennyj komplex Rossii (Moskau: Goskomstat, 2001), pp.61-81; Rossija w zifrach (Moskau: Goskomstat, 2004), pp.209-211; www.mcx.ru; www.gks.ru/free; A. I. Manellja, Selskoje chosjaistwo RoOssii w 2006 godu, Ekonomika selskochosjaistwennych I pererabatyvajuschtschich predprijatij, Nr.4 (April 2007), pp.59-62. 재인용: "Statistiken zur russischen Landwirtschaft", *Russland- Analysen*, Nr.178, 28.02.2009, p.17.

〈그림 19-11-2〉 2003-2007년 러시아 식료품 수입 성장률 추이

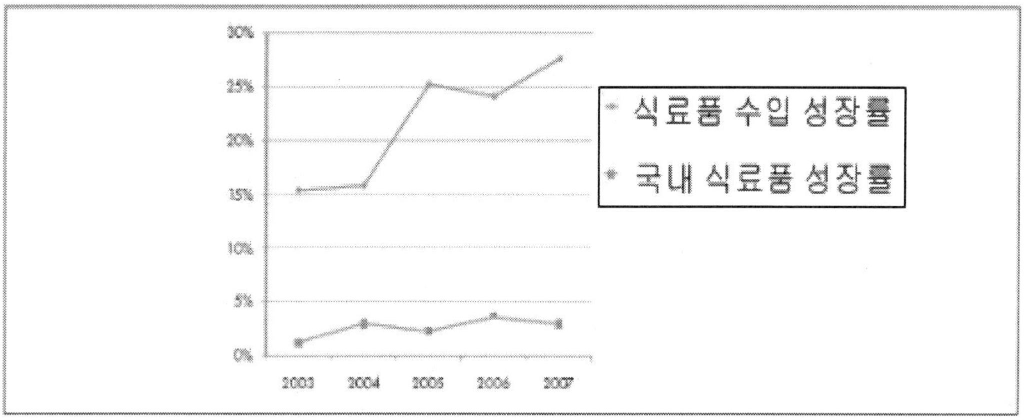

출처: Doklad Presidenta AKKOR Wladimira ikolajewitscha Plotnikowa na XIX sjesde AKKOR, Fermerskoje samoupravlemije, Nr.3-4-5 (2008), p.3. 재인용: "Statistiken zur russischen Landwirtschaft", *Russland- Analysen*, Nr.178, 28.02.2009, p.20.

〈그림 19-12〉 1994-2004년 러시아 실질소득 추이(1994년 = 100%)

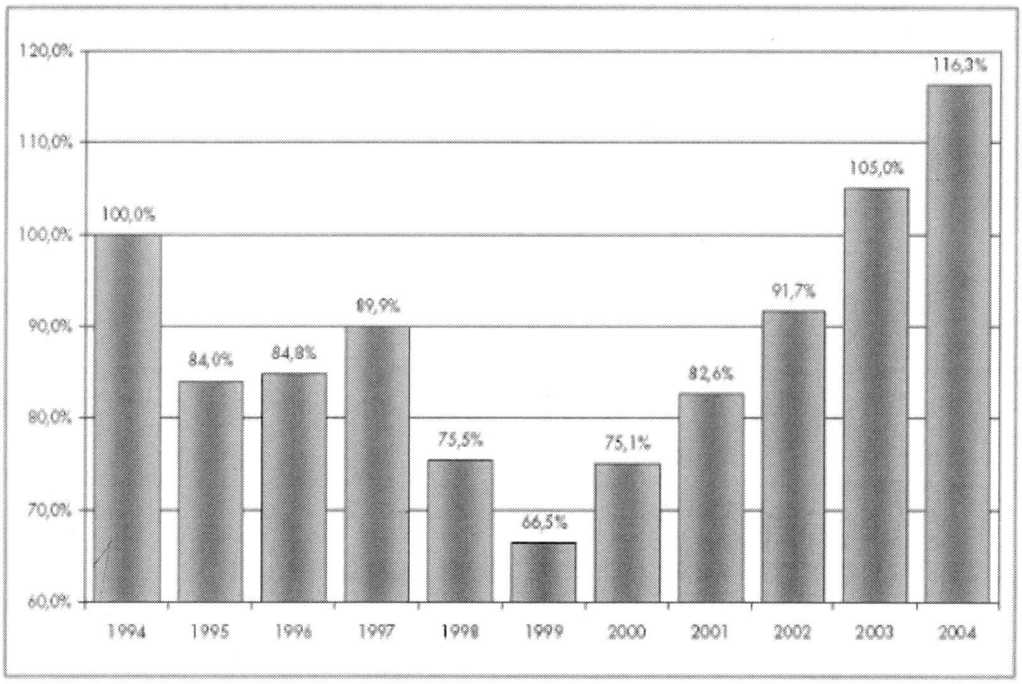

출처: 러시아통계위원회. 재인용: "Entwicklung des Realeinkommens 1994-2000", *Russland-Analysen*, Nr.100, 19.05.2006, p.10.

〈표 19-11〉 1992-2004년 러시아 주민의 생활수준 발전 추이

내 역	1992년	1995년	2000년	2001년	2002년	2003년	2004년
가계의 실제적 최종소비 (경상가격, 2000년까지 1조 루블)	7.9	871.6	3813.5	5013.8	6394.5	7701.8	9375.1
GDP 대 비율(%)	42.8%	61.1%	52.3%	55.8%	59.2%	58.1%	56.7%
전년대비 비율(%)	97.3%	97.4%	105.9%	108.2%	107.7%	106.9%	110.0%
실질가처분화폐소득 (전년 대비 비율 %)	52%	85%	112%	109%	111%	115%	118%
실질임금(전년대비 %)	67%	72%	121%	120%	116%	111%	111%
최저생계비 대비 일인당 평균 화폐소득 증가율(%)	211%	195%	189%	205%	220%	244%	266%
최저생계비 대비 일인당 평균 명목 임금 증가율(%)	281%	159%	168%	199%	222%	239%	263%
최저생계비 대비 일인당 평균 명목 연금 증가율(%)	119%	101%	76%	90%	100%	102%	106%
최저생계비 화폐소득자 (단위: 100만 명)	49.7	36.3	41.9	39.4	34.6	29.3	25.5
전체 인구대비 최저생계소득자 비율(%)	33.5%	24.7%	28.9%	27.3%	24.2%	20.3%	17.8%

출처: 러시아통계위원회 재인용: "Entwicklung des Lebensstandards der russischen Bevölkerung", *Russland-Analysen*, Nr.100, 19.05.2006, p.10.

〈표 19-12〉 2003-2004년 러시아 전체 인구 중에서 최저빈곤층이 차지하는 비율

연 도	최저빈곤층 수(100만 명)	전체 인구 중에서 차지하는 비율(%)
2003년 1/4분기	39.2	26.5%
2003년 2/4분기	33.7	23.5%
2003년 3/4분기	31.3	21.8%
2003년 4/4분기	23.2	16.1%
2004년 1/4분기	31.6	22.1%
2004년 2/4분기	29.8	20.8%
2004년 3/4분기	26.7	18.7%
2004년 4/4분기	20.8	14.6%

출처: 러시아통계위원회. 재인용: "Anteil der Bevölkerung mit Einkünften unterhalb des Exitenzminimum", *Russland-Analysen*, Nr.100, 19.05.2006, p.1

〈그림 19-13〉 2003-2004년 러시아 전체 인구 중에서 최저빈곤층이 차지하는 비율(%)

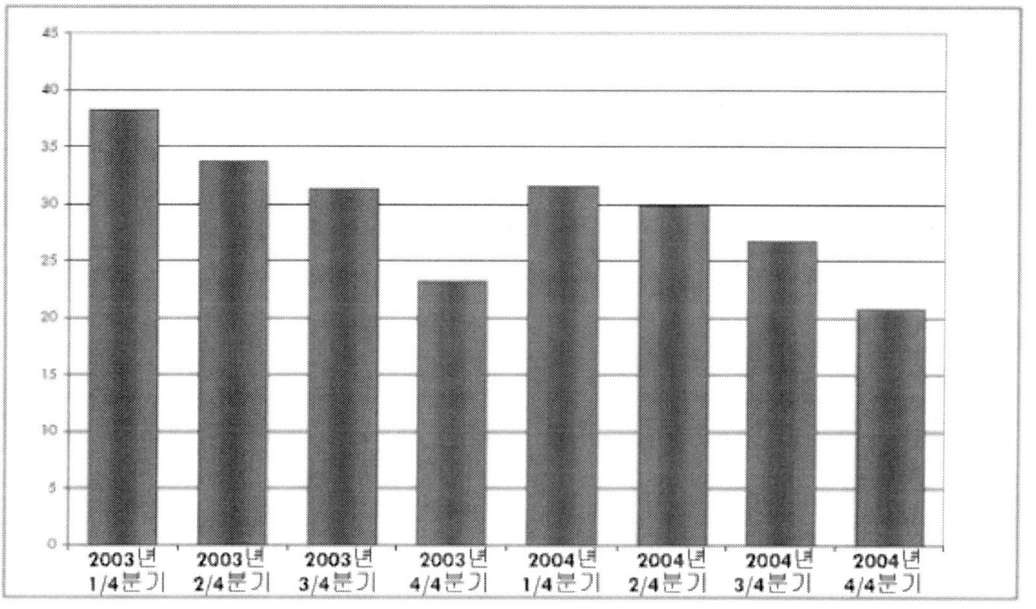

출처: 러시아통계위원회. 재인용: "Anteil der Bevölkerung mit Einkünften unterhalb des Exitenzminimum", *Russland-Analysen*, Nr.100, 19.05.2006, p.11.

〈그림 19-14〉 러시아 경제부문별 기업 경쟁력

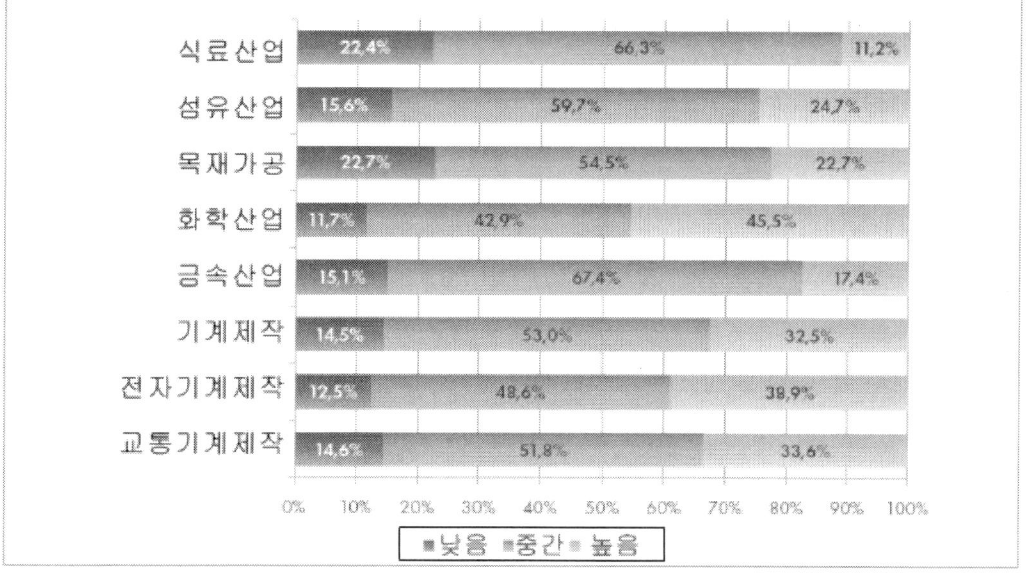

출처: Higher School of Economics and IBRD. 재인용: "Kennzahlen zur Unternehmensentwicklung", *Russland-Analysen*, Nr.184, 05.06.2009, p.6.

〈그림 19-15〉 1998-2007년 러시아 중기업의 고용자 수와 판매액 추이

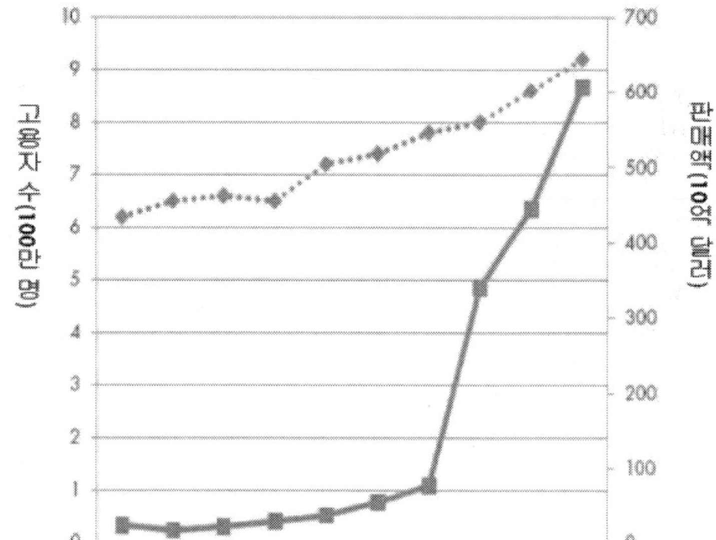

	1998	1999	2000	2001	2002	2003	2004	2005	2006	2007
고용자 수(100만 명)	6,2	6,5	6,6	6,5	7,2	7,4	7,8	8,0	8,6	9,2
판매액(10억 달러)	24	17	22	29	37	55	77	340	445	607

주 : 루블 환산은 각 연도별 중간 환율로 계산됨.
출처: Rossstat, 재인용: "Kennzahlen zur Unternehmensentwicklung", *Russland-Analysen*, Nr.184, 05.06.2009, p.5.

〈그림 19-16〉 1995-2008년 러시아 주가 추이

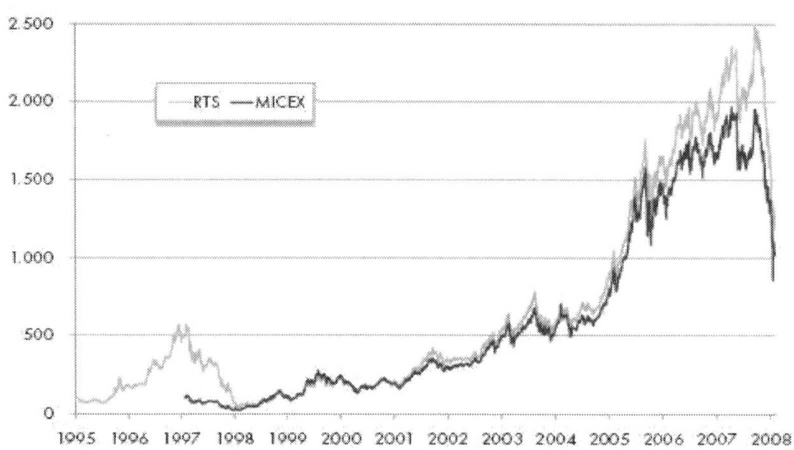

출처: http://www.rts.ru/ru/index/stat/dailyhistory.html?code=RTS;

〈그림 19-17〉 2008-2009년 주요국 주식시장의 주가 추이(2008년 1월 초 대비 %)

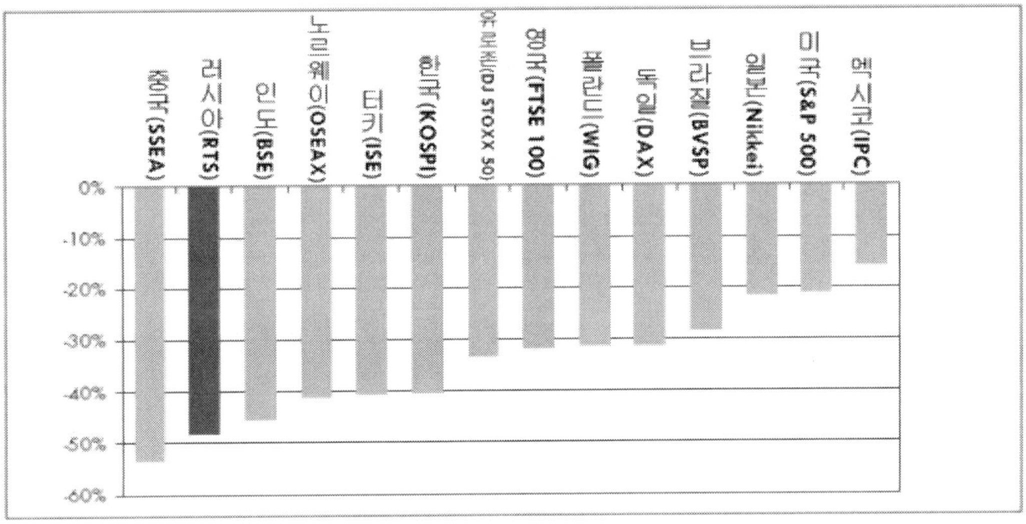

출처: Conomist, 2.10.2009; 재인용: "Die Entwicklung der russischen Börse im internationalen Vergleich", *Russland-Analysen*, Nr.170, 3.10.2008, p.9.

〈그림 19-18〉 2008년과 2009년(5월 27일 기준)주요국의 주가 추이

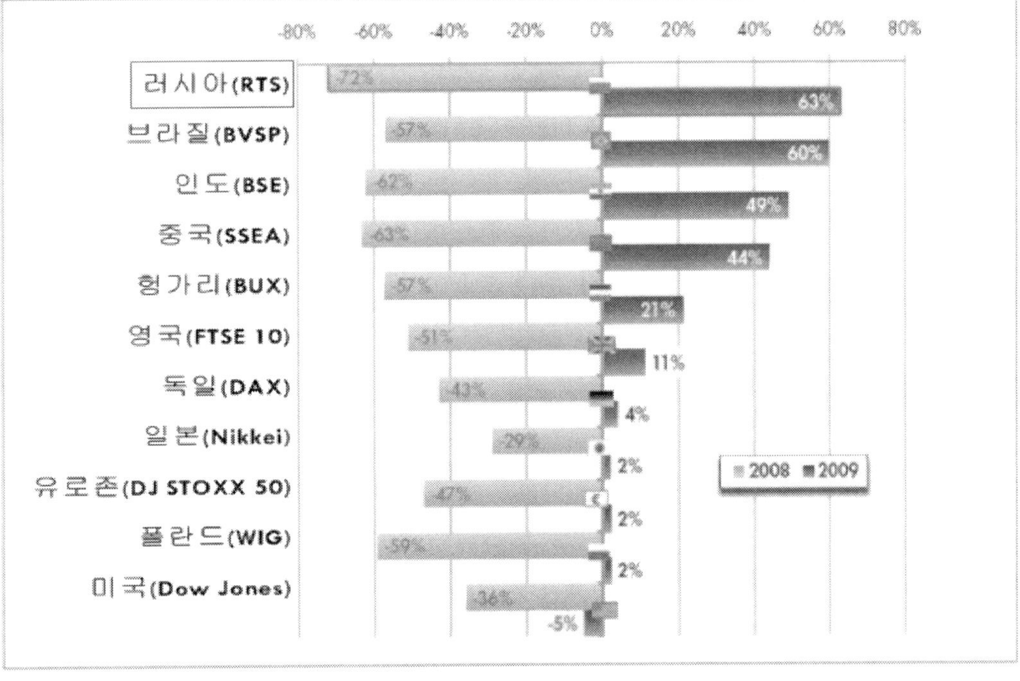

출처: *Economist*, 30.5.2009; 3.1.2009. 재인용: "Aktuelle Wirtschaftsdaten im internationalen Vergleich", *Russland-Analysen*, Nr.184, 05.06.2009, p.10.

〈그림 19-19〉 2003년 러시아 주식시장의 자본화와 국제비교(GDP 대비 %)

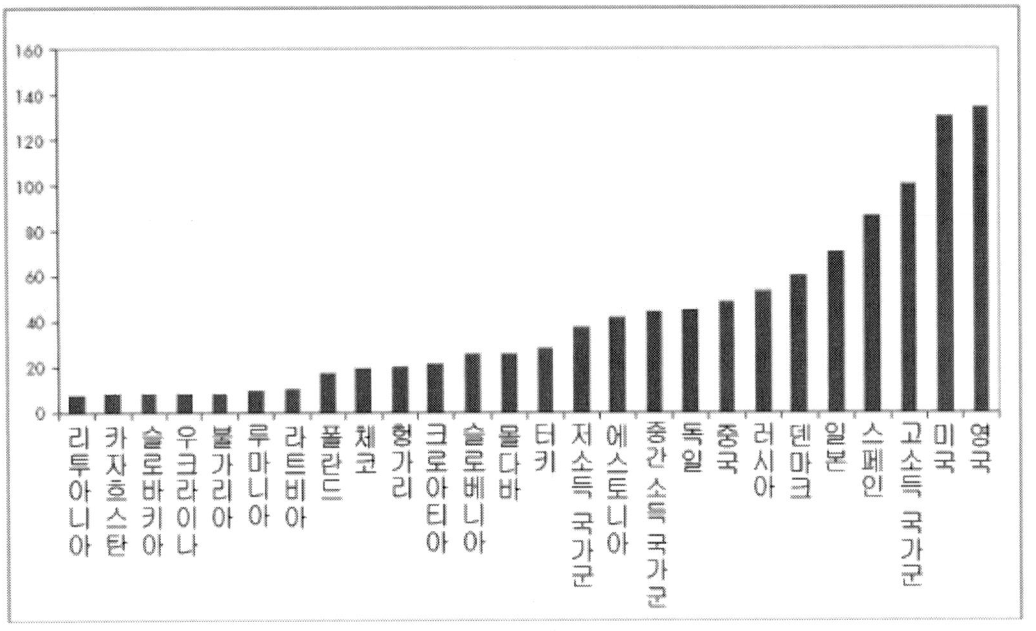

출처: World Bank Development Indicators 2005. www.worldvanj.org 재인용: "Die Kapitalisierung von Aktienmärkten im Vergleich (in Prozent des BIP, 2003)", *Russland-Analysen*, Nr.107, 07.07.2006, p.4.

〈그림 19-20〉 러시아 은행부분의 자산 분포도(2008년 9월 1일 기준)

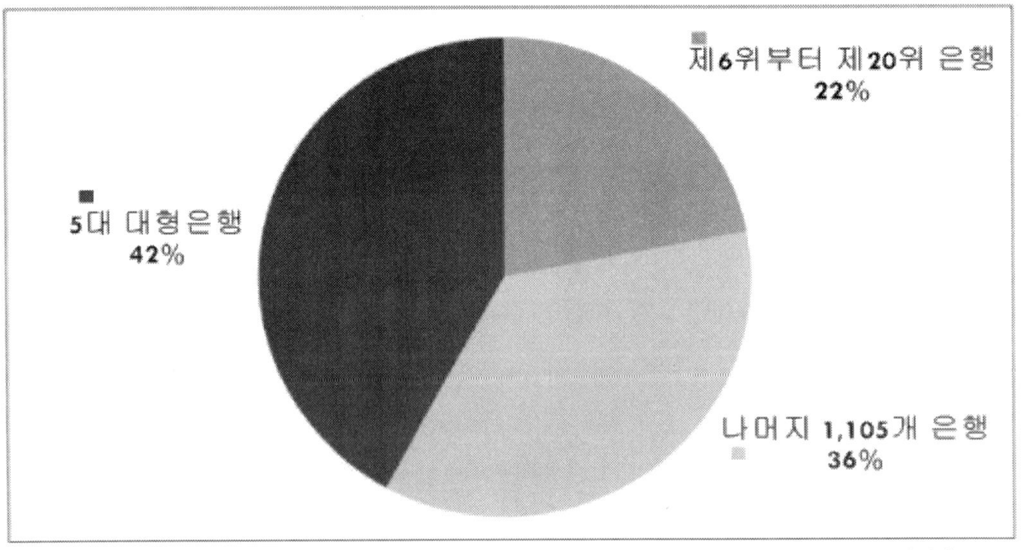

출처: Russian Central Bank, http://www.cbr.ru/analytics/bank_system/obs_ex.pff 재인용: "Die Vewrteilung der Aktiva des Bankensektors", *Russland-Analysen*, Nr.171, 17.10.2008, p.8.

〈그림 19-21〉 러시아 부문별 유동자본에서 은행 대부 비율(2008년 7월 1일 기준)

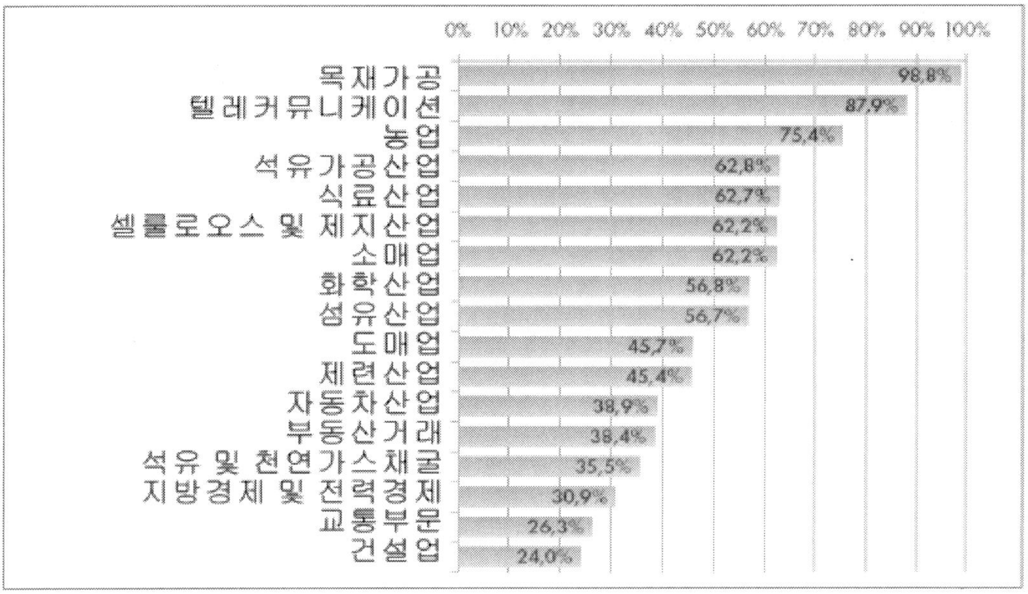

출처: Zentrum für makroökonomische Analyse und kurzfristige Prognose (ZMAKP), Moskau, http://www.forecast.ru/ 재인용: *Russland-Analysen*, Nr.184, 05.06.2009, p.6.

〈그림 19-22〉 2003년 러시아 국내 대출 규모와 국제비교(GDP 대비)

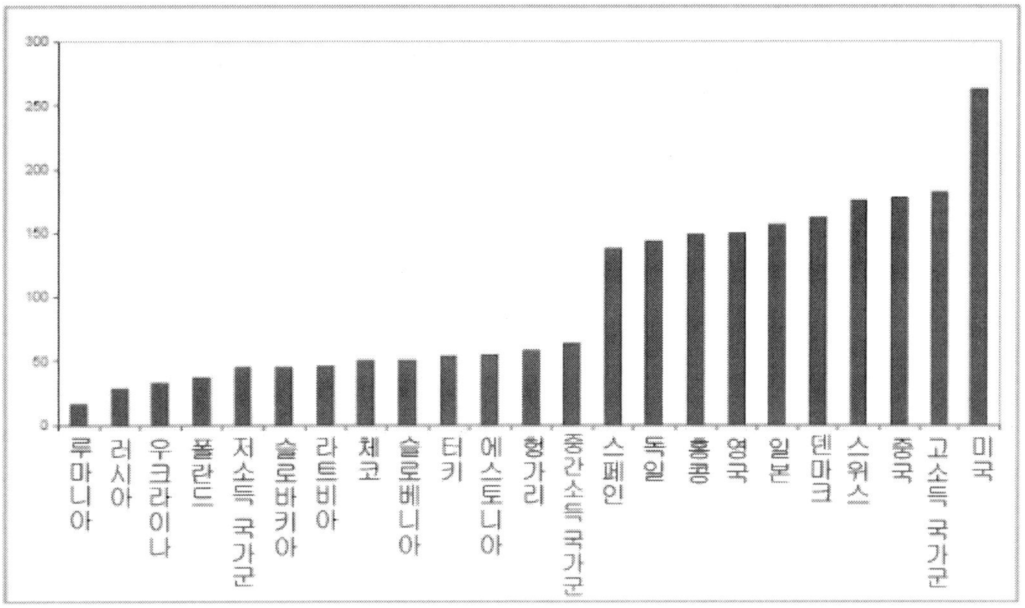

출처: World Bank Development Indicators 2005. www.worldvanj.org 재인용: “Inländische Kreditvergabe(in Prozent des BIP, 2003)”, *Russland-Analysen*, Nr.107, 07.07.2006, p.5.

〈표 19-13〉 1998-2007년 러시아, 독일, 미국 국방비 추이

연도	러시아			독 일			미 국		
	십억 루블	백만 달러	GDP 대비율(%)	10억 유로	백만 달러	GDP 대비율(%)	십억 달러	백만 달러	GDP 대비율(%)
1988	0.1	218,436	15.8%	31,515	55,627	2.9%	293,093	483,994	5.70%
1989	0.1	202,543	14.2%	32,302	55.475	2.8%	304,085	479,060	5.50%
1990	0.1	171,349	12.3%	34,960	58,464	2.8%	306,170	457,648	5.30%
1991	...	...	...	33,530	55,134	2.2%	280,292	401,949	4.70%
1992	1.0	42,527	5.5%	33,508	52.436	2.0%	305,141	424,705	4.80%
1993	9.0	37,569	5.3%	31,459	47,139	1.9%	297,637	402,375	4.50%
1994	35.9	36,613	5.9%	30,144	43,962	1.7%	288,059	377,867	4.10%
1995	63.2	21,683	4.4%	30,159	43,238	1.6%	278,856	357,382	3.80%
1996	82.5	19,148	4.1%	29,998	42,395	1.6%	271,417	337,946	3.50%
1997	105.0	21,246	4.5%	29,451	40,854	1.5%	276,324	336,185	3.30%
1998	85.6	13,557	3.3%	29,822	40,993	1.5%	274,278	328,611	3.10%
1999	165.0	14,045	3.4%	30,603	41,822	1.5%	280,969	329,411	3.00%
2000	271.0	19,141	3.7%	30,554	41,147	1.5%	301,697	342,172	3.10%
2001	365.0	21,245	4.1%	30,648	40,474	1.5%	312,743	344,932	3.10%
2002	470.0	23,604	4.3%	31,168	40,604	1.5%	356,720	387,303	3.40%
2003	568.0	25,111	4.3%	31,060	40,044	1.4%	415,223	440,813	3.80%
2004	656.0	26,119	3.8%	30,610	38,816	1.4%	464,676	480,451	4.00%
2005	806.0	28,492	3.7%	30,600	38,060	1.4%	503,353	503,353	4.00%
2006	967.0	31,181	3.6%	30,365	37,133	1.3%	527,660	511,187	4.00%
2007	1178.0	35,369		30,739	36,929		578,315	546,786	

주 : US달러는 2005년 경상가격 기준; 1990년까지 독일은 구 서독; 미국의 회계연도는 10월1일 부터 9월 30일 기준임.

출처: http://milexdata.sipiri.org/result.ph Jun. 2008; 재인용: "Militärausgaben Russlands, Deutschlands und der USA 1988-2007", *Russland-Analysen*, Nr.167, 27.6.2008, p.16.

〈표 19-14〉 2007년 국방 예산이 가장 많은 12개국의 국방비 지출 규모

순위	국 가	국 방 비 (10억 US 달러)	
		구매력 평가기준(PPP)	환율환산 기준(MER)
1	미 국	547.0	547.0
2	중 국(추정)	140.0	58.3
3	러 시 아(추정)	78.8	35.4
4	인 도	72.7	24.2
5	영 국(UK)	54.7	59.7
6	사우디아라비아	52.8	33.8

순위	국 가	국 방 비 (10억 US 달러)	
		구매력 평가기준(PPP)	환율환산 기준(MER)
7	프 랑 스	47.9	53.6
8	일 본	37.0	43.6
9	독 일	33.0	36.9
10	이탈리아	29.6	33.1
11	한 국	29.4	22.6
12	브 라 질	26.7	15.3

주 : 2005년 경상가격, 환율 기준

출처: http://www.sipiri.org/contents/milap/milex/mex_major_spenders.pdf, 10.6.2008; 재인용: "Militärausgaben Russlands, Deutschlands und der USA 1988-2007", *Russland-Analysen*, Nr.167, 27.6.2008, p.17.

〈그림 19-23〉 2007년 국방 예산이 가장 많은 12개국의 국방비 지출 규모
(단위: 10억 달러, 구매력 혹은 환율 환산 기준)

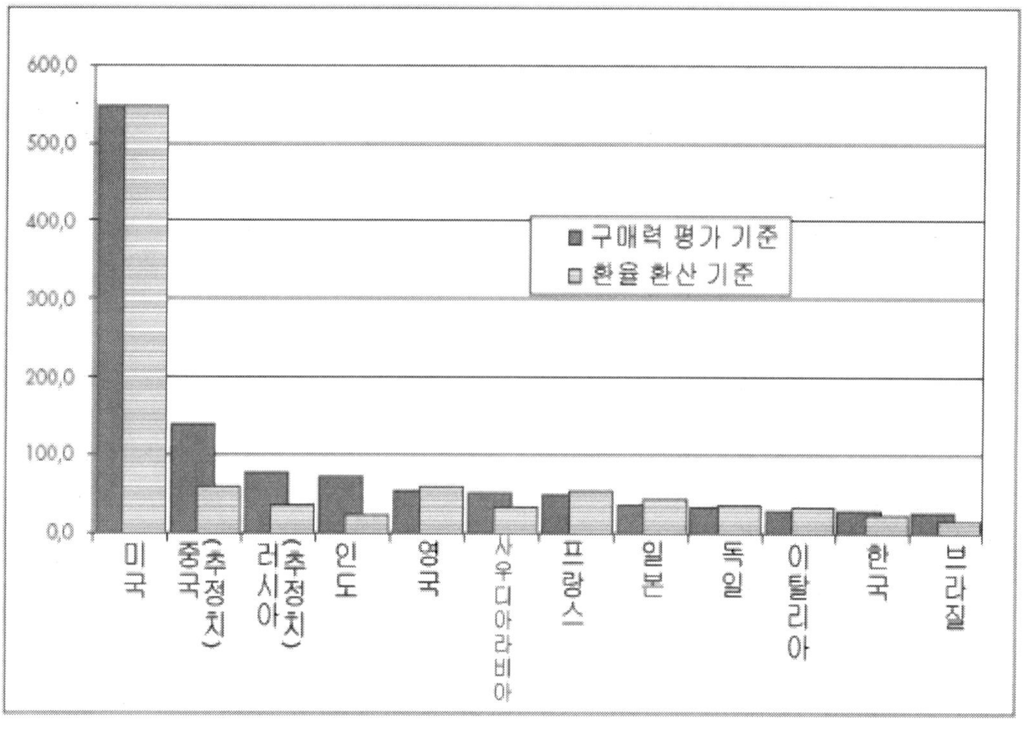

주 : 2005년 경상가격, 환율 기준

출처: http://www.sipiri.org/contents/milap/milex/mex_major_spenders.pdf, 10.6.2008; 재인용: "Militärausgaben Russlands, Deutschlands und der USA 1988-2007", *Russland-Analysen*, Nr.167, 27.6.2008, p.17.

〈그림 19-24〉 2006-2008년 러시아 철강기업의 매출액 추이(단위: 10억 달러)

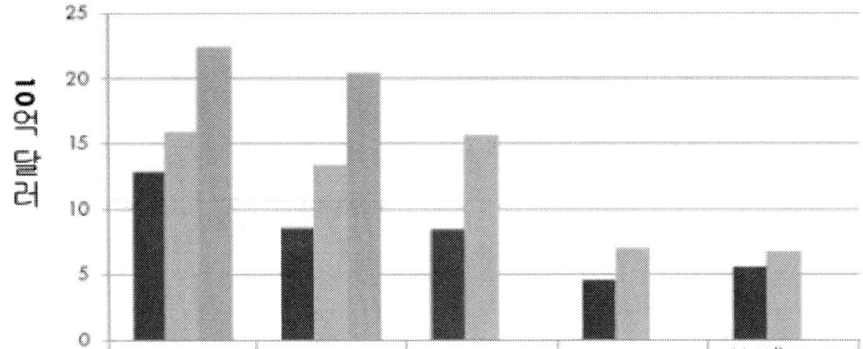

	Severstal (Aleksej Mordaschow)	Evraz (Roman Abramowitsch)	Rusal (Oleg Deripaska)	Mechel	Metalloinvest (Alischer Usmanow)
2006	12,83	8,56	8,45	4,54	5,54
2007	15,88	13,35	15,59	6,96	6,71
2008	22,39	20,38	k.A.	k.A.	k.A.

출처: Ekspert, http://expert.ru/ratings/; Jahres- oder Finanz-Report. http://www.evraz.com/; http://www.severstal.com/ 재인용: "Die wirtschaftliche Entwicklung der russischen Metallunternehmen", *Russland-Analysen*, Nr.182, 08.05.2009, p.19.

〈그림 19-25〉 2006-2008년 러시아 철강기업의 이윤 추이(단위: 10억 달러)

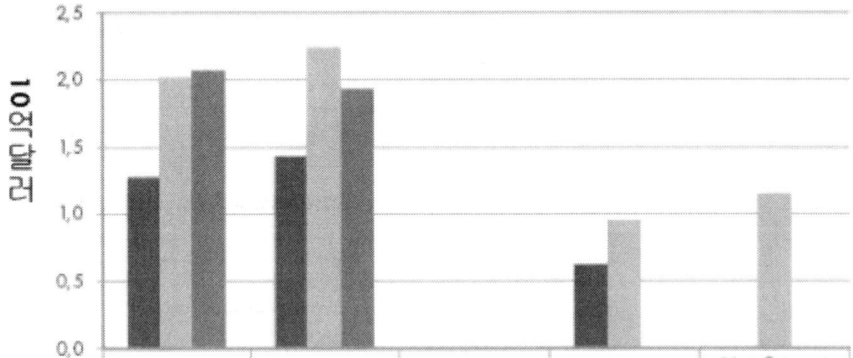

	Severstal (Aleksej Mordaschow)	Evraz (Roman Abramowitsch)	Rusal (Oleg Deripaska)	Mechel	Metalloinvest (Alischer Usmanow)
2006	1,27	1,43	k.A.	0,62	k.A.
2007	2,02	2,23	k.A.	0,95	1,15
2008	2,07	1,93	k.A.	k.A.	k.A.

출처: Ekspert, http://expert.ru/ratings/; Jahres- oder Finanz-Report. http://www.evraz.com/; http://www.severstal.com/ 재인용: "Die wirtschaftliche Entwicklung der russischen Metallunternehmen", *Russland-Analysen*, Nr.182, 08.05.2009, p.19.

〈그림 19-26〉 2002-2009년 세계 철강 가격 추이(단위: US 달러/t)

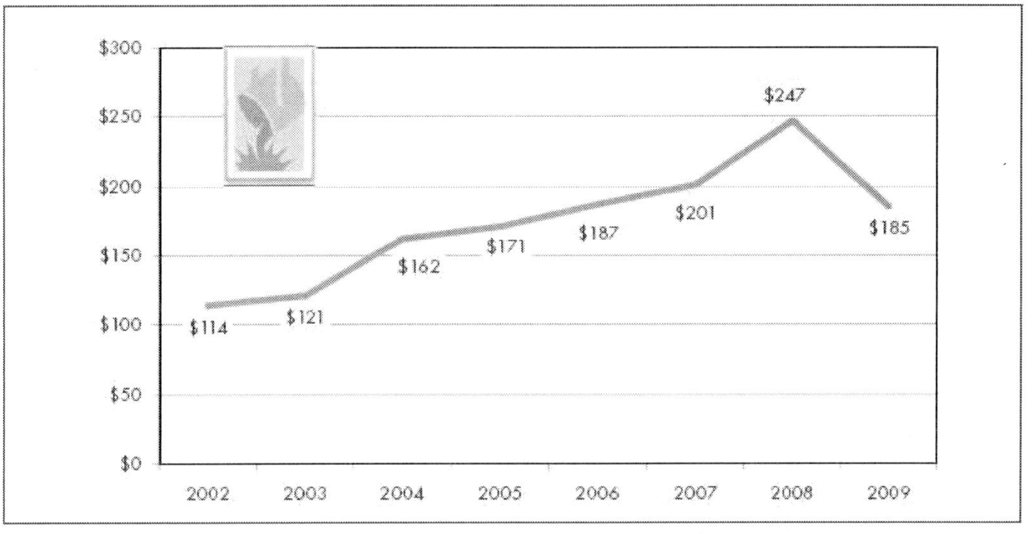

주 : 2009년은 1-3월의 중간치.
출처: Price Indicator WPU101 (Iron and Steel), US Bureau of Labor Statistics, http://data.bis.gov/PDO/servlet/SurveyOutputServlet?series_id=wpu101&data_tool=XGtable 재인용: "Die wirtschaftliche Entwicklung der russischen Metallunternehmen", *Russland-Analysen*, Nr.182, 08.05.2009, p.20.

〈그림 19-27〉 1997-2008년 세계 원유 국제가격 추이(달러)

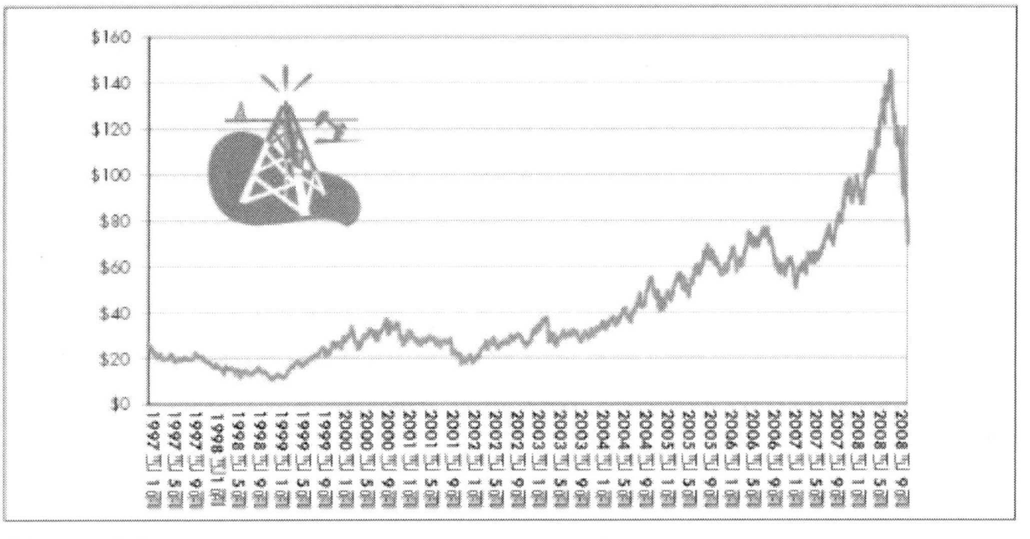

주 : US 달러, NYMEX Light Sweet Crude, Contract 1)
출처: http://www.eia.doe.gov/emeu/international/prices.html#Crude; 17 Oct. 2008; Reuters News Service as reported in IA, Weekly Petroleum Status Report, Table2 16; 재인용: "Die Weltmarktpreis für Rohöl: 1997-2008", *Russland-Analysen*, Nr.171, 17.10.2008, p.10.

〈그림 19-28〉 러시아 석유와 천연가스 채굴부문에서 국영기업이 차지하는 비율 추이(%)

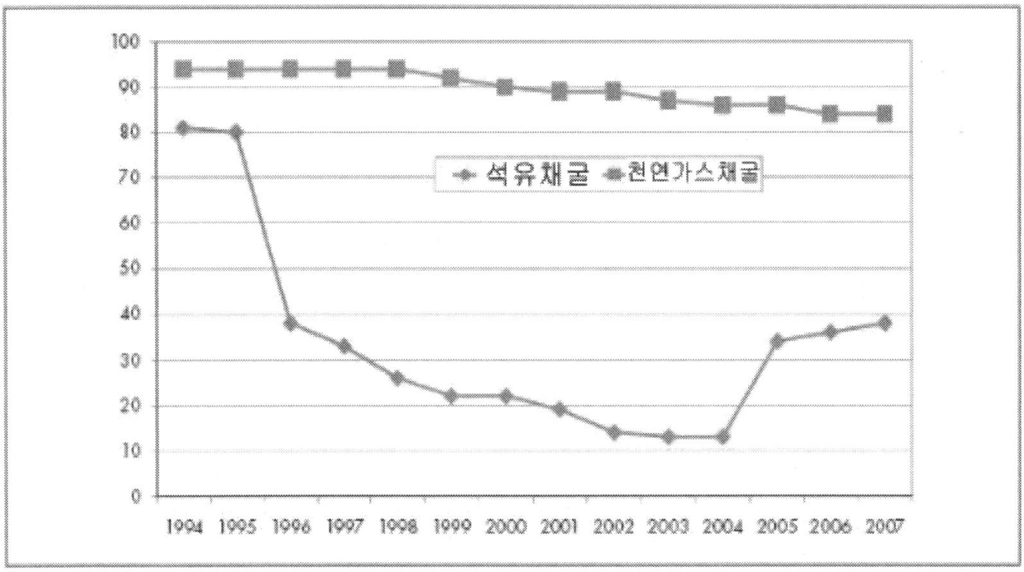

출처: Forschungsstelle Osteuropa an der Universität Bremen, "Anteil staatlicher Firmen an der russischen Erdöl- und Erdgasförderung", *Russland-Analysen*, Nr.170, 3.10.2008, p.16.

〈그림 19-29〉 러시아 5대 거대 석유기업의 채굴량(2007년 기준: 1,000배럴/1일)

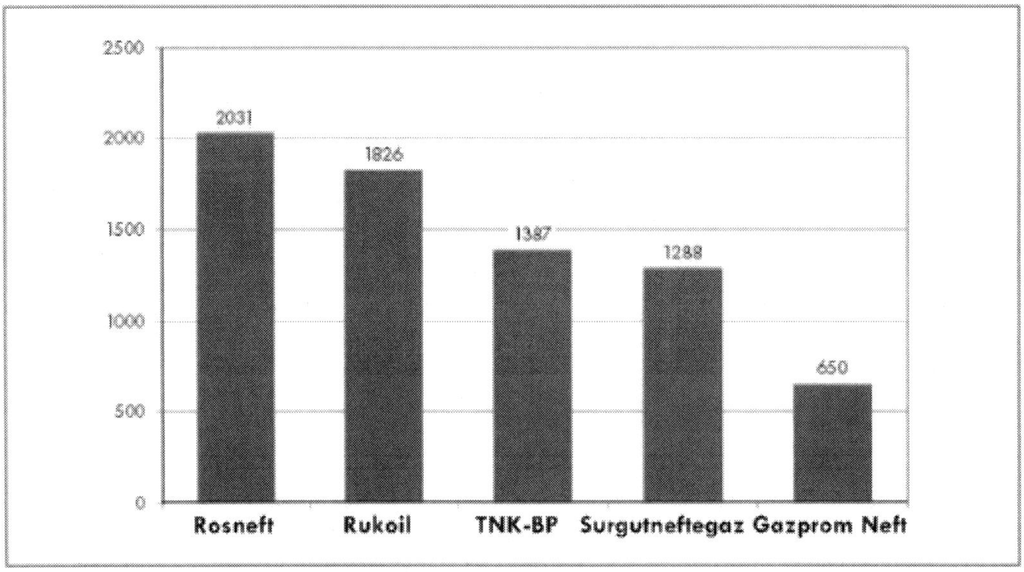

주 : Gazprom Neft사만이 국영, 기타 기업들은 완전 민간기업
출처: Deutsche Bank Research 재인용: "Die fünf größten Erdölfirmen", *Russland-Analysen*, Nr.170, 3.10.2008, p.16.

〈그림 19-30〉 1999-2008년 러시아 국내시장에서 가스 가격 추이

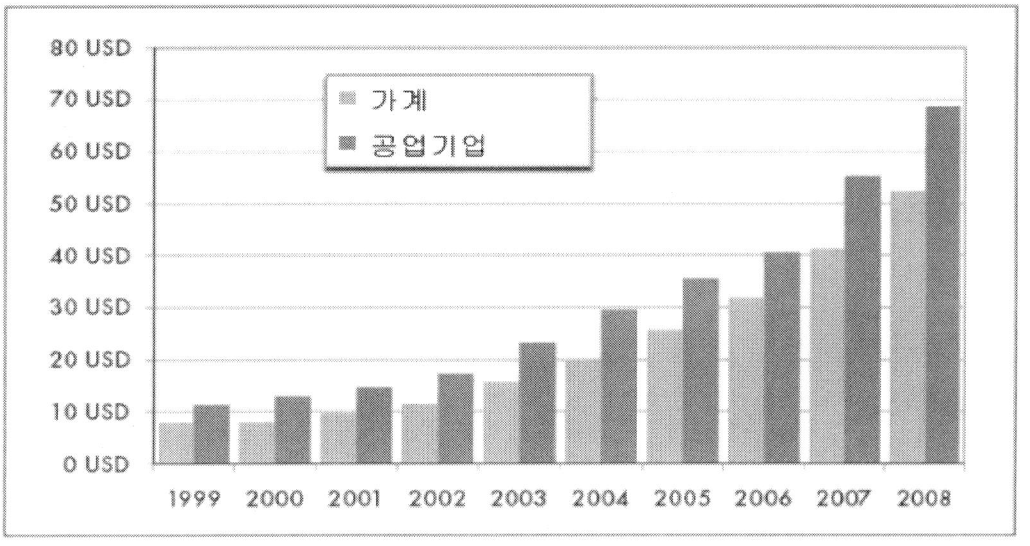

주 : 1천㎥ 당 US 달러, 부가가치세 포함되지 않음
출처: Russischer Föderale Dienst für Tarife, 재인용: "Der Gaspreis auf dem russsichen Binnenmarkt 1999-2008", *Russland-Analysen*, Nr.170, 3.10.2008, p.17.

〈그림 19-31〉 2006년 러시아 가스 국내가격

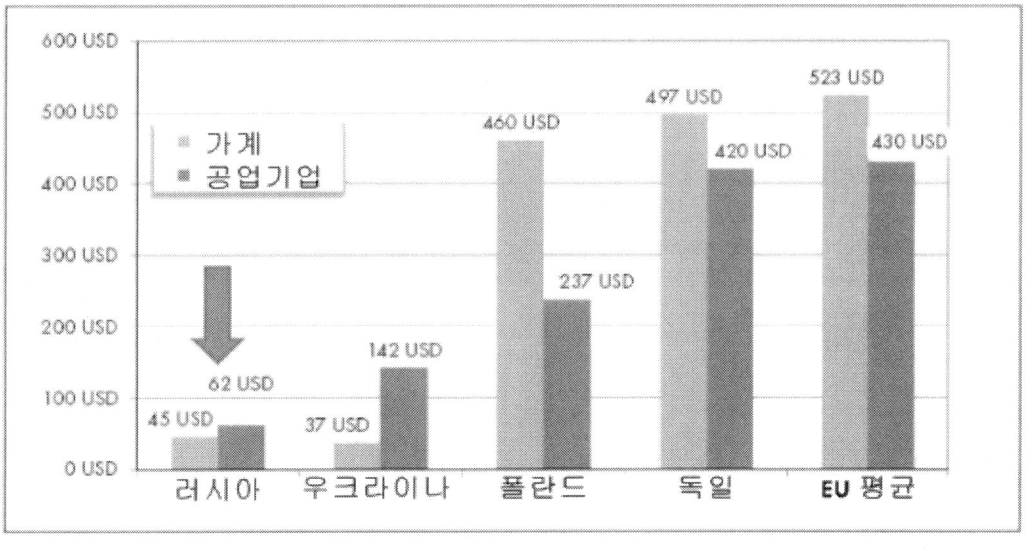

주 : 1천㎥ 당 US 달러, 부가가치세 포함
출처: Simon Pirani: Ukraine's gas sector, Oxford Institute for Energy Studies, Jun. 2007, p.26; http://www.oxfordenergy.org/pdfs/NG21.pdf 재인용: "Erdgaspreis auf dem Binnenmarkt", *Russland-Analysen*, Nr.170, 3.10.2008, p.17.

〈그림 19-32〉 1998-2008년 주요 원자재의 국제가격 추이(2005=100 기준)

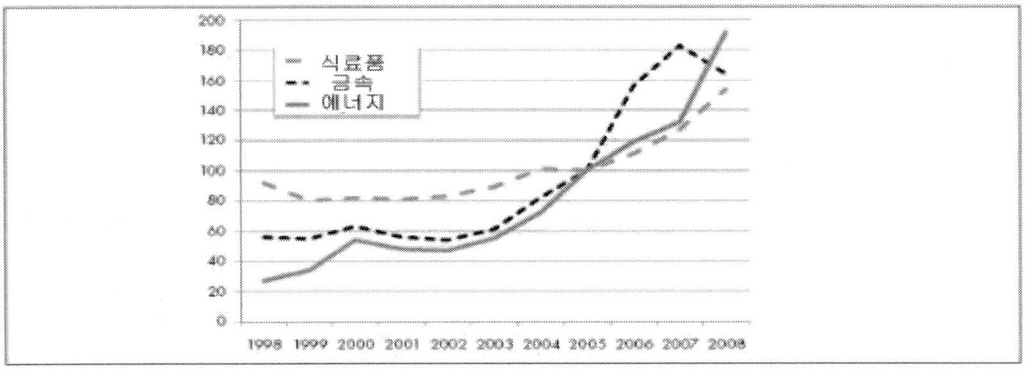

주 : 2008년은 9월
출처: IMF, http:www.imf.org/external/np/res/commod/table1a.pdf 재인용: "Entwicklung der Weltmarktpreise für wichtige Rohstoffgruppen 1998-2008", Russland-Analysen, Nr.171, 17.10.2008, p.11.

〈그림 19-33〉 1992-2007년 러시아의 경제성장과 유가 추이

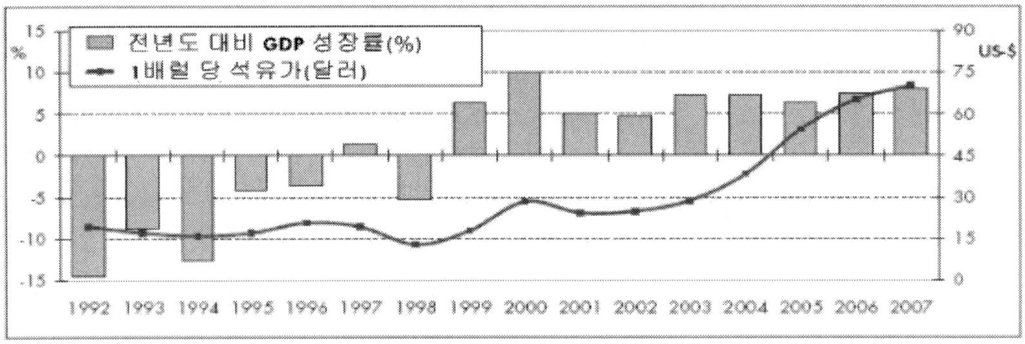

출처: Deutsche Bank Research, http://www.dbresearch.de; Rossikskaja gosdarstvennaja statistika, www.gks.ru; Bank of Finlands's Institute for Economies in Transition (BOFIT), http://www.bof.fo/bofit_en/seuranta/venajatilastot/index.htm 재인용: "Wirtschaftswachstum und Ölpreis 1992-2007", *Russland-Analysen*, Nr.166, 13.6.2008, p.10

〈그림 19-34〉 러시아 천연가스의 통과 파이프라인의 우크라이나 비율

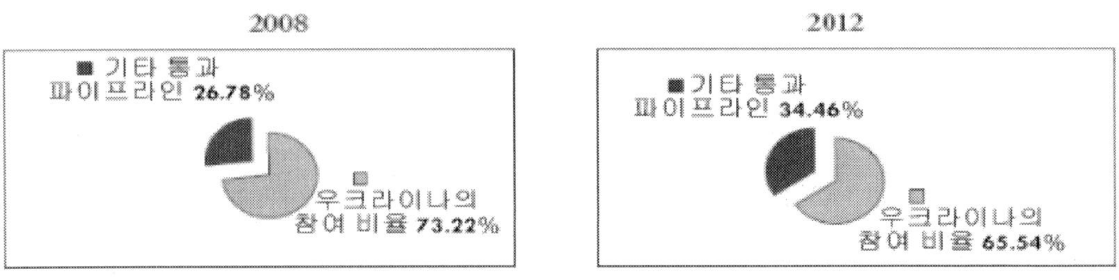

출처: "Das russisch-ukrainische Gashandel", *Russland-Analysen*, Nr.176, 30.01.2009, p.10.

〈표 19-15〉 러시아 천연가스 수출 루트(단위: 10억㎥)

파이프라인	루트	2008년 용량	2012년 용량
우정/유니온(소비에트 가스관)	러시아-우크라이나 중부 유럽	130	130
북부선(소비에트 가스관)	러시아-벨라루스-우크라이나-중부유럽	25	25
트랜스발칸(소비에트 가스관)	러시아-우크라이나-발칸	20	20
핀란드(소비에트 가스관)1999년 증축	러시아-핀란드	20	20
야말-유럽(1999년부터 가동)	러시아-벨라루스-폴란드-서유럽	28	28
블루스트림(2002년부터 가동)	러시아-흑해-터키	16	16
발트해(2011/2012년부터 가동 예정)	러시아-발트해-독일	-	28
총 용량		239	267

출처: "Das russisch-ukrainische Gashandel", *Russland-Analysen*, Nr.176, 30.01.2009, p.10.

〈그림 19-35〉 2006년 천연가스 파이프라인의 통과 주요국의 요금

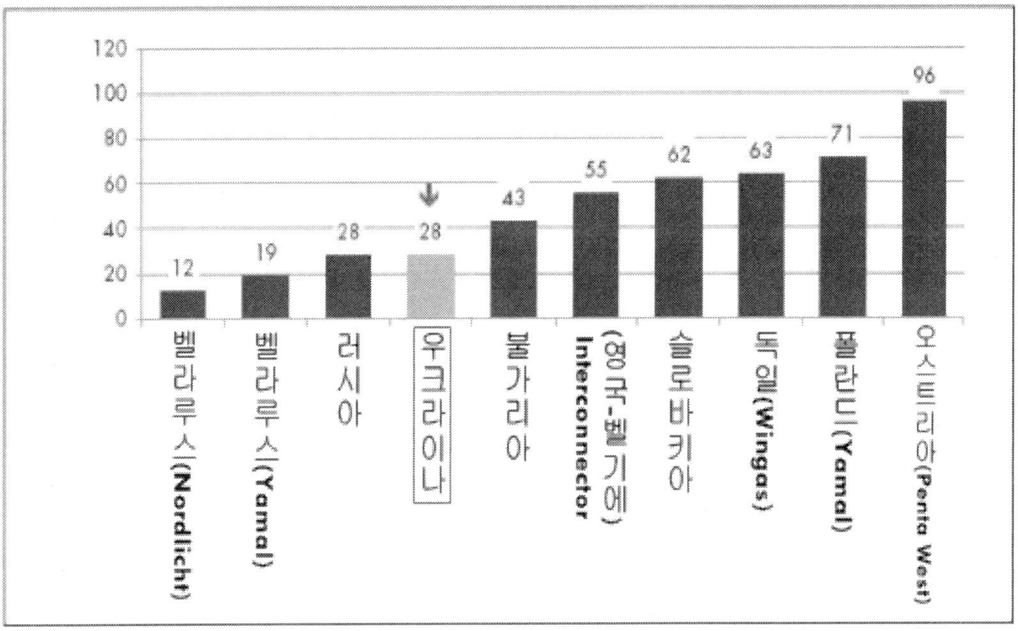

주 : (단위 1유로/㎥/350km/1년)통과 요금은 일반적으로 거리와 고객에 따라 변화되며, 평균 요금을 의미함.

출처: Energy Charter Secretariat: Gas Transit Tariffs in Selected ECT Countries (2006), Brussel 2006, p.65. http://www.encharter.org/index.php?id=127 재인용: "Das russisch-ukrainische Gashandel", *Russland-Analysen*, Nr.176, 30.01.2009, p.11.

〈그림 19-36〉 1992-2008년 러시아 천연가스 생산량 추이(단위: 10억㎥)

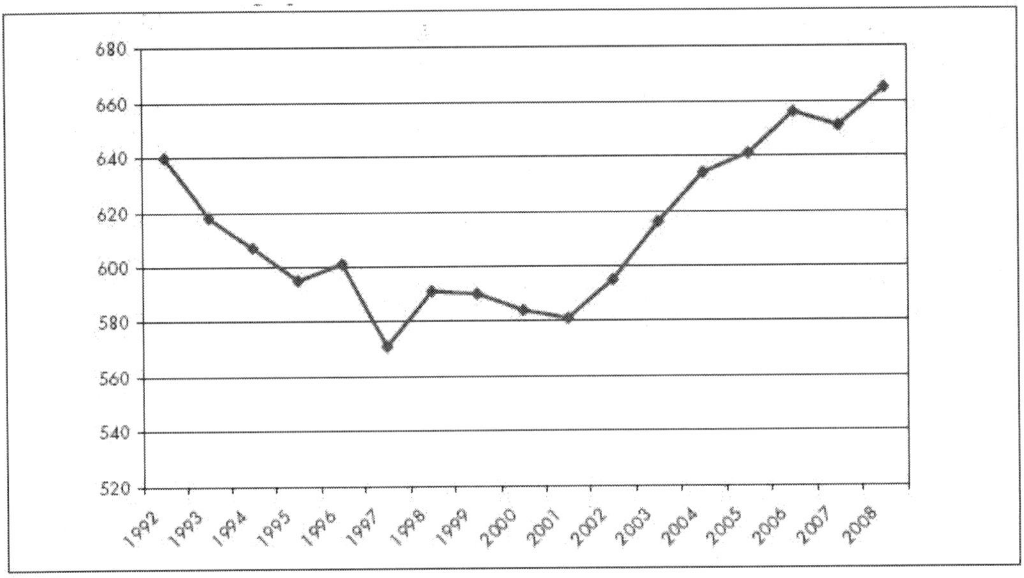

출처: Rosstat, http://www.gks.ru/dbscripts/Cbsd/DBInet.cgl 재인용: "Russlands Erdgasindustrie", *Russland-Analysen*, Nr.176, 30.01.2009, p.11.

〈그림 19-37〉 러시아 천연가스 기업별 생산량(단위: 10억㎥)

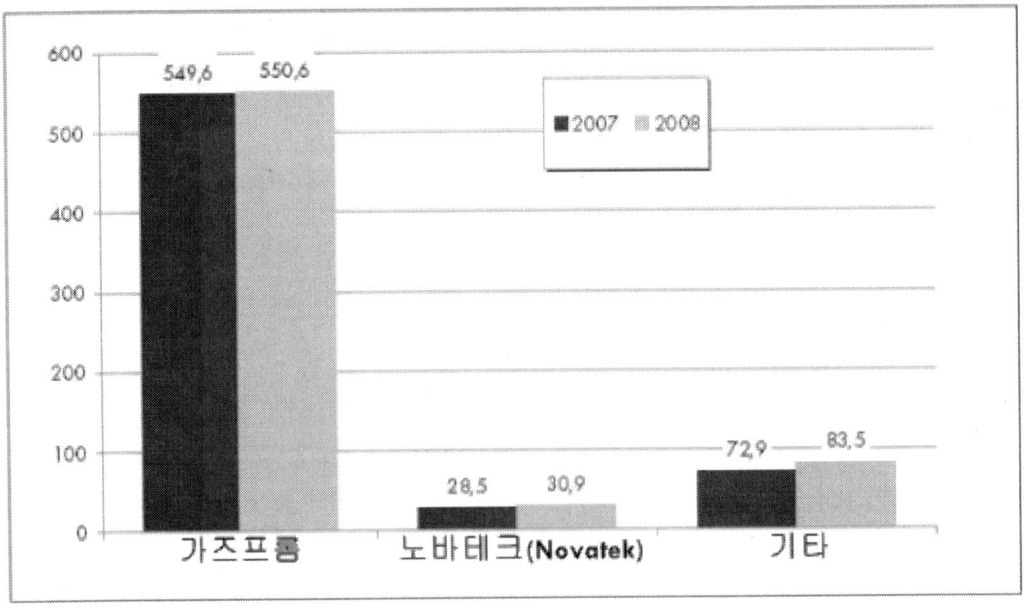

출처: "Russlands Erdgasindustrie", *Russland-Analysen*, Nr.176, 30.01.2009, p.12.

〈그림 19-38〉 1994-2008년 러시아 천연가스 수출 추이(중앙아시아 가스통과 포함하지 않음)

(단위: 10억㎥)

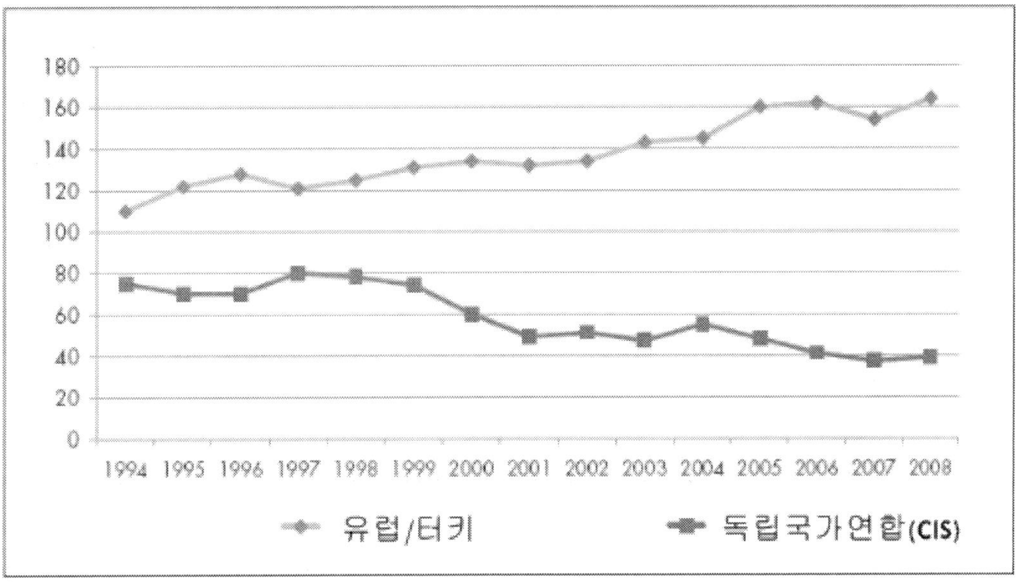

주 : 2008년은 1-11월 자료임.
출처: Rosstat, http://www.gks.ru/dbscripts/Cbsd/DBInet.cgl 재인용: "Russlands Erdgasindustrie", *Russland-Analysen*, Nr.176, 30.01.2009, p.12.

〈그림 19-39〉 러시아 가즈프롬의 세계 지역별 천연가스 판매량 비율(2008년 1-9월)

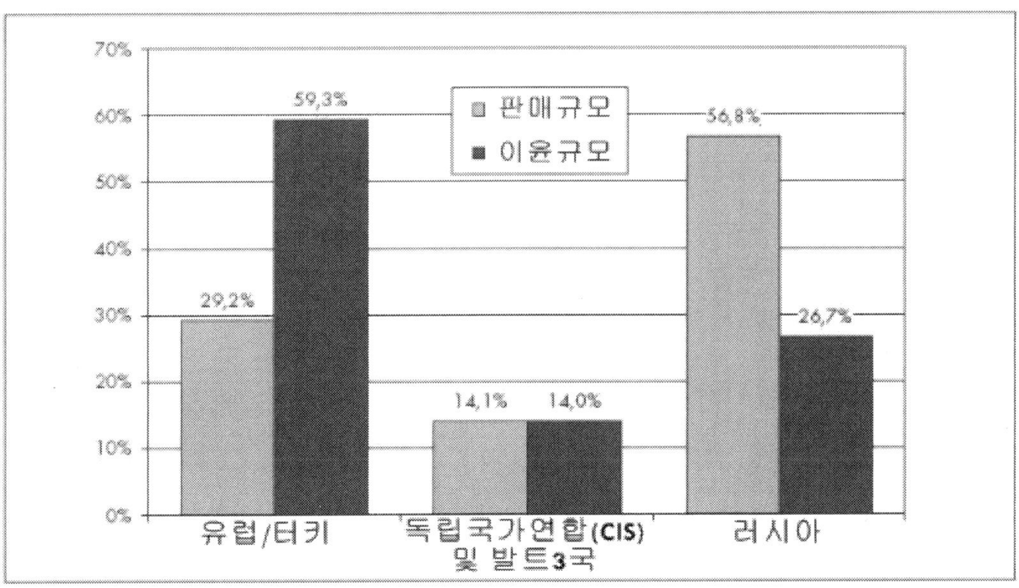

출처: "Gazproms Verkäufe nach Weltregionen", *Russland-Analysen*, Nr.176, 30.01.2009, p.13.

〈그림 19-40〉 2008년 가즈프롬의 천연가스 수출가격(US 달러/1천㎥)

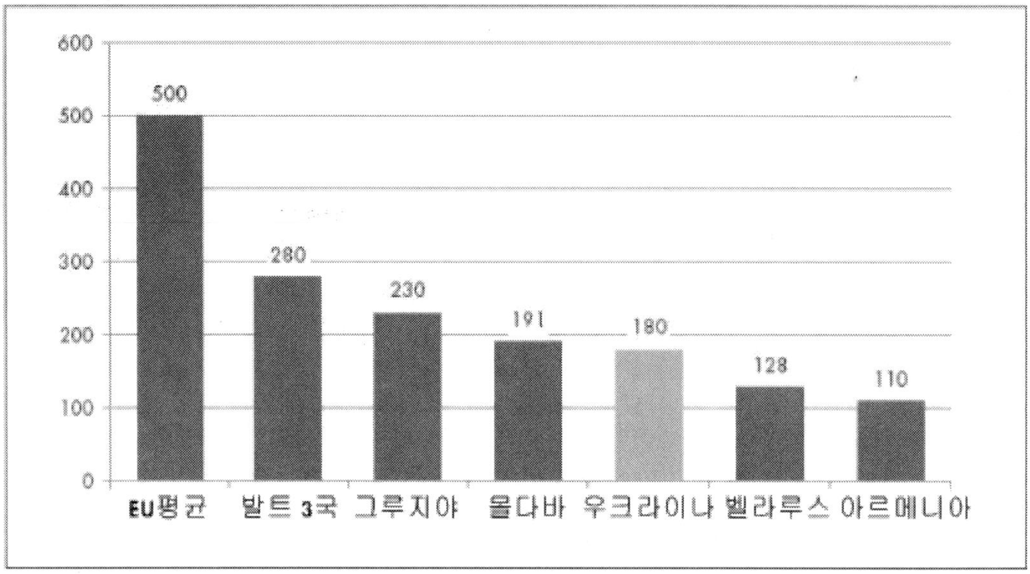

출처: Energy Information Administration, http://www.eia.doe.gov/emeu/cabs/Russia /NaturalGas.html
재인용: "Gazproms Exportpreise", *Russland-Analysen*, Nr.176, 30.01.2009, p.13.

〈그림 19-41〉 러시아와 주요국의 전력 생산 비교(2007년 기준, Terawatt/hour)

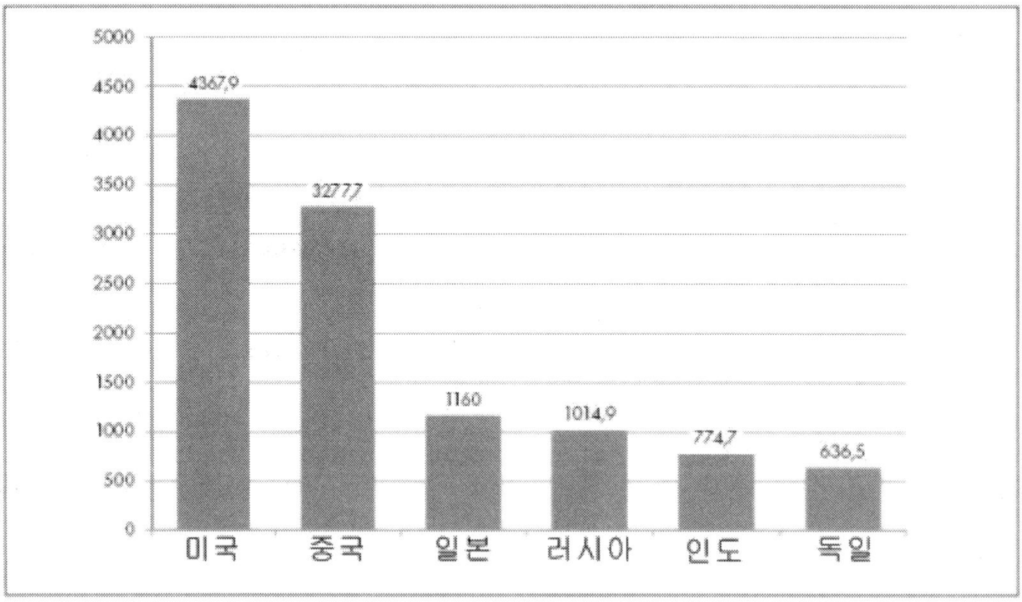

출처: BP Statistical Review of World Energy, Jun .2008;
http://www.bp.com/statisticalreview 재인용: "Russische Stromerzeugung im internationalen Vergleich", *Russland-Analysen*, Nr.170, 3.10.2008, p.22.

〈그림 19-42〉 러시아와 주요국의 전력 생산 비교(2007년 기준, 세계 생산 비중 %)

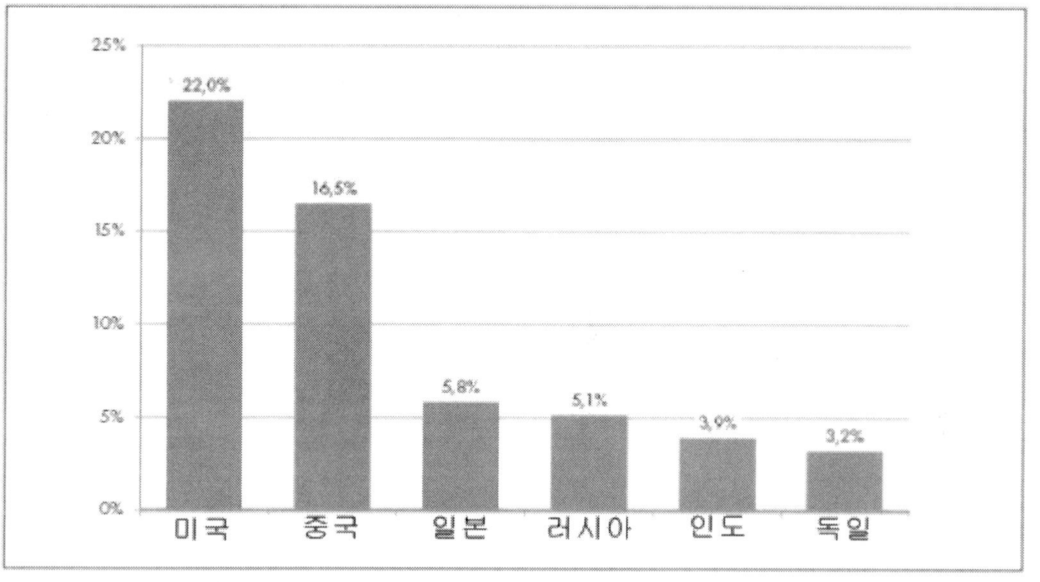

출처: BP Statistical Review of World Energy, Jun .2008; http://www.bp.com/statisticalreview 재인용: "Russische Stromerzeugung im internationalen Vergleich", *Russland-Analysen*, Nr.170, 3.10.2008, p.22.

〈그림 19-43〉 1970-2006년 러시아의 전력 생산 (10억 kw/h)

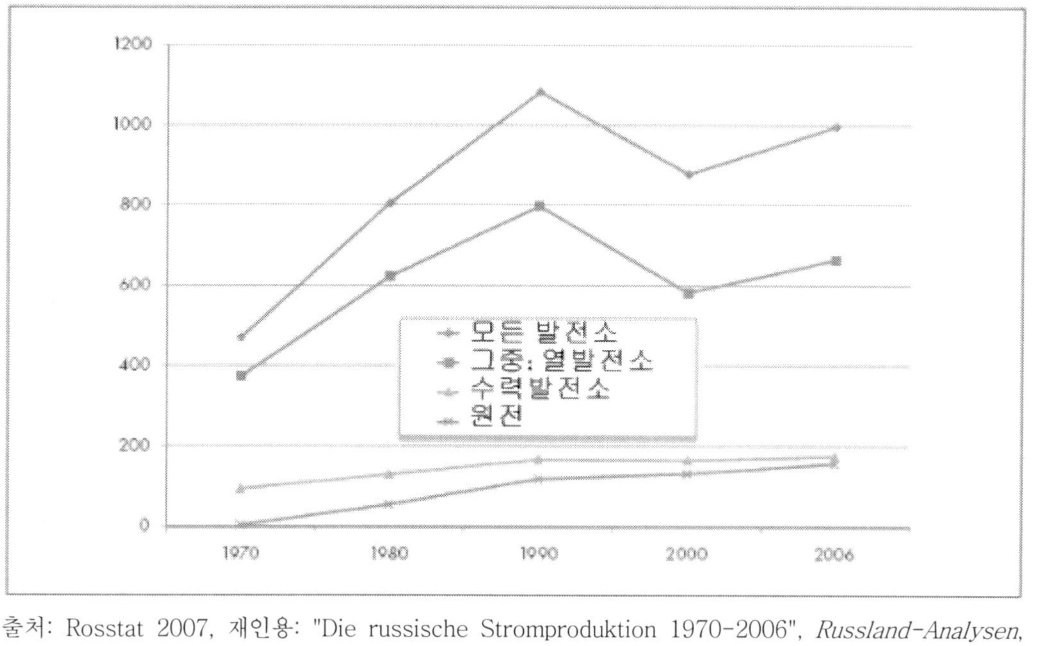

출처: Rosstat 2007, 재인용: "Die russische Stromproduktion 1970-2006", *Russland-Analysen*, Nr.170, 3.10.2008, p.23.

〈그림 19-44〉 2007년 러시아 전력 생산 에너지 분포(%)

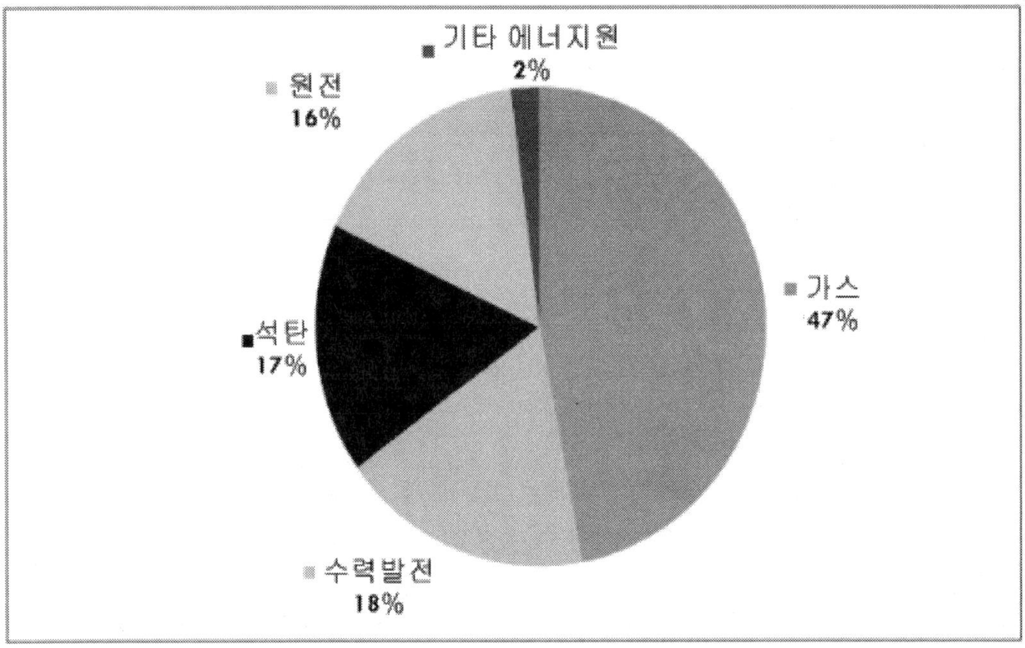

출처: RAO UES Russia, 2007; 재인용: "Anteil einzelner Energieträger and der Stromproduktion", *Russland-Analysen*, Nr.170, 3.10.2008, p.23.

〈표 19-16〉 2001년과 2006년의 러시아 전력 수지(단위: 10억 kw/h)

전 력		2001년	2006년
전력 총생산		891.3	995.8
전력 수입		9.8	5.1
전력 총소비		857.4	980.0
총소비	공업부문	462.8	534.1
	농업부문	63.0	16.8
	기타 경제부문, 교통, 가계, 송전 손실	349.6	429.1
전력 수출		25.1	20.9

출처: Goskomstat 2002, Rosstat 2007. 재인용: "Russische Strombilanz 2001 und 2006", *Russland-Analysen*, Nr.170, 3.10.2008, p.24.

〈표 19-17〉 러시아 전력 생산자 개요

전력생산업체	생산용량GW	에너지원	주요 주식소유자
로스에네르고아톰(Rosenergoatom)	23	원자력	러시아연방
루스기드로(Rusgidro)	22	수력	러시아연방
모스에네르고(Mosenergo: TGK-3)		가스, 석탄	가즈프롬(Gazprom)
이루쿠츠크에네르고(Irkutskenergo)	13	수력, 석탄	러시아연방
TGK-3	11	가스	가즈프롬
OGK-1	10	가스	루스기드로, 포르툼(Fortum)
OGK-6	10	가스, 석탄	가즈프롬
OGK-2	9	가스, 석탄	가즈프롬
OGK-5	9	가스, 석탄	이탈리아 에넬(Enel)
OGK-4	9	가스, 석탄	독일 E.ON
OGK-3	9	가스	노릴스크 니켈
타트에네르고(Tatenergo)	7	가스	타타르스탄공화국
TGK-7	7	가스	통합에너지시스템(IES)
TGK-1	6	가스, 수력	가즈프롬
극동전력사 (Far Eastern Generating Company)	6	석탄	시베리아석탄에너지사(SUEK)
바쉬키르에네르고(Baschkirenergo)	5	가스	바쉬코르토스탄공화국
TGK-12	4	가스	시베리아석탄에너지사(SUEK)
TGK-6	4	가스	통합에너지시스템(IES)
TGK-8	3	가스	루코일(Lukoil)
TGK-4	3	가스	가즈프롬
TGK-5	3	가스	통합에너지시스템(IES)
TGK-9	3	가스	통합에너지시스템(IES)
노보시비르스크에네르고 (Novosibirskenergo)	3	석탄	러시아연방
TGK-10	3	가스, 석탄	포르툼(Fortum)
TGK-13	3	석탄	시베리아석탄에너지사(SUEK)
TGK-2	3	가스	독일 RWE AG
Inter RAO UES	2	가스	러시아연방
TGK-11	2	가스, 석탄	가즈프롬
TGK-14	1	석탄	노닐스크 니켈

출처: NewsBase Archiv, www.newsbase.com 재인용: "Stromerzeuger Russlands im Überblick", *Russland-Analysen*, Nr.170, 3.10.2008, p.24.

〈표 19-18〉 2007년도 주요국의 GDP, 인구수, 1인당 GDP 비교

국 가	구매력 기준 총 GDP(10억 달러)	인구수(100만 명)	1인당 GDP(US 달러)
E U	14,440	490	29,469
미 국	13,860	301	46,047
중 국	7,043	1,322	5,328
일 본	4,305	127	33,791
인 도	2,956	1,130	2,616
독 일	2,833	82	34,381
영 국(UK)	2,147	61	35,313
러시아	2,076	141	14,682
프랑스	2,067	64	32,449
브라질	1,838	190	9,674

출처: Central Intelligence Agency: The World Factbook 2008, http//:www.cia.gov/library/publications/the-world-factbook/rankorder/2001rank.html 재인용: "BIP pro Kopf im internationalen Vergleich", *Russland-Analysen*, Nr.166, 13.6.2008, p.9.

〈그림 19-45〉 일인당 GDP 국제비교(구매력 기준)

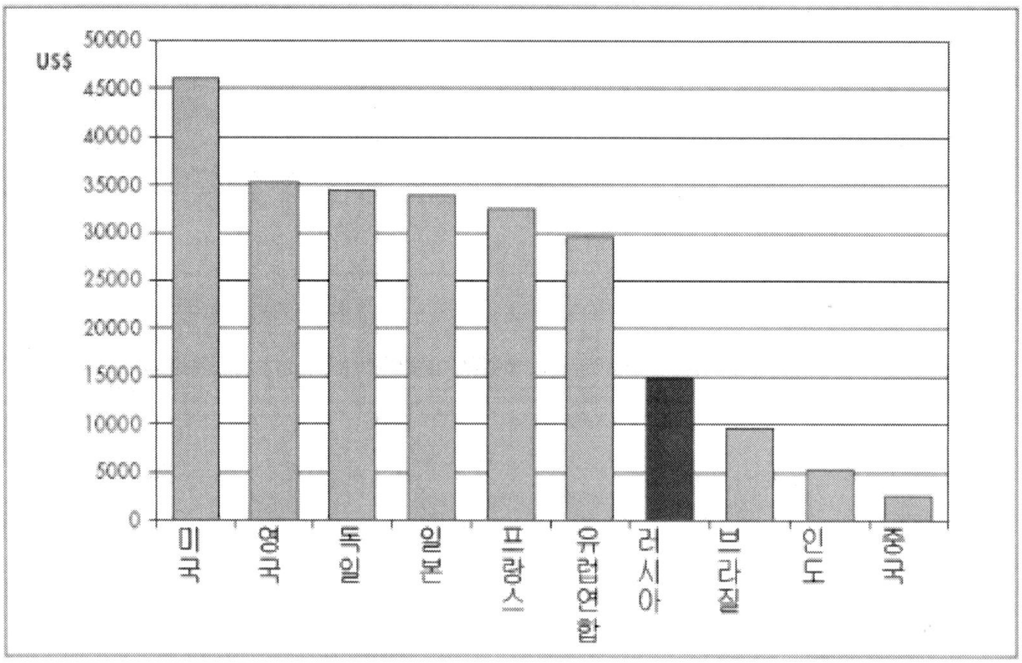

출처: Central Intelligence Agency: The World Factbook 2008, http//:www.cia.gov/library/publications/the-world-factbook/rankorder/2001rank.html 재인용: "BIP pro Kopf im internationalen Vergleich", *Russland-Analysen*, Nr.166, 13.6.2008, p.8.

〈표 19-19〉 1997-2007년도 러시아의 주요경제지표 추이

주요 지표	1997	1998	1999	2000	2001	2002	2003	2004	2005	2006	2007
GDP성장률	14%	-5.3%	6.4%	10.0%	5.1%	4.2%	7.3%	7.2%	6.4%	6.9%	8.1%
투자자본성장률	-5.0%	-12.0%	5.3%	17.4%	10.0%	2.8%	12.5%	11.7%	10.7%	13.5%	21.1%
상품수출액(10억 달러)	86.9	74.4	75.6	105.0	101.9	107.3	135.9	183.5	245.3	304.5	355.2
상품수입액(10억 달러)	72.0	58.0	39.5	44.9	53.8	61.0	76.1	97.4	125.3	163.9	223.1
무역수지(10억 달러)	-0.1	0.2	24.6	46.8	33.9	29.1	35.4	59.5	84.4	96.1	78.3
해외부채(10억 달러)			130.8	115.5	102.0	95.7	96.9	95.7	70.1	43.2	35.8
외환보유고(10억 달러)	17.8	12.2	12.5	27.9	36.6	47.8	76.9	124.5	168.4	303.0	476.4
인플레이션율	11%	84%	37%	20%	19%	15%	12%	12%	11%	9%	12%
환율(루블/달러)	5.96	20.65	27.00	28.16	30.14	31.78	29.45	27.75	28.78	26.33	24.55
실업률(ILO 기준)	10.7%	13.2%	12.4%	9.9%	8.7%	9.0%	8.7%	7.6%	7.7%	6.9%	6.1%
월 평균임금(US 달러)	164	108	62	79	111	142	180	237	301	408	550

출처: Rosstat, www.gks.ru; Russian Central Bank, www.cbr.ru; Bank of Finnland Institute for Transition Economies, BOFIT, www.bof.fi/bofit 재인용: "Indikatoren der russischen Wirtschaftsentwicklung", *Russland-Analysen*, Nr.166, 13.6.2008, p.9.

〈표 19-20〉 2000년과 2006년의 러시아 대외수출(CIS 제외) 구조

수출 구조	2000년 (100만 달러)	2006년 (100만 달러)	2006/2000년 변화율(%)	2000년 비율(%)	2006년 비율(%)
수출 전체	89,269	259,145	290%	100%	100%
지하자원	48,695	178,688	367%	55%	69%
금속 및 금속제품	20,944	43,853	209%	23%	17%
기계 및 차량	6,725	10,000	149%	8%	4%
화학제품	5,978	12,955	217%	7%	5%

출처: Rossijskij Statistischeskij Ezhegodnik, Moskau 2007, p.756; 재인용: "Warenstruktur des russischen Exports in Länder außerhalb der GUS 2000 und 2006", *Russland-Analysen*, Nr.166, 13.6.2008, p.11.

〈그림 19-46〉 2000년과 2006년의 러시아 대외수출(CIS 제외) 구조

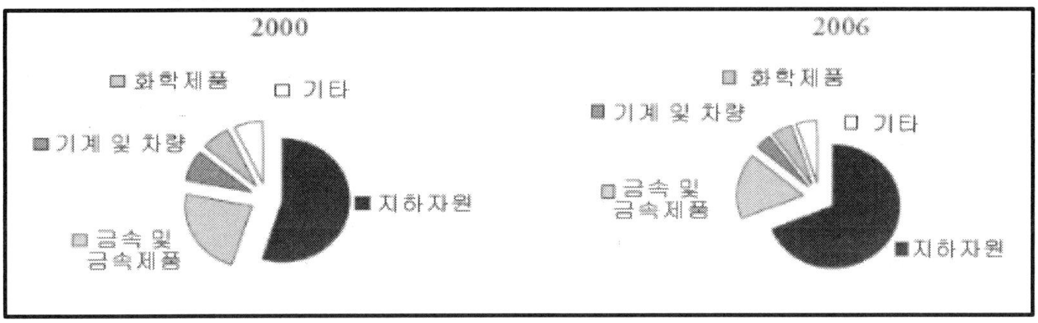

출처: Rossijskij Statistischeskij Ezhegodnik, Moskau 2007, p.756; 재인용: "Warenstruktur des russischen Exports in Länder außerhalb der GUS 2000 und 2006", *Russland-Analysen*, Nr.166, 13.6.2008, p.11.

〈그림 19-47〉 2001-2008년 러시아의 GDP와 공업생산 성장률 추이

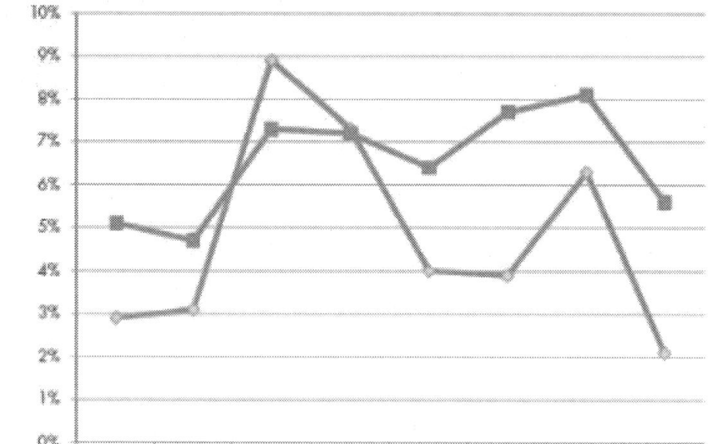

	2001	2002	2003	2004	2005	2006	2007	2008
공업생산	2,9%	3,1%	8,9%	7,3%	4,0%	3,9%	6,3%	2,1%
국내총생산(GDP)	5,1%	4,7%	7,3%	7,2%	6,4%	7,7%	8,1%	5,6%

출처: Rosstat, www.gks.ru 재인용: "Die aktuelle Wirtschaftsentwicklung", *Russland-Analysen*, Nr.182, 08.05.2009, p.7.

〈그림 19-48〉 주요국의 2009년 3월 공업생산 성장률 추이(2008년 3월 대비)

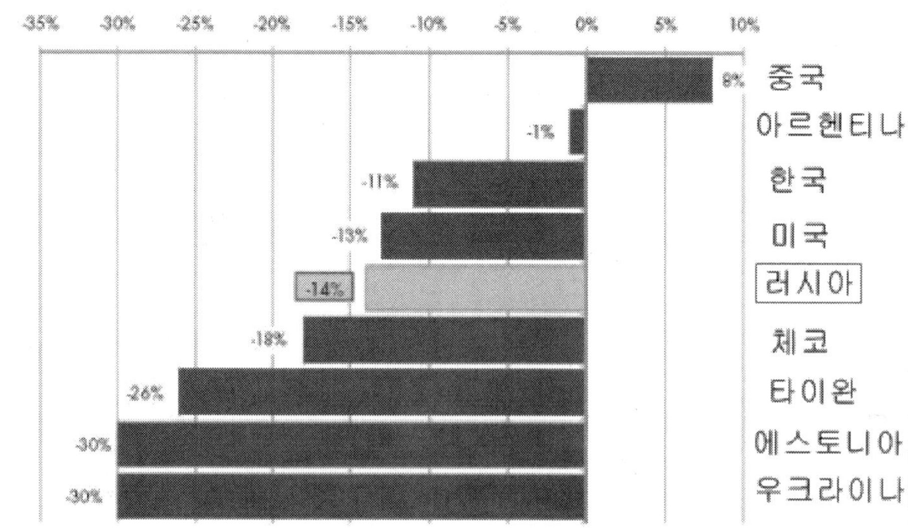

출처: Economist, 30.4.2009. 재인용: "Die aktuelle Wirtschaftsentwicklung", *Russland-Analysen*, Nr.182, 08.05.2009, p.8.

〈그림 19-49〉 2009년 주요 국가의 GDP 예상치

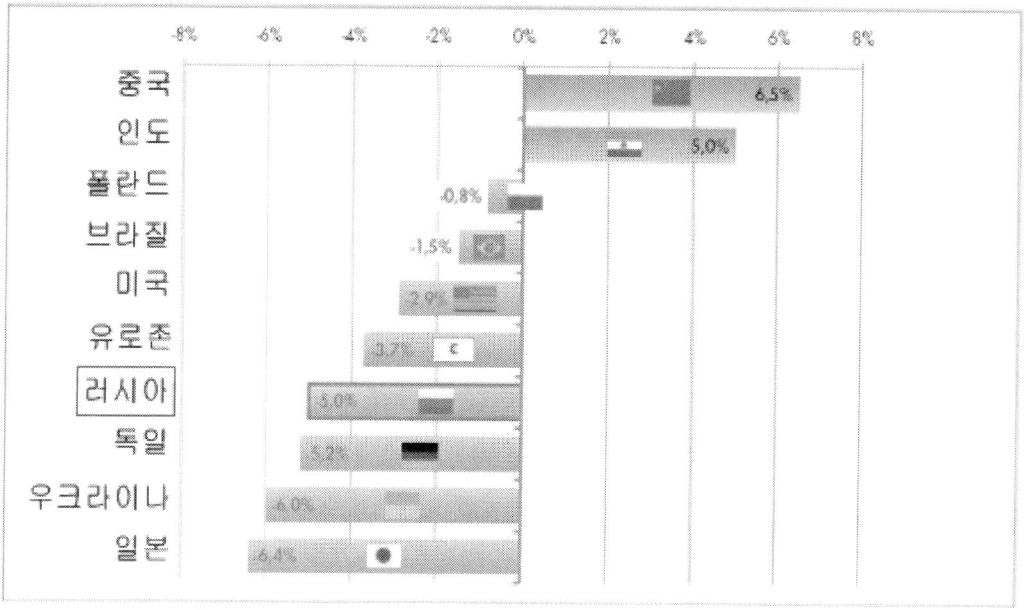

출처: *Economist*, 30.5.2009. 재인용: "Aktuelle Wirtschaftsdaten im internationalen Vergleich", *Russland-Analysen*, Nr.184, 05.06.2009, p.8.

〈그림 19-50〉 2009년 4월 주요국의 공업생산 추이(2008년 4월 대비)

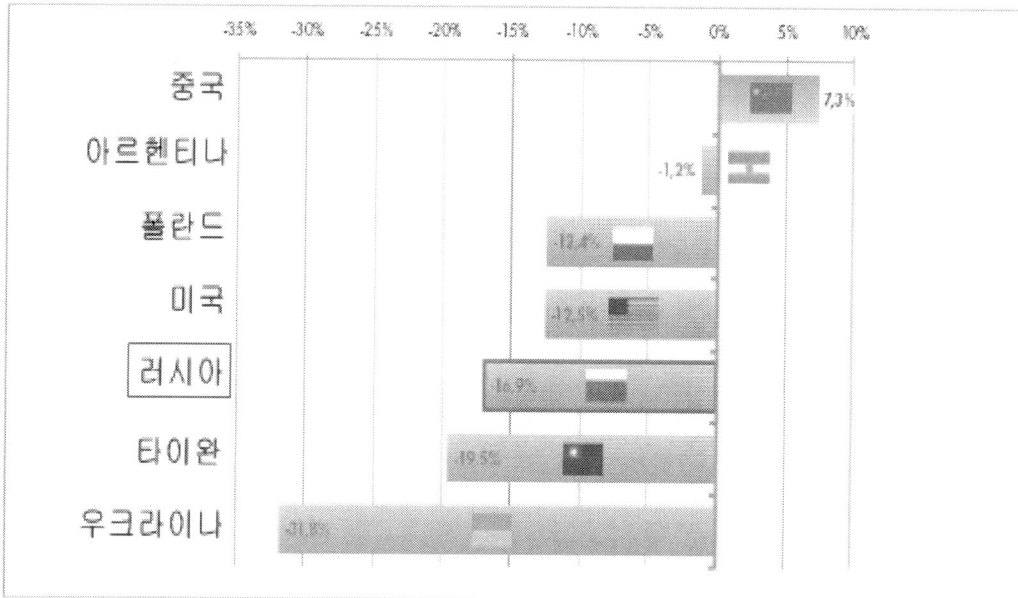

출처: *Economist*, 30.5.2009. 재인용: "Aktuelle Wirtschaftsdaten im internationalen Vergleich", *Russland-Analysen*, Nr.184, 05.06.2009, p.8.

〈그림 19-51〉 2001-2009년 러시아 대외무역 수지 추이(단위: 10억 달러)

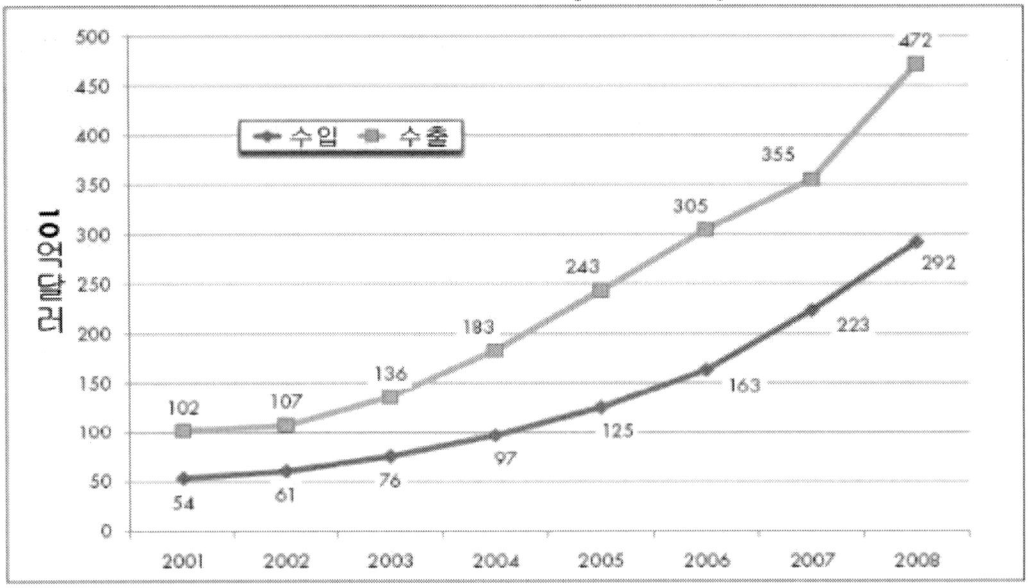

출처: Bank of Finland Institute for Economics in Transition, http://www.bof.fi/bofit_en/seuranta/venajatilastot
재인용: "Die aktuelle Wirtschaftsentwicklung", *Russland-Analysen*, Nr.182, 08.05.2009, p.8.

〈그림 19-52〉 주요국의 무역수지(2009년 3월 혹은 4월 기준으로 지난 12개월)

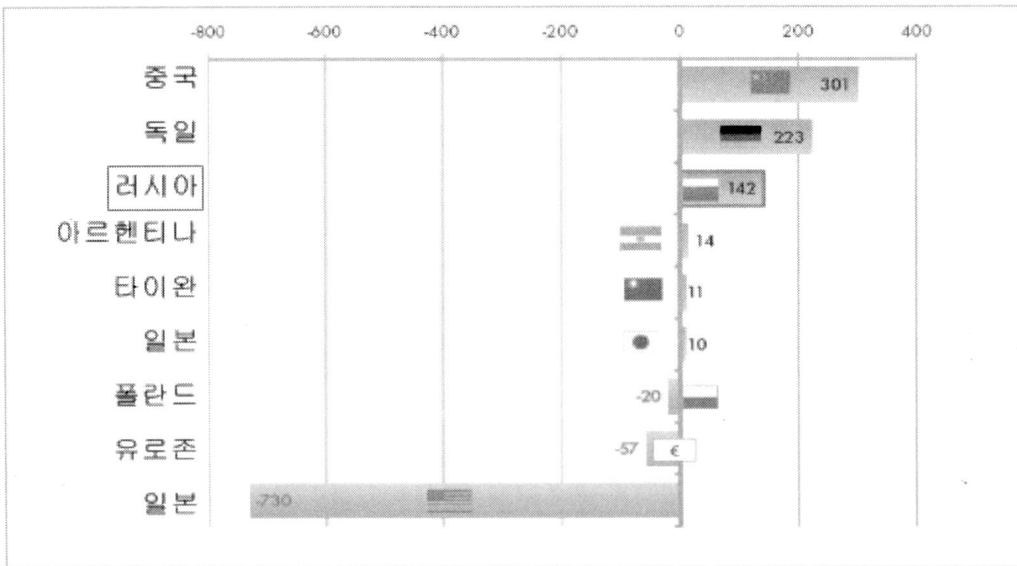

출처: *Economist*, 30.5.2009. 재인용: "Aktuelle Wirtschaftsdaten im internationalen Vergleich", *Russland-Analysen*, Nr.184, 05.06.2009, p.9.

〈그림 19-53〉 2001-2008년 러시아 월 평균 임금 추이(단위: US 달러)

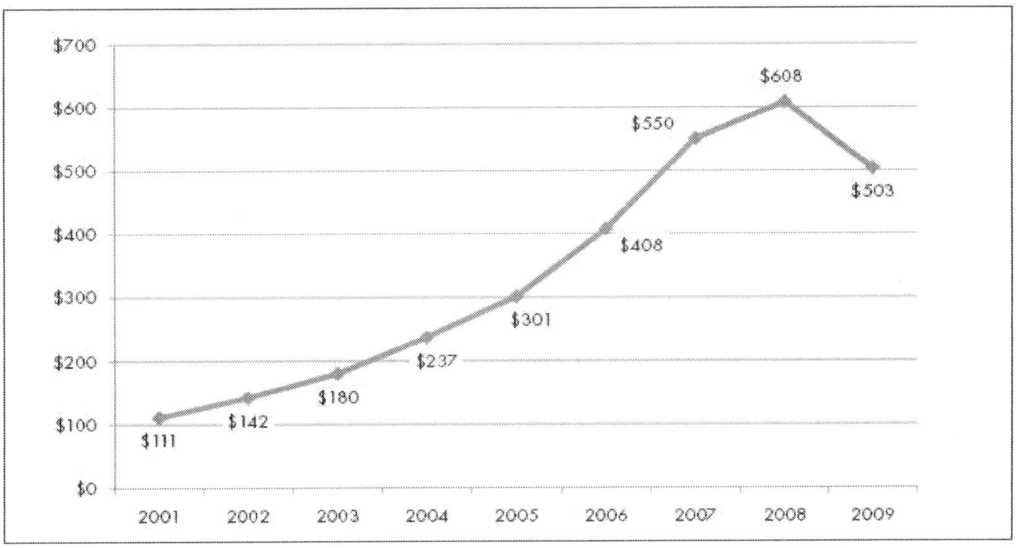

주 : 2009년은 3월.
출처: Bank of Finland Institute for Economics in Transition, http://www.bof.fi/bofit_en/seuranta/venajatilastot
재인용: "Die aktuelle Wirtschaftsentwicklung", *Russland-Analysen*, Nr.182, 08.05.2009, p.9.

〈그림 19-54〉 2009년 주요국의 재정수지(GDP 대비) 추정치

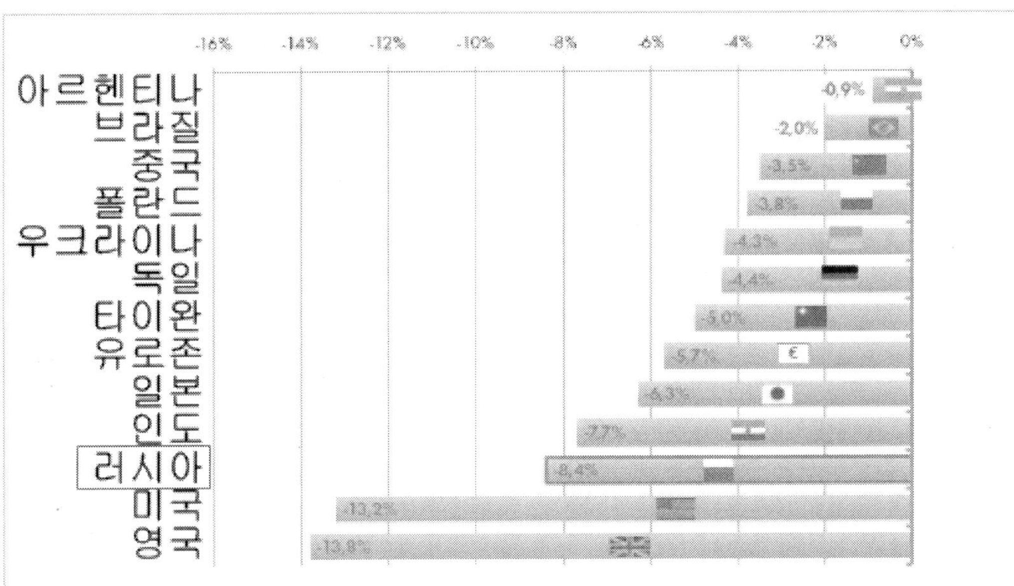

출처: *Economist*, 30.5.2009. 재인용: "Aktuelle Wirtschaftsdaten im internationalen Vergleich", *Russland-Analysen*, Nr.184, 05.06.2009, p.10.

〈그림 19-55〉 2001-2009년 러시아의 실업률 추이(ILO 방식)

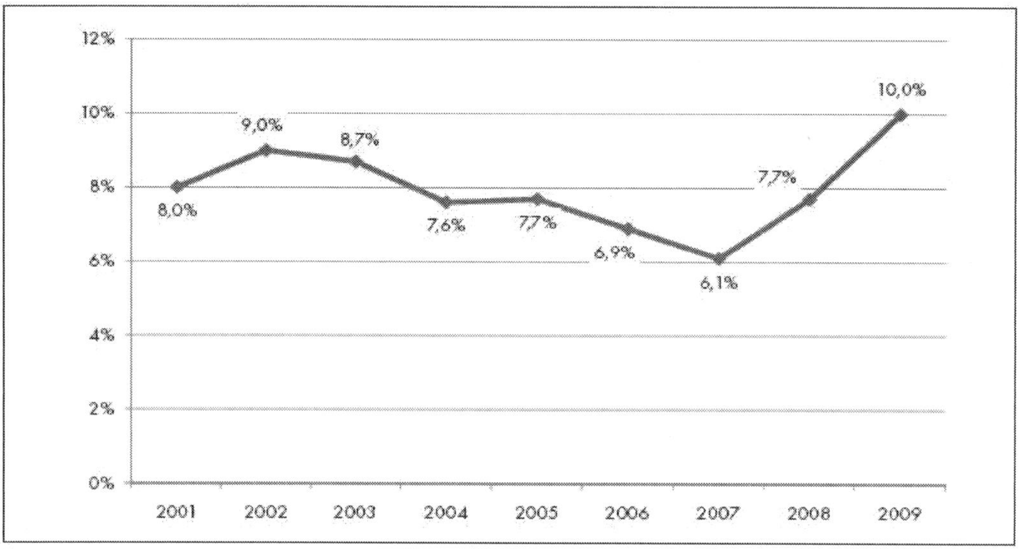

주 : 각 연도 말 기준, 2009년은 3월.
출처: Bank of Finland Institute for Economics in Transition,
http://www.bof.fi/bofit_en/seuranta/venajatilastot
재인용: "Die aktuelle Wirtschaftsentwicklung", *Russland-Analysen*, Nr.182, 08.05.2009, p.9.

〈그림 19-56〉 2001-2009년 러시아의 인플레이션 추이

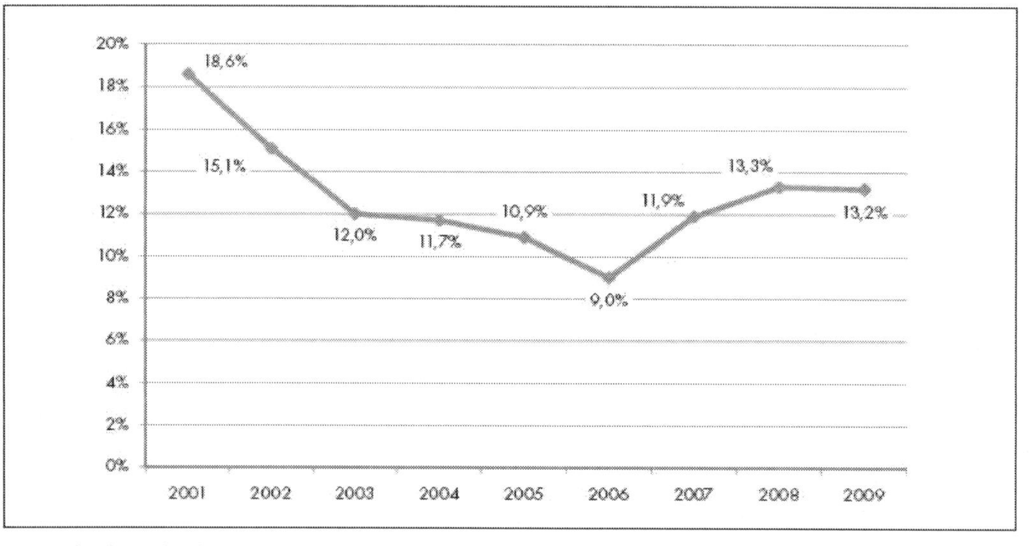

주 : 각 연도 말 기준, 2009년은 4월.
출처: Bank of Finland Institute for Economics in Transition,
http://www.bof.fi/bofit_en/seuranta/venajatilastot
재인용: "Die aktuelle Wirtschaftsentwicklung", *Russland-Analysen*, Nr.182, 08.05.2009, p.10.

〈그림 19-57〉 주요국의 인플레이션(2009년 4월)

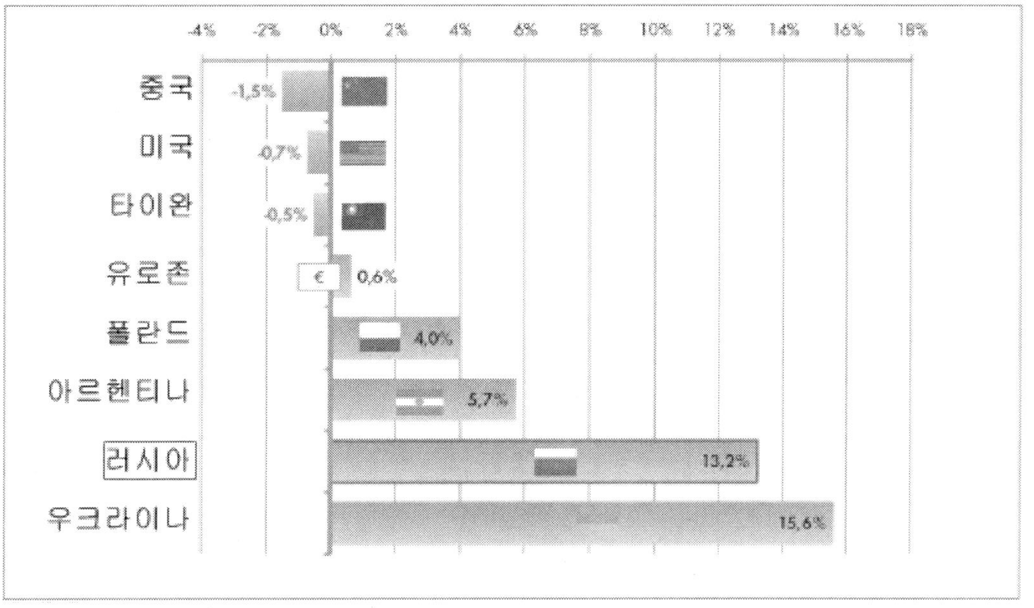

출처: *Economist*, 30.5.2009. 재인용: "Aktuelle Wirtschaftsdaten im internationalen Vergleich", *Russland-Analysen*, Nr.184, 05.06.2009, p.9.

〈그림 19-58〉 2005-2009년 러시아 루블의 대미 및 대EU 환율 추이

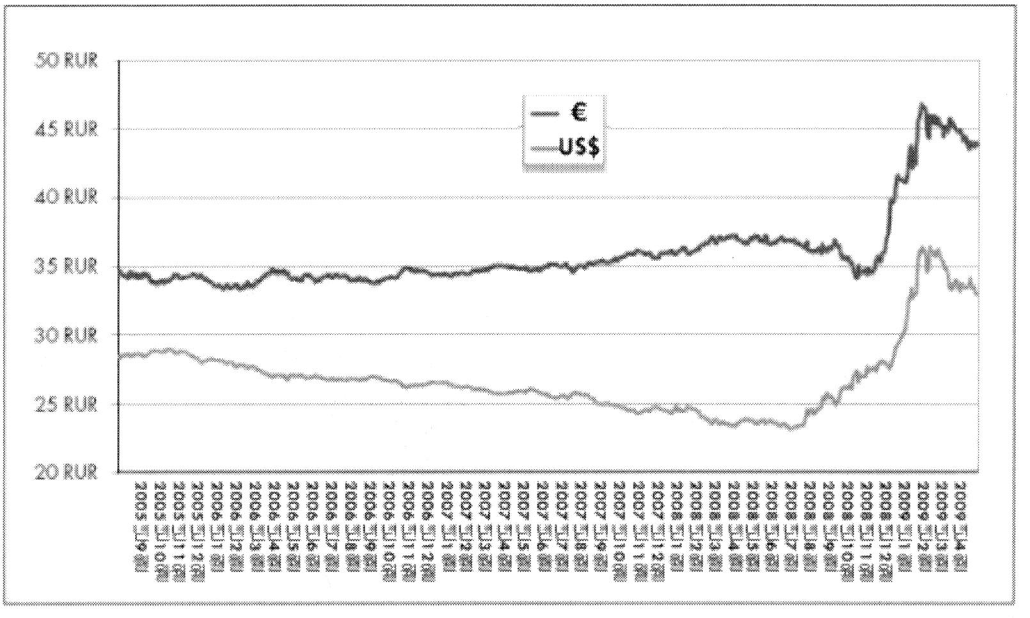

출처: Russian Central Bank, http://www.cbr.ru/currency_base/dynamics.asp 재인용: "Die aktuelle Wirtschaftsentwicklung", *Russland-Analysen*, Nr.182, 08.05.2009, p.10.

〈그림 19-59〉 러시아 중앙은행의 외환보유고 및 국가안정화기금 추이(단위: 10억 달러)

주 : 각 연도 말 기준, 2009년 2월. 2008년부터 안정화기금은 적립금과 국가복지기금으로 전환. 외환보유고에는 중앙은행의 금 보유량을 포함.

출처: Bank of Finland Institute for Economics in Transition, http://www.bof.fi/bofit_en/seuranta/venajatilastot
재인용: "Die aktuelle Wirtschaftsentwicklung", *Russland-Analysen*, Nr.182, 08.05.2009, p.11.

〈그림 19-60〉 러시아의 환율과 무역 수지 추이

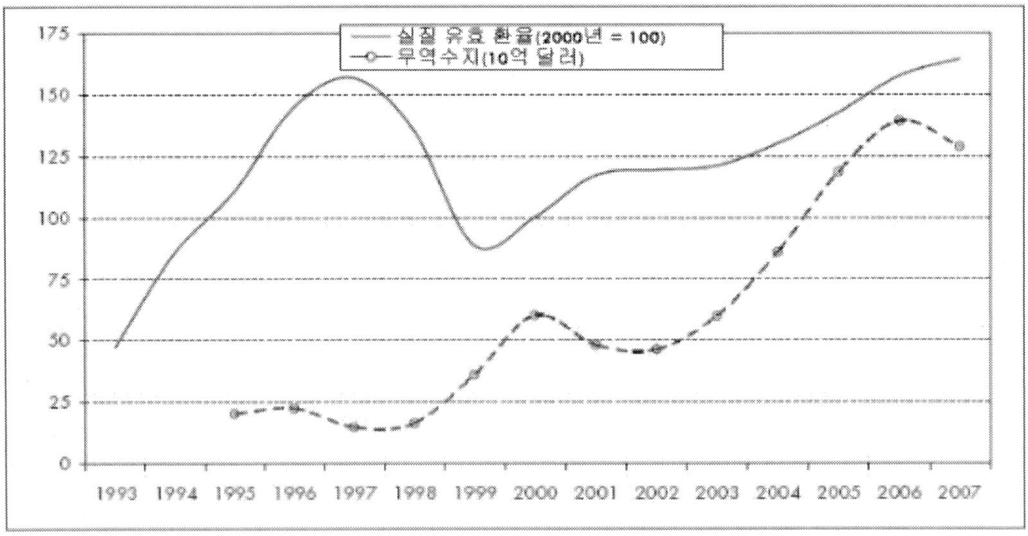

출처: Deutsche Bank Research, http://www.dbresearch.de; Rossikskaja gosdarstvennaja statistika, www.gks.ru; Bank of Finlands's Institute for Economies in Transition (BOFIT), http://www.bof.fo/bofit_en/seuranta/venajatilastot/index.htm 재인용: "Wirtschaftswachstum und Ölpreis 1992-2007", *Russland-Analysen*, Nr.166, 13.6.2008, p.10.

〈그림 19-61〉 러시아 GDP 대비 국가 대외채무 추이(각 연도말 기준)

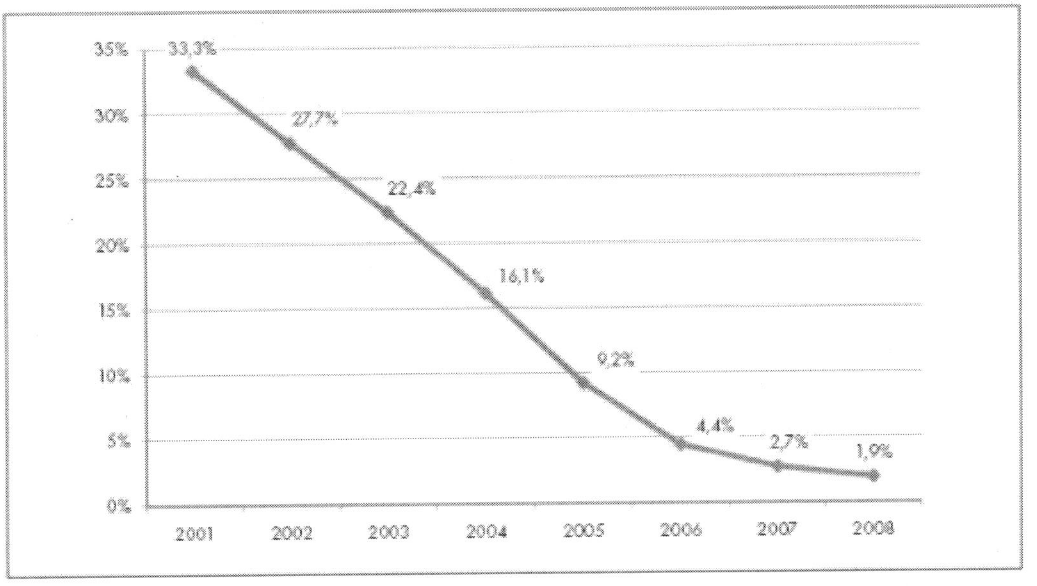

출처 Bank of Finland Institute for Economics in Transition,
http://www.bof.fi/bofit_en/seuranta/venajatilastot
재인용: "Die aktuelle Wirtschaftsentwicklung", *Russland-Analysen*, Nr.182, 08.05.2009, p.11.

〈그림 19-62〉 세계 경제위기 하에서 2009년 주요국의 재정적자의 증가 예상치

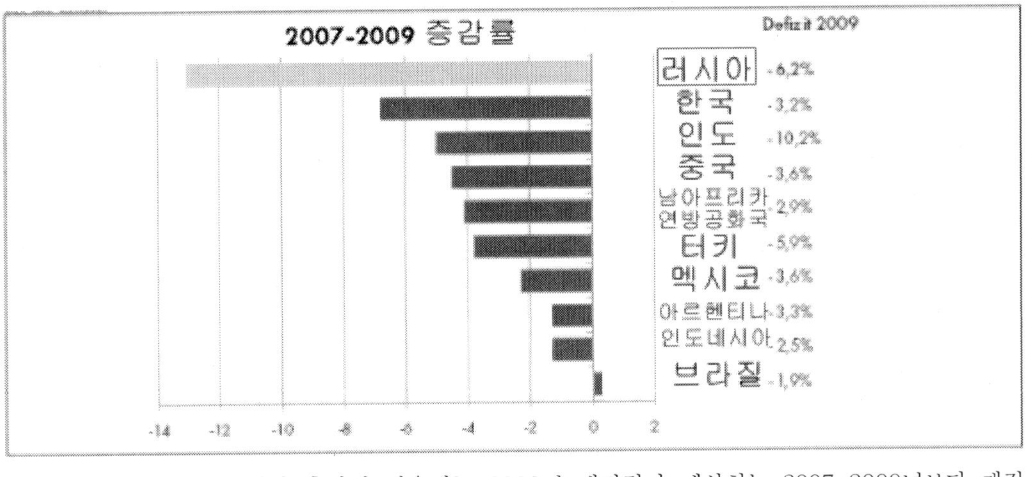

주 : 2007년에 재정수지가 흑자인 경우에는 2009년 재정적자 예상치는 2007-2009년보다 재정수지의 흑자보다 더 낮음. 러시아의 경우에는 재정수지 흑자 +6.8%에서 재정수지 적자 -6.2%로 떨어져 감소폭은 13%에 해당됨.

출처: IMF, Economist 30.4.2009. 재인용: "Zunahme des staatlichen Haushaltsdefizits im Rahmen der Krisenbekämpfung und erwartetes Haushaltsdefizit für 2009", "Die aktuelle Wirtschaftsentwicklung", *Russland-Analysen*, Nr.182, 08.05.2009, p.14.

제 20 장

그림과 도표로 본 러시아 정치 엘리트 연구, 러시아는 강대국인가?

〈그림 20-1〉 소련 시대 이루어진 레닌 묘 이전에 대한 여론 조사

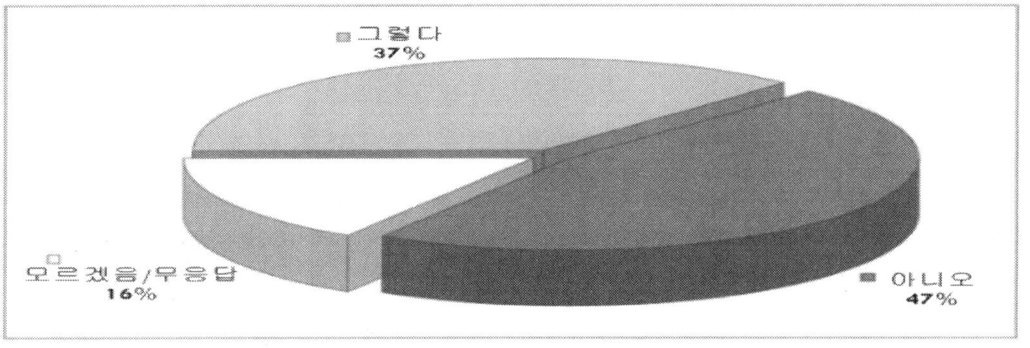

출처: 2006년 4월 18-19일 레바다 센터 여론조사. http://www.levada.ru./2006042102.html

〈그림 20-2〉 1995-2006년 레닌에 관한 여론조사

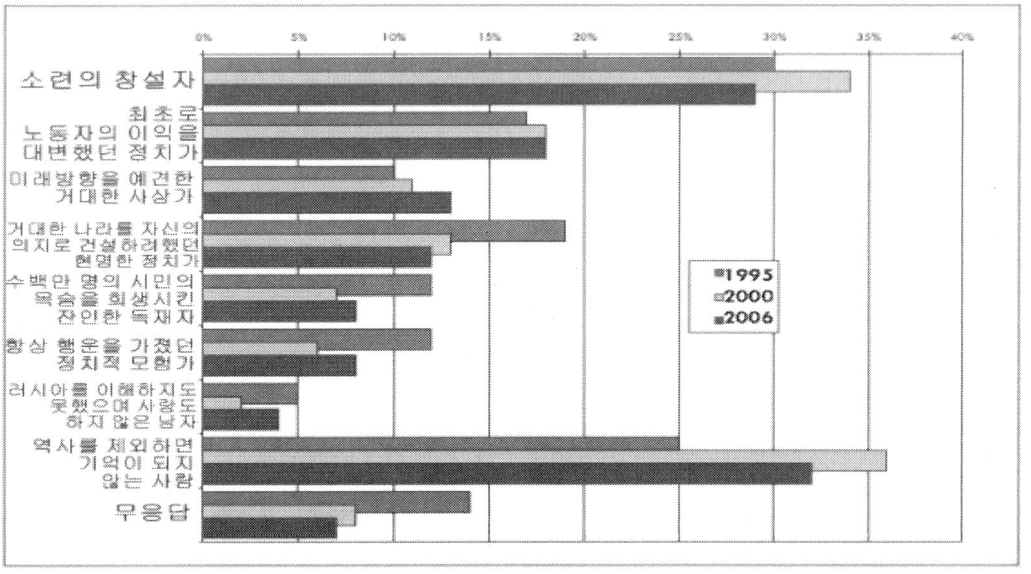

출처: *Russland-Analysen*, Nr.98, 05.05.2006, p.13.

〈그림 20-3〉 러시아인의 연령별 레닌에 관한 여론조사

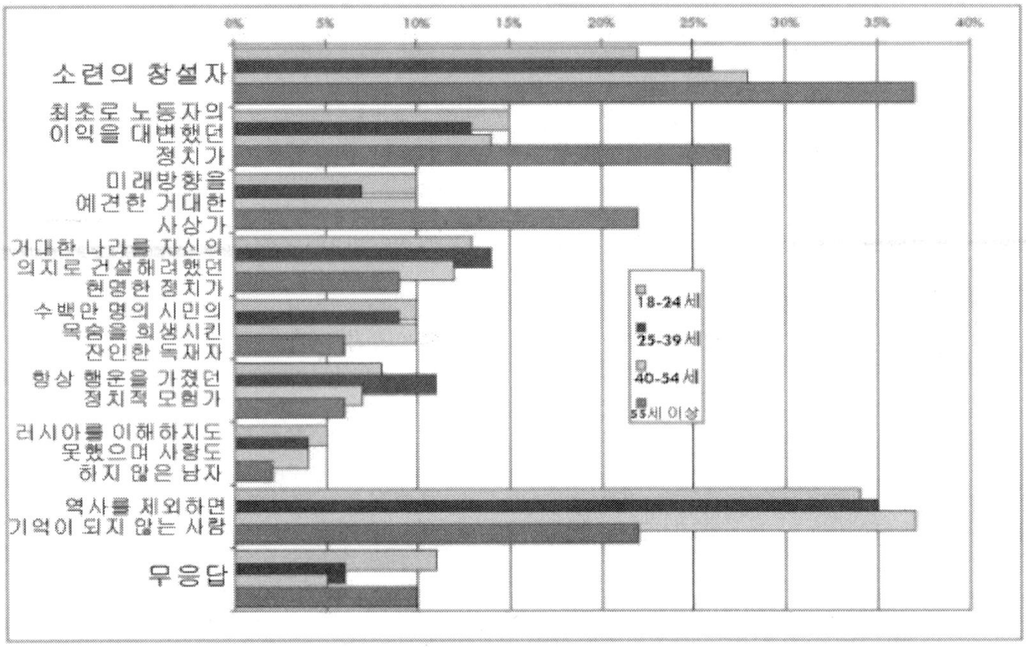

출처: *Russland-Analysen*, Nr.98, 05.05.2006, p.13.

〈그림 20-4〉 레닌의 영구보존 시신 제거와 다른 곳으로 이전 매장에 관한 여론조사

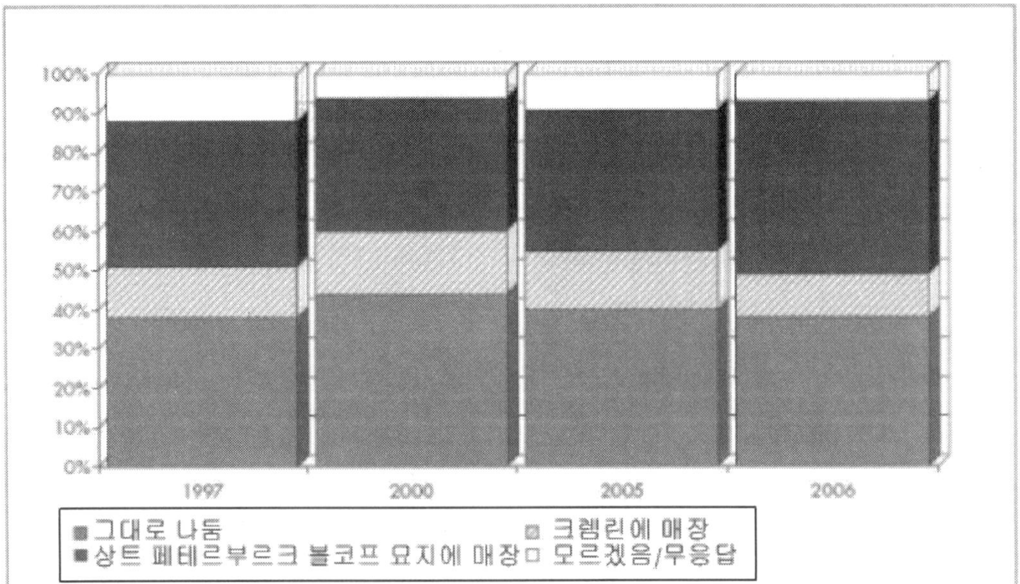

출처: *Russland-Analysen*, Nr.98, 05.05.2006, p.14.

〈그림 20-5〉 레닌의 영구보존 시신 제거와 이전 매장에 대한 연령별 여론조사

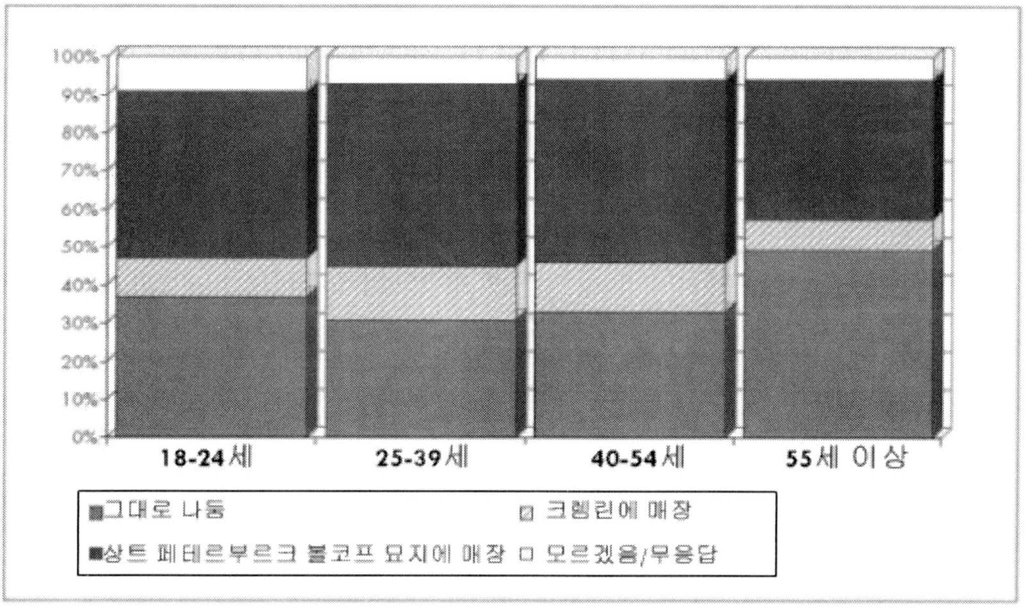

출처: *Russland-Analysen*, Nr.98, 05.05.2006, p.14.

〈그림 20-6〉 러시아역사에서 레닌은 긍정적 혹은 부정적 역할을 했는가의 설문조사

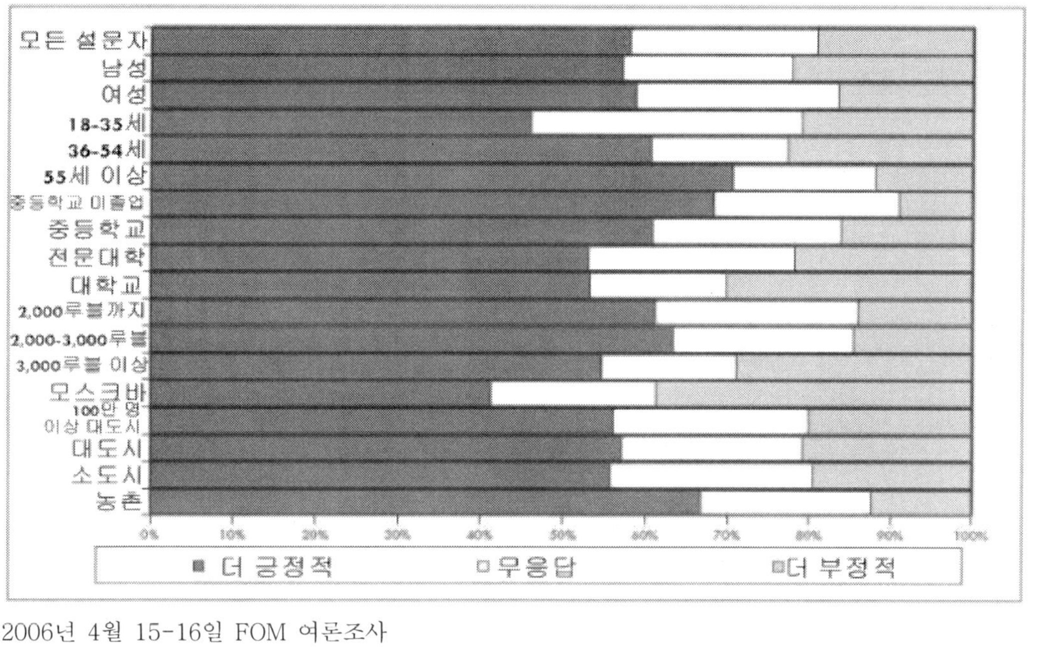

2006년 4월 15-16일 FOM 여론조사
출처: http://bd.fom.ru/tb0616.zip *Russland-Analysen*, Nr.98, 05.05.2006, p.15.

〈그림 20-7〉 레닌의 시신 매장에 대한 여론조사

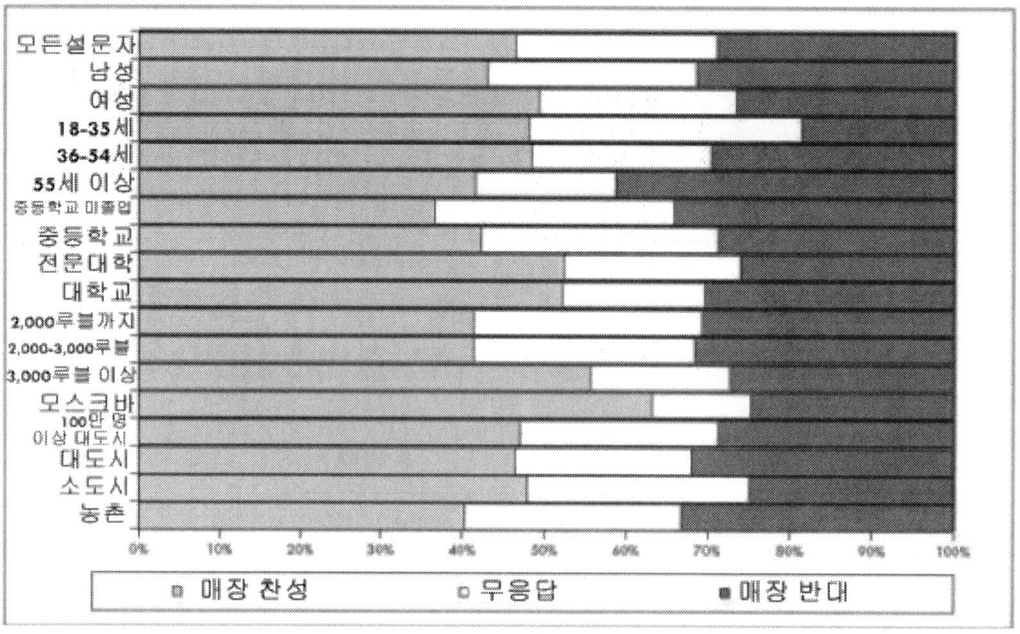

출처: *Russland-Analysen*, Nr.98, 05.05.2006, p.15.

〈그림 20-8〉 레닌의 매장지는 크렘린으로부터 떨어진 묘지로 이전해야 하는가?

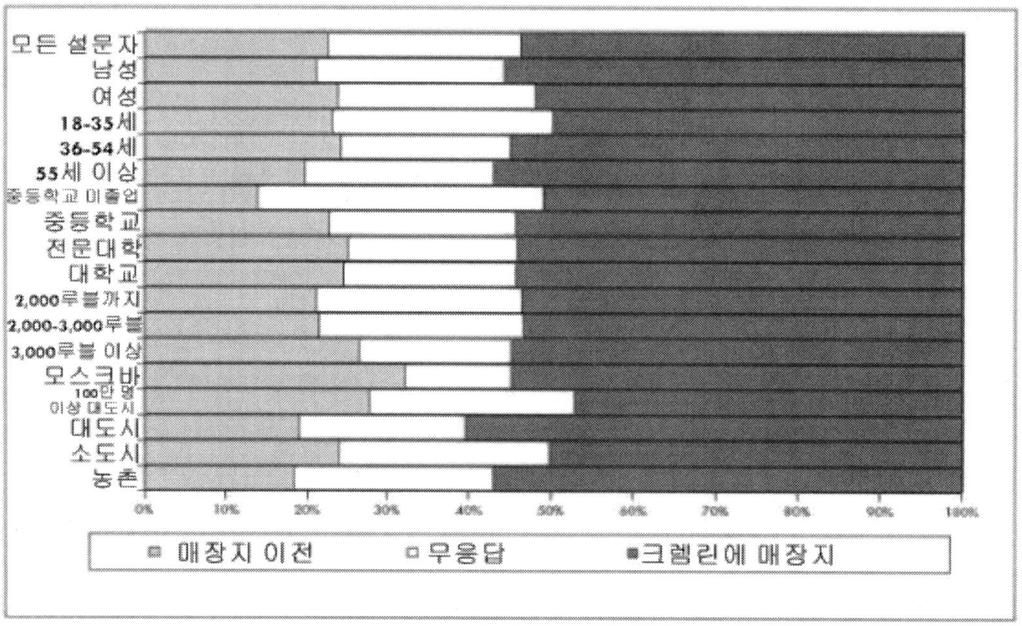

출처: *Russland-Analysen*, Nr.98, 05.05.2006, p.16.

〈그림 20-9〉 20세기와 21세기 러시아 지도자 평가 (정당 중심으로)

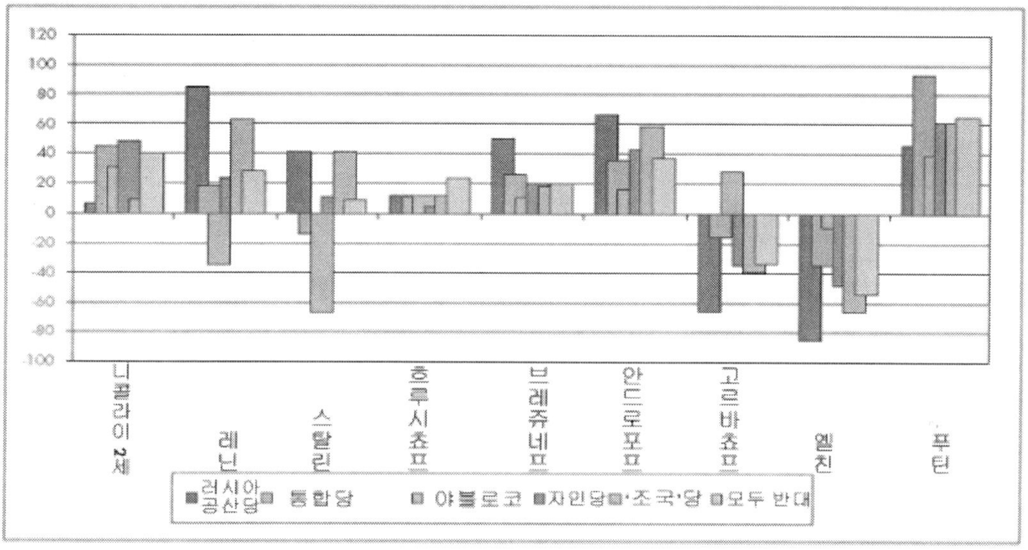

출처: 레바다 센터 2006년 4월 21-23일 여론조사.
http//www.levada.ru./press/2006051001.html 재인용: "Was halten die Russen von ihren politischen Führern im 20. und 21. Jahrhundert?, Bewertung der politischen Führer durch die Befragten (nach Parteiorientieruung)", *Russland-Analysen*, Nr.100, 19.05.2006, p.19.

〈그림 20-10〉 20세기와 21세기 러시아 지도자 평가 (연령별)

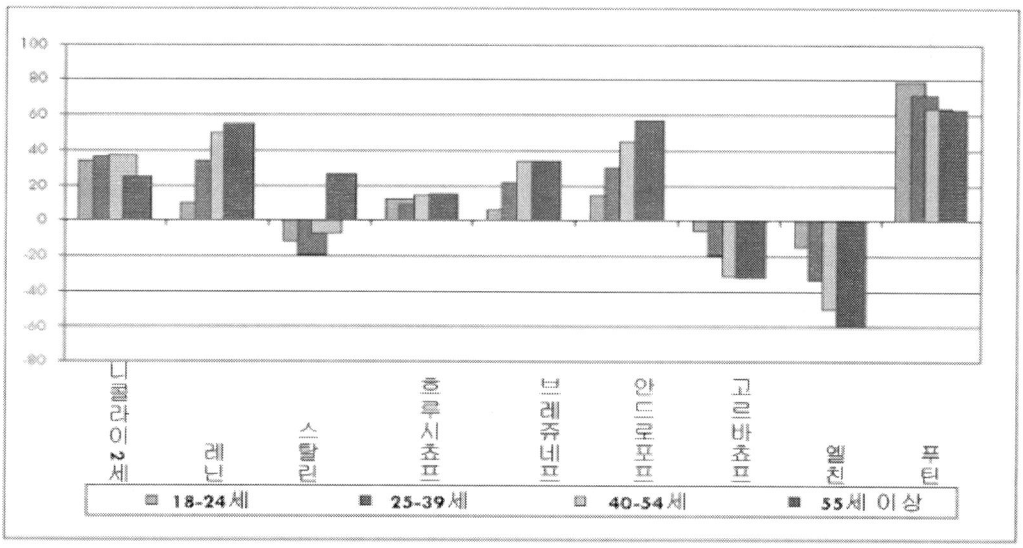

출처: 레바다 센터 2006년 4월 21-23일 여론조사.
http//www.levada.ru./press/2006051001.html 재인용: "Was halten die Russen von ihren politischen Führern im 20. und 21. Jahrhundert?, Bewertung der politischen Führer durch die Befragten (nach Alter)", *Russland-Analysen*, Nr.100, 19.05.2006, p.19.

〈그림 20-11〉 주요 러시아 정치가 평가

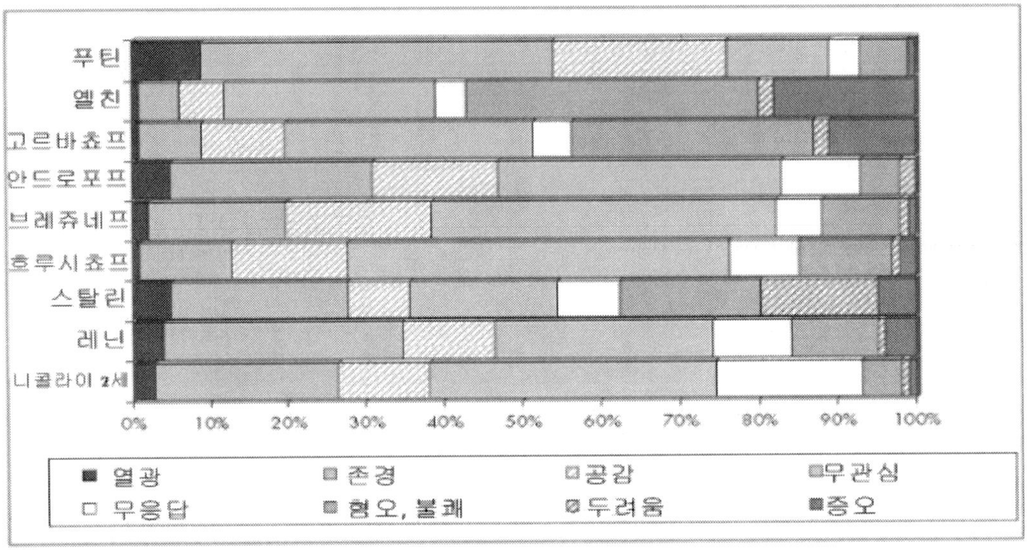

출처: 레바다 센터 2006년 4월 21-23일 여론조사.
http//www.levada.ru./press/2006051001.html 재인용: “Was halten die Russen von ihren politischen Führern im 20. und 21. Jahrhundert?, Was ist Ihre Einstellungen zu ...”, *Russland-Analysen*, Nr.100, 19.05.2006, p.20.

〈그림 20-12〉 다음과 같은 사건들을 막을 수 있었는가의 여론조사

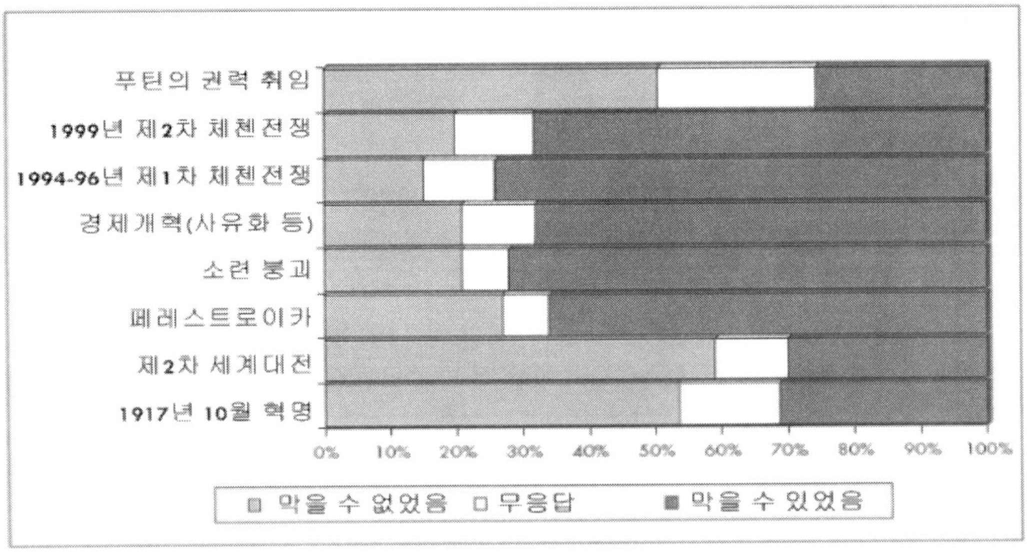

출처: 레바다 센터 2006년 4월 21-23일 여론조사.
http//www.levada.ru./press/2006051001.html 재인용: “Was halten die Russen von ihren politischen Führern im 20. und 21. Jahrhundert?, Waren folgende Ereignisse vermeidbar?”, *Russland-Analysen*, Nr.100, 19.05.2006, p.20.

〈그림 20-13〉 2004-2006년 푸틴의 국정연설에서 중요 단어 사용빈도 수

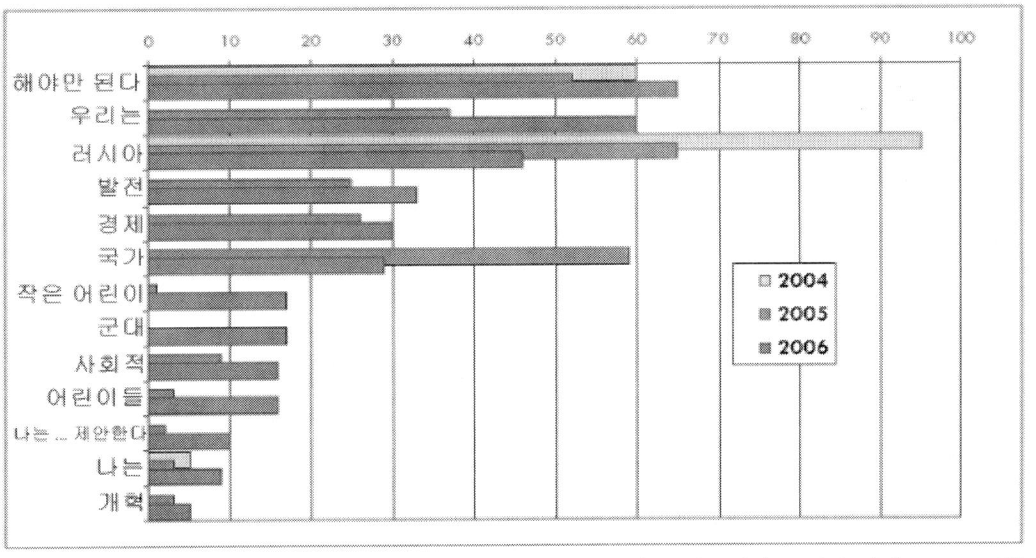

주 : 푸틴은 2006년에도 국정연설(62분)에서 6,447개의 단어를 언급했다. 3개의 단어군으로 구분할 수 있는데 '도입과 경제' 용어에 2,199개, '사회정책과 인구'에 1,584개, '국가안전, 군대, 대외정책' 용어에 2,694단어를 사용했다.

출처: Kommersant 11.5.2006 http://www.kommersant.ru/pda.kommersant.html?id=67233 재인용: "Häufigkeit von Schlüsselwörtern in Putins Botschaften an die nation 2004, 2005 und 2006", *Russland-Analysen*, Nr.100, 19.05.2006, p.4.

〈그림 20-14〉 푸틴의 국정연설에 대한 국민 여론조사

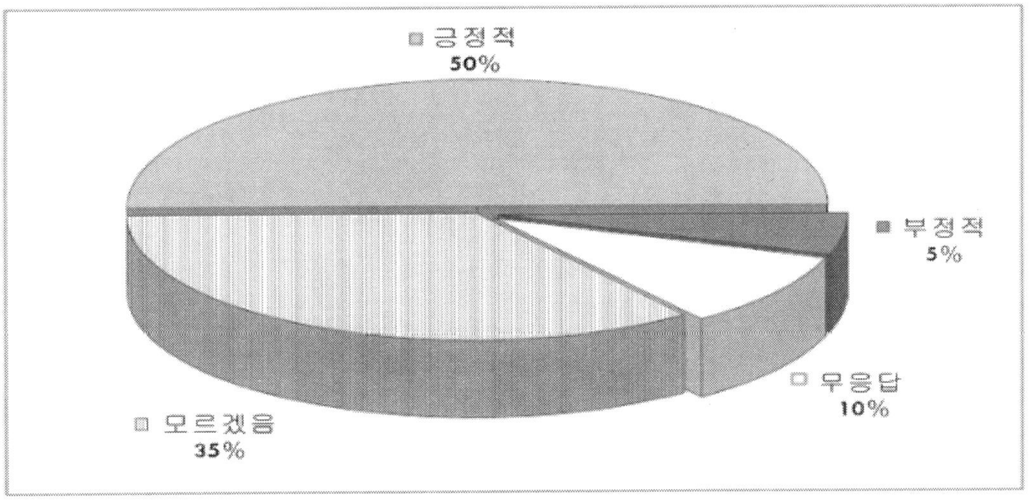

출처: 2006년 5월 13-14일 FOM 여론조사 http://bd.fom.ru/zip/tb0619.zip "Welchen Eindruck hat die 'Botschaft' des Präsidenten auf Sie gemacht?", *Russland-Analysen*, Nr.100, 19.05.2006, p.5.

〈그림 20-15〉 2006년 국정연설의 기본개념이 2005년에 비해 변화가 있는가의 여론조사

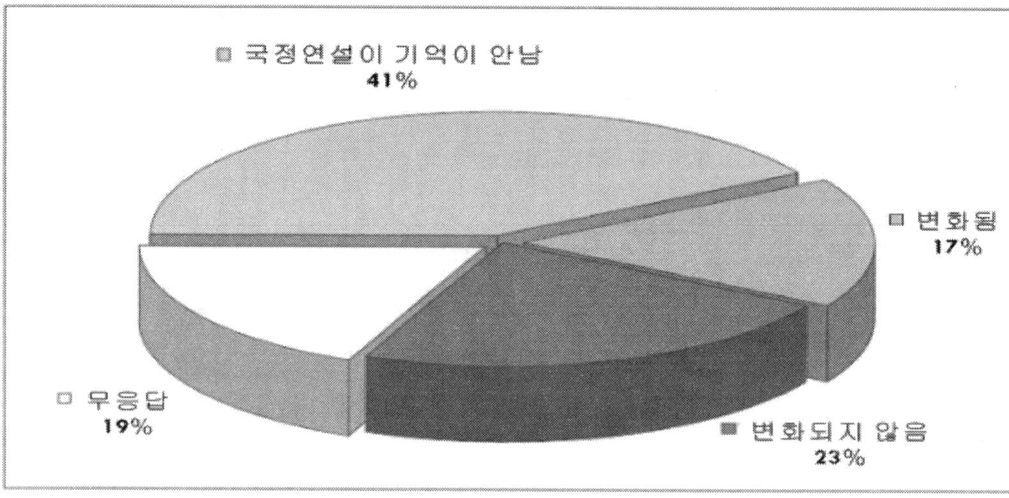

출처: 2006년 5월 13-14일 FOM 여론조사 http://bd.fom.ru/zip/tb0619.zip "Wurden die Grundideen des Präsidentenbotschaft des jahres 2005 umgesetzr?", *Russland-Analysen*, Nr.100, 19.05.2006, p.5.

〈그림 20-16〉 20세기와 21세기 러시아에서 가장 강한 지도자는 누구인가?

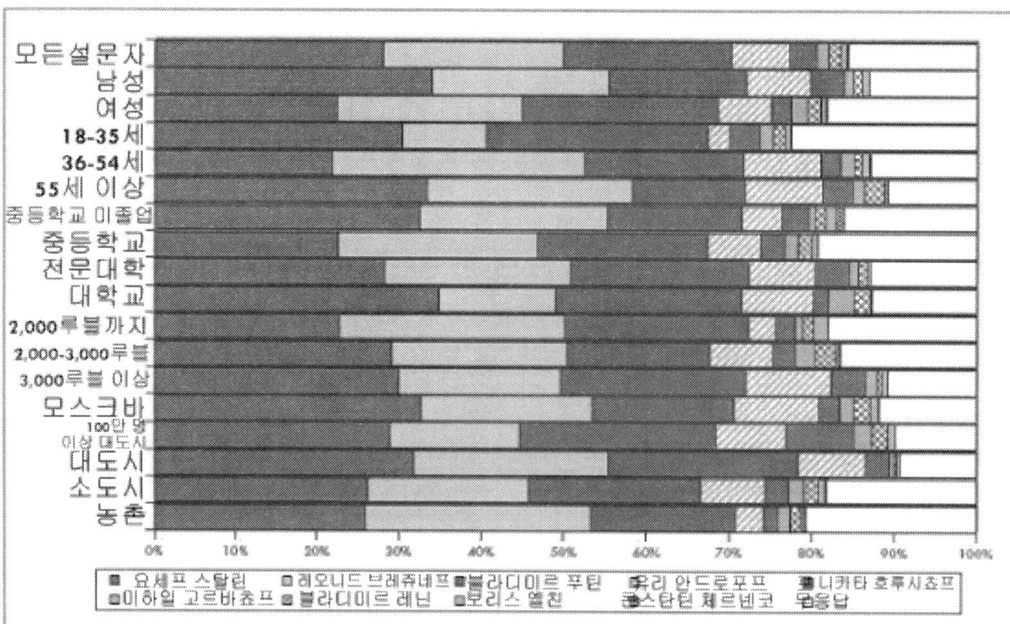

출처: 2006년 6월 3-4일 FOM 여론조사. http://bd.fom.ru/zip.tb0622.zip 재인용: "Russlands Rolle der Weltpolitik, Nennen Sie den Führer Russlands in 20. und 21. Jahrhundert, bei dem Russland als Staat am stärksten war", *Russland-Analysen*, Nr.107, 07.07.2006, p.17.

〈표 20-1〉 대통령 푸틴의 주요업적 평가

내 역	2004년 3월			2005년 3월			2006년 3월		
	성공	실패	편차	성공	실패	편차	성공	실패	편차
경제발전	10.0%	18.0%	-8.0%	7.0%	19.0%	-12.0%	10.0%	16.0%	-6.0%
생활수준의 향상	23.0%	21.0%	2.0%	18.0%	21.0%	-3.0%	14.0%	20.0%	-4.0%
낙관주의 증가	13.0%	6.0%	7.0%	11.0%	6.0%	-5.0%	14.0%	7.0%	-7.0%
질서 정책	6.0%	10.0%	-4.0%	9.0%	7.0%	2.0%	8.0%	8.0%	0.0%
사업영역을 위한 수용조건	2.0%	4.0%	-2.0%	2.0%	4.0%	-2.0%	2.0%	4.0%	-2.0%
올리가르히의 억제	5.0%	19.0%	-14.0%	6.0%	14.0%	-8.0%	5.0%	16.0%	-11.0%
부패와의 전쟁	2.0%	28.0%	-26.0%	3.0%	27.0%	-24.0%	2.0%	28.0%	-26.0%
범죄와의 전쟁	1.0%	25.0%	-24.0%	2.0%	20.0%	-18.0%	1.0%	18.0%	-17.0%
체첸문제 해결	2.0%	34.0%	-32.0%	2.0%	27.0%	-25.0%	2.0%	18.0%	-16.0%
러시아 군의 향상, 군개혁	2.0%	6.0%	-4.0%	3.0%	5.0%	-2.0%	2.0%	6.0%	-4.0%
민주주의, 정치적 자유 향상	1.0%	3.0%	-2.0%	1.0%	3.0%	-2.0%	2.0%	2.0%	0.0%
테러 위험 방지	0.0%	24.0%	-24.0%	1.0%	15.0%	-14.0%	1.0%	9.0%	-8.0%
CIS와의 협력 향상	2.0%	3.0%	-1.0%	4.0%	3.0%	1.0%	3.0%	4.0%	-1.0%
서방과의 관계 향상	5.0%	3.0%	2.0%	8.0%	1.0%	7.0%	6.0%	3.0%	3.0%
모스크바의 국제적 입지강화	4.0%	3.0%	1.0%	4.0%	3.0%	1.0%	7.0%	4.0%	3.0%
기타 민족과의 관계 향상	0.0%	7.0%	-7.0%	1.0%	5.0%	-4.0%	1.0%	5.0%	-4.0%
도덕 강화	0.0%	13.0%	-13.0%	1.0%	13.0%	-12.0%	1.0%	16%	-15.0%
성공도 없으며 실패도 없음	14.0%	2.0%	12.0%	13.0%	2.0%	11.0%	13.0%	4.0%	9.0%
무응답	5.0%	10.0%	-5.0%	4.0%	10.0%	-6.0%	8.0%	12.0%	-4.0%

출처: *Russland-Analysen*, Nr.100, 19.05.2006, p.15.

〈표 20-2〉 러시아시민의 대정부 주요 비판

비판 내용	1999	2000	2001	2002	2003	2004	2005	2006	2007	2008
물가상승과 소득수입의 감소	25%	36%	47%	47%	45%	45%	48%	47%	54%	57%
국민 사회복지 미약	16%	30%	33%	40%	41%	43%	37%	37%	46%	37%
부패(자신의 이해관계)	3%	13%	17%	15%	16%	19%	18%	21%	26%	27%
일자리 부족	18%	25%	29%	28%	28%	33%	32%	34%	32%	25%
경제문제 해결하지 못함	20%	22%	24%	23%	29%	23%	25%	24%	24%	23%
범죄 근절책 미약	14%	17%	20%	24%	17%	19%	17%	22%	23%	22%
대규모 자본(2008년 2월까지: 그림자, 마피아자본) 이해관계	2%	9%	5%	7%	8%	7%	7%	9%	12%	14%
위기극복을 위한 프로그램 미약	14%	23%	16%	15%	20%	15%	20%	21%	15%	13%
시민 테러리즘 방지책 미약	10%	9%	14%	14%	13%	18%	16%	18%	17%	8%
해외자본의 이해관계	2%	4%	2%	4%	3%	4%	5%	5%	5%	7%
낮은 전문성	3%	7%	5%	7%	9%	7%	9%	9%	9%	7%
북 카프카스의 평화 해결문제	-	14%	14%	13%	12%	9%	10%	8%	8%	4%
기타	3%	4%	4%	5%	6%	7%	5%	6%	5%	7%
정부에 대한 요구 없음	24%	9%	8%	8%	7%	8%	8%	5%	5%	7%
무응답	18%	6%	8%	4%	6%	3%	4%	7%	5%	5%

출처: Levada Center, 11.-15. Apr. 2008; http://www.levada.ru./press/2008050702.html 재인용: "Was ist Ihre Hauptkritik an der Regierung", *Russland-Analysen*, Nr.166, 13.6.2008, p.12.

〈표 20-3〉 러시아 대통령 블라디미르 푸틴에 대한 국제여론 조사

국 가	매우 신뢰	신뢰	조금 신뢰	불신	무응답
미 국	3%	30%	26%	19%	21%
영 국	3%	30%	27%	24%	16%
프 랑 스	2%	22%	34%	43%	1%
독 일	5%	45%	29%	17%	4%
스 페 인	1%	9%	31%	46%	13%
러 시 아	27%	48%	13%	4%	8%
이 집 트	1%	18%	47%	25%	9%
터 키	1%	8%	6%	62%	22%
인도네시아	2%	19%	29%	11%	38%
인 도	11%	25%	14%	14%	36%
파키스탄	1%	6%	11%	31%	51%
요 르 단	2%	12%	45%	33%	8%
나이지리아(기독교도)	69%	23%	24%	12%	36%
나이지리아(이슬람도)	3%	21%	34%	21%	21%
중 국	13%	37%	16%	2%	32%
일 본	2%	38%	44%	11%	5%

출처: Amerca's Image Slips, But Allies Share U.S. Concerns Over Iran, Hamas. No Global Warming Alarms in the U.S., China. http://pewglobal.org/reports/pdf/252.pdf 재인용: "Politsche Einstellungen der Russen im internationalen Vergleich. Eine amerikanische Umfrage, Sind Sie mit der Situation im eigenen Land zufrieden oder unzufrieden", *Russland-Analysen*, Nr.109, 15.09.2006, p.17.

〈그림 20-17〉 러시아 총리 블라디미르 푸틴에 대한 국제여론 조사

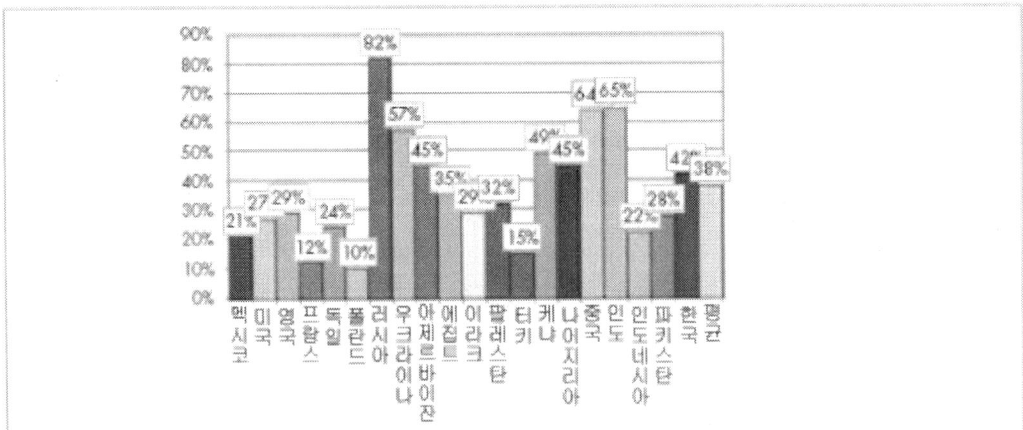

출처: World Public Opinion: Assessing Leaders Worldwide 2009, 29. Jun., 2009. http://www.worldpublicopinion.org/pipa/pdf/jun09/WPO_Leaders_Jun09_quaire_emb.pdf 재인용: "Die internationale öffentliche Meinung über Russlands Minsterpräsident Wladimir Putin", *Russland-Analysen*, Nr.186, 03.07.2009, p.18.

〈표 20-4〉 러시아 총리 블라디미르 푸틴에 대한 국제여론 조사

국 가	높은 신뢰		보통 신뢰		약간 신뢰		신뢰하지 않음		무응답	
	2009년	2008년	2009년	2008년	2009년	2008년	2009년	2008년	2009년	2008년
멕시코	4%	7%	17%	20%	20%	32%	26%	24%	33%	17%
미국	3%	1%	24%	23%	42%	43%	27%	28%	5%	5%
영국	4%	5%	25%	22%	35%	25%	26%	31%	10%	17%
프랑스	1%	1%	11%	13%	28%	21%	50%	55%	10%	10%
독일	7%	-	17%	-	36%	-	36%	-	4%	-
폴란드	2%	-	8%	-	25%	-	51%	-	14%	-
러시아	51%	57%	31%	23%	8%	9%	2%	2%	8%	10%
우크라이나	27%	31%	30%	28%	21%	11%	9%	9%	14%	20%
아제르바이잔	22%	26%	23%	19%	33%	38%	20%	11%	3%	7%
이집트	10%	10%	25%	34%	32%	32%	26%	24%	7%	0%
이라크	11%	-	18%	-	20%	-	28%	-	24%	-
팔레스타인	2%	1%	30%	11%	39%	30%	24%	55%	5%	3%
터키	3%	3%	12%	8%	11%	8%	52%	58%	22%	23%
케냐	14%	-	35%	-	26%	-	11%	-	14%	-
나이지리아	14%	12%	31%	28%	29%	24%	11%	15%	15%	21%
중국	18%	33%	46%	42%	9%	10%	3%	1%	25%	14%
인도	31%	18%	34%	26%	11%	11%	6%	7%	19%	38%
인도네시아	4%	4%	18%	19%	29%	33%	6%	13%	43%	32%
파키스탄	4%	-	24%	-	18%	-	27%	-	28%	-
한국	5%	16%	37%	38%	40%	33%	10%	7%	7%	5%
평균치	13%	15%	25%	24%	26%	24%	23%	23%	15%	15%

출처: World Public Opinion: Assessing Leaders Worldwide 2009, 29. Jun., 2009. http://www.worldpublicopinion.org/pipa/pdf/jun09/WPO_Leaders_Jun09_quaire_emb.pdf 재인용: "Die internationale öffentliche Meinung über Russlands Minsterpräsident Wladimir Putin", *Russland-Analysen*, Nr.186, 03.07.2009, p.19.

〈그림 20-18〉 메드베데프 대통령과 푸틴 총리가 러시아를 효율적으로 통치하고 있는가라는 여론조사

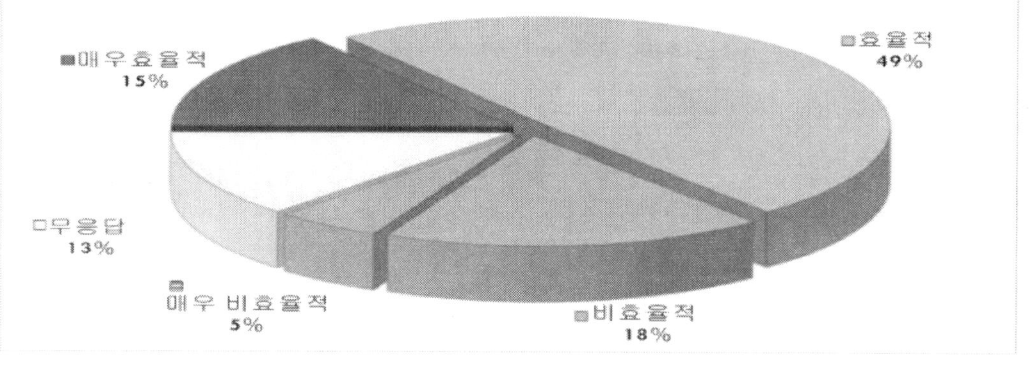

출처: Umfragen des WZIOM vom 13.-14. Juni 2009. http://wciom.ru/novosti.press-vypusk/single/12028.html 재인용: "Das Tandem 'Medwedew-Putin' in den Umfragen des WZIOM", *Russland-Analysen*, Nr.186, 03.07.2009, p.22.

〈표 20-5〉 무슨 근거로 러시아 대통령과 총리의 공동 통치가 효율적인가라는 여론조사

팀처럼 공동 통치는 잘 작동되고 있다.	17%
공동 통치를 통한 실질적 결과, 예를 들면 러시아 평균수명의 증가	13%
러시아 발전을 위한 방향에 대한 공동 견해	9%
위기에 대한 효율적 대책 추구, 위기는 거의 인식되지 않고 있음	8%
정책의 지속성	8%
러시아 내에서 안정적 상황, 질서	4%
상호 보충관계	4%
경험과 강력한 지도자로서 푸틴, 후견자로서 메드베데프	4%
제2인자로 러시아를 통치하는 것이 더욱 용이할 수 있음	3%
러시아의 국제적 위상 제고, 올바른 대외정책을 추구하고 있음	3%
개인적 속성: 젊음, 에너지, 양호한 교육	3%
모든 문제들이 신속하게 해결됨	3%
기타 의견	1%
무응답	28%

출처: Umfragen des WZIOM vom 13.-14. Juni 2009. http://wciom.ru/novosti.press-vypusk/single/12028.html 재인용: "Das Tandem 'Medwedew-Putin' in den Umfragen des WZIOM", *Russland-Analysen*, Nr.186, 03.07.2009, p.24.

〈표 20-6〉 무슨 근거로 러시아 대통령과 총리의 공동 통치가 비효율적인가라는 여론조사

러시아 국민의 생활수준의 하락	18%
향상을 위한 변화가 일어나지 않고 있음	16%
경제위기에 대한 비효율적 대처	12%
모든 의사결정들이 종이상으로만 작동	12%
가격 상승, 인플레이션 증가	10%
푸틴 혼자 통치하는 것보다 제2인자의 통치가 비효율적	9%
높은 실업률	8%
국가권력의 부패	6%
러시아 발전의 잘못된 방향	5%
국민 복지 부족	4%
의사결정의 수행이 지역 공무원을 통해 통제되지 못하고 있음	4%
임금이 지체되거나 감소하고 있음	3%
러시아 극동지역 주민들의 곤란한 경제상황	1%
대외정책에 많은 주의를 하고 있으나, 미숙한 대외정책	1%
기타 의견	5%
무응답	13%

출처: Umfragen des WZIOM vom 13.-14. Juni 2009. http://wciom.ru/novosti.press-vypusk/single/12028.html 재인용: "Das Tandem 'Medwedew-Putin' in den Umfragen des WZIOM", *Russland-Analysen*, Nr.186, 03.07.2009, p.25.

〈그림 20-19〉 러시아연방 대통령과 총리의 이중통치의 평가

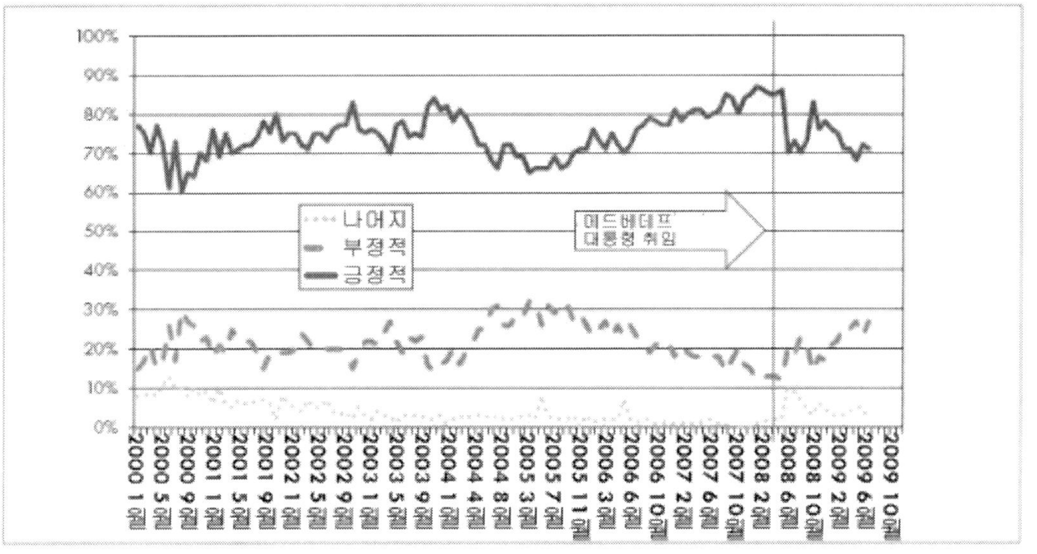

출처: http://www.leveda.ru./prezident.html; http://www.levada.ru./press/2008101604.html
재인용: "Ratings von Präsident, Ministerpräsident und Regierung", *Russland-Analysen*, Nr.186, 03.07.2009, p.27.

〈그림 20-20〉 메드베데프와 푸틴과의 관계에 대한 여론조사

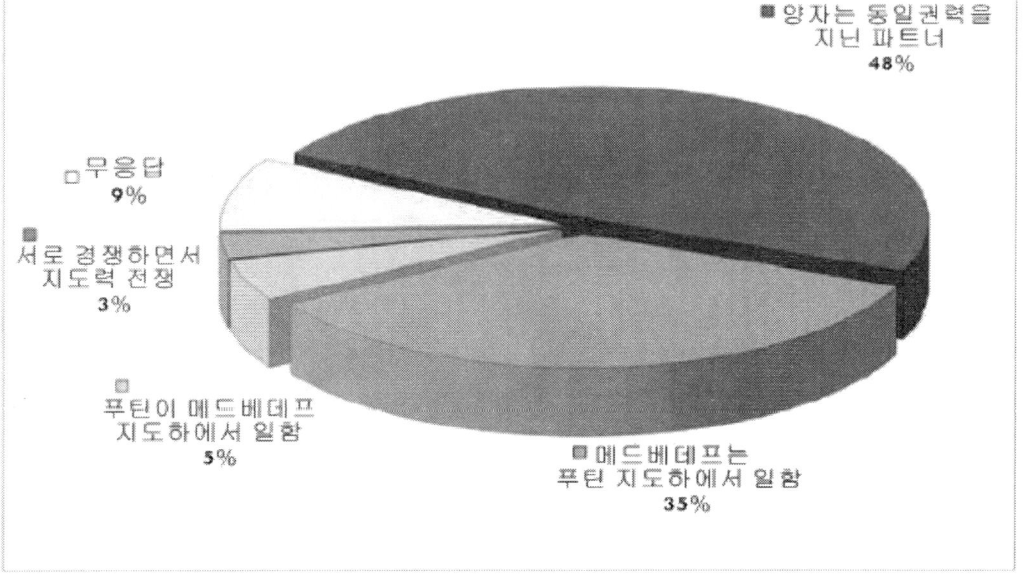

출처: Umfragen des WZIOM vom 13.-14. Juni 2009. http://wciom.ru/novosti.press-vypusk/single/12028.html 재인용: "Das Tandem 'Medwedew- Putin' in den Umfragen des WZIOM", *Russland-Analysen*, Nr.186, 03.07.2009, p.22.

〈그림 20-21〉 메드베데프와 푸틴 간 연대관계가 얼마만큼 지속하는가라는 여론조사

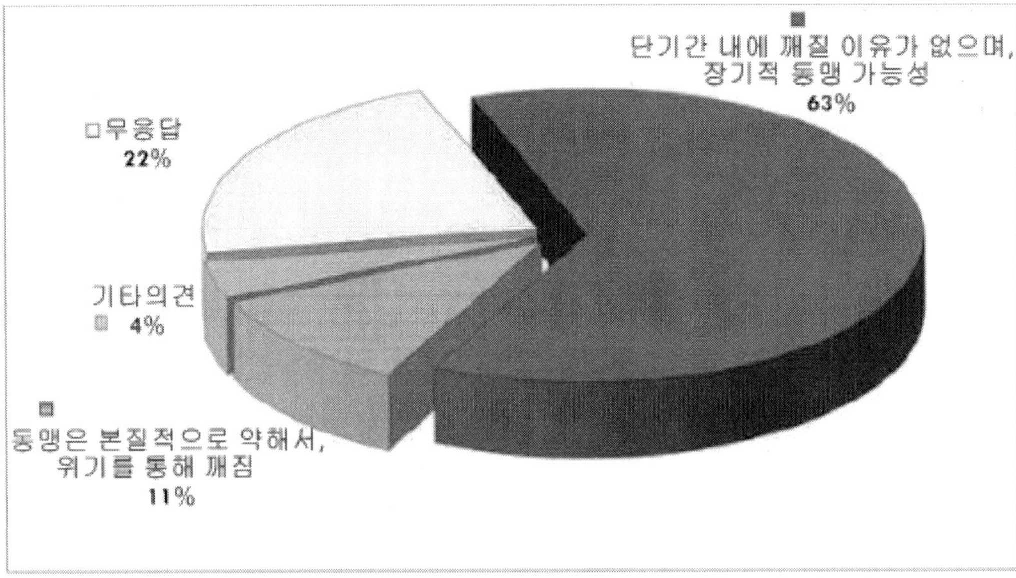

출처: Umfragen des WZIOM vom 13.-14. Juni 2009. http://wciom.ru/novosti.press-vypusk/single/12028.html 재인용: "Das Tandem 'Medwedew- Putin' in den Umfragen des WZIOM", *Russland-Analysen*, Nr.186, 03.07.2009, p.23.

〈그림 20-22〉 러시아에서 실질적 권력자는 누구인가라는 여론조사

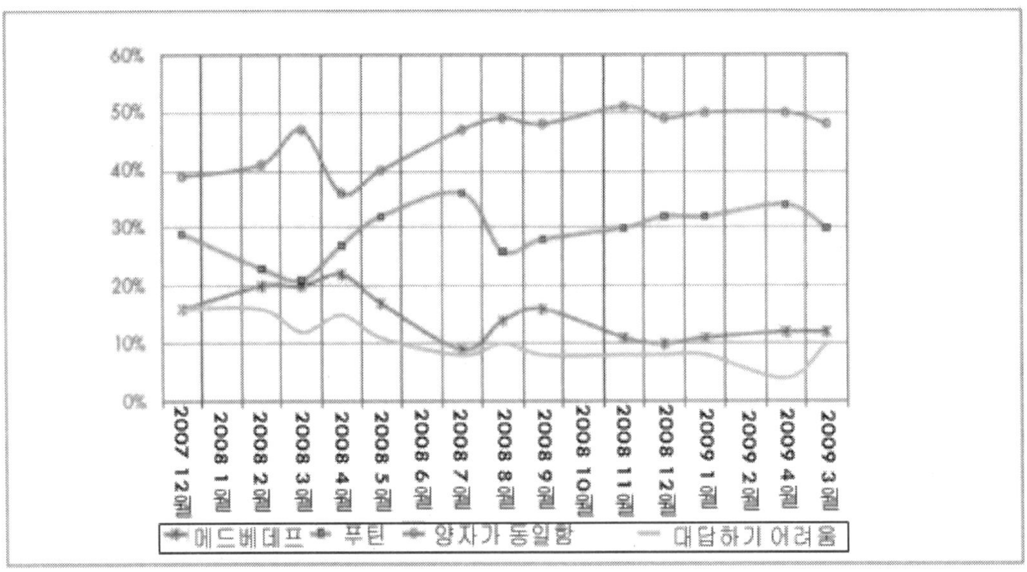

출처: Umfragen des Lewada-Zentrums 24.-27.4.2009.
http://www.levada.ru./press/2009050606.html 재인용: "Das 'Tandem Medwedew-Putin' in Meinungsfragen", *Russland-Analysen*, Nr.186, 03.07.2009, p.20.

〈그림 20-23〉 메드베데프 대통령이 푸틴의 정책을 계속 수행하는가라는 여론조사

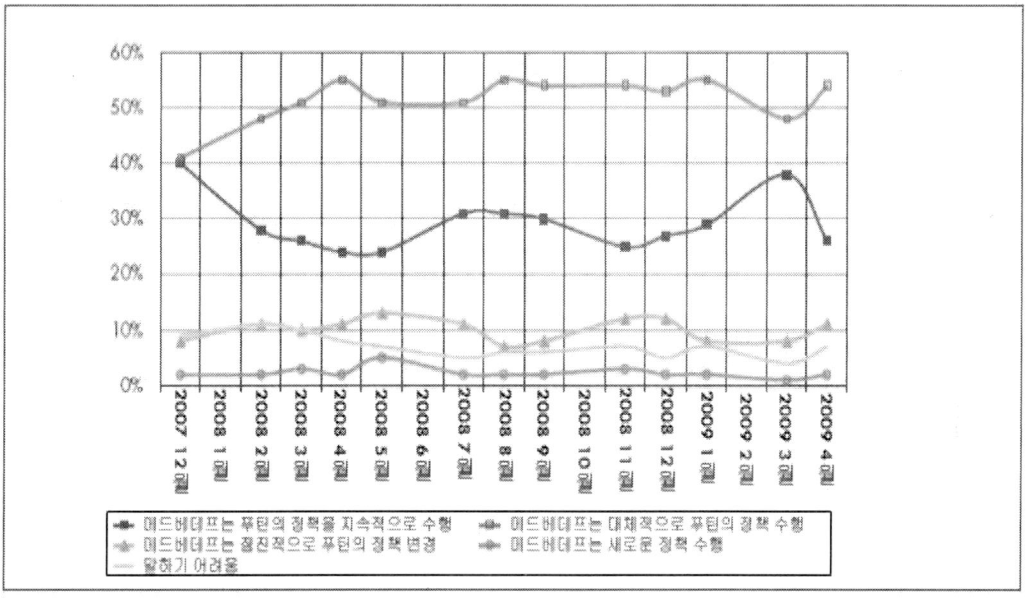

출처: Umfragen des Lewada-Zentrums 24.-27.4.2009. http://www.levada.ru./press/2009050606.html 재인용: "Das 'Tandem Medwedew-Putin' in Meinungsfragen", *Russland-Analysen*, Nr.186, 03.07.2009, p.20.

〈표 20-7〉 러시아를 실질적 권력자는 누구인가라는 여론조사

푸 틴	21%
메드베데프	21%
올리가르히, 부자, 기업가	17%
정부	6%
조직범죄단체, 범법자	5%
러시아 '통합당'	4%
국민	2%
은행	1%
부패공무원	1%
실질 권력자가 존재하지 않음	1%
기타 의견	2%
무응답	25%

출처: Umfragen des WZIOM vom 13.-14. Juni 2009. http://wciom.ru/novosti.press-vypusk/single/12028.html 재인용: "Das Tandem 'Medwedew-Putin' in den Umfragen des WZIOM", *Russland-Analysen*, Nr.186, 03.07.2009, p.23.

〈표 20-8〉 러시아에서 영향력 있는 정치가에 대한 여론조사

푸 틴 (러시아연방 총리)	69%
메드베데프 (러시아연방 대통령)	21%
지리노프스키 (자유민주당 당수)	3%
쥬가노프 (공산당 당수)	1%
라브로프 (외무부 장관)	1%
루슈코프(모스크바 시장)	1%
올리가르히	1%
존재하지 않음	1%
기타 의견	1%
무응답	21%

출처: Umfragen des WZIOM vom 13.-14. Juni 2009. http://wciom.ru/novosti.press-vypusk/single/12028.html 재인용: "Das Tandem 'Medwedew- Putin' in den Umfragen des WZIOM", *Russland-Analysen*, Nr.186, 03.07.2009, p.24.

〈그림 20-24〉 러시아 역대 총리의 평가

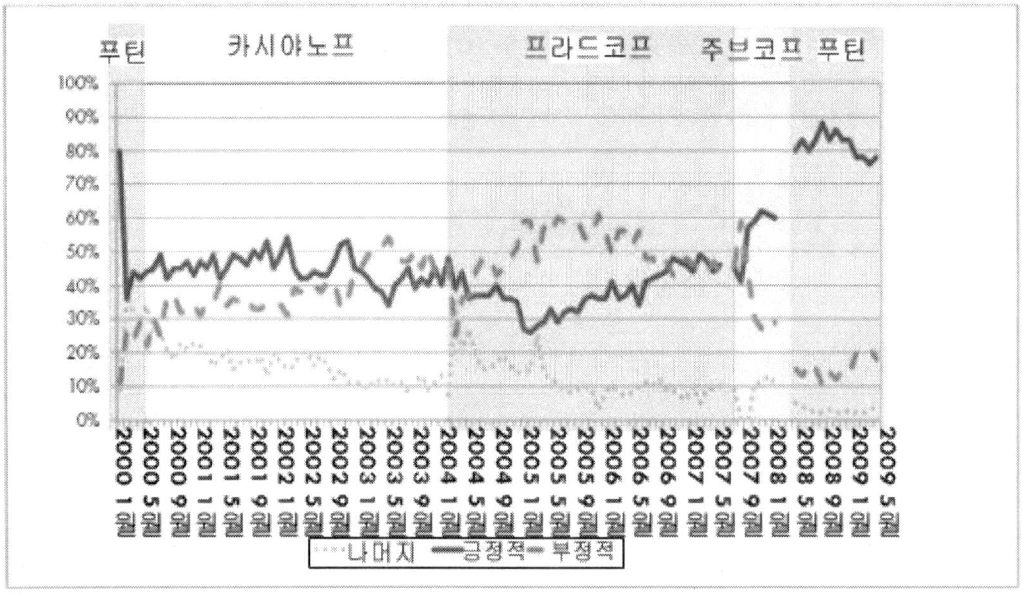

출처: http://www.leveda.ru./pravitelstvo.html 재인용: "Ratings von Präsident, Ministerpräsident und Regierung", *Russland-Analysen*, Nr.186, 03.07.2009, p.27.

〈표 20-9〉 러시아연방의 역대 총리의 성명과 재임기간

No.	총리명	임기 시작	임기 종료	일수	정부기간	장관수	연방기구수	부총리수
1	실라예프(Ivan Silajew)	1990.6.15	1991.9.26	468	1991	18	32	7
2	옐친(Boris Jelzin)	1991.11.6	1992.6.15	222	1991-92			
3	가이다르(Jegor Gaidar)	1992.6.15	1992.12.15	183	1992	22	69	9
4	체르노미르딘(Viktor Tschernomyrdin)	1992.12.14	1998.3.23	1925	1992-96 1996-98	23 22	67 68	7 10
5	키리옌코 (Sergej Kirienko)	1998.4.24	1998.8.23	121	1998	22	61	4
6	프리마코프 (Jewgenij Primakow)	1998.9.11	1999.5.12	243	1998-99	25	65	6
7	스테파신 (Segej Stepaschin)	1999.5.19	1999.8.9	82	1999	25	67	5
8	푸틴(Wladimir Putin)	1999.8.16	2000.5.7	265	1999-00	27	67	7
9	카시야노프 (Michail Kasjanow)	2000.5.17	2004.2.24	1378	2000-04	23	58	6
10	프라드코프 (Michail Fradkow)	2004.3.5	2007.9.12	1286	2004-07	16	85	3
11	주브코프 (Viktor Subkow)	2007.9.14	2008.5.7	236	2007-08	16	86	5
12	푸틴(Wladimir Putin)	2008.5.8			2008-현재	18	87	7

출처: 한종만, "러시아연방 정치엘리트 도표", *A View of Russian Mafiya* (배재대 러시아마피야 연구단), No.3, Jan. 2009, p.69.

〈표 20-10〉 강대국의 주요 요소는 무엇인가?(3개 요소 선택 가능)

주요 요소	모든 설문자	러시아통합당	러시아공산당	자민당	'조국' 당
높은 복지 수준	68%	70%	68%	68%	73%
고도로 발전된 산업	59%	59%	61%	58%	70%
주민의 고도의 교육수준	30%	31%	27%	32%	35%
인권 보호	27%	30%	23%	33%	19%
대기업	25%	29%	23%	19%	16%
핵무기	22%	20%	23%	29%	32%
풍부한 지하자원	11%	9%	12%	8%	11%
거대한 영토	5%	4%	3%	6%	3%
기타	2%	0%	3%	2%	0%
무응답	2%	1%	2%	0%	0%

출처: VCIOM 2005년 7월 30-31일 여론조사 http://vciom.겨.?pt=45&article=1589 재인용: "Die Atombombe - Attribut einer Großmacht? Was macht eine Großmacht aus?", *Russland-Analysen*, Nr.101, 26.05.2006, p.7.

〈그림 20-25〉 강대국의 주요 요소는 무엇인가?

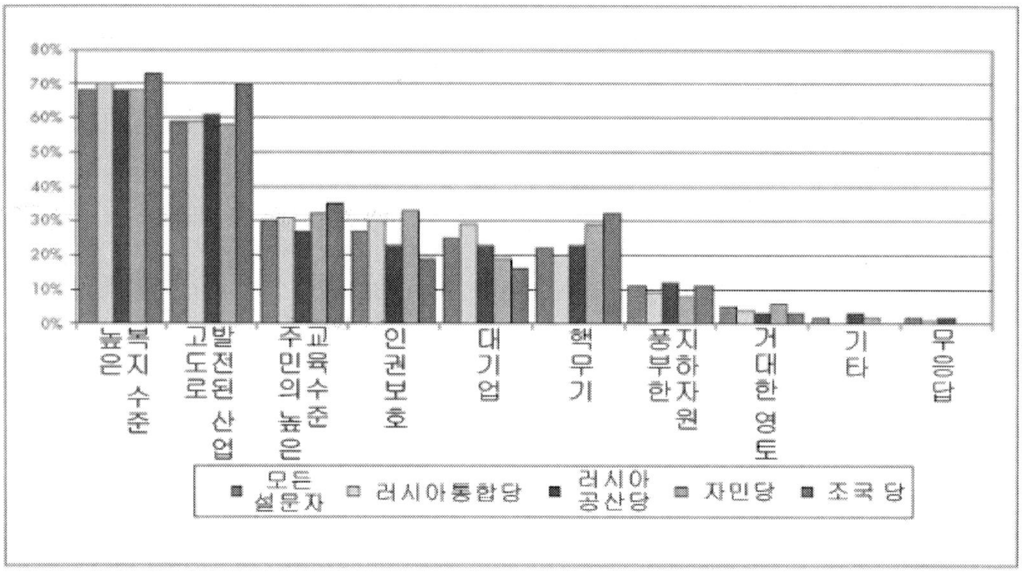

출처: VCIOM 2005년 7월 30-31일 여론조사 http://vciom.ru.?pt=45&article=1589 재인용: “Die Atombombe - Attribut einer Großmacht? Was macht eine Großmacht aus?”, *Russland-Analysen*, Nr.101, 26.05.2006, p.7.

〈그림 20-26〉 러시아는 세계에서 가장 강하며, 영향력 있는 국가군에 속해 있는가?

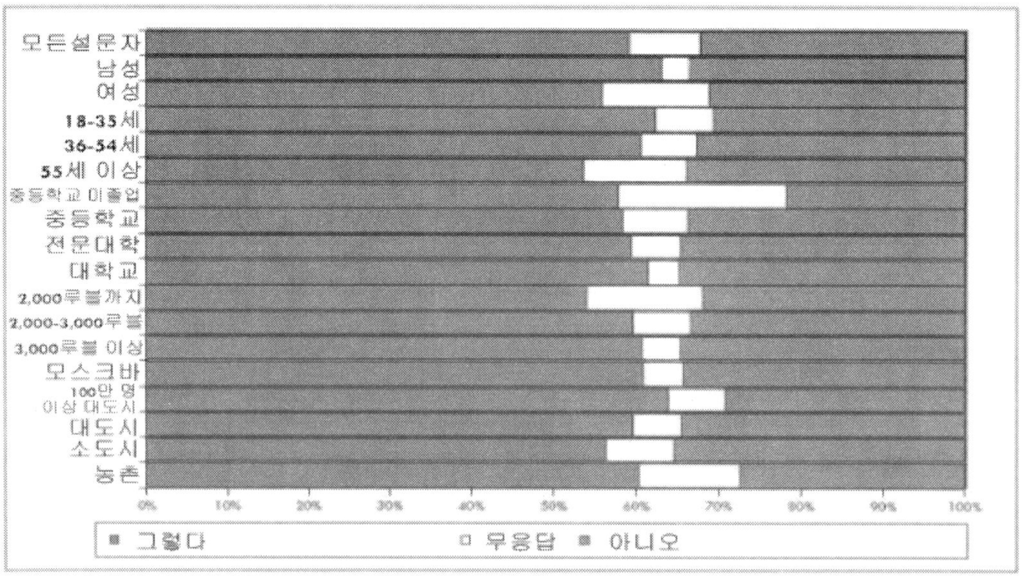

출처: 2006년 5월 20-21일 FOM 여론조사. http://bd.fom.ru/zip/tb0620 재인용: "Russlands Rolle in der Welt von heute, Gehört Russland zu den stärksten und einflussreichsten Ländern der Welt von heute?", *Russland-Analysen*, Nr.102, 02.06.2006, p.13.

〈그림 20-27〉 세계에서 러시아의 영향력은 증가하고 있는가?

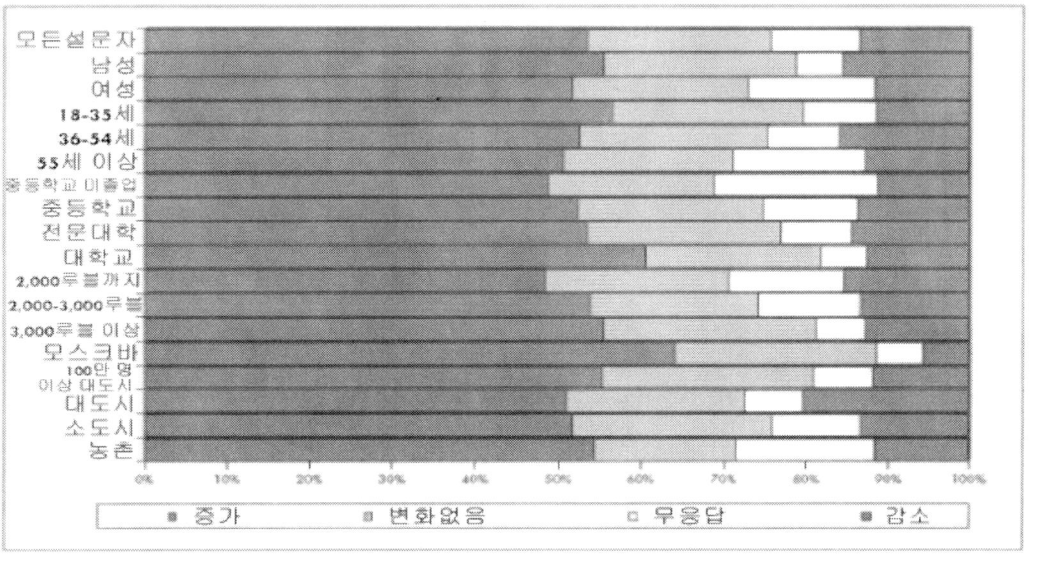

출처: 2006년 5월 20-21일 FOM 여론조사. http://bd.fom.ru/zip/tb0620 재인용: "Russlands Rolle in der Welt von heute, Steigt der Einfluss Russlands in der Welt?", *Russland-Analysen*, Nr.102, 02.06.2006, p.14.

〈그림 20-28〉 러시아는 의사결정에서 독립적인가 혹은 주요 서방국가에 종속되어 있는가?

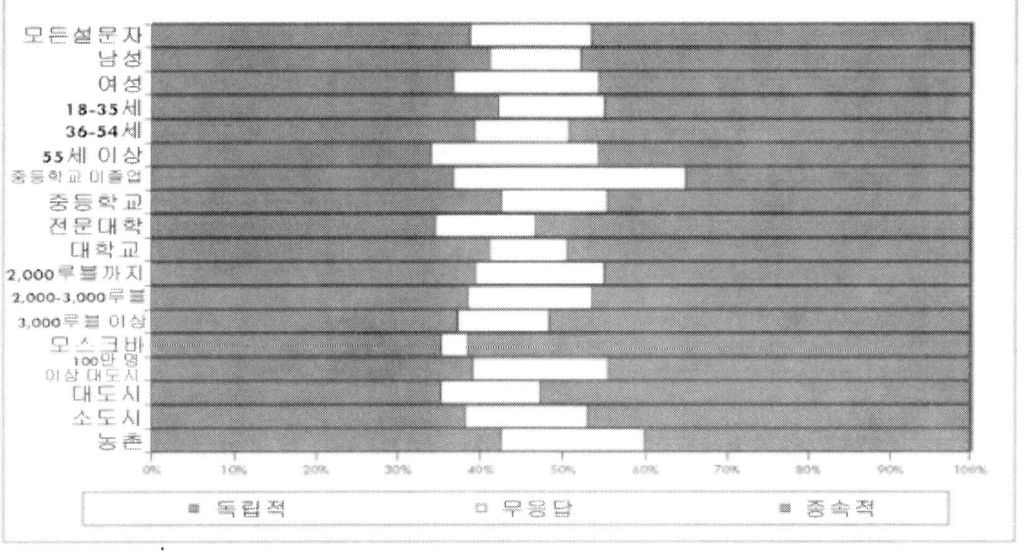

출처: 2006년 5월 20-21일 FOM 여론조사. http://bd.fom.ru/zip/tb0620 재인용: "Russlands Rolle in der Welt von heute, Ist Russland in seinen Entscheidungen und handlungen selbständig oder von den führenden westlichen Staaten abhängig?", *Russland-Analysen*, Nr.102, 02.06.2006, p.14.

〈그림 20-29〉 러시아가 15-20년 후에 강대국 가능성은 있는가?

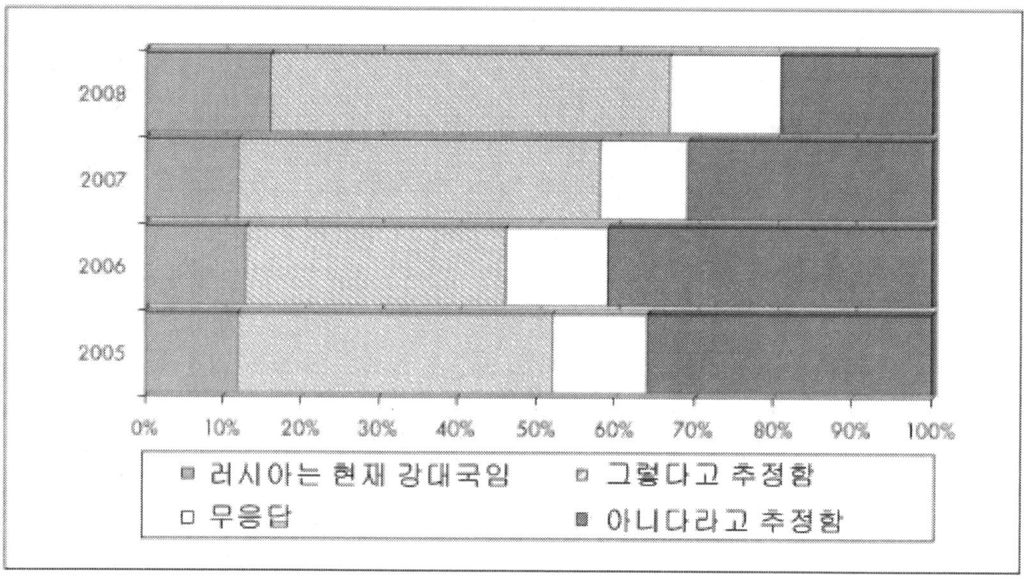

출처: Umfragen des WCIOM vom 1.2.11.2008. http://wciom.ru/novosti/press-vypuski/press-vypusk/single/10954.html 재인용: "Kann Russland in den nächsten 15-20 Jahren eine Großmacht werden?", *Russland-Analysen*, Nr.175, 12.12.2008, p.8.

〈그림 20-30〉 러시아를 강대국으로 볼 수 있는가의 여론조사

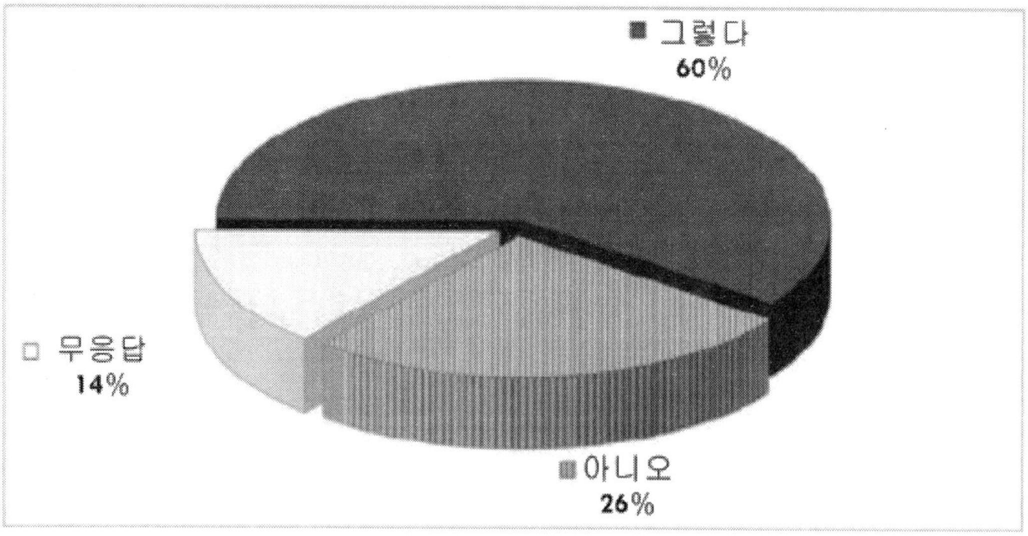

출처: Umfragen der 'Stiftung Öffentliche Meinung(FOM)' vom 23.24.8.2008 http://bd.fom.ru/report/map/projects/dominant/dom0834/d083422 "Russen im August 2008 über Russlands internationale Stellung", *Russland-Analysen*, Nr.186, 03.07.2009, p.12.

〈그림 20-31〉 러시아 핵산업 지도

출처: *Russland-Analysen*, Nr.101, 26.05.2006, p.11.

〈그림 20-32〉 러시아가 G8에 가입한 것은 중요한가?

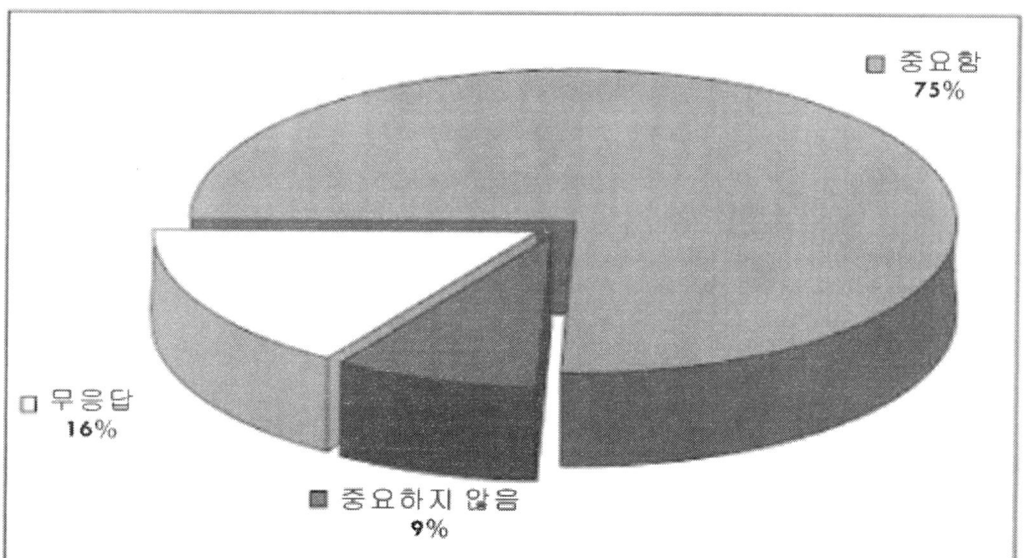

출처: 2006년 6월 17-18일 러시아 여론재단(FOM) 여론조사.
http://bd.fom.ru/ziptb0624.zip 재인용: "Russland und die G8, Ist es für Russland wichtig, dass es zur G8 gehört?", *Russland-Analysen*, Nr.107, 07.07.2006, p.13.

〈그림 20-33〉 러시아는 G8의 완전한 권리를 가진 구성원인가, 2차적 역할만 하는가?

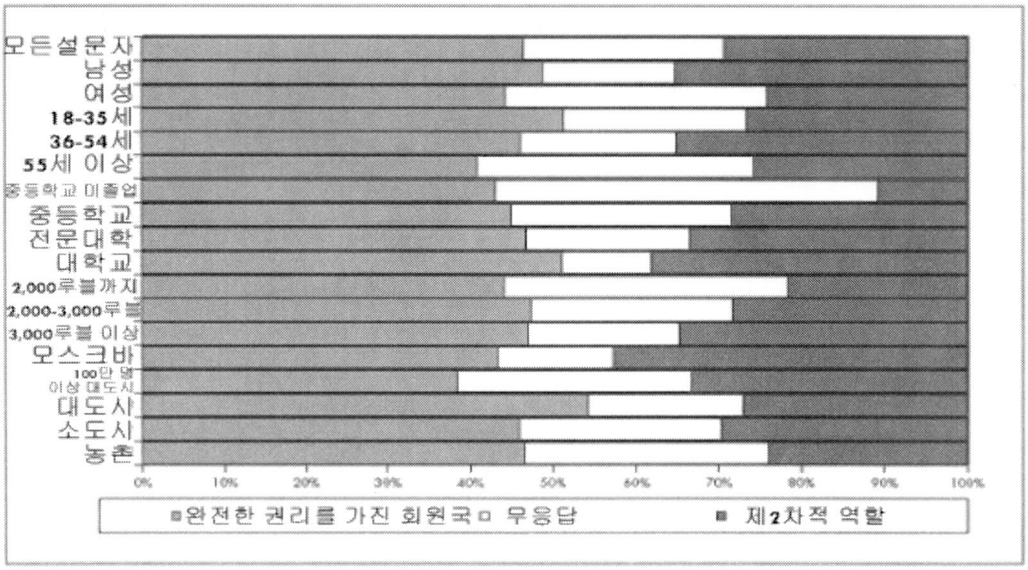

출처: 2006년 6월 17-18일 러시아 여론재단(FOM) 여론조사. http://bd.fom.ru/ziptb0624.zip 재인용: "Russland und die G8, Ist Russland Ihrer Meinung nach vollberechtigtes Mitglied der G8 oder spielt es eine zweitrangige Rolle?", *Russland-Analysen*, Nr.107, 07.07.2006, p.14.

〈그림 20-34〉 러시아는 어떤 G8 국가와 가장 좋은 관계를 가지고 있는가?

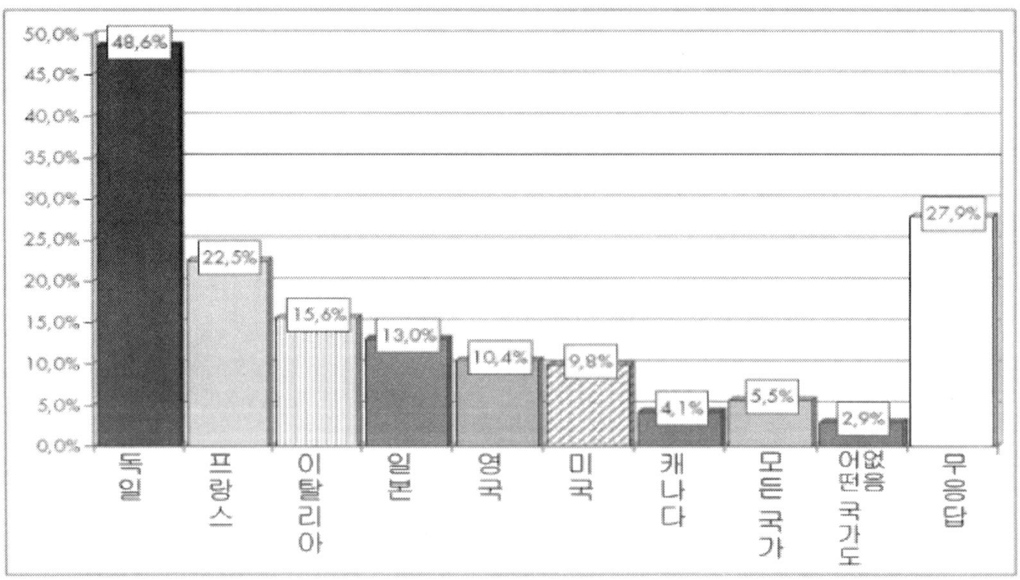

출처: 2006년 6월 17-18일 러시아 여론재단(FOM) 여론조사. http://bd.fom.ru/ziptb0624.zip 재인용: "Russland und die G8, Zu welchen der Mitgliederstaaten der G8 hat Russland die besten Beziehungen?", *Russland-Analysen*, Nr.107, 07.07.2006, p.14.

〈그림 20-35〉 러시아는 어떤 G8 국가와 가장 나쁜 관계를 가지고 있는가?

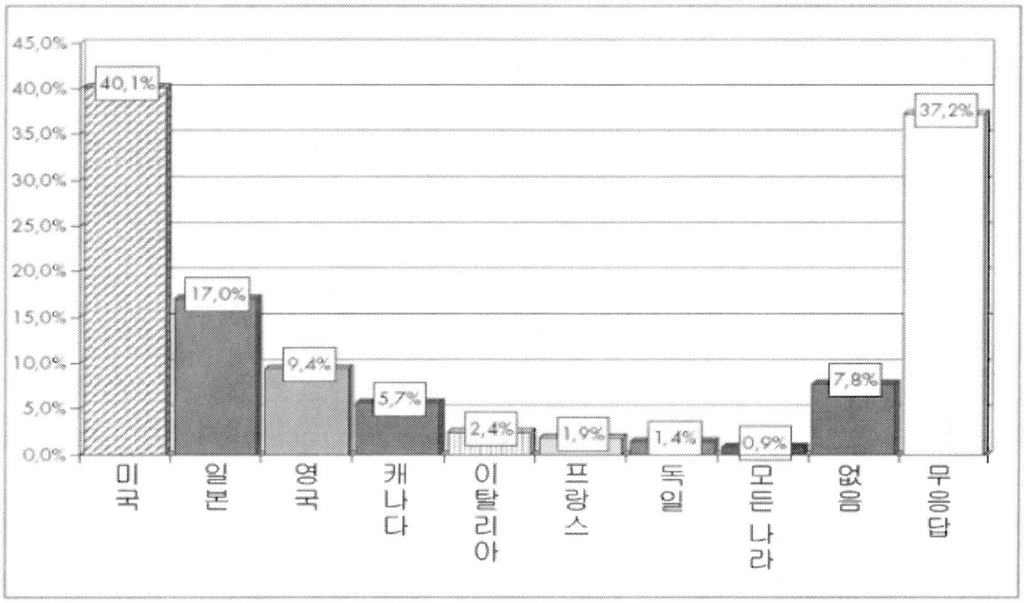

출처: 2006년 6월 17-18일 러시아 여론재단(FOM) 여론조사. http://bd.fom.ru/ziptb0624.zip 재인용: "Russland und die G8, Und zu welchem der Mitgliederländern der G8 hat Russland als die schlechsten Beziehungen?", *Russland-Analysen*, Nr.107, 07.07.2006, p.15.

〈그림 20-36〉 러시아 지도부는 지난 몇 년간 유럽의 주요국과 관계를 모색하고 있는가?

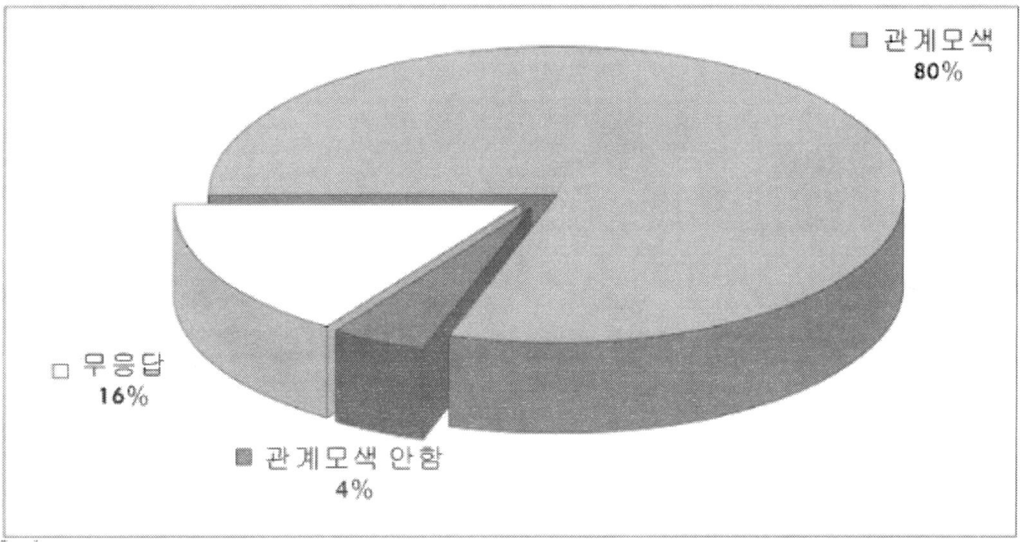

출처: 2006년 6월 3-4일 FOM 여론조사. http://bd.fom.ru/zip.tb0622.zip 재인용: "Russlands Rolle der Weltpolitik, Sucht die russische Führung an die führenden europäischen Länder", *Russland-Analysen*, Nr.107, 07.07.2006, p.15.

〈그림 20-37〉 지난 몇 년간 유럽 주요국들이 러시아와의 관계 모색을 하고 있는가?

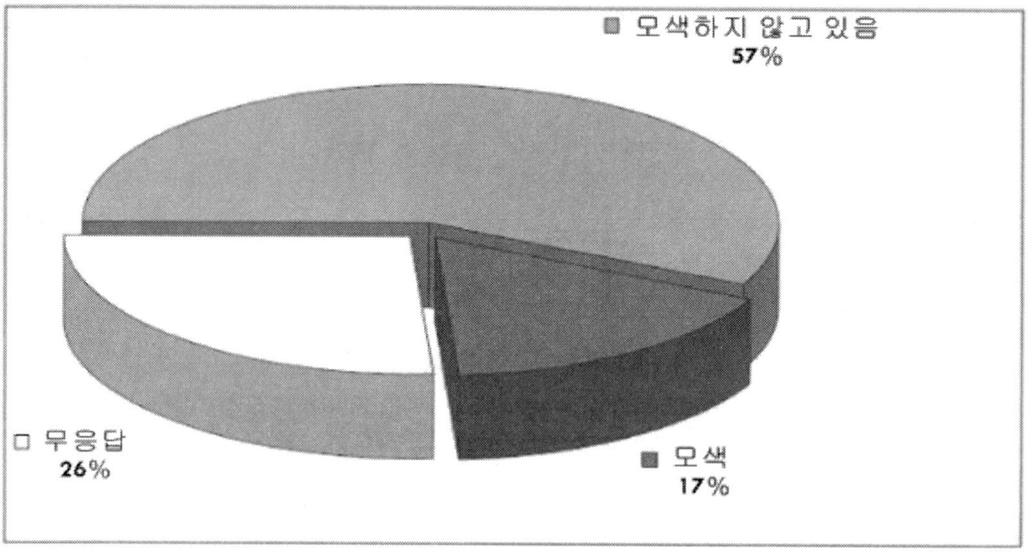

출처: 2006년 6월 3-4일 FOM 여론조사. http://bd.fom.ru/zip.tb0622.zip 재인용: "Russlands Rolle der Weltpolitik, Sucht die russische Führung an die führenden europäischen Länder", *Russland-Analysen*, Nr.107, 07.07.2006, p.16.

〈그림 20-38〉 러시아 대외정책은 유럽의 주요국과의 관계모색의 필요성

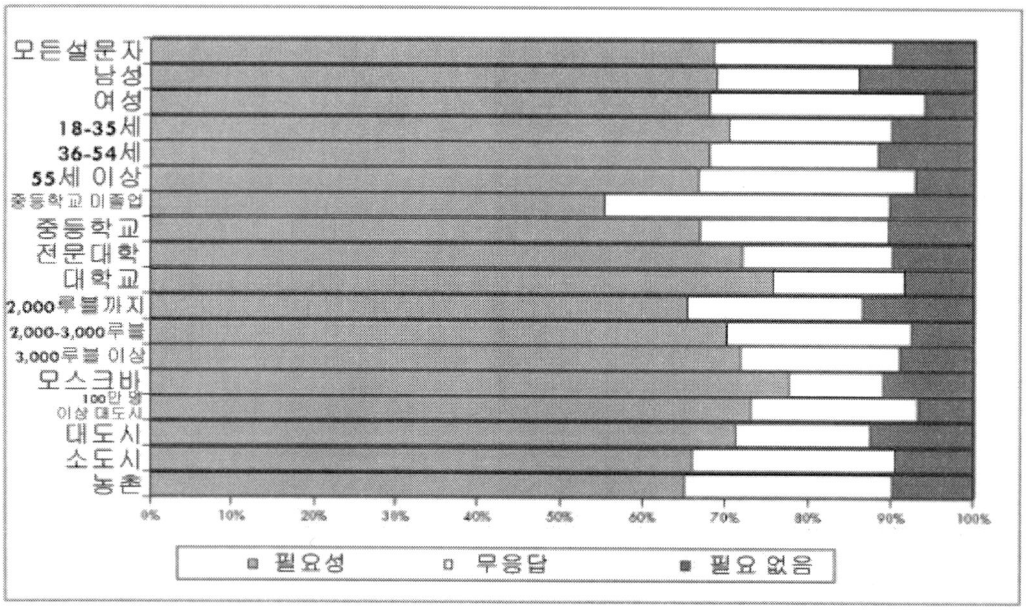

출처: 2006년 6월 3-4일 FOM 여론조사. http://bd.fom.ru/zip.tb0622.zip 재인용: "Russlands Rolle der Weltpolitik, Soll die russische Politik die Annäherung an die führenden Länder suchen", *Russland-Analysen*, Nr.107, 07.07.2006, p.16.

〈그림 20-30〉 현재 러시아는 강대국 혹은 약소국인가?

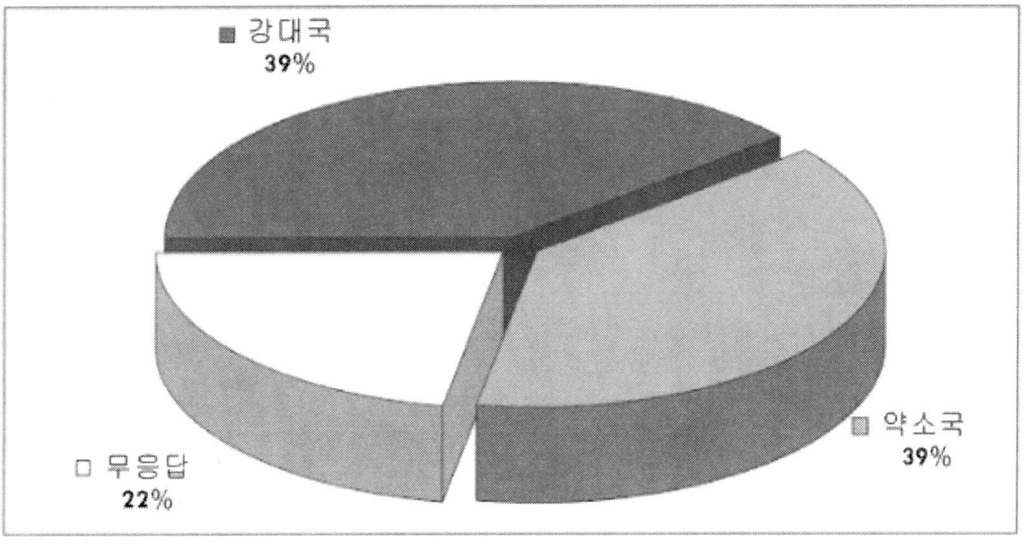

출처: 2006년 6월 3-4일 FOM 여론조사. http://bd.fom.ru/zip.tb0622.zip 재인용: "Russlands Rolle der Weltpolitik, Ist Russland heute ein starker oder sin schwacher Staat?", *Russland-Analysen*, Nr.107, 07.07.2006, p.16.

러시아경제의 이해: 체제전환과 경제개혁

인쇄일 2009년 12월 14일
발행일 2009년 12월 18일

저 자 한 종 만
발행인 정 순 훈
발행처 배재대학교 출판지원실
㊒ 302-735 대전광역시 서구 연자1길 14 (도마2동 439-6)
TEL. (042)520-5657 / http://www.pcu.ac.kr/~press
인쇄처 대운인쇄
TEL. (042)520-5475 / FAX. (042)524-5835

ISBN 978-89-6332-011-3 정가 ₩ 18,000원

* 파본은 교환해 드립니다.
* 저자와 협의하여 인지는 생략합니다.